日本公的年金制度史

—戦後七〇年・皆年金半世紀—

吉原健二・畑　満●著

中央法規

目次

目　次

第二部　厚生行政と年金制度の戦後七〇年

第三部　資料（図表と統計）

目　次

序論―明日の日本を元気で明るい国にし、年金制度を次の世代にしっかり引き継いでいこう―

本書は、私が二〇〇四年に上梓した『わが国の公的年金制度―その生い立ちと歩み―』に、その後のおよそ一〇年間の年金制度の歩みを追加した実質改訂版である。以下に序論として年金制度を中心にわが国の戦後七〇年の歩みを振り返るとともに、明日の日本を元気で明るい国にし、年金制度を次の世代にしっかり引き継いでいくための今後の課題等について、私の意見と願望を述べ、はしがきにかえたい。

二〇〇四年野党の民主党の強い反対を押し切って自公政権の小泉内閣が行った保険料の上限を決め、給付水準のマクロ経済調整を導入した年金改革により、わが国の年金制度は五年ごとの財政再計算のたびに保険料を引き上げたり、給付水準を引き下げたりする必要がなくなり、「一〇〇年安心」というのは言い過ぎにしても、長期的に安定した持続可能な制度になった。残された課題は、基礎年金の国庫負担を二分の一に引き上げるための安定財源の確保、非正規労働者に対する厚生年金の適用拡大、被用者年金の一元化などというのが当時の自公政権や厚生労働省の認識であった。私もそのように思った。

しかしそれから今日までの約一〇年は、そのような認識とは全く異なり、わが国の年金制度をとりまく内外の環境、状況が大きく変化し、悪夢のような一〇年となった。先ず第一にわが国の人口の高齢化は、二〇〇四年の改革が前提とした二〇〇二年の推計の三六・〇%よりはるかにすすみ、二〇〇八年の推計ではピークが四〇%を超えることが分かった。また経済は一九九〇年代に入ってバブルが崩壊、二〇〇八年にはアメリカのリーマンショックが原因で世界的に不況となり、わが国の経済は伸びず、賃金も物価も上がらないデフレが長く続いた。そのうえ物価が下がったときに下げるべき年金額を下げず、特例水準のまま長く据え置いたために、マクロ経済調整の発動が一〇年も遅れる結果となった。

それよりも何よりもこの一〇年は、二つのことが原因で年金制度が与野党の意見が大きく対立する政治問題になり、制度に対する国民の不安、不信が高まった。その第一の原因は、二〇〇六年の安倍内閣のときにおきた誰のものか分からず、一九九七年からすすめられてきた全国民共通の基礎年金番号に統合されない厚生年金や国民年金の記録が五〇〇〇万件以上もあるといういわゆる年金記録問題である。

年金の正確な記録管理のために必要な住所の変更や、結婚などによる氏名の変更、死亡などは、本来被保険者本人や事業主からの届出がなければ分からないし、制度が年金の裁定時に本人の請求に基づき正しい裁定をするという考え方をとっていたことから、ある程度はやむを得ないにしても、余りにも件数が多かったために「消えた年金」として大きく報道され、国民に大きな不安を与えた。民主党はこれをすべて厚生労働省や社会保険庁がやるべきことをやらなかったずさんな記録管理による行政の責任とし、自民党が次の参議院選挙や総選挙で大敗する要因の一つになった。それまでの制度、社会保険庁の組織、運営、職員の意識等に問題があったことは否定しきれず、社会保険庁は解体された。誠に遺憾であった。

もう一つの原因は、民主党政権の誕生である。民主党は年金記録問題のみならず、現行制度自体がすでに破綻しているといって、一部の経済学者や年金学者とともに、現行制度に対する不安、不信をあおりにあおり、実現性のない月額七万円の最低保障年金と全国民一本の所得比例年金を組み合わせた新しい年金制度の創設をマニフェストに掲げ、二〇〇九年の総選挙で大勝し、政権をとった。

民主党の政権運営は、官僚を排除し、未熟で稚拙、党内はバラバラで、鳩山内閣は沖縄米軍基地の県外移転問題をはじめ、マニフェストに掲げた選挙公約は何一つ満足に実現できなかった。新年金制度案は法案の提出はおろか、その骨子すら示すことができず、国民に幻想を与えただけに終わった。菅内閣のときにおきた東日本大震災や原発事故などへの対応も適切とはいえなかった。

菅内閣のあと野田内閣が党を分裂させてまでマニフェストにはなかった社会保障と税の一体改革をなしとげ、消費税率の五％から一〇％への引上げを決め、基礎年金の二分の一の国庫負担分などの社会保障の安定財源を確保し、財政の再建、健全化への道筋をつけたことは民主党政権の大きな功績であった。子育て支援策を充実し、僅かではあるが非正規労働者にも厚生年金の適用を拡大し、被用者年金も一元化した。

また国民一人一人に一二桁の社会保障と税の番号を付するマイナンバー制度を導入するため、「行政手続における特定の個人を識別するための番号の利用等に関する法律案」を国会に提出した。その法律は民主党政権のときには成立しなかったが、一年後の自公政権のときに成立し、二〇一五年十月から国民一人一人に一二桁の番号が付せられ、二〇一六年一月から利用が開始される。いろいろな問題や懸念がないわけではないが、金融資産や不動産を含め、国民の所得や資産の公平で正確な把握が可能となり、社会保障や税の給付と負担の公平、公正と、行政手続、行政事務の簡素化、効率化につながるだろう。

一体改革をなしとげたとはいえ、国民の期待を大きく裏切った民主党は、野田総理が一体改革後の「近いうちに」行うと約束した解散を二〇一二年十一月に行い、十二月の総選挙で大敗、自民党は二九五の議席を得て大勝、自公の安倍政権が復活した。二〇一三年七月に行われた参議院選挙でも民主党は大敗し、衆参のねじれは解消され、自民の一強体制になった。安倍政権は、大胆な金融緩和を第一の矢とするアベノミクスにより、先ず経済の再生、デフレからの脱却を図り、長く続いた株安、円高が大きく株高、円安に転じ、経済は明るさを取り戻した。そしてこれまで憲法解釈上できないとされてきた集団的自衛権を閣議決定して容認し、国の安全保障政策の大転換である「安全保障関連法案」の成立に全力をあげた。

社会保障については、一体改革の際に制定された社会保障制度改革推進法に基づき設置した社会保障制度改革国民会議の報告に基づき、二〇一三年社会保障制度改革プログラム法を制定し、社会保障と税の一体改革でできなかった医療、介護について二〇一四年「医療介護総合確保推進法」を制定した。しかし年金制度については一体改革で成立した法律を着実に実施し、年金の支給開始年齢については高齢者の多様な働き方に応じた選択制の導入を示唆するにとどめた。

社会保障制度改革国民会議の報告は、全体としては大変立派な報告書であった。しかし年金制度に関しては、民主党が掲げた「新しい年金制度」をめぐり民自公の間でなお厳しい意見の対立が続く中での審議という事情からか、率直にいって私にとっては期待はずれの物足りないものとなった。一体改革で中長期的な検討課題とされていた年金の支給開始年齢の引上げについては、給付水準のマクロ経済調整の仕組みが発動されれば年金財政の均衡がとれる仕組みになっており、仮に引き上げても給付総額は変わらず、年金財政への影響はない、それにいま六十五歳への引上げの途上にあり、そのさらなる引上げを論議すべき時期ではないという消極的な見解を示すとともに、今後とも民主党案の実現をめざすという印象を与えるものになった。果たしてこのような認識でよいのであろうか。もっと広い視野、高い視点からの問題意識が必要なのではないか。

先ず第一にわが国の将来人口について四〇％にもなる高齢化率もさることながら、生産年齢人口の急激な減少をもっと重大かつ深刻に受けとめなければならない。二〇一二年（平成二十四年）の将来人口推計によれば、現在約七七〇〇万人の生産年齢人口は二〇六〇年には何と四四〇〇万人と三〇〇〇万人以上減少する。それに伴い、就業率が上がらない限り、年金制度を支える現在約六七〇〇万人の公的年金被保険者数は四〇〇〇万人を切り、三八〇〇万人程度に減少する。これに対し老齢年金が受けられる六十五歳以上の人口は三五〇〇万人であり、これに六十五歳以下の障害年金や遺族年金の受給者を加えると年金受給者の総数は四〇〇〇万人を超えるかもしれない。公的年金制度において被保険者数より受給者数が多くなれば、どんな財政方式であっても年金制度としての使命、機能は果たせない。そういうことにならないようにするためには就業者数を増やし、公的年金の被保険者数を増やす以外にない。そのためには少なくとも元気な高齢者は七十歳ぐらいまで働けるような社会にしなければならない。

二〇〇四年の改革で導入されたマクロ経済調整の発動が一〇年も遅れたことの年金財政に対する影響も大きい。上がると予想していた賃金が逆に下がり、年金の所得代替率が上がった。そのため二〇一四年（平成二十六年）の財政検証によれば、導入時に一九年程度と予想された調整期間はほぼ三〇年にも及び、現在月額六万四〇〇〇円程度の基礎年金の水準は実質的には四万五〇〇〇円程度にまで低下し、国民の老後の生活の基本的部分を賄えるものとはいえなくなる。報酬比例部分を含め、全体として所得代替率五〇％を維持できるといっても年金受給開始時だけで、それ以後は場合によっては三〇％ぐらいまで低下する。年々の調整率は最初は〇・九％程度であるが、被保険者数の減少率が大きくなるにつれ、二〇四〇年頃には調整率は二％近くに上がる。基礎年金と報酬比例年金の調整期間の長さが違いすぎるのも国民には理解し難い。二〇一二年の新人口推計及び二〇一四年の財政検証結果は、年金財政はこのままで将来とも十分安心、安泰というより、一〇年もすればマクロ経済調整の基本的仕組みの見直しや年金の支給開始年齢六十五歳以上への引上げが避けられないものとなったと受け止めなければならない。

それにマクロ経済調整の仕組みは年金財政の均衡を保つ極めて有効な方策ではあるが、決して唯一、最善の方策ではない。被保険者の増加や保険料拠出期間の延長、支給開始年齢の引上げなど年金財政を均衡、安定させる他の有効で適切な方策を排除するものでもなく、むしろそちらを優先させるべきなのである。

支給開始年齢の六十五歳以上への引上げはいまや世界各国の趨勢であり、二〇六〇年の人口の高齢化率が三〇％と予想されるドイツは二〇二九年に六十七歳に、二五％と予想されるイギリスは二〇四五年に六十八歳に、二二％と予想されるアメリカは二〇二七年に六十七歳に引上げを決めている。それに対し、わが国の厚生年金の支給開始年齢はまだ六十一歳であり、平均寿命より二〇年以上早い。二〇三〇年に支給開始年齢が六十五歳になっても年金平均受給期間は二五年から三〇年以上にも及ぶ。年金制度はもともとこんなに長く年金を受けられる制度としてつくられたものではない。

国際的には十五歳から六十五歳までが生産年齢人口とされているが、わが国の国民はいま六十歳や六十五歳では「高齢」「高齢者」とは思っていても、「老齢」「老人」とは思っていない。漢和辞典にも「老」とは本来七十歳以上をいうと書いてある。国民も多くの人が健康で仕事があれば、七十歳ぐらいまでは何らかのかたちで働きたい、生産活動に従事したいと思っているし、高齢者の就業率は二〇・八％で主要国の中で最も高い水準にある。七十歳ぐらいまで働き、厚生年金の適用を受ければ、被保険者数は増加し、年金受給を遅らせることも可能になる。年金制度によって支えられる者が支える側に回ることになり、年金財政の安定につながることは間違いない。国際的な人口構造の年齢区分を変えるわけにはいかないだろうが、少なくともわが国においては十八歳以上七十歳未満を生産年齢人口と考える方が、国民の意識や就業の実態にあっている。

高額所得者の基礎年金の国庫負担分についての所得制限の導入も今後の検討課題の一つとされている。しかし基礎年金の国庫負担分は納付した保険料に見合う部分と一体不可分のものであり、国庫負担分といえども社会保険方式の年金制度における所得制限の導入は禁じ手である。基礎年金は職業や所得によらず、一定の保険料を納付した国民全部に支給するためにつくられた制度であり、いくら国の財政が苦しくても所得制限は導入すべきでない。それに仮に高所得を理由に受給中の基礎年金についてまで国が二分の一もカットすれば違憲訴訟も多発しかねない。この問題は年金税制のあり方の一環として検討されるべきであろう。

戦後七〇年、わが国は平和憲法の下で経済の成長、発展と、国民生活の向上を第一の目標とし、国民は長寿と生活の豊かさを求めて、ひたすら働き、生きてきた。その目標は見事に達成されたが、同時に世界で突出した人口の減少、少子化、高齢化をもたらし、わが国は、地方分を含め、ＧＤＰのほぼ二倍の一〇〇〇兆円を超える巨額の長期債務をかかえるに至った。そしてこれらが社会保障の維持を困難にしているのみならず、新たな貧困や格差の拡大、地域社会の崩壊、国家財政の破綻、さらには国家の衰退の懸念までもたらした。多くの美しい自然も失われ、長寿や豊かさ、科学技術の進歩による生活の利便さの向上もいいことばかりでないことが分かってきた。

戦後七〇年を国民皆年金になった昭和三十六年から数えると、昭和が二七年、平成も二七年、あわせて五四年の年になる。先程述べたように、同じ二七年といっても昭和の二七年と平成の二七年は、人口も経済も社会も、政治まで全く異なる対照的な二七年となった。昭和の二七年はひとことでいえばすべてが成長し、発展し、増加した時代であった。政治的にも安定していた。これに対し平成の二七年はすべてが停滞し、減少し、悪化し、政治的にも不安定な時代になった。日本を取り巻く国際情勢も大きく変わった。国民の働き方や生活スタイル、価値観なども大きく変わった。そのなかで、国の借金と高齢者の数と社会保障費だけが増え続けた。年金制度も昭和の二七年は制度の創設、拡大、給付の改善が一番の課題であったが、平成の二七年は、新自由主義、市場原理重視の考え方が強くなるなかで、厳しい社会保障費の抑制、削減策が進められ、将来にわたり制度を維持するための給付の増加の抑制や給付水準の引下げが一番の課題となった。

振り返ると、本来昭和の時代にわが国がやるべきことをやらずに、諸外国に比べて二〇年も三〇年も遅れをとった政策が三つある。第一は消費税の導入である。フランスはもっと古いが、ヨーロッパの国々に消費税に相当する付加価値税が導入されたのは一九六〇年代から一九七〇年代である。しかしわが国に消費税が導入されたのは一九八九年で、同時に所得税などを減税したため、実質的な増税にはならなかった。わが国は景気が良いときも悪いときも一貫して増税せず、減税してきた。経済を成長させれば増税の必要はないと考えてきたのである。

第二は年金の支給開始年齢の引上げである。厚生省が最初に厚生年金の支給開始年齢の六十歳から六十五歳への引上げを考えたのは一九八〇年（昭和五十五年）であった。しかし雇用がそこまで進んでいないということを理由に労使が強く反対し、与野党も反対してできず、厚生年金の報酬比例部分の引上げが決まったのは平成に入って一〇年も経った二〇〇〇年、実際に引上げが始まったのは二〇一三年、男女とも六十五歳以上になるのは何と六十五歳以上人口が三七〇〇万人、高齢化率が三二％にもなる二〇三〇年となった。余りにも遅すぎる。

第三は人口の少子化対策である。一九六七年（昭和四十二年）の丙午の年を別として、わが国で女子の特殊出生率が人口維持水準の二・〇七を割ったのは一九七四年（昭和四十九年）であるが、昭和の時代には国が人口の少子化を問題にするのはまだタブーであり、平成になってやっとそうでなくなり、二〇〇三年に少子化社会対策基本法が制定された。もう一つ諸外国に比べて遅れた政策をあげるとすれば、国民背番号制、税や社会保障制度の番号制度の導入である。こういった政策の遅れが今問題になっている年金制度の持続性や、世代間の格差、不公平などを生む大きな原因となっている。

しかし今からでも遅くはない。特に人口の少子化対策はわが国が今すぐ取りかかり、四〇年、五〇年かけて長期的に取組むべき最大の課題である。わが国の二〇一四年の女子の特殊出生率は一・四二であるが、東京二三区は一・一五であり、新宿区や杉並区などの区では一・〇を割っている。このままでは二一〇〇年にはわが国の総人口は約五〇〇〇万人になり、生産年齢人口はその半分の二五〇〇万人、高齢人口は約四分の一の二〇〇〇万人、年少人口は一割以下の四五〇万人程度という人口構造になる。人口の減少をそう悲観的にばかり考える必要はないという意見もあるが、私はそうは思わない。体が弱り、介護の必要な独り暮しのお年寄りが多くなり、元気な子どもの声がほとんど聞かれない、明るさのない国になるのではないか。それは決して遠い先の話ではない。私どもの子や孫の時代にそうなるのである。

人口の少子化対策も子どもの出生率を上げることだけが目標であってはならない。結婚するかしないか、子どもを生むか生まないかはあくまで国民一人一人が選択し、決めることであって、国がいくら旗を振っても黙って国民が従うというものではない。国がやるべきことは、国民が結婚し、子どもを生み、育てることに喜びや幸せを感ずる環境や条件を整備することである。さらに今の子ども達が能力を高め、健やかに育つよう教育にもっと力を入れ、近年増えつつある子どもの貧困や虐待、いじめなどの問題などにも対策を講じなければならない。

最近国連をはじめいろいろな機関が一五〇か国程度の世界各国の国民の幸福度、国民の満足度の比較調査を行っている。幸福度や満足度の指標は、裕福度（一人当たりＧＤＰ）、健康度（健康寿命）、人生の選択における自由度、仕事や頼れる人の有無などであるが、どの調査でも幸福度、満足度が一番高い国はデンマークであり、フィンランドやノルウェーなどがそれに続き、アメリカは一〇番目程度、日本は何と四〇数番目である。一方日本の年間の自殺者の数は約三万人で、人口一〇万人あたり韓国に次いで高く、アメリカの約二倍、イギリスやイタリアの約三倍である。

付加価値税率が二〇%を超え、税などの国民負担率が五〇%、六〇%もの北欧諸国の国民の幸福度、満足度が何故こんなに高いのだろうか。それは国民に個人を大切にすると同時に、相互に助け合う気持ち、連帯の精神が強く、税金は国民が助け合うためのもので、税金が高くても、全ての国民に実感できるかたちでそれが還元されているのが大きな理由の一つといわれている。日本の国民負担率はまだ四〇%程度で、アメリカや韓国、メキシコなどとともに、世界各国のなかで最も低い国に属している。それでいながら国民が感じている幸福度、満足度は四〇何位とは情けない。日本はこれから小さな国になっていかざるを得ないが、日本独自の良さや輝きをもちつつ、もう少し国民が誇りと幸福度を感ずる国になってほしい。

安倍政権は二〇一四年四月に予定通り消費税率を五%から八%に引き上げ、同年十二月まだ任期半ばに行われた総選挙でも自民党が二九一の議席を得て大勝し、自民党一強体制の下で長期化することが確実となった。そして去る九月多くの国民が反対し、学者のなかにも強い違憲論があるなか、自衛隊の海外派遣、集団的自衛権の行使を可能とする安全保障関連法案を成立させた。

今後は一億総活躍社会の実現を目標に、ＧＤＰ六〇〇兆円、子どもの出生率一・八への上昇をめざし、再び経済の再生、子育て支援、安心につながる社会保障に取り組むという。一億総活躍社会といってもその具体的意味がよく分からないし、戦前を知る人間にはそのようないい方にはひっかかるものがあるが、一億総活躍というからには若い人や女性のみならず、高齢者も生涯現役、元気である限り十分活躍し、社会に貢献してもらおうということであろう。これらの目標は経済の再生、強化のみならず、年金制度などの社会保障の再生、安定にもつながり、目標としては結構であるが、実際にはGDPも子どもの出生率も一時的にはともかく長期的には現状水準を維持することが精一杯でGDPを大きく増やしたり、出生率を大きく高めることは難しいであろう。

公的年金制度は国民の老後等の生活を支える重要な社会保障の給付の一つであると同時に、国民の長寿に対するお祝い金であり、長く社会に貢献してきた人に対する感謝と功労のお金でもある。これを是非のちのちの世代にしっかり引き継いでいってほしい。

最後にもう一つ、安全保障関連法に関連して高まってきた憲法改正論議が今後どうなるか分からないが、今の日本の憲法には国民の勤労の権利とともに、勤労の義務の規定があり、納税の義務も規定されている。もし憲法を改正するのであれば、納税の義務のみならず、税とともに社会保障を支える大きな財源である社会保険料納付の義務も規定してほしいと願っている。

第1表　主要国の総人口と人口構造

国　名	2010年				2060年	
	総人口	年齢3区分別人口割合			総人口	65歳以上人口割合
		0～14歳	15～64歳	65歳以上		
	（万人）	（%）	（%）	（%）	（万人）	（%）
日本	12,806	13	64	23	8,674	40
ポルトガル	1,068	15	67	18	868	34
韓国	4,818	16	73	11	4,425	34
スペイン	4,608	15	68	17	4,986	32
スイス	766	15	68	17	766	31
イタリア	6,055	14	66	20	5,740	31
オーストリア	839	15	67	18	824	31
ドイツ	8,230	13	66	21	7,237	30
スロベニア	203	14	70	16	195	30
ポーランド	3,828	15	72	14	3,355	30
中国	134,134	18	74	8	121,154	29
スロヴァキア	546	15	73	12	506	29
ギリシャ	1,136	15	67	19	1,148	29
チェコ	1,049	14	71	15	1,056	28
チリ	1,711	22	69	9	1,971	27
ハンガリー	998	15	69	17	907	26
フィンランド	537	17	66	17	564	26
スウェーデン	938	17	65	18	1,114	26
エストニア	134	15	67	17	120	26
ブラジル	19,495	25	68	7	21,689	26
オランダ	1,661	18	67	15	1,698	26
カナダ	3,402	17	69	14	4,510	26
ルクセンブルク	51	18	68	14	72	25
英国	6,204	18	66	17	7,354	25
フランス	6,279	18	65	17	7,395	25
ベルギー	1,071	17	66	17	1,172	25
ロシア	14,296	15	72	13	12,076	25
アイスランド	32	21	67	12	44	25
デンマーク	555	18	66	16	591	25
オーストラリア	2,227	19	68	13	3,266	25
ニュージーランド	437	20	67	13	583	24
ノルウェー	488	19	66	15	627	24
メキシコ	11,342	29	65	6	14,278	24
アイルランド	447	21	67	12	627	24
トルコ	7,275	26	68	6	9,080	23
インドネシア	23,987	27	67	6	29,026	22
米国	31,038	20	67	13	42,105	22
イスラエル	742	27	62	10	1,296	19
インド	122,461	31	64	5	171,797	17

資料：日本は国立社会保障・人口問題研究所、他は国連「世界人口推計」（2010年版）

第２表　世界各国の国民負担率、付加価値税率、社会支出

(%)

国　　名	社会保障負担率	租税負担率	国民負担率	付加価値税率	社会支出
ルクセンブルク	26.7	58.5	85.2	15	39.9
デンマーク	2.7	65.0	67.7	25	34.9
ベルギー	22.8	40.8	63.5	21	35.2
イタリア	19.8	42.7	62.5	22	33.6
アイスランド	7.1	55.1	62.2	25.5	25.7
フランス	25.2	36.7	61.9	20	35.7
フィンランド	17.8	43.3	61.1	24	33.6
オーストリア	22.4	38.2	60.6	20	33.2
ハンガリー	20.8	38.0	58.9	27	28.8
スウェーデン	10.7	47.5	58.2	25	30.5
ノルウェー	12.3	42.9	55.2	25	25.0
ポルトガル	18.6	35.8	54.4	23	31.7
チェコ	23.8	30.0	53.8	21	27.1
スロベニア	21.8	31.5	53.2	22	29.0
オランダ	20.6	31.6	52.2	21	27.5
ギリシャ	19.5	32.2	51.7	23	32.7
ドイツ	21.7	29.5	51.2	19	29.3
英国	10.7	37.0	47.7	20	25.3
エストニア	17.7	29.8	47.5	20	20.9
イスラエル	9.3	38.2	47.5	18	18.4
ニュージーランド	1.9	45.5	47.4	15	25.4
アイルランド	10.1	36.7	46.8	23	31.4
スペイン	18.2	27.4	45.6	21	32.7
ポーランド	15.8	28.8	44.6	23	23.5
カナダ	6.3	36.5	42.8	5	21.3
スロヴァキア	17.9	23.6	41.5	20	22.9
日本	17.1	22.7	39.8	8	28.2
オーストラリア	0.0	36.3	36.3	10	21.7
スイス	8.6	27.0	35.6	8	23.3
韓国	8.4	26.0	34.5	10	10.3
米国	7.5	23.3	30.8	(8.9)	22.1
チリ	2.4	27.8	30.1	19	12.3
メキシコ	2.0	21.4	23.4	16	8.8

(注) 1．社会保障負担率、租税負担率、国民負担率、社会支出は対国民所得比。
ニュージーランドは2009年、カナダは2010年、他は2011年。社会支出は2011年。
2．租税負担率には国税、地方税両者を含む。日本の2011年度の22.7%のうち国税は12.9%、地方税は9.8%である。
3．付加価値税率は、日本については2014年4月時点の税率。他は2014年1月時点の税率。
4．米国の付加価値税率は、ニューヨーク州とニューヨーク市における小売売上税の合計の税率。

第一部　わが国の公的年金制度の歴史

第一章　厚生年金保険制度の創設

第一節　公的年金制度のはじまり

わが国の公的年金制度のはじまりは、明治のはじめにできた恩給制度である。恩給制度は明治八年（一八七五年）の海軍退隠令、明治九年（一八七六年）の陸軍恩給令によってまず軍人恩給の制度ができ、明治十七年（一八八四年）の官吏恩給令によって一般官吏にまで拡大された。その後教職員などにも恩給制度ができ、大正十二年（一九二三年）に制定された恩給法によってこれらの制度が統合された。恩給制度は、一定年限公務に従事して退役した軍人や官吏に対する国の恩恵的給与（賜金）、報償的給付という性格を有し、厳密にいえば社会保障制度としての現在の公的年金制度とは性格が異なっている。

現在の公的年金制度と性格も仕組みも類似し、その原型ともいえるのは、明治の終わりから大正にかけて官業、民業の工場や事業所に従業員の相互扶助組織としてつくられた共済組合である。官業の共済組合はまず明治三十八年（一九〇五年）に官営八幡製鉄所でつくられ、明治四十年（一九〇七年）には帝国鉄道庁で鉄道院共済組合がつくられた。その後大正にかけて専売局、印刷局、海軍工廠、陸軍工廠、造幣局等に相次いで共済組合が設立された。これらの共済組合は、当初は業務上の災害や事故による従事員の傷病や死亡の際の補償や見舞金などを中心とした給付を行っていたが、その後業務外の私傷病に対する疾病給付や養老、廃疾、遺族等の年金給付まで行うようになった。

民間でも明治三十八年（一九〇五年）に鐘紡に共済組合がつくられた。鐘紡共済組合は、定款で「本組合ハ組合員ノ病災ニ罹リタルモノヲ救済シ、又ハ老衰及ビ負傷ノ為労働ニ堪ヘザルモノ或ハ規定ノ勤務年限に達シタルモノニ年金ヲ給与スル」と定め、男子満一五年、女子満一五年勤務した者に、退社後一五年間男子は給料の一〇〇分の一五、女子は一〇〇分の一〇の年金を支給した。年金といっても勤続手当的性格が強く、年金額も低かったが、わが国における民間労働者を対象とした年金制度の先駆といってよい。

国が保険者になり、一般の民間労働者を対象とした社会保険としての年金制度は、昭和十四年（一九三九年）に制定された船員を対象とした船員保険制度が最初である。社会保険は、資本主義経済の発達に伴って発生し、次第に深刻化した労働問題や労働運動に対処するため、労働者の保護、労働力の保全を目的に、労使が予め保険料を拠出し、疾病給付や年金給付を行う制度で、一九世紀の終わりにドイツではじめられた。わが国でも大正十一年（一九二二年）に一定規模以上の従業員を使用する工場労働者を対象にはじめての社会保険制度として健康保険法が制定された。

昭和に入ってすぐの金融大恐慌、昭和六年（一九三一年）の満州事変、昭和十二年（一九三七年）の日華事変を経て、わが国が戦時体制に突入するにつれ、戦力の増強、生産力の拡充という見地から国民の健康の増進と体位の向上、労働力保全のための施策の重要性が強く認識されるようになり、その一環として社会保険制度が急速に整備されていった。昭和十三年（一九三八年）に農山漁民を対象にした国民健康保険法がつくられ、翌昭和十四年（一九三九年）には一般俸給生活者、事務職員を対象とした職員健康保険法と船員を対象とした船員保険法がつくられた。

海上労働者たる船員を対象とした船員保険法は、疾病給付のみでなく年金給付を含む総合保険としてつくられた。その内容は概略次のようなものであった。

(1)　船員法に定める船員を強制被保険者とする。
(2)　一五年以上被保険者であった者に対し、五十歳から平均報酬年額の四分の一の養老年金を支給する。
(3)　三年以上被保険者であった者が廃疾の状態になったとき、養老年金と同額の廃疾年金を支給する。
(4)　三年以上被保険者であった者が死亡したとき、遺族に死亡手当金を支給する。
(5)　三年以上一五年未満被保険者であった者が被保険者でなくなったとき、脱退手当金を支給する。

わが国でまだ陸上労働者に対する年金制度がなかったときに、船員を対象とした年金制度が先につくられたのは、船員については疾病保険より年金制度の創設についての要望の方が強かったからである。それには戦時体制の下で海運業の重要性が高まってきたにもかかわらず、船員の労働が海上労働という特殊な労働であり、労働時間も長く、退職年齢も早かったため、船員の確保が容易でなく、船員の確保と定着が国策上も緊急の課題となってきたという背景がある。兵士や武器を輸送する船が戦争により沈没しても、兵士やその遺族には恩給がでたが、船員には何もないという事情もあった。こうしたことでできた船員保険は、疾病保険より年金保険としての性格が強かった。

第二節　労働者年金保険法の制定

船員保険法が制定されると、一般の陸上労働者についても年金保険制度の創設の気運が急速に高まり、厚生省保険院で本格的な調査研究がはじめられた。長期積立方式による労働者年金保険制度の創設は、労働者の老後及び不慮の災害による廃疾の場合の不安を一掃し、後顧の憂いなく専心職務に精励させて、労働力の保全強化と労働能率の増進を図るという本来の目的のほか、通貨の回収によるインフレの防止や保険料の積立てによる資本蓄積という時局の要請にもこたえるものであった。労働力の短期移動の防止、長期勤続の奨励という意味あいもあった。

しかし日中戦争が次第に泥沼化し、総力戦体制の確立、強力な国防国家の建設が急務となってきた時代であっただけに、このような法律の制定について軍部などに反対論がなかったわけではない。それに対して厚生省は、労働者の老後などの不安を除いて、精神的に安心感を与え、生産活動に専念せしめることが生産の拡充、ひいては戦力の増強につながるといって説得した。

産業界からは保険料の負担が過重であることを理由に反対論があり、また各種の社会保険制度の統合や、昭和十一年（一九三六年）に労働者の長期勤続に対し退職時に退職手当を支給することを目的として制定された退職積立金及び退職手当法の廃止又はそれとの調整について要望があった。この法律は労働者年金保険と極めて類似した内容をもっていたが、両制度の適用範囲が異なり、退職手当の労務管理上果たす役割や失業対策的効果が重視されるべきであること等の理由により、結局退職手当制度も存置されることになり、積立金を任意積立てにすることにより事業主の費用の二重負担の緩和や事務の簡素化が図られた。労働者年金保険制度の創設は、政府直営の団体郵便年金にも保険料の二重負担を免れるための解約など大きな影響を及ぼすことも危惧された。

最後までもめたのが、積立金の運用権限を厚生省がもつか大蔵省がもつかということであった。厚生省が年金制度の管理者の立場から自主運用を主張したのに対し、大蔵省は国家資金の一元的管理運用を強く主張した。結局大蔵省預金部（のちの資金運用部）で他の資金と一元的に運用することになり、一部が労働者の福祉施設に還元融資されることになった。

労働者年金保険法は、厚生省保険院の保険制度調査会の満場一致の答申をえて、昭和十六年（一九四一年）二月帝国議会に提出され、三月可決成立した。法律の内容の概略は次のようなものであった。

(1) 被保険者は、常時一〇人以上の従業員を使用する工業、鉱業等の事業所に使用される男子労働者とする。
(2) 保険事故は、老齢、廃疾、死亡及び脱退とし、保険給付は養老年金、廃疾年金及び廃疾手当金、遺族年金、脱退手当金とする。
(3) 標準報酬は、一〇円から一五〇円までの一五級とする。
(4) 養老年金は、被保険者期間が二〇年（坑内夫は一五年）以上ある者に対し、五十五歳（坑内夫は五十歳）から支給する。年金額は平均報酬年額の四分の一（平均報酬月額の三月分）を基本金額とし、被保険者期間が二〇年以上あるときは、一年ごとに平均報酬年額の一％を加算する。ただし、平均報酬年額の二分の一を限度とする。
(5) 廃疾年金、廃疾手当金は、廃疾になった日前五年間に三年以上の被保険者期間がある者が、被保険者期間中の傷病により一定の廃疾の状態になったときに支給する。廃疾年金は養老年金と同額、廃疾手当金は平均報酬月額の七月分とする。
(6) 遺族年金は、養老年金を受けるのに必要な資格期間を満たした者が死亡したとき、その者によって生計を維持されていた配偶者、子、父母、孫に支給する。年金額は養老年金の二分の一、支給期間は一〇年とする。
(7) 脱退手当金は、被保険者期間が三年以上二〇年未満の者が死亡又は資格を喪失したとき支給する。支給額は期間に応じて平均報酬月額の四〇日から三〇〇日分とする。

(8) 保険料率は、平均報酬月額の一〇〇〇分の六四（坑内夫は一〇〇〇分の八〇）とし、労使折半で負担する。

(9) 国は、給付費の一割（坑内夫は二割）を負担する。

健康保険法がこの時すでに従業員五人以上の事業所が対象とされていたのに対し、労働者年金保険法の対象が従業員一〇人以上とされたのは、五人以上一〇人未満の零細な事業所の事業主の保険料負担能力を考慮したためであり、勤続期間の短い女子も適用除外された。一方健康保険法では年収一二〇〇円以上の者は適用除外されたが、労働者年金保険法ではこれらの者も対象とされた。

養老年金の額は、老齢による労働能力の減退に伴う収入の減少に対し、生活費の一部を補給する趣旨から、船員保険と同様、平均報酬年額の四分の一とされた。支給開始年齢が五十五歳とされたのは当時の一般的な定年年齢や平均的稼働年齢にあわせたものである。当時の平均寿命は、男子四七・九二歳、女子四九・六三歳（昭和十年～十一年）であった。

遺族年金は当初一時金が考えられたが、民間の生命保険業界から一時金では民間の生命保険の一時金と重複するという理由で反対され、有期の一〇年年金とされた。坑内夫を一般労働者より優遇する特例が設けられたのは、当時産業戦士といわれ、石炭等の増産に従事している炭鉱労働者について短い資格期間で早くから年金がでるようにしてほしいという強い要望があったからである。脱退を保険事故とするかどうかについては意見が分かれたが、保険料の掛捨て防止の意味から脱退給付が設けられた。

保険料率は、全期間を通じて同率の保険料率（平準保険料率）で将来の収支を賄うという完全積立方式の考え方に立ち、法律でなく、厚生省の告示で定められた。事業主の負担が重すぎるという意見に対し、政府は事業主の負担は生産費の一〇〇〇分の三程度にすぎず、重すぎるとは思わないと答えている。国庫負担は、当初の案は船員保険と同様二割であったが、将来の財政負担の増加を懸念した大蔵省が反対し、原則一割、坑内夫のみ二割とされた。

戦時体制下における厚生省発表のニュースは、国民徴用令、賃金統制令（賃金ストップ令）、職場移動禁止令など労働者にとって暗いニュースが多かったが、労働者年金保険法の制定だけは、労働者の恩給として第一線の工場や鉱山等の労働者に安心感と夢を与え、士気を高揚させる明るいニュースであったといわれている。労働者年金保険法は、昭和十七年（一九四二年）六月から全面的に施行された。制度発足当初の適用事業所数は約六万、被保険者数は約三五〇万人であった。

第三節　厚生年金保険法への改称と適用範囲の拡大

労働者年金保険法が実施に移されて二年後の昭和十九年（一九四四年）、アメリカ軍による本土空襲がはじまり、戦局が悪化、敗色が濃厚になるなかで、労働者の一層の士気高揚を図ることを目的として労働者年金保険法についてはじめての改正が行われ、制度の拡充が図られた。その内容は概略次のようなものであった。

(1)　法律の名称を厚生年金保険法に改める。
(2)　被保険者の範囲を従業員五人以上一〇人未満の事業所の従業員、事務職員及び女子に拡大する。
(3)　養老年金の年金額を平均標準報酬月額の四月分とする。
(4)　廃疾年金、廃疾手当金の名称を障害年金、障害手当金に改め、給付を改善する。業務災害に基づく障害給付については、工場法等に基づく事業主扶助を吸収して優遇措置を講ずる。
(5)　遺族年金の支給期間を終身とし、業務上の事由による死亡を中心に給付を改善する。
(6)　脱退手当金の支給条件を緩和し、死亡、徴用、応召、婚姻等による資格喪失の場合には資格期間三年を六月に短縮し、支給額を引き上げる。
(7)　婚姻を保険事故とし、三年以上被保険者期間がある女子が結婚したときは、平均報酬月額の六月分の結婚手当金を支給する。
(8)　保険料率を一般一〇〇〇分の一一〇（坑内夫一〇〇〇分の一五〇）に引き上げる。応召者、入営者等については保険料を徴収しない。

法律の名称が労働者年金保険法から厚生年金保険法に改められたのは、当時「労働者」という言葉を嫌う空気が強かったためである。女子が被保険者にされたのは勤労動員などによる女子の工場労働者への大量の進出が背景にあり、原則三年とされていた障害給付や退職手当金の資格期間が六月に短縮されたのも、戦争の激化に伴い急激に増加してきた徴用工の徴用期間がおおむね二年であったことから、給付の可能性の少ない労働者年金保険法の適用について不平不満の声があがってきたためである。

この改正の最大の特徴は、職員及び女子への適用拡大と結婚手当金を支給するといった女子への配慮であった。一番問題となったのは脱退率や勤続年数、業務上の事故率などの異なる労働者、職員、女子の保険料率をどのように定めるかということと、法律制定時にも問題になった退職積立金及び退職手当法や、工場法、鉱業法等による業務災害等の場合の事業主扶助制度による事業主の負担との重複をどう調整するかということであった。結局保険料率は労働者、職員、女子を通じて職員を基準とする一本の料率にするが、労働者及び女子については給付の面で職員より有利な扱いにし、また、退職積立金及び退職手当法及び工場法等による事業主扶助制度は廃止して、厚生年金保険法に吸収統合することとされた。保険料率が二倍近くに引き上げられたのはそのためである。適用事業所数、被保険者数もこの改正によりそれぞれ約一三万、約八四〇万人とほぼ倍増した。

第二章　厚生年金保険制度の再建

第一節　制度崩壊の危機

昭和二十年（一九四五年）八月、わが国は戦争に負け、国土は焦土と化し、産業は壊滅状態に陥った。戦後の猛烈な食糧難とインフレにより、国民生活も混乱と困窮の極みに達した。こうしたなかで平和国家、民主国家、福祉国家の建設をめざす新憲法が制定され、その理念に基づいて数多くの新法の制定、旧法の廃止が行われ、諸制度の改革がすすめられた。

厚生年金保険制度も戦争で壊滅的な打撃を蒙った。適用事業所数は昭和十九年（一九四四年）の一二万から昭和二十年（一九四五年）には九万へ、被保険者数は八三〇万人から四三〇万人へと激減した。保険料の徴収も困難となり、終戦直後約二〇億円あった積立金の実質価値はみるみるうちに減少していった。当時厚生年金は、老齢年金も遺族年金も給付は始まっておらず、給付が始まっていたのはわずかな件数（昭

和二十一年　約一八〇〇件）の障害年金のみであった。制度は事実上崩壊寸前の状態になり、廃止論さえでた。

厚生年金保険の戦後の最初の課題は、制度崩壊の危機の克服であった。そのためまだ給付の始まっていない養老年金は事実上凍結状態におき、すでに給付が始まっていた障害年金について受給資格期間の短縮や年金額の引上げを行うとともに、加入者が死亡した場合に、直ちにその夫や妻、子に支給される新たな遺族年金を創設して、制度が少しでも実際に生活に役立つようにされた。その一方、標準報酬月額の引上げはできるだけ抑え、保険料率は大幅に引き下げて保険料の負担を少なくし、目減りする一方の積立金の増加を抑制するなど、あえて二律背反的な方策をとって、制度の存続が図られた。

厚生年金保険法の戦後の最初の改正は、昭和二十二年（一九四七年）に労働者の業務災害に対する事業主の補償責任を確実に履行させるため、労働者災害補償保険法が制定されたことに伴い、健康保険法及び厚生年金保険法の業務上の事由による疾病給付、障害給付等を同法に移管することを中心とする改正で、概略次のような内容のものであった。

(1)　厚生年金保険法による業務上の事由による障害又は死亡に関する給付は、労働者災害補償保険法に移管し、同法による給付が行われる間は、厚生年金保険法による給付は行わない。

(2)　障害年金を障害の程度が自用を弁ずることができるかどうかによって二等級に区分するとともに、受給資格期間を六月に短縮し、一級年金の額は平均報酬月額の五月分、二級年金の額は四月分、障害手当金は一〇月分とする。
(3)　脱退手当金の受給資格期間を六月に短縮し、一年間の待期は廃止する。
(4)　標準報酬月額について三〇円から六〇〇円までの二〇等級を、一〇〇円から六〇〇円までの六等級に改める。
(5)　保険料率を男子は一〇〇〇分の一一〇から一〇〇〇分の九四に、女子は一〇〇〇分の一一〇から一〇〇〇分の六八に、坑内夫は一〇〇〇分の一五〇から一〇〇〇分の一二六に引き下げる。
(6)　女子の結婚手当金は廃止する。

このとき健康保険法の標準報酬月額については最高額が二〇〇〇円まで引き上げられたが、厚生年金保険法については保険料の増徴を避けるために据え置かれた。保険料の引下げは業務上の災害による給付の労働者災害補償保険法への移管によるもので、このときから男女別に保険料率が定められた。

翌昭和二十三年（一九四八年）には猛威を振るうインフレ対策として障害年金の大幅な引上げや、新たな遺族給付の創設、保険料率の大幅引下げを内容とする次のような改正が行われた。
(1)　標準報酬月額を健康保険法にあわせて最低二〇〇〇円から八一〇〇円までの二七等級に引き上げる。なお、養老年金及び養老年金の受給資格期間を満たした者に対する遺族年金の給付の計算については、標準報酬月額は最低の三〇〇円として計算する（事実上の凍結）。
(2)　障害年金及び障害手当金の額の計算にあたっては、当分の間全期間でなく、最終三月間の平均報酬月額を基礎とし、業務上の障害年金の額を五倍に引き上げる。

(3)　被保険者期間が六月以上ある被保険者が死亡した場合、五十歳以上又は十六歳未満の子のある寡婦、五十五歳以上のかん夫（妻と死別した夫）、十六歳未満の遺児に、それぞれ寡婦年金、かん夫年金、遺児年金を支給し、年金額は平均報酬月額（当分の間最終三月間）の二月分とし、子一人につき月額二〇〇円を加算する。

(4)　保険料を暫定的に男女とも平準保険料率の三分の一程度の一〇〇〇分の三〇、坑内夫一〇〇〇分の三五に引き下げる。

(5)　これまで勅令や省令、告示で定められていた事業主や被保険者の権利義務に関する規定や保険料率を法律で定める。

昭和二十四年（一九四九年）には前年の改正で引き上げられなかった業務外の障害年金についても五倍に引き上げられ、昭和二十六年（一九五一年）には標準報酬月額の最高限六〇〇〇円のみが計算の基礎となっていた業務上及び業務外の障害年金の額が二倍に引き上げられた。この結果、昭和二十二年（一九四七年）には月額一二五円程度であった障害年金の新規裁定者の年金額は、昭和二十六年（一九五一年）には二四〇〇円程度になった。

第二節　厚生年金保険法の全面改正

インフレが終息し、わが国の経済が戦前の水準に回復し、国民生活が次第に安定してきたのは昭和二十六年（一九五一年）頃であった。翌昭和二十七年（一九五二年）には日米平和条約（サンフランシスコ条約）の発効により、わが国は政治的にも独立を回復した。

昭和二十一年（一九四六年）に制定された新憲法の理念に基づき、わが国の社会保障制度の整備確立をめざす議論や動きも活発になってきた。昭和二十四年（一九四九年）に内閣総理大臣の諮問機関として設置された社会保障制度審議会は、昭和二十五年（一九五〇年）十月と昭和二十六年（一九五一年）十月の二回にわたり、わが国の社会保障制度の整備推進について勧告した。昭和二十七年（一九五二年）のわが国の独立回復とともに、軍人恩給復活の動きや、私立学校教職員共済組合の厚生年金からの分離独立の動きなどがではじめた。このような制度の統一化とは逆行する動きに危機感を抱いた社会保障制度審議会は、昭和二十八年（一九五三年）十二月年金制度について現行制度を二段階に分けて統合一元化するという次のような内容の勧告を行った。

(1)　まず第一段階として、厚生年金保険、船員保険、恩給、国家公務員共済組合、町村職員共済組合、地方団体の恩給、私立学校教職員共済組合の適用者を対象とする単一の総合年金制度を確立する。

(2)　第二段階として、五人未満の事業所の被用者及び一定の自営業者を単一の総合年金制度の適用対象に含める。

(3)　年金額は最低生活を保障する趣旨から定額制とする。

(4)　公務員のための恩給や共済組合等の現行制度は単一の総合年金制度に附加的に考慮する。

こうした情勢のなかで、厚生省も昭和二十七年（一九五二年）頃から厚生年金保険の適用範囲、標準報酬、給付内容などを全面的に見直し、長期保険としての財政基盤を確立し、新憲法の理念に基づく社会保障制度の一環として再建するための検討をはじめた。その背景には、それまで事実上凍結状態におかれていた養老年金の受給権が、資格期間について戦時加算のついた坑内夫について、昭和二十九年（一九五四年）一月から本格的に発生することとなるため、昭和二十八年（一九五三年）中に最小限の措置を講ずる必要があるという事情があった。

厚生年金保険の全面的見直しについて事業主を代表する経営者団体は、社会保険制度全体の整備統合が先決であり、大幅な保険料率の引上げを伴う制度の全面改正には現状では堪え得ないとして強く反対した。被保険者を代表する労働団体も、給付の改善には賛成したが、保険料率の引上げには反対した。両者の意見が一致したのは、国庫負担の増額と積立金の運用の改善、独自運用だけであった。そのため昭和二十八年（一九五三年）には健康保険法の改正にあわせて、土木、建築、教育、研究、医療、福祉、通信、報道等の業種への適用範囲の拡大と、標準報酬月額の最低三〇〇〇円から最高八〇〇〇円までの六等級への引上げだけが行われた。

昭和二十九年（一九五四年）厚生省は、労使の反対の強い保険料率の引上げを断念して暫定料率のまま据え置くこととし、厚生年金保険法を全面改正する新厚生年金保険法案を国会に提出した。法案は老齢年金の定額部分を月額一五〇〇円から二〇〇〇円に引き上げ、遺族年金や老齢年金の加給の対象となる子の年齢を十六歳から十八歳に引き上げるなどの修正が行われて、五月に成立した。その内容は概略次のようなものであった。

(1) 保険料及び年金額計算の基礎となる標準報酬月額の上限を八〇〇〇円から一万八〇〇〇円に引き上げる。過去の三〇〇〇円未満の標準報酬月額は三〇〇〇円として年金額を計算する。
(2) 養老年金の名称を老齢年金に改める。
(3) 男子四十歳以上、女子三十五歳以上の高齢加入者の老齢年金の資格期間は一五年とする。
(4) 老齢年金の男子の支給開始年齢を二〇年かけて段階的に五十五歳から六十歳（坑内夫は五十歳から五十五歳）に引き上げる。
(5) 老齢年金の基本年金額は、定額部分（月額二〇〇〇円）と報酬比例部分（平均標準報酬月額×一〇〇〇分の五×被保険者期間の月数）を加えた額とし、受給者に配偶者又は十八歳未満の子がいるときは、一人につき月額四〇〇円を加給する。
(6) 障害給付は、障害の程度に応じ、一級、二級、三級の障害年金と障害手当金とする。
(7) 一級の障害年金の額は、老齢年金相当額に一〇〇〇円を加えた額、二級の障害年金は老齢年金相当額、三級の障害年金の額は老齢年金相当額の七〇％相当額、障害手当金の額は老齢年金相当額の一四〇％相当額とする。

(8)　従来の遺族年金、寡婦年金、かん夫年金、遺児年金を遺族年金に統一し、遺族一時金は廃止する。

(9)　遺族年金は被保険者又は二〇年以上被保険者であった者が死亡したとき支給するものとし、遺族の範囲は、十八歳未満の子と生計を同じくしている妻、四十歳以上の妻（五十五歳まで支給停止）、十八歳未満の子若しくは孫、六十歳以上の夫、父母若しくは祖父母とする。

(10)　遺族年金の額は、老齢年金相当額の二分の一に加給年金を加えた額とする。

(11)　脱退手当金は、男子は被保険者期間が五年以上あって老齢年金の資格期間を満たさないで五十五歳を超えて退職したとき、女子は被保険者期間が二年以上あって老齢年金の資格期間を満たさないで退職したときに支給する。

(12)　脱退手当金の額は、平均報酬月額に一定の率を乗じた額（被保険者本人が負担した保険料にある程度の利子をつけた額）とする。

(13)　保険料は、男女とも一〇〇〇分の三〇（坑内夫一〇〇〇分の三五）の暫定料率を据え置き、その後五年ごとに引き上げる。

(14)　国庫負担は、保険給付費の一〇％から一五％に引き上げる（坑内夫は従来どおり一〇〇〇分の二〇％）。

第三節　定額部分の導入と支給開始年齢の引上げ

厚生年金保険法の旧法と新法の最大の相違点は、旧法では報酬比例一本であった年金給付に、新法では定額部分がとりいれられたことである。給付を定額一本にするか報酬比例を残すかは、意見が最も激しく対立した点で、社会保障制度審議会や経営者団体は、報酬比例の年金は高額所得者の給付が高く、低額所得者の給付は低くなる、国庫負担まで高額所得者に厚く、低額所得者に薄くなり、社会保障の理念に反する、社会保障としての年金給付は最低限の生活を保障しうる生活保護の基準を上回る月額三〇〇〇円程度の定額制を基本とすべきであると主張した。経営者団体が定額制を主張したのは、定額制の方が事業主の費用負担が少なくてすむと予想されること、退職金が所得や勤続年数に比例するものであるから、年金はその必要がないという理由からであった。

これに対して厚生省や労働団体は、報酬比例の年金も社会保障の理念には反しない、被用者を対象とする年金制度においては、諸外国でも従前所得に比例する給付になっている、企業によって報酬の違いが大きいわが国で、保険料を報酬比例でとりながら給付のみを定額にするのは公平でないし、被保険者の納得が得られないという理由から、報酬比例部分を残すことを強く主張した。結局定額部分と報酬比例部分をほぼ同じ割合で組み合わせた給付体系とされた。

定額部分の額は、被保険者期間に関係なく、当時の六十歳以上の者の生活保護法による二級地の生活扶助基準（おおむね二一七五円）を参考に定めたものであり、報酬比例部分は被保険者期間二〇年を基準に標準報酬月額の一〇％が加算されるように定められたものであった。配偶者や十八歳未満の子がいるときに加給することとされたのは、社会保障としての年金は、世帯を単位に、家族構成に応じて生活を保障するものでなければならないという考え方によるものである。しかし、「このような額で生活できると思うか」という国会での野党の質問に対し、政府は「年金額は生活保護の水準と保険財政をにらみあわせてきめたものであり、生活の有力な足しにはなるが、これだけで生活できるとは思っていない」と答弁している。

旧法と新法の相違点の第二は、男子の老齢年金の支給開始年齢が、戦後の平均寿命、五十五歳以後の平均余命の著しい伸びにあわせて、段階的に五十五歳から六十歳に引き上げられたことである。

平均寿命は昭和二十五年（一九五〇年）、昭和二十六年（一九五一年）頃にはすでに男子は五九・五歳、女子は六二・九歳になっていた。しかし、定年年齢がまだ五十五歳であったため、年金の支給開始年齢を六十歳に引き上げることについては、労働団体は反対した。国会でも大きな論議となり、社会党は断じて納得できないとして撤回を求めた。

これに対して政府は、「国民の平均寿命は今後も伸びると予想され、年金の支給開始年齢を五十五歳のままにしておくと、扶養家族まで入れると、日本の全人口のなかで年金受給者の占める比率が相当高くなり、将来の被保険者が負担すべき最終保険料率は、五十五歳のままでは一〇〇〇分の七〇ぐらいにしなければならない。六十歳にすれば一〇〇〇分の六一程度ですむ。日本の将来の姿としても、勤労者が五十五歳で隠居するのではなく、六十歳ぐらいで仕事を離れて年金で生活していく姿が望ましいのではないか。今すぐ引き上げねばならないというわけではないが、引上げの方針を決めておくのが適当である。しかし急激な引上げは行わず、定年制など実際と調整をとっていく。諸外国の年金制度にも五十五歳という例はなく、全部六十歳、六十五歳、甚だしいのは七十歳である」と答弁し、撤回には応じなかった。

旧法と新法の第三の大きな相違点は、保険料率が戦後の暫定料率のまま据え置かれ、財政方式が完全積立方式から賦課方式の方向に修正されたことである。いわゆる修正積立方式、段階保険料率制への転換である。制度創設以来、厚生年金保険では保険料を将来にわたって一定とする完全積立の財政方式を採ってきた。これは制度発足時高齢で加入した者を除けば、加入者はすべて等しい負担と給付を与えられるべきであり、時代によって保険料率が変わることは公平を欠くと考えられたからである。戦後の特殊な事情から、養老年金の給付を事実上凍結し、恒常保険料率の三分の一程度の暫定保険料率に引き下げられたが、これはあくまでも暫定的なもので、老齢年金給付の凍結解除に伴って当然もとに復すべきものであることから、当初は二年ごとに一〇〇〇分の一〇ずつ引き上げて速やかに恒常料率に回復させ、完全積立方式に復帰させる案が考えられた。しかし標準報酬を引き上げたうえに保険料率も引き上げて短期間に恒常料率に復帰させることについては、労使双方に強い反対意見があり、到底望み得ないところから、差し当たっては暫定料率のまま据え置き、その後は五年ごとに引き上げることとされた。法律のなかに「保険料率は、保険給付に要する費用の予想額並びに予定運用収入と国庫負担の額に照らし、将来にわたって財政の均衡を保つことができるものでなければならず、且つ少なくとも五年ごとにこの基準に従って計算されるべきとする」という、いわゆる五年ごとの財政再計算の規定がおかれたのはこのときである。

財政計算にあたっての積立金の運用利率は、当時の大蔵省の資金運用部への預託金利率五分五厘が今後も続くとした場合のほか、当初一〇年間は五分、以降四分五厘とした場合の二通りの前提に立って計算された。最終保険料の見通しは、運用利率を五・五%とした場合、昭和四十四年（一九六九年）以降男子一〇〇〇分の四五、女子一〇〇〇分の三二、運用利率を当初一〇年五%、以降四・五%とした場合、男子一〇〇〇分の六一、女子一〇〇〇分の四〇であった。

保険料率は再び男女同率とされたが、勤続年数の短い女子については老齢年金の支給開始年齢を五十五歳に据え置き、脱退手当金の資格期間を二年間（男子五年）にするなど保険給付の面で優遇を図った。

脱退手当金については廃止論もあったが、まだ老齢年金の本格的支給が始まっておらず、各種年金制度間の通算措置がとられていない現状において一挙に廃止することは実情にもあわないとして、法案審議の過程において存置が強く要望された。そのため、老齢年金受給の機会を得ることが不可能と認められる場合の一時金的な性格の給付として存置された。

厚生年金保険法の全面改正にあわせて、船員保険法についても、養老年金を老齢年金に改め、給付を定額部分と報酬比例部分を合わせたものにするなど同様の内容の船員保険法改正法案が国会に提出され、成立した。

第四節　厚生年金保険と船員保険の通算

わが国の年金制度は、それぞれ独自の沿革と目的をもって職域ごとにつくられ、その間に資格期間の通算措置などが講じられていないため、職業や職域が変わり、加入者がある制度から他の制度に移動した場合、一つの制度で資格期間を満たさない限り、どの制度からも年金が支給されないという大きな欠陥があることがかねてから指摘されていた。そのため、社会保障制度審議会は、昭和二十八年（一九五三年）の「年金制度の整備改革に関する勧告」において、すべての被用者、自営業者を通ずる統一的な年金制度の創設及び各制度を通じて一定の資格期間を満たした者には年金が支給される資格期間の通算措置を強く要望した。

こうしたことから厚生年金保険の全面改正にあたって既存の各制度の資格期間の通算措置も大きな検討課題の一つになった。しかし制度の沿革や内容の異なるすべての制度との間で直ちに通算措置を講ずることは困難なことから、さしあたって同じ社会保険の制度であり、給付の内容も類似している厚生年金保険と船員保険の間で通算措置を講ずることとし、昭和二十九年（一九五四年）四月、次のような内容の厚生年金保険法及び船員保険法交渉法案が国会に提出された。交渉法案は五月に成立し、新厚生年金保険法と同時に施行された。

(1)　老齢年金及び老齢年金の資格期間を満たした者に対する遺族年金の支給にあたっては、厚生年金の被保険者期間と船員保険の被保険者期間を通算する。

(2)　老齢年金の受給権を得るために必要な被保険者期間は、厚生年金保険においては原則として二〇年、船員保険においては一五年となっているので、両保険の被保険者期間を通算する場合には、厚生年金保険においては船員保険の期間を三分の四倍、船員保険においては厚生年金保険の期間を四分の三倍して計算する。

(3)　両保険を通算した場合における保険給付は、最後に被保険者であった制度で行い、その費用は両保険の特別会計が一定の基準により按分して負担する。

全被用者を対象とした統一的な年金制度の確立を勧告していた社会保障制度審議会は、昭和二十九年（一九五四年）の改正が厚生年金保険のみの改正にとどまり、年金制度全体に及んでいないこと、資格期

表１－１　厚生年金保険の被保険者数等の推移（昭和 17 ～ 30 年）

年　度	事業所数	被保険者数	平均標準報酬月額	積立金
	万	万人	円	億円
昭和17(1942)	6	342	71	1
18(1943)	6	429	75	3
19(1944)	12	840	83	9
20(1945)	9	459	93	14
21(1946)	9	454	354	29
22(1947)	10	479	573	55
23(1948)	13	571	5,033	120
24(1949)	14	573	6,069	237
25(1950)	16	611	6,318	368
26(1951)	18	661	6,788	515
27(1952)	20	703	7,018	678
28(1953)	23	779	7,171	840
29(1954)	25	788	11,621	1,135
30(1955)	26	852	11,844	1,486

間の通算も厚生年金保険法と船員保険法の通算のみに限られていること、年金額も極めて低く、報酬比例部分が残されていることなどを不満とした。

しかし、戦時中に戦力の増強という戦時政策の一環としてつくられ、戦後崩壊の危機に瀕した厚生年金保険制度が、新憲法の理念に基づいて、医療保険と並ぶ社会保障制度の重要な柱として再建、整備されたことの意義は大きい。資格期間の通算も厚生年金保険と船員保険の二制度間のみの措置とはいえ、縦割りで別々につくられてきた年金制度がはじめて横につながれた意義も決して小さくなく、これが昭和三十六年（一九六一年）のすべての年金制度間の通算措置につながっていった。

しかし、厚生年金の保険料率の引上げについて、標準報酬の上限の引上げによる保険料の負担の増加が大きいということから、労使が最後まで反対し、戦後の特別な事態に対処するための極めて低い暫定料率のまま据え置かれ、画竜点睛を欠いた。また、給付への定額部分の導入は、所得の高い者にとっては制度の魅力を減退させ、特定のグループが厚生年金保険から脱退して共済組合を設立する動きに拍車をかける原因ともなった。

新制度の発足後、神武景気に伴う雇用の拡大により、厚生年金保険の適用事業所数及び被保険者数は著しく増加、積立金も昭和三十二年（一九五七年）には二〇〇〇億円を突破した。保険給付の面でも労働者年金保険発足後一五年目の昭和三十二年（一九五七年）に、四十歳以後一五年という高齢加入者の資格期間の特例によって、坑内夫以外にはじめて一般老齢年金受給者の発生をみるに至った。

第三章　国民年金制度の創設

第一節　国民年金制度創設への動き

昭和三十年（一九五五年）は戦後のわが国の歴史のうえで一つの大きな節目の年であった。経済は戦後の復興期を終え、その後約二〇年間続く高度成長期に入った。政治は保守合同と左右社会党の統一により、自民党と社会党の二大政党のいわゆる五十五年体制の時代に入った。社会保障については、農漁民や自営業者、零細な事業所の被用者を含む全国民に医療保険及び年金制度の適用を及ぼすための国民皆保険及び国民皆年金の実現が大きな課題となってきた。

昭和三十年代の初め、わが国の公的年金制度としては厚生年金保険、船員保険のほか、国家公務員共済組合、公共企業体職員等共済組合、市町村職員共済組合、私立学校教職員共済組合などの各種共済組合制度があり、国家公務員や地方公務員については別に官吏を対象とする恩給制度があった。しかしこれらはいずれも一定規模以上の事業所や工場で働く被用者や公務員を対象とする制度であり、農漁民や自営業者、零細な事業所の被用者などには何の年金制度もなかった。年金制度によってカバーされている人数も全体で約一二五〇万人で、全就業者人口約四〇〇〇万人の三分の一程度、全被用者人口の約一八〇〇万人の約七〇％程度にすぎなかった。医療保険が農民や自営業者を含め、すでに全国民の三分の二をカバーしていたのに比べ、年金制度のたちおくれは著しかった。

昭和三十年（一九五五年）頃から全国民を対象とした国民年金制度創設の気運が盛りあがってきた。その背景には、原爆被爆者など他の戦争犠牲者や、身体障害者、母子家庭など一般の生活困窮者に対する援護対策をさしおいた軍人恩給の増額の動きや、それまで厚生年金保険に加入していた農業協同組合や漁業協同組合の職員が厚生年金保険から脱退して新たな共済組合をつくる動き、約七〇〇万人の中小企業の被

表１－２　国民年金創設前の公的年金制度の適用状況

制度の種類	昭和32年（1957年）	平成14年（2002年）
	万人	万人
厚生年金保険	915	3,219
船員保険	18	
国家公務員共済組合	53	112
恩給	150	
公共企業体職員等共済組合	68	
国鉄	45	
専売	42	
電電	17	
市町村職員共済組合	35	
地方公務員等共済組合		324
私立学校教職員共済組合	7	41
農林漁業団体職員共済組合		47
国民年金		7,049
第１号被保険者		2,154
第２号被保険者		3,742
第３号被保険者		1,153
合　計	1,246	7,049
総人口	9,100	12,700
就業者人口	4,200	6,500

用者を厚生年金保険から脱退させて新たな退職年金をつくろうという中小企業政治連盟の構想などに対する世論の強い警戒と反撥があった。一方市町村など地方自治体のなかに八十歳ないし九十歳以上の老人や母子家庭を対象に、独自に月額一〇〇〇円程度の敬老年金や母子年金を支給する動きも出はじめた。

昭和三十年代に入ると衆参両院の選挙で自民党も社会党も国民年金制度の創設を重要な選挙公約の一つに掲げるようになった。昭和三十二年（一九五七年）五月、政府は内閣総理大臣の諮問機関である社会保障制度審議会に国民年金制度の基本方案について諮問した。厚生省も学識経験者五名を国民年金委員に委嘱して、国民年金制度の創設について検討をはじめた。昭和三十三年（一九五八年）五月の総選挙で「昭和三十四年度からの国民年金制度の逐次実施」を選挙公約に掲げた自民党が過半数を確保した。総選挙後岸内閣は昭和三十四年（一九五九年）からの国民年金制度の実施を正式に決定し、政府と自民党は一体となって国民年金制度の具体案の立案にとりかかった。

第二節　制度の基本的考え方と仕組み

国民年金制度を創設するにあたっての最大の問題点は、保険料の納付を条件に年金を支給する拠出制（社会保険方式）を基本とするか、保険料の納付を条件とせず、税を財源に年金を支給する無拠出制（税方式）を基本とするかということであった。拠出制のみでは制度発足時すでに老齢、障害、母子の状態にある者には年金が支給されないし、また国民年金の対象者には保険料の納付が困難な低所得者や無業者も多く含まれることから、拠出制を基本とするにしても何らかのかたちで無拠出制を併用せざるを得なかった。しかしどちらを基本とし、どのようなかたちで両者を併用するかについて意見が分かれた。

社会保障制度審議会の答申は、拠出制を原則としつつも無拠出制を恒久的に国民年金制度のベースにおくというものであり、厚生省の国民年金委員は、拠出制は保険料負担能力のある者を対象とし、保険料負担能力のない者に例外的に無拠出の年金を支給するという、拠出制を基本においた保険的性格の強い制度にすべきであるとした。

社会党は無論、自民党にも無拠出制を基本とすべきであるという強い意見があり、国民年金制度の適用対象者の多くを占める農民を代表する農業者団体は無拠出制を基本とすることを主張した。拠出制は、適用事務や保険料徴収に膨大な機構と費用を必要とするということもその理由の一つであった。

これに対し政府は、わが国の経済社会の基本的性格及び将来における人口趨勢から、国民年金全制度を国民の老後生活の安定に役立つ本格的な年金制度として発展させるためには次のような理由から拠出制を建前とすることが最善と考え、拠出制を基本とし、経過的、補完的にのみ無拠出制を併用することとした。その理由は今日でもなお妥当すると思われるので、少し長いが、当時の文献（小山進次郎著『国民年金法の解説』）から引用しておきたい。

(1)　老齢のように誰でもいずれは到達する事態については勿論のこと、身体障害や夫の死亡という事態に対しても、予め自らの力でできるだけの備えをすることは、生活態度として当然のことであり、わが国の社会はこのような個人の自助努力、自己責任の原則を基として成り立っている。したがって国民年金制度を真に老後等の生活を支えうる本格的な年金制度とするためには、自助努力、自己責任の考え方にたった拠出制を基本とするものでなければならない。

(2)　無拠出制とすると、その財源を所得税等国の一般財源に求めざるをえない関係上、財政支出の急激な膨張が避けられない。特にわが国のように老齢人口が将来急激に増加していく国においては、将来の国民に過大な負担を負わせる結果となる。それを避けようとすれば、年金額などの制度の内容は社会保障の名に値しないほどに不十分なものにならざるを得ない。これに対して拠出制により積立方式をとるとすれば、その運用から生ずる利子も財源にあてることができるため、制度の内容の充実が期待できるし、積立金の投資によって、国民経済の発展、国民所得の増加も期待できる。

(3)　年金制度において最も必要とされる重要なことは、制度そのものに安定性と確実性が備わっているということである。年金はいったん決められたならば、長期にわたって確定された権利として受給者に保障されなければならない。しかるに無拠出制を基本とすると、その支出を賄うための収入がその時々の経済及び財政事情の影響を受けやすく、場合によっては突発的な財政需要のために年金額をにわかに引き下げなければならないということさえ起きかねない。たとえそのようなことがないにしても、給付内容の充実といった事態に対し、無拠出制では何としても弱い立場に立たざるを得ないことは多言を要しない。

(4)　諸外国においてもイギリス、西ドイツ、アメリカなど年金制度の先進国といわれる国はすべて拠出制を原則としており、無拠出制を原則としている国は、スウェーデン、デンマークなど資源が豊かで人口の少ない国に限られている。

国民年金制度を創設するにあたってのもう一つの大きな問題点は、国民年金制度の対象者をどうするかということであった。既存の制度をすべてご破算にして全国民を対象とするか、既存の制度をそのままにして、その加入者も国民年金に二重加入させるか、既存の制度の未加入者のみを対象とするかという三つの考え方があった。全国民を対象とすれば各制度間の資格期間の通算措置は必要がないが、既存制度の未加入者のみを対象とすれば各制度間の資格期間の通算措置を講じない限り、各制度ごとに二〇年あるいは二五年という資格期間を満たさなければ年金を受けられず、国民皆年金にはならない。どの案にしても既存の各制度に大きな影響がでることは避けられない。

社会保障制度審議会は、既存の制度の未加入者のみを対象とし、各制度間で通算措置を講ずる案を答申した。国民年金委員は、各制度間の通算は技術的に困難であるという判断から、既存の制度の加入者も国民年金に二重加入させる案を提案した。これに対して政府は、既存の制度のご破算は実際問題として不可能であり、既存制度の加入者も二重加入させて全国民を対象とする制度とするか、既存制度の未加入者のみを対象として各制度間で期間通算するかのいずれにするかは、既存の制度に与える影響の大小や実施の難易性などについてさらに検討し、結論をだすべきであると考え、さしあたって国民年金は既存制度の未加入者のみを対象とする制度とした。

国民年金制度の適用対象をこのようにした理由について政府は国会で次のように述べている。

「国民年金の適用範囲についてでありますが、全国民を対象といたしまして年金制度を考えます場合、現行制度をご破算にして一本の制度を創設する考え方もありますが、現行制度にはそれぞれ独自の沿革や目的があり、簡単にご破算にはできません。現行制度を残したままこれらの加入者に国民年金に二重加入させることにも相当の問題や困難が予想されます。したがって現行制度の適用を受けている人々やこれらの制度からすでに年金を受けている人々は一応国民年金制度で考えられている以上の給付を保障されており、さしあたってこれらの人々を除く人々を対象として制度を創設しても不合理ではありません。しかし国民年金と現行制度との通算調整、現行制度相互間の通算調整の問題が解決されないままでは完全なものとはいいがたいので、拠出制年金発足までに十分研究して参りたいと存じます。」

第三節　国民年金法の制定

昭和三十四年（一九五九年）二月、政府は既存の制度の未加入者のみを対象とし、拠出制年金と無拠出制年金を密接不可分のものとして包括的に規定した国民年金法案を国会に提出した。国会では衆参両院で種々の議論があったが、無拠出年金の名称が援護年金から福祉年金に修正され、拠出制年金の実施までに各種公的年金制度間の通算調整の途を講ずることが附帯決議されて、四月に成立した。拠出制年金の内容は概略次のようなものであった。

(1)　拠出制年金の適用対象は二十歳から五十九歳までの全国民とする。ただし、既存の公的年金制度の適用者及び受給者は適用除外とし、その配偶者（妻）及び学生は任意加入とする。また制度発足時すでに五十五歳を超える者は適用除外とし、五十歳から五十五歳までの者は、本人が希望すれば保険料を納付して拠出制年金を受けることができる任意加入とする。

(2)　保険料は二十歳から三十四歳までは月額一〇〇円、三十五歳から五十九歳までは月額一五〇円とする。生活保護を受けている者その他保険料を負担することが困難と認められる者については保険料を免除する。

(3)　年金給付の種類は、老齢年金、障害年金、母子年金、遺児年金及び寡婦年金の五種類とする。

(4)　老齢年金は、保険料納付期間が二五年以上ある者に対し、六十五歳から支給する。保険料免除期間がある者については、保険料納付期間が一〇年以上であり、保険料納付期間と保険料免除期間を合算して二五年以上あれば支給する。拠出制年金発足時は三十一歳を超える者については、その者の年齢に応じて二五年を一〇年ないし二四年に短縮する。

(5)　老齢年金の額は、保険料納付期間に応じ、保険料納付期間が二五年以上である者には年額二万四〇〇〇円（月額二〇〇〇円）、四〇年ある者には年額四万二〇〇〇円（月額三五〇〇円）とする。

(6)　障害年金は事故発生前引き続く三年以上保険料を納付した者が日常生活が著しく制限される片手又は片足を失った程度（二級）以上の障害になったときに支給し、年金額は保険料納付期間に応じ、年額二万四〇〇〇円から四万二〇〇〇円までの額とする。障害の程度がこれより重度の両手又は両足を失った程度（一級）であるときは、年額六〇〇〇円を加算する。

(7) 母子年金は、生計中心者である夫が死亡したとき、夫の死亡前引き続く三年以上保険料を納付し、十八歳未満の子がある妻に支給し、年金額は保険料納付期間に応じ年額一万九三〇〇円から二万五〇〇〇円までの額とする。十八歳未満の子が二人以上あるときは、第二子以降の子一人につき年額四八〇〇円加算する。

(8) 遺児年金は、死亡前引き続く三年以上保険料を納付した父母が死亡したとき、十八歳未満の子に支給し、年金額は七二〇〇円から一万五〇〇〇円とする。

(9) 寡婦年金は、老齢年金を受けるのに必要な期間保険料を納付した夫が死亡したとき、婚姻期間が一〇年以上ある妻に、六十歳から六十五歳までの間支給し、年金額は夫の受けるべきであった老齢年金の二分の一相当額とする。

(10) 保険料及び年金額については、国民の生活水準その他の諸事情の変動に応じて、将来にわたって制度が財政の均衡を保つことができるよう五年ごとに再計算を行い、調整するものとする。

(11) 拠出制年金の適用及び保険料の徴収は、昭和三十六年（一九六一年）四月一日から開始する。

無拠出制年金の内容は、概略次のようなものであった。

(1) 無拠出制年金は制度発足時すでに老齢、障害若しくは母子の状態にある者、又は拠出制年金に加入し、同様の状態にたちいたったが、保険料を納付することが困難であったために、拠出制年金を受けることができない者に支給する。

(2) 無拠出制年金の種類は、老齢福祉年金、障害福祉年金及び母子福祉年金の三種類とする。

(3) 老齢福祉年金は、制度発足時七十歳以上の者、制度発足時五十歳以上で拠出制年金に任意加入しなかった者、又は拠出制年金に加入したが、保険料を納付することが困難（保険料免除期間又は保険料免除期間と保険料納付期間を合算して期間が三〇年以上）であったために拠出制年金を受けることができない者に、七十歳から支給し、年金額は一万二〇〇〇円（月額一〇〇〇円）とする。

(4) 障害福祉年金は、制度発足時二十歳以上で両手又は両足を失った程度（一級）以上の障害のある者、拠出制年金に加入し、同程度以上の障害になったが、保険料を納付することが困難であったために拠出制年金を受けることができない者に支給し、年金額は一万八〇〇〇円（月額一五〇〇円）とする。二十歳前に同程度の障害になった者に対しても、二十歳から支給する。

(5) 母子福祉年金は、制度発足時夫が死亡し、義務教育終了前の子のある妻、又は保険料を納付することが困難であったために拠出制年金を受けることができない妻に支給し、年金額は一万二〇〇〇円とする。義務教育終了前の子が二人以上いるときは、第二子以降の子一人につき年額二四〇〇円を加算する。ただし、受給権者が二十五歳以上の子と生計を同じくしているときは、支給を停止する。

(6) 福祉年金は受給権者が他の公的年金の受給権者であるとき、又は本人、配偶者若しくは扶養義務者に一定程度以上の所得があるときは、支給を停止する。

(7) 国庫は、福祉年金の費用の全額を負担する。
(8) 福祉年金は昭和三十四年（一九五九年）十一月から支給を開始する。

第四節　国民年金制度の特色

国民年金は拠出制を基本とする制度とされたが、対象者の職業や収入がさまざまであり、保険料の負担能力のない無業者も多く含まれることから、いろいろな面で被用者年金とは違った特別の配慮や仕組みがとりいれられた。まず第一に、老齢になったとき国民の誰もが自分自身の名義で年金を受けられるようにするというのが国民皆年金のめざすところであるという考え方から、職業や収入の有無、男女の別なく、対象者一人ひとりが被保険者になり、年金受給者になるよう完全に個人単位の制度とされた。したがって夫婦で農業や自営業を営んでいる場合、夫婦それぞれが被保険者となって保険料を納めることとされ、夫が死亡したときの母子年金も、夫でなく妻が一定の保険料を納めていることが支給要件とされた。

国民年金をすでに被用者年金に加入している者を除く全国民を対象として個人単位の年金制度にするにあたって問題になったのは、夫がサラリーマンで被用者年金に加入している世帯の無業の妻の取扱いであった。サラリーマンである夫の無業の妻いわゆる専業主婦は、被用者年金には加入していないが、夫が老齢年金を受けるようになった場合には夫の年金の加給の対象となり、夫が死亡した場合には遺族年金を受けることができるから、十分でないにしても被用者年金によってある程度守られている。したがって、サラリーマンの妻は、被用者年金と国民年金の本来どちらの守備範囲とすべきか全く意見が分かれた。そのためこの問題については引き続き検討することとして、国民年金の強制加入の対象者とはしないが、希望者は任意加入できる途を開いておこうということになった。

国民年金の第二の特色は、均一、定額の保険料、年金とされたことである。これは均一、定額の保険料、年金が社会保障の理念にかなっているからということではなく、対象者の職業や収入がまちまちであるため、公平で正確な所得の把握が難しく、技術的に所得比例の保険料、年金にすることが不可能と考えられたからである。しかし国民年金についても技術的に可能であれば所得比例の保険料、年金の方が魅力的で、望ましいという意見は強く、昭和四十四年（一九六九年）に本来の保険料に上乗せした保険料を払い、より多くの年金が受けられる付加保険料、付加年金の制度が設けられた。

保険料を一律定額にする場合、対象者の所得水準、負担能力からおおむね月額一〇〇円ないし二〇〇円程度が適当であり、限度であろうと考えられた。社会保障制度審議会は有業者月額一〇〇円、無業者月額五〇円、平均七五円とし、厚生省の国民年金委員は一律二〇〇円とした。保険料納付期間二五年で月二〇〇〇円、四〇年で月三五〇〇円の老齢年金を六十五歳から支給するとした場合の数理上必要な保険料の額は一月あたり一八〇円となったが、国庫負担分を計算にいれれば一二〇円となった。しかし保険料の負担能力や年金制度への関心度の年齢階層による違いを考慮して、二十歳から三十四歳までは月額一〇〇円、三十五歳から五十九歳までは一五〇円という二段階制にされた。この二段階制の保険料は昭和四十五年（一九七〇年）から年齢に関係なく一段階制にされた。

年金額については社会保障制度審議会は最低生活費が賄えるものでなければならないという考え方から当時生活保護の老齢者の生活扶助の基準額であった月額二〇〇〇円程度、四〇年後にはこれが三五〇〇円程度になると考え、これを拠出制老齢年金の基準年金額とした。一方国民年金委員は、四〇年間拠出した場合の老齢年金の額は月四〇〇〇円程度でなければ年金の名に値しないとした。

厚生省は、二五年間保険料を納付した場合の年金額は社会保障制度審議会と同様月額二〇〇〇円程度とするが、四〇年という全期間保険料を納付した場合の年金額は、当時の成人一人一か月の消費支出額が共通経費を除き三八〇〇円程度であったことから、いまの価格で月額三五〇〇円とし、将来国民の生活水準等が上昇した場合には、それに応じて年金額も引き上げるという考え方をとった。

二十歳から五十九歳までの四〇年という被保険者期間は被用者年金に比べて長すぎるし、六十五歳という支給開始年齢も遅すぎるという意見もあったが、国民年金の対象者の大半を占める農業従事者や自営業者の生活実態、就労実態からみて無理ではないし、諸外国でも老齢年金の支給開始年齢は六十五歳が一般的であること、被保険者期間を短くしたり、支給開始年齢を早めれば、保険料をもっと高くしたり、年金額をもっと低くしなければならないことからこのように決められた。

第三の特色は保険料免除制度と高率の国庫負担の導入である。国民年金の加入者には生活保護を受けている者や市町村民税の均等割も納めていない者もおり、所得税納税者とその配偶者の数は約六五〇万人、全対象者総数約三三〇〇万人の二〇％程度にすぎないと推定された。したがって保険料の額が月額一〇〇円、一五〇円という低い額であっても負担の困難な者が多数いると見込まれることから、保険料の免除制度が導入された。しかし保険料免除期間も資格期間の計算上は保険料の納付期間と同様の扱いとし、最低一〇年間保険料納付期間があれば年金を支給することとされた。

保険料相当額の二分の一という国庫負担は給付費の三分の一に相当し、厚生年金保険の国庫負担率より高い。しかもそれが給付時でなく、拠出時に行われ、被保険者が拠出した保険料とともに積立金に繰り入れられて運用され、利子収入の増大が図られた。昭和三十七年（一九六二年）の法律改正により保険料の免除者についても制度発足時に遡って国庫負担の対象とされ、その分年金額にも反映されることとなり、保険料の負担が困難であった者に対する補完的福祉年金の必要性がほとんどなくなった。

第四の特色は、拠出制年金について思い切った成熟化促進措置がとられたことである。拠出制年金の受給資格期間は原則二五年とされたが、制度発足時三十一歳以上の者については、一〇年から二四年に短縮され、制度発足時五十歳を超えた高齢者で任意加入しなかった者については、昭和四十五年（一九七〇年）に最低五年の保険料納付期間があれば老齢年金が支給されることとされた。これは拠出制年金といいながらも必要な拠出期間をできるだけ短くして拠出制国民年金の受給者の発生をできるだけ早め、保険料の納付意欲の向上にもつながるようにというねらいから行われたものである。保険料免除者に対する国庫負担の導入とともに、従来の社会保険の概念を越える扱いであった。

第五に、無拠出制年金が先行実施されて拠出制年金の実施ができないということにならないように、両者が複雑にからみあう一体なものとして制度がつくられた。そのため極めて難解な法律となった。また実施面で保険料を現金でなく、国民年金手帳に印紙を貼って納め、市町村で検認を受けるという納入方法がとられたことも国民年金の特徴の一つであった。このような納入方法はいまはとられていないが、被用者保険のように保険料を給与から源泉徴収することができず、もっぱら被保険者の自主納付によらざるを得ない点がいまもなお国民年金の弱点になっている。

第五節　公的年金各制度間の通算

国民年金制度は無拠出制年金と拠出制年金とに分けて実施に移された。まず昭和三十四年（一九五九年）十一月から無拠出制の福祉年金の支給が開始され、昭和三十五年（一九六〇年）三月全国の郵便局で七十歳以上の老人約二〇〇万人、それぞれ約二〇万人の身体障害者及び母子家庭に昭和三十四年（一九五九年）十一月から昭和三十五年（一九六〇年）二月までの四か月分の福祉年金の支払いがはじめて行われた。しかし昭和三十六年（一九六一年）四月から始まる拠出制年金については、全国的に社会党や革新団体などによって強い実施反対運動が展開され、制度が軌道にのるのに数年を要した。

しかし反対運動の一方で、保険料の掛捨て防止や老齢年金の支給開始年齢を六十五歳より早めてほしいなどの要望が強くでてきたため、昭和三十六年（一九六一年）三月次のように制度の内容を一部手直しするための国民年金法の一部改正法案が国会に提出され、十月に成立、四月に遡って実施に移された。

(1)　保険料を三年以上納付した者が死亡した場合、保険料を納めた期間に応じ遺族に五〇〇〇円から五万二〇〇〇円の死亡一時金を支給する。

(2)　老齢年金の受給資格期間を満たしている者については、六十歳以降その者が希望するときから減額した老齢年金を支給する。

(3)　障害年金、母子年金等の最低受給資格期間を三年から一年に短縮する。

(4)　祖母と孫、姉と弟妹など母子家庭に準じた状態にある者に対しても、準母子年金又は準母子福祉年金を支給する。

(5)　前年の所得による福祉年金の所得制限を緩和するとともに、その年に災害を受けた場合の特例を設ける。

昭和三十六年（一九六一年）四月拠出制発足時の加入者数は約一七〇八万人（強制加入一四八八万人、任意加入二二〇万人）で、当時加入目標としていた二〇二三万人の八四・四％の加入率であった。しかしその後加入者数は次第に増加し、昭和四十一年（一九六六年）三月には被保険者数は二〇〇一万人（強制加入一七一八万人、任意加入二八三万人）と二〇〇〇万人の大台にのった。保険料の免除者は加入者の約一〇％程度であった。

国民年金法の成立後すぐ公的年金制度を所管する各省の担当者からなる公的年金制度通算調整連絡協議会が設置され、国民年金と既存の制度との関係をどうするか、既存の制度の加入者も国民年金に二重加入させるか、二重加入させないで国民年金と各制度相互間で資格期間の通算措置を講ずるかについて検討がすすめられた。

その結果既存の制度の加入者は国民年金に二重加入させないで、既存の各制度と国民年金の加入期間を合算して二〇年ないし二五年に達する者については、各制度からその制度の加入期間に応じて減額した通算年金を支給するという、いわゆるじゅずつなぎ方式による通算制度を創設することで各省が合意し、昭和三十六年（一九六一年）三月通算制度に関する通則的事項を定めた通算年金通則法案と、各制度の給付に通算老齢年金又は通算退職年金を創設するための公的年金各法の一部改正法案が国会に提出され、十一月に成立、拠出制国民年金が発足した四月に遡って実施された。その内容は次のようなものであった。

(1)　通算の対象とする公的年金制度は次のとおりとする。

国民年金

厚生年金保険

船員保険

国家公務員共済組合

市町村職員共済組合その他地方公務員の退職年金制度

私立学校教職員共済組合

公共企業体職員等共済組合

農林漁業団体職員共済組合

(2) 各制度は、各制度を合算して一定の年数（国民年金の加入期間がある場合は二五年、被用者年金のみの場合は二〇年）に達する者については、各制度からその加入期間に応じて通算老齢年金又は通算退職年金を支給する。

(3) 通算老齢年金又は通算退職年金の支給開始年齢は、国民年金は六十五歳、被用者年金は六十歳とする。

(4) 通算年金の額は、国民年金は保険料納付期間一年につき九〇〇円、厚生年金保険は加入期間が二〇年である場合の基準年金額の二〇分の一、その他の被用者年金は、厚生年金の年金額を下回らない額。

(5) 通算年金の支給に必要な財源は現行の退職手当金又は退職一時金の原資をもってあてる。

(6) 通算年金の支給決定は各制度で行い、支払いもさしあたって各制度で行う。

これまで公的年金各制度間の通算が困難とされた理由は、各制度の沿革や性格が異なるばかりか、保険料率や掛金率、年金額の計算方法などにも大きな相違があるため、通算制度の実施は各制度の仕組みや財政に大きな影響を与えるだけでなく、加入者の記録や原資の移管、年金の支払いなど事務的、技術的にもさまざまな困難と費用の増加が予想されるということであった。

しかし、じゅずつなぎ方式による厚生年金ベースでの通算は、厚生年金は脱退手当金の原資だけでは賄うことができなかったが、共済組合は退職一時金を半分以上残したままで年金の支給が可能であった。また年金の支給の決定も支払いも各制度で行うことによって、記録や原資の移管も必要がなく、事務的にも各制度にそれほど大きな影響を与えないで実施が可能となった。ただ共済組合に比べて厚生年金の給付水準が著しく低く、したがって通算年金の水準も低いことが問題となり、各制度が行う通算年金の支払いの一元化も今後の課題として残された。

通算制度の創設によって、これまでばらばらにつくられ、内容もばらばらであった公的年金制度がはじめて横糸でつながれた。これまで年金につながらなかった短期の加入期間もすべて年金につながるようになり、名実ともに国民皆年金の体制ができあがった。個々の年金制度からみれば二〇年とか二五年という長期の加入期間のもつ意味が薄れ、また公務員制度の一環であり職域年金であるとされてきた共済組合も明確に公的年金制度の一環に組み込まれることとなった。

第四章　国家公務員共済組合法等の制定

第一節　国家公務員共済組合法（旧法）の制定

昭和二十年代及び三十年代には、国家公務員共済組合法をはじめ、多くの共済組合法が制定され、公務員などの特定の職業、職域を対象とする共済年金制度が次々にできた。まず国家公務員に対する年金制度として、昭和二十三年（一九四八年）に国家公務員共済組合法（旧法）、昭和三十三年（一九五八年）に国家公務員共済組合法（新法）が制定された。

戦前の旧憲法時代は、現在の国家公務員法のような国の職員の任用や分限、服務に関する統一的な法律はなく、判任官、高等官（奏任官、勅任官）などの官吏は、国家の特別の選任によって天皇及び政府に対し忠実かつ無定量の勤務に服すべき公法上の義務を負うものとされ、官吏の補助的実務に従事する雇員及び肉体的労働に従事する傭人は私的契約による職員として区別された。官吏の任用等については文官任用令、文官分限令、文官懲戒令、官吏俸給令等の勅令（天皇の親裁による命令）で定められていたが、雇傭人については何の定めもなく、全くの別扱いで、官吏と雇傭人では俸給等にも著しい差異があった。

恩給法は官吏には適用されたが、雇傭人には適用されなかった。恩給制度は、明治のはじめまず軍人恩給から始まったが、その後、文官や教育職員、警察監獄職員にも恩給が支給されるようになり、大正十二年（一九二三年）これらの恩給制度が統合されて恩給法が制定された。恩給は在職一七年（最初は一五年であった）の官吏に対し、最終俸給の三分の一を、四十五歳から五〇％、五十歳から七〇％、五十五歳から一〇〇％支給するというもので、本人の国庫納金は俸給の二％とされ、費用の大部分を国が負担した。恩給法の適用を受ける官吏の数は、昭和十七年（一九四二年）当時四十数万人であった。

現業の雇傭人には恩給法は適用されなかったが、共済組合による年金制度があった。共済組合はまず明治四十年（一九〇七年）に鉄道の現業員を対象に帝国鉄道庁現業員共済組合がつくられ、その後専売、印刷、通信、林野などの現業員を対象に相次いでつくられた。これらの共済組合は、当初は公務による負傷、疾病、死亡などの際に療養費の支給や一時金、見舞金などの短期給付を行っていたが、大正に入ってから年金などの長期給付も行うようになった。

昭和二年（一九二七年）健康保険法の施行と同時に、すべての現業の共済組合が健康保険法と同様の給付を行うようになった。また昭和十四年（一九三九年）の職員健康保険法の制定に伴い、昭和十六年（一九四一年）に非現業の政府職員を対象に各省ごとに共済組合がつくられ、職員健康保険法と同様の短期給付を行うこととなった。これらの共済組合はいずれも個々に勅令に基づいてつくられ、現業共済組合の長期給付の内容は組合ごとに違いがあった。雇傭人の数は昭和十七年（一九四二年）当時約一一五万人であったが、非現業の雇傭人には何の年金制度もなかった。

昭和二十二年（一九四七年）に国家公務員法が制定され、国から報酬を受けて国の勤務に服する者はすべて国家公務員とされた。官吏と雇傭人という身分上の区別は一切廃止され、新しい人事制度に基づく任免、服務、給与、補償等の制度が定められた。年金制度についても国家公務員法のなかに「相当年限忠実に勤務して退職した国家公務員に対しては恩給が与えられなければならない」という規定がおかれた。ここでいう恩給とは恩給法による恩給ではなく、官吏と雇傭人を区別しない国家公務員全部を対象とした新退職年金制度の確立を意味していた。

昭和二十三年（一九四八年）新憲法が施行されて、旧来の勅令がすべて時限を切って効力を失い、国民の権利義

図1－1　戦前の官吏制度

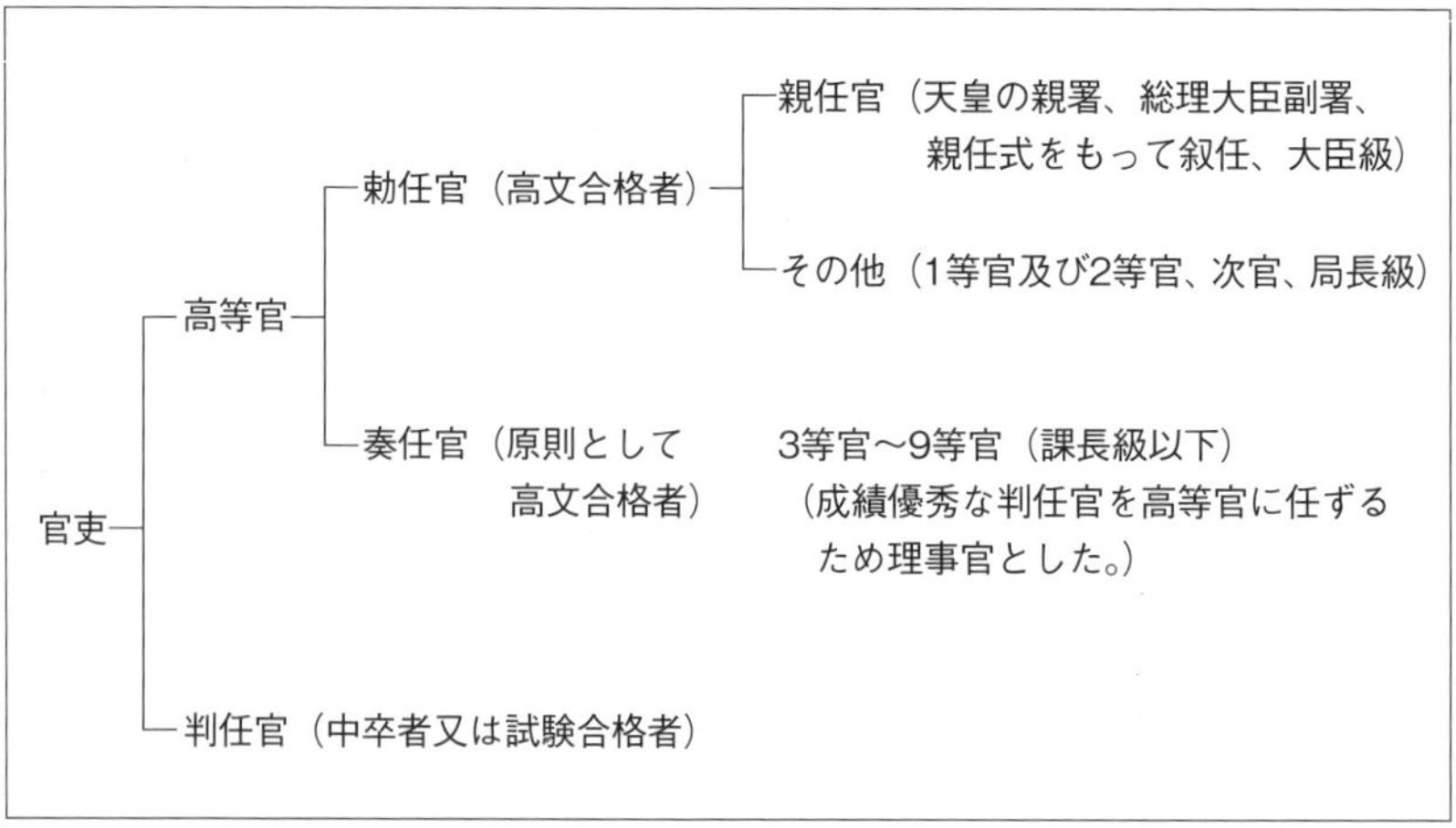

務に関する事項は法律で規定されることとなったため、国家公務員共済組合法（旧法）が制定された。これによって従来個々の勅令によって設立されていた共済組合が、法律に根拠をもち、法人格をもった共済組合にされた。組合ごとに違っていた長期給付の内容や支給条件も統一された。

翌昭和二十四年（一九四九年）に国家公務員共済組合法が改正され、それまで現業の雇傭人にのみ適用されていた長期給付が非現業の雇傭人にも適用されることになった。こうして現業、非現業を通じ、政府の雇傭人すべてに国家公務員共済組合法が適用されることになったが、恩給法上の公務員は引き続き適用除外とされた。それ以降国家公務員の年金は、完全に官吏に適用される恩給法による恩給と、雇傭人に適用される国家公務員共済組合法による共済年金の二本立てとなった。両制度の間には期間通算もなく、雇員一五年ののち任官して恩給法適用となり、官吏として一五年勤続した場合、合計三〇年の勤務期間があっても、共済組合からも恩給制度からもそれぞれ一時金しか支給されなかった。

第二節　公共企業体職員等共済組合法の制定

国家公務員法が制定され、官吏も雇傭人も同じ国家公務員として身分上の差がなくなったにもかかわらず、年金についてだけ二つの異なる制度があり、給付内容や費用負担に差があるばかりか、雇傭人が官吏に任用されても期間通算措置もなかったため、国家公務員全体について統一的な退職年金制度の確立が課題となった。

昭和二十五年（一九五〇年）ＧＨＱ（連合軍総司令部）の招きによりアメリカから来日したマイヤース調査団は、国、地方を通ずる全公務員を対象とし、費用を全額国が負担する恩給制度の創設を勧告した。昭和二十八年（一九五三年）人事院も公務員の勤務の特殊性に着目し、一般の社会保障とは異なる退職年金制度の創設を国会と内閣に勧告した。昭和三十年（一九五五年）公務員制度調査会も国家公務員のうち本来の国の公務に恒常的に従事する職員には新退職年金制度を創設し、単純労務等に従事する職員には現行の共済組合制度を適用するという答申を行った。しかしこれらはいずれも問題があり、実際の動きにはつながらなかった。

国家公務員に対する統一的年金制度の確立の動きを加速し、差し迫った問題にしたのが、公共企業体の発足とその職員に対する年金制度の適用であった。昭和二十四年（一九四九年）運輸省の現業部門であった国鉄と大蔵省の外局であった専売局が公共企業体に移行し、日本国有鉄道と日本専売公社が設立された。次いで昭和二十七年（一九五二年）に電気通信省の電信電話事業も公共企業体に移行し、日本電信電話公社が発足した。

公共企業体の発足とともに、これまでこれらの事業に従事していた職員は国家公務員ではなくなった。しかし年金制度の適用についてはこれまでどおりとされ、公共企業体発足の際恩給法が適用されていた者は引き続き恩給法が準用され、国家公務員共済組合法が適用されていた者及び公共企業体発足後に新たに採用された職員は、すべて国家公務員共済組合法が準用されることとなった。そのため職員に適用される年金制度は完全に二本立てになり、これまで就職して三年ほどで任官して恩給法の適用を受けることができたはずの職員も永久に恩給法に比べて不利な国家公務員共済組合法の準用を受けることになり、職員の差別、不均衡を固定してしまう結果となった。

このような差別、不均衡は、公共企業体の職員に大きな不平、不満をおこし、人事管理、労務管理上放置できない問題となった。しかし公務員全体の年金制度の一元化は一向にすすまなかったため、業を煮やした公共企業体の労使は、国鉄の労使が中心となって国会に強く働きかけ、昭和三十一年（一九五六年）議員立法として公共企業体の職員全員を対象とした公共企業体職員等共済組合法が制定された。この法律は従来の恩給公務員にも適用され、国家公務員より先に適用年金制度が統一された。共済組合は各公共企業体ごとにつくられ、長期給付、短期給付及び福祉事業を行った。長期給付の給付水準は国家公務員共済組合より二、三割もアップされた。

第三節　国家公務員共済組合法（新法）の制定

公共企業体職員等共済組合法制定を機に、国家公務員全体について統一的年金制度制定の気運がさらに高まってきた。まず同じ局舎に勤務しながら、恩給法適用者よりはるかに多くの現業職員を抱えている郵政職員について、恩給と共済組合の二本立ての年金制度の一本化の要望が強まり、郵政省職員共済組合法制定の動きがでてきた。郵政省以外にも大蔵省印刷局、造幣局、林野庁など同様の現業官庁にもその動きが波及し、政府としては国家公務員全員を対象とした新しい退職年金制度の確立に本腰を入れて取り組まざるを得なくなってきた。

国家公務員全員を対象とした統一的年金制度の確立にあたって一番大きな問題となったのは、国が直接制度を運営管理するこれまでの恩給と同様の給与的性格をもつ年金とするか、これまでの雇傭人を対象とした共済組合と同様、共済組合が運営し、労使折半の社会保険の性格をもつ年金にするかであった。これまで恩給制度を所管してきた総理府や人事院は、国の職員である国家公務員の年金制度は公務員制度の一環であるから、国が責任をもって直接運営する恩給方式の年金を主張し、これまで国家公務員共済組合を所管してきた大蔵省は、共済方式の年金を主張し、所管問題もからんで意見が対立した。

そのためこの問題についてはさらに意見調整をすすめることとし、さしあたって郵政、印刷、造幣、林野、アルコール専売の五現業の職員全部と各省の非現業の雇傭人を対象に、官吏、雇傭人の区別なく一本の共済方式の年金制度を創設することとし、昭和三十三年（一九五八年）五月国家公務員共済組合法が全面改正され、新国家公務員共済組合法が制定された。その後恩給公務員の取扱いについて政府部内で引き続き検討が行われた結果、従来の恩給公務員にも新法を適用するための改正が行われ、十月から施行された。

国家公務員に対する年金制度が最終的に共済組合方式の年金とされた理由は、まず第一に、国家公務員には身分、職務に特殊性があるにしても、これまでのように国から特権的、恩恵的に与えられる恩給方式の年金は、国民の納得を得られにくいこと、第二に、国家公務員の約半数、現業では大半を占める雇傭人について明治以来共済組合方式で長期的給付が行われてきているが、何の不都合もなく、公共企業体職員も共済組合方式で統一されたこと、第三に、積立金を活用還元して各種の福祉事業を行うためには、積立金を直接国が管理しない方が財政法や会計法上の制約がなく、やりやすいことなどであった。恩給方式に

表１－３　新旧国家公務員共済組合法等の比較

<table>
<tr><th>区分</th><th>新国共法</th><th>旧国共法</th><th>公企体共済法</th><th>恩給法</th></tr>
<tr><td>性格</td><td>保険、相互扶助</td><td>保険、相互扶助</td><td>保険、相互扶助</td><td>国の給与、補償</td></tr>
<tr><td rowspan="3">退職給付</td><td>退職年金
・20年40%加算１年につき1.5%
・若年停止55歳まで全額</td><td rowspan="2">退職年金
・20年33.3%、加算１年につき1.2%
・若年停止50歳まで全額</td><td>退職年金
・20年40%加算1年につき1.5%
・若年停止55歳まで全額</td><td rowspan="2">普通恩給
・17年33.3%、加算１年につき0.66%
・若年停止
45～50
5/10
50～55
3/10</td></tr>
<tr><td>減額退職年金
・20年以上
・55歳と支給開始年齢との差１年につき４%ずつ減ずる</td><td>減額退職年金
・20年以上
・55歳と支給開始年齢との差１年につき４%ずつ減ずる</td></tr>
<tr><td>退職一時金
・３年以上20年未満
・俸給日額70日（３年）～515日（1.9年）分</td><td>退職一時金
・６月以上20年未満
・10日分～485日分</td><td>退職一時金
・１年以上20年未満
・20日分～480日分</td><td>一時恩給
・３年以上17年未満
・１年につき俸給１月分</td></tr>
<tr><td>費用負担</td><td>・給付費の10%は国庫負担
・残り90%労使（国庫）折半負担</td><td>・給付費の10%は国庫負担
・残り90%労使（国庫）折半負担（掛金率は４～5%）</td><td>・給付費の10%は国庫負担
・残り90%労使（公社）折半負担</td><td>・国庫納金２%
・残余は国庫負担</td></tr>
</table>

は、大蔵省に将来の財政負担への懸念もあった。

新国家公務員共済組合法の内容は概要次のようなものであった。

(1) 長期給付の種類は、退職年金、退職一時金、廃疾年金、癈疾一時金、遺族年金及び遺族一時金の六種類とする（恩給は、普通恩給、一時恩給、増加恩給、普通扶助料、一時扶助料、公務扶助料の六種類）。

(2) 退職年金の受給資格期間は二〇年とする（恩給は一七年）。

(3) 退職年金の額は、在職期間二〇年の場合退職前三年間の平均俸給の四〇％とし、二〇年を超える一年につき、一・五％加算する（普通恩給は一七年の場合最終俸給の三分の一、一年につき〇・六六％加算）。

(4) 退職年金の支給開始年齢は五十五歳とする。ただし、五十五歳前においても一年につき四％減額した年金を支給する（恩給は四十五歳から五〇％、五十歳から七〇％、五十五歳から全額支給）。

(5) 組合員期間一〇年以上の者が死亡した場合、その遺族に対し、俸給年額の一〇％、組合員期間が一年増すごとに一％加算し、二〇年以上の場合には退職年金相当額の二分の一の遺族年金を支給する（恩給は在勤一七年以上の遺族に対し、普通恩給の二分の一の普通扶助料支給）。

(6) 長期給付に要する費用は平準保険料方式によって算定し、その一〇％は国（一般会計）が負担し、九〇％を国（使用者）と本人とで折半負担する（恩給は本人の国庫納金俸給の二％、残余は国が負担）。

(7) 事業の運営主体は、政令で指定する郵政、造幣、印刷、林野等の現業の組合は各共済組合、その他の非現業の組合はそれらの各組合をもって構成する国家公務員共済組合連合会とする。

新法の制定にあたっては、給付の内容や支給条件に違いのある恩給と旧法の長期給付をどのようにして一本化させるかに苦心が払われた。特に恩給公務員の掛金率が二％から四〜四・五％と二倍以上になるために、年金の給付水準と退職手当の引上げが図られた。厚生年金との均衡も考慮されたが、厚生年金よりかなり給付水準は高く、給付体系も定額部分のない全額俸給比例の年金となった。

新国家公務員共済組合法は基本的に社会保険と同様の考え方にたつものであるが、国家公務員制度の一環としての職域年金的な、従来の恩給法がもっていた性格を全く失ったわけではなかった。新法は第一条でこの法律の基本的性格について「国家公務員及びその遺族の生活の安定と福祉の向上に寄与するための短期及び長期の給付並びに福祉事業を営む総合的な社会保険制度である」と同時に、「公務の能率的な運営に資するため、国家公務員の勤務の特殊性にふさわしい事業を行なう職域的制度である」と規定してその二面的性格を明記した。給付が厚生年金などを上回るのは公務員の勤務の特殊性と能率的運営を確保するための人事管理上の目的からであるとし、その後の年金額の引上げも、恩給と同様、国家公務員の給与の引上げに準じて行われた。こうして戦後の長年の懸案であった恩給制度と共済組合制度の統合一元化が図られ、明治以来の恩給制度に終止符が打たれた。それは年金制度の上だけでなく、わが国の国家公務員制度上の一大変革でもあった。

第四節　地方公務員等共済組合法の制定

国家公務員共済組合法が制定されると、次に地方公務員についての統一的な年金制度の確立が課題になってきた。地方公務員については昭和二十五年（一九五〇年）に地方公務員法が制定され、地方公務員の共済制度はすみやかに実施されなければならないこと、また退職年金制度は国との均衡を失しないよう考慮が払われなければならない旨が規定された。

地方公務員に適用される年金制度は、都道府県と市町村、身分や職種によって異なり、都道府県の場合は、地方自治法施行の際官吏であった者や、公立学校の教職員、都道府県警察の職員には恩給法が適用され、吏員について都道府県の退職年金条例が適用された。一方、雇傭人については旧法及び新法の国家公務員共済組合法が適用された。

市の職員については、吏員はそれぞれの市で定められた退職年金条例が適用され、雇傭人の一部は昭和二十九年（一九五四年）に制定された市町村職員共済組合法か、それぞれの市で定めた共済条例の適用を受けた。町村の職員の場合も、吏員は昭和十八年（一九四三年）に制定された町村職員恩給組合法や、それぞれの町村で定めた退職年金条例、雇傭人には市町村職員共済組合法などが適用された。

これらの制度はそれぞれ支給条件や給付内容が異なるばかりか、資格期間の通算もなかった。都道府県や市町村がそれぞれ定める退職年金条例の数は数十にものぼり、地方公務員に適用される年金制度の統一はかねてからの懸案であった。

国家公務員共済組合法（新法）が制定された際、都道府県の雇傭人、都道府県警察の職員、国立学校の教職員にも暫定的にこの法律が適用された。このことが地方公務員に対する統一的な年金制度の確立を一層急がせる要因となり、昭和三十七年（一九六二年）八月次のような基本的な考え方にたった地方公務員等共済組合法が制定され、同年十二月から施行された。

(1)　地方公務員を対象とする年金制度は、雇用主たる地方公共団体と被用者たる職員がそれぞれ費用を分担しあう社会保険の性格をもった共済制度とする。

(2)　都道府県、市町村、身分、職種の別を問わず、地方公務員の全職員を通ずる統一的制度とし、相互の資格期間を通算する。

(3)　給付内容、支給条件等は国家公務員共済組合法に準じたものとし、国家公務員の在職期間とも通算する。

地方公務員共済組合法の制定が国家公務員共済組合法の制定より三年もおくれた最大の理由は、長期給付に要する費用に対する国庫負担についての大蔵省と自治省の意見の対立であった。自治省が国の責任として国家公務員共済組合と同様一〇％の国の一般会計による負担を求めたのに対し、大蔵省はこれを認めず、地方交付税率の引上げにより地方の自主財源を増額し、公経済負担として地方公共団体が負担することで結着をみた。

地方公務員等共済組合は、国家公務員と同様短期給付、長期給付を行うとともに、組合員の福祉事業を行うものとされた。組合は、国家公務員共済組合から移った地方職員共済組合（道府県職員）、警察職員共済組合（都道府県警察の職員）、公立学校共済組合（公立学校及び都道府県教育委員会の職員）の三組合のほか、都職員共済組合、指定都市（五大市）職員共済組合、都市職員共済組合（指定都市以外の市の職員）、市町村職員共済組合（都道府県の区域ごとに設立）などに分かれ、組合数は九〇、組合員数は約二〇九万人であった。

第五節　私立学校教職員共済組合法及び農林漁業団体職員共済組合法の制定

民間の被用者を対象とする共済組合として昭和二十八年（一九五三年）八月、私立学校教職員を対象とした私立学校教職員共済組合法が制定された。それまで公立学校の教職員については恩給法や国家公務員共済組合法が適用されていたが、私立学校の教職員については大正十三年（一九二四年）に設立された財団法人私立中等学校恩給財団により退職金と退職年金が支給されていた。

昭和二十七年（一九五二年）財団は私学恩給財団と名称を改め、その対象が大学から幼稚園に至る全私学の教職員に拡大され、給付の充実が図られた。同年の私立学校振興会法の制定に際し、私立学校教職員の福利厚生対策について、「国、公立学校の教職員と均衡を保てるよう共済制度の確立など別途の施策を講ずる」旨の付帯決議がされ、私立学校教職員共済組合法制定の動きがでてきた。

厚生省は厚生年金保険法を改正して教育事業にも適用拡大しようとしていた矢先であったため、これに反対し、社会保障制度審議会も社会保険の統合一元化の方向に逆行するとして反対した。しかし法律は制定され、昭和二十九年（一九五四年）一月から施行された。給付は長期給付のほか、短期給付も行われ、その種類、支給条件、給付内容などは国家公務員共済組合法とほぼ同様とされた。制度発足時すでに厚生年金に加入していた学校については、学校単位で厚生年金と私学共済への加入の選択ができた。加入学校数は約四八〇〇、組合員数は約六万人であった。

農業協同組合や漁業協同組合の役職員には健康保険法や厚生年金保険が適用されていた。しかしこれらの職員については、給与のみならず年金などの水準も、同じ場所で類似の仕事をしている市町村の職員や学校の教職員に比べて著しく低かったことから、昭和三十年代のはじめ健康保険法や厚生年金保険から脱退して市町村の職員や学校の教職員と同等の短期給付、長期給付及び福祉事業を行う独自の共済組合法制定の動きがでてきた。

厚生省及び社会保障制度審議会は、私立学校教職員共済組合法制定に次ぐ独自の共済組合法の制定について社会保険の統合一元化に反するとして強く反対した。しかし昭和三十三年（一九五八年）三月農林漁業団体の職員を対象に長期給付及び福祉事業を行う農林漁業団体職員共済組合法が制定され、昭和三十四年（一九五九年）一月から施行された。短期給付はこれまでどおり健康保険法に残された。

加入した農協等は約二万五〇〇〇、組合員数は約二九万五〇〇〇人であった。組合員は厚生年金保険の約二倍の掛金を負担することとなったが、給付も約二倍に引き上げられた。国庫は厚生年金保険と同様給付費の一五％を負担することとされた。

こうして昭和三十年代の終わりに、わが国の公的年金制度は厚生年金保険、船員保険、国民年金の三つの社会保険と、国家公務員共済組合、地方公務員等共済組合、公共企業体職員等共済組合、私立学校教職員共済組合、農林漁業団体職員共済組合の五つの共済組合、あわせて八つの年金制度が分立するかたちで国民皆年金体制ができあがった。

第五章　急速な給付水準の引上げと改善

第一節　一万円年金（昭和四十年）

昭和四十年代のわが国の年金制度の課題は、経済の高度成長による賃金、物価の著しい上昇に対応した急速な給付の改善、給付水準の引上げであった。昭和三十年代わが国の経済は未曾有の高度成長の時代に入り、昭和三十年（一九五五年）に月額一万八三〇〇円程度であった勤労者の平均賃金（従業員規模三〇人以上）は、昭和三十五年（一九六〇年）には二万四三〇〇円、昭和四十年（一九六五年）には三万九〇〇〇円となった。全就業者に占める雇用者比率も、昭和三十年（一九五五年）の四五・七%が、昭和三十五年（一九六〇年）には五三・九%、昭和四十年（一九六五年）には六〇・七%となり、厚生年金の被保険者数は昭和三十年（一九五五年）の八四〇万人から、昭和三十五年（一九六〇年）一三四五万人、昭和四十年（一九六五年）一八六四万人に急増した。

昭和二十九年（一九五四年）に全面改正された厚生年金保険法は、昭和三十五年（一九六〇年）の第一回の財政再計算時に勤労者の賃金水準に比べて低く抑えられていた標準報酬の上限（被保険者の四〇％以上がこれにはりついていた）が一万八〇〇〇円から二倍の三万六〇〇〇円に引き上げられ、報酬比例部分の乗率も一〇〇〇分の五から一〇〇〇分の六に引き上げられた。保険料率は、男子のみ一〇〇〇分の三〇から一〇〇〇分の三五に引き上げられ、女子の保険料率は据え置かれた。

しかし昭和三十年代の厚生年金の老齢年金の給付水準はおおむね月額三五〇〇円程度、遺族年金は一九〇〇円程度で、勤労者の賃金水準との開きは大きくなる一方であった。昭和二十九年（一九五四年）に定額部分を月額二〇〇〇円とする根拠とされた生活保護法による男子の生活扶助基準も、昭和二十九年（一九五四年）の月額二一七五円が、昭和三十八年（一九六三年）には四八七一円と二倍以上になっていた。

昭和三十六年（一九六一年）公的年金制度間の通算制度創設の際には共済組合の退職年金に比べて厚生年金の老齢年金の水準が余りにも低いことが問題となり、このまま放置すれば私立学校教職員や農林漁業団体職員に続いて特定職域の加入者が厚生年金から脱退し、共済組合を設立する動きが再び出かねないことも懸念された。

昭和三十七年（一九六二年）社会保障制度審議会は、「社会保障制度の総合調整に関する勧告」で「国民の生活水準や勤労者の賃金水準にくらべて厚生年金の水準は著しく低位にとりのこされており、老後保障の実をあげていない」として、その大幅な改善を勧告した。昭和三十七年（一九六二年）は厚生年金保険制度発足後ちょうど二〇年にあたり、二〇年加入の老齢年金受給資格者がはじめて発生する年でもあった。

昭和四十年（一九六五年）、厚生年金保険の第二回の財政再計算にあたって、標準的な老齢年金の額を月額一万円とすることを柱に、次のような内容の改正が行われた。

(1)　一律月額二〇〇〇円とされていた基本年金の定額部分を、一月あたりの単価二五〇円に被保険者期間の月数を乗じた期間比例制に改め、報酬比例部分の乗率を一〇〇〇分の六から一〇〇〇分の一〇に引き上げる。これにより平均標準報酬月額二万五〇〇〇円、加入期間二〇年の者の標準的な老齢年金の額を定額部分月額五〇〇〇円、報酬比例部分月額五〇〇〇円、計一万円とする。

(2)　老齢年金の受給資格期間を満たした者が六十五歳に達したときは、在職中であっても年金額の八割を支給する在職老齢年金制度を創設する。

(3)　障害年金の額を引き上げ、一級の障害年金は基本年金額の一〇〇分の一二五、二級の障害年金は基本年金額相当額、三級の障害年金は基本年金額の一〇〇分の七五とし、最低保障額を月額五〇〇〇円とする。

(4)　子のない妻に対する遺族年金について、四十歳以上という年齢制限及び五十五歳まで支給しないという若年停止を廃止し、最低保障額を月額五〇〇〇円とする。

(5)　年金額について、国民の生活水準その他の事情に著しい変動が生じた場合、速やかに改定の措置を講ずることとする。

(6)　標準報酬月額を八〇〇〇円から六万円までの二三等級とする。

(7)　保険料率を男子は一〇〇〇分の三五から一〇〇〇分の五五に、女子は一〇〇〇分の三〇から一〇〇〇分の三九に引き上げ、保険財政が均衡するまで、段階的に引き上げるものとする。
(8)　国庫負担を一五％から二〇％、坑内夫については二〇％から二五％に引き上げる。

標準的な年金額を月額一万円にするにあたり、定額部分と報酬比例部分のどちらにウエイトをおくか意見が分かれたが、結局五〇〇〇円ずつの半々とされた。また国民の生活水準等の変化に応じて年金額を改定する旨の規定が国会修正で入り、年金の実質価値の維持の考え方が法律上はじめて明確にされた。

保険料率の政府原案は、男子は一〇〇〇分の三五を一〇〇〇分の六〇に、女子は一〇〇〇分の三〇を一〇〇〇分の四五に引き上げ、その後も年金財政が均衡するまで五年ごとに一〇〇〇分の五ずつ引き上げるというものであったが、引上げ幅が大きすぎるという理由で、国会修正で大幅に圧縮され、五年ごとの一〇〇〇分の五の引上げについても、段階的に引き上げるという抽象的な表現に改められた。

国庫負担率の引上げは、大蔵省の反対により政府原案には盛り込まれなかったが、前年に国家公務員共済組合の国庫負担率が一〇％から一五％に引き上げられたことから、国会修正で一五％から二〇％に引き上げられた。

六十五歳以上の在職者に対する老齢年金の支給は、老齢年金受給者の発生をできるだけ早める観点から創設されたが、これにより厚生年金の老齢年金は共済年金と違って退職すなわち被保険者の資格喪失を条件としない純粋の老齢年金の性格を強めた。八割支給としたのは国庫負担分は除く趣旨からである。政府案では女子の脱退手当金は廃止されることとなっていたが、紡績業界などからの強い要望で、改正後六年間は経過的に存続されることとなった。

昭和四十一年（一九六六年）、制度発足後の最初の財政再計算にあたり、国民年金についても厚生年金にあわせて給付水準を大幅に引き上げるための改正が行われた。まず保険料納付期間の一月あたり単価を二〇〇円とすることにより、保険料を二五年納付した場合の年金額が月額五〇〇〇円、夫婦で一万円に引き上げられ、障害年金の最低保障額は月額五〇〇〇円とされた。福祉年金についても月額一三〇〇円が一五〇〇円に引き上げられ、所得制限は緩和された。保険料については、昭和四十二年（一九六七年）一月から三十五歳未満月額二〇〇円、三十五歳以上月額二五〇円、昭和四十四年（一九六九年）一月からそれぞれ二五〇円、三〇〇円に引き上げられた。この改正により財政方式が早くも完全積立方式から修正積立方式に改められた。

厚生年金、国民年金ともに現実の受給者の発生はまだ先であったが、いずれも夫婦で一万円年金をめざしたこの改正は、いずれの年金も魅力的で頼れる年金になったことを強く印象づけた。

第二節　厚生年金基金制度の創設（昭和四十年）

厚生年金保険の昭和四十年（一九六五年）改正にあたって、大きな問題になったのが厚生年金と企業の退職金や企業年金との調整であった。日経連は両者の関係について昭和二十九年（一九五四年）の厚生年金保険法の全面改正の時から強い問題意識をもっており、「わが国の多くの企業には世界に例をみない退職金制度があり、すでにその額は多額にのぼり、事実上社会保障制度を代行している現実を看過できない。これを全廃あるいは削減することが可能ならばともかく、これと併行して退職金として支払う額の数倍にも相当する厚生年金保険料を支払うことは不可能」といい、保険料率は暫定保険料率のまま据え置くことを改正の条件とした。

その後日経連はこの問題について研究会を設置し、昭和三十六年（一九六一年）「企業が厚生年金の報酬比例部分と同等以上の内容の企業年金を有する場合にはイギリスが行っているような厚生年金の適用除外を認めるべきである」という報告書をまとめた。昭和三十七年（一九六二年）には日経連の強い要望により税制適格年金制度が創設され、国税庁が税法上定める一定の要件を具備すると認める企業年金については税法上優遇措置を与え、企業の退職金負担を平準化する方途が講じられた。

こうした状況にあっただけに日経連は、給付の大幅改善と保険料率の引上げを内容とする厚生年金保険法の改正にあたって、近年普及しつつある退職金や企業年金とが老後保障機能と費用負担の面で重複していることを指摘し、改正の条件として両者の調整を強く要望した。

これに対し被保険者を代表する労働組合は、労働者の既得権である退職金が厚生年金との調整によりなしくずしにされる恐れがあることや、労務管理として実施されている私的な企業年金と公的な社会保障である厚生年金との調整は筋ちがいであり、社会保障の後退であるとして強く反対した。

社会保険審議会で公益を代表する委員も、退職金や企業年金は労使協約に基づく権利義務関係であり、厚生年金は法律に基づいて国の責任で行う社会保障であって、両者は異質であり、調整にはなじまないとした。厚生省のなかにも企業年金は制度の継続性、安定性に問題があるうえ、両者の調整は厚生年金の分立、解体にもつながり、疑問や反対が多かった。

しかし日経連が調整なしの改正には絶対応じられないという態度を変えなかったため、やむなくイギリスのような適用除外方式でなく、企業が被保険者及び労働組合の同意と厚生大臣の認可を得て厚生年金基金を設立し、その基金が厚生年金の報酬比例部分を代行する場合には保険料負担を調整するという方法で調整を行うこととし、改正案が国会に提出された。

厚生年金基金とは次のような制度で、制度の実施までにも反対論があり、本法より一年以上おくれて昭和四十一年（一九六六年）十月から実施された。

(1) 厚生年金基金は厚生年金の老齢給付を一部代行するとともに、これを上回るプラスαの企業独自の給付を行い、加入員の老後の生活の安定と福祉の向上を図ることを目的とする。

(2) 厚生年金基金は事業主及び被保険者（企業及びその従業員）で組織される特別法人とし、一〇〇〇人以上の被保険者を使用する事業主が、単独又は共同で、被保険者の二分の一以上と、被保険者の二分の一以上で組織する労働組合の同意を得て規約をつくり、厚生大臣の認可を受けて設立する。

(3) 厚生年金基金は、厚生年金の給付のうち老齢年金の報酬比例部分を代行するとともに、これを一定以上を上回る給付を行うものとする。
(4) 基金は信託会社又は生命保険会社と年金又は一時金の給付に関し、信託契約又は保険契約を締結する。
(5) 基金は事業主及び加入員から掛金を徴収する。
(6) 基金加入者は厚生年金保険料を一部免除するものとする（男子一〇〇〇分の五五→一〇〇〇分の三一、女子一〇〇〇分の三九→一〇〇〇分の一九）。
(7) 基金の給付のうち代行部分について二〇％の国庫負担を行う。
(8) 基金の中途脱退者に対する給付を共同して行うため特別認可法人として厚生年金基金連合会を設立し、厚生年金基金は厚生年金基金連合会に加入するものとする。

第三節　二万円年金（昭和四十四年）

昭和四十年（一九六五年）のいわゆる証券不況の後、わが国の経済は再び名目で一五％、実質でも一〇％を超えるいざなぎ景気が続いた。消費者物価上昇はほとんどの年で五％を超えた。勤労者の平均賃金月額は昭和四十二年（一九六七年）に四万八七一四円とほぼ五万円、昭和四十五年（一九七〇年）には七万五六七〇円となり、またもや年金水準の相対的なたちおくれが目立ってきた。そのため昭和四十五年（一九七〇年）に予定されていた財政再計算を一年繰り上げ、昭和四十四年（一九六九年）に厚生年金の標準的な老齢年金の給付水準を月額二万円に引き上げることを柱に、次のような改正が行われた。

(1) 基本年金額の定額部分の一月あたりの単価を二五〇円から四〇〇円に引き上げ、報酬比例部分は原則として昭和三十二年（一九五七年）十月以降の期間の標準報酬のみを計算の基礎とする。一万円未満の報酬月額は一万円として計算する。

(2) 加給年金額を配偶者の場合月額四〇〇円から一〇〇〇円に、第一子の場合四〇〇円から六〇〇円に引き上げる。

(3) 老齢年金の受給資格期間を満たし、かつ標準報酬月額が二万円に満たない者については、六十歳から六十五歳までの間在職中であっても、標準報酬の額に応じ、八割から二割の老齢年金を支給する。

(4) 障害年金及び遺族年金の最低保障額を月額五〇〇〇円から八〇〇〇円に引き上げる。

(5) 標準報酬月額を一万円から一〇万円までの二八等級とする。

(6) 保険料率を男子は一〇〇〇分の五五から一〇〇〇分の六四（当面二年間は一〇〇〇分の六二）、女子は一〇〇〇分の三九から一〇〇〇分の四八（当面二年間は一〇〇〇分の四六）に引き上げる。

昭和四十四年（一九六九年）改正における二万円は、昭和四十年（一九六五年）改正における一万円と違って将来発生する標準的な給付水準でなく、現実にすぐ発生する受給者の給付水準を念頭においたものであった。報酬比例部分の引上げは乗率の引上げではなく、昭和三十二年（一九五七年）九月以前の低い報酬を計算の対象外とする方法で行われた。また、妻の加給年金額を大幅に引き上げたことも、この改正の特徴であり、妻の加給を含め、加入期間二四年、平均標準報酬月額三万八〇〇〇円の夫婦の年金を月額約二万円とした。保険料の引上げ幅は政府案は男子は一〇〇〇分の五五を一〇〇〇分の六五に、女子は一〇〇〇分の三九を一〇〇〇分の四九にするというものであったが、このときも国会で引上げ幅が圧縮され、後世代の負担とされた。

昭和四十四年（一九六九年）国民年金についても、厚生年金にあわせて付加年金を含め二万円とする次のような改正が行われた。

(1) 保険料納付期間一月あたりの単価を二〇〇円から三〇〇円に引き上げ、保険料を二五年納付した場合の年金額を月額八〇〇〇円とする。一〇年年金についても月額二〇〇〇円を五〇〇〇円に引き上げる。

(2) 任意加入の付加年金制度を設ける。保険料は月額三五〇円、年金額は保険料納付一年あたり月額一八〇円とする。

(3) 保険料の年齢区分を撤廃し、昭和四十五年（一九七〇年）七月から一律月額五五〇円とする。

(4) 保険料免除にかかる国庫負担を給付時負担に改める。

(5) 福祉年金の額を引き上げ、所得制限を緩和、夫婦受給制限を撤廃する。

発足後一〇年も経っていない国民年金についてまで厚生年金にあわせた大幅な給付水準に引上げが行われた背景には、厚生年金と同じサラリーマンなみの年金にしなければ、国民年金の主要な対象者である農民が国民年金から離脱しかねない事情があった。昭和四十年（一九六五年）頃から高齢の農業経営者の離農、経営移譲を促進して農業の構造改善をすすめることが農政の重要な課題となり、農林省に農民を国民年金から離脱させて新たに農民を対象としたサラリーマンなみの年金制度をつくろうという動きが出はじめた。これに対して厚生省は社会保障としての年金と農業政策としての年金は区別して考えるべきであるとして、農民の国民年金からの離脱には強く反対した。昭和四十五年（一九七〇年）国民年金制度の上に農業政策上の年金を上乗せし、農業経営者の離農促進と若返りを目的とした農業者年金基金制度が創設された。

昭和四十四年（一九六九年）に厚生年金、国民年金ともに二万円年金になったものの、昭和四十三年（一九六八年）の物価上昇率は四・九％、昭和四十四年（一九六九年）は六・四％と年間五％を超える異常な物価上昇がおき、二万円年金の実質価値が減少した。そこで次の財政再計算を待たず、緊急措置として昭和四十六年（一九七一年）、年金額のおおむね一〇％程度の引上げを行うため、次のような内容の厚生年金保険法の改正

表１－４　厚生年金の被保険者数、老齢年金受給者数、老齢年金額等の推移

昭和	被保険者数	勤労者平均賃金月額（30人以上）	男子平均標準報酬月額	老齢年金受給者数	平均老齢年金額月額
	千人	円	円	千人	円
30（1955）	8,402	18,343	13,391	4	3,541
35（1960）	13,457	24,375	14,281	44	3,530
40（1965）	18,670	39,360	34,670	203	7,736
45（1970）	22,522	75,867	64,823	534	14,400
48（1973）	24,003	122,545	105,747	793	38,546
50（1975）	23,893	177,213	141,376	1,054	56,021
55（1980）	25,445	263,386	220,444	2,058	101,349
60（1985）	27,234	317,091	270,435	3,318	122,002

が行われた。

(1)　基本年金額の定額部分の一月あたりの単価を四〇〇円から四六〇円に引き上げ、加入期間が二〇年の場合の定額部分の額を月額八〇〇〇円から九二〇〇円に引き上げる。

(2)　障害年金及び遺族年金の最低保障額を月額八〇〇〇円から八八〇〇円に引き上げる。

(3)　標準報酬月額を一万円から一〇万円までの二八等級から一万円から一三万四〇〇〇円までの三二等級にする。

(4)　脱退手当金の特例措置を五年間延長する。

厚生年金の改正を受け、国民年金についても昭和四十七年（一九七二年）障害年金の最低保障額が引き上げられ、老齢福祉年金が月額二三〇〇円から三〇〇〇円に引き上げられた。

第四節　五万円年金と賃金、物価スライド制の導入（昭和四十八年）

昭和四十三年（一九六八年）わが国の国民総生産は西ドイツを超え、自由世界ではアメリカに次いで第二位となった。昭和四十五年（一九七〇年）には大阪で万国博が開かれ、わが国は繁栄を謳歌した。同じ年にわが国の六十五歳以上の人口比率は七％を超え、本格的な高齢化社会に入った。国民年金の十年年金の受給者が出はじめ、厚生年金の老齢年金受給者も急速に増加しはじめ、国民の老後や年金への関心が高まってきた。

昭和四十七年（一九七二年）田中内閣になって、経済社会基本計画が策定され、列島改造による国土の均衡ある発展と、活力ある福祉社会の実現が国の政策目標となった。昭和四十八年（一九七三年）はその初年度として老人医療の無料化、医療保険の家族給付率の引上げ、生活保護基準の大幅引上げなどが行われたが、年金制度についても昭和四十九年（一九七四年）の財政再計算を一年繰り上げ、厚生年金の標準的年金額の月額五万円への引上げ、賃金、物価スライド制の導入などを柱にした次のような改正が行われた。

(1)　基本年金額の定額部分の一月あたり単価を四六〇円から一〇〇〇円に引き上げ、二〇年加入の定額部分の額を月額二万円、三〇年加入で月額三万円とする。

(2)　昭和四十六年（一九七一年）十月以前の平均報酬月額を現在の報酬水準で再評価し、二万円未満の報酬は二万円とみなして年金額を計算する。

(3)　加給年金額について、配偶者は月額一〇〇〇円から二四〇〇円に、第一子月額六〇〇円、第二子月額四〇〇円から第一子、第二子とも月額六〇〇円に引き上げる。

(4)　六十歳から六十五歳までの間の在職老齢年金の支給対象を標準報酬月額一万八〇〇〇円以下の者から四万八〇〇〇円以下の者に拡大する。

(5)　障害年金及び遺族年金の最低保障額を月額八八〇〇円から二万円に引き上げる。

(6)　財政再計算期に国民の生活水準等の変動に応じて年金額を改定するほか、消費者物価が一年度又は二年度以上の期間に五％以上変動した場合には、変動した率を基準として翌年の十一月以降の年金額を改定する。

(7)　標準報酬月額を一万円から一三万四〇〇〇円までの三三等級から、二万円から二〇万円までの三五等級に引き上げる。

(8)　保険料率について男子は一〇〇〇分の六四から一〇〇〇分の七六へ、女子は一〇〇〇分の四八から一〇〇〇分の五八へ、坑内夫は一〇〇〇分の七六から一〇〇〇分の八八に引き上げる。

(9)　厚生年金保険の女子の脱退手当金の支給の特例を二年間延長する。

年金額の定額部分の単価は政府原案では九二〇円であったが、国会修正で一〇〇〇円に引き上げられた。保険料率の引上げ幅も男女とも一〇〇〇分の三ずつ国会修正で引き下げられた。女子の脱退手当金の期間延長は国会修正で加えられたものである。

厚生年金にあわせて国民年金についても次のような改正が行われた。

(1)　保険料納付一月あたり単価を三二〇円から八〇〇円に引き上げ、保険料を二五年納付とした場合の年金額を月額八〇〇〇円から二万円に引き上げる。これにあわせて一〇年年金の額は月額五〇〇〇円から一万二五〇〇円に、五年年金の額は月額二五〇〇円から八〇〇〇円に引き上げる。

(2)　保険料の額を昭和四十九年（一九七四年）一月から月額五五〇円から九〇〇円に引き上げる。

(3)　老齢福祉年金の額を月額三三〇〇円から五〇〇〇円に引き上げる。

(4)　障害福祉年金の支給対象を二級障害にも拡大し、年金額は月額五〇〇〇円とする。

昭和四十八年（一九七三年）改正の第一の特徴は、年金の給付水準について従来のように一万円、二万円という金額でなく、現役の勤労者の平均的な賃金、報酬のおおむね六〇％程度をめどとする考え方がはじめてとりいれられたことであった。そのために加入期間中の平均標準報酬月額の算定にあたって過去の低い標準報酬をそのまま使わず、昭和三十三年（一九五八年）以前の標準報酬は三・八七倍にするなど、一定の率をかけて現在の報酬の水準に評価し直すという賃金の再評価、スライド制が導入された。

これによって、改正後新たに老齢年金の受給者となる者の標準的な老齢年金の額は、加入期間が二七年、再評価後の平均標準報酬月額が八万四六〇〇円の場合、妻の加給年金額を加えて五万二二四二円と平均標準報酬に対して約六二％という水準になった。この水準は一万円年金の約三六％、二万円年金の約四五％に比べて著しい改善であり、ＩＬＯ（国際労働機関）の一〇二号条約が老齢年金の水準として三〇年加入、六十五歳支給開始で、従来所得又はその当時の一般成人男子労働者の平均賃金の四〇％、一二八号条約が四五％と定めている基準を満たし、国際的にも遜色のない水準になった。

この改正の第二の特徴は、年金額の実質価値の維持、年金制度に対する信頼性の確保の観点から、かねてからの懸案であった年金額の自動物価スライド制が、法律に明記されたことである。スライド制の導入にあたって賃金を基準とするか、物価を基準とするか、それに必要な追加費用は国が負担するか、後世代が負担するかで意見が分かれたが、賃金でなく、物価を基準とすることとされ、追加費用は後世代の保険料負担とされた。

第三の特徴は、賃金再評価制度や物価スライド制が導入されたことから、保険料の改定にあたって、物価や賃金、積立金の運用利回りなど将来の経済的要素の変動を織り込んだ動態的な財政見通しを作成することとされたことである。財政方式についてはこれまでのように段階的に保険料を上げていく修正積立方式から、完全賦課方式に移行すべきであるという意見が強くあったが、今後人口の高齢化が急速に進むことが予想されるわが国において、賦課方式を採用すると、後世代の保険料負担を著しく過重にする恐れがあることから、保険料の引上げはできるだけ抑制するにしても、賦課方式には移行せず、修正積立方式を維持しつつ修正の度を深めていくこととされた。

昭和四十年改正による厚生年金の給付水準の引上げによって、俸給比例一本の共済年金の給付にも定額部分が導入されることとなった。これまで共済年金の給付水準は厚生年金に比べて著しく高いといわれてきたが、厚生年金の定額部分の額が大幅に引き上げられたために、俸給が低い場合、俸給年額に一定の率を乗じて計算する共済年金の額が厚生年金の額を下回るケースが生じた。同じ国家公務員共済組合の退職年金であっても、厚生年金方式で計算する組合員期間二〇年未満の通算退職年金の方が組合員期間二〇年の本来の退職年金より高くなるという不合理も生じた。そのため退職年金の算定にあたってこれまでの俸給比例一本の算定方式のほか、定額プラス俸給比例という厚生年金の算定方式（通年方式）が共済年金に導入され、有利な方を選択できることとなった。

第五節　九万円年金（昭和五十一年）

昭和五十年代になって経済の成長率は低下したが、賃金、物価の上昇は続いたため、厚生年金についてもそれに対応した老齢年金の給付水準の引上げや在職老齢年金の支給対象の拡大が行われた。また、これまで取り残されてきた障害年金や遺族年金の大幅な改善が図られた。

まず昭和四十八年（一九七三年）十月に第一次オイルショックが起き、昭和四十八年（一九七三年）一六・一%、昭和四十九年（一九七四年）二一・八%という「狂乱」的消費者物価の上昇が起きた。そのため、導入されたばかりの年金額の物価スライド制が直ちに発動され、昭和四十九年（一九七四年）及び昭和五十年（一九七五年）に同率で年金額の引上げが行われた。賃金上昇率は物価上昇率をさらに上回ったため、昭和五十三年（一九七八年）に予定されていた財政再計算を二年繰り上げ、昭和五十一年（一九七六年）に厚生年金について次のような改正が行われた。

(1)　老齢年金の定額部分の単価を一〇〇〇円から一六五〇円に引き上げ、報酬比例部分について昭和五十年（一九七五年）三月以前の標準報酬を現在の賃金水準で再評価（最低三万円）することにより、平均加入期間二八年、平均標準報酬月額一三万六四〇〇円の男子の標準的な老齢年金の額を、妻の加給分を含め、月額九万三九二円とする。

(2)　配偶者の加給年金額を月額二四〇〇円から六〇〇〇円に、第一子及び第二子については月額八〇〇円から二〇〇〇円に引き上げる。

(3)　障害年金及び遺族年金についても、他の公的年金制度の加入期間と合算して六月以上であれば通算障害年金又は通算遺族年金を支給し、通算老齢年金の受給資格期間を満たした者が死亡したときは、遺族に通算老齢年金の二分の一の通算遺族年金を支給する。

(4)　障害年金及び遺族年金の最低保障額を月額二万円から三万三〇〇〇円に引き上げる。

(5)　遺族年金について寡婦加算制度を創設し、十八歳未満の子が二人以上いる寡婦について月額五〇〇〇円、一人いる寡婦については月額三〇〇〇円、六十歳以上の寡婦については月額二〇〇〇円を加算する。

(6)　六十五歳以上の在職老齢年金について標準報酬月額が一一万円以下の場合は全額支給することとし、六十歳から六十五歳未満の在職老齢年金について標準報酬月額が一一万円以下の者に対し、標準報酬月額に応じ、八割、五割、二割の年金を支給する。

(7)　標準報酬月額について二万円から二〇万円までの三五等級から三万円から三二万円までの三六等級に引き上げる。

(8)　保険料率について男子は一〇〇〇分の七六から一〇〇〇分の九一へ、女子については一〇〇〇分の五八から一〇〇〇分の七三に引き上げる（国会修正で引上げ幅を一〇〇〇分の三縮小）。

国民年金についても次のような改正が行われた。

(1)　保険料納付一月あたり単価を八〇〇円から一三〇〇円に引き上げ、保険料を二五年納付した場合の年金額を月額二万円から三万二五〇〇円に引き上げる。これにあわせて一〇年年金の額は月額一万二五〇〇円から二万五〇〇〇円に、五年年金の額は月額八〇〇〇円から一万五〇〇〇円に引き上げる。

(2)　障害年金及び遺族年金について他の公的年金制度の加入期間と合算して一年以上あれば通算年金を支給する。

(3)　保険料の額を昭和五十二年（一九七七年）四月から二二〇〇円、昭和五十三年（一九七八年）四月から二五〇〇円とし、昭和五十四年（一九七九年）四月以降段階的に引き上げる。

(4)　国庫負担について、拠出時負担（保険料の二分の一）から給付時負担（給付費の三分の一）に改める。

(5)　老齢福祉年金の額を月額一万二〇〇〇円から一万三五〇〇円に引き上げる。

(6)　母子福祉年金及び準母子福祉年金の子又は孫の年齢を義務教育終了前から十八歳未満に引き上げる。

昭和五十二年（一九七七年）には九・四％の物価スライド改定が十一月から八月に実施時期を繰り上げて行われ、昭和五十三年（一九七八年）にも七・六％の

表1－5　年金額の物価スライドの推移

年度	消費者物価対前年上昇率（％）	年金スライド率（％）
昭和48（1973）	16.1	財政再計算
49（1974）	21.8	16.1
50（1975）	10.4	21.8
51（1976）	9.4	財政再計算
52（1977）	6.7	9.4
53（1978）	3.4	6.7
54（1979）	4.8	3.4
55（1980）	7.8	財政再計算
56（1981）	4.0	7.8
57（1982）	2.4	4.0

物価スライド改定が実施時期をさらに六月に繰り上げて行われた。また、昭和五十三年（一九七八年）には在職老齢年金の支給対象となる標準報酬月額の上限を一一万円から一三万四〇〇〇円に引き上げ、寡婦加算額が月額五〇〇〇円から六〇〇〇円に引き上げられた。

昭和五十四年（一九七九年）には前年の物価上昇率が三・四%と五%を下回ったが、特例的に物価スライド改定が行われた。在職老齢年金の支給対象となる標準報酬月額の上限も一四万二〇〇〇円に、寡婦加算は月額七〇〇〇円に引き上げられた。

第六節　一三万円年金と遺族年金の改善（昭和五十五年）

昭和五十一年（一九七六年）四月、わが国年金制度の今後のあり方について検討するため厚生大臣の私的諮問機関として「年金制度基本構想懇談会」が設置された。懇談会は昭和五十四年（一九七九年）四月「わが国の年金制度の改革の方向—長期的な均衡と安定を求めて—」と題する報告書をまとめ、当面取り組むべき事項として、遺族年金の引上げと支給開始年齢の段階的引上げの早期着手などを提言した。この報告を受け、財政再計算を一年繰り上げ、昭和五十五年（一九八〇年）給付水準の引上げと、遺族年金の改善を中心に次のような改正が行われた。

⑴　老齢年金の定額部分の単価を一六五〇円から二〇五〇円に引き上げ、報酬比例部分についても昭和五

十四年（一九七九年）三月以前の標準報酬を現在の水準で再評価（最低四万五〇〇〇円）することにより、加入期間三〇年、平均標準報酬月額一九万八五〇〇円の男子の標準的な老齢年金の額を、妻の加給分を含めて月額一三万六〇五〇円とする。

(2) 配偶者の加給年金額を月額六〇〇〇円から一万五〇〇〇円に、第一子及び第二子について月額二〇〇〇円から五〇〇〇円に引き上げる。

(3) 障害年金及び遺族年金の最低保障額を月額三万三〇〇〇円から四万一八〇〇円に引き上げる。

(4) 在職老齢年金の支給対象となる標準報酬月額の上限を六十五歳以上六十五歳未満ともに一四万二〇〇〇円から一五万円に引き上げる。

(5) 子二人以上有する寡婦についての寡婦加算を月額七〇〇〇円から一万七五〇〇円に、子一人有する寡婦については月額五〇〇〇円から一万円に、六十歳以上の高齢寡婦については月額四〇〇〇円から一万円に引き上げる。

(6) 標準報酬月額の下限を三万円から四万五〇〇〇円に、上限を三二万円から四一万円に引き上げる。

(7) 保険料率について男子は一〇〇〇分の九一から一〇〇〇分の一〇六に、女子は一〇〇〇分の七三から一〇〇〇分の八九に引き上げる（国会修正で引上げ幅が一〇〇〇分の三引き下げられた）。女子の保険料は毎年さらに一〇〇〇分の一ずつ引き上げ、男女間の保険料率の格差の解消を図る。

わが国の年金制度の問題点の一つとしてかねてから指摘されていたのが、夫の老齢年金の二分の一という遺族年金の水準の低さであった。夫が死亡した場合妻の生活費が二分の一になるわけではないし、諸外国の妻に対する遺族年金の水準は通常夫婦の場合の六割ないし七割とされていた。また、一人の遺族が二つ以上の年金を重複して受けている場合もあり、遺族年金の重点化や重複給付の調整の必要性も指摘されていた。

しかし、遺族年金には高齢遺族にとっては老後保障としての機能もあり、世帯単位の厚生年金を国民年金のように個人単位にするか、国民年金の任意加入とされている被用者年金加入者の妻をどうするかということとも関連し、遺族年金の改善は二分の一という支給率を引き上げればよいという簡単な問題ではなかった。支給率の引上げは国家公務員などの共済年金に大きな影響を与える問題でもあった。そこで当面十八歳未満の子を抱える遺族年金の必要性の高い寡婦を中心に、昭和五十三年（一九七八年）改正で創設された寡婦加算額を大幅に引き上げることにより改善を図ることとされた。一方、政府案では十八歳未満の子のない四十歳未満の寡婦いわゆる子なし若妻については不支給とされていたが、国会で引き続き支給することに修正された。

昭和五十五年（一九八〇年）改正にあたって、改正の最大の柱とされながら実現できなかったのが老齢年金の支給開始年齢の六十歳から六十五歳への引上げであった。厚生年金発足時の支給開始年齢は男女とも五十五歳であったが、昭和二十九年（一九五四年）に男子のみ六十歳に引き上げられた。その当時の平均寿命は男子は六三・六歳、女子は六七・七歳であったが、昭和五十五年（一九八〇年）には男子七二・

六歳、女子は七七・九歳と男女とも一〇年も伸びていた。諸外国は大多数の国が六十五歳であり、わが国も今後老齢人口の急激な増加による年金給付費の増大が予想され、年金制度の長期的安定を図り、後世代の保険料負担が過重にならないようにするためには、支給開始年齢の引上げは避けて通れない問題であった。年金制度基本構想懇談会も遺族年金の改善とともに支給開始年齢の引上げに早期に着手し、長期の年月をかけて段階的に引き上げるべき旨を厚生大臣に報告した。

厚生省は年金制度基本構想懇談会の報告を受け、昭和五十五年（一九八〇年）改正にあたり老齢年金の支給開始年齢を二〇年かけて六十五歳に段階的に引き上げることとし、社会保険審議会に諮問した。引上げについて学識委員は賛成したが、被保険者及び事業主を代表する日経連及び労働組合の委員は、定年制など高齢者の雇用環境が十分整っておらず、共済年金の支給開始年齢もまだ五十歳であることを理由に、引上げに着手すべきでないとして強く反対した。

自民党も慎重に取り扱うよう政府に異例の申し入れをし、事実上反対したため、結局法案に盛り込むことができず、次期再計算期の課題とする趣旨の訓示規定がおかれて国会に提出された。しかし訓示規定も国会修正で削除され、支給開始年齢の引上げ問題は、その後二〇年間棚上げされたままになった。

国民年金についても昭和五十五年（一九八〇年）、次のような改正が行われた。

(1)　保険料納付一月あたり単価を一三〇〇円から一六八〇円に引き上げ、保険料を二五年納付した場合の年金額を月額三万二五〇〇円から四万二〇〇〇円に引き上げる。一〇年年金の額は月額二万五〇〇〇円から二万六五五〇円に、五年年金の額は月額一万五〇〇〇円から二万二六〇〇円に引き上げる。
(2) 障害年金の最低保障額を引き上げる。
(3) 母子年金及び準母子年金の受給権者で他制度から遺族年金を受けることができない者に対して母子加算又は準母子加算として月額一万五〇〇〇円を支給する。
(4) 保険料の額を昭和五十六年（一九八一年）四月から月額四五〇〇円に引き上げる。
(5) 老齢福祉年金の額を月額二万円から二万二五〇〇円に引き上げる。

第六章　基礎年金の導入と制度の再編

第一節　制度間の格差と不均衡

昭和三十年代に国民皆年金体制ができ、昭和四十年代に急速に給付水準の引上げ、給付内容の改善が行われたわが国の年金制度は、昭和五十年代に入ると、一転して各制度間の不均衡、格差の是正と、人口の高齢化に対応した年金財政の長期的安定のための給付と負担の見直しが大きな課題となった。

その背景は、第一に経済基調の変化と国の財政の悪化である。昭和四十八年（一九七三年）と昭和五十三年（一九七八年）の二度にわたるオイルショックを契機に、わが国の経済の高度成長は終わり、成長率は半分以下に低下した。国の税収は激減し、昭和五十年（一九七五年）には戦後はじめて赤字公債が発行され、国の財政は悪化の一途をたどった。社会保障を含め、あらゆる分野での国の制度や事業を見直し、効率化を図るための行政改革と、徹底した歳出削減による増税なき財政再建が最大の政治課題になった。

第二の背景は、急速な人口の高齢化と社会保障費の増大である。わが国の六十五歳以上の人口比率は昭和四十五年（一九七〇年）に七％を超え、昭和五十五年（一九八〇年）にはほぼ九％になった。戦前に五〇年といわれた平均寿命も、昭和五十年（一九七五年）には男子は七一・七三歳、女子は七六・八九歳となり、昭和六十年（一九八五年）には女子の平均寿命は八〇歳を超えた。人口の高齢化と平均寿命の伸長によって昭和五十年代から年金受給者は急増しはじめ、昭和四十年代の大幅な給付改善と相まって、わが国は本格的な年金時代に入った。

昭和四十年代までおおむね国民所得比五～六％で推移してきた医療、年金、福祉をあわせた社会保障給付費は、昭和五十一年（一九七六年）には一〇％を超えた。なかでも昭和四十五年（一九七〇年）まで一兆円に満たなかった年金給付費は、昭和五十一年（一九七六年）には五兆円、昭和五十五年（一九八〇年）には一〇兆円と、医療費を超え、その後も急速に増加していくことが見込まれた。それを賄うために、これまで低く抑えられてきた厚生年金の保険料率は将来三倍にも四倍にも上昇することが見込まれ、保険料負担の面から制度の安定的維持について懸念が生じはじめた。

第三の背景は、わが国の年金制度の分立が内包していた問題点の顕在化である。わが国の年金制度は、三種類の社会保険と五種類の共済組合あわせて八つの法律、制度に分立し、保険者、組合の数は数十にものぼっていた。制度の規模や給付内容、保険料率や掛金率に大きな違いがあった。そのうえ昭和三十年代、四十年代に各制度が競い合うように給付改善を行ったために、制度間格差や不均衡が目立ちはじめ、その是正、統一を求める意見が強くなってきた。

制度間格差や不均衡として最も大きな問題になったのが、民間の被用者を対象とした厚生年金と、国家公務員や地方公務員を対象とした共済組合の格差、いわゆる年金制度の官民格差で、次のようなことが国会で問題となった。

(1)　厚生年金の年金額は定額部分と報酬比例部分からなるが、共済年金は俸給比例一本である。しかも厚生年金は全期間の平均報酬で年金額が計算されるのに対し、共済年金は最終俸給で年金額が計算される。

(2)　年金の支給開始年齢は、厚生年金が六十歳であるのに、共済年金は五十五歳で五歳も早い。

(3)　共済年金の掛金は厚生年金の保険料より若干高いが、年金額は共済年金の方がはるかに高い。国庫負担は厚生年金の方が高いが、共済年金には旧恩給期間を引き継ぐにあたって国から多額の整理資源が投入されている。

(4)　民間のサラリーマンは再就職後も厚生年金に加入している限り原則として厚生年金は支給されないが、公務員は民間に再就職しても年金は全額支給される。

厚生年金に比べて共済年金の水準が高いのは、加入期間の差によるところが大きいし、共済年金には公務員制度の一環という性格もある。しかし支給開始年齢など必ずしも合理的な理由のない違いがあることもたしかであった。

第四の背景は、昭和三十年代、四十年代における産業構造、就業構造の変化による年金制度の制度別被保険者数、加入者数の変化の違いである。昭和三十年（一九五五年）には八四〇万人と、一〇〇〇万人にも満たなかった厚生年金の被保険者数は、昭和四十年（一九六五年）には一八〇〇万人、昭和五十年（一九七五年）には二四〇〇万人にも達した。一方、船員保険の加入者数は昭和四十年代の二六万人をピークに減少し、公共企業体共済の一つである国鉄共済組合の組合員数は昭和三十年代には五〇万人近くいたが、昭和五十年代には三〇万人台になった。

このような各制度の加入者数の増減の違いが各制度の加入者に対する年金受給者の比率（成熟度）を大きく変えた。昭和五十年代、厚生年金は制度発足後四〇年を経過しても成熟度はまだ一〇％に満たなかったが、国民年金は、加入者数はそれほど増えず、受給者の発生が早かったために、制度発足後およそ二〇年で二〇％を超えた。国鉄共済組合の成熟度は実に六〇％を超え、このままでは早晩他の共済の支援を受けるか、他の共済と統合

表１－６　公的年金各制度の加入者数及び受給者数（昭和58年３月末）

（単位：千人）

制度の種類	加入者数		受給者数		老齢退職年金受給者数		成熟度
	①	%	②	%	③	%	③／①　%
厚生年金保険	26,031	44.3	5,639	31.0	2,456	19.6	9.4
国民年金（拠出）	26,431	45.1	7,304	40.2	5,994	47.9	22.7
船員保険	193	0.3	105	0.6	51	0.4	26.4
国家公務員共済組合	1,173	2.0	422	2.3	325	2.6	27.7
地方公務員等共済組合	3,292	5.6	874	4.8	671	5.4	20.4
公共企業体職員等共済組合	752	1.3	444	2.4	330	2.6	43.8
私立学校教職員共済組合	329	0.6	53	0.3	13	0.1	4.0
農林漁業団体職員共済組合	485	0.8	116	0.6	72	0.6	14.9
計	58,715	100.0	14,958	82.3	9,911	79.2	16.9
福祉年金			3,212	17.3	2,597	20.3	−
合計	58,715	100.0	18,212	100.0	12,508	100.0	

しない限り、給付をすることができないと予想される事態になった。産業構造、就業構造の変化、企業の発展や衰退が、特定の職業、特定の職域を対象とする年金制度の存続の基盤を揺るがしかねなくなってきた。

第二節　制度再編への動き

昭和五十年代に入るとわが国の年金制度の今後のあり方について各方面からさまざまな意見が出されるようになった。まず第一に、社会保障制度審議会が昭和五十二年（一九七七年）十二月と昭和五十四年（一九七九年）十月の二度にわたって「皆年金下の新年金体系」と題して政府に対して次のような建議を行った。

(1)　わが国の年金制度を新しく税方式の基本年金と、それに上乗せされる社会保険方式の年金の二階建て方式とする。

(2)　基本年金は個々人の事前の拠出を給付の要件とせず、六十五歳という年齢のみを要件とし、年金額は単身月額三万円、夫婦五万円（老人夫婦世帯の標準的消費支出額のおおむね五割程度）とする。

(3)　基本年金の財源を賄うため、年金のための目的税として所得発生の源泉で課税し、税率二％程度の所得型付加価値税を創設する。

(4)　現行の社会保険方式による各制度は、国庫負担は廃止し、基本年金の上乗せ給付として存続させる。

(5) すべての公的年金制度の支給開始年齢を六十五歳に統一する。そのために雇用政策と年金政策の密接な連携を図り、六十五歳までの再雇用や継続雇用が可能となるよう必要な施策を講ずる。
(6) 基本年金は昭和五十五年（一九八〇年）に発足させ、一〇年の経過期間を設けて、六十五歳までに現行の制度を再編成する。

社会保障制度審議会の建議は、国民皆年金といわれながら適用漏れの者や短期加入によって名目的な給付しか受けられない高齢者が多いという現状にかんがみ、「高齢者に無年金者の存在を許さない」という考え方にたって、わが国の年金制度を税方式による全国民一律の基本年金に社会保険方式による年金を上乗せした二階建ての仕組みに大きく組み替え、現行制度のもつ多くの問題点を一挙に解決しようという極めて大胆で魅力的な構想で、評価する意見も少なくなかった。

しかし、社会保険方式による現行制度が創設されてから相当の年月が経過し、すでに成熟化の段階に入っているにもかかわらず、新たに税方式の年金制度を創設することの是非のほか、年金目的税として大型の所得型付加価値税を創設することについては、新たな間接税として消費税の導入が考えられはじめていたこともあって、税制面からも慎重な検討が必要であった。また一〇年間の経過措置で現行制度から新制度への円滑な移行が果たして可能かなど、実現にはさまざまな疑問や問題があり、付加価値税を財源とする基本年金制度創設の論議はあまり深まらなかった。

昭和五十一年（一九七六年）四月に厚生大臣の私的諮問機関として設置され、わが国の現行年金制度のもつさまざまな問題点とその解決案について検討していた年金制度基本構想懇談会は、昭和五十四年（一九七九年）四月「わが国の年金制度の改革の方向―長期的な均衡と安定を求めて―」と題して厚生大臣に対し次のような報告を行った。

(1) 今後人口の高齢化と制度の成熟化により急激に膨張する年金給付費を安定的に賄っていくためには、税は長期的な財源としては安定性を欠き、年金額も低水準にならざるを得ない。わが国の年金制度は今後とも保険料を主たる財源とし、給付と負担の関係が明確な社会保険方式を維持すべきである。

(2) 現行制度はいずれも長い歴史と沿革をもち、共済年金は公務員制度の一環としての性格もあわせもっている。これらを一挙に統合することは困難であり、現行制度の分立を前提に、できる限り制度間の格差を是正し、給付体系や給付水準の整合性、統一性を図っていくべきである。

(3) 各制度の費用負担、財政の不均衡については、各制度の給付の共通部分について財政調整により是正を図るべきである。その場合国民年金を文字どおり国民全体の年金制度とすることを検討する。

(4) 厚生年金の給付水準については、被保険者の直近の平均標準報酬の六〇%という水準を今後とも長期的に維持すべきである。しかし現在のような年数比例的な給付水準のままでは、将来の給付水準を大きく押し上げ、現役の勤労者の賃金水準とのバランスを失し、現役被保険者の大きな負担増につながるので、年数比例の見直しが必要である。

(5) 厚生年金の支給開始年齢は、雇用の確保を図りつつ、長期的、段階的に六十五歳に引き上げる必要がある。

(6)　共済年金については、厚生年金と同様給付体系に定額部分を導入して、公的年金としての水準は厚生年金とほぼ同水準にするとともに、退職年金の支給開始年齢も厚生年金に合わせるべきである。

(7)　当面、経過的年金の引上げ、遺族年金の水準の改善、支給開始年齢の引上げなどについて検討を急ぎ、早期に着手すべきである。

年金制度基本構想懇談会の報告は、社会保障制度審議会の建議とは対照的に、改革の実現可能性を重視し、社会保険方式による現行制度の維持を前提に、漸進的、段階的に各制度間の整合化をすすめ、給付や負担の不均衡、不公平の是正を図るというものであった。

社会保障制度審議会の建議と年金制度基本構想懇談会の報告が出された後の年金制度のあり方の論議は、次第に現行の社会保険方式の制度を維持しつつ、わが国の年金制度を各制度共通の一階部分と各制度が独自にそれに上乗せする二階部分の二階建ての体系に変えるという、社会保障制度審議会の建議と年金制度基本構想懇談会報告の両方の要素をとりいれた方向に収れんしていった。

昭和五十六年（一九八一年）三月に発足し、国の行政改革全般について審議していた第二臨時行政調査会は、医療保険や年金制度などの社会保障制度の改革を行政改革の重要な一環として位置づけ、昭和五十七年（一九八二年）七月行政改革に関する基本答申のなかで年金改革について次のように答申した。

(1)　全国民を対象とする統一的制度により基礎的年金を公平に維持することを目標に改革をすすめる。

(2)　将来の一元化を展望しながら制度間の不均衡の是正と給付水準の適正化をすすめる。

(3)　被用者年金は段階的に統合をすすめ、当面国鉄共済と類似共済の統合を図る。
(4)　内閣に年金担当大臣をおき、その下で昭和五十八年（一九八三年）末までに改革の内容、手順等について成果を得る。

昭和五十八年（一九八三年）八月、社会保険審議会も昭和五十九年（一九八四年）に予定されている厚生年金保険法の改正に関し、次のような意見をまとめた。

(1)　わが国が二一世紀の高齢化のピークを迎えるときにおいても、ゆるぎない基盤を固めることに最大の力点をおく。
(2)　個々の制度の枠組みにとらわれない広範な視野にたってわが国の年金制度の再編成を行う。その際社会保険方式の維持、各制度に共通した給付の導入と現行制度からの円滑な移行に配慮する。
(3)　現行制度のままでは加入期間が伸びるにしたがって給付水準があがり、現役の勤労者の賃金水準とバランスを失し、保険料負担を過重にする恐れがあるので、そのようなことにならないよう将来に向けて給付水準の適正化を図る。
(4)　単身世帯と夫婦世帯の給付水準の合理化を図り、すべての婦人に独自の年金権が与えられるようにする。
(5)　船員保険の職務外年金部門は厚生年金に統合する。

昭和五十七年（一九八二年）十一月から昭和五十八年（一九八三年）一月にかけて、厚生省は今後の年金制度のあり方について、各界の有識者一〇〇〇人を対象に二一世紀の年金に関する有識者調査を行った。調査結果の概要は次のとおりであった。

(1) 公的年金制度を一元化することについては六八％が賛成であった。

(2) 制度の基本的仕組みとして将来とも社会保険方式を維持すべきであるとした者が八三％を占めた。

(3) 厚生年金の標準的給付水準としては、現役サラリーマンの賃金の六〇％程度とする者が四〇％と最も多く、国民年金の給付水準については夫婦で月額一〇万円程度とする者が四二％で最も多かった。

(4) 厚生年金の保険料負担については、九割を超える者が三〇％までとし、国民年金については一万円程度までとした者が約五割、一万二〇〇〇円程度までとした者が約七割であった。

昭和五十九年（一九八四年）二月、政府は公的年金制度の改革に関し、次のような閣議決定を行った。

(1) 国民年金の適用を全国民に拡大し、国民年金を全国民に共通の基礎年金を支給する制度とする。

(2) 厚生年金保険は基礎年金の上乗せとして報酬比例の年金を支給する制度とする。

(3) 船員保険の職務外年金部門は厚生年金に統合する。

(4) 給付と負担の長期的均衡を図るため、計画的に将来の給付水準の適正化を図る措置を講ずるとともに、婦人の年金権の確立、障害年金の充実を図る。

(5) 国民年金、厚生年金及び船員保険に関する以上の改正を昭和五十九年（一九八四年）に行い、昭和六十年（一九八五年）に共済年金について同様の趣旨の改正を行って全部の改革を昭和六十一年度（一九八六年度）から実施する。

(6)　昭和七十年（一九九五年）をめどに公的年金制度全体の一元化を完了させる。

第三節　基礎年金の導入

昭和五十九年（一九八四年）三月、基礎年金の導入を柱とした国民年金法等の改正案が国会に提出された。同じ国会に予算関連法案として医療費の本人一割負担の導入を柱とした健康保険法等の改正案が提出され、その審議が優先されたため、国民年金法等の改正案はその国会では継続審議となった。その後異例の法案の閉会中審査が行われ、昭和五十九年度（一九八四年度）の年金額の物価スライド部分が分離され、次の国会で障害年金などについて一部修正が行われ、昭和六十年（一九八五年）四月に成立した。

国民年金法の改正内容は、次のとおりであった。

(1)　国民年金の加入者を二十歳以上六十歳未満の全国民に拡大し、国民年金を全国民共通の基礎年金を支給する制度とする。

(2)　農業等を営む自営業者は、国民年金の第一号被保険者とする。

(3)　厚生年金、共済組合等の被用者年金の加入者は、国民年金の第二号被保険者とする。

(4)　被用者年金の加入者に扶養されている配偶者は、国民年金の第三号被保険者とする。
(5)　基礎年金の種類は、老齢基礎年金、障害基礎年金、遺族基礎年金の三種類とする。
(6)　老齢基礎年金は被保険者期間（第一号被保険者については保険料納付期間と保険料免除期間を合算した期間）が二五年以上である者に対し、六十五歳から支給する。
(7)　老齢基礎年金の額は、被保険者期間（第一号被保険者については保険料納付期間）が四〇年の場合、月五万円とし、四〇年に満たない場合にはその期間に応じて減額する。
(8)　障害基礎年金は、被保険者が一級又は二級の障害となったときに支給する。ただし、第一号被保険者については保険料滞納期間が被保険者期間の三分の一以上あるときは支給しない。また国民年金に加入する二十歳以前に障害となった者については、二十歳から障害基礎年金を支給する。
(9)　障害基礎年金の額は、一級障害の場合は月額六万二五〇〇円、二級障害の場合は月額五万円とし、十八歳未満の子がいるときは、第一子及び第二子について月額一万五〇〇〇円、第三子以降について月額五〇〇〇円を加算する。
(10)　従来の障害福祉年金の受給者にも障害基礎年金を支給し、障害福祉年金は廃止する。
(11)　遺族基礎年金は、被保険者が死亡したとき又は老齢基礎年金の受給権のある者が死亡したとき、十八歳未満の子がいる妻又は十八歳未満の子に支給する。ただし、第一号被保険者については保険料滞納期間が被保険者期間の三分の一以上あるときは支給しない。
(12)　遺族基礎年金の額は、月額五万円とし、十八歳未満の子がいるときは、第一子及び第二子について月額一万五〇〇〇円、第三子以降について月額五〇〇〇円を加算する。

⒀　従来の母子福祉年金、準母子福祉年金の受給者にも遺族基礎年金を支給し、これらの福祉年金は廃止する。

⒁　従来の寡婦年金及び死亡一時金は、第一号被保険者に対する国民年金の独自給付とする。

⒂　基礎年金の支給に必要な費用は、第一号被保険者が納付する保険料及び国民年金以外の公的年金各制度からの拠出金によって賄い、各制度の拠出金は国民年金の被保険者総数に占めるその制度の第二号及び第三号被保険者数の割合に応じて按分する。

⒃　国は基礎年金の支給に要する費用（各制度の拠出金）の三分の一を負担する。

⒄　国民年金の保険料は、昭和六十一年（一九八六年）四月から月額六八〇〇円とし、昭和六十五年（一九九〇年）四月から毎年三〇〇円ずつ引き上げる。保険料を納付することが困難と認められる者については保険料を免除する。第二号及び第三号被保険者は、被用者年金の保険料とは別に国民年金の保険料を納付することを要しない。

第四節　厚生年金保険法の改正

厚生年金保険法及び船員保険法については、次のような改正が行われた。

(1)　厚生年金の被保険者及び被保険者に扶養されている配偶者は、同時に国民年金の第二号及び第三号被保険者とし、厚生年金は、国民年金の基礎年金に上乗せして報酬比例の年金を支給する制度とする。
(2)　従業員五人未満の法人事業所にも厚生年金を適用し、その被用者を厚生年金の被保険者とする。
(3)　厚生年金保険の加入年齢は六十五歳までとし、被保険者が六十五歳に達すれば、在職中であっても保険料を徴収せず、その者が老齢年金の受給資格を有するときは、全額年金を支給する。
(4)　船員保険の職務外年金部門と厚生年金を統合し、船員は厚生年金の第三種被保険者とする。厚生年金保険及び船員保険交渉法は廃止する。
(5)　厚生年金の給付は、国民年金法による老齢基礎年金、障害基礎年金、遺族基礎年金に上乗せして支給する報酬比例の老齢厚生年金、障害厚生年金、遺族厚生年金とする。
(6)　老齢厚生年金は、厚生年金の被保険者が老齢基礎年金の受給資格を取得したとき、六十五歳から支給する。ただし、六十歳から六十五歳まで特別支給の老齢厚生年金として、従来の定額プラス報酬比例の年金を支給する。
(7)　老齢厚生年金の額は、平均報酬月額の一〇〇〇分の七・五に被保険者期間の月数を乗じて計算した額とする。
(8)　老齢厚生年金の定額部分の単価は、改正法施行時の年齢に応じて二四〇〇円から一二五〇円に、報酬比例部分の乗率は一〇〇〇分の一〇から一〇〇〇分の七・五に引き下げる。
(9)　老齢厚生年金の受給者に扶養されている配偶者がいるときは、その配偶者が六十五歳に達するまで年金額に月額一万五〇〇〇円を加算する。配偶者が六十五歳に達すれば自らの老齢基礎年金を受けるものとする。

(10) 女子の老齢厚生年金の支給開始年齢を、昭和七十年（一九九五年）に六十歳となるよう段階的に五十五歳から六十歳に引き上げる。

(11) 四十歳以上の男子、三十五歳以上の女子、坑内夫及び船員の一五年という老齢年金の受給資格期間は、一定の経過期間ののち廃止する。

(12) 障害厚生年金は、厚生年金の被保険者が障害基礎年金の対象となる一級又は二級の障害となったときに支給する。三級障害になったときにも厚生年金独自の給付として障害厚生年金を支給する。

(13) 障害厚生年金の額は、平均報酬月額の一〇〇〇分の七・五に被保険者期間の月数（二五年に満たないときは二五年とみなす）を乗じて計算した額とし、一級障害についてはその一・二五倍とする。

(14) 遺族厚生年金は、厚生年金の被保険者が死亡し、遺族基礎年金を受けることができるとき、又は老齢基礎年金の受給権者が死亡したとき、その遺族に支給する。

(15) 遺族厚生年金は、遺族基礎年金を受けることができる十八歳未満の子がいる妻、十八歳未満の子のほか、十八歳未満の子のない妻、五十五歳以上の夫、父母、祖父母、十八歳未満の孫にも、厚生年金独自の給付として支給する。ただし、夫、父母、祖父母に対する支給は、六十歳からとする。

(16) 遺族厚生年金の額は、平均報酬月額の一〇〇〇分の七・五に被保険者期間の月数（二五年に満たないときは二五年とみなす）を乗じて計算した額の四分の三とする。

⒄　従来の通算年金、遺族年金の寡婦加算、脱退手当金等は廃止する。
⒅　標準報酬月額は、四万五〇〇〇円から四一万円までの三五等級から、六万八〇〇〇円から四七万円までの三一等級とする。
⒆　保険料率は、男子は一〇〇〇分の一〇六から一〇〇〇分の一二四に、女子は一〇〇〇分の九三から一〇〇〇分の一一三に引き上げ、女子の保険料率は昭和六十四年（一九八九年）までの間さらに毎年一〇〇〇分の一・五ずつ引き上げ、男女間の保険料率の格差を解消する。
⒇　厚生年金は、国民年金の被保険者総数のうち厚生年金の被保険者にかかる国民年金の第二号及び第三号被保険者の数に応じて基礎年金の支給に要する費用を負担し、国民年金の基礎年金会計に拠出する。
㉑　国は厚生年金の基礎年金拠出金の三分の一を負担し、従来の厚生年金の給付費に対する国庫負担は廃止する。

第五節　国家公務員共済組合法等の改正

国家公務員共済組合法、地方公務員等共済組合法、私立学校教職員共済組合法、農林漁業団体職員共済組合法の四共済組合法についても、昭和六十年（一九八五年）四月厚生年金と同様の趣旨の改正法が国会に提出され、同年十二月に成立、昭和六十一年（一九八六年）四月厚生年金の改正と同時に施行された。

国家公務員共済組合法等の改正内容は、次のとおりであった。

(1)　共済組合の組合員及び組合員に扶養されている配偶者は、同時に国民年金の第二号及び第三号被保険者とし、国民年金から基礎年金を支給する。

(2)　共済組合は、組合員であった者に対し基礎年金に上乗せして報酬比例の年金を支給する制度とする。

(3)　共済年金の給付の種類は、退職共済年金、障害共済年金及び遺族共済年金とする。脱退手当金は廃止する。

(4)　退職共済年金は、厚生年金と同様二階部分の年金と、公務員制度の一環としての職域年金の性格をもつ三階部分の年金を加えたものとする。

(5)　退職共済年金は、組合員が老齢基礎年金の受給資格期間を満たし、退職したとき、支給する。

(6)　退職共済年金のうち二階部分の額は、厚生年金と同様、全組合員期間の平均標準報酬（本俸プラス諸手当）に一〇〇〇分の七・五を乗じて計算した額とし、従来の退職前一年の平均本俸に一定の乗率をかける計算方式は廃止する。

(7)　退職共済年金のうち三階部分の額は、全組合員期間の平均標準報酬の一〇〇〇分の一・五をかけて計算した額とし、その水準は厚生年金相当分のおおむね二〇％（基礎年金を含めた年金額の八％強）とする。

(8)　退職共済年金に新たに厚生年金と同様の加給年金制度を導入し、受給者に六十五歳未満の配偶者又は十八歳未満の子がいるときは、厚生年金と同額の加給年金を支給する。

(9)　老齢基礎年金の支給開始年齢である六十五歳未満であっても、当分の間、厚生年金と同様の定額プラス報酬比例の特別支給の退職共済年金を支給する。

(10)　特別支給の退職共済年金の支給開始年齢は、昭和五十四年（一九七九年）の改正により退職共済年金の支給開始年齢が三年に一歳ずつ五十五歳から六十歳に引き上げることとされているが、これを二年に一歳ずつとし、昭和七十年（一九九五年）に厚生年金と同様六十歳とする。

(11)　退職を要件とする共済年金についても、厚生年金と同様六十歳以上の組合員について在職退職年金制度を創設し、在職中であっても標準報酬月額が二〇万円以下の場合、二割、五割又は八割の在職退職年金を支給する。

(12)　組合員の組合員期間中の障害又は死亡について、厚生年金と同様、組合員期間の長さを問わず、障害共済年金又は遺族共済年金を支給する。

(13)　共済年金についても、厚生年金と同様、年金額について消費者物価の上昇率を基準とした物価スライド制を導入し、従来の恩給、公務員給与の引上げ率を基準とした改定は廃止する。

(14)　共済組合は、国民年金の被保険者総数のうち、その組合員にかかる国民年金の第二号及び第三号被保険者の数に応じて基礎年金の支給に要する費用を負担し、国民年金の基礎年金会計に拠出する。

(15)　国は共済組合の基礎年金拠出金の三分の一を負担し、従来の給付費に対する一五・八五％の国の負担は廃止する。

第六節　給付水準の適正化

昭和六十年（一九八五年）改正の第一の柱は、国民年金を全国民に適用拡大し、全国民共通の基礎年金を支給する制度、厚生年金はその上に報酬比例の年金を支給する制度にして、わが国の年金制度を二階建ての体系、仕組みに再編したことである。二階建てという点では社会保障制度審議会の建議に沿うものであるが、一階部分は新たに創設する税方式の年金でなく、従来の国民年金を全国民に適用拡大した社会保険方式の年金とされた。

月額五万円という基礎年金の額は、二十歳から五十九歳までの四〇年間保険料を納付した場合国民の老後生活の基礎的部分を保障するものとして高齢者の生計費等を総合的に勘案（昭和五十九年度（一九八四年度）の六十五歳以上の単身、無業者の基礎的消費支出にその後の消費水準の伸びを加味）して決められたものである。保険料納付期間が四〇年に満たないときは、その分減額される。その費用は、各制度がいわば被保険者の頭割りで負担する拠出金で賄うこととされた。このような各制度からの拠出金による費用の負担方式は、昭和五十七年（一九八二年）に制定された老人保健法により七十歳以上の老人医療費についてはじめて導入されたものである。これによってわが国の年金制度の基礎的部分については、適用、給付、負担すべての面で統一的な扱いとなり、各制度を通じて安定した財政運営の基盤が築かれた。

改正の第二の柱は、将来に向けての年金の給付水準の適正化である。現在の標準的年金の水準は平均加入期間が三二年、平均標準報酬月額が二五万四〇〇〇円の場合、月額一七万三二〇〇円、平均標準報酬の六八％の水準であるが、いまのままでは今後平均加入期間が伸びることとともに給付水準が上がり、平均加入期間が将来一般的になると予想される四〇年になると、年金額は二一万一〇〇〇円、平均標準報酬に対して八三％にも達し、年金水準と現役の賃金水準のバランスが失われ、保険料率も三八・八％と、現在の四倍近い率となる。

　そこで今回の改正で厚生年金の定額部分の単価を二四〇〇円から一二五〇円に、報酬比例の乗率を一〇〇〇分の一〇から一〇〇〇分の七・五に徐々に逓減させ、加入期間が四〇年になっても給付水準がこれまでとほぼ同額の月額一七万六二〇〇円、平均標準報酬に対して六九％にとどまるようにされた。これによってピーク時の最終保険料率も三〇％以下の二八・九％にとどまることとなった。国民年金の一か月あたりの単価も二〇〇〇円から一二五〇円に徐々に引き下げ、ピーク時の保険料の

図１－２　昭和60年改正による制度の再編統合

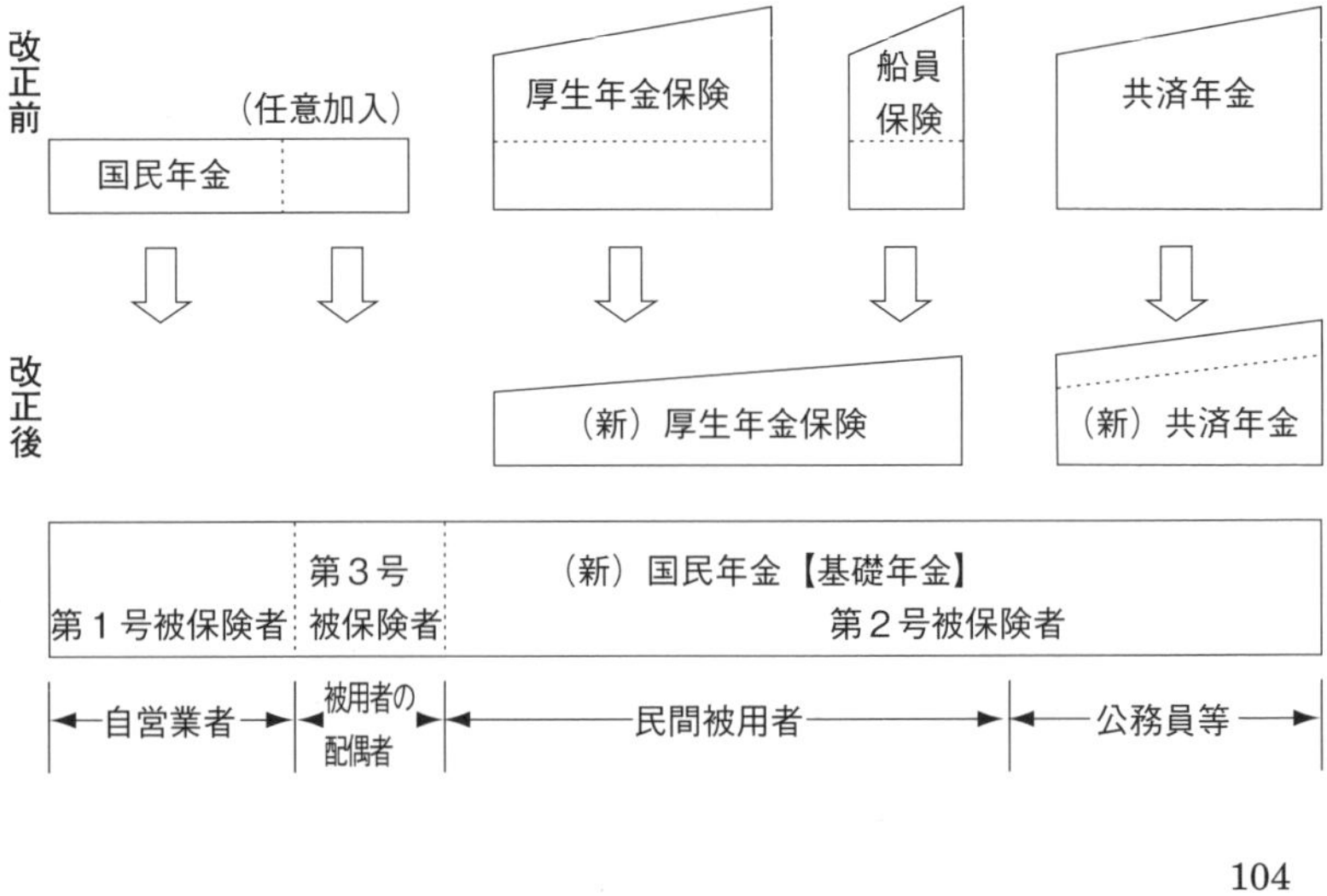

図１－３　昭和60年改正による被用者世帯の年金の適用、給付及び標準年金額

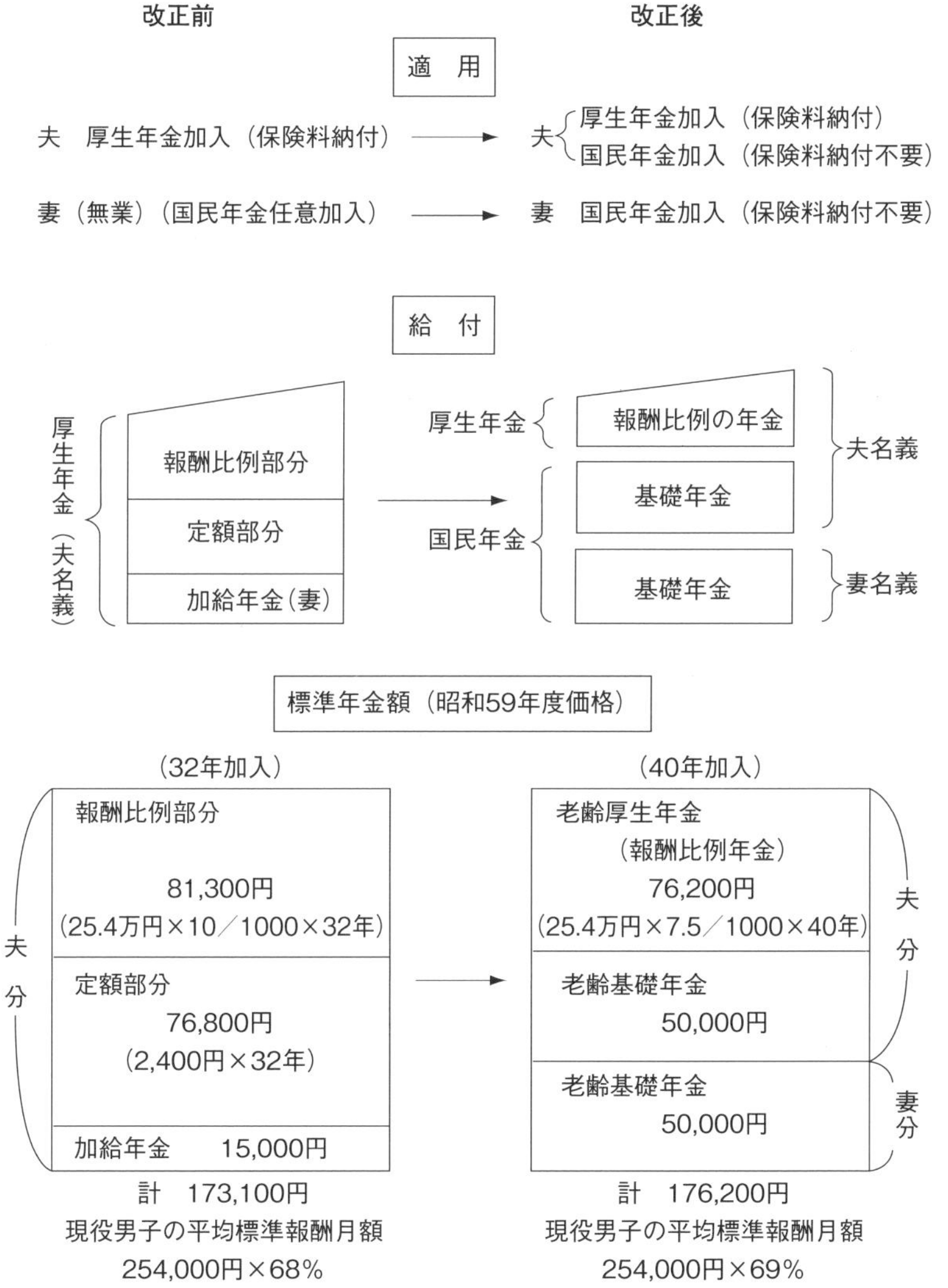

額は月額一万九五〇〇円から一万三〇〇〇円にとどまることとなった。

第三の柱は、これまで任意加入とされてきた被用者年金に加入しているサラリーマンの無業の妻を国民年金の強制被保険者とし、自分名義の基礎年金が受けられることとしたことである。これによって障害になった場合や離婚した場合にも無年金となることはなくなり、被用者世帯の夫婦のいずれもが個人単位の年金が受けられることとなった。保険料率や支給開始年齢についての男女差も解消することとされ、年金制度のうえで男女は完全に平等の取扱いとなり、女性の年金権が確立された。

第四の柱は、国民年金に加入する二十歳前の障害者にも障害福祉年金でなく障害基礎年金が支給され、国民年金に加入した後に障害となった場合、三分の一以上の期間の保険料の滞納がない限り障害基礎年金が支給されるなど、障害者に対する給付が大幅に改善されたことである。年金とは別に、二十歳以上で精神又は身体の重度の障害により日常生活において常時特別の介護が必要な在宅の障害者には、月額二万円の特別障害者手当も支給されることになった。

障害者に対する給付が大幅に改善されたのは、昭和五十六年（一九八一年）の国際障害者年を契機に、社会が連帯して障害者が自立できる基盤を形成し、所得保障をはじめ障害者に対する総合対策をすすめるべきであるという認識が高まったからである。

第五に、従業員五人未満の事業所への厚生年金保険の適用、女子の支給開始年齢の引上げ、国庫負担の基礎年金部分への集中一本化なども長年の懸案であり、この改正の大きな柱であった。

第六に、厚生年金と船員保険は完全に統合され、負担の面で若干の違いが残ったものの、共済年金の給付は二階部分まで給付体系、給付水準、支給開始年齢などが厚生年金とほぼ同じになり、共済年金独自の給付は職域年金的性格をもつ三階部分のみとなった。

わが国の年金制度の歴史のうえで、共済年金を含む全制度について、これほど広範かつ大がかりな改革、再編が行われたことははじめてであった。制度は分立したままでも給付の格差、不均衡は大きく是正された。将来の給付費の増加を抑制し、ピーク時の保険料率を引き下げることをねらいとした改正もはじめてであった。これまでの制度の分立と給付の拡大から、制度の統合と給付の抑制へと、年金政策は大きく方向転換された。

この改正によって、わが国の年金制度は二一世紀の高齢化のピーク時においても給付と負担の均衡が図られ、安定的に維持できる基盤が確立されたと考えられた。しかし、このせっかくの大改正も、改正時の予想、前提をはるかに超えるその後のわが国の人口構造や社会経済の変化の大波にのみこまれてしまった。

第七章　六十歳台前半の年金と雇用の調整

第一節　本格的な高齢社会の到来

昭和六十四年（一九八九年）一月昭和の時代が終わり、平成の時代がはじまった。平成のはじめにわが国の六十歳以上人口は約二〇〇〇万人、総人口比一六%、六十五歳以上人口約一四〇〇万人、総人口比一一%になった。老齢年金の受給者数も、国民年金約七四〇〇万人、被用者年金約六二〇〇万人に達した。平成元年（一九八九年）の社会保障給付費のうち年金給付費は二二兆円を超え、はじめて社会保障給付費全体の五〇%を超えた。何らかの公的年金を受けている世帯は全世帯の三分の一を占め、六十五歳以上の者のいる世帯はほとんど全部が収入の半分以上の公的年金を受けるようになった。公的年金は国民の老後の生活のうえでなくてはならないものとなった。

本格的な高齢社会、年金時代に完全に突入した平成はじめのわが国の年金制度の課題は次のようなことであった。

(1) 長い老後生活の基本的な部分を経済的に保障するものとして、現役世代の所得水準、賃金水準との均衡に配慮しつつ、適切な給付水準（現役世代の賃金水準のおおむね六〇％程度）を維持する。

(2) 公的年金の保険料負担は段階的に引き上げていくが、その水準は将来世代が負担可能な水準（現役世代の賃金月収のおおむね三〇％以内）にとどめる。

(3) 平均寿命の伸びや高齢者の高い就業意欲に対応し、原則として六十五歳まで働ける社会をめざし、支給開始年齢の六十五歳への引上げを図る。

(4) 被用者、自営業者を通じて、老後の多様なニーズに応え、企業年金等公的年金制度に上乗せした給付を行う仕組みを整備し、その育成、普及を図る。

(5) 産業構造、就業構造の変化とともに、制度が分立したままでは、給付と負担に差異を生ずるのみならず、存立そのものが危うくなる制度が発生すると予想されるので、給付と負担の両面からさらに各制度間の調整をすすめ、平成七年（一九九五年）に向けて全制度の一元化を図る。

平成はじめのわが国の経済はまだバブルの絶頂期にあり、将来の人口の高齢化のピークも二八～九％程度と予想されていた。したがってこのような課題に適切に取り組んでいけば、わが国の年金制度は昭和六十年（一九八五年）に再編、統合された枠組みで将来とも安定的に維持できると思われた。

しかし、平成に入って間もなくバブルは崩壊し、わが国経済は一〇年以上も長い深刻な不況、低迷に陥っ

表1－7　平成はじめのわが国の公的年金制度

国民年金

区　分	被保険者	保険者	被保険者数 ①	老齢年金受給者数 ②	成熟度 ②÷①	老齢年金平均月額	保険料	支給開始年齢
			万人	万人	%	万円		
第1号被保険者	自営業者	国	1,873	741	―	3.0	(平成2年4月から)本人 8,400円	65歳
第3号被保険者	被用者の妻		1,162					
第2号被保険者	被用者		3,459	363		―		―
合　計	―	―	6,493	1,104	17.0	―	―	―

（注）　上記のほか、老齢福祉年金受給者が、130万人いる。

被用者年金

区分		被保険者	保険者	適用者数 ①	老齢(退職)年金受給者数 ②	成熟度 ②÷①	老齢(退職)年金平均月額	保険料率(標準報酬ベース)	支給開始年齢
厚生年金保険		民　間 被用者	国	万人 2,877	万人 422	% 14.7	万円 13.2	男子 14.3% 女子 13.8 坑内員 船　員 } 16.1	男子 60歳 女子 56歳 (12年までに60歳) 坑内員 船　員 } 55歳
国家公務員等共済組合	連　合　会	国家公務員	国家公務員共済組合連合会	115	46	40.0	17.9	15.2	58歳 (7年までに60歳) 自衛官 55歳 警察官 56歳 (13年までに60歳)
	日　本　鉄　道	旅客鉄道会社等の社員	日本鉄道共済組合	21	35	166.1	17.4	16.99	
	日本電信電話	日本電信電話株式会社の社員	日本電信電話共済組合	29	10	33.7	18.6	14.02	
	日本たばこ産業	日本たばこ産業株式会社の社員	日本たばこ共済組合	3	2	87.3	17.1	17.07	
地方公務員等共済組合		地方公務員	地方公務員共済組合	327	96	29.3	19.5	14.16	
私立学校教職員共済組合		私立学校の教職員	私立学校教職員共済組合	37	2	5.8	15.9	10.2	
農林漁業団体職員共済組合		農協等の職員	農林漁業団体職員共済組合	50	10	21.2	13.5	13.4	
合　計		―	―	3,459	624	18.0	―	―	―

た。予想をはるかに超える出生率の低下、少子化の進行により、ピーク時の人口高齢化も五年ごとの新推計が出るたびに上がり、平成十四年（二〇〇二年）の推計では二〇五〇年に三五・七％、出生率が回復しない場合には四〇％近い三九・〇％にもなると予想された。このような経済と人口の将来予測の激変によって、いまの年金制度の枠組みで給付と負担のバランスをとり、将来とも制度を安定的に維持していくことが難しくなってきた。

第二節　完全自動物価スライド制

平成になってはじめての改正である平成元年（一九八九年）改正の内容は次のとおりであった。

(1) 基礎年金の額を月額五万五五〇〇円に引き上げ、厚生年金の標準的な老齢年金の額を月額一八万五一二五円から一九万五四九二円（三五年加入）に引き上げる。

(2) 年金額の改定は完全自動物価スライド制とし、年間の消費者物価の上昇率が五％以下であっても年金額を改定する。

(3) 在職老齢年金の支給対象となる標準報酬月額の上限を月額二〇万円から二四万円に引き上げ、支給割合のきざみを八割、五割、三割の三段階から、八割から三割まで一割きざみの七段階に改める。

(4) 厚生年金の保険料率について、男子は平成二年（一九九〇年）に一二・四％から一四・三％に、平成三年（一九九一年）以降一四・五％（政府案は平成二年から一四・六％）に引き上げ、女子は平成二年（一九九〇年）に一一・九％から一三・八％、平成三年（一九九一年）に一四・一五％、平成四年（一九九二年）以降も毎年〇・一五％ずつ引き上げ、平成六年（一九九四年）に男子と同率にする。

(5)　これまで任意加入であった二十歳以上の学生も国民年金の強制加入とし、世帯の収入状況などから保険料を負担することができない場合には、本人からの申請により保険料を免除する。

(6)　国民年金の保険料の額を、月額八〇〇〇円から八四〇〇円に引き上げ、平成二年（一九九〇年）以降も平成六年（一九九四年）まで毎年四〇〇円ずつ引き上げる。

(7)　自営業者に対する上乗せ年金として、国民年金基金制度を創設する。

(8)　老齢年金の支給開始年齢については、次期財政再計算の際年金財政の見通し、高齢者に対する就業の機会の確保等の状況、基礎年金の給付水準及びその費用負担のあり方等を総合的に勘案して見直す。

平成元年（一九八九年）改正の第一の課題は、昭和の時代にできなかった厚生年金の支給開始年齢の六十歳から六十五歳への引上げであった。平成はじめの国民の平均寿命は男子は七五・九一歳、女子は八一・七七歳に達し、厚生年金の男子の支給開始年齢が五十五歳から六十歳に引き上げられた昭和二十九年（一九五四年）当時より男子は約一二年、女子は約一四年伸びており、六十歳以降の平均余命も男子は約二〇年、女子は約二四年にも達していた。平均寿命、平均余命の伸びに対応した支給開始年齢の引上げは、現在の年金の給付水準を維持しつつ、後代の負担を適正なものにしていくために避けて通れないことは明らかで

表１－８　平均余命の推移

（年）

年　次	男				女			
	0 歳	60 歳	65 歳	75 歳	0 歳	60 歳	65 歳	75 歳
明治24年～明治31年	42.80	12.80	10.20	6.20	44.30	14.20	11.40	6.70
32年～明治36年	43.97	12.76	10.14	6.00	44.85	14.32	11.35	6.61
37年～大正２年	44.25	13.28	10.58	6.31	44.73	14.99	11.94	7.09
大正10年～大正14年	42.06	11.87	9.31	5.31	43.20	14.12	11.10	6.21
15年～昭和５年	44.82	12.23	9.64	5.61	46.54	14.68	11.58	6.59
昭和10年～昭和11年	46.92	12.55	9.89	5.72	49.63	15.07	11.88	6.62
22年（1947）	50.06	12.83	10.16	6.09	53.96	15.39	12.22	7.03
25年（1950）	59.57	14.36	11.35	6.73	62.97	16.81	13.36	7.76
30年（1955）	63.60	14.97	11.82	6.97	67.75	17.72	14.13	8.28
35年（1960）	65.32	14.84	11.62	6.60	70.19	17.83	14.10	8.01
40年（1965）	67.74	15.20	11.88	6.63	72.92	18.42	14.56	8.11
45年（1970）	69.31	15.93	12.50	7.14	74.66	19.27	15.34	8.70
50年（1975）	71.73	17.38	13.72	7.85	76.89	20.68	16.56	9.47
55年（1980）	73.35	18.31	14.56	8.34	78.76	21.89	17.68	10.24
60年（1985）	74.78	19.34	15.52	8.93	80.48	23.24	18.94	11.19
平成２年（1990）	75.92	20.01	16.22	9.50	81.90	24.39	20.03	12.06
７年（1995）	76.38	20.28	16.48	9.81	82.85	25.31	20.94	12.88
８年（1996）	77.01	20.75	16.94	10.25	83.59	25.91	21.53	13.40
９年（1997）	77.19	20.87	17.02	10.29	83.82	26.14	21.75	13.58
10年（1998）	77.16	20.99	17.13	10.43	84.01	26.37	21.96	13.79
11年（1999）	77.10	20.91	17.02	10.28	83.99	26.29	21.89	13.71
12年（2000）	77.72	21.44	17.54	10.75	84.60	26.85	22.42	14.19
13年（2001）	78.07	21.72	17.78	10.95	84.93	27.13	22.68	14.42
14年（2002）	78.32	21.93	17.96	11.07	85.23	27.40	22.96	14.67

（注）　昭和 50 年からは沖縄県を含む。

表１－９　平均余命の将来推計

（年）

年　次	男				女			
	0 歳	20 歳	65 歳	75 歳	0 歳	20 歳	65 歳	75 歳
平成 17 年（2005）	78.11	58.66	17.72	10.84	85.20	65.64	22.87	14.55
22 年（2010）	78.62	59.12	18.07	11.11	85.90	66.31	23.44	15.02
27 年（2015）	79.05	59.53	18.38	11.34	86.51	66.88	23.93	15.44
32 年（2020）	79.43	59.88	18.65	11.55	87.05	67.39	24.36	15.81
37 年（2025）	79.76	60.18	18.88	11.73	87.52	67.84	24.75	16.14
42 年（2030）	80.06	60.46	19.09	11.89	87.93	68.24	25.09	16.43
47 年（2035）	80.32	60.70	19.28	12.04	88.31	68.60	25.40	16.70
52 年（2040）	80.55	60.92	19.44	12.17	88.64	68.92	25.68	16.94
57 年（2045）	80.76	61.11	19.59	12.28	88.94	69.21	25.93	17.15
62 年（2050）	80.95	61.29	19.73	12.39	89.22	69.48	26.16	17.35

（注）　国立社会保障・人口問題研究所平成 14 年１月推計

あった。

厚生年金の支給開始年齢の引上げが最初に計画されたのは昭和五十五年（一九八〇年）改正のときであった。しかし、その当時はまだほとんどの企業で定年が五十五歳であり、雇用環境が十分整備されておらず、時期尚早として労使ともに強く反対し、断念せざるを得なかった。昭和六十年（一九八五年）改正では年齢の引上げはあえて見送り、男女差を解消する観点から女子についてのみ昭和六十二年（一九八七年）から一二年かけて五十五歳から六十歳に引き上げられた。

平成元年（一九八九年）改正にあたって、厚生省は男子については平成十年（一九九八年）から一二年かけて六十歳から六十五歳に、女子については平成十五年（二〇〇三年）から同じく一二年かけて六十五歳に引き上げようとしたが、このときも労働組合が強く抵抗した。そこで、厚生省は引上げのスケジュールだけを法律に明記し、その規定の実施は別に法律で定めるという異例の法形式で国会に法案を提出した。国会ではそのスケジュール規定すら法案から削除され、次の財政再計算の課題として再度先送りされてしまった。

基礎年金の額や厚生年金の標準年金の水準の引上げは、昭和六十年（一九八五年）改正後の国民の消費水準や賃金水準の上昇に見合うものであり、在職老齢年金の改善は、わずかな賃金の上昇により年金の支給割合が下がり、賃金と年金の合計額が減ることをできるだけなくすためであった。学生の国民年金の強制加入は、国民年金に任意加入しなかったために障害になった場合に無年金になることを防ぐ趣旨からであった。

国民年金が所得にかかわらず保険料も年金額も定額制では自営業者の多様なニーズに応えられず、魅力に乏しいから、国民年金に所得比例制を導入すべきであるという意見は制度創設時からあった。国民年金基金制度は、このような意見に応えるとともに、基礎年金の上に報酬比例の年金のある被用者との均衡を考慮して創設されたものである。

新たな国民年金基金として、都道府県単位で職種にかかわらず加入できる地域型の国民年金基金制度が創設され、これまであった全国単位で開業医などの同一職種の者を対象とした職能型国民年金基金の設立要件が緩和された。基金に加入できるのは国民年金の第一号被保険者で、保険料を滞納していない者に限られ、いったん加入した場合には自己都合による任意脱退は認められない。加入は口数制で、給付には終身、有期などさまざまなタイプがあり、加入者が選択できることとされた。掛金については一人月額六八〇〇〇円まで社会保険料控除などの税法上の優遇措置が認められた。

平成元年（一九八九年）には、厚生年金本体の改正法とともに、被用者年金制度間の費用負担の調整に関する特別措置法が制定された。この法律は、平成七年（一九九五年）をめどとする公的年金制度一元化に向けての地ならし的措置として、被用者年金制度の二階部分の費用、保険料負担の調整を図ることを目的としたもので、その具体的な内容は、被用者年金の二階部分の給付のうち厚生年金の老齢年金相当部分について、一定の基準で各制度から拠出金を求め、それを一定の基準で各制度に交付することにより費用負担の調整を行おうというものである。これにより、財政が逼迫しすでに独自では年金の支払いが困難となってきた日本鉄道共済組合には各制度からの財政支援により、年金の支払いが確保されることになった。

第三節　厚生年金（定額部分）の支給開始年齢の引上げ

平成に入って二度目の平成六年（一九九四年）改正では、厚生年金の定額部分の支給開始年齢の引上げをはじめ、概略次のような内容の改正が行われた。

(1)　老齢厚生年金の定額部分の支給開始年齢を、男子は平成十三年（二〇〇一年）から平成二十五年（二〇一三年）にかけて、女子は平成十八年（二〇〇六年）から平成三十年（二〇一八年）にかけて、六十歳から六十五歳に引き上げる。

(2)　在職老齢年金について、賃金と年金の合計額が月額二二万円に達するまでは、賃金と年金を併給し、二二万円を超えても賃金が三四万円までは、賃金が二増えれば年金一を減額し、賃金が三四万円を超えた場合には、賃金の増加分だけ年金を減額する仕組みに改める。

(3)　基礎年金の額を月額五万五五〇〇円から六万五〇〇〇円に引き上げる。

(4)　報酬比例年金の賃金スライド（過去の標準報酬額の再評価）は、名目賃金の伸び率でなく、税及び社会保険料を控除した手取り賃金（可処分所得）の伸び率によって行い、標準的年金額を月額二三万九八三円（加入期間四〇年）とする。

(5)　老齢厚生年金を受けている夫が死亡した場合に妻に支給される遺族年金について、妻自身も老齢厚生年金を受けることができるときは、妻は遺族年金として夫の老齢厚生年金の二分の一と妻自身の老齢厚生年金の二分の一をあわせたものを選択することができることとする。

(6)　ボーナスからも一％の特別保険料を徴収する。

(7)　育児休業期間中は本人からの保険料徴収を免除する。

(8)　保険料率の五年ごとの引上げ幅を二・二％から二・五％にするが、景気への影響を考慮し、平成六年（一九九四年）から一六・五％、平成八年（一九九六年）から一七・三五％へと、二段階に分けて引き上げる。

(9)　二十歳前の障害による障害基礎年金について、全額支給停止される所得制限の基準額を二人世帯で年収四八三万円から六〇〇万円に引き上げ、四八三万円から六〇〇万円までの年金の支給停止額は二分の一とする。

(10)　国民年金の保険料の額を、平成七年（一九九五年）から一万一七〇〇円とし、以降平成十一年（一九九九年）まで毎年五〇〇円ずつ引き上げる。

平成六年（一九九四年）改正の最大の課題は、平成元年（一九八九年）改正で見送られた厚生年金の支給開始年齢の引上げであった。しかし、このときは年金制度の観点からだけではなく、超高齢社会、人生八〇年時代における人の生き方、働き方はどうあるべきかという観点から、厚生省と労働省が協議して、六十歳台前半の雇用と年金のあり方、制度を同時に見直し、相互に連携をとりながら対策をすすめるという考え方で検討が行われ、厚生年金の定額部分の支給開始年齢を徐々に六十五歳に引き上げることとされた。

具体的には、人生八〇年時代には原則として六十五歳まで働ける現役社会でなければならないという考え方にたって、六十歳までは賃金、六十歳台前半は賃金の一部と年金の一部、六十五歳以降は年金を中心に生活設計がたてられるようにすることとし、雇用の面で六十歳台前半まで定年の延長や継続雇用などの高齢者雇用対策をすすめるとともに、年金の面では六十歳台前半は六十五歳以降の本来の年金とは別個の年金として報酬比例の年金のみを支給することとされた。

六十歳台前半の在職者を対象とした在職老齢年金についても働ける人にはできるだけ働く意欲をおこさせ、雇用を促進する観点から、これまで賃金が増えればその分年金額が減らされて合計額は変わらないという仕組みから、現役世代の平均賃金程度までは、賃金で増えても年金が減らされない仕組みに改められた。

雇用対策としては、高齢者の雇用に関する法律や雇用保険法が改正され、六十五歳まで高齢者の雇用を促進する対策を講ずることとされた。労働省の雇用管理調査によれば、わが国で一律定年制を定めている企業のうち、定年が六十歳以上の企業の割合はすでに八四・一％、予定又は計画中のものを含めれば九四・

六％に達していたが、平成六年（一九九四年）に高年齢者等の雇用の安定等に関する法律を改正し、企業が六十歳未満の定年を定めることを法律で禁止するとともに、六十五歳までの定年延長、継続雇用、再雇用などについて企業に努力義務を課することとされた。

雇用保険法も改正され、定年後低賃金で雇用を継続する六十歳台前半の者を対象に賃金の二五％を限度とする高年齢雇用継続給付が創設された。その一方、これまで六十歳を過ぎて退職した場合、最長三〇〇日失業給付と厚生年金の老齢年金が併給されていたことについて、社会保障給付の重複であり、高齢者の就業意欲を阻害しているという指摘もあったことから、失業給付が支給されている間は老齢年金は支給しないこととされた。

これまで雇用環境がまだ整備されていないという理由で、年金の支給開始年齢の引上げに強く反対してきた労働組合も、六十歳定年が一般化し、六十五歳までの継続雇用についても対策が講じられることになったこと、引き上げられるのは定額部分のみであり、報酬比例部分はこれまでどおり六十歳から支給されることから、定額部分の年齢引上げはやむを得ないとした。

基礎年金額の引上げは平成元年（一九八九年）改正以後の全世帯の消費支出の伸びに対応したものである。年金額の手取り、ネット賃金スライド制の導入は、年金からは社会保険料は徴収されず、税金については公的年金控除があり、一定限度まで所得税もかからないが、現役世代の賃金から社会保険料や所得税が天引きされ、それが年々増加することが見込まれる。したがって年金を名目賃金の伸びに応じてスライドさせていくと、社会保険料や税を控除した手取り賃金の水準に対して年金水準の方が高くなるからである。手取り賃金スライド制によって平成元年（一九八九年）以降の名目賃金の伸び率は一・七％であったが、手取り賃金の伸びは一・六％であり、年金額の改定率も一・六％とされた。

共働きしてともに老齢厚生年金の受給資格を有する夫婦の夫が死亡した場合、これまでは妻は自分の老齢厚生年金と夫の老齢厚生年金の四分の三の遺族年金のいずれかを選択することになっていた。夫の遺族年金を選択した場合には妻自身の保険料納付は全く生かされず、年金額にも反映しない。そこで、夫の年金の二分の一と妻自身の年金の二分の一の併給を認め、それも選択できることとし、妻自身の保険料納付を生かす途を開いた。

平成六年（一九九四年）改正によって昭和五十五年（一九八〇年）改正以来の懸案であった厚生年金の支給開始年齢の引上げがようやく決まった。しかし、定額部分だけの引上げであり、報酬比例部分はそのままとなった。厚生年金のピーク時の最終保険料は平均標準報酬の三〇％以内の二九・八％（二〇二五年）に、国民年金の最終保険料は月額二万一七〇〇円（二〇一五年）にとどまる見込みとなった。

支給開始年齢の引上げにあたっては、基礎年金水準や費用負担のあり方についての見直し、具体的には基礎年金の国庫負担率を三分の一から二分の一に引き上げるべきであるという意見が強く出はじめ、改正法成立の際、附則に「基礎年金の国庫負担率の引上げについて検討を加える」ことが明記された。国庫負担率の引上げが次回以降の年金改正の最大の課題に登場したのはこのときである。

第八章　厚生年金の給付乗率の引下げと支給年齢の引上げ

第一節　平成九年将来人口推計

平成十一年（一九九九年）改正は、人口や国の経済、財政など年金制度を取り巻く環境、条件がかつてない厳しい状況のなかでの改正となった。第一に、平成九年（一九九七年）に発表されたわが国の新しい将来人口推計は、平成四年（一九九二年）の推計より一段と出生率が低下するとともに、平均寿命が伸び、その結果二〇五〇年の六十五歳以上人口の比率は、平成四年（一九九二年）の推計の二八・二％をはるかに上回る三二・三％にまで高まることとなった。二〇五〇年における六十五歳以上人口の二十歳～六十四歳人口に対する比率も、平成四年（一九九二年）の推計では五五・六％であったものが、平成九年（一九九七年）推計では六四・六％となった。

新人口推計を基に試算をすると、平成六年（一九九四年）の改正で二九・八％に抑えた厚生年金の最終保険料率は、平成三十七年（二〇二五年）に三四・五％になり、国民年金の保険料は月額二万六四〇〇円（平成六年改正では二万一三〇〇円）にもなると見込まれた。将来世代が現在の二倍にも当たるこのような保険料を負担できるとは思われず、このままでは制度自体の維持が困難になると考えざるを得なくなった。

第二に、わが国の経済は平成に入ってバブルが崩壊して低迷が続き、平成九年（一九九七年）、平成十年（一九九八年）は二年連続してマイナス成長となった。賃金や物価も下落、デフレ経済に陥った。企業の倒産が激増、金融機関の経営破綻も相次いだ。超低金利や運用利回りの低迷によって厚生年金基金などの企業年金の財政も苦しくなり、解散する基金も出はじめた。経済界は厚生年金の保険料負担や、厚生年金基金による厚生年金の代行を企業経営の大きな重荷と感ずるようになり、これ以上年金の保険料は負担できないといいはじめた。

第三に、国の財政は公債依存度が平成十年度（一九九八年度）は四〇％を超え、発行残高は三〇〇兆円に達し、欧米先進国のなかでも最悪の状態となった。平成九年（一九九七年）には財政構造改革法が制定され、予算の増額には厳しい上限が設定され、医療費や年金などの社会保障費については年二％と当然増をはるかに下回る率とされた。平成六年（一九九四年）の年金改正で次の改正の課題とされた基礎年金の国庫負担率の二分の一への引上げは財政構造改革の達成まで棚上げされてしまった。

第四に、国民年金の未加入者、保険料の未納者や滞納者が、平成十年度（一九九八年度）には三〇〇万人を超え、若年世代を中心に、保険料を払っても年金がもらえるかどうかわからない、もらえても今の高齢者に比べて、額が少ないという不安や不満が指摘されるようになった。

こうしたことから、わが国の年金制度を将来とも安定的に維持可能なものにするためには、これまでのように現行制度の枠組みのままで給付と負担を見直すだけでなく、社会保険方式から税方式への転換や、報酬比例部分の廃止、民営化など、制度の基本的なあり方や枠組みの見直しを求める意見が強くなった。

第二節　厚生年金の給付乗率の引下げと支給年齢の引上げ

平成十一年（一九九九年）改正の論議は、平成九年（一九九七年）五月から年金審議会の審議を中心にはじまった。審議会の審議と併行して有識者や大学生の意識調査なども行われた。

審議会では、今後の保険料負担の上昇をできるだけ抑制する観点から将来の給付費をどの程度削減するかということと、基礎年金の国庫負担の全額又は二分の一への引上げの二点が論議の焦点となった。労働者側委員は現在の給付水準の維持を強く主張し、経営者側委員は給付水準の大幅な引下げを主張し、意見が大きく対立したが、基礎年金を全額国庫負担にすることについては、労働者側委員と経営者側委員の意見は一致した。そのため厚生省は基礎年金の国庫負担率の引上げと給付と負担の関係について次のような五つの選択肢を示して審議会としての意見を求めた。

A案　最終保険料率が月収の三〇％（年収の二五〜二六％）を大きく超えても、現在の給付水準を維持する案

B案　最終保険料率を月収の三〇％程度にとどめるために、将来の給付費を一割程度削減する案
C案　最終保険料率を月収の二五～二六％（年収の二〇％）程度にとどめるために、将来の給付費を二割程度削減する案
D案　保険料率を現在（対月収一七・三五％、対年収一三・五八％）程度にとどめるために、将来の給付費を四割程度削減する案
E案　公的年金は基礎年金のみとし、厚生年金の報酬比例部分は廃止、民営化する案

厚生省の示した五つの選択肢に対して、労働者側委員は基礎年金の全額税方式化と選択肢のA案、経営者側委員は基礎年金の全額税方式化と選択肢のD案もしくはE案を主張したが、委員の多数意見は、基礎年金の国庫負担率の二分の一への引上げとC案であった。有識者調査でも国庫負担の二分の一への引上げとC案を支持する意見が最も多かった。

給付の削減の方法として、厚生省は給付水準の引下げ、平成六年（一九九四年）改正で別個の給付として残すことにした報酬比例年金の支給開始年齢の引上げ、賃金スライドの停止などを組み合わせることとし、組み合わせ方についても三つの選択肢を示した。平成十年（一九九八年）十月、審議会は給付の削減に反対の労働者側委員が退席するなかで、少数意見も併記した意見書を提出した。

厚生省は審議会の意見及び有識者調査の結果などをふまえて、厚生年金の最終保険料率を年収のおおむね二〇％にとどめるために、報酬比例年金の給付水準の約五％引下げ、支給開始年齢の六十歳から六十五

歳への引上げによって、将来の給付費を約二割削減することを内容とする改正案をつくり、与党（平成十一年一月までは自民党、それ以降は自民党及び自由党）と協議し、平成十一年（一九九九年）七月会期末の国会に提出した。

改正案に対し、野党（民主、共産、社民の三党。平成十一年十月から公明党が与党になり、自自公政権となった。）は、基礎年金の全額国庫負担、税方式への転換を強く求め、給付の削減に反対したため、与党三党は次の国会で強行採決し、平成十二年（二〇〇〇年）三月、法案は成立、四月から施行された。国家公務員共済組合法はじめ共済四法についても同様の改正が行われ、四月から同時に施行された。

平成十二年（二〇〇〇年）改正の内容は次のようなものであった。

(1) 基礎年金の額を月額六万五〇〇〇円から六万七〇一七円に引き上げる。

(2) 厚生年金の報酬比例部分の乗率を漸次一〇〇〇分の七・五から一〇〇〇分の七・一二五に引き下げ、給付水準を五％引き下げる。

(3) 裁定後の年金については、六十五歳以降賃金スライドはせず、物価スライドのみとする。

(4) 報酬比例部分の支給開始年齢を、男子は平成二十五年（二〇一三年）から平成三十七年（二〇二五年）にかけて、女子は平成三十年（二〇一八年）から平成四十二年（二〇三〇年）にかけて、三年ごとに一歳ずつ、六十歳から六十五歳に引き上げる。

(5) 平成十四年（二〇〇二年）四月以降六十五歳に達する者から厚生年金の適用年齢を六十五歳までから

七十歳までに引き上げ、六十五歳から七十歳までの間も保険料を徴収するとともに、報酬比例年金について、在職老齢年金制度を適用し、賃金と年金の合計額が男子被保険者の平均賃金の月額二七万円までは全額支給するが、これを超えるときは全部又は一部の支給を停止する。

(6)　厚生年金の標準報酬月額を、月額九万二〇〇〇円から五九万円までの三〇等級から、九万八〇〇〇円から六二万円までの三〇等級に引き上げる（平成十二年（二〇〇〇年）十月実施）。

(7)　保険料の総報酬制（年収制）を導入し、年間一五〇万円までの賞与からも標準報酬月額に対する率と同率で保険料を徴収する。ただし、これにより徴収保険料の総額及び給付費の総額が増加しないよう、保険料率を一七・三五％から一三・五八％に、報酬比例年金の給付乗率を一〇〇〇分の七・一二五から一〇〇〇分の五・四八一に引き下げる（平成十五年（二〇〇三年）四月実施）。

(8)　厚生年金の保険料率は現行水準に、国民年金の保険料についても月額一万三三〇〇円に据え置く。

(9)　厚生年金の被保険者の育児休業期間中は、厚生年金の事業主負担分の保険料も免除する。

(10)　国民年金の保険料について半額免除制度を導入し、低所得者については申請に基づき保険料の半額を免除する。半額免除期間は保険料納付期間の三分の二として年金額を計算する。

(11)　基礎年金について、基礎年金の給付水準、財政方式のあり方を幅広く検討し、当面平成十六年（二〇〇四年）までの間に安定した財源を確保し、国庫負担の割合の二分の一への引上げを図る。

図１－４　平成12年改正による保険料率（対月収）の将来見通し

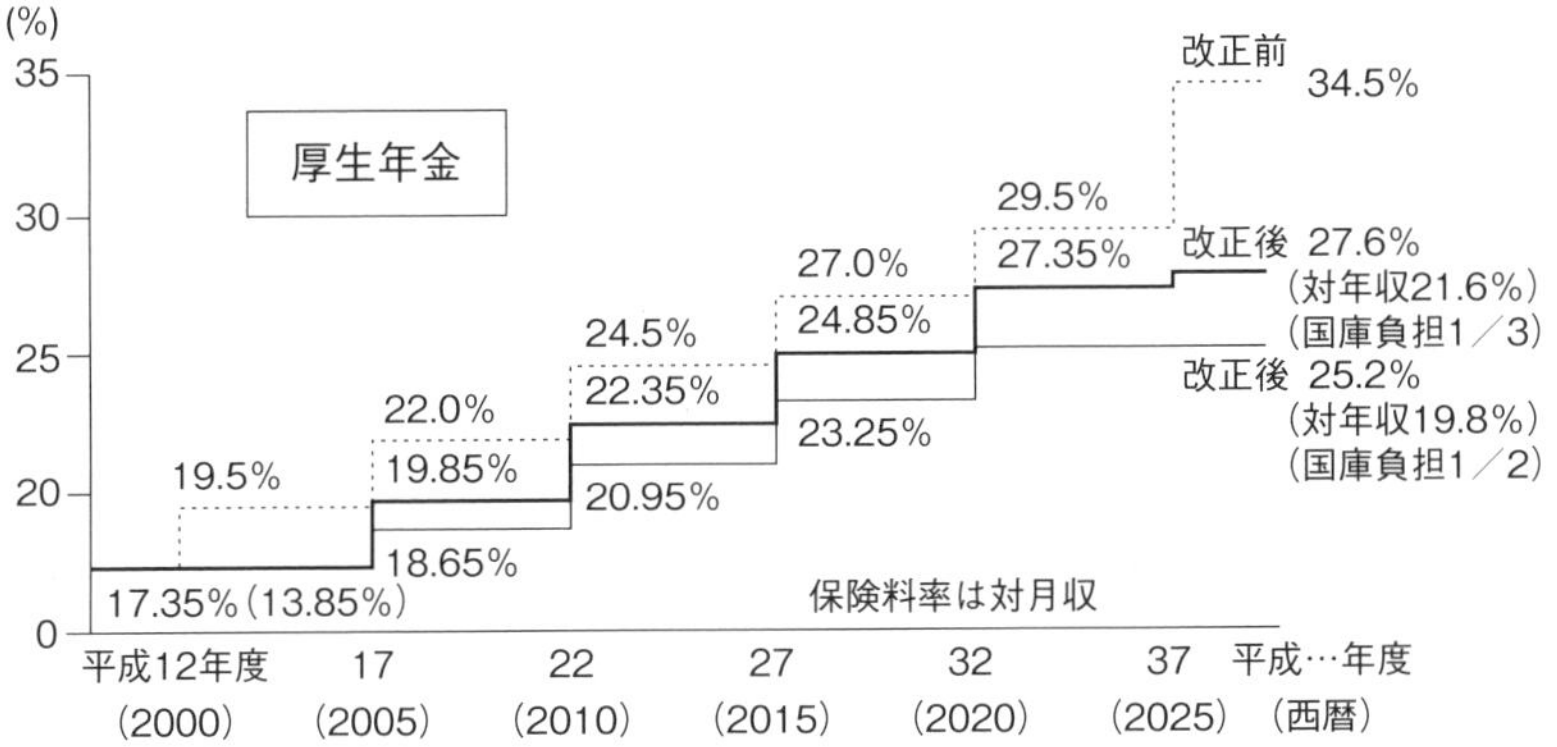

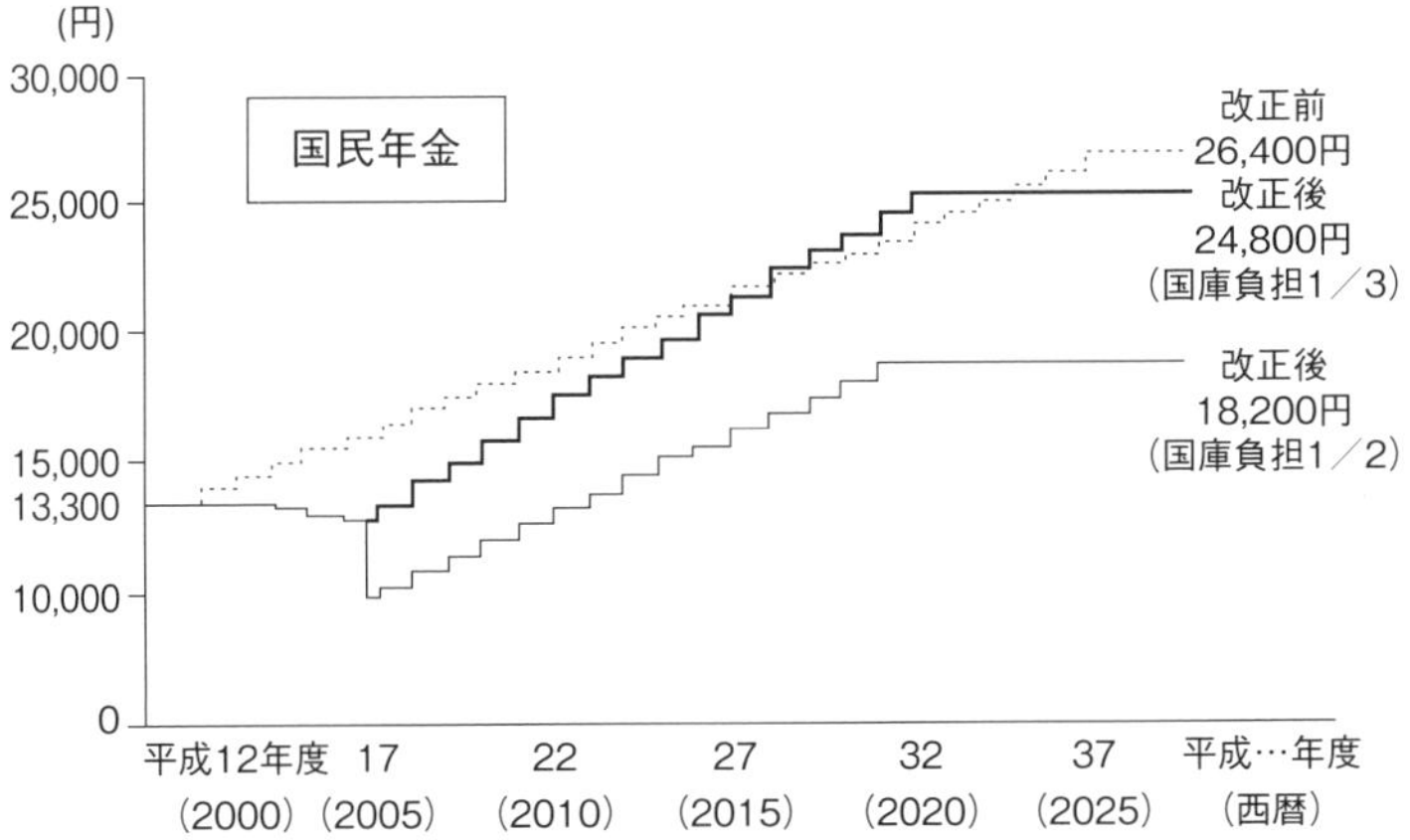

第三節　保険料率の凍結と国庫負担問題

平成十二年（二〇〇〇年）改正の第一の特徴は、現在の給付水準をできるだけ維持するという考え方より、最終保険料を将来世代の負担可能な水準にとどめるという考え方を最大の眼目にし、将来の給付費の増加の大幅な抑制を図ったことである。

保険料の負担可能な水準とはどのような水準をいうかは、難しい問題であり、現役世代の賃金水準、企業の負担能力のほか、他の社会保険料や租税負担をあわせた国民負担率などが総合的に勘案されなければならない。人口の高齢化率がすでにわが国と同程度の割合に達している西欧諸国の年金の保険料の水準はおおよそ年収の二〇％前後となっている。

これまでの改正では、厚生年金の最終保険料率は、標準報酬月額すなわちボーナスを含まない月収に対して三〇％以内にとどめることが目標とされ、それが労使の暗黙の合意でもあった。ところが今回の改正にあたって経済界が現在以上の負担の増加には応じられないと強く主張したため、最終保険料率の水準についての五つの考え方が示され、多数意見を占めたおおむね年収の二〇％以下とする考え方にたって改正が行われた。

この改正により、厚生年金の最終保険料率は平成三十七年（二〇二五年）に、国庫負担三分の一の場合は二一・六％、平成十六年（二〇〇四年）から国庫負担を二分の一に引き上げた場合には一九・八％、国民年金の最終保険料は、国庫負担三分の一の場合は月額二万四八〇〇円、二分の一の場合は一万八二〇〇円となると見込まれた。厚生年金の老齢年金の標準的な給付水準は、これまでの年収比六八％が五九％に下がることになった。

この改正の第二の特徴は、景気への影響を考慮して、これまで改正の都度二・五％必ず引き上げられてきた保険料の引上げが見送られ、五年間凍結されたことである。しかも凍結の解除は国庫負担の引上げとセットにされた。

わが国の年金は、積立方式と賦課方式の中間的な財政方式で運営されてきたために、現在の保険料率は将来の給付に必要な保険料率の六〜七割程度の水準にすぎず、その分は将来世代の負担に先送りになっている。したがって五年間もの保険料率の凍結は年金財政に大きな影響を与える（年間約二兆一〇〇〇億円の減収）のみならず、世代間の負担の不公平をさらに拡大させることになった。

平成十二年改正で最も大きな問題となったのは基礎年金の全額

表１-10　諸外国の年金保険料率

区　分	日本	アメリカ	イギリス	ドイツ	フランス	スウェーデン
高齢化率	18.5 (2002) 35.7 (2050)	12.4 (2000) 21.1 (2050)	15.9 (2001) 27.3 (2050)	16.6 (2000) 31.0 (2050)	16.7 (1999) 26.7 (2050)	17.2 (2001) 30.4 (2050)
合計特殊出生率	1.29 (2003)	2.13 (2000)	1.63 (2001)	1.29 (2001)	1.90 (2001)	1.57 (2001)
平均寿命（2001 年）	男性：78.1 歳 女性：84.9 歳	男性：74.3 歳 女性：79.5 歳	男性：75.1 歳 女性：79.9 歳	男性：75.1 歳 女性：81.1 歳	男性：75.6 歳 女性：82.9 歳	男性：77.7 歳 女性：82.3 歳
年金保険料率	13.58 （労使折半）	12.4 （労使折半）	21.8 （本人 10%）	19.5 （労使折半）	16.45（注） （本人6.65%）	18.91 （本人 7%）

（注）　フランスは、子に対する遺族年金に相当する給付がなされる家族手当分 5.4%（事業主のみ負担）を加えると、21.85%

税方式への転換、国庫負担率の引上げ問題であった。経済界と労働組合は、給付と負担の問題では意見が相対立したが、基礎年金の税方式化については意見が一致し、早期実現を求めた。経済学者などもこれを支持した。

基礎年金の給付費の総額は、平成十一年度（一九九九年度）一三兆七〇〇〇億円、国庫負担はその三分の一の四兆九〇〇〇億円であった。平成二十二年（二〇一〇年）には給付費総額は約二〇兆円、国庫負担は約七兆円に達すると見込まれ、これを全額税方式にするには、平成十一年度（一九九九年度）で新たに約八兆八〇〇〇億円、平成二十二年度（二〇一〇年度）で約一三兆円という巨額の財源が必要となる。わが国の財政の現状から実現の可能性は全くなかった。

老後に対する個人の自助努力、自己責任を前提とした社会保険方式は給付と負担の関係が明確であり、税方式に比べ安定的に高い給付ができるという長所を有する。一方税方式にすれば保険料を納めなくても給付は受けられるが、給付水準の引下げや厳しい所得制限の導入が避けられない。税方式化については厚生省は反対であり、審議会でも多数意見にはならなかった。

しかし、基礎年金の国庫負担率を三分の一から二分の一に引き上げることについては、社会保険方式を堅持しつつ、保険料を軽減させることができ、最終保険料の水準も厚生年金は対年収比二〇％以下、国民年金は月額一万八〇〇〇円程度にとどめうることから、国の財政が許せば厚生省も望ましいと考えた。財政当局は反対であった。

この問題は最後に政治問題となり、政党間の政治折衝に委ねられた。野党は無論、与党の自由党まで税方式化や国庫負担の二分の一への引上げの即時実施を強く求め、意見調整に手間どって法案の国会提出がおくれた。最終的に「平成十六年度（二〇〇四年度）までに安定した財源を確保して二分の一への引上げを図る」こととされ、その旨法律に明記された。平成十六年（二〇〇四年）からの二分の一への引上げには、約二兆七〇〇〇億円の新規財源を必要とし、実際問題として、消費税率の引上げ以外に財源の調達の方法は考えられなかったが、小泉内閣総理大臣が在任中は消費税は上げないと明言したため、財源調達のめどはないままでの法律上の約束事となった。

平成十二年改正では給付や負担のみならず、基礎年金の税方式への転換論や報酬比例年金の廃止論など、年金制度のあり方の基本、根幹に関わる問題について各界からさまざまな意見が出され、大きな政治問題になった。年金制度は単に国民生活や社会保障だけでなく、国の経済や財政、金融、企業経営にまで大きく関係し、影響する制度になった。

第四節　企業年金二法の制定

平成十二年（二〇〇〇年）改正では、制度本体の改正とともに、総額一四七兆円にのぼる年金積立金の運用についても大きな改革が行われた。平成十三年（二〇〇一年）四月から年金積立金の大蔵省資金運用部への全額預託が廃止され、厚生省が市場でいわゆる自主運用をすることとなった。

平成十三年（二〇〇一年）には、企業年金についても確定拠出年金法と確定給付企業年金法という二つの新法が制定された。確定拠出年金は、事業主は掛金を拠出するのみで、運用は従業員が個人の責任で行い、給付は運用利回りの結果次第で受給時まで確定しないという、個人勘定の全く新しいタイプの年金で、アメリカのいわゆる４０１ｋ年金にあたる。企業が運用責任を負わず、積立不足の問題を生じないことから、経済界や金融界が導入を強く要望し、制度が創設された。

確定給付企業年金法による確定給付企業年金は、母体企業が基金という別個の法人をつくって行う基金型（厚生年金の一部代行は行わない）と、労使の合意による規約に基づき母体企業が信託銀行などと契約して行う規約型の二つのタイプとされ、受給権保護の仕組みや受託者責任の明確化の措置が講じられた。

企業年金二法の制定により、企業は従来の厚生年金基金の厚生年金の代行部分を返上して、新法による企業年金に移行することも可能となり、企業はさまざまなタイプの企業年金を自由に選択することが可能となった。税制適格年金については、新規の契約が認められず、一〇年後には廃止されることになった。平成十三年（二〇〇一年）は企業年金にとって種々の選択が可能な新たな時代の始まりとなった。

第九章　共済組合の統合

第一節　国家公務員共済組合の統合

昭和五十年代に入ってわが国経済の高度成長の時代は完全に終わり、産業構造、就業構造は大きく変化した。人口も六十五歳以上の人口比率は七％を超え、本格的な高齢化の時代に突入した。年金制度は、八つの制度が分立したまま給付を改善する時代は終わり、給付と負担の制度間格差の是正、制度の再編、統合が課題の時代となった。また年金受給者や年金給付費の増加による将来の負担が懸念されはじめた。

国家公務員共済組合などの共済組合の年金は、もともと公務員制度の一環として、公務員を対象とした職域年金としてつくられ、厚生年金など社会保障制度の公的年金制度の年金とは給付の条件や内容に大きな違いがあった。しかし昭和三十六年（一九六一年）に公的年金制度間の通算制度ができた際、共済組合の年金も通算の対象とされ、公的年金制度の一環としての性格もあわせもつようになった。昭和四十八年

（一九七三年）に厚生年金の給付が大幅に改善された際、俸給比例一本であった共済組合の年金給付にも厚生年金と同様の定額部分が導入され、給付体系のうえでも公的年金的性格をさらに強めた。

昭和五十年代に入ると国家公務員共済組合などの共済組合の年金について、厚生年金などに比べて給付水準の高いことや、年金の支給開始年齢が早いことなど制度の官民格差について強い批判が出はじめるとともに、国鉄共済組合の財政窮迫が顕在化し、共済年金全体として放置できない問題になってきた。こうした問題に政府全体として対応していくなかで、昭和六十年（一九八五年）に全国民共通の基礎年金制度が導入されるとともに、共済組合間の統合から公的年金制度全体の統合、一元化の大きな流れが形成されていった。

まず昭和五十四年（一九七九年）十一月、国家公務員共済組合法について、退職年金の支給開始年齢を厚生年金の老齢年金にあわせて五十五歳から六十歳へ引き上げることを柱として大きな改正が行われた。その内容は次のようなものであった。

(1)　退職年金及び遺族年金（夫、父母など）の支給開始年齢を、三年に一歳ずつ、五十五歳から六十歳に引き上げる。ただし、五十五歳前に定年となる自衛官などを除く。

(2)　支給開始年齢前に減額退職年金を受けられる年齢を、無制限から支給開始年齢の五歳前（五十五歳）からとし、減額率も年四％より高い、保険数理に見合った減額率に引き上げる。

(3)　掛金返還的性格の強い退職一時金、返還一時金、死亡一時金などの一時金制度を廃止するとともに、六十歳になっても何の年金の受給権も取得できなかった者に対し、厚生年金と同様の脱退一時金制度を設ける（脱退手当金は昭和六十年に廃止された）。

(4)　退職年金の年額が一二〇万円をこえ、退職年金以外の給与所得の所得控除後の額が年額六〇〇万円を超える場合には、その者が七十歳に達するまで、退職年金の額のうち一二〇万円を超える部分の金額の二分の一の支給を停止する（組合員が退職後、公庫、公団等の役員になった場合を念頭においたものである）。

(5)　組合員が、公庫、公団等へ出向した場合、出向後も五年間は引き続き継続長期組合員とし、厚生年金は適用しないこととする（従来は厚生年金が適用になり、復帰した場合、本人の選択により、出向期間を組合員期間として通算することができた）。

(6)　国会の衛視、海上保安官、自衛官等についての年金受給資格及び年金額計算上の有利な特例は廃止する。

(7)　退職年金の支給開始年齢の引上げに伴い、国庫負担率も引き上げることとし、本来の一五％とは別に、総費用の一％を国庫が負担する。

(8)　これまで国家公務員共済組合連合会に加入せず、独自に長期給付事業を行ってきた印刷、造幣、林野、建設の四組合も、昭和五十五年（一九八〇年）四月から連合会に加入し、これまで連合会に加入していた二〇組合と共同で連合会が保険者となって長期給付事業を行う。

この改正の最大の柱は退職年金の支給開始年齢の五十五歳から六十歳への引上げであったが、もう一つの大きな柱が、印刷、造幣等の四共済組合の国家公務員共済組合連合会への加入、長期給付事業の保険者の統合であった。国家公務員共済組合はほとんど各省庁別につくられ、連合会職員の共済組合を含め、全部で二五の組合があった。そのうち二〇組合が連合会に加入して、連合会が保険者となり長期給付事業を共同で行っていたが、印刷、造幣、林野、建設、郵政の五組合は、沿革的な理由から単独で長期給付事業を行ってきた。

しかし、昭和五十年代に入ってこれらの五組合に掛金率などの格差が生じ、財政面で厳しい組合が出てきたことや、業務処理の効率化と経費節減を図るため、印刷他四組合の長期給付は連合会が共同で行うこととなった。組合員約三〇万人で、国家公務員共済組合のなかで最大の共済組合である郵政共済組合だけは引き続き単独組合として残った。昭和三十一年（一九五六年）専売共済組合から分離して国家公務員共済組合となったアルコール専売共済組合は、昭和五十七年（一九八二年）九月行政改革によってアルコール製造事業が新エネルギー総合開発機構に移管されたことに伴って解散し、アルコールの製造事業に従事していた組合員は厚生年金に加入し、専売事業に従事していた組合員は、通産省共済組合に加入した。

図1－5　国家公務員共済組合と長期組合員数

国家公務員（警察職員を除く）・独立行政法人職員等

→

（平成14年度末　単位千人）

衆議院共済組合	国立国会図書館を含む	2.7
参議院共済組合		1.3
内閣共済組合	環境省を含み、防衛庁を除く	7.1
総務省共済組合		4.8
法務省共済組合	刑務共済組合に属する者を除く	30.0
外務省共済組合		5.4
財務省共済組合		78.9
文部科学省共済組合		139.6
厚生労働省共済組合	厚生労働省第2、社会保険職員共済組合に属する者を除く	31.9
農林水産省共済組合	林野庁共済組合に属する者を除く	33.1
経済産業省共済組合		12.6
国土交通省共済組合		68.6
裁判所共済組合		25.9
会計検査院共済組合		1.3
防衛庁共済組合	防衛庁等に属する職員	267.6
刑務共済組合	刑務所等に属する職員	20.9
厚生労働省第2共済組合	独立行政法人国立病院機構等に属する職員	52.3
社会保険職員共済組合	地方社会保険事務局、社会保険事務所に属する職員	16.7
林野庁共済組合	林野庁等に属する職員	10.0
日本郵政公社共済組合		280.5
国家公務員共済組合連合会職員共済組合		11.6

計21組合　1,103千人

→

国家公務員共済組合連合会

以下の業務を共同して行うため、すべての共済組合をもって組織
①長期給付の決定及び支払
②長期給付に要する費用の計算
③積立金等の管理・運用
④福祉事業に関する業務
等

各省庁共済組合

①それぞれ所属の常勤職員及びその所管する独立行政法人の常勤職員等をもって組織
②共済組合の業務
・短期給付事業に関する業務
・福祉事業に関する業務

第二節　国鉄共済組合の財政窮迫

国鉄共済組合は、共済組合のなかでも最も歴史の古い組合で、明治四十年（一九〇七年）に「帝国鉄道庁現業員ノ共済組合ニ関スル件」という勅令に基づき設立され、大正七年（一九一八年）から公務傷病による退職者を対象に年金などの長期給付事業をはじめた。共済組合設立の目的は、現業官庁の特殊性として職員中に占める恩給法適用除外の雇傭人の比率が高く、危険作業も多いなかで、職員が後顧の憂いなく業務に精励することができるようにするためであった。

昭和二十三年（一九四八年）に国家公務員共済組合法（旧法）が制定され、国鉄共済組合は法律に基づく共済組合となり、昭和三十一年（一九五六年）公共企業体職員等共済組合法が制定されて、専売公社、電信電話公社とともに公共企業体の共済組合となって長期給付事業を続けてきた。

ところが昭和四十年代から、五〇万人近くいた組合員数が三〇万人台まで減少し、逆に年金受給者が増え、年金の成熟度が昭和五十年（一九七五年）には六〇％にまで高まった。昭和五十一年度（一九七六年度）の年金財政は、収入（掛金、負担金、追加費用、利息収入）二二九六億円に対し、支出（給付費）二三八五億円と、はじめて八九億円の単年度赤字をだした。翌昭和五十二年度（一九七七年度）には赤字は三六三億円に膨らみ、約四〇〇〇億円の積立金を取り崩して年金の支払いに充てるに至った。

その後も国鉄の経営再建、合理化のための要員の大幅削減が必要となり、年金の成熟度は昭和六十年（一九八五年）以降は長期にわたって一二〇％程度で推移し、掛金率も一〇〇〇分の四五〇から一〇〇〇分の五八〇という、現在の三倍以上にしなければ、年金の支払いができないと予想されるに至った。昭和六十三年（一九八八年）国鉄共済組合の成熟度は現実に一六五・九％に達した。

国鉄共済組合の財政窮迫には、戦中、戦後に輸送力の増強、海外引揚者の雇用など国策にしたがって国鉄が採用した大量の職員が昭和四十年（一九六五年）頃から一斉に退職期を迎えたこと、同じ頃から自動車交通の発達によって鉄道産業が衰退し、国鉄の経営が悪化して大量の要員の削減が必要になったことなど、共済組合の責に帰することのできない原因もあるが、制度の成熟化に見合う掛金率の引上げを行わず、国家公務員に比べてはるかに有利な給付（国家公務員は退職前一年間の平均俸給で年金が計算されたが、国鉄共済組合は退職時点の俸給、それも退職時に特別昇給した俸給で年金が計算された）を続けてきたという国鉄共済組合自体の運営にも問題があった。

しかし、産業構造の変化や人口の高齢化による年金財政の窮迫は、特定の職業や職域を対象とする共済組合には多かれ少なかれ近い将来に予想される事態であり、国鉄共済の財政窮迫は、国鉄共済のみならず共済組合全体の問題でもあった。その問題と同時に制度間の官民格差問題にどう対応するかなど他の共済年金を含む今後の共済年金制度のあり方を研究するため、昭和五十六年（一九八一年）六月、大蔵大臣の私的研究会として共済年金基本問題研究会が設置された。

昭和六十二年（一九八七年）四月、行政改革により国鉄はＪＲ六社、貨物、清算事業団等に民営分割化されたが、共済組合は日本鉄道共済組合と名称を変更しただけで、単一の共済組合として存続された。国鉄より早く、昭和六十年（一九八五年）四月、日本専売公社は日本たばこ産業株式会社（ＪＴ）に、日本電信電話公社は日本電信電話株式会社（ＮＴＴ）に民営化されたが、これらの共済組合もそれぞれたばこ産業共済組合、電電共済組合に名称を変えただけで共済組合自体はそのまま存続された。

第三節　国家公務員共済組合と公共企業体職員等共済組合の統合

昭和五十七年（一九八二年）二月、共済年金基本問題研究会は、国鉄共済組合の財政窮迫問題に対する緊急対策として、「公共企業体の国鉄、電電、専売の三公社の年金と国家公務員共済年金との統合が必要である」旨の意見書をまとめた。

昭和五十六年（一九八一年）三月に内閣総理大臣の諮問機関として発足した臨時行政調査会は、行政改革の重要分野の一つとして年金制度の改革をとりあげ、昭和五十七年（一九八二年）七月基本答申のなかで、「公的年金制度の再編、統合と、国鉄共済と類似共済の統合」を提言した。昭和五十七年（一九八二年）九月「今後における行政改革の具体化方策（行革大綱）」において、それが閣議決定され、昭和五十八年（一九八三年）四月、公的年金制度に関する関係閣僚会議において、「公的年金制度の一元化の今後の進め方」として、次のような方針が決まった。

(1)　昭和五十八年度（一九八三年度）においては、公的年金制度の再編、統合の第一段階として、国家公務員共済組合と公共企業体職員共済組合を統合し、国鉄共済組合の財政対策を図るとともに、地方公務員共済年金の財政単位の一元化を図る。
(2)　昭和五十九年（一九八四年）から昭和六十一年（一九八六年）にかけて、国民年金、厚生年金、船員保険の関係整理を図り、共済年金についても上記制度との関係整理を図る。
(3)　これらの措置をふまえ、給付面の統一化にあわせて、負担面の制度間調整を進め、昭和七十年（一九九五年）をめどに公的年金制度の一元化を完了させる。

昭和五十八年（一九八三年）三月「国家公務員及び公共企業体職員に係る共済組合制度の統合を図るための国家公務員共済組合法等の一部を改正する法律案」が国会に提出され、昭和五十八年（一九八三年）十一月に成立、昭和五十九年（一九八四年）四月から施行された。その内容は次のようなものであった。

(1)　国家公務員共済組合と公共企業体職員共済組合を統合し、公共企業体職員共済組合は国家公務員共済組合の一つとする。
(2)　国家公務員共済組合と公共企業体共済組合の給付要件、給付水準を統一する。公共企業体共済組合の既裁定の年金は、国家公務員共済組合法の規定により裁定替えするが、従前の年金額は保障する。
(3)　郵政共済組合も国家公務員共済組合連合会に加入し、連合会が保険者としてすべての国家公務員の長期給付事業を行う。ただし、国鉄など旧公共企業体の三組合は、当分の間、単独で組合員に対して長期給付事業を行う。

(4) 国家公務員共済組合の長期給付に要する費用のうち公経済負担とされているものの負担は、拠出時負担を給付時負担とする。

(5) 国家公務員共済組合連合会及び公共企業体の組合は、当分の間、国鉄共済組合の年金の支払いを確保するため、国家公務員共済組合連合会に運営委員会をおいて、長期給付財政調整事業を行う。

(6) 長期給付財政調整事業運営委員会は、大蔵大臣の認可を受けて、昭和六十年度（一九八五年度）から昭和六十四年度（一九八九年度）の事業の五か年計画を定めるほか、同事業の重要事項を審議する。

統合法は、国家公務員共済組合と公共企業体共済組合の年金を統一するとともに、単独では年金の支払いが困難になった国鉄共済組合（組合員数三二万人）を、国家公務員共済組合連合会（組合員数一一六万人）、電電共済組合（組合員数二二万人）、たばこ共済組合（組合員数三万三〇〇〇人）の三組合で財政的に支援することの二つが大きなねらいであった。

昭和五十九年（一九八四年）十月、国鉄共済組合の昭和六十年（一九八五年）から昭和六十四年（一九八九年）までの五年間の財政対策として、長期給付財政調整事業第一次五か年計画が策定された。この計画では財政調整対象給付額は年間約三八〇〇億円、そのうち保険料収入等で賄えない不足額を約九三〇億円と見込み、その二分の一を年金額の引下げ（累積スライド停止率一〇％）、掛金率の引上げなどの国鉄共済組合自身の自助努力で賄い、残りの二分の一を国家公務員共済組合連合会約三五〇億円、電電共済組合約九〇億円、たばこ共済組合約一〇億円、計約四五〇億円を財政支援金として交付することとされた。交付金の財源として、支援する三組合の掛金率も引き上げられた。昭和六十年度（一九八五年度）から昭和六十四年度（一九八九年度）までの交付金総額は、連合会一七五〇億円、電電共済四五〇億円、たばこ共済五〇億円、計二二五〇億円に達した。

次の問題は昭和六十五年（一九九〇年）以降の国鉄共済組合の年金の支払いをどうするかであった。第一次五か年計画は、国鉄職員三二万人体制を前提としたものであったが、国鉄は昭和六十二年（一九八七年）に民営分割化され、昭和六十五年（一九九〇年）には二一万人体制まで要員が縮小されることになった。そのため、昭和六十五年度（一九九〇年度）以降の国鉄共済組合の財源不足額は年三〇〇〇億円にも達すると予想された。国鉄共済組合自身の自助努力や支援する国家公務員共済組合連合会等の拠出能力にも限度があることから、これまでの枠組みでの財政支援では対応が不可能と考えられた。

昭和六十年（一九八五年）十一月、共済組合にも基礎年金を導入するための国家公務員共済組合法等の改正案の国会審議の際、国鉄共済組合の財政問題が与野党間で大きな論議となり、政府は「昭和六十四年（一九八九年）までは政府として国鉄の自助努力と国の負担を含め、支払いに支障のないようにし、昭和六十五年度（一九九〇年度）以降分についても速やかに対策を講じ、支払いの維持ができるようにする」旨の統一見解を示した。国会終了後、昭和六十一年（一九八六年）八月、政府に国鉄共済年金問題に関する閣僚懇談会（大蔵大臣、運輸大臣、厚生大臣、内閣官房長官）が設置され、政府全体として国鉄共済組合問題に取り組むこととされ、昭和六十二年（一九八七年）十二月、有識者による鉄道共済問題懇談会（昭

表１-11　国鉄共済組合等への財政支援

（単位：億円）

年度区分	S60~H元	H2~H4	H5・H6	H7・H8	H9~H13	H14~H18	H19~
国鉄共済不足額	932	3,000	2,820	2,010	—	—	
うち自助努力額	466	1,770	1,810	1,370	—	—	
支援額	466	1,230	1,010	640	1,600	1,419	

国共済内部の財政調整	第一次計画	第二次計画	同左変更	第三次計画	
					廃止
国鉄共済	△466	△80	△40	△20	
連 合 会	351	80	40	20	
電電共済	90	0	0	0	
専売共済	10	0	0	0	
運用利息	15	0	0	0	

被用者年金制度間財政調整	H2~H4	H5・H6	H7・H8	廃止
厚生年金	910	773	505	
連 合 会	0	0	0	
鉄道共済	△1,150	△970	△620	旧国鉄共済
NTT共済	24	20	13	旧電電共済
たばこ共済	△40	△40	△40	旧専売共済
地 共 済	216	183	120	
私学共済	24	20	13	
農林年金	16	14	9	

（注）実質拠出額及び実質交付額（△）である。

厚年統合	H9~H13	H14~H18	H19~
厚生年金	1,273	1,066	
連 合 会	25	25	
地 共 済	235	277	
私学共済	58	51	
農林年金	8	厚年に統合	

（注）　いずれも計画での数値（厚年統合のH14～H18の数値は概算拠出額）であり、当該計画期間の平均額である。実績による清算が行われた。

和六十二年四月国鉄共済組合は鉄道共済組合と名称変更）が発足した。

国家公務員共済組合と公共企業体職員共済組合の統合法が成立した同じ昭和五十八年（一九八三年）に、地方公務員等共済組合法も改正され、それまで一六の保険者に分立していた地方公務員共済組合の財政単位を一元化する改正が行われた。昭和五十九年（一九八四年）に地方公務員共済組合連合会が設置され、平成二年（一九九〇年）四月から全保険者が連合会に加入し、保険料の徴収、給付の決定及び支払いは各保険者が行うが、長期給付についての統一的な財源率の算定や積立金の管理運用等は連合会で一元的に行うこととされた。

昭和五十九年（一九八四年）、国民年金は全国民に共通の基礎年金を支給し、被用者年金はその上に報酬比例の年金を支給するというわが国の公的年金を二階建ての仕組みに再編するための公的年金各法の改正案が国会に提出され、昭和六十年（一九八五年）に成立、昭和六十一年（一九八六年）から実施に移された。これによって、共済組合と厚生年金の給付体系及び給付水準の統一が図られた。船員保険も厚生年金に完全に統合された。

図１－６　地方公務員等共済組合と長期組合員数

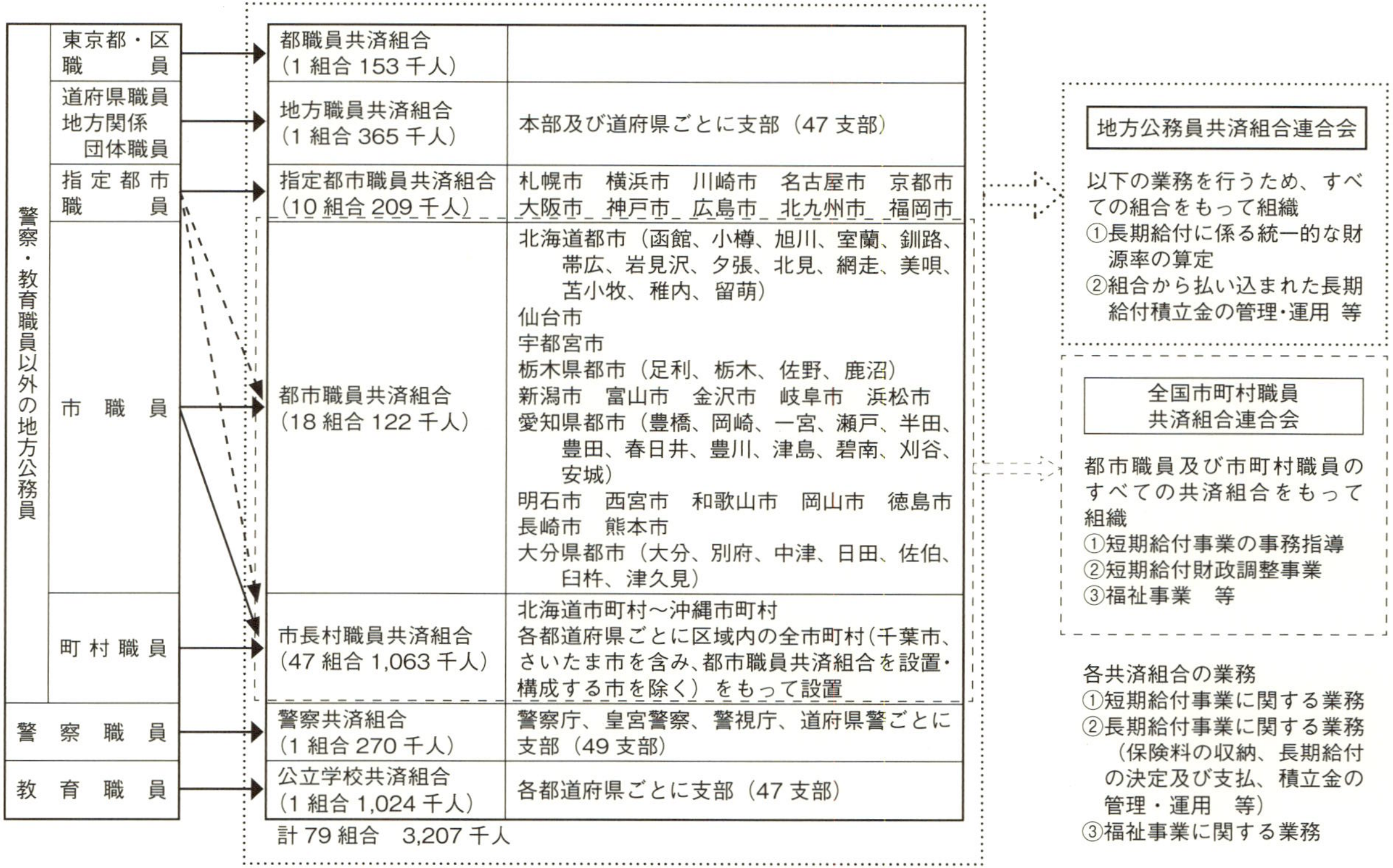

（注）　括弧内の組合数は平成 15 年 4 月現在、組合員（長期給付適用者）数は平成 13 年度末の数値である。

第四節　被用者年金費用負担調整法の制定

昭和六十三年（一九八八年）十月、鉄道共済年金懇談会の報告を受け、公的年金制度に関する関係閣僚懇談会は、平成二年度（一九九〇年度）以降の鉄道共済年金対策として、鉄道共済組合自体のさらなる自助努力と、国家公務員共済組合連合会による財政調整事業のほか、新たに被用者年金全体で財政支援する仕組みをつくることを決定した。

平成元年（一九八九年）四月、被用者年金の共通給付部分の費用を各制度が共同で負担し、その部分の費用負担の不均衡を是正することを目的とした「被用者年金の費用負担の調整に関する特別措置法」が国会に提出され、十二月に成立した。平成元年（一九八九年）の厚生年金保険法の改正にあわせて、同様の改正を行うとともに、年金給付の見直し、保険料率の引上げ等鉄道共済自身に新たな自助努力を求める国家公務員共済組合法の改正案も同時に国会に提出され、成立した。

被用者年金費用負担調整特別措置法の内容は次のようなものであった。

(1)　平成七年（一九九五年）の公的年金制度の一元化にむけての当面の措置として、被用者年金の共通給付部分、具体的には、被用者年金の老齢退職年金給付のうち六十歳以上の厚生年金の老齢年金に相当する給付の費用を被用者年金全体で共同で負担する被用者年金制度間費用負担調整事業を行う。

(2)　制度間費用負担調整事業は、社会保険庁が主体となって行う。

(3) 社会保険庁は、被用者年金の共通給付部分の費用を各制度の保険者に調整交付金として交付する。
(4) 社会保険庁は、調整交付金の財源として、各制度の保険者から調整拠出金を徴収する。
(5) 調整拠出金は、各保険者の標準報酬総額に一定の調整拠出率を乗じた額とする。
(6) 調整拠出率は、当該年度の調整交付金の総額（各制度の共通給付部分の費用の総額）を各制度全体の標準報酬総額で除した額とする。
(7) 制度間調整事業は、平成二年度（一九九〇年度）から実施し、平成四年度（一九九二年度）までの間に見直す。

制度間調整事業により、標準報酬総額に対し共通部分の給付の費用の割合が高い鉄道共済組合やたばこ共済組合などは、拠出金の額を上回る交付金が交付され、共通給付部分の費用負担が軽減されることとなった。逆に標準報酬総額に対して共通部分の費用の割合の低い厚生年金、電電共済組合、地方公務員共済組合、私学共済組合、農林共済組合などは、拠出金の額が交付金の額を上回り、共通給付部分の費用負担が増加することとなった。国家公務員共済組合連合会は計算上交付金の額が拠出金の額を上回ったが、財政支援を行う緊急度が低いことから、財政支援の対象とはされなかった。

平成二年度（一九九〇年度）から平成四年度（一九九二年度）までの鉄道共済組合の財源不足額は年約三〇〇〇億円であったが、その二分の一より三〇〇億円ほど多い一八五〇億円は国鉄共済組合自身の自助努力で賄い、二分の一より三〇〇億円ほど少ない一一五〇億円を制度間調整事業を通じて厚生年金等から財政支援することとされた。厚生年金からの支援額は年間約九一〇億円となった。たばこ共済組合についても年間四〇億円の支援が行われた。

国鉄共済組合自身の自助努力として既裁定年金の退職時特昇分の引下げ、六十歳未満の退職年金支給のとりやめ、報酬比例部分の再評価の繰延べなど年金給付の見直し約二〇〇億円、保険料率の引上げ約一五〇億円、ＪＲ各社の特別負担金約三二〇億円、国鉄清算事業団の特別負担金約一〇〇〇億円などの措置がとられた。国家公務員共済組合連合会も自助努力の一環として年間八〇億円を支援した。

制度間調整事業により鉄道共済組合の収支は、平成二年度（一九九〇年度）は赤字であったが、平成三年度（一九九一年度）以降は黒字となり、平成六年度（一九九四年度）以降も黒字と見込まれた。そのため平成五年（一九九三年）三月費用負担調整法が改正され、平成五年度（一九九三年度）及び平成六年度（一九九四年度）は、財政支援額が一一五〇億円から九七〇億円に縮小され、平成七年度（一九九五年度）及び平成八年度（一九九六年度）はさらに六二〇億円に減額された。国家公務員共済組合連合会の支援額も平成五年度、平成六年度は四〇億円、平成七年度、平成八年度は二〇億円に減額された。財政調整事業がはじまった昭和六十年度（一九八五年度）から平成八年度（一九九六年度）までの国家公務員共済組合連合会の支援額の合計は約二一〇〇億円に達した。

第五節　厚生年金と公共企業体職員等共済組合の統合

昭和五十九年（一九八四年）の閣議決定で公的年金制度一元化完了の目標年度とされた平成七年（一九九五年）を翌年に控え、平成六年（一九九四年）三月の公的年金の一元化に関する関係閣僚会議の申し合わせにより、学識経験者と公的年金各制度の関係者から成る「公的年金制度の一元化に関する懇談会」が設置された。

懇談会の報告を受け、平成八年（一九九六年）三月「公的年金制度の再編成について」あらためて次のような閣議決定が行われた。この閣議決定で公的年金制度の一元化とは、財政単位の拡大及び共通部分の費用負担の平準化を図るための統一的な枠組みの形成であるとされた。

(1)　被用者年金の再編成は、財政単位の拡大及び共通部分の費用負担の平準化を図ることを基本として行う。

(2)　各制度の目的、機能、過去の運営努力にも配慮し、各制度が二一世紀にかけて成熟化する段階において漸進的に対応を進めつつ、統一的な枠組みの形成を図る。

(3)　再編成の第一段階としてすでに民営化している鉄道共済組合、たばこ共済組合及び電電共済組合を、平成九年度（一九九七年度）に厚生年金に統合する。

(4)　国家公務員共済組合及び地方公務員共済組合は、財政再計算時ごとに将来の財政見通し等を分析し、公務員制度のあり方をふまえ、まず両制度において財政安定化のための措置を検討する。

(5)　農林共済組合及び私学共済組合は、財政計算時ごとに将来の財政見通し等を分析し、被用者年金全体のなかの位置づけを検討する。

平成八年（一九九六年）三月、鉄道共済、たばこ共済及び電電共済の旧公共企業体の三つの共済組合を厚生年金に統合するための厚生年金保険法等の改正案が国会に提出され、八月に成立、平成九年（一九九七年）四月から三つの共済組合が厚生年金に統合された。この法律は完全に民営化された旧公共企業体には厚生年金を適用し、両制度を統合するとともに、財政の逼迫した鉄道共済組合及びたばこ共済組合を次のような仕組みで厚生年金等が財政支援することも大きな目的であった。

(1)　鉄道共済組合など三共済組合は、統合前の期間に係る給付を掛金拠出段階で給付が確定した積立金対応部分と、物価スライドや賃金再評価部分など世代間扶養で賄われている部分とに分ける。

(2)　積立金対応部分については、統合される三共済が必要な額の積立金を厚生年金に移管する。移管すべき積立金の額は、鉄道共済組合が一兆二一〇〇億円、たばこ共済組合が一一〇〇億円、電電共済組合が一兆一九〇〇億円とする。

(3)　鉄道共済組合及びたばこ共済組合の現有積立金は、平成六年度（一九九四年度）末でそれぞれ三四一六億円、四八〇五億円であるが、不足額は事業主の負担とする。鉄道共済組合の場合はこれを旧国鉄の債務を継承する国鉄清算事業団とＪＲ各社で負担し、最長二〇年の年賦払いができることとする。

(4)　世代間扶養部分については、各制度の負担能力と負担の平準化の観点から、旧三共済組合の組合員であった者の保険料と、被用者年金全体の財政支援によって賄う。平成九年度（一九九七年度）から平成十三年度（二〇〇一年度）までの五年間の年平均支援額は一六〇〇億円程度とする。

(5)　財政支援額の各制度の負担の方法としては、二分の一は、負担能力の観点から各制度が標準報酬総額に応じて負担し、残りの二分の一は、負担平準化の観点から、成熟度が高い国家公務員共済組合連合会及び農林共済組合は負担しないこととし、厚生年金、地方公務員共済組合及び私学共済組合が負担する。具体的な負担額は厚生年金一二七二億円、地方公務員共済組合二三七億円、私学共済組合八億円となる。なお、国家公務員共済組合は、国共済グループ内の財政調整事業内の支援として二五億円を負担する。

(6)　財政支援を受けるのは鉄道共済組合及びたばこ共済組合であり、電電共済組合は積立金対応部分、世代間扶養部分とも移管積立金及び保険料で賄えるため、被用者年金全体では対応しない。

(7)　統合後の期間に係る給付については厚生年金のルールによって行う。したがって鉄道共済組合及びたばこ共済組合の組合員であった者の職域年金部分はない。電電共済組合の組合員であった者については厚生年金基金を設立し、従来の職域年金部分の支給を行う。

(8)　鉄道共済組合及びたばこ共済組合の組合員であった者の保険料率は、厚生年金の保険料率が同水準に達するまで、従前の保険料率（鉄道共済二〇・〇九％、たばこ共済一九・九二％）とする。

統合法により旧鉄道共済組合及びたばこ共済組合に対する新たな財政支援の仕組みができたため、昭和六十年度（一九八五年度）から行われてきた国家公務員共済組合連合会による長期給付財政調整事業及び被用者年金費用負担調整法による制度間調整事業は廃止された。

第六節　厚生年金と農林漁業共済組合の統合

農林漁業団体職員共済組合は、昭和三十四年（一九五九年）に農業協同組合、漁業協同組合などの農林漁業団体の職員に、市町村職員なみの年金を支給するために、厚生年金から脱退してできた共済組合である。できた当初の組合員数は約二九万人であったが、その後年々増加した。しかし平成七年（一九九五年）の五〇万人をピークに減少しはじめ、平成十三年（二〇〇一年）には四六万人になった。

一方、年金受給者は平成七年（一九九五年）の二六万人が平成十二年（二〇〇〇年）には三四万人に増加し、保険料率も一九・四九％と公的年金制度のなかで最も高くなった。しかし平成十三年度（二〇〇一年度）で約二兆円の保有積立金は、組合員のこれまでの期間に係る給付に必要な費用の一八％程度にすぎず、厚生年金の二七％、国家公務員共済の二五％、私学共済の三四％に比べて著しく低く、公的年金制度のなかで最も財政状態の悪い制度となった。

こうしたことから平成九年（一九九七年）に鉄道共済組合等が厚生年金に統合された際、同時に統合すべきであるといわれたにもかかわらず、これに反対した農林共済組合が、平成十一年（一九九九年）頃から厚生年金への統合を自ら希望するに至った。そのため、平成十二年（二〇〇〇年）五月、公的年金制度に関する一元化懇談会が再開され、農林共済組合の厚生年金への統合問題が論議された。

平成十三年（二〇〇一年）二月、一元化懇談会はこのような事態が十分予想されながら平成九年（一九九七年）に反対したことを遺憾としながらも、農林共済組合の厚生年金への統合を了承した。また残る国家公務員、地方公務員、私学の三共済組合については、財政単位の一元化、費用負担の平準化をすすめ、二一世紀の初頭までの間に年金制度の統一的な枠組みの形成について結論を得るという報告書をまとめた。

平成十三年（二〇〇一年）三月、政府は、一元化懇談会の報告を受けて「公的年金制度の一元化の推進について」次のような閣議決定を行った。

(1)　農林共済組合を厚生年金に統合する。

(2)　国家公務員共済組合及び地方公務員共済組合はともに公務員という職域に適用される年金制度であることから、両制度の財政単位の一元化を図ることとし、次期財政再計算はそれを前提に行う。

(3)　私学共済組合は、被用者年金制度における同制度の位置づけについて検討するとともに、公的年金制度の共通部分についての費用負担の平準化を図る見地から、次期財政再計算において保険料引上げの前倒しを行う。

(4) これら三共済組合と厚生年金との財政単位の一元化、被用者年金全体の統一的な枠組みの形成については、二一世紀初頭の間に結論が得られるよう検討を急ぐ。

この閣議決定に基づき平成十三年（二〇〇一年）三月、「厚生年金保険及び農林共済組合を統合し、農林漁業団体職員共済組合法を廃止する法律案」が国会に提出され、六月に成立、平成十四年（二〇〇二年）四月から両制度が統合された。統合にあたって農林共済組合の積立金約二兆円のうち一兆六〇〇〇億円が厚生年金に移管され、加入者の将来の減少などを考慮して、統合後さらに毎年度約一六〇〇億円が旧組合員の保険料に上乗せして厚生年金に拠出されることとなった。そのため旧農林共済の組合員の保険料率は、平成十六年（二〇〇四年）九月までは厚生年金の一般被保険者の保険料率一七・三五％に二・一四％上乗せし、平成十六年（二〇〇四年）十月以降平成二十年（二〇〇八年）九月までは一％上乗せした保険料率とされた。

国家公務員共済及び地方公務員共済の財政単位の一元化については、平成十三年（二〇〇一年）十月に両制度の関係者からなる研究会が設置され、平成十六年（二〇〇四年）六月の財政再計算期に両制度の組織、制度は独立したまま、国家公務員共済組合連合会と地方公務員共済組合連合会との間で、両制度の独自給付部分（基礎年金部分を除く）の費用率が同一となるよう財政調整を行うとともに、保険料率については、平成二十一年（二〇〇九年）に同一保険料率になるよう平成十六年（二〇〇四年）から段階的に一本化をすすめることとされた。

農林共済組合が厚生年金に統合されたことにより、私学共済組合は民間被用者を対象とする唯一の共済組合となった。しかし、いまなお組合員が増加し、保険料率が低いうえに、公立学校の教職員が公務員共済の適用を受けていることとのバランスを理由に、まだ厚生年金との統合に反対している。

しかし人口の少子化の進行による学齢人口の減少に伴い、私学共済組合に加入する学校数及び教職員数が次第に減少することは明らかであり、私学共済組合が将来とも単独でやっていけるかどうかは楽観を許されない。

表１-12　被用者年金の制度別財政状況

（平成 14 年 3 月現在）

	厚生年金	国家公務員共済	地方公務員共済	私学共済	農林共済
被保険者数	3,157 万人	110 万人	320 万人	40 万人	45 万人
保険料率	17.3%	18.3%	16.5%	13.3%	19.4%
平準保険料率	25.3%	28.0%	24.7%	22.6%	27.9%
年金扶養比率	3.3%	1.8%	2.2%	5.6%	2.9%
収支比率	102.4%	95.2%	78.3%	79.2%	110.6%
総合費用率	18.8%	21.5%	16.7%	14.3%	25.3%
積立金	134.5 兆円	8.6 兆円	36.9 兆円	3.0 兆円	2.0 兆円
積立比率	5.9%	7.3%	12.3%	11.7%	4.8%

（注）１．保険料率は賞与等を含まない対標準報酬月額比

２．平準保険料率とは過去期間分を含め、将来に見込まれる給付費を将来にわたって一定の保険料率を賄う場合の保険料率をいう。この保険料率と現在の保険料率との差が後代負担とされている保険料である。

３．年金扶養比率＝$\frac{\text{被保険者・組合員数}}{\text{老齢退職年金受給権者数}}$

４．収支比率＝$\frac{\text{実質支出額（国庫負担分を除く）}}{\text{保険料収入＋運用収入}}$

５．総合費用率＝$\frac{\text{実質支出額（国庫負担分を除く）}}{\text{標準報酬月額総額}}$

６．積立金　厚生年金は時価、国家公務員共済組合は簿価

７．積立比率＝$\frac{\text{前年支出の積立金の額}}{\text{実質支出額（国庫負担分を除く）}}$

表1-13　被用者年金の制度別被保険者数の推移

年度	厚生年金	国家公務員共済	鉄道共済	電電共済	たばこ共済	地方公務員共済	私学共済	農林共済	合計	国民年金
	万人	万人	万人	万人	万人	万人	万人	万人	万人	万人
昭和40(1965)	1,867	111	47.8	24.1	4.3	229	14.4	35.3	2,334	2,002
45(1970)	2,252	115	46.8	28.1	4.0	254	19.4	41.0	2,760	2,434
50(1975)	2,389	116	43.6	32.1	4.0	300	27.0	44.7	2,956	2,588
55(1980)	2,544	118	41.9	33.1	3.8	324	31.9	48.4	3,144	2,760
60(1985)	2,723	116	28.2	30.8	3.1	330	34.7	49.0	3,313	2,509
平成 2(1990)	3,100	113	19.6	27.6	2.5	329	37.3	49.9	3,678	2,954
7(1995)	3,281	112	19.6	24.6	2.5	334	40.0	50.9	3,865	3,130
12(2000)	3,219	112	—	—	—	324	40.6	46.7	3,742	3,307

（注）1．鉄道、電電及びたばこの各共済組合は平成９年４月に厚生年金に統合された。
2．農林共済は、平成14年４月に厚生年金に統合された。
3．国民年金の被保険者数は、昭和60年以前は旧法の適用者（任意適用を含む）数であり、平成２年度以降は第１号、第３号、任意加入の合計である。

表1-14　被用者年金の制度別老齢(退職)年金受給権者数の推移

年度	厚生年金	国家公務員共済	鉄道共済	電電共済	たばこ共済	地方公務員共済	私学共済	農林共済	合計
	千人	千人	千人	千人	千人	千人	千人	千人	千人
昭和40(1965)	203	54	115	13	5	84	2	3	479
45(1970)	534	120	139	23	7	228	4	18	1,073
50(1975)	1,054	201	169	33	11	373	6	38	1,884
55(1980)	2,063	287	221	46	14	568	10	60	3,269
60(1985)	3,342	391	339	78	20	830	17	92	5,108
平成 2(1990)	4,760	498	341	110	26	1,045	29	112	6,921
7(1995)	6,592	565	300	134	25	1,266	49	133	9,064
12(2000)	9,014	592	—	—	—	1,394	68	151	11,220

（注）1．鉄道、電電及びたばこの各共済組合は平成９年４月に厚生年金に統合された。
2．農林共済は、平成14年４月に厚生年金に統合された。

第十章　保険料の上限固定と給付の自動調整

第一節　平成十四年将来人口推計

平成十二年（二〇〇〇年）の年金改革で、厚生年金の最終保険料率を対二〇％程度にとどめるために将来の給付費を約二割削減する改正が行われたことから、平成十六年（二〇〇四年）改革の大きな課題は、景気への影響を考慮して凍結された保険料率の引上げと、平成十六年（二〇〇四年）までに安定した財源を確保して引上げを図ることとされた基礎年金の国庫負担率の引上げの二つであった。

ところが平成十四年（二〇〇二年）一月、新たな将来人口推計が発表され、わが国の将来人口は平成十二年（二〇〇〇年）改正の前提となった平成九年（一九九七年）のときよりはるかに少子高齢化が進むと推計された。平成九年（一九九七年）の推計では二〇五〇年に一・六一まで回復するとされた合計特殊出生率が、平成十四年（二〇〇二年）の推計では一・三九までしか回復しないということがその最大の要因であった。一方平均寿命は二〇五〇年に男子八〇・九五歳、女子八九・二二歳にまで伸び、二〇五〇年の六十五歳以上人口比率は、三二・三%から三五・七%にはね上がった。

平成十四年（二〇〇二年）の将来人口推計は、わが国の将来の年金財政に大きな影響を与えるものとなり、平成十二年（二〇〇〇年）改正で基礎年金の国庫負担率を二分の一にした場合一九・八%にとどまるはずであった厚生年金の最終保険料率は二二・八%になり、国庫負担率が三分の一のままとすると二六・〇%にまで上がることになった。国民年金の保険料も一万八五〇〇円から国庫負担が二分の一の場合二万円、三分の一の場合には二万八九〇〇円にもなることとなった。

表1-15　将来人口推計（2025～2050年中位）

		平成13年現在	平成4年推計	平成9年推計	平成14年推計
平均寿命（歳）	男	77.64		79.43	80.95
	女	84.62		86.47	89.22
総人口（万人）		12,718		ピーク2007年	ピーク2006年
				12,778	12,734
	2025		12,581	12,091	12,114
	2050		11,151	10,050	10,059
65歳以上人口（万人）		2,284			
	2025		3,244	3,312	3,473
	2050		3,142	3,254	3,568
割合（%）		18.0			
	2025		25.8	27.4	28.7
	2050		28.2	32.3	35.7
合計特殊出生率		1.33	1.45～1.80～2.09	1.38～1.61～1.85	1.10～1.39～1.63
女子生涯未婚率（%）		4.90		13.8	16.8
夫婦出生児数（人）		2.14		1.96	1.72
年間出生児数（万人）		118		81	67

このため平成十六年（二〇〇四年）改革であらためて給付と負担の見直しが避けられなくなった。

これまで五年ごとの財政再計算のたびに給付と負担が見直され、平成十二年（二〇〇〇年）が最後の見直しとされたにもかかわらず、平成十六年（二〇〇四年）改革でまた見直されることに国民の年金制度に対する不安、不信が高まった。五年ごとに給付と負担の見直しを繰り返すことなく、年金制度の将来のすがたをはっきり示し、長期にわたって安定的に維持できる年金制度にし、国民の年金制度に対する安心と信頼を回復することが平成十六年（二〇〇四年）改革の最大の課題となった。

働く高齢者や、短時間労働や在宅労働など非正規労働者の増加、生涯独身や離婚の増加など個人の働き方や生き方の多様化に対応した年金制度にするとともに、将来制度の支え手となる次世代の育成や子育ての支援、働く女性から保険料を納めずに基礎年金を受けられるのは不公平であるという批判のあるサラリーマンの専業主婦の扱いの見直しなども平成十六年（二〇〇四年）改革の課題であった。

第二節　スウェーデンの年金改革

平成十六年（二〇〇四年）改革の論議は、平成十四年（二〇〇二年）一月から社会保障審議会の年金部会で始まった。平成十六年（二〇〇四年）改革の論議にあたって厚生労働省が注目し、参考にしたのが一九九九年のスウェーデンの年金改革で、それは次のような内容のものであった。

(1)　これまでの税を財源とする定額の国民基礎年金と保険料を財源とする所得比例年金の二階建ての年金体系を、税を財源とする最低保障年金付きの所得比例一本の年金体系とする。

(2)　保険料率を一八・五％で固定し、一六％分は賦課方式による概念上の拠出建て年金にし、二・五％分は完全な個人勘定の拠出建て年金とする。

(3)　これまで賃金が最も高かった一五年間で年金額を計算する一五年ルールと、三〇年加入で満額年金とし、三〇年を超えて働いても年金額が増えない三〇年ルールを廃止して、支払った保険料に見合った年金を支給し、給付と負担のリンクを強める。

(4)　概念上の拠出建て年金の額は、各人各人が現役時代に納めた保険料の総額とその運用利回り（毎年の名目賃金上昇率を運用利回りとみなす）の総額を各人の概念上の年金原資とし、それを年金開始時の平均余命（平均年金受給期間）で割って計算する（平均余命が伸びれば一年あたりの年金額は減少する）。

(5)　年金額は、賃金や物価の変動にスライドさせるが、被保険者数の減少や、積立金の運用利回りの低下などによって年金財政の均衡がとれなくなった場合には、国会の議決を経ずに、自動的にスライド率を調整できることとする。

(6)　概念上の拠出建て年金は、現役世代が毎年納める保険料の総額がその年の年金世代の年金総額に見合う賦課方式で運営するが、一定の積立金として給付費の四年分程度を保有し、その運用収入も給付費にあてる。

平成十四年（二〇〇二年）十二月、厚生労働省は平成十六年（二〇〇四年）改革にあたってスウェーデンのような保険料率の上限固定と給付の自動調整方式の考え方をわが国の年金制度にも導入することについて社会保障審議会に意見を求めた。平成十五年（二〇〇三年）九月、同審議会はそれを適当とする意見書を提出した。それを受けて坂口厚生労働大臣は、保険料率に二〇％という上限を設けて給付を自動調整するが、給付水準についても現役世代の手取り収入の五〇％という下限を設けるという坂口私案を発表した。

第三節　保険料の上限固定と給付の自動調整

平成十五年（二〇〇三年）十月の総選挙では、年金改革が最大の争点となった。その選挙で、民主党は大きく議席を伸ばし、二大政党時代の到来といわれた。選挙の翌十一月厚生労働省の年金改革案が発表された。その内容は次のようなものであった。

(1)　年金制度を社会経済と調和し、現役世代の負担に配慮した持続可能な制度にして国民の制度に対する安心と信頼を確保する。

(2)　厚生年金の保険料率を平成十六年（二〇〇四年）十月から毎年〇・三五四％ずつ引き上げ、最終保険料率を年収比二〇％を上限として固定するとともに、国民年金の保険料を平成十七年（二〇〇五年）四月から毎年六〇〇円ずつ引き上げ、一万七〇〇〇円台（一万七三〇〇円）を上限に固定する。

(3)　保険料率の上限の範囲内で長期的に年金財政の均衡を保つことができるよう年金制度を支える現役世代の数やその賃金の総額の変化に応じて給付を自動的に調整する仕組み（マクロ経済スライド）を導入する。

(4)　年金額は、今後とも原則として新規裁定年金については毎年の賃金上昇率、既裁定年金については物価上昇率にスライドさせるが、年金財政の長期的均衡の保持が可能と見込まれるまでの間、賃金又は物価の上昇率から、公的年金全体の被保険者数の減少率年平均〇・六％程度及び今後の平均余命の伸びによる年金の平均受給年数の伸び率〇・三％程度、あわせて〇・九％程度を差し引いた率で改定する。

(5)　(4)により給付を自動調整した場合においても、標準世帯（夫サラリーマン厚生年金加入四〇年、妻専業主婦）の老齢年金の水準は、現役世代のボーナス込みの平均手取り収入に対する割合（所得代替率）で、裁定時五〇％の水準を確保し、既裁定年金については名目年金額以下には下げない。

(6)　年金の財政方式を、将来にわたって永久に給付と負担の均衡を図るこれまでの永久均衡方式から、すでに生まれている世代が年金受給を終えるおよそ一〇〇年程度の期間で均衡を図る有限均衡方式に転換し、二〇二五年頃から積立金を徐々にとりくずして給付にあて、二一〇〇年の積立金を給付費の一年分（支払準備金）程度に抑える。

(7)　これまでの五年ごとの財政再計算にかえ、今後は五年ごとに年金財政の検証を行い、給付の自動調整による年金の給付水準及び年金財政の現況ならびに一〇〇年程度の財政均衡期間にわたる年金財政の見通しを作成し、財政の均衡を著しく失すると見込まれる場合には速やかに所要の措置を講ずる。

(8) 基礎年金の国庫負担率を平成十六年（二〇〇四年）から平成二十一年（二〇〇九年）にかけて段階的に三分の一から二分の一に引き上げる。
(9) 六十五歳以前の在職老齢年金について一律二割の支給停止を廃止し、老齢年金の六十五歳以降の繰下げ支給を選択できることとする。
(10) 七十歳以上の在職者（現在六十五歳未満）にも厚生年金を適用し、保険料を徴収するとともに、在職老齢年金制度を適用し、賃金と年金の合計額が現役世代の平均収入月額四八万円程度を超える場合には年金額の全部又は一部を支給停止する。
(11) 子のない三十歳未満の配偶者の遺族についても五年間の有期の遺族年金を支給するとともに、老齢厚生年金を受給できる者が遺族となった場合に、自らの老齢厚生年金を全額受給したうえ、従来の遺族給付との差額を遺族厚生年金として受給できることとする。
(12) 障害基礎年金の受給者に、自らの老齢厚生年金との併給を認めることとする。
(13) 週三〇時間以上という厚生年金に加入できる労働時間を週二〇時間以上とし、短時間労働者にも厚生年金を適用する。
(14) 夫が厚生年金加入、妻専業主婦の世帯の厚生年金の保険料は、夫婦が共同で負担し、妻にも潜在的に年金受給権があるという考え方にたち、夫の被保険者期間を分割し、離婚時や夫が長期に行方不明になった場合、妻にも二分の一の年金権を認める。
(15) 育児休業期間中の本人及び事業主の保険料免除を子の年齢一歳未満から三歳未満まで延長する。

(16)　国民年金の保険料免除を全額又は二分の一の二段階から、全額、四分の三、二分の一、四分の一の四段階に多段階化し、二十歳台の就業困難者に対し、保険料の納付を猶予し、一〇年間の追納ができることとする。

(17)　被保険者に対し、これまでの保険料の納付実績や将来受給できる年金額等をポイントにより定期的に通知する。

厚生労働省の改革案の最大の目玉は、保険料率の上限の固定と給付水準のマクロ経済調整の導入であった。それは保険料率に上限を設けてその範囲内で長期的に年金財政の均衡が保てるよう生産年齢人口の数や賃金の総額などマクロ的な経済社会の変化を反映させながら給付を自動的に調整する仕組みを導入しようというもので、具体的には保険料を負担する被保険者数の減少や、年金給付費の増加につながる平均寿命の伸

図1－7　平成16年改革による給付と負担

	改正前		改正後
保険料負担	平成16年 厚生年金 13.58% 国民年金 13,300円	⇨ 毎年0.354%ずつ引上げ 毎年280円ずつ引上げ ⇨	平成29年以降 厚生年金 18.30% 国民年金 16,900円
厚生年金の標準的給付水準 （夫 サラリーマン 40年加入 妻 専業主婦）	現役世代収入の 59.3% （月額　23.3万円）	⇨ 賃金、物価の上昇率から被保険者数の減少分等を差し引いてマクロ経済スライド ⇨	平成35年以降 50.2% （月額　27.9万円）
基礎年金の国庫負担率	1／3	⇨ 年金課税の見直し、所得税、消費税などの税制の抜本改革 ⇨	平成16年～21年 1／2

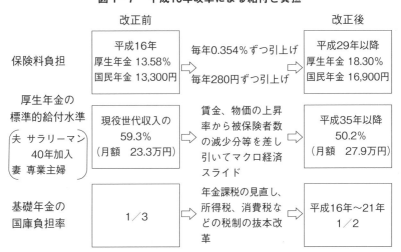

びに見合って年金の給付水準を実質的に引き下げていこうというものであった。

マクロ経済調整を導入した場合、給付水準がどこまで下がるかは、保険料率の上限、被保険者数の減少度合、賃金や物価の上昇度合によって異なるが、厚生労働省は、保険料の上限を二〇％、合計特殊出生率が将来人口の中位推計どおり一・三九まで回復すると仮定し、長期的な賃金上昇率は二・一％、物価上昇率は一・〇％を基準ケースとして試算した場合、標準的老齢年金の給付水準は、所得代替率で現在の五九・三％が五四・七％になり、おおむね五〇％台前半の水準は確保できるとした。また、マクロ経済調整はおおむね二〇一三年度まで行えば長期的に年金財政の均衡を保つことができ、それ以降は賃金、物価スライドのみの原則に戻しうるという見通しを示した。

第四節　国庫負担率の引上げ

平成十五年（二〇〇三年）十二月から平成十六年（二〇〇四年）一月にかけて改革案について政府及び与党（自民、公明）間で繰り返し協議が行われ、厚生労働省案が次のように修正されて合意、二月国民年金法等の改正案が国会に提出された。

(1)　厚生年金の保険料率を平成十六年（二〇〇四年）十月から毎年〇・三五四％ずつ引き上げ、平成二十九年（二〇一七年）の一八・三〇を上限として固定する。

(2)　国民年金の保険料は、平成十七年（二〇〇五年）四月から毎年二八〇円ずつ引き上げ、平成二十九年（二〇一七年）の一万六九〇〇円（平成十六年度（二〇〇四年度）価格）を上限として固定する。

(3)　平成十六年度（二〇〇四年度）から基礎年金の国庫負担率の引上げに着手し、その財源として平成十六年度（二〇〇四年度）は年金課税の見直し（公的年金控除の縮小等）による増収分（初年度二七二億円）をあてる。平成十七年度（二〇〇五年度）及び平成十八年度（二〇〇六年度）は、所得税の定率減税の見直し等個人所得税の抜本見直しにより適切な水準に引き上げ、平成十九年度（二〇〇七年度）以降は消費税率の引上げを含む税制の抜本改革により財源を確保し、平成二十一年度（二〇〇九年度）までに引上げを完了する。

(4)　七十歳以上の在職者については、在職老齢年金を適用し、給付を制限する。保険料は徴収しない。

(5)　週二〇時間以上の短時間労働者に対する厚生年金の適用は、今回は見送り、五年後をめどにさらに検討する。

政府及び与党間の協議で最も大きな問題となったのは、保険料の上限の水準と国庫負担の引上げの財源であった。厚生労働省が保険料の上限を二〇％としたのは、公的年金が高齢者の生活の基本的部分を支えるためには、現役世代の収入の五〇％以上でなければならないこと、平成十五年（二〇〇三年）三月に行った有識者調査で二〇％を上限とする意見が最も多かったこと、人口の高齢化率がわが国と同程度のヨーロッパの国々の水準がすでに二〇％前後であることなどが理由であった。

しかし経済界や経済財政諮問会議は、二〇%は高すぎ、一五～六%が限度であると強く主張した。仮に一五～六%を上限とすれば、基礎年金を全額税方式にしない限り、既裁定の年金は、およそ三割ないし四割、新規裁定の年金は所得代替率で三七%程度にまで給付水準を下げなければならないと推定された。そのため自民党内に反対意見が強く、公明党も強く反対し、結局ぎりぎり五〇%の給付水準が確保できる一八・三〇%に落ち着いた。保険料率の上限が一八・三〇%になったことにより標準的老齢年金の給付水準は所得代替率で五〇・二%まで下がることになり、給付調整期間も平成三十五年（二〇二三年）までとなった。

もう一つ最後までもめたのが、平年度で二兆七〇〇〇億円という基礎年金の国庫負担率引上げの財源を何に求めるかであった。財源の本命と考えられた消費税率の引上げについては、小泉総理大臣が在任中は引き上げないと明言したため、平成十八年度（二〇〇六年度）までは財源をそれ以外に求めざるを得なかった。

公明党は、平成十一年（一九九九年）に景気対策として導入された所得税の二〇%定率減税の廃止を主張したが、自民党内の反対が強く、結局平成十六年度（二〇〇四年度）は公的年金控除の縮小と老年者控除の廃止による増収分（初年度二七二億円、平年度一六〇〇億円）をあてるにとどめ、平成十七年度（二〇〇五年度）以降所得税の見直しや消費税率の引上げなど税制の抜本改革によって財源を確保する方針で合意した。

三〇〇万人以上いると推定されるパートなどの短時間労働者に対する厚生年金の適用は、厚生年金の支え手を増やすとともに、これまで国民年金しか受けられなかった短時間労働者も厚生年金が受けられることとなるのみならず、短時間労働者に家庭の主婦が多いことから第三号被保険者問題の縮小にもつながり、今回の改革の大きな柱と考えられていた。しかし短時間労働者を多く雇用する外食産業や流通業界の事業主が負担増を理由に強く反対したため、結局見送られた。七十歳以上の在職者からの保険料徴収も今回は見送られた。

第五節　改革法の成立

今回の改革案について、民主党は現行制度の体系を前提にした辻つまあわせ、抜本改革には程遠い小手先の改革であり、保険料は上がり続け、給付は下がり続けて、国民の年金制度に対する不安、不信は解消しないと強く批判し、平成十六年（二〇〇四年）四月政府の改革案に対する対案として、わが国の年金制度を全国民を対象とする所得比例一本の年金制度と税を財源とする最低保障年金を組み合わせた体系に一元化することを柱とする次のような「公的年金制度の抜本的改革推進法案」を国会に提出した。それは、現行制度の枠組みを大きく変えるものであるが、具体性と現実性を欠き、事実上制度の改革を先送りするものといわざるを得ないものであった。

(1)　職業を問わず全国民を対象とした所得比例一本の年金制度と、税を財源として最低限の生活を保障する最低保障年金を創設する。
(2)　所得比例年金の保険料率は現在の一三・五八％のままとし、最低保障年金の財源として三％程度の年金目的消費税を創設する。
(3)　給付水準は現役世代の収入の五〇％以上とし、現在程度の水準を維持する。
(4)　二〇〇九年度から新制度への移行をめざし、国会に調査会を設置して制度の具体的内容をつめる。

政府の改革案については、審議の過程で国民に保険料の負担増や給付の引下げを求めながら、多くの閣僚や与野党の国会議員に国民年金の未納者がいることが判明したり、保険料の徴収や使途、記録の管理など国（社会保険庁）の年金業務の執行にも種々の問題があることが明るみにでた。そしてそれらが余りにも大きくクローズアップされ、改革案そのものについての本筋の議論は深まらず、与野党の意見は平行線を辿った。

そうしたなかで自民、公明、民主の三党は社会保障制度全般について給付と負担の一体的な見直しを行う協議会を設け、そこで年金制度についても一元化を展望して体系のあり方を見直し、平成十九年（二〇〇七年）三月までに結論をうることで合意、その旨を附則に明記する修正が行われて、法案は平成十六年（二〇〇四年）五月衆議院を通過した。しかし参議院での審議が長引き、法案の成立があやうくなったため、与党は民主党等の反対をおしきって強行採決し、法案を成立させた。

法案成立直後の参議院選挙は法案成立の是非を世に問うかたちになった。その選挙で民主党は自民党を上回る議席を獲得し、選挙後の国会に改革法の廃止法案を提出した。与党はこれを否決し、改革法は平成十六年（二〇〇四年）十月から実施され、厚生年金の保険料率が引き上げられることとなった。

国家公務員共済組合法、地方公務員等共済組合法、私立学校職員共済組合法の共済組合三法については、三組合の加入員数や今後の増減、財政状態などが厚生年金と大きく異なるため、保険料率の上限は定めず、給付のみを厚生年金に準じて調整し、保険料率はこれまでどおり五年ごとの財政再計算期に連合会等の定款で定めることとする法案が国会に提出され、成立した。

厚生年金や国民年金の積立金の運用については、事業の専門性と独立性の確保、責任の明確化を図る観点から、平成十八年（二〇〇六年）四月から、年金資金運用基金を積立金の運用に特化した独立行政法人にするための年金積立金管理運用独立行政法人設置法案が国会に提出され、成立した。

今回の改革案は、内容が難しいうえに国会で本筋の議論が余り行われず、国民に十分理解されたとはいえない。改革案が前提としている出生率の回復や賃金上昇率が確実に達成されるという保証もないし、一〇〇年安心というのもいいすぎかも知れない。しかし保険料の上限を固定し、給付を自動調整して、年金財政の長期的な均衡を図ろうという今回の改革は、決して単なる辻つまあわせの改革ではない。基礎年金の国庫負担引上げも、財源のめどがはっきりたったわけではないが、厳しい国家財政の現状のなかで実際に着手されることになったのは評価されなければならない。改革の前提としている出生率の回復や賃金上昇率は目標としては妥当であるし、新しい人口推計がでるたびに給付と負担を見直す必要がなくなったことはたしかであった。

表１-16　厚生年金の財政見通し（2004 年財政再計算）

最終保険料率 18.3%

年度	保険料率（対総報酬）（%）	収入合計（兆円）			支出合計（兆円）		収支差引残（兆円）	年度末積立金（兆円）	年度末積立金（2004 年度価格）（兆円）	積立度合
			保険料収入	運用収入		基礎年金拠出金				
2005	14.288	28.3	20.8	3.0	31.9	11.1	−3.6	163.9	163.9	5.2
2006	14.642	29.8	21.6	3.5	32.9	11.3	−3.1	160.8	161.1	5.0
2007	14.996	31.2	22.6	4.0	33.8	11.5	−2.5	158.3	157.8	4.8
2008	15.350	33.0	23.5	4.7	34.9	12.0	−1.9	156.4	153.1	4.5
2009	15.704	36.1	24.5	4.9	36.5	12.6	−0.4	156.0	149.2	4.3
2010	16.058	37.6	25.5	4.9	37.5	13.0	0.0	156.0	145.3	4.2
2015	17.828	44.0	30.8	5.1	41.4	15.1	2.6	162.5	137.3	3.9
2020	18.30	49.2	34.8	5.8	43.3	16.5	5.9	186.3	141.8	4.2
2025	18.30	53.7	37.7	6.9	45.5	17.7	8.2	223.1	153.1	4.7

（注）１. 長期的な（2009 年度〜）経済前提は次の通り。
賃金上昇率 2.1%、物価上昇率 1.0%、運用利回り 3.2%、可処分所得上昇率 2.1%
（ただし、2017 年度までは 1.9%）

２. 国庫負担：2009 年度２分の１完成
2005 〜 2008 年度は３分の１に加え、1000 分の 11 を国庫負担
（2004 年度は３分の１に加え、272 億円を国庫負担）

調整期間（終了年度）	2023 年度
所得代替率（終了年度時点）	50.2%

表１-17　国民年金の財政見通し（2004 年財政再計算）

最終保険料 16,900 円（2004 年度価格）

年度	保険料月額（2004 年度価格）（円）	収入合計（兆円）			支出合計（兆円）	収支差引残（兆円）	年度末積立金（兆円）	年度末積立金（2004 年度価格）（兆円）	積立度合
			保険料収入	運用収入					
2005	13,580	4.0	2.1	0.2	4.2	−0.2	10.8	10.8	2.6
2006	13,860	4.3	2.2	0.2	4.5	−0.2	10.6	10.6	2.4
2007	14,140	4.6	2.4	0.3	4.8	−0.2	10.4	10.3	2.2
2008	14,420	4.8	2.5	0.3	5.0	−0.2	10.1	9.9	2.1
2009	14,700	5.4	2.5	0.3	5.0	0.3	10.5	10.0	2.0
2010	14,980	5.6	2.6	0.3	5.1	0.5	11.0	10.2	2.1
2015	16,380	6.5	3.0	0.4	5.9	0.7	13.8	11.7	2.2
2020	16,900	7.3	3.4	0.6	6.4	0.9	17.9	13.6	2.6
2025	16,900	8.1	3.7	0.7	7.0	1.1	23.2	15.9	3.2

（注）表１-16 の（注）１. および２. について同じ。

第十一章　年金記録問題と業務組織の改革

第一節　未統合年金記録問題

社会保険制度の年金は長期間にわたる一定の保険料の納付を給付の条件としており、保険料の納付額によって年金額が決まるため、加入者一人ひとりについて正確な保険料の記録、管理が極めて重要である。ところが平成十九年（二〇〇七年）二月誰のものかわからない厚生年金や国民年金の記録が平成十八年（二〇〇六年）六月時点で五〇九五万件もあることがわかり、「宙に浮いた五〇〇〇万件の年金記録」として大きな問題になった。

わが国の年金制度は職業によって加入する制度が異なり、制度ごとに加入者に番号が付され、記録の管理が行われてきた。職業が変わり、加入する制度が変われば新たに番号が付され、職業が変わっても加入する制度が同じであれば番号は同じでよいのであるが、実際には新たに番号が付され、一人が二つ以上の複数の番号を有する場合も少なくなかった。したがって加入者の数よりはるかに多くの番号が付されていた。

年金記録は各制度ともはじめは紙台帳によって行われていた。厚生年金についていえば、昭和十七年（一九四二年）から手作業による紙台帳によって記録されてきたが、昭和三十二年（一九五七年）からパンチカードシステムによる記録の機械化がはじめられ、昭和三十七年（一九六二年）からコンピュータを導入して磁気テープによる管理が行われるようになった。さらに昭和六十一年（一九八六年）にはオンラインシステムによる記録の中央一元化が完成した。

昭和三十六年（一九六一年）にできた国民年金は、最初は市町村から交付された国民年金手帳に印紙を貼る方式で保険料が納められ、市町村で記録が管理されていた。昭和四十年代から磁気テープによる管理が行われ、昭和六十年代にオンラインシステムが完成した。

昭和六十一年（一九八六年）に基礎年金制度が導入され、二十歳以上の国民は全員国民年金（基礎年金）に加入することになったことから、平成九年（一九九七年）に基礎年金番号が導入され、国民一人ひとり、各制度の加入者全員に生涯を通じて一つの基礎年金番号が付されることになり、各制度ごとの年金番号が基礎年金番号に統合されていった。しかし、平成十八年（二〇〇六年）六月時点でまだ五〇九五万件もの記録が氏名や性別、生年月日などによって本人が特定できず、該当者不明のまま統合されずに残っていたことが判明した。当時のわが国の年金制度の加入者及び受給者の総数は一億一五六万人であったが、一人で二つ以上の年金番号を有する者が少なくなかったために記録件数の総数は約三億件であった。統合されずに残っていたのは三億件のなかの五〇〇〇万件で、五〇〇〇万人の人の記録が持ち主不明ということではなかったが、それにしても膨大なこの数字は国民に大きな衝撃を与えた。

年金記録問題は未統合記録の問題だけではなかった。紙台帳からコンピュータに移換されなかったり、移換の際に入力ミスがあったり、納めたはずの保険料が記録に残っていないなど、内容に漏れや誤りのある記録も多数あることがわかった。これらが「ずさんな年金記録」「消えた年金記録」として大きく報道され、年金記録問題は国会で当時の自公政権、安倍内閣をゆるがす政治問題になった。平成十九年（二〇〇七年）の参議院選挙、平成二十一年（二〇〇九年）の総選挙で自民党が大敗、民主党が大勝し、政権交代がおきる一因にもなった。

年金記録の統合、解明は自公、民主の両政権を通じて多額の予算を投入し、精力的にすすめられた。平成十九年（二〇〇七年）から二十年（二〇〇八年）にかけて一億九〇〇〇万人の年金の加入者及び受給者全員に対し、「ねんきん特別便」が送付され、年金記録に漏れや誤りがないかどうか確認された。またコンピュータ年金記録上の氏名、住所等と市町村がもつ住民基本台帳ネット上の氏名、住所等との照合や、コンピュータ上の年金記録と社会保険事務所や市町村でまだ廃棄されずに残されていた紙台帳の記録との突合等が行われた。

こうした一連の作業を通じて、平成二十六年（二〇一四年）三月の時点で、未統合記録五〇九五万件のうち、約三〇一二万件が解明された。そのうち統合済の記録は一七七一万件で、そのなかにはすでに死亡したり、脱退手当金を受けて年金受給権のない者の記録が約一二四一万件あった。統合された記録は転職などで二つ以上の手帳をもっていたケース、結婚前の旧姓のままの記録、氏名の読み方や生年月日が間違っていた記録などで九割以上を占めていた。二〇八三万件の記録がまだ未解明のまま残ったが、そのうち八四二万件がねんきん特別便に回答のないもの、九〇一万件が持ち主の手がかりがまだ得られていないものであった。

年金記録の訂正により平成二十年（二〇〇八年）以降二十四年（二〇一二年）までに約二三〇万人の年金受給者について年金額の再裁定が行われた。それによる年金回復額は総額で約八五〇億円、六十五歳から受給した生涯額に換算すると約一兆六〇〇〇億円に及んだ。平成十九年（二〇〇七年）に「厚生年金保険の保険給付及び国民年金の給付に係る時効の特例等に関する法律」（年金時効特例法）、平成二十一年（二〇〇九年）に「厚生年金保険の保険給付及び国民年金の給付の支払の遅延に係る加算金の支給に関する法律」（遅延加算金法）が制定され、本来なら時効によって受給権が消滅した分まで遡り、その間の物価上昇分の遅延加算金が加算され、年金額は回復された。

平成十九年（二〇〇七年）十月総務省におかれた年金記録問題検証委員会は、年金記録問題発生の経緯、原因、責任について報告書を提出した。報告書は年金記録問題発生の直接の原因は、年金記録加入者等の氏名、生年月日、性別、住所等について、正しい読み方、結婚や転勤などによる異動などを含め、常時正

図1－8　未解明記録5,095万件の解明状況

〈平成26年3月時点〉

Ⅰ〈解明された記録〉3,012万件

(1)　基礎年金番号に統合済みの記録　1,771万件
（人数ベース 1,382万人：受給者 716万人、被保険者等 666万人）

(2)　死亡者に関連する記録及び年金受給に結び付かない記録　1,241万件
- ①死亡者に関連する記録　689万件
- ②年金受給に結び付かない記録　552万件

Ⅱ〈解明作業中又はなお解明を要する記録〉2,083万件

(1)　現在調査中の記録　4万件
（ご本人からの回答に基づき記録を調査中）

(2)　名寄せ特別便等の対象となったが、未回答等のため持ち主が判明していない記録　843万件
- ・ご本人から未回答のもの　312万件
- ・「自分のものではない」と回答のあったもの　192万件
- ・お知らせ便の未到達のもの　52万件
- ・その他（注1）　287万件

(3)　持ち主の手がかりが未だ得られていない記録　921万件
～想定される例～
- ・死亡していると考えられるもの
- ・国外に転居していると考えられるもの
- ・届出誤り（誤った氏名・生年月日）により収録されたもの
- ・事情により別の氏名や別の生年月日で届出したもの

(4)　(1)～(3)の記録と同一人と思われる記録（注2）　314万件

・10年未満の記録についても黄色便を送付（24年6月～）
・特別便、定期便が未到達の方に対して直近の住基情報と突合の上、再送付（24年2月～）

日本年金機構における紙台帳検索システムを用いた持ち主検索作業（23年8月～）

ねんきんネットでの検索（25年1月末～）

（注）「その他」は、「「訂正がある」との回答だったが、調査の結果ご本人のものではなかったもの」、「基礎年金番号のある記録と名寄せされたが、その記録が対象記録と期間重複があり特別便の対象からはずれたもの」、「黄色便の送付対象として氏名等の補正を行ったが、基礎年金番号のある記録と名寄せされず、黄色便が送付されなかったもの」等

資料：厚生労働省

確に把握することを軽視したことによるものであり、その根本にある原因は年金が本人の請求によって受給権が発生することから、年金の記録も裁定時に本人の申請により間違いがあれば訂正すればよいという裁定時（申請）主義の考え方に立ち、社会保険庁に常に正確な年金記録を作製、保管、管理することの重要性についての認識、組織としての使命感、責任感が欠如していたことにあるとした。そしてその背景には採用や人事が全く別々に行われ、問題意識や情報の共有を欠く職員の三層構造、記録のオンライン化など人員削減や労働強化につながる業務の合理化や効率化に常に強く反対、抵抗してきた自治労などの労働組合の存在、都道府県の組織であり、業務については都道府県知事の指導監督を受けるが、身分は国家公務員で人事権や予算は国がもつという昭和二十二年（一九四七年）から平成十二年（二〇〇〇年）まで続いた変則的な地方事務官制度があるとした。今後の教訓として組織の内部統制の確立、職員の意識改革と一体感の醸成、事務処理の誤りを発見し、是正する仕組みの構築などをあげ、同時に国民の協力も不可欠であると指摘した。

年金記録問題検証委員会から組織及び業務運営に重大な欠陥、問題があり、年金記録問題の責任は重いと指摘された社会保険庁は、平成二十一年（二〇〇九年）十二月をもって廃止、解体され、年金業務は平成二十二年（二〇一〇年）一月から新設の日本年金機構に引き継がれた。約二二〇〇万件残っている未統合記録の解明も日本年金機構が最優先課題として取り組み、平成二十六年（二〇一四年）三月約二一〇〇万件の記録が未統合のまま一応の区切りがつけられた。

年金記録問題の再発防止のために平成二十一年（二〇〇九年）四月から厚生年金及び国民年金のすべての現役加入者に対し、毎年誕生月に年金加入期間、保険料納付総額、年金見込額などを記載した「ねんきん定期便」が送付され、また平成二十三年（二〇一一年）から「ねんきんネットサービス」で加入者自身が自分の年金記録をインターネットでいつでも手軽に確認できるようになった。

第二節　標準報酬の遡及訂正と運用三号被保険者問題

未統合年金記録の解明作業が続けられるなかで、事実と異なる記録を行政が容認したり、不適切な業務運営が行われていた事実が判明した。一つは標準報酬の遡及訂正問題である。厚生年金が適用されている企業の事業主が従業員の給与から保険料を天引きしながら社会保険事務所に納めていなかったり、保険料の滞納額を少なくするために従業員の標準報酬月額を過去に遡って少なく修正したり、被保険者期間を短縮するなどの訂正を行っていたケースがあった。保険料が給与から天引きされていても保険料の納付がない限り、記録に残らないし、年金は支給されない。保険料の徴収が時効で消滅する二年を経過すれば保険料の徴収もできない。

そのため平成十九年（二〇〇七年）十二月「厚生年金保険の保険給付及び保険料の納付の特例等に関する法律」（厚生年金特例法）が制定され、保険料が実際に天引きされていると認められる場合には遡って年金記録を訂正し、時効で受給権が消滅した年金についても支給することができるようにするとともに、時効で徴収権が消滅した保険料については事業主（その企業がなくなっている場合には当時の役員）に保険料の納付を勧奨し、納付されなかった場合は最終的には国が負担し、年金を支給することとされた。

もう一つの不適切な業務運営は、国民年金の第三号被保険者に関する事実と異なる不整合な記録に基づく年金の支給である。厚生年金などに加入しているサラリーマンの夫に扶養されている妻いわゆるサラリーマンの専業主婦は、届出によって国民年金の第三号被保険者になり、自ら保険料を納めなくてもその期間について基礎年金を受けられるが、夫が退職などしてサラリーマンでなくなれば、届出によって国民年金の第一号被保険者になり、国民年金の保険料を納めなければならない。ところがその届出をしなかったためにその後も第三号被保険者として記録されている者や、その期間についてすでに基礎年金を受けている者があわせて一〇〇万人以上いることがわかった。

このような場合、本来は記録を訂正し、まだ時効にかかっていない第一号被保険者期間について保険料の納付を求め、すでに年金を受けている者については年金の裁定をし直すべきであるにもかかわらず、厚生労働省は平成二十三年（二〇一一年）一月これまでどおりの年金の受給を容認する課長通知を出した。それはサラリーマンの専業主婦が第三号被保険者から第一号被保険者に変わった場合の届出義務が十分に周知、勧奨されていなかったことによるもので、行政の責任であり、年金記録を過去に遡って被保険者や受給者に不利益に改訂することは適切でないという民主党政権の判断によるものであった。

しかし第三号被保険者制度ができてから、第一号被保険者に変わった者は約二〇〇〇万人もおり、その大部分の者が届出をして国民年金の保険料を納めていた。届出をせず事実と異なる誤った記録に基づく年金の支給を課長通知で容認することは明らかに法律に反し、これらの者と著しく均衡を失し、不公平であると国会で大きな問題となり、世論もこれを強く批判した。そのため三月課長通知は廃止、撤回され、同年十一月記録を訂正し、保険料の追納を認め、年金額を本来の額に減額するため、次のような内容の国民年金法改正案が国会に提出された。

(1) 第一号期間であるにもかかわらず、第三号期間となっている不整合期間をカラ期間として受給資格期間には算入するが、年金額には反映させない。

(2) 時効で保険料の徴収権が消滅した不整合期間についても、三年間の時限措置として特例的に過去一〇年間の保険料の追納を認める。高齢者については五十歳から六十歳までの一〇年の追納を認める。

(3) 追納期間終了後に本来の年金額に減額する。ただし減額は訂正前の年金額の一〇%を限度とする。

(4) 障害基礎年金又は遺族基礎年金の受給者については、不整合期間も保険料納付済期間とし、年金額は減額しない。

(5) 第三号被保険者でなくなった旨の情報を事業主経由で入手できるようにする。

この法案は平成二十四年（二〇一二年）十一月衆議院が解散されたため廃案になったが、翌二十五年（二〇一三年）自公政権の安倍内閣のときに厚生年金基金制度の新設の禁止、事実上の廃止を柱とする「公的年金制度の健全性及び信頼性の確保のための厚生年金保険法等の一部を改正する法律案」のなかに盛り込まれて国会に再提出され、同年六月に成立した。

第三節　社会保険庁の廃止と日本年金機構の設立

昭和三十七年（一九六二年）に政府管掌健康保険や厚生年金、国民年金などの保険料徴収や給付などもっぱら社会保険の現業業務を行う機関として設立された社会保険庁が国民の信頼を失い、解体、廃止に至るきっかけとなったのは、平成十六年（二〇〇四年）の年金改革法案の国会審議で国民年金の保険料の納付率の低下が問題になった際、現職の閣僚を含む多くの与野党の政治家の保険料の未納が明らかになったことであった。それに関連して多数の社会保険庁の職員が国民年金の保険料の納付状況を業務目的外で閲覧しており、個人情報の管理が適切に行われていない事実が判明した。これに続いて予算の不適切な使用や職務の規律違反など数々の職員の不祥事が明るみにでた。

また平成十八年（二〇〇六年）には全国各地の社会保険事務所で国民年金の保険料の納付率の目標を達成するために、被保険者本人から申請がないのに国民年金の保険料の免除や猶予を行っていたことも判明した。そうしたなかで平成十九年（二〇〇七年）年金記録問題が明らかになり、国民の社会保険庁に対する信頼は完全に失墜し、廃止、解体論がでてきた。

平成十八年（二〇〇六年）二月小泉内閣は、社会保険庁の業務体制について抜本的な見直し、改革が必要と考え、政府管掌健康保険の業務と厚生年金や国民年金の年金業務とを分離し、政府管掌健康保険業務は国から切り離し、非公務員型の公法人として「全国健康保険協会」を設立し、保険者機能を強化し、都道府県単位の財政運営を基本として業務を行わせることとした。年金業務は引き続き国の機関として「ねんきん事業機構」を設立して国の責任の下に確実に保険料の徴収と給付を行うこととする社会保険庁改革法案を国会に提出した。しかし法案の審議中に国民年金の保険料の不正免除事件が明らかになったため法案は廃案となった。

平成十九年（二〇〇七年）三月安倍内閣は年金記録問題をおこした社会保険庁は廃止、解体することとし、制度の財政責任、管理責任は国が負うが、制度の適用、保険料の徴収、記録管理、給付、相談などの業務は、国の機関でなく、非公務員型の公法人として「日本年金機構」を設立して行うこととする社会保険庁廃止法案を国会に提出し、六月に成立させた。そして平成二十年（二〇〇八年）十月「全国健康保険協会」を一足先に発足させ、平成二十一年（二〇〇九年）十二月社会保険庁と各都道府県におかれた社会保険事務局及び社会保険事務所を廃止し、平成二十二年（二〇一〇年）一月から次のような組織及び業務運営方針に基づき年金業務を行う「日本年金機構」を発足させた。初代の理事長には民間出身者があてられた。

(1)　東京に本部、全国の九ブロックにブロック本部、各都道府県に一か所ずつの事務センター、全国に三一二か所の年金事務所を置く。

(2)　職員は本部の一括採用とし、外部からも積極的に人材を登用し、職員の一体感と内部統制のとれた組織とする。

(3)　効率的で公平性、透明性のある業務運営に努めるとともに、国民の意見を反映しつつ、提供するサービスの向上を図る。
(4)　悪質な保険料の滞納の強制徴収は国税庁に委任するとともに、届出書の一次審査、年金相談事業などの一部を外部委託する。
(5)　当面年金記録の対応を最優先課題として取り組む。

平成十六年（二〇〇四年）の年金改革の国会審議では保険料の使途も問題になり、年金給付が本格化し、年金財政が厳しい状況になってきたことから、保険料は基本的に年金給付の財源以外には使用しないこととし、年金制度発足以来法律に基づき保険料の一部を使ってつくられてきた加入者等のための福祉施設は廃止されることになり、福祉施設に関する法律の規定は削除された。さらに全国で一〇〇か所以上あった厚生年金会館や厚生年金休暇センターなどの厚生年金の福祉施設をはじめ、国民年金の福祉施設、健康保険の福祉施設など全国で三〇〇か所以上の福祉施設が、平成十七年（二〇〇五年）から五年間かけて独立行政法人年金・健康保険福祉施設整理機構により廃止、売却されることとなった。厚生年金病院及び社会保険病院は平成二十六年（二〇一四年）四月から年金・健康保険福祉施設整理機構が改組された独立行政法人地域医療機能推進機構により保有、運営されることとなった。また、年金積立金の被保険者に対する還元福祉施設として昭和四十八年（一九七三年）から全国一三か所につくられた大規模年金保養基地グリーンピアも、平成十七年（二〇〇五年）までにすべて地方公共団体に譲渡され、年金住宅融資事業も廃止された。保険料の一部が事務費にあてられてきたことについても見直しが行われ、保険料をあてることができるのは年金給付に直接関係する経費に限定されることになった。

年金の記録問題と同時に保険料の未納者の増加による無年金や低年金問題への対応も重要な問題であった。そのため将来の無年金、低年金の発生をできるだけ少なくするため、平成二十三年（二〇一一年）、平成二十四年（二〇一二年）十月から平成二十七年（二〇一五年）九月までの三年間の時限措置として国民年金の保険料を過去一〇年に遡って納められるよう徴収権の時効を二年から一〇年に延長し、本人が希望により、徴収時効の過ぎた保険料を納付することによりその後の年金受給につなげるため、「国民年金及び企業年金等による高齢期における所得の確保を支援するための国民年金法等の一部を改正する法律（年金確保支援法）」が制定された。保険料を後納する場合の保険料の額は、当時の保険料額に前年発行された一〇年国債の表面利率の平均等を基礎とする率を加算する額とされた。これにより将来無年金にならずにすむ者が最大四〇万人、年金受給を早められる者が最大七〇万人、年金額を増やせる者が最大一六〇〇万人で、この制度の対象となり得る者は合計で一七一〇万人と推定された。

この法律は平成二十七年（二〇一五年）九月までの時限立法として制定されたが、平成二十六年（二〇一四年）「政府管掌年金事業等の運営の改善のための国民年金法等の一部を改正する法律（年金事業運営改善法）」が制定され、現行の後納制度にかえて、平成二十七年（二〇一五年）七月から平成三十二年（二〇二〇年）九月までの時限措置として過去五年間の保険料を後納できる制度が創設された。

第十二章　社会保障と税の一体改革

第一節　一体改革の経緯と民主党の新年金制度案

小泉内閣が平成十六年（二〇〇四年）に保険料の上限固定と給付水準のマクロ経済調整を柱とした年金改革法を成立させたあと、安倍内閣のときに年金記録問題がおきた。それが原因の一つともなって平成十九年（二〇〇七年）の参議院選挙で自民党は議席を六四から三七へとほぼ半減させて大敗、民主党が議席を三二から六〇へとほぼ倍増させて大勝し、衆参で「ねじれ」が生じた。そのため自公政権の運営は難しくなり、安倍、福田、麻生と、内閣総理大臣が一年ごとに政権を投げ出すようなかたちで変わり、政治とカネをめぐる閣僚不祥事などもおき、自公政権は末期的様相を呈しはじめ、平成二十一年（二〇〇九年）八月衆議院が解散され、総選挙が行われた。

その総選挙で自民党は国民に見離され、議席を何と三〇〇から一一九へと激減させ、大敗、「コンクリートから人へ」「国民生活が第一」といって、公共事業費の削減、ダム建設の中止、ガソリン税の廃止、高速道路の無料化、中学卒業まで月額二万六〇〇〇円の子ども手当の創設、新年金制度の創設、後期高齢者医療制度の廃止などをマニフェスト（選挙公約）に掲げ、民主党が議席を一一五から三〇八へ増やして圧勝し、民主、社民、国民新党の連立政権として鳩山内閣が誕生した。

民主党がマニフェストに掲げた新年金制度の創設は、社会保険方式による全国民一本の所得比例年金と税方式による月額七万円の最低保障年金を組み合わせるというもので、現在の年金制度は分立して職業により適用される年金制度が異なり、内容に格差があり、複雑で不公平であること、自営業者のほか無業者、パート労働者が多く加入している国民年金は、保険料の未納率が四〇％を超え、無年金者、低年金者が増加し、事実上破綻していること、年金制度は職業によっ

図1－9　わが国の人口・経済・社会の変化（Ⅰ）

少子高齢化
人口減少社会の到来、
急激な高齢化

高齢化率
7.1%（1970年）➡23.0%（2010年）
合計特殊出生率
2.13（1970年）➡1.39（2010年）

雇用環境の変化
非正規雇用の増加

非正規の職員・従業員数
604万人（1984年）➡1756万人（2010年）
（全雇用者*の15%）　（全雇用者*の34%）
*役員を除く

家族のあり方の変容
三世代同居の減少、
高齢独居世帯の増加

世帯主65歳以上の単身・夫婦のみ世帯数
96万世帯（1970年）➡1081万世帯（2010年）
（全世帯の３%）　（全世帯の20%）

経済成長の停滞
少子高齢化などによる
構造的停滞

実質経済成長率
9.1%　➡　0.9%
（1956－73年度平均）（1991－2010年度平均）

表１-18　わが国の人口・経済・社会の変化（Ⅱ）

年		1955 (S30)	1970 (S45)	1990 (H2)	2011 (H23)
総人口	万人	8,928	10,372	12,361	12,780
65歳以上	万人	475	733	1,493	2,975
	%	5.3	7.1	12.8	23.3
15～64歳	万人	5,473	7,157	8,614	8,134
	%	61.3	69.0	69.7	63.6
0～14歳	万人	2,980	2,482	2,254	1,671
	%	33.4	23.9	18.2	13.1
平均寿命	男	63.6	69.3	75.9	79.4
	女	67.8	74.7	81.9	85.9
就業人口(全産業)	万人	3,959	5,259	6,168	6,289
第1次産業	万人	1,629	1,015	439	249
	%	41.1	19.3	7.2	4.0
第2次産業	万人	925	1,790	2,055	1,554
	%	23.4	34.1	33.5	24.9
第3次産業	万人	1,405	2,451	3,642	4,431
	%	35.5	46.6	59.4	70.5
国内総生産	兆円	8.6	75.3	451.7	473.7
国民所得	兆円	7.0	61.0	346.9	349.1
社会保障給付費	兆円	0.4	3.5	47.2	107.5
年金給付費	兆円	0.1	0.9	24.0	53.1
社会保険料	兆円	0.2	3.3	39.5	60.1
一般会計歳出総額	兆円	1.0	7.9	66.2	92.4
税収	兆円	0.8	6.9	58.0	40.9
社会保障関係費	兆円	0.1	1.1	11.6	28.7

て適用される制度が変わらず、国民の誰もが最低限の年金を保障される簡素で公平な制度でなければならないというのがその理由であった。民主党は新年金制度の創設とともに、社会保険庁と国税庁を統合し、年金保険料と税の徴収を一体的に行う歳入庁の創設も公約した。

新年金制度の創設は、年金記録問題などとともに民主党の参議院選挙や総選挙での大勝、政権交代の一因にもなった。しかし鳩山内閣は、最低保障年金の支給対象、所要財源、所得比例年金の負担と給付など新年金制度の具体的な内容、中身を明らかにできないまま、平成二十二年（二〇一〇年）六月退陣した。

民主党政権の発足時、わが国の財政はすでに危機的状況にあった。国の歳出総額約九〇兆円のうち、税収で賄えるのは四〇兆円余りにすぎず、それを上回る財源を新規の国債発行で賄わざるを得ない状況が続いていた。そのため国、地方をあわせたわが国の長期債務残高はＧＤＰの二倍のほぼ九〇〇兆円に達し、先進諸国のなかでも最悪の状態になった。

一方わが国の社会保障は、昭和三十六年（一九六一年）に国民皆保険、皆年金が達成されてからほぼ半世紀経過し、人口や世帯の構造、経済や財政の状況など社会保障を取り巻く環境や条件が大きく変化するとともに、平成に入ってからは新たな貧困の発生や所得格差が拡大、社会保障制度がこれらの変化や状況に十分対応しているとはいえなくなってきた。平成二十二年（二〇一〇年）の社会保障給付費の総額は一〇〇兆円を超え、そのうちの国の負担額は三〇兆円近くに達し、毎年の自然増も一兆円を超え、税収を増やさない限り、社会保障制度を維持することが困難になった。そのため平成二十一年度（二〇〇九年度）

の税制改革の際、所得税法附則第一〇四条に「平成二十三年度までに年金、医療、介護、子育てなどの社会保障の費用の増大をふまえ、消費税を含む税制の抜本改革について法的措置を講ずるものとする」旨が規定された。

　民主党は総選挙の際、国の一般会計、特別会計あわせた総予算二〇七兆円を組み替え、事業仕分けによる無駄使いの一掃、特別会計の埋蔵金の活用、租税特別措置の廃止などにより、四年間で一六・八兆円の財源を捻出し、マニフェストに掲げた公約を実現するとしたが、平成二十一年度（二〇〇九年度）の事業仕分けでは、三兆円を目標にしながら、七〇〇〇億円程度の財源しか捻出できなかった。

　平成二十二年（二〇一〇年）六月鳩山内閣

図１-10　国の歳入、歳出構造の変化

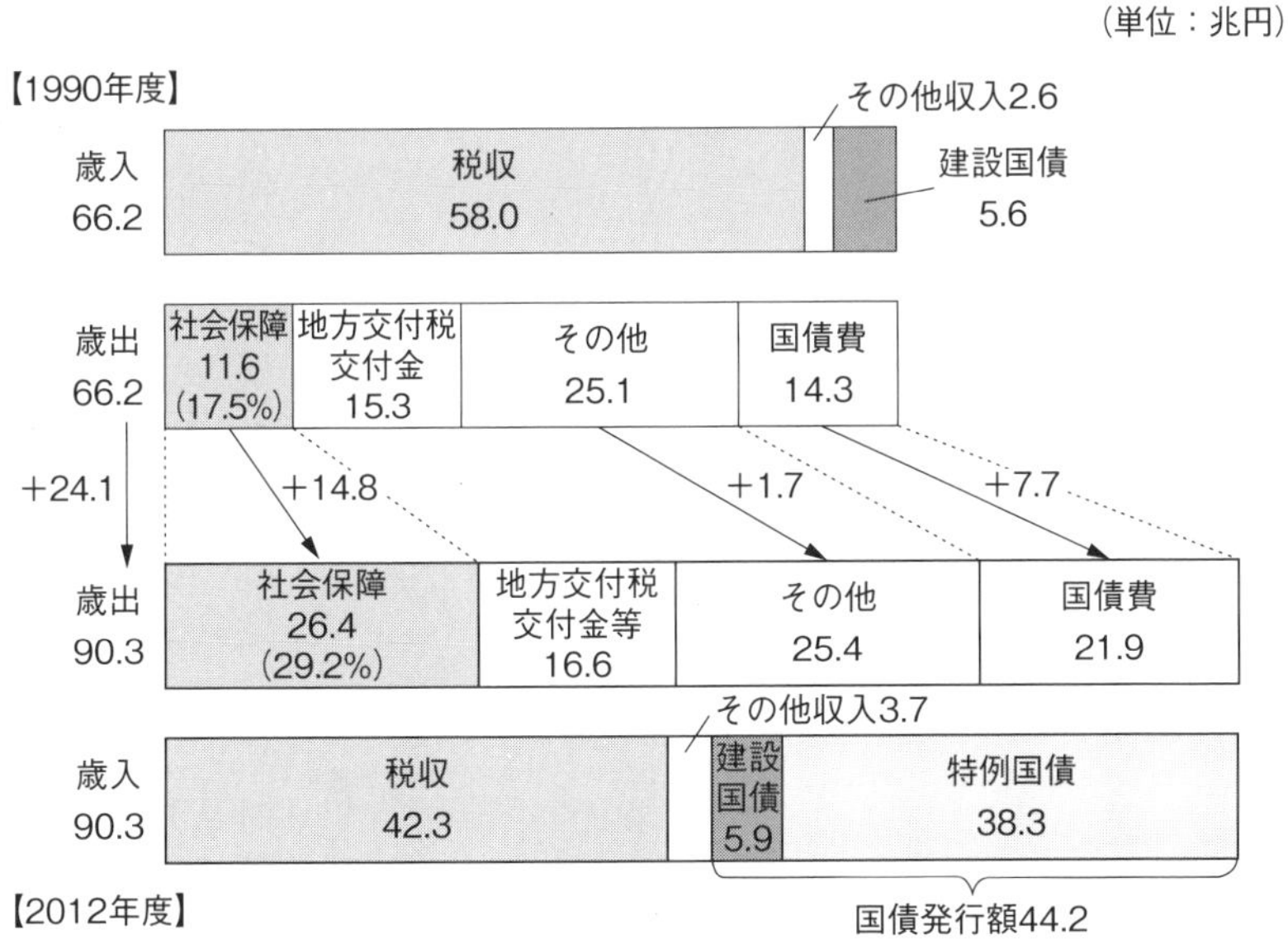

資料：財務省（予算案ベース）

のとき財務大臣であった菅直人が民主党代表に選任され、内閣総理大臣に就任し、菅内閣が誕生した。菅直人はわが国の財政はユーロの経済危機の原因となったギリシャの財政以上に悪化しており、事業仕分けだけで民主党がマニフェストに掲げた公約の実現、社会保障の財源の確保は困難であると考え、「強い経済、強い財政、強い社会保障」の一体的実現をめざし、財政の再建と社会保障の安定財源の確保を同時に達成するため、先の総選挙で民主党は引き上げないといっていた消費税率について、自民党が参議院選挙の公約に掲げた一〇％を参考に、唐突に消費税率の引上げを行うことを表明し、同年七月の参議院選挙に臨んだ。

その選挙で民主党は五四から四四へと議席を減らし、参議院全体で過半数を割った。しかし菅直人は社会保障と税の一体改革をすすめる方針を変えず、十月に総理大臣を本部長とする政府与党社会保障改革検討本部を設置し、一体改革担当大臣、社会保障改革検討本部長代理にかつて自民党にいた財政再建論者の与謝野馨を任命し、平成二十三年（二〇一一年）半ばまでに一体改革の成案を得る旨閣議決定した。

平成二十三年（二〇一一年）三月東日本大震災がおきたが、政府与党社会保障改革検討本部は六月に一体改革成案を決定した。成案では消費税率の引上げについて、民主党内に根強い反対論があることから、一〇％への引上げ時期を平成二十七年度（二〇一五年度）と明記せず、二〇一〇年代半ばと幅をもたせ、また経済状況の好転を条件に、平成二十三年度（二〇一一年度）中に必要な法制上の措置を講ずるとした。

一体改革成案における社会保障改革の基本的考え方は次の三つであった。

⑴　これまで高齢者中心であった社会保障給付を重点化、効率化するとともに、子育てへの支援を未来への投資と考え、現役世代も、受益を実感できる全世代対応型の社会保障とする。
⑵　世帯構造の変化や人の生き方、働き方の多様化、貧困の増加や格差の増大に対応し、自助、共助、公助のバランスのとれた機能的、効率的な社会保障とする。
⑶　社会保障の費用を賄うための保険料や税の負担を次世代に先送りせず、高齢者を含む今の世代の国民全部が幅広く公平に負担を分かちあい、安定的な財源が確保された社会保障とする。

年金制度については、国民的合意に向けての議論や環境整備をすすめ、新年金制度の創設に取り組むこととするが、それには一定の準備期間が必要であることから、現行制度の改善に反対してきたこれまでの方針を変更し、次の九項目について現行制度の改善を検討するとした。

⑴　年金の最低保障機能の強化プラス高所得者の年金給付の見直し
⑵　短時間労働者に対する厚生年金の適用拡大
⑶　第三号被保険者制度の見直し
⑷　在職老齢年金制度の見直し
⑸　産休期間中の保険料負担の免除
⑹　被用者年金の一元化
⑺　マクロ経済スライド

(8)　支給開始年齢の引上げ

(9)　標準報酬上限の引上げ

平成二十三年（二〇一一年）九月、民主党代表選挙で東日本大震災や尖閣沖での中国漁船衝突問題への対応に対する世論の批判や、消費税率の引上げに対する民主党内の反発などから、菅直人にかわって、財務大臣であった野田佳彦が代表に選出され、野田内閣が誕生した。野田佳彦は菅直人の社会保障と税の一体改革の方針を引き継ぎ、政治生命をかけてこれに取り組む決意を表明した。

平成二十三年（二〇一一年）十二月政府与党社会保障改革検討本部は、消費税率の一〇％への引上げ時期を平成二十七年（二〇一五年）十月と明記した一体改革素案を決定し、平成二十四年（二〇一二年）二月野田内閣はそれを閣議決定した。素案における税制改革の内容は次のようなものであった。

(1)　消費税率を平成二十六年（二〇一四年）四月に五％から八％、平成二十七年（二〇一五年）十月から一〇％に引き上げる。引上げにあたっては国の経済状況を総合的に勘案して引上げの停止を含む所要の措置を講ずる。

(2)　引上げ分五％のうち、一・二％は地方消費税、〇・三四％は地方交付税として地方に配分する。

(3)　消費税収の使途をこれまでの高齢者三経費（年金、医療、介護）から子育てを含む社会保障四経費に拡大し、消費税五％引上げ分一三・五兆円のうち一％、約二・七兆円は保育所の待機児童の解消や、子ども、子育ての支援、医療、介護など現行制度の改善にあて、四％、約一〇・八兆円は、基礎年金の国庫負担分、社会保障費の後代への負担軽減など現行制度の維持にあてる。消費税は社会保障目的税とし、すべて国民に還元する。

(4)　消費税率の逆進性をふまえ、給付付き税額控除等の施策を導入する。

(5)　所得税について最高税率を四〇%から四五%に引き上げ、相続税についても基礎控除額の縮小、税率の引上げなどを行う。

素案における社会保障

図1-11　消費税5%引上げによる財源（13.5兆円）の使途

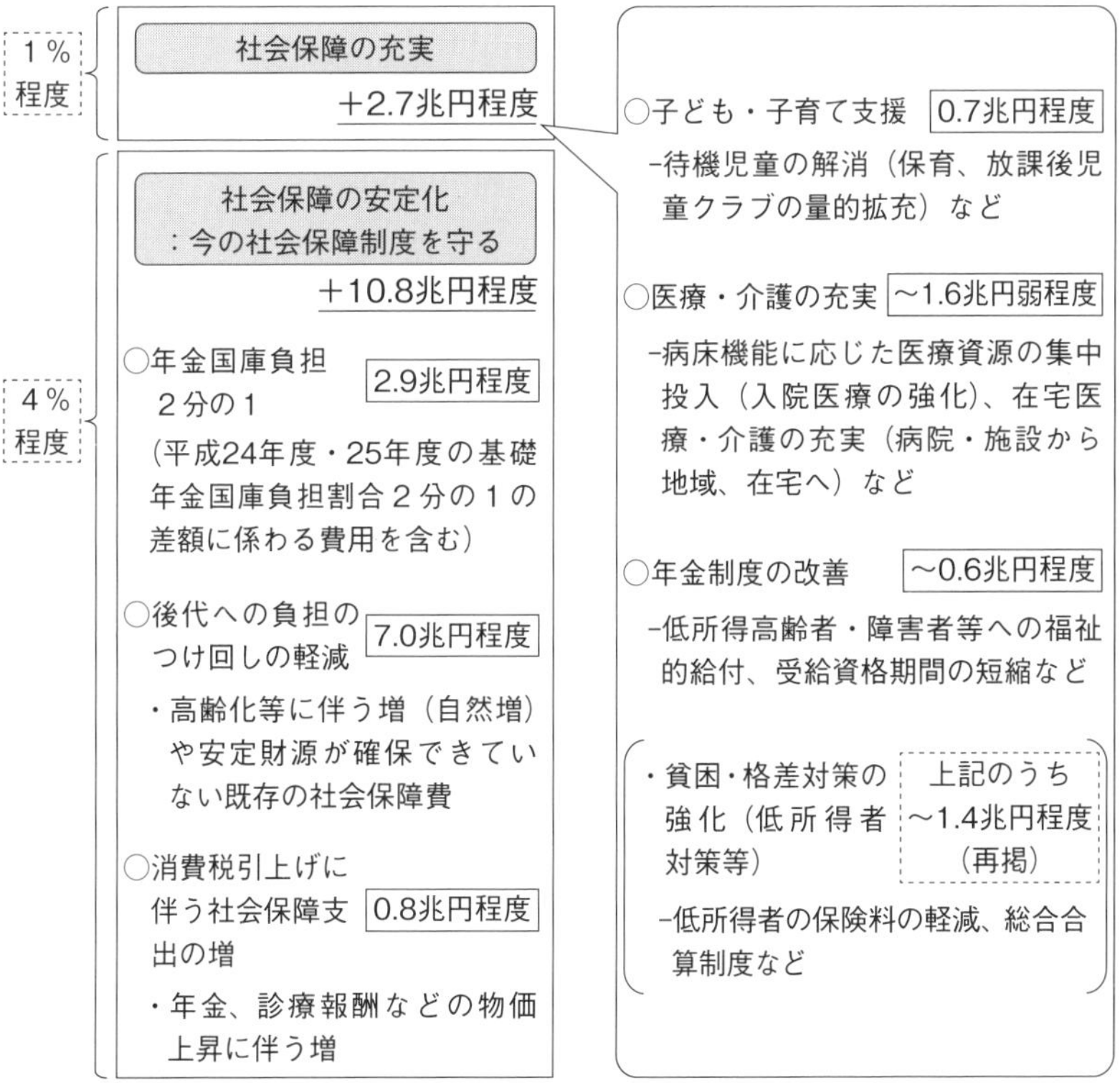
1%程度
社会保障の充実
+2.7兆円程度
4%程度
社会保障の安定化
：今の社会保障制度を守る
+10.8兆円程度
○年金国庫負担2分の1　2.9兆円程度
（平成24年度・25年度の基礎年金国庫負担割合2分の1の差額に係わる費用を含む）
○後代への負担のつけ回しの軽減　7.0兆円程度
・高齢化等に伴う増（自然増）や安定財源が確保できていない既存の社会保障費
○消費税引上げに伴う社会保障支出の増　0.8兆円程度
・年金、診療報酬などの物価上昇に伴う増
○子ども・子育て支援　0.7兆円程度
-待機児童の解消（保育、放課後児童クラブの量的拡充）など
○医療・介護の充実　~1.6兆円弱程度
-病床機能に応じた医療資源の集中投入（入院医療の強化）、在宅医療・介護の充実（病院・施設から地域、在宅へ）など
○年金制度の改善　~0.6兆円程度
-低所得高齢者・障害者等への福祉的給付、受給資格期間の短縮など
・貧困・格差対策の強化（低所得者対策等）
上記のうち~1.4兆円程度（再掲）
-低所得者の保険料の軽減、総合合算制度など

資料：厚生労働省

改革の内容は次のようなものであった。

保育所と幼稚園の一体化の推進のための総合子ども園の創設、保育所の待機児童の解消、後期高齢者医療制度を廃止するほか、新しい年金制度の創設に取り組む一方、現行制度について次のような改善を行う。

(1)　新しい年金制度の創設

全ての国民に所得比例年金と最低保障年金を組み合わせた新しい年金制度の創設について、国民的合意に向けた議論や環境整備をすすめ、平成二十五年（二〇一三年）の国会に法案を提出する。

(ア)　所得比例年金（社会保険方式）

職業によらず、全ての者を同一制度に適用し、所得が同じなら同一保険料、同一給付とする。

老齢年金にかかる部分の保険料は一五％程度とする。

被保険者個人ごとに納付保険料に仮想の利回りを付して、元利合計額を算出し、その合計額を年金支給開始年齢時の平均余命などで除して年金額を定める。

(イ)　最低保障年金（税方式）

最低保障年金は税を財源とし、その満額は現在価格で月額七万円とするが、生涯平均年収が一定のレベルを超えた場合は徐々に減額し、あるレベル以上では支給しない。

(2)　現行制度の改善

新しい年金制度の創設までには一定の時間を要する。また新しい年金制度の創設を行っても新しい年金制度からの年金給付のみを受給する者が出てくるには相当の期間が必要であり、その間は新制度と旧制度の両方から年金が支給されることとなる。このため新しい年金制度の方向性に沿って次の事項について現行制度の改善を図ることとし、平成二十四年（二〇一二年）の国会に法案を提出する。

(ア)　基礎年金の国庫負担二分の一を恒久化する。

(イ)　低所得者の老齢基礎年金や障害基礎年金の加算、年金受給資格期間の短縮など年金の最低保障機能を強化するとともに、高所得者について基礎年金の国庫負担分を減額する。

(ウ)　物価が下落したにもかかわらず、据え置いていた特例水準の年金額を引き下げる。

(エ)　産休期間中の厚生年金の保険料を免除する。

(オ)　厚生年金と共済年金の被用者年金を一元化する。

(3)　次の事項については引き続き検討することとし、平成二十四年（二〇一二年）の国会には法案を提出しない。

(ア)　第三号被保険者の見直し

(イ)　マクロ経済スライドのあり方の見直し

図1-12　民主党の年金制度案のイメージ

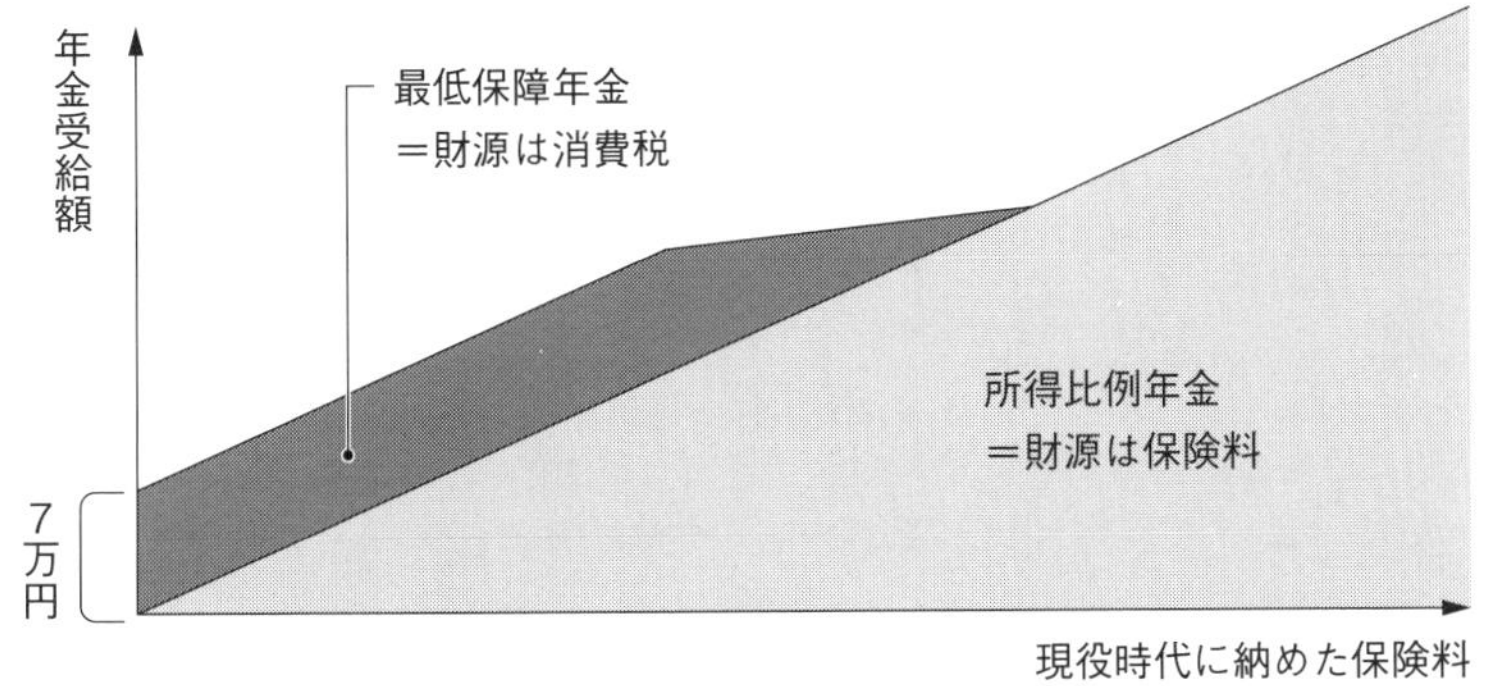

(ウ)　六十歳代前半の在職老齢年金のあり方の見直し
(エ)　標準報酬上限の見直し
(オ)　支給開始年齢の見直し（中長期課題）

一体改革大綱が閣議決定された翌月、民主党が一年前に支給対象について四つの前提をおいて試算しながら公表しなかった最低保障年金の所要額についての試算結果が明らかになった。これによると最低保障年金の支給範囲は最大で生涯の平均年収（夫婦の場合は二分二乗する）が二六〇〇万円（現在の被用者、自営業者、無職者を含む現役の一人あたり平均年収）までは満額を支給し、それを超えれば支給額を減らし、六九〇〇万円でゼロにするという案で、二〇七五年度の所要額は六一・三兆円、消費税率に換算して一体改革による一〇％の引上げとは別に七・一％の財源を必要とするというものであった。他の三案はそれよりさらに対象を絞った場合で一番狭いのが最低保障年金の支給対象を平均年収三八〇万円以下に限るというものであった。そしていずれの場合も低所得者を除き、中所得者以上の国民にとって所得比例年金をあわせても現行制度より給付水準が大きく下がるというもので、とうてい公表できるものではなかった。

民主党の新年金制度案は、必要性も実現性もないものであった。第一に国民全部に月額七万円もの最低保障年金を支給するには巨額の財源が必要であり、それを消費税で賄うとすれば税率の大幅な引上げが必要である。民主党の試算は一定水準以下の所得の者にしか対象にしないというものであったが、それでも消費税率にして今回の引上げとは別に二〇七五年度に二・三％乃至七・一％もの引上げが必要というものであった。

第二に所得比例年金は被用者も自営業者も同じ所得なら同じ保険料、同じ給付とし、所得比例年金の額が一定水準以下の場合に最低保障年金を支給するというが、それには被用者、自営業者を通じて国民一人ひとりの所得の正確かつ公平な把握と確実な保険料の徴収が前提条件である。しかし社会保障や税の番号制度もない現状では不可能であり、またいま被用者の保険料は給与所得控除などを控除した所得ではなく、賃金、収入そのものにかけられており、しかも二分の一は事業主が負担している。被用者も自営業者も同じ所得に同じ保険料という場合このような問題をどのように考えるかはっきりしないし、所得比例年金の給付水準がどうなるかもわからない。

第三に仮に新年金制度を実施に移しても、それが完成し、新制度からの受給者がでてくるのにほぼ四〇年かかり、それ以後も現行制度の受給者が生存する限り現行制度による給付を存続させねばならない。

民主党案は検討すればするほど問題が多く、実現可能性がないことがはっきりするものであった。民主党は、平成二十五年（二〇一三年）の国会に法案を提出することを閣議決定したが、提出できるはずはなかった。

第二節　一体改革関連法及び社会保障改革推進法の成立

平成二十四年（二〇一二年）三月野田内閣は二月に閣議決定した社会保障と税の一体改革大綱に基づき、消費税率の引上げの条件に経済状況の好転を条件とした消費税率の一〇％への引上げと、その使途の明確化、所得税率の最高税率の引上げ、相続税の基礎控除の縮小等を柱とする「社会保障の安定財源の確保等を図る税制の抜本的な改革を行うための消費税法の一部を改正する等の法律案」及び「社会保障の安定財源の確保等を図る税制の抜本的な改革を行うための地方税法及び地方交付税法の一部を改正する法律案」を国会に提出した。またそれとほぼ同時に社会保障改革法案として幼稚園と保育所を一体化した「総合こども園法案」など子ども・子育て関連三法と、平成二十四年度の基礎年金の国庫負担率を二分の一にする財源にあてるため交付国債を発行するとともに、年金額の特例水準を解消するための「国民年金法等の一部を改正する法律等の一部を改正する法律案」、「公的年金制度の財政基盤及び最低保障機能の強化等のための国民年金法等の一部を改正する法律案」、「被用者年金制度の一元化等を図るための厚生年金保険法等の一部を改正する法律案」の年金関係三法を国会に提出し、自民党や公明党など野党に成立に向けて協議を呼びかけた。

しかし消費税率の引上げについては、民主党内の小沢グループが四年間の任期中に消費税率の引上げは行わないとした平成二十一年（二〇〇九年）の総選挙の際の公約違反であると強く反対し、自民党は消費税率の引上げそのものについては反対しないが、その前に衆議院の解散、総選挙を行い、国民の信を問うことを求めた。また社会保障の全体像が明らかでなく、新年金制度について具体案を示しえないのであれば撤回すべきであるとし、協議に応じなかった。

国会の会期末が迫った六月、ようやく民自公の三党が一体改革法案の修正協議に応じ合意した。税制改革についての合意内容は次のようなものであった。

(1)　消費税率を平成二十六年（二〇一四年）四月から現在の五％（うち地方消費税分一％）から八％（うち地方消費税分一・七％）、平成二十七年（二〇一五年）十月から一〇％（うち地方消費税分二・二％）に引き上げる。

(2)　消費税率の引上げは、経済の状況を総合的に勘案し、その好転を条件とする景気条項は残し、今後一〇年間に名目三％、実質二％の経済成長をめざす。

(3)　低所得者対策として給付付き税額控除のほか、食料品等の軽減税率の導入について検討する。それまでの間、簡素な給付措置として現金を支給する。

(4)　所得税や相続税法などの改正については年末の税制改正論議で結論を得る。

社会保障改革についての合意内容は次のようなものであった。

(1)　民自公の三党の共同提案で社会保障改革についての基本的考え方などを定めた社会保障制度改革推進

法を国会に提出し、民主党が主張する新年金制度の創設や後期高齢者医療制度の廃止については、この法律に基づいて内閣に設置される社会保障制度改革国民会議において一年間論議し、結論を得る。

(2) 幼保を一体化させる総合こども園の創設は見送り、現行の認定こども園を拡充するため認定こども園法の一部を改正する。

(3) 年金の最低保障機能を強化するための低所得の高齢者や障害者の基礎年金に対する月額六〇〇〇円を基準とする年金額の加算はとりやめ、別に法律を制定し、月額五〇〇〇円を基準とする福祉的給付金を支給する制度を創設する。高額所得者に対する基礎年金の国庫負担分の減額については引き続き検討することとし、その規定は削除する。

(4) 短時間労働者に対する厚生年金の適用拡大については、対象者の賃金を月額七・八万円以上から八・八万円以上に引き上げ、対象者の範囲を縮小する。

(5) 平成二十四年度の基礎年金の国庫負担を二分の一に引き上げる財源にあてるための交付国債に関する規定は削除する。

一体改革関連法案は民自公三党が修正について合意し、さらに野田内閣総理大臣が「一体改革関連法案が成立したあかつきには近いうちに国民に信を問う」という意向を表明したことから、民自公の賛成多数で衆議院を通過し、八月に参議院で可決、成立した。衆参両党の採決にあたって民主党の小沢グループを中心に衆議院で反対五七名、棄権を含めて七二名の反対者がで、民主党は分裂した。

図1 -13　社会保障・税一体改革法案（年金分野）の内容と経緯

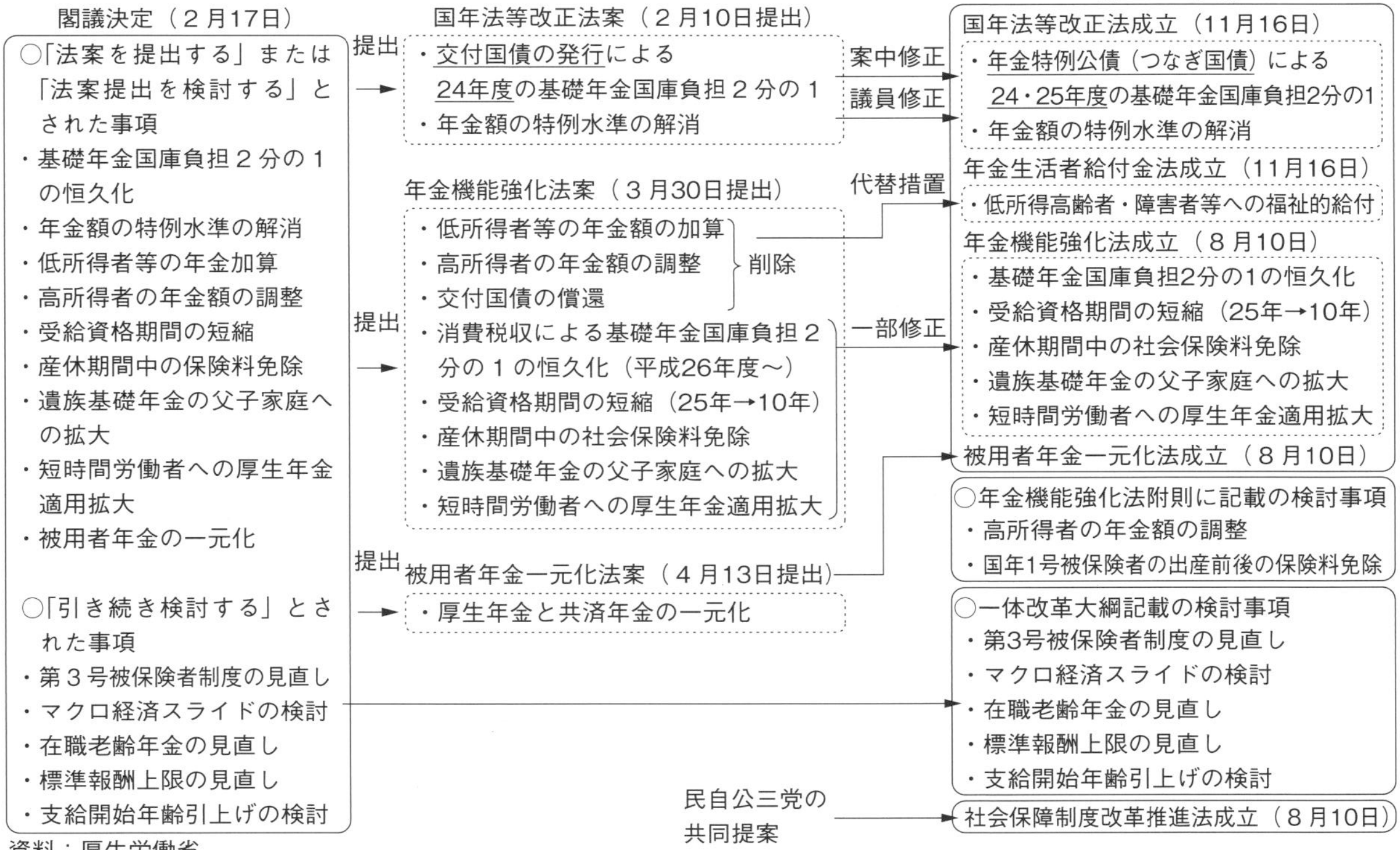

資料：厚生労働省

社会保障と税の一体改革関連法として、消費税法の改正など税制関係二法のほか、社会保障については民自公三党の共同提案で提出された社会保障制度改革推進法が成立した。子ども・子育て支援法など子ども・子育て関連三法、公的年金の財政基盤と最低保障機能強化法、被用者年金一元化法の年金関連二法が八月に成立した。しかし国会の会期末の混乱で年金の特例水準解消法などは会期内に成立せず、十一月の臨時国会で成立した。低所得の高齢者や障害者の基礎年金受給者に福祉的給付金を支給するための年金生活者支援給付金の支給に関する法律も十一月に成立した。

民自公三党の共同提案により、八月に成立した社会保障制度改革推進法の内容は次のようなものであった。

一　目的

急速な人口の少子高齢化の進展による社会保障給付費の増大、生産年齢人口の減少に伴う社会保険料の負担の増大及び社会保障費の負担の増大による国及び地方公共団体の財政の悪化等に鑑み、安定した財源を確保しつつ受益と負担の均衡がとれた社会保障制度の確立を図るため、社会保障制度改革についての基本的考え方を定めるとともに、社会保障制度改革国民会議を設置すること等により、これを総合的かつ集中的に推進する。

二　改革の基本的考え方

(1)　社会保障は、自助、共助、公助の最適バランスに留意し、自立を家族相互、国民相互の助け合いの仕組みを通じて支援するものとする。

(2)　社会保障の機能の充実と給付の重点化、制度運営の効率化を同時に行い、税や保険料を納付する者の立場にたって、負担の増大を抑制しつつ、持続可能な制度とする。

(3)　年金、医療及び介護は、社会保険制度を基本とし、国及び地方の負担は、国民の社会保険料の負担の適正化にあてることを基本とする。

(4)　国民が広く受益する社会保障の費用をあらゆる世代が広く公平に分かち合う観点から社会保障給付金に要する公費負担の費用は、消費税収（国、地方）を主要な財源とする。

三　改革の実施及び目標時期

政府は四～七までに定める基本方針に基づき、社会保障制度改革を行うものとし、このために必要な法制上の措置は、この法律の施行後一年以内に国民会議における審議の結果等をふまえて実施する。

四　公的年金制度

今後の公的年金制度については、財政の現況及び見直し等をふまえ、社会保障制度改革国民会議において議論し、結論を得る。年金記録の管理の不備に起因したさまざまな問題への対処及び社会保障番号制度の早期導入を実施する。

五　医療保険制度

医療保険制度については財政基盤の安定、医療給付の適正化を図りつつ、国民皆保険を維持する。医療従事者、医療施設等の確保を図り、個人の尊厳と患者の意志を尊重しつつ、必要な医療の確保を図る。

今後の高齢者医療のあり方については、社会保障制度改革国民会議において議論し、結論を得る。

六　介護保険制度

介護保険制度については、範囲の適正化等による介護サービスの効率化、重点化を図る。国民負担の増大を抑制しつつ、必要な介護サービスを確保する。

七　少子化対策

少子化対策については、単に子ども及びその保護者に対する支援にとどまらず、就労、結婚、出産、育児等の各段階に応じて支援を幅広く行う。特に保育所の待機児童の解消に向けた法制上、財政上の措置を講ずる。

八　社会保障制度改革国民会議

この基本的考え方及び四～七までの基本方針に基づき、社会保障制度改革を行うための必要な事項を審議するため、内閣に有識者二〇人以内で組織する社会保障制度改革国民会議を設置する。国民会議はこの法律施行後一年以内に結論を得る。

九　その他

生活保護の不正受給への厳格な対応、生活保護基準の適正化、受給者の就労の促進など施策の早急な実施を図る。生活困窮者に対する総合的な支援対策に取り組む。

社会保障制度改革推進法は、自民党が提出しようとしていた社会保障制度改革基本法案の内容を一部修正し、自公民の共同提案として提出された。このような法律は本来一体改革法より先に制定されるべきであったが、一体改革法と同時に制定されたことは、一体改革における社会保障制度改革には医療保険や介護保険などの改革は含まれておらず、年金についても大きな課題を先送りした序の口の改革にすぎず、本番の改革はこれからであることを意味した。

年金制度については自民党は基本法案において「社会保険方式による現行の制度を基本に」行うことを法案に明記し、民主党の新年金制度の創設や後期高齢者医療制度の廃止の撤回を求めたが、民主党が応じなかったために、これらの問題は社会保障制度改革国民会議の論議に委ねられた。

社会保障費の公費負担を消費税を主要な財源とすることにしたのは、消費税が高い財源調達力をもち、税収が経済の動向や人口構造の変化に左右されにくく、安定しており、また勤労世代など特定の者への負担が集中せず、経済活動に与えるゆがみが小さく、社会保障の安定財源としてふさわしいからであった。

第三節　年金の財政基盤及び機能強化法

社会保障と税の一体改革により、平成二十四年（二〇一二年）八月に成立した公的年金制度の財政基盤及び最低保障機能の強化等のための国民年金法等の一部を改正する法律の内容は次のようなものであった。

(1)　消費税率が八%になる平成二十六年度(二〇一四年度)から、基礎年金に対する国庫負担率二分の一を恒久化する。
(2)　将来の無年金者の発生を少なくするために、消費税率が一〇%となる平成二十七年(二〇一五年)十月から老齢基礎年金等の受給資格期間を二五年から一〇年に短縮する。
(3)　平成二十八年(二〇一六年)十月から、従業員が五〇一人以上の企業で、労働時間が週二〇時間以上、賃金が月額八・八万円(年収一〇六万円)以上、勤務期間が一年以上の短時間労働者に対して、厚生年金及び健康保険を適用する。
(4)　平成二十六年(二〇一四年)四月から被保険者の子育てを支援するため、産前六週間以内、産後八週間以内の産休期間中の厚生年金及び健康保険の保険料を免除する。
(5)　平成二十六年(二〇一四年)四月から年収が八五〇万円以下の子又は子のある母(母子家庭)にのみ支給された遺族基礎年金を子のある父(父子家庭)にも支給する。

基礎年金の国庫負担率の引上げは、平成十六年(二〇〇四年)の年金改革の際、保険料の上限設定と給付水準のマクロ経済調整とセットで、平成二十一年(二〇〇九年)までに三分の一から二分の一に引き上げることとされた。基礎年金の給付費は年間およそ二〇兆円で、国庫負担率を三分の一から二分の一に引き上げるには消費税率のほぼ一%に相当する二兆七〇〇〇億円程度の財源が必要であり、その安定財源としては税制の抜本改革による消費税率の引上げしか考えられなかった。

しかしこれまで税制改革が行われなかったために年金課税の強化、所得税の定率減税の廃止などによる税収などの一般財源により、平成十六年度（二〇〇四年度）は三分の一プラス二七〇億円、十七年度（二〇〇五年度）は三五・一％、十八年度（二〇〇六年度）は三五・八％、十九年度（二〇〇七年度）、二十年度（二〇〇八年度）は三六・五％と徐々に引き上げ、二十一年度（二〇〇九年度）は財政融資特別会計の積立金の剰余金などの臨時財源を三六・五％と二分の一との差額にあてるとともに、国民年金法を改正し、基礎年金に対する二分の一の国庫負担を明記するとともに、平成二十三年度（二〇一一年度）までに税制改革を行い、安定的財源を確保したうえで、それを恒久化することとされた。

しかし平成二十三年度（二〇一一年度）までに税制改革は行われず、二十二年度（二〇一〇年度）は財政融資特別会計の剰余金、二十三年度（二〇一一

図１-14　基礎年金国庫負担の１/３から１/２への引上げの経緯

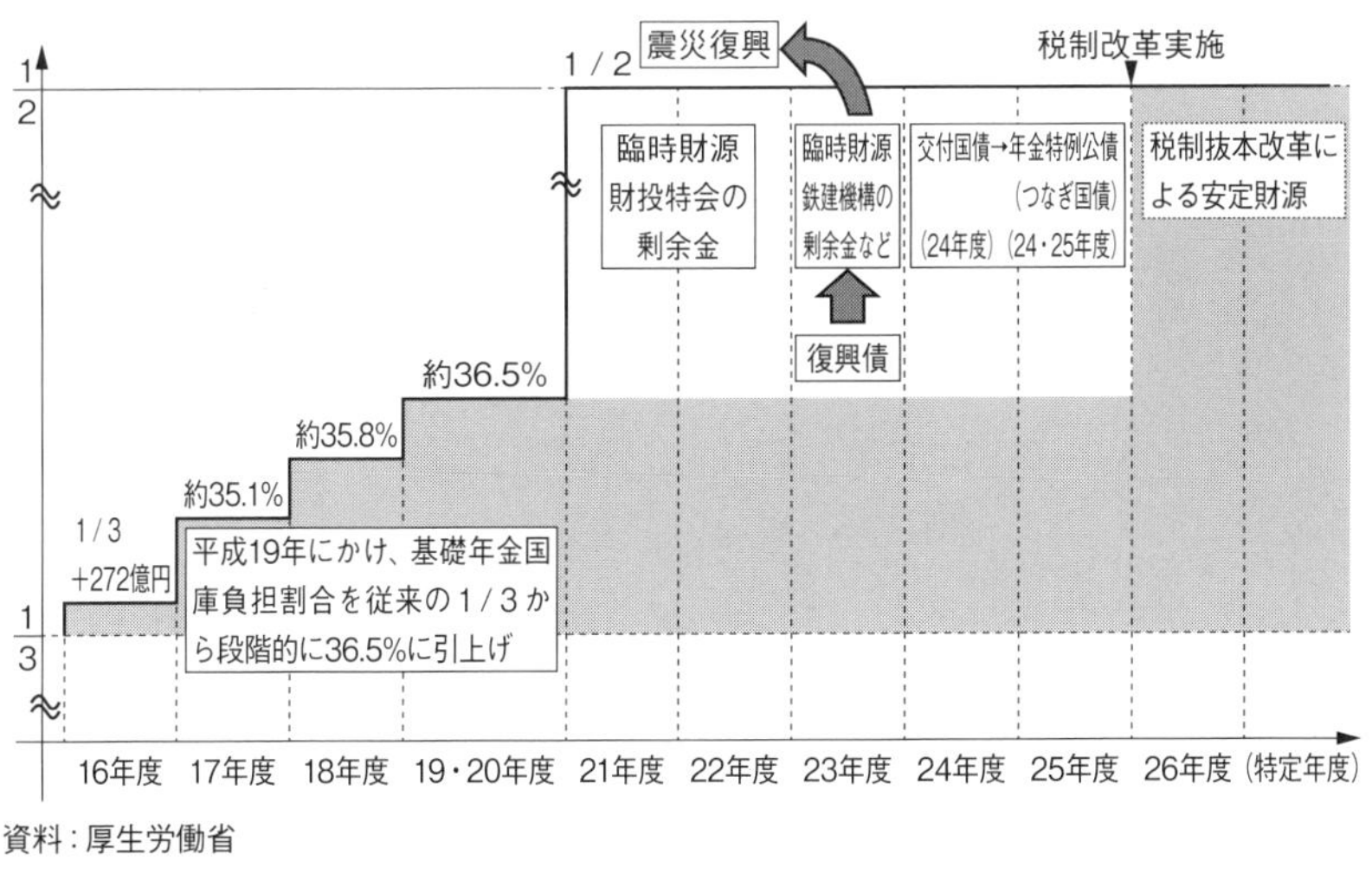

資料：厚生労働省

年度）はそれに加えて鉄道建設・運輸施設整備支援機構の利益剰余金が三六・五％と二分の一の差額財源にあてられることとされていたが、二十三年（二〇一一年）三月に東日本大震災がおき、鉄道建設等整備支援機構の剰余金はとりあえず復興財源にあてられ、のちに復興債で補てんすることとされた。

平成二十四年度（二〇一二年度）及び二十五年度（二〇一三年度）は、国民年金法等の一部を改正する法律等の一部を改正する法律案のなかで交付国債を発行して差額財源にあてることとしていたが、一体改革法の成立により消費税率引上げのめどがついたことから、消費税率の引上げによる税収を償還財源とする年金の特例公債（つなぎ国債）の発行により賄うことになった。基礎年金の国庫負担の二分の一への引上げが決まってから毎年臨時財源でやりくりされ、一〇年後にようやく安定財源が確保され、二十六年度（二〇一四年度）から恒久化されることとなった。

表1－19　受給資格期間短縮の場合の年金月額（平成23年度）

		免除なし	半額	全額免除
現行制度	40年	65,741円	49,308円	32,875円
	25年	41,091円	30,816円	20,541円
受給資格期間短縮後	20年	32,875円	24,650円	16,433円
	10年	16,433円	12,325円	8,216円
	5年	8,216円	6,166円	4,108円

資料：厚生労働省

受給資格期間の短縮は、無年金者の発生をできるだけ少なくすること、諸外国に比べてわが国の受給資格期間が長いというのが理由であった。しかし国民年金の加入期間は四〇年でありながら一〇年で年金の受給資格がつくということは事実上三〇年の保険料の滞納、未納を認めるということであり、また一〇年では月額一万六〇〇〇円程度の極めて低い年金にしかならない。

わが国では保険料の納付が困難な者は免除され、免除期間も受給資格期間に算入され、四〇年の全期間が保険料免除期間であっても国庫負担分に見合う年金が受けられる。国民の平均寿命が長いため、年金の受給期間も長く、年金の受給資格期間を短縮する必要があるとは思われない。

パートやアルバイト、派遣労働者などの短時間労働者、非正規労働者は、昭和六十年（一九八五年）頃は六五〇万人程度にすぎなかったが、平成に入って徐々に増えはじめ、平成二十二年（二〇一〇年）には一八〇〇万人程度にまで増加し、雇用労働者全体の三分の一を超えるに至った。そのうち厚生年金や健康保険などの適用を受けるのは労働時間が週三〇時間以上の一〇〇〇万人程度で、約八〇〇万人が国民年金や国民健康保険に加入していた。

短時間労働者に対する厚生年金の適用拡大は平成十六年

図１-15　正規・非正規別雇用者数及び非正規雇用率の推移

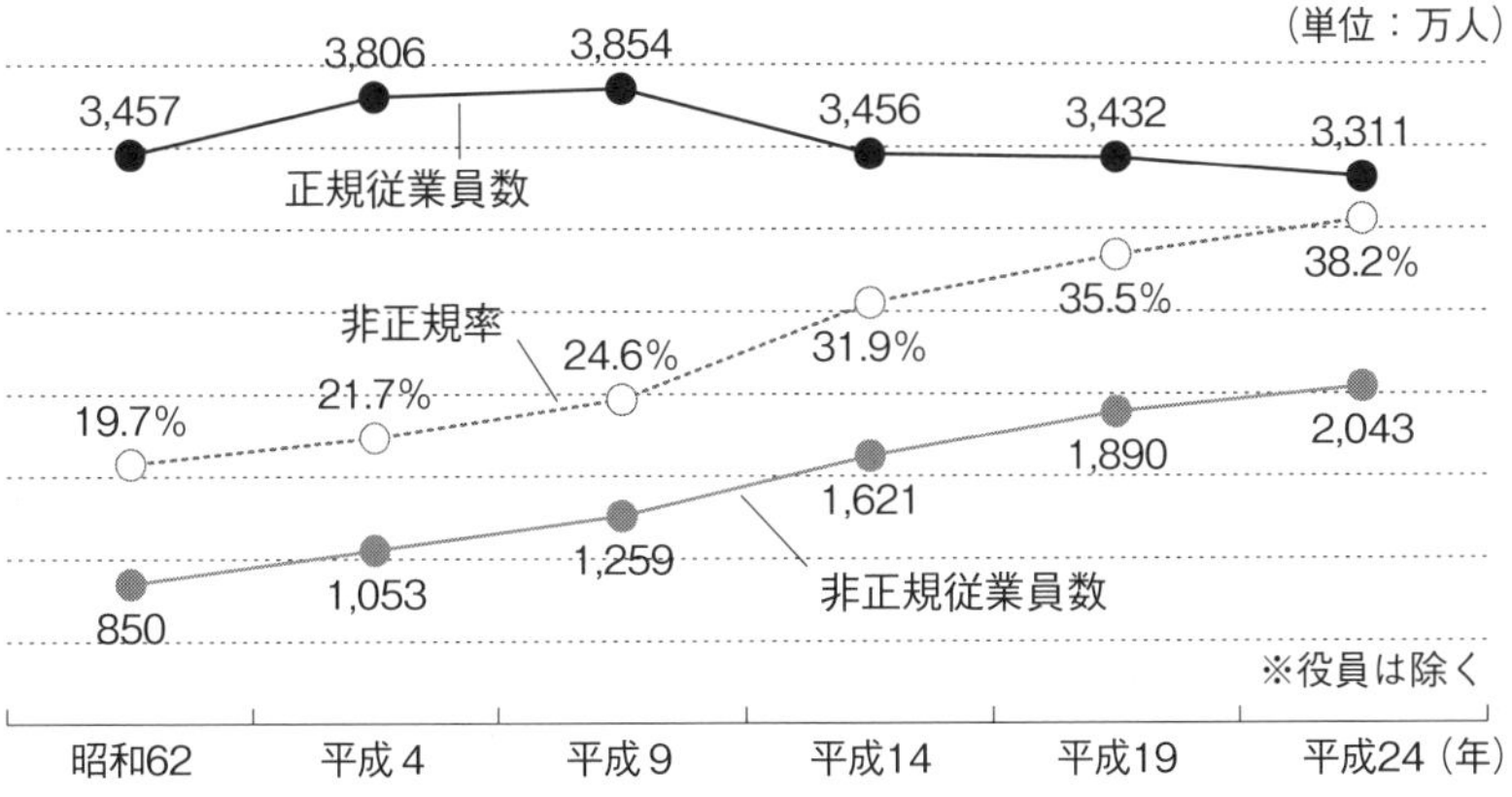

資料：総務省

（二〇〇四年）の年金改革で検討されたが、経済界が強く反対したため、できなかった。平成十九年（二〇〇七年）経済界と調整のうえ、被用者年金の一元化とともに、厚生年金法保険法の一部改正案として国会に提出されたが、民主党が審議に応ぜず、廃案になった。今回の法案の内容はそのときのものとほぼ同じであった。

当初民主党は非正規労働者八〇〇万人のうち雇用保険が適用され、週労働時間が二〇時間以上三〇時間未満の労働者約三七〇万人を最終目標とし、さしあたって企業規模三〇一人以上、年収八〇万円以上の一〇〇万人程度を適用対象とするとしていたが、短時間労働者を多く雇用する外食産業や流通小売業者などが企業の保険料負担の増大を理由に強く反対したため、法案では企業規模を五〇一人以上、年収九四万円以上に引き上げ、適用対象者を約四五万人に減少させた。それが三党合意で年収がさらに一〇六万円以上に引き上げられ、対象者はわずか約二五万人にとどまる結果になった。実施時期も平成二十八年（二〇一六年）四月から十月に先送りされ、実施後検討を加え、その結果に基づき措置することとされた。

年金財政基盤機能強化法案には民主党がマニフェストに掲げた月額七万円の最低保障年金を念頭においた年金改革の柱として、低所得の老齢基礎年金等の受給者に保険料の納付済期間や免除期間に応じ、月額六〇〇〇円を基準に年金額を加算するという規定が盛り込まれていた。しかし低所得の年金受給者にこのような加算を行うことは、保険料の納付額に応じて年金額が決まる社会保険方式の年金制度の基本的な原理、原則に反し、保険料の納付意欲にも影響が生じかねないため、三党協議でとりやめることとなり、その規定は削除された。しかし民主党の強い要求により、それにかわる福祉的措置として、消費税率の引上げによる税の増収分を財源に、低所得者に月額五〇〇〇円を基準に生活支援給付金を支給することで三党が合意し、三党の共同提案で年金生活者支援給付金法が提出され、成立した。

年金財政基盤機能強化法案には低所得者に対する年金額の六〇〇〇円の加算と一体のものとして、年収八五〇万円（標準報酬の上限一〇%）、所得では六五〇万円以上の高所得者の基礎年金の国庫負担分の全部又は一部を支給停止する規定も盛り込まれていた。しかしこれも社会保険の年金制度の基本的な原理、原則に反するため、年金課税のあり方などとあわせて今後引き続き検討することとし、三党協議でその規定は削除された。

第四節　被用者年金一元化法

被用者年金一元化のための厚生年金保険法等の一部を改正する法律の内容は次のようなものであった。

(1)　平成二十七年（二〇一五年）十月から現在共済年金に加入している国家公務員、地方公務員及び私立学校教職員は七十歳まで厚生年金保険に加入することとする。

(2)　平成二十七年（二〇一五年）十月から退職年金の在職中の支給停止、障害年金の支給要件、遺族年金の転給など共済年金の二階部分の給付は基本的に厚生年金にあわせる。ただし、女子の退職年金の支給開始年齢の引上げスケジュールはこれまで通り男子と同じとする。

(3)　現在厚生年金の保険料率（平成二十四年度一六・四一二％　平成二十九年度に上限一八・三〇％）より低い共済年金の保険料率（国家公務員一五・八六二％、私学教職員一三・二九二％）を引き上げ、国家公務員は平成三十年（二〇一八年）、私学教職員は平成三十九年（二〇二七年）から厚生年金の保険料率の上限（一八・三％）にあわせる。

(4)　平成二十七年（二〇一五年）十月をもって月額二万円程度の共済年金の三階部分（職域年金部分）の年金は廃止し、廃止後の新たな職域年金制度について、官民の均衡を考慮し、別に法律で定める。

(5)　昭和三十四年（一九五九年）十月までの恩給期間のある公務員の恩給について、国の追加費用削減のため、当時の恩給の国庫納金と共済年金の掛金の本人負担分の差を考慮して二七％引き下げる。ただし、引下げ幅は恩給分を含めた共済年金全体の一〇％を限度とするとともに、減額後の年金額が年額二三〇万円を下回らないこととする。

被用者年金一元化法の内容も自公政権が平成十九年（二〇〇七年）に国会に提出し、廃案になったものと同じであった。制度は一元化されるが、保険料（掛金）の徴収や年金の裁定、支払などの事務処理は、引き続き国家公務員共済組合連合会や日本私立学校振興共済事業団が行うこととし、共済組合等は徴収した厚生年金保険料納付済期間相当分を厚生年金勘定に拠出金として納付し、共済組合等の行う厚生年金の給付に要する費用を厚生年金勘定から交付金として交付を受けることとされた。

平成二十六年度（二〇一四年度）四四兆円程度と推定される共済年金の積立金には三階部分の職域年金部分の積立金も含まれることから、共済年金の積立金の運用はこれまで通り共済組合等が行うこととするが、運用方針は厚生年金にあわせることとし、厚生年金の積立金約一四三兆五〇〇〇億円の積立度合（年間給付費の約四・二年分）に見合う約二四兆円は厚生年金の給付を行うための共通財源として、厚生年金全体の給付と負担を示す国の会計（厚生年金勘定）にとりまとめて計上し、厚生年金全体を通じた財政検証を定期的に実施することとし、残余の約二〇兆円は新たに創設される共済年金の三階部分の財源にあてることとされた。

官民の退職給付の均衡を考慮して別に法律で定めることとされた国家公務員に対する新たな公務員制度としての職域年金については、平成二十四年（二〇一二年）十月国家公務員共済組合法及び国家公務員退職手当法が改正され、次のような内容のものとされた。地方公務員や私学教職員についてもこれに準じた職域年金が設けることとされた。

⑴　退職給付の官民格差（官は退職金二七〇七万円プラス職域加算二四三万円、民は退職金一〇四一万円プラス企業年金一五〇六万円）を解消するため、国家公務員の退職手当を平均四〇二・六万円引き下げる。

⑵　新たな職域年金はキャッシュバランス方式（掛金に国債など特定の指標を決めて利回りを加算して年金を支給する方式で、元本は保証されるが、年金額は利回り次第で変わる）の年金払の退職給付とする。

表１-20　厚生年金と共済年金の相違

	厚生年金	共済年金
①被保険者の年齢制限	70歳まで	年齢制限なし（私学共済除く）
②未支給年金の給付範囲	死亡した者と生計を同じくしていた配偶者、子、父母、孫、祖父母、または兄弟姉妹 （注：今年３月に提出した年金改正法案（年金機能強化法案）で、甥姪など３親等内の親族にも拡大）	遺族（死亡した者によって生計を維持していた配偶者、子、父母、孫、祖父母）、または遺族がないときは相続人
③老齢給付の在職支給停止	老齢厚生年金受給者が厚年被保険者となった場合 ・65歳までは（賃金＋年金）が28万円を超えた場合、年金の一部または全部を支給停止。 ・65歳以降は（賃金＋年金）が46万円を超えた場合、年金の一部または全部を支給停止。 老齢厚生年金受給者が共済組合員となった場合 年金の支給停止なし。	退職共済年金受給者が共済組合員となった場合 （賃金＋年金）が28万円を超えた場合、年金の一部または全部を支給停止。3階部分は支給停止。 ※私学共済の退職共済年金受給者が私学共済加入者となった場合は、厚年と同様の方式 退職共済年金受給者が厚年被保険者等となった場合 （賃金＋年金）が46万円を超えた場合、年金の一部または全部を支給停止。
④障害給付の支給要件	初診日の前々月までの保険料納付済期間及び保険料免除期間を合算した期間が３分の２以上必要（保険料納付要件あり）。	保険料納付要件なし。
⑤遺族年金の転給	先順位者が失権しても、次順位以下の者に支給されない。 （例：遺族年金受給中の子どものいない妻が死亡すると、その遺族年金は支給されなくなる。）	先順位者が失権した場合、次順位者に支給される。 （例：遺族年金受給中の子どものいない妻が死亡したとき、一定の場合、その遺族年金が父母等に支給される。）
⑥女子の支給開始年齢	60歳台前半の特別支給の老齢厚生年金の支給開始年齢引上げは、男子の５年遅れのスケジュール。 （昭和21年４月２日以降生まれ～）	60歳台前半の特別支給の退職共済年金の支給開始年齢引上げは、男子と同じスケジュール。 （昭和16年４月２日以降生まれ～）
⑦職域年金部分	なし	あり（報酬比例部分の約２割）
⑧保険料率（平成24年度）	16.412	国家公務員　15.862 私学教職員　13.292

資料：厚生労働省

(3)　掛金率は一・五%とし、事業主と本人が二分の一ずつを負担する。平均的な年金額の水準は月額一万八〇〇〇円程度とする。

(4)　年金は終身年金と有期年金の二分の一ずつとし、有期年金は一〇年又は二〇年とし、本人が選択できるものとする。

被用者年金一元化法により昭和三十四年（一九五九年）以前の恩給期間のある者の年金額が大きく削減されることとなった。恩給の費用は全額国の負担ではなく、本人も給与の二%を国庫納金として負担していた。追加費用（平成二十四年度予算で国約二三〇〇億円、地方約八六〇〇億円）は、国や地方公共団体が事業主として負担すべき費用であり、恩給の国庫納金の率が当時の共済組合の掛金率（本人分四・四%）に比べて低かったことを理由に恩給期間の年金額を二七%も削減するのは妥当かどうか疑問である。

第五節　年金特例水準解消法

平成二十四年（二〇一二年）十一月に成立した国民年金法等の一部を改正する法律等の一部を改正する法律は、平成二十四年度（二〇一二年度）及び二十五年度（二〇一三年度）の基礎年金の国庫負担を交付国債でなく消費増税により得られる収入を償還財源とする年金特例公債（つなぎ国債）により二分の一とするとともに、平成十一年（一九九九年）から平成十三年（二〇〇一年）にかけて物価水準が下落したにもかかわらず、特例法を制定して年金額を下げずに据え置いた年金額の特例水準を本来の水準に戻すというものであった。

年金額は本来前年の消費者物価の上昇率や下落率にスライドして改定されることになっており、特例法により据え置かれた年金水準はその後消費者物価が上昇した際に引き上げずに、本来の水準に戻すこととしていた。平成十四年度（二〇〇二年度）以降の物価の下落には原則どおり年金額のスライド改定が行われたが、物価の下落が続いたために、特例水準を本来の水準に戻すことができず、特例水準と本来の水準との乖離は、平成二十四年度（二〇一二年度）には二・五％にもなり、それによる年金給付の増加額は本来の水準に比べて総額が毎年ほぼ一兆円、平成二十三年度（二〇一一年度）までの累計で七兆円を超える額になった。

図１-16　物価スライド特例水準の推移

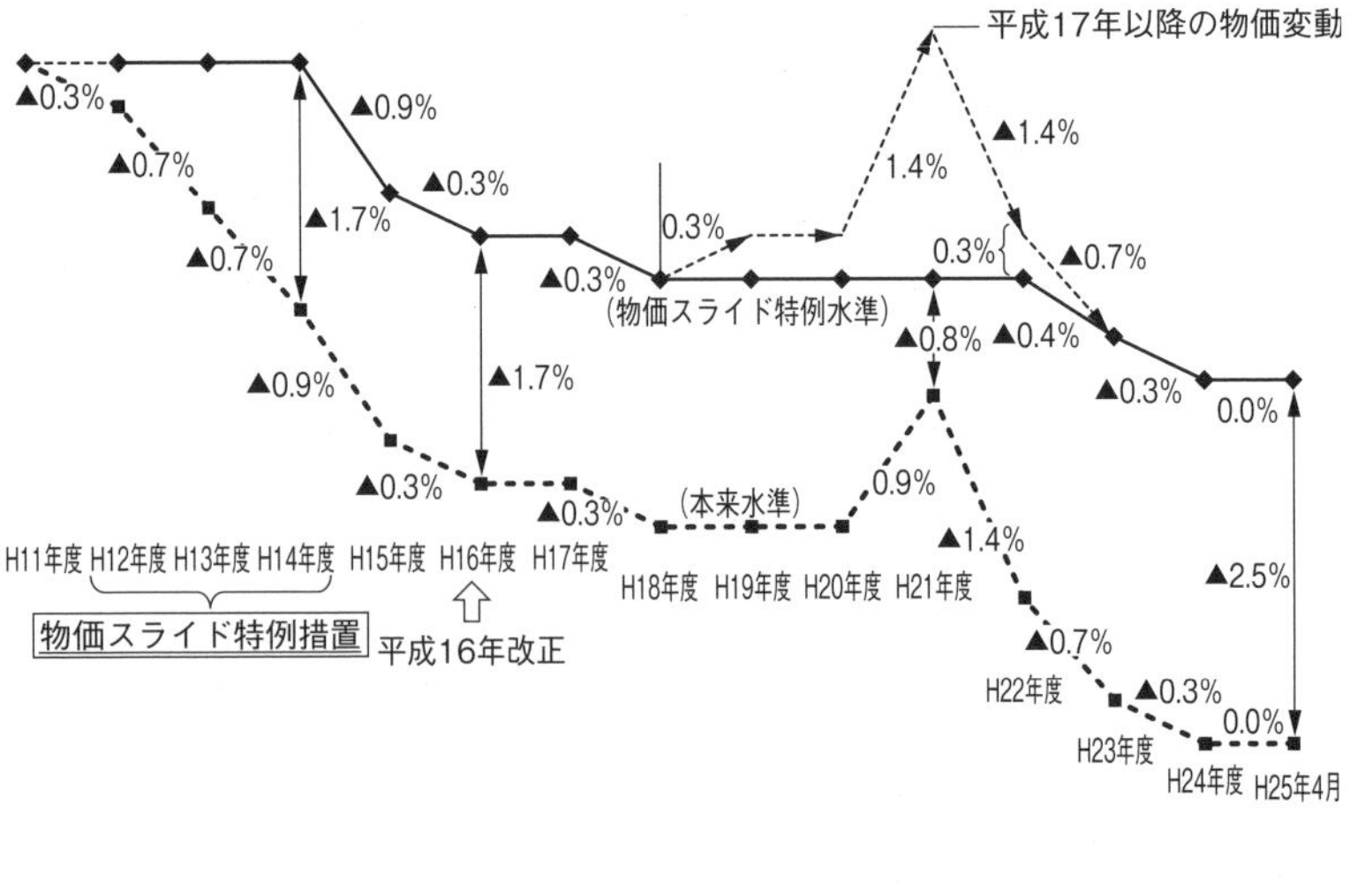

またこの特例水準が解消され、本来の水準に戻らない限り、平成十六年（二〇〇四年）の年金改革で導入された年金水準のマクロ経済調整は発動できない仕組みになっていた。一方この間現役世代の賃金は下落し、保険料率は上がっていったため、年金の所得代替率は上がり、年金世代と現役世代の不公平が拡大するという状況が続いた。こういったことから年金の特例水準をこれ以上据え置くことはできなかった。

政府が国会に提出した法律案の原案では、特例水準の解消は、平成二十四年（二〇一二年）十月に〇・九％、二十五年（二〇一三年）四月から〇・八％、二十六年（二〇一四年）四月から〇・八％引き下げるというものであったが、改正案の成立が遅れたため、実施を一年遅らせ、平成二十五年（二〇一三年）十月から一％、平成二十六年（二〇一四年）四月から一％、平成二十七年（二〇一五年）四月から〇・五％とされた。

年金特例水準解消法の施行により、平成二十五年（二〇一三年）十月から保険納付済期間が四〇年の基礎年金の満額は月額六万四八七五円になった。平成二十六年（二〇一四年）四月からさらに一％引き下げられるはずであったが、前年の消費者物価が〇・三％ほど上昇したため、引下げ率が〇・七％にとどめられ、基礎年金の満額は平成二十六年度（二〇一四年度）現在月額六万四四〇〇円となっている。

表１-21　特例水準の解消による年金額の推移

年月	基礎年金
平成 24 年 4 月～	65,541 円
平成 25 年 10 月～ （▲ 1.0）	64,875 円 （▲ 666 円）
平成 26 年 4 月～ （▲ 0.7）	64,400 円 （▲ 475 円）
平成 27 年 4 月～ （＋ 0.9）	65,008 円 （＋ 608 円）

資料：厚生労働省

第六節　年金生活者支援給付金法

平成二十四年（二〇一二年）十一月に成立した年金生活者支援給付金法は、年金機能強化法案の政府原案にあった低所得に対する年金加算にかえて、国が福祉的給付として消費税率による税の増収分を財源に低所得者に対し、次のような生活支援給付金を支給するというものであった。

(1)　所得の額が一定の水準以下の老齢基礎年金受給者に、国民年金の保険料納付済期間に応じて月額五〇〇〇円を基準とする年金生活者支援給付金を支給する。

(2)　年金生活者支援給付金の支給対象となる低所得者は、家族全員が住民税が非課税で、前年の年金収入とその他の所得の合計額が老齢基礎年金の満額（平成二十七年度で七七万円）以下の者とする。

(3)　年金生活者支援給付金の額は、保険料納付済期間が四〇年の場合月額五〇〇〇円、保険料納付済期間が四〇年に満たないときは、それに応じて減額した額とし、免除期間がある場合はそれに応じて老齢基礎年金の六分の一相当を基準とする。

(4)　所得の逆転を生じさせることのないよう低所得の基準を上回る一定範囲の者にも(1)に準ずる補足的な給付金を支給する。

(5)　一定の障害基礎年金又は遺族基礎年金の受給者にも、障害年金生活者支援給付金又は遺族年金生活者支援給付金を支給する。支給額は月額五〇〇〇円、一級障害者については月額六二五〇円とする。

(6)　年金生活者支援給付金の支払事務は、日本年金機構に委任することとし、年金と同様二か月ごとに年金に上積みして行う。

(7)　実施期日は消費税率が一〇%となる予定の平成二十七年（二〇一五年）十月とする。

年金生活者支援給付金は、低所得の保険料納付済み期間が四〇年の老齢基礎年金受給者には、平成二十七年（二〇一五年）で月額約六万四〇〇〇円の基礎年金に月額五〇〇〇円の給付金が上積みされ、あわせて六万九〇〇〇円が支給される。また四〇年の全期間が保険料免除期間であった者には月額二万一〇〇〇円の基礎年金に月額一万一〇〇〇円の給付金が上積みされ、あわせて三万二〇〇〇円が支給される。給付金の支給対象者は約七九〇万人、所要額は約五六〇〇億円と推定された。

民主党は当初基礎年金を民主党がマニフェストに掲げた月額七万円の最低保障年金的なものにするために、低年金者の年金額に月額六〇〇〇円の加算を行うとしたが、納付した保険料に応じて年金を支給するという社会保険方式の年金制度の大原則に反し、三党合意に至らず、年金とは別の福祉的給付としてこの制度が創設された。しかし実質的には税を財源とする年金の上積み給付にほかならず、無年金者や低所得者には支給されず、福祉の制度としても論議が不十分な中途半端な制度となった。

第七節　社会保障改革プログラム法

平成二十四年（二〇一二年）十二月、社会保障と税の一体改革の関連法案を成立させるにあたって野田内閣総理大臣が「近いうちに行う」と約束した衆議院の解散、総選挙が行われた。その選挙で稚拙かつ党内はバラバラの政権運営で、前回の総選挙でマニフェストに掲げた公約は満足に実現できず、国民の期待を裏切った民主党は議席を何と二三〇から五七へ激減させ、壊滅的敗北を喫した。一方自民党は再び議席を一一八から二九五へと大きく増やし、大勝し、自公政権が復活した。翌平成二十五年（二〇一三年）七月の参議院選挙でも同様の結果となり、衆参の「ねじれ」は解消し、自民党の一強体制になった。

自公政権が復活し、再登場した安倍政権は、大胆な金融緩和、公共事業を中心とした機動的な財政政策、思い切った規制改革などによる民間投資を喚起する成長戦略の三つの矢からなるアベノミクスによって経済の再生とデフレからの脱却を第一の目的とする政策をとり、それまで長く続いた円高、株安が急激に円安、株高になり、経済に明るさがでてきた。平成二十六年（二〇一四年）四月からの消費税率の八％への引上げも決めた。

社会保障については、平成二十四年（二〇一二年）十一月に社会保障制度改革推進法に基づき、社会保障制度改革国民会議が設置された。国民会議は平成二十五年（二〇一三年）八月、「確かな社会保障を将来世代に伝えるための道筋」と題した報告書を安倍内閣総理大臣に提出した。報告書は、日本を世界一の長寿国にした誇るべき社会保障制度を将来世代に伝えていくためには、「給付は高齢世代、負担は現役世代」というこれまでの社会保障の考え方、構造を、全世代を給付の対象とし、負担も能力に応じて全世代で分かち合うという「全世代型」に改め、給付と負担の両面にわたり世代間の公平を図ることが必要であるとし、少子化、医療、介護、年金の四つの分野について具体的に改革の課題と方向を示した。

年金について報告書は、まず一体改革により基礎年金の国庫負担の二分の一の恒久化、年金の特例水準の解消が行われ、平成十六年（二〇〇四年）の改革によって導入された長期的な給付と負担を均衡させる年金財政フレームが完成し、年金財政の長期的な持続可能性が確保される仕組みになり、財政は破綻しないという認識を示すとともに、民主党のいう全国民一本の所得比例の年金制度は、被用者、自営業者を通じ、正確で公平な所得の保障が可能な条件がまだ整っておらず、現時点での政策としてはとりえないとし、現行制度について次の四つの事項について検討する必要があるとした。

(1)　制度の長期的な維持可能性をさらに強固にする観点から経済のデフレ状況下においてもマクロ経済スライドを早期かつ計画的にすすめる。

(2)　被用者である短時間労働者や非正規雇用の労働者に対し被用者保険の適用を拡大する。

(3)　厚生年金の支給開始年齢の引上げは、現在六十五歳への引上げの途上にあり、具体的な見直しを行う環境になく、中長期的な課題として考える必要がある。また支給開始年齢を変えても長期的な年金給付の総額は変わらないから、年金財政上の問題としてではなく、高齢期の多様な就業、働き方を年金受給のあり方の問題として検討する。

(4)　高所得者の年金給付の見直しについては、年金の国庫負担分の調整についてのみならず、税制での対応などさまざまな方法を検討する。

報告書は民主党のいう全国民一本の所得比例年金の創設は現時点では政策的にとりえないとするとともに、支給開始年齢の引上げについては現時点では見直しを行う環境にないとして、消極的な見解を示した。

社会保障制度改革推進法で政府は国民会議の審議結果をふまえ、社会保障制度改革についての法制上の措置を講ずることとされていることから、安倍内閣は平成二十五年（二〇一三年）十月、持続可能な社会保障制度の確立を図るための改革の推進に関する法律案（社会保障改革プログラム法案）を国会に提出し、成立させた。

社会保障改革プログラム法は受益と負担の均衡のとれた持続可能な社会保障制度の確立を図るため、少子化、医療、介護、年金の四つの分野について、改革の検討項目、改革の実施時期、関連法案の実施時期の目途等改革の全体像とすすめ方を明らかにしたもので、医療の提供体制や介護保険制度、難病対策等については平成二十六年（二〇一四年）の通常国会に、医療保険制度については平成二十七年（二〇一五年）の通常国会に関連法案を提出し、平成二十九年（二〇一七年）までを目途に実施することを明記した。しかし年金については、一体改革で成立した年金関連法の着実な実施を推進するとともに、検討のテーマとして次の四つをあげるにとどめ、支給開始年齢については、諸外国では多くの国が六十七～八歳など六十

表1-22　主要国の現在の年金の支給開始年齢と引上げ計画

国　名	現行	引上げ計画	時　　期
米　国	66歳（引き上げ中）	67歳	2027年までに
英　国	65歳（男）、60歳（女）（引き上げ中）	65歳	2016年から2018年
		66歳	2018年から2020年
		67歳	2034年から2036年
		68歳	2044年から2046年
ドイツ	65歳	67歳	2012年から2029年
フランス	60歳	62歳	2018年
オランダ	65歳	67歳	2018年以降66歳、2021年以降67歳
デンマーク	65歳	67歳	2024年から2027年
アイルランド	66歳	68歳	2028年
スペイン	65歳	67歳	2013年から2027年
イタリア	66歳（男）、62歳（女）	66歳	女子は2018年から66歳
アイスランド	67歳		
ノルウェー	67歳（最低保障年金）、62～75歳で選択（所得比例年金）		
スウェーデン	65歳（最低保証年金）、61歳以降いつでも可（所得比例年金）		
オーストラリア	65歳（女性2013年までに65歳へ）	67歳	2023年までに
日本（厚生年金）	男子61歳（引き上げ中）女子60歳	65歳	男子2025年までに 女子2030年までに

五歳以上への引上げを決めているにもかかわらず、年齢の引上げ自体ではなく、その弾力化、選択制の導入を示唆するものとなった。

(1)　給付水準のマクロ経済調整のあり方
(2)　短時間労働者に対する厚生年金の適用の拡大
(3)　高齢期における職業生活の多様性、一人ひとりの状況をふまえた年金受給のあり方
(4)　高所得者の年金給付及び公的年金控除を含めた年金課税のあり方

社会保障制度改革プログラム法は社会保障制度改革の検討項目や進め方の工程を示したほか、改革の円滑な実施を総合的かつ計画的に推進するため、内閣に内閣総理大臣を本部長とし、官房長官、財務大臣、総務大臣、厚生労働大臣などからなる社会保障制度改革推進本部と、社会保障制度改革の進捗状況を把握するとともに、平成三十七年（二〇二五年）を展望しつつ、社会保障制度改革について総合的な検討を行い、内閣総理大臣に意見を述べることができる二〇名の有識者からなる社会保障制度改革推進会議を設置することとした。推進会議は平成二十六年（二〇一四年）六月に設置された（座長清家篤氏）。

第八節　一体改革の総括と評価

社会保障と税の一体改革により、基礎年金に対する国庫負担の安定財源の確保と年金の特例水準の解消が図られ、保険料の上限設定と給付水準のマクロ経済調整を柱とする平成十六年（二〇〇四年）の年金改革の財政フレームが完成した。また年金機能強化法により短時間労働者にも厚生年金の適用が拡大され、被用者年金も一元化されることになった。これらは一体改革の到達点、成果である。

しかし一体改革における年金改革は全部が全部評価できるものではない。平成十六年（二〇〇四年）の給付水準のマクロ経済調整の財政フレームが完成したといっても、その発動が一〇年も遅れたことは重く受けとめねばならないし、短時間労働者にも厚生年金の適用が拡大されたとはいえ、その対象者はあまりにも少ない。また年金機能強化法による年金の受給資格期間の短縮や年金生活者支援給付金制度の創設はいまさら必要でもなければ適切でもなく、高齢者に対する給付の増加をできるだけ抑制し、子育て世代に対する給付を拡大して、社会保障を給付も負担も全世代型にするという一体改革の目的、めざす方向に沿ったものとは思われない。

これに対し、消費税率の五％から一〇％への引上げが決まったことは一体改革の大きな成果である。これによる年間の税収増は一三・五兆円、税収全体は三〇兆円近い、所得税、法人税と並ぶわが国の基幹税の一つとなった。これまで自民党は消費税率の引上げの必要性を認識しながら景気の状況等を理由に先送りしてきた。また財務省は導入時から消費税は一般財源とすべきであり、消費税を社会保障の目的税にすることに反対であった。厚生労働省も社会保障費の財源を全額消費税で賄うことは困難であることから厳密な意味での目的税にすることには消極的であった。今回の一体改革において消費税を社会保障の目的税にしたといっても極めて緩やかな目的税化であり、それと社会保障の改革を同時に行ったことにより消費税の引上げが決まった。しかし二〇二五年には社会保障給付費の総額は年間一五〇兆円、国の負担額は五〇兆円にも及ぶとも予想されており、消費税率は一〇％になっても諸外国に比べて半分程度である。したがって今回の改革は第一弾の改革に過ぎず、第二弾、第三弾の改革が避けられないと認識すべきであろう。

図１-17　付加価値税率の国際比較

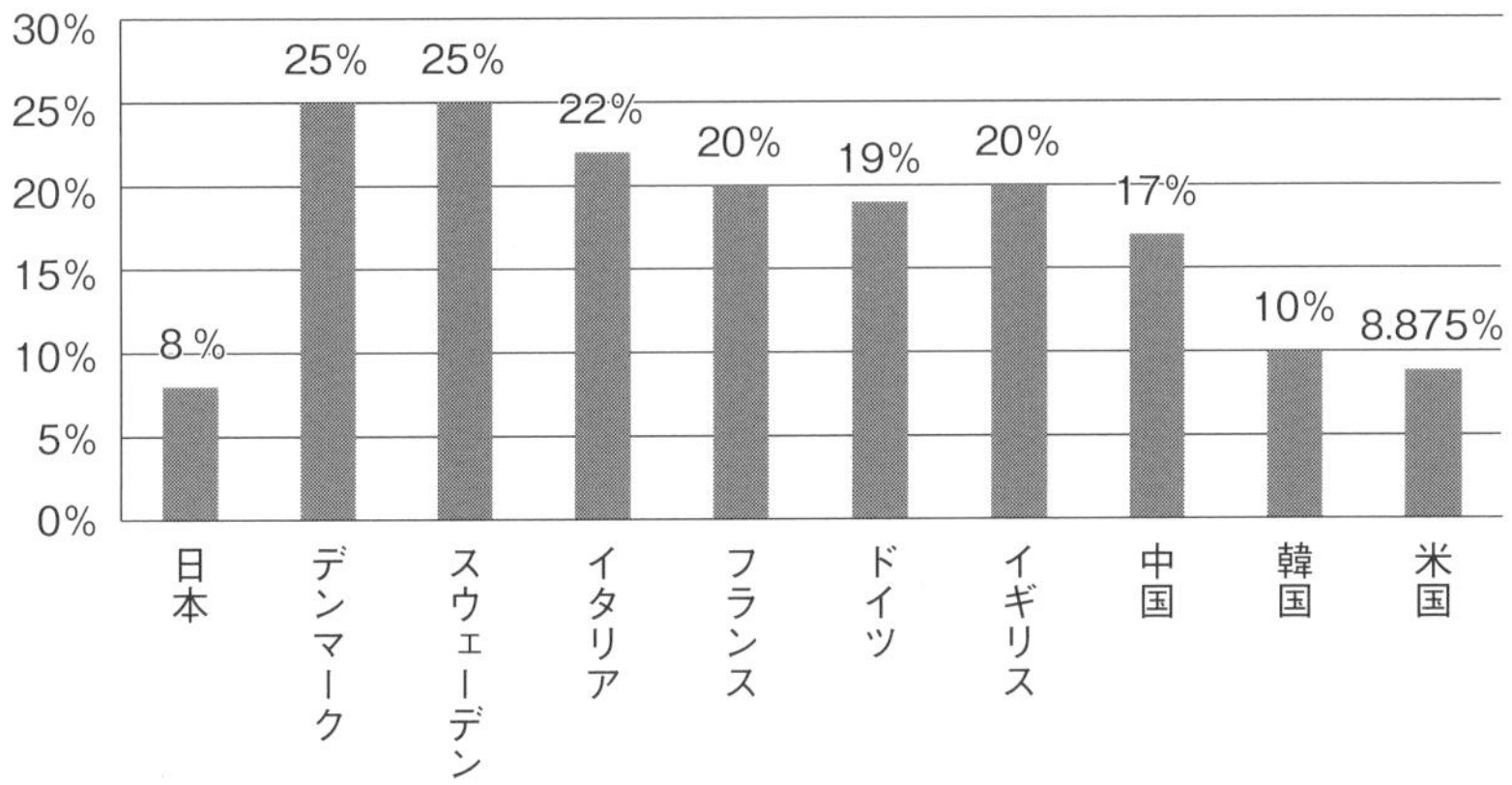

（注）１．付加価値税率は標準税率で、2015年１月時点の税率。
２．米国の付加価値税率は、ニューヨーク州とニューヨーク市における小売売上税の合計の税率。

資料：財務省

図１-18　国の基幹税の税収の推移

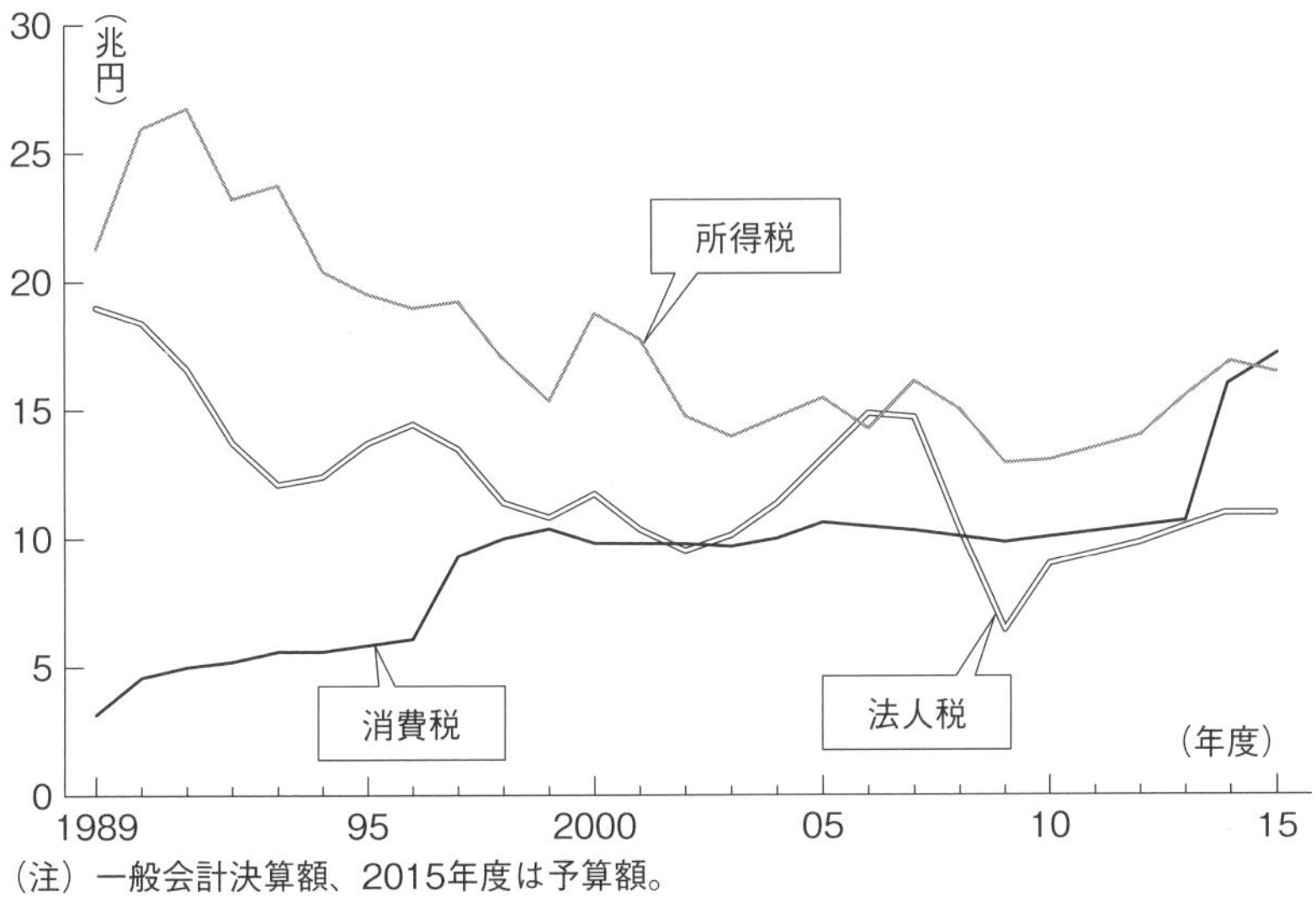

（注）一般会計決算額、2015年度は予算額。

資料：財務省

第十三章　年金財政方式の変遷と財政状況の変化

第一節　平準保険料による完全積立方式

社会保険方式による公的年金の財政方式には、大きく分けて、積立方式と賦課方式の二つの方式がある。積立方式は、保険料を予め積み立てておき、保険料拠出期間に対応した給付を行うため保険料のほか、積立金の運用収入も将来の給付費の財源にあてる財政運営の方法である。年金支給開始年齢前に保険料の積立てが完了していない場合でも、積立金の運用から得られる運用利子収入が保険料を含めた総収入のなかで相当大きい割合を占める場合には、広い意味で、積立方式と呼ばれる。積立方式には、完全積立方式と修正積立方式とがある。

完全積立方式とは、過去の保険料拠出期間に対応して定まる年金給付に必要な原資が常に積立金として確保されている状態を実現させる財政運営の方法であり、フル・ファンディングといわれることもある。それを実現する一つの型として、平準保険料方式がある。これは、年金支給開始年齢前に時間の経過と無関係な一定率で保険料を積立て、その積立金の運用利子を予定利率で見込むことによって、将来にわたって収支の均衡が図られるように保険料率を設定する方法である。この方式では、制度発足当初は、積立金が逐年形成され、増加していくことになる。完全積立方式の場合には、加入者や受給者の年齢構成が将来見通しどおり推移すれば、年金制度の成熟化や人口高齢化が進んでも保険料は影響を受けないが、保険料の運用収入を見込んで保険料を決めるため、金利変動などの経済的要因の影響を受ける。平準保険料方式では、制度発足後、給付改善や死亡率の改善による年金債務の増加が生じたときに、その規模が小さければ運用利子の利差益で吸収できる場合があるが、吸収しきれないのが通例である。従って、平準保険料方式をとっていても、制度発足から時間が経過すれば、完全積立でないことが多いが、運用利子収入が総収入のなかで相当大きい割合を占めている限りは、広い意味で、積立方式といわれる。

完全積立方式のもう一つの型としては、加入年齢方式がある。これは、新規加入者について標準的な加入年齢を設定して一定の給付を行うための保険料率として標準保険料率を定めたうえに、制度発足当初における高齢の加入者や制度発足後の過去期間にかかる年金債務を別の保険料率で一定の有限期間内に償却する方式で、生活水準の上昇に見合った年金給付引上げを求められることが少ない企業年金で広く用いられている。この方式では、有限期間内での償却が終わった時点で完全積立が実現することになる。国家公務員の共済年金が昭和三十四年（一九五九年）十月に発足したときに、新規加入者について、この方式がとられたが、新規加入者以外の者に対する不足分は利差益で償却するとされ、償却のための保険料が別に定められたわけではなかった。

修正積立方式とは、平準保険料方式によらず、保険料を段階保険料方式により定める財政運営の方法である。社会保険方式の場合には、年金給付は一定の拠出期間を満たしたときに受給できる仕組みであることから、制度発足当初は受給者がほとんど無く、一定期間経過後に受給者が増え、年金給付額も増えていく。制度発足後、当分の間、この給付費に必要な保険料率を平準保険料率よりも低く設定し、財政再計算を経るごとに段階的に保険料率を引き上げ、最終的に収支が均衡するように保険料率を設定する財政運営の方法を、段階保険料方式といっている。段階保険料方式では、制度発足当初は積立方式の要素が強いが、年金給付改善の費用に対する後代負担の比重が高まると賦課方式の要素が強くなっていく。

一方、賦課方式は、予め保険料の積立てはせず、そのときの年金給付に必要な費用を、そのときの現役世代の保険料で賄う財政運営の方法である。この場合、保険料率は、年金受給者と現役加入者の比率で基本的に定まるため、年金制度の成熟化や人口高齢化が進むと保険料率は上昇していく。積立金は、ほとんど保有しないため、金利変動などの経済的要因の影響はほとんど受けない。

わが国の年金制度は、厚生年金、国民年金とも平準保険料による完全積立方式で出発したが、経済の高度成長に伴って急速に給付が改善されたため、完全積立方式を維持することが難しくなり、段階保険料方式による修正積立方式の時代を経て、現在は、積立金を保有し、その利子のほか元本も原資とする実質的には賦課方式といえる財政方式で運営されている。

経済の高度成長に伴って急速に給付が改善されたのは、公的年金は、賃金の上昇などの社会経済変動に対応して老後の所得の主柱としての役割を果たすことが求められるからである。また、公的年金の財政方式や財政状況に対しては、寿命の伸びや出生率の低下などによる人口変動、物価や資産運用利回りの変動などの社会経済変動も大きな影響を与えている。

賦課方式が人口変動に弱いとして積立方式に移行すべきだとの議論がなされるが、ロンドンスクールオブエコノミクスのニコラス・バーは「賦課方式と積立方式は、単に、将来の消費財に対する請求権を組織的に設定するための財政上の仕組みが異なるにすぎず、この二つの財政方式の違いを誇張すべきではない。積立方式への移行のコストを過小評価すべきではなく、そのリスクが財政制約を超えそうなのであれば、積立方式への移行を図るべきではない」といっている。

積立方式は人口変動が与える影響に中立的だとの議論があるが誤りである。現役世代の規模の縮小に伴い経済の付加価値の総体である国民所得が縮小したときに、積立方式で蓄積した資産に基づき年金受給者の年金支払いのために積立金を取り崩すと債券や株式などの資産を売却することになるが、その資産の購入者は規模が縮小した現役世代であるので売却資産が供給過剰となったときには資産価格の下落を招き、結局年金額が低下する。また、売却資産の資産価格が下落しなかったときでも年金で食料、衣服等の消費財を購入しようとすると国民所得が縮小しているので消費財の需要が過剰となり商品価格の上昇を招き、結局生活水準が低下する。

さらに、あらかじめ設定した年金額計算式に基づいて年金額を支払う年金制度では、積立方式としてあらかじめ設定した死亡率や予定利率どおり社会経済が推移すれば問題は生じないが、実際はそのようなことにはならず死亡率が予想を超えて低下したり、年金資産運用利回りが予定利率よりも低下したりすると追加的負担が必要になる。戦後七〇年にわたりわが国の公的年金はまさにそのような社会経済の変化にさらされ、財政再計算を繰り返し行うことにより時間をかけて社会経済の変化に対応してきた。実質的な賦課方式となっても時間軸を有効に使うことにより、そのような社会経済の変化に対応することができるので、賦課方式が人口変動に弱いというのも適切ではない。

積立方式は年金受給者が過去から積み立てた資産からの運用収益や元本に基づいて年金を受給する仕組みであるが、運用収益は現役世代が産み出した付加価値の一部を割くことによって年金受給者に配分されるし、資産を取り崩すときの買い手は現役世代であり、いずれの場合も現役世代が国民経済全体の付加価値の一部を割いて年金受給者の年金に回していることになる。結局、現役世代は産み出した付加価値の一部を年金受給者に回し、残りで消費を行うことになる。一方、賦課方式では、現役世代の保険料を充てることにより、過去の保険料納付記録に基づいてあらかじめ定められた年金額計算式に基づく年金を年金受給者は受け取る。この場合も、現役世代が国民経済全体の付加価値の一部を割いて年金受給者の年金に回している。つまり積立方式でも賦課方式でも国民経済全体からみると、年金制度に対する本質的な負担は当該年度の保険料負担額ではなく給付総額である。

賦課方式では過去の保険料納付記録に基づく年金の請求権を設定しているし、積立方式では過去から積み立てた資産に基づいて年金が請求される。このように賦課方式と積立方式では将来の消費財に対する請求権の設定の仕組みは異なるが、いずれにしても年金受給者は年金を原資として受給年度の生産物を消費するのであり、主たる関心は食料、衣服、医療サービスなどの消費財であることに留意する必要があるし、年金受給者が年金を受給できるのは国民経済全体の付加価値の一部を年金制度により受給者に配分しているからである。つまり、賦課方式でも積立方式でも、国民経済全体から見れば、年金を受給する年度における経済の付加価値の総体である国民所得の分かちあいであることには変わりがない。

積立方式が有効に機能するのは、例えば戦後の高度経済成長期のように年金資金を成長率増加のために有効に投資できる場合である。わが国では高度経済成長期に財政投融資の仕組みを通じて年金資金が基幹産業の振興や産業基盤の整備、道路などの社会資本整備などにあてられ経済成長に貢献したから、この時代に積立方式を活用したことは妥当な政策選択であった。しかしながら、金融の量的緩和策が世界的に行われマネーがあふれている現在において、積立方式に移行することによってわが国のＧＤＰの規模に匹敵するような大量の年金資金を新たに投入しても成長率増加のために有効な投資ができるとは考えにくいし、金融資本市場の変動が著しく大きく不安定になっているから、老後生活の主柱たる公的年金に対して積立方式が有効に機能するとは思えない。

また、積立方式への移行については、日本の国・地方の長期債務残高はＧＤＰの二倍を超えており、そ

図1-19　適切な年金制度を確保するための公共部門と民間部門の役割（ニコラス・バー）

1．生産物が中心
・年金を設計するただ２つだけの方法
　・現在の生産物を蓄える
　・将来の生産物に対する請求権を設定する
　・年金受給者は金銭に関心があるのではなく、消費に関心がある（食料、衣類、医療サービス）。このように鍵になる変数は、将来の生産物である。
　・賦課方式と積立方式は、単に、将来の生産物に対する請求権を組織的に設定するための財政上の仕組みが異なるに過ぎない。
　・このように、２つのアプローチの違いを誇張すべきではない。

2．年金財政問題の解決策
・もし年金の支払いに問題がある場合、４つそしてただ４つだけの解決策がある。
　・平均年金月額の引下げ
　・支給開始年齢の引上げ（年金引下げの別の手法）
　・保険料の引上げ
　・国民総生産の増大政策
・これらのアプローチが含まれていない年金財政改善方策は、いずれも幻想である。

3．政策的インプリケーション
・積立方式は、人口構造の変化の問題を自動的に解決するわけではない。
・積立方式は、必ずしも成長率を増加させない。積立方式が生産を増加させることが出来るのは、次のような場合である。
　・ある国の貯蓄が不足している状況で貯蓄を増加させるか、または、
　・資本市場の機能が改善され、より生産性の高い投資につながるように貯蓄の配分が改善される場合
　・実証分析によると、積立方式には確かに収益をもたらす効果があるが、その効果は常に実現すると認識すべきではないし、その規模を過大評価すべきでもない
　・積立方式は、成長の源の一つに過ぎない

4．結論
・全ての国に対して共通の、単一で最善の制度は無い
・年金財政問題を処理する政策は、４つでかつ４つのみ
・避けるべき誤り：国は、
　・部分的にかつ性急に改革すべきではなく、戦略的に長期的視野で改革すべき
　・実施能力を超えた制度を作るべきではない
　・40年を超える記録管理を正確に出来る強健な能力を持つまでは、強制の所得比例年金制度を導入すべきではない
　・投資、蓄積、年金化を適切に規制できるようになるまでは、強制の個人積立勘定を導入すべきではない
　・長い労働生活にわたる運営コストを過小評価すべきではない
　・移行のコストを過小評価すべきではなく、それ故、そのリスクが財政制約を超えそうなのであれば、積立方式への移行を図るべきではない
・本当に重要なことは良い政府と経済成長

資料：IMF主催の会議「世界危機後のアジアにおける財政的に持続可能かつ公平な年金制度の設計（2013年１月９～ 10日、東京）」におけるニコラス・バー教授（ロンドンスクールオブエコノミクス）の講演資料を厚生労働省が翻訳したものに基づき作成

の財政制約を考えると移行の財源としてこれ以上の国債発行は難しいし、移行のための保険料引上げも消費を抑制するリスクがあることから行うべきではない。したがって公的年金を積立方式に切り替えることは適切でない。

昭和十七年（一九四二年）に厚生年金保険の前身である労働者年金保険制度が創設された。労働者年金保険においては、男子については給付費の一〇%、坑内夫については二〇%を給付時に国庫負担することとし、残余の給付費については労使折半負担による保険料で賄うこととされていた。当時の大蔵省預金部（のちの資金運用部）の一般の預金に対する利率は年三%であったが、労働者年金保険等予定利率の定めのある特別会計の定期預金については年三・五%の特別利子が付されていたことから、保険料は、予定利率三・五%として、平準保険料方式によって男子六・四%、坑内夫八・〇%と定められた。

昭和十九年（一九四四年）に、労働者年金保険は、被保険者の範囲を事務職員や女子等に拡大する等の改正が行われ、名称も厚生年金保険に改められた。保険料は、予定利率三・五%として、平準保険料方式によって一般一一・〇%、坑内夫一五・〇%と定められた。

しかしながら、わが国は第二次世界大戦に敗北し、戦後は激しいインフレーションに見舞われ、積立金の実質価値が目減りするとともに、保険料負担能力も低下した。このような社会情勢を考慮して、昭和二十三年（一九四八年）の改正時には、戦後の急激なインフレーションによる保険料負担の高騰を避けるとともに、実質価値が目減りする積立金の蓄積を抑制するという理由で、当時の給付水準で算定した男子の平準保険料率九・四％の三分の一にも満たない三・〇％という低い暫定的な保険料率が設定された。この暫定料率は、昭和二十九年（一九五四年）まで養老年金受給者が発生しないことから暫定的に標準報酬の下限に基づく年金額を支給するとして保険料率を計算して定められたものである。厚生年金の主たる給付である養老年金の費用負担を将来に繰り延べていることから、実態的には平準保険料方式による積立方式を崩したきっかけとなったが、形式的には平準保険料方式を維持したかたちをとっている。

昭和三十六年（一九六一年）に発足した国民年金制度に関しても、拠出制国民年金の財政方式として、平準保険料による完全積立方式がとられた。昭和三十六年（一九六一年）四月制度発足時の平準保険料は、給付費の三分の一を国庫負担することを前提に、二〇年未満の加入月一か月に対して月額七五円の年金額、二〇年以上の加入月一か月に対して月額一〇〇円の年金額を老齢年金として支給するという給付設計のもとで、保険料月額一二八円と算出された。この結果をもとに、三十五歳未満の被保険者については月額一〇〇円、三十五歳以上の被保険者については月額一五〇円と保険料が定められた。拠出制国民年金は拠出された保険料と国庫負担を原資として保険料拠出の実績に基づいて年金が支払われる制度である。特に、老齢年金においては、拠出の時期と給付の時期の間には、相当の時間的なずれがある。しかも、年金給付は裁定後の長期にわたり行われるのが通常であるから、その財政方式については、賦課方式でなく、運用利子収入を活用する積立方式が適切と考えられた。

国民年金法を制定し、初代の厚生省年金局長となった小山進次郎氏は、その著『国民年金法の解説』（時事通信社、一九五九年）で、「そもそも古典的な積立方式の長所は、現在の消費抑制によって投資増大を図り、将来の国民所得増加分を老齢者の消費分として確保しようとする点にあり、現象的にはそれは年金財源として大きな比重を占める利子に表現される。高度の経済成長を達成することを至上の要請としているわが国民経済において、このような長所をもつ積立式が、消費増大効果あるいは貯蓄投資削減効果をもつ賦課式よりも、さしあたり望ましいことはいうまでもない。」と述べて、積立方式を採用したとしている。社会保障制度審議会の答申も同様の考え方に立っており、当時は賦課方式でなく積立方式をとることが妥当だとの考え方が支配的であった。

しかも、昭和三十四年（一九五九年）の国民年金創設当時において既に、生活水準の上昇や物価の上昇が継続的に生じた場合の年金額の引上げの必要性が問題意識としてもたれていた。私保険と異なり社会保険では、年金額が老後生活の需要に対応することが目標とされなければならず、ＩＬＯ（国際労働機関）でも同様の考え方が規定されていた。しかし、定額保険料の国民年金制度において、年金額を国民の生活水準その他の諸事情に応じて自動的に調節する具体策を見いだすことは困難であったため、国民年金法第四条第一項で「保険料の負担を伴うこの法律による年金の額は、国民の生活水準その他の諸事情に著しい変動が生じた場合には、変動後の諸事情に応ずるため、すみやかに改定の措置が講ぜられなければならない。」と規定され、この問題に対する基本的考え方を明示することにとどめられた。このような規定は当時の厚生年金保険法には設けられておらず、のちの物価スライド・賃金再評価制導入につながる先駆けとして重要な意義を持つものであった。

また、この規定に関連して、国民年金法第四条第二項に、「保険料の額は、国民年金の年金給付に要する費用の予想額、予定運用収入及び国庫負担の額にてらし、将来にわたって、財政の均衡を保つことができるように少なくとも五年ごとに再計算を行い、調整を加えるものとする」旨の規定がなされ、昭和二十九年（一九五四年）の厚生年金改正で設けられたのと同様の財政再計算規定が置かれた。

第二節　高度経済成長期における修正積立方式

厚生年金については、昭和二十九年（一九五四年）に最初の養老年金受給者が発生するが、当時その給付水準が生活保護以下の低い水準であることが大きな問題となっていた。そのため、昭和二十九年（一九五四年）改正においては、それまでの報酬比例部分だけの給付体系を改め、当時の二級地の生活扶助基準を参考に定められた定額部分と報酬比例部分からなる体系に抜本的に改められた。

一方、保険料率については、労使とも引上げに反対したことから、保険料率は暫定料率の三・〇％のまま据え置かれた。特に、事業主を代表する経営者団体は、昭和二十三年（一九四八年）に保険料が暫定料率の三・〇％に引き下げられ、養老年金の給付水準が低い水準にとどめられたため、退職一時金制度を普及せざるを得なかったことから、このための大きな負担との調整がなされないなかでの厚生年金の保険料率の引上げは認められないとの主張を行い、強く反対した。しかしながら、そのままの保険料率では、長期的にみて年金財政の収支は均衡しないことから将来に向かって保険料率を段階的に引き上げ、長期的に財政均衡を図る考え方がとられた。

このとき、二通りの考え方に基づいて、段階保険料率の引上げ計画がつくられた。予定利率について、当初一〇年間五%とし、以降四・五%とする考え方と、全期間五・五%とする考え方である。後者は、当時の大蔵省資金運用部への預託金利が五・五%であったことが有力な根拠であるといわれている。昭和二十九年（一九五四年）改正では、二通りの予定利率のいずれの場合にも、将来に向かって引き上げていく段階的保険料率により長期的な財政均衡が図れることが示されている。例えば、後者の予定利率のもとで、男子の保険料率は、昭和三十四年度（一九五九年度）に四・〇%、昭和三十九年度（一九六四年度）に四・五%と段階的に引き上げ、それが最終的な保険料水準であった。また、女子や坑内員もそれぞれ段階的に引き上げ、女子については最終的な保険料水準は昭和三十四年度（一九五九年度）以降三・二%、坑内員については最終的な保険料水準は昭和三十九年度（一九六四年度）以降五・四%であった。当時の収支見通しでは、将来の九〇年間にわたる収入、支出、積立金の状況が示されており、保険料収入は段階保険料率の引上げが終了した時点以降は一定額になり、制度が完全に成熟する九〇年後には収入と支出が同額になっている。この時点では積立金の規模が支出の約一一倍で、支出の六割を超える部分が積立金の運用収入で賄われる見通しであり、年金財政に対して積立金の果たす役割が大きいことから、修正積立方式と呼ばれていた。

厚生省は、段階的な保険料率の引上げを法律に規定しようとしたが、反対があったため法律には規定せず、それに代わる措置として、定期的に財政再計算を実施するとの規定が厚生年金保険法に明記された。即ち、厚生年金保険法に、「保険料率は保険給付に要する費用の予想額並びに予定運用収入及び国庫負担の額にてらし、将来にわたって、財政の均衡を保つことができるものでなければならず、かつ、少なくとも五年ごとに、この基準に従って再計算されるべきものとする。」と規定された。この規定は、これ以降おおむね五年に一回財政再計算を実施し、その結果に基づいて制度改正を行う根拠となった。

この改正以降、厚生年金では、財政再計算においては、当面の保険料率を設定するだけではなく、段階保険料率をはじめ、財政収支や積立金の将来見通しが作成されることとなった。この財政方式は、給付については財政再計算時における制度改正の内容を将来にわたり維持したかたちを前提として、将来の給付改善は見込まず、そのうえで段階保険料率の見通しを作成するものであった。

当時の段階保険料率による年金財政方式は、予定利率の設定の違いによって五年の差は生ずるものの、一〇年後もしくは一五年後には、それ以降一定の保険料率に移行するものであり、かなり完全積立方式に近い性格を有すると考えられていた。このように考えられたのは、昭和二十九年（一九五四年）当時では賃金や物価の上昇に対し年金額を自動スライドする仕組みがとられておらず、当時の法律の枠組みでは将来の生活水準の上昇や給付改善をどのように見込むかの基準が明確でなかったため、将来の賃金水準や年金水準の見込み方については、当時の賃金水準と年金水準を固定した静態計算であったことが大きく影響している。

昭和二十九年（一九五四年）における厚生年金の全面改正後、日本経済は高度経済成長の波にのっていった。一部の年度を例外として、賃金が平均で年率一〇％程度、消費者物価が平均で年率五％程度も上昇する高度経済成長が昭和四十八年（一九七三年）の第一次オイルショックまで続いた。厚生年金については、昭和三十四年（一九五九年）、昭和四十年（一九六五年）、昭和四十四年（一九六九年）に財政再計算が行われたが、年金額の自動スライドの考え方が採用されていない時代であったため、昭和二十九年（一九五四年）改正で定められた財政方式に大きな変更はなかった。

そのなかで、昭和四十年（一九六五年）改正の際に、厚生年金保険法の財政再計算に関する条文に新たに項をおこして、「保険料率は、将来にわたって財政の均衡を保つことができるまでの間、段階的に引き上げられるべきものとする」という規定が追加された。これは、将来見通しという形で段階保険料率を示していた実態にあわせて、段階保険料方式を法律上も明確にしたものであるといえる。

高度経済成長時代における政策上の課題として、賃金や物価の上昇に合わせて年金給付水準が大幅に引き上げられ、一万円年金が実現された。しかし、この費用に見合った平準保険料率六・九％への大幅な引上げは、事業主を代表する経営者団体が退職一時金と厚生年金の調整が行われないなかでは容認できないと強く主張したため、できなかった。そのため男子の改正後の保険料率は五・五％と定められ、五年ごとに保険料率を〇・五％ずつ段階的に引き上げ、最終保険料率は平成十七年（二〇〇五年）五月以降九・〇％とすることにより長期的な収支均衡が図れる見通しとなった。ただし、再計算時点で法定された保険料率は、再計算当時加入していた被保険者と将来加入が見込まれる被保険者の費用を平準的に賄う標準保険料率をおおむね確保するものであった。そして、財政方式としては段階保険料による修正積立方式とされていた。

昭和三十六年（一九六一年）に発足した拠出制国民年金においても、高度経済成長が続くなかで、財政再計算規定に基づいて、五年後の昭和四十一年（一九六六年）に第一回の財政再計算が行われた。加入一月あたり給付単価を二〇〇円とすることにより、老齢年金額を二倍以上に引き上げるなどの給付改善を行ったことにより、平準保険料は月額四〇三円と三倍以上に上昇した。しかしながら、保険料はその水準まで一気に引き上げることができず、三十五歳未満は月額二〇〇円、三十五歳以上は月額二五〇円の保険料にとどめられたため、早くも完全積立方式ではなく、段階保険料による修正積立方式がとられることになった。

厚生年金の昭和四十年（一九六五年）財政再計算や国民年金の昭和四十一年（一九六六年）財政再計算後も、経済は高度成長を続け、生活水準の上昇にあわせた年金水準の確保を図るために、昭和四十四年（一九六九年）財政再計算が行われた。厚生年金については、平均的な加入期間（当時二四年四か月）をもつ者に対して二万円年金の実現を図るため、定額部分の給付単価を引き上げるとともに、過去の低い標準報酬を報酬比例部分の年金額の算定基礎から除外することが行われた。また、国民年金についても、給付単価を加入一か月あたり月額三二〇円に引き上げることにより、二五年加入で、付加年金を合わせて、夫婦で二万円年金の実現が図られるなど、高度経済成長に見合った給付改善がなされた。

一方、保険料の引上げについては、改正時点で新たに設定される最初の段階保険料が、再計算を繰り返すごとに平準保険料との乖離幅を拡大し、低めに設定された。これは主として以下のような要因によって生じた。第一に、厚生年金では昭和二十九年（一九五四年）財政再計算から、国民年金では昭和四十一年（一九六六年）の財政再計算から、修正積立方式が導入されたため、再計算前の保険料が段階保険料として平準保険料よりも低く設定されていたこと、第二に、再計算による給付改善分に要する費用が新たに上乗せとなることなどのため、再計算による平準保険料が、前回の平準保険料よりもかなり上昇すること、第三に、積立金の運用が大蔵省資金運用部で運用され、低金利政策の下で市場運用よりも低い利回りしか得られなかったことや、多額の積立金の運用によって賃金上昇率に予定利率を加えた分以上の運用成果を得ることは困難であったこと、第四に、労使や国民の急激な負担増を避けるため、過去の保険料引上げ幅を大幅に上回る保険料を設定することに労使などが反対し、国会ではたびたび政府案の保険料引上げ幅が下方修正されたことなどが挙げられる。

その結果厚生年金及び国民年金は財政再計算を繰り返すごとに平準保険料が上昇するとともに、段階保険料の最終的な水準は、平準保険料を大きく上回るようになった。昭和四十四年（一九六九年）の財政再計算では、厚生年金の男子の平準保険料率八・五％に対し、最終保険料率は平成四十二年度（二〇三〇年度）以降一五・六％と計算され、国民年金の平準保険料八六二円に対し、最終保険料は平成二十二年度（二〇一〇年度）以降一六四〇円となる見通しとなった。同時に、厚生年金や国民年金の積立水準は、昭和四十四年（一九六九年）までの財政再計算を経て次第に低下し、財政状態が積立方式から徐々に乖離していく方向にすすんでいった。

西ドイツの被用者年金制度が、昭和三十二年（一九五七年）に「現役勤労時代の給与について同時期の勤労者全体の平均給与に対する比率として定めたポイントと引退後の各年次の勤労者全体の平均給与を用いて引退後の年金額を定めることにより、生活水準の上昇に年金額の引上げを自動的にリンクさせる」という生産性年金の考え方に基づき、積立方式から賦課方式を軸にした財政運営に転換することにより、給付水準の実質価値維持を実現する年金改革を行った。この影響で、欧米諸国の公的年金では賃金や物価の上昇に対応した年金の実質価値維持方策を導入する流れが大きくなった。このため、高度経済成長のなかにあったわが国でも課題として検討され、昭和四十八年（一九七三年）改正で、物価や賃金の上昇に応じ、年金額の改定を行う仕組みである物価スライド・賃金再評価制が導入された。また、給付水準についても、老後生活を送る高齢者が夫婦で現役並みの生活水準をおおむね確保する水準として、現役である被保険者の平均賃金の六〇％を確保するように設定され、厚生年金では五万円年金の実現が図られた。また、国民年金でも二五年加入で付加年金を含めて夫婦で五万円年金の実現が図られた。

給付水準の実質価値が、物価スライド・賃金再評価制の導入により、将来にわたり維持される体系となったことから、財政再計算における収支見通しは、従来行われてきた静態的なものではなく、将来に向かっての年金改定率、賃金上昇率、物価上昇率等を見込んだ動態的なものになった。とりわけ物価スライド・賃金再評価部分は、経済変動による影響を直接受ける部分であるため、事前に積み立てることができないことから後世代の保険料負担とされた。

よってこの改正における厚生年金の保険料率設定には、従来からの平準保険料率も参考として用いられはしたが、将来に向かっての経済変動や賃金再評価・物価スライドの給付改善を織り込んだ動態的な収支見通しが大きな比重を占めることになった。将来に向かって必要となる保険料率の段階的な引上げ計画による収支の将来見通しを提示し、その見通しに基づいて当面の保険料率を設定する方式がとられることとなったのである。

厚生年金の男子の平準保険料率は一〇・五％であったが、最終保険料率は平成二十二年度（二〇一〇年度）で一九・六％となる見通しになった。当時の経済情勢や低金利政策を反映して、賃金上昇率の方が運用利回りよりも高い前提で再計算がされていることもあって、厚生年金の再計算の平成二十二年度（二〇一〇年度）における収支比率は九三・四％と支出額が収入額にほぼ等しくなってきているなかで運用収入の収入全体に占める割合は一四％程度まで縮小しており、それまでの財政再計算結果と異なり、運用収入の比重が大幅に低下している。同様に、国民年金の再計算の平成二十二年度（二〇一〇年度）において収支比率は八九・〇％と支出額が収入額にほぼ等しくなってきているなかで運用収入の収入全体に占める割合は九％程度まで縮小していて、それまでの財政再計算結果と異なり、運用収入の比重が大幅に低下している。このように、厚生年金、国民年金ともに、従来以上に積立方式から離れていく財政運営となったが、賦課方式に移行したとはされず、修正積立方式を維持しつつ修正の度合を強めていくこととされた。

しかしながら、昭和四十八年（一九七三年）改正が九月二十六日に公布された直後の十月に第四次中東戦争が勃発し、この影響で第一次オイルショックが発生した。このため、物価が急騰し、昭和四十八年（一九七三年）一六・一％、昭和四十九年（一九七四年）二一・八％と、「狂乱」的消費者物価上昇が起きた。そのような物価上昇にスライドして、わずか二年間で年金額は四一・五％引き上げられ、その結果、年金財政は急速に賦課方式に近い状態へと傾斜していかざるを得なかった。

その後も、第二次オイルショックなどにより、物価や賃金の上昇が高い水準で推移したため、昭和五十一年（一九七六年）及び昭和五十五年（一九八〇年）の財政再計算でも、物価や賃金の上昇に対応して年金額の改善がなされたことや、一九七〇年代はインフレによる積立金の目減りが顕著な時代であったこともあって、年金財政はさらに賦課方式に近い状態へと傾斜していった。昭和五十五年（一九八〇年）財政再計算における厚生年金の男子の平準保険料率は一九・一％であったが、保険料率の最高は平成三十三年度（二〇二一年度）に三五・四％となると見込まれ、積立金も平成二十一年度（二〇〇九年度）にはほとんどゼロに近い状態になると見込まれた。このような高い保険料負担は困難なことから、抜本的な年金改革が必要であるとの認識が高まった。

図１-20　厚生年金の男子の保険料率、収入に占める運用収入の割合の見通し（昭和55年財政再計算結果）

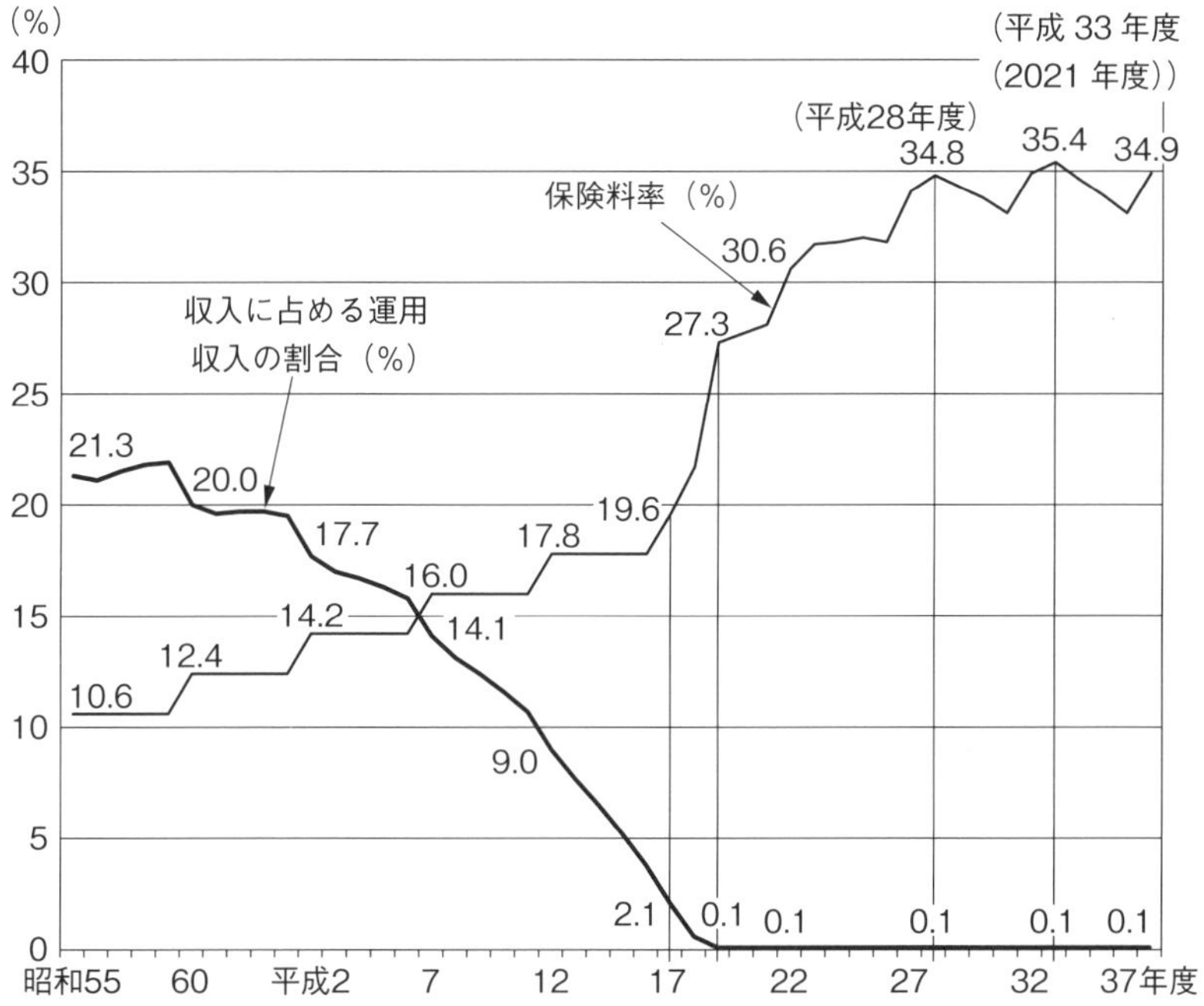

（注）賃金上昇率 7.0%、運用利回り 6.0%、消費者物価上昇率 5.0%
資料：厚生省資料に基づき作成

表１-23　国民年金の保険料、収入に占める運用収入の割合、収支比率の将来見通し（昭和 55 年財政再計算結果）

年度	昭和 55（1980）	昭和 60（1985）	平成 2（1990）	平成 7（1995）	平成 12（2000）	平成 17（2005）	平成 22（2010）	平成 27（2015）	平成 32（2020）	平成 37（2025）
保険料月額（円）	3,770	5,900	7,650	9,400	11,150	12,900	14,650	15,700	15,700	15,700
収支比率	81.4%	79.1%	79.6%	81.4%	84.5%	89.0%	94.0%	98.1%	98.8%	96.9%
収入合計に占める運用収入の割合	7.2%	6.5%	6.7%	6.9%	6.7%	6.3%	5.4%	4.4%	3.3%	2.7%

（注）年金額の改定率は昭和 56 年度以降 7.0%と仮定。運用利回り 6.0%
資料：厚生省資料に基づき作成

第三節　世代間扶養の考え方に基づく実質的な賦課方式

昭和五十九年（一九八四年）財政再計算に基づく昭和六十年（一九八五年）改正で、国民年金は全国民共通の基礎年金を支給する制度となり、公的年金の一階部分は実質的に一元化された。基礎年金制度は、これまでの国民年金、厚生年金、共済年金各制度からの拠出金と国庫負担で、昭和三十六年度（一九六一年度）以降の期間に基づく共通給付を賄うもので、実際の会計上の扱いはともかく、概念上は完全賦課方式として仕組まれた。このことから、公的年金制度は世代間扶養の仕組みを基本としていることが強調され、年金財政運営の賦課方式的側面が強調されるようになった。この改正以降、年金財政方式は、世代間扶養の考え方に基づく実質的な賦課方式であるといわれるようになり、平準保険料率は計算されなくなった。

実際、厚生年金の財政見通しでは、平成六十二年度（二〇五〇年度）で収入全体に占める利子収入の割合は一〇％を下回るほどまでに縮小しており、財政方式は、修正積立方式というよりも実質的に賦課方式になった。そして、制度横断的な賦課方式の基礎年金制度を前提として、各制度の保険料は一階部分である基礎年金拠出金への費用と、二階部分である各制度独自の給付への費用とに対応して財源調達するものとして、制度ごとにそれぞれ段階保険料が設定される財政運営の仕組みとなった。

このような年金財政の仕組みの下で、昭和五十九年（一九八四年）財政再計算に基づいて、厚生年金の保険料率は、昭和六十年（一九八五年）十月にそれまでの一〇・六％から一・八％引き上げられ、一二・四％

図１-21　年金財政の仕組み

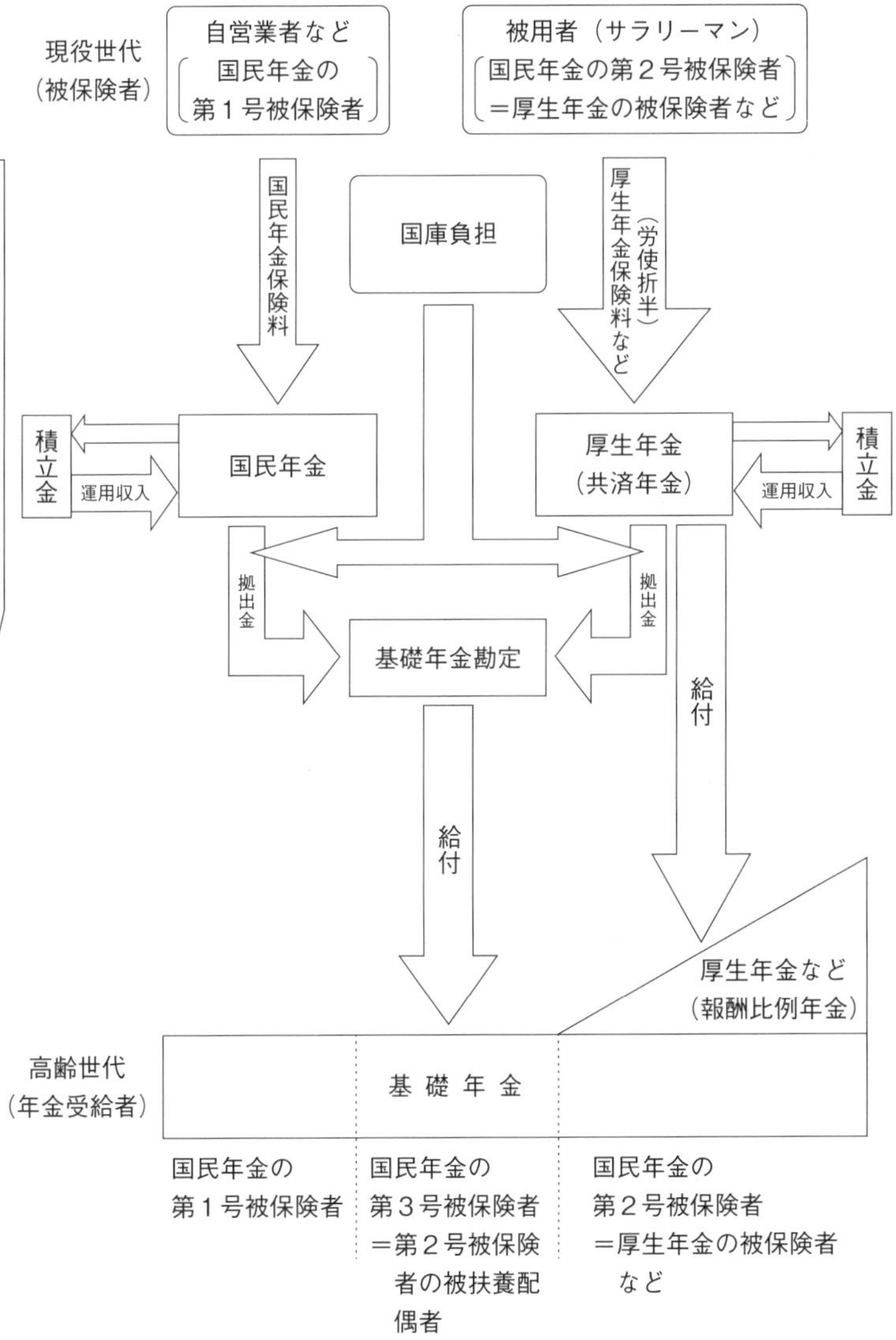
現役世代
（被保険者）
自営業者など
国民年金の
第１号被保険者
被用者（サラリーマン）
国民年金の第２号被保険者
＝厚生年金の被保険者など
国民年金保険料
国庫負担
厚生年金保険料など
（労使折半）
世代間扶養
積立金
運用収入
国民年金
厚生年金
（共済年金）
積立金
運用収入
拠出金
拠出金
基礎年金勘定
給付
給付
厚生年金など
（報酬比例年金）
高齢世代
（年金受給者）
基礎年金
国民年金の
第１号被保険者
国民年金の
第３号被保険者
＝第２号被保険者の被扶養配偶者
国民年金の
第２号被保険者
＝厚生年金の被保険者など

とされた。そして五年に一回ずつ一・八％引き上げる見通しが策定され、最終保険料率は平成三十七年度（二〇二五年度）以降二八・九％になった。また、国民年金の保険料は、昭和六十一年度（一九八六年度）に月額六八〇〇円とされ、その後毎年昭和五十九年度（一九八四年度）価格で三〇〇円ずつ引き上げる見通しが策定され、最終保険料は平成二十二年度（二〇一〇年度）以降一万三〇〇〇円（昭和五十九年度価格）になった。しかし、保険料が法定されたのは向こう五年間だけであり、それ以降の将来については定めず、見通しとして計算されるにとどまった。

昭和六十一年（一九八六年）十二月に人口問題研究所から将来人口推計が発表され、ピーク時の高齢化率が二四・二％と、前回の人口推計のピーク時の二二・二％より約一割上昇する厳しい結果となった。この人口推計結果に基づいて平成元年（一九八九年）財政再計算が行われ、厚生年金の支給開始年齢を男子について平成十年度（一九九八年度）から一歳引き上げて六十一歳として、それ以降三年ごとに一歳ずつ引き上げて平成二十二年度（二〇一〇年度）に六十五歳に引き上げること等を織り込んだ厚生年金保険法改正案が作成され、その案では保険料率を五年に一回ずつ二・二％引き上げ、最終保険料率は平成三十二年度（二〇二〇年度）以降二六・一％にすることになっていた。しかし、支給開始年齢引上げ規定は国会修正により次の財政再計算時に検討することとされて引上げの規定が削除されたため、最終保険料率は三一・五％と三〇％を超える見通しとなった。

この頃から、公的年金に関して、世代別に保険料拠出額と年金給付額を比較して世代間の損得を論ずる世代間不公平論が一部の経済学者等によっていわれるようになった。この議論は、加入者が払う保険料拠出累計額の現在価値に対して、受給時に受けとる年金給付累計額の現在価値が何倍になっているかを世代別に比較して、世代によってこの倍率が異なることをもって、世代間の不公平を指摘するものであった。しかしながら、経済の高度成長時代において、公的年金が整備され、徐々に私的な扶養から公的年金による公的な扶養に置き換わっていったことを考えれば、この議論は全くの誤りである。公的年金が存在しなければ、その分私的な扶養負担が増えるだけである。

また、将来世代において個人の保険料拠出累計額の現在価値が受給年金累計額の現在価値を上回り不公平との議論があるが、事業主負担分を個人が支払った保険料に算入したり、割引率を賃金上昇率よりも相当大きな数値として設定したりして主張するものであり、妥当性を欠いている。公的年金が存在しなければ事業主負担分相当額が賃金に加えられるとの主張がなされるが、必ずしもそう言い切れないし、事業主負担分は事業主の負担分であって本人の賃金の一部ではない。スウェーデンの仮想的拠出建て年金制度と同様に賃金上昇率を割引率として計算すれば、公的年金には国庫負担もあることから、合計特殊出生率が一・〇を下回る期間が長期間続くとか、平均寿命が百歳を超えるなどの事象が将来実際に発生しない限りは、個人の保険料拠出額の現在価値が受給年金額の現在価値を上回ることは平均的にはあり得ない。将来世代の倍率が現在の高齢世代よりも小さくなるのは、戦後から今日までの予想を超える人口構造の変化による生産年齢人口の減少や高度経済成長による年金給付水準の改善などが原因であり、現在の高齢世代の責任とすることは妥当性を欠いている。

さらに、公的年金は、制度に加入してから年金受給を終えるまで平均で六〇年間から七〇年間の超長期における人生のさまざまなリスクに対応する機能を有している。第一に、遺族年金や障害年金などが組み込まれていることで若い世代にも起こり得る所得喪失のリスクに対応している。第二に、賃金再評価や物価スライドを行うことで不確実な社会経済変動にも対応できる仕組みになっている。第三に、寿命の不確実性にも対応できる終身保障である。これらのリスクや不確実な事象への対応機能も合わせて考えれば、誤った世代間不公平論は、世代間の連帯にとって有害無益な議論といわざるをえないし、そもそも給付と負担の倍率の計算自体が単なる平均的な者についての計算で、生きている限り年金が支給され長生きリスクを気にしなくて済むという保険としての期待効用の増加を考慮しておらず妥当でない。

平成四年（一九九二年）人口問題研究所から新たな将来人口推計が発表された。この中位推計は、合計特殊出生率が平成三十七年度（二〇二五年度）に一・八〇までしか回復しない前提で作成され、少子高齢化が平成六十二年（二〇五〇年）頃まで急激に進行するという結果であった。

少子高齢化が加速化し、このような誤った世代間不公平論も出てきたなかで、平成六年（一九九四年）財政再計算が行われた。高齢化率のピークが昭和六十一年（一九八六年）人口推計では平成五十四年（二〇四二年）頃の二四％程度であったが、平成四年（一九九二年）人口推計では合計特殊出生率が当面一・八〇までしか回復せず、人口置換水準二・〇八への回復は一〇〇年後という厳しい見込みであったことから、高齢化率のピークは平成五十七年（二〇四五年）頃にずれこみ、二八％を超える見込みとなった。財政再計算では、積立金の運用収益の活用を通じて少子高齢化のピーク時の最終保険料負担をできるだけ軽減する観点から、次のような四つの考え方に立って保険料の段階的な引上げを行うこととし、五年に一度の引上げ幅を過去最大の二・五％とした。ただし、一時点の急激な引上げが経済に与える影響に配慮して平成六年（一九九四年）の引上げ時点では二・〇％の引上げに留め、二年後の平成八年（一九九六年）に〇・八五％引き上げることにより平成六年（一九九四年）以降の五年間全体で二・五％の引上げと同等の効果になるよう配慮がなされた。

①本格的な高齢社会において、最終保険料率を月収ベースで三〇％以下に抑えて年金財政が安定的に運営できるようにする

②後代になるほど保険料の引上げ幅が大きくならないようにする

③制度の成熟途上においては、単年度収支が赤字にならないようにする

④経済情勢が短期間のうちに急激に変動した場合にも対処できる一定の準備金を常に保有する

その結果、厚生年金の最終保険料率は平成三十六年度（二〇二四年度）以降において月収ベースで二九・八％となり、平成七十二年度（二〇六〇年度）において、収入全体に占める運用収入の割合は一〇％を若干上回る程度であり、財政状況は昭和五十九年（一九八四年）財政再計算結果と大きく変わるものとはならなかった。

図１−22　厚生年金の保険料率と賦課方式による保険料率の比較（平成６年財政再計算結果）

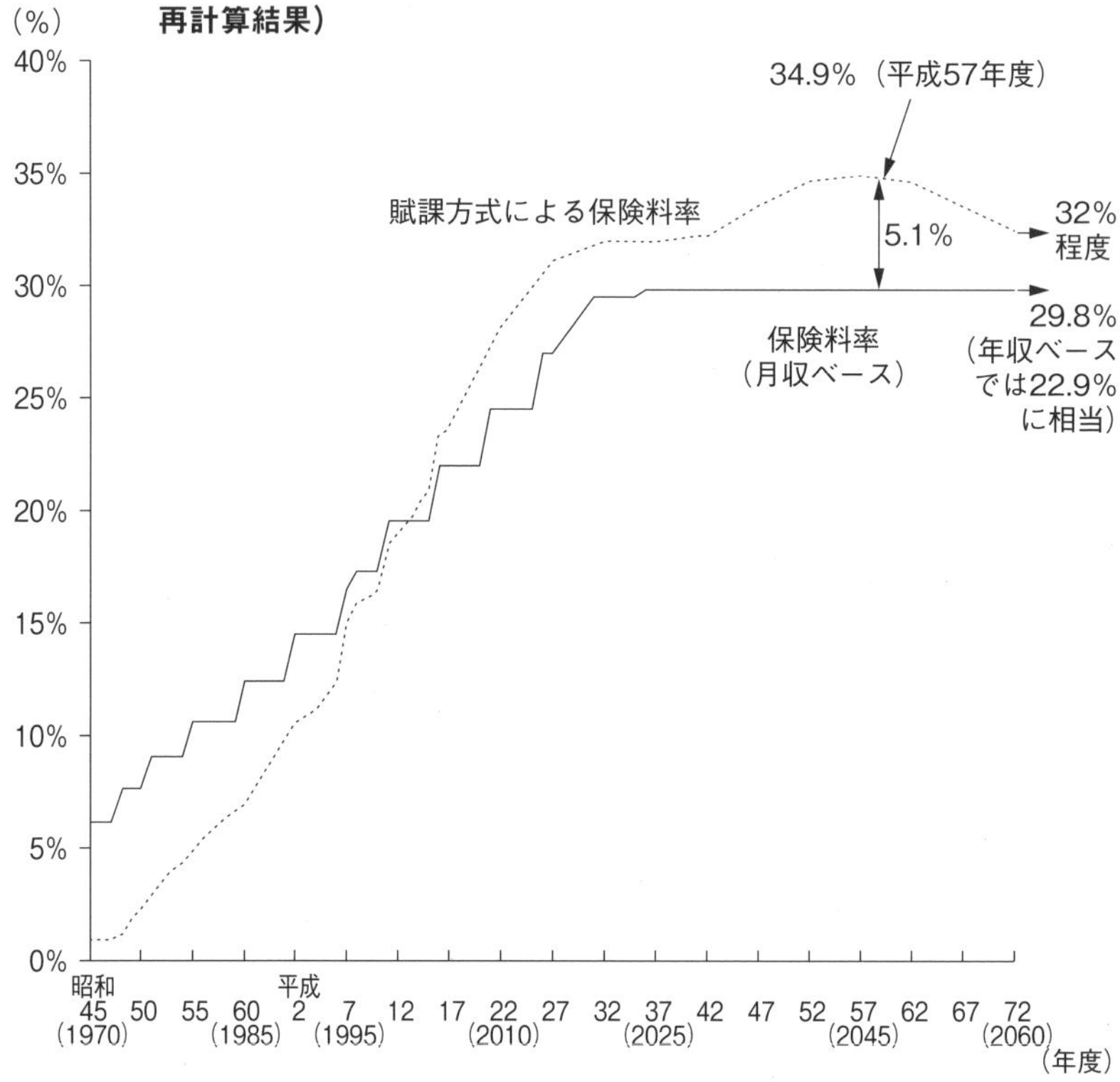

年次（平成）（西暦）	7 1995	8 1996	12 2000	17 2005	22 2010	27 2015	32 2020	37 2025	47 2035	57 2045	62 2050	72 2060
賦課方式による保険料率	15.0%	15.9%	19.0%	23.6%	28.2%	31.1%	32.0%	32.0%	33.5%	34.9%	34.6%	32.4%
拠出保険料率	16.5%	17.35%	19.5%	22.0%	24.5%	27.0%	29.5%	29.8%	29.8%	29.8%	29.8%	29.8%
収支比率	67.9%	68.6%	74.1%	83.1%	91.4%	94.3%	90.9%	89.9%	93.3%	98.7%	99.4%	94.9%
収入合計に占める運用収入の割合	22.4%	22.3%	21.3%	20.1%	18.2%	16.0%	14.3%	14.4%	15.1%	13.7%	12.6%	11.1%

（注）賃金上昇率４％、運用利回り 5.5％、消費者物価上昇率２％
資料：厚生省資料に基づき作成

当時は、厚生年金の保険料負担の限界について平成五年（一九九三年）三月に行われた「年金改革に関する有識者調査」において「三〇％程度まで」とするものが最も多かったことや、日本より高齢化が進行していたドイツで保険料負担を二一世紀初頭に月収ベースで三〇％近い水準に抑えることとしていたことも考慮し、こうした最終保険料設定方式によれば、高齢化の進行に歩調をあわせながら公的年金の機能を確保していくこともできるし、経済成長に伴う負担能力の向上に見合ったかたちで、ボーナスを含めた年収ベースでの保険料負担を月収ベースで三〇％程度（年収ベースでは二三％程度）まで引き上げていくことが可能であると考えられていた。

その後、平成十一年（一九九九年）に財政再計算が実施されたが、平成九年（一九九七年）から平成十年（一九九八年）にかけて発生した金融危機による景気低迷が続いていた状況から、緊急避難的措置として保険料引上げが凍結された。それまでは毎回予想を上回る将来人口の少子高齢化などにより財政再計算時に保険料は引き上げられてきたが、平成十一年（一九九九年）財政再計算では平成八年（一九九六年）十月から平成十五年（二〇〇三年）三月まで厚生年金の保険料率は月収ベースで一七・三五％のまま凍結し、ボーナスが保険料賦課の対象となった平成十五年（二〇〇三年）四月から平成十六年（二〇〇四年）九月までの間も対年収比では対月収比ベースでの一七・三五％と同水準の一三・五八％に凍結された。同様に国民年金の保険料についても平成十年（一九九八年）四月から平成十七年（二〇〇五年）三月まで一万三三〇〇円に凍結された。

第四節　保険料上限固定による有限均衡方式

バブル経済の崩壊後徐々に顕在化した金融機関の不良債権問題、平成十年（一九九八年）に発生した金融危機などの経済不況、中国の台頭などに代表される経済のグローバル化によって、平成十一年（一九九九年）財政再計算時点では、最終保険料負担は二〇％程度が限界であるとの意見が、経済界を中心に強くなった。しかも、人口問題研究所の見通しを上回る少子化の進展が続き、ついに平成十四年（二〇〇二年）人口推計では、中位推計ですら五〇年後も合計特殊出生率は一・三九までにしか回復しないという推計結果が発表された。

将来人口推計において出生率が三回連続下方修正され、高齢化率が上方修正されたことによって厳しい少子高齢社会が見通されるなかで、老後生活の主柱となる所得を保障するという公的年金の機能を確保しつつ、保険料負担を二〇％以内に抑える制度設計が模索され、その結果生み出されたのが平成十六年（二〇〇四年）改正の保険料上限固定とマクロ経済スライドによる給付水準調整によって向こう一〇〇年間の年金財政の収支均衡を図る有限均衡方式である。

これまでの公的年金の財政運営の基本的考え方は、まず、老後生活の主柱としての役割を果たす公的年金として妥当と考えられる年金水準を設定し、一定の人口や経済の前提のもとで、賃金再評価や物価スライドを織り込んだうえで、その年金給付を賄うために、当面の保険料率を法定するとともに、将来にわたって未来永劫財政均衡するような段階保険料を設定するものであった。この点をとらえて、これまでの財政方式は永久均衡方式といわれている。

平成十六年（二〇〇四年）の年金改革で、厚生年金や国民年金の財政方式が永久均衡方式から有限均衡方式に大きく変わった。これまで厚生年金は現役世代に対する所得代替率が六〇％程度の給付水準を維持することを目標に保険料率を段階的に引き上げ、基礎年金に対する三分の一の国庫負担と積立金の運用収入とともに給付の財源とし、年金財政の収支の均衡を図ってきた。しかしこれからはいまの現役世代が年金受給を終えるおおむね一〇〇年間、厚生年金の保険料率は一八・三％、国民年金の保険料額は月額一万六九〇〇円（平成十六年度価格）を上限として固定する一方、基礎年金に対する国庫負担率を三分の一から二分の一に引き上げ、積立金は運用収入のみならず、一〇〇年後にはその額がほぼ一年分の給付費に相当する程度になるまで元本も取り崩して給付の財源にあてることとし、それらの収入の範囲内で給付を行い、財政収支の均衡を図ることとした。しかし今後人口の高齢化により年金世代が増加し、現役世代が減少するなかで、それだけの収入の範囲内でこれまでと同水準の給付を行い、収支の均衡を図ることはできないことから、年金の給付水準をマクロ経済調整によって年々実質的に引き下げ、年金財政の収支の均衡を図ることにした。いいかえれば、一定水準の給付（支出）を行うために保険料（収入）を負担してきたこれまでの制度を、一定水準の保険料（収入）の範囲内で給付（支出）を行う制度に一八〇度転換したのである。

図1-23　平成16年（2004年）改革による新たな年金財政の仕組み

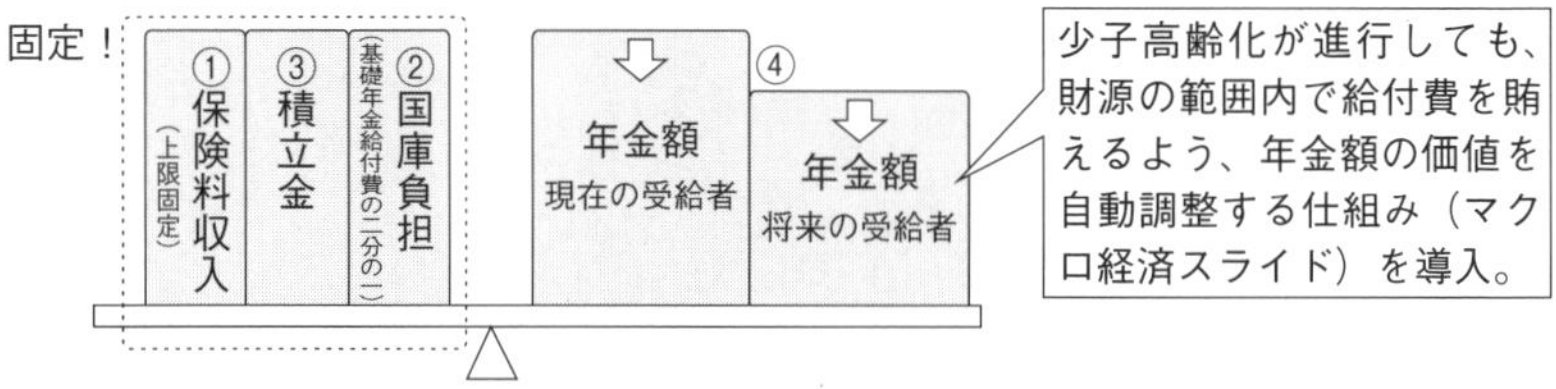

①上限を固定した上での保険料の引上げ

平成29（2017）年度以降の保険料水準の固定。（保険料水準は、引上げ過程も含めて法律に明記）
・厚生年金：18.30％（労使折半）（平成16年10月から毎年0.354％引上げ）
・国民年金：16,900円※平成16年度価格（平成17年４月から毎年280円引上げ）

※平成16年９月の保険料：
厚生年金13.58％（平成16年９月まで）
国民年金13,300円（平成17年３月まで）

②基礎年金国庫負担の２分の１への引上げ

平成21年度以降、基礎年金給付費に対する国庫負担割合を２分の１とする。

③積立金の活用

概ね100年間で財政均衡を図る方式とし、100年後に給付費１年分程度の積立金を保有することとし、これまでの積立金の運用収入のほか、元本も取り崩し後世代の給付に充てる。

④財源の範囲内で給付水準を自動調整する仕組み（マクロ経済スライド）の導入

現役世代の人口減少とともに年金の給付水準を実質的に引き下げる。ただし標準的な年金の給付水準について、年金を受給し始める時点で、現役サラリーマン世帯の平均所得の50％を確保する。

※標準的な年金給付水準の現役サラリーマン世帯の平均所得に対する割合（所得代替率）
59.3％（2004年度）→ 50.2％（2023年度以降）※平成16年財政再計算

資料：厚生労働省

厚生年金の保険料率の上限をどの程度にするかについて、厚生労働省は二〇%程度、経済界は一五%程度を主張し、意見が対立したが、与党である自民党・公明党が間に入って調整し、一八・三%に決まった。そして平成十六年（二〇〇四年）十月に厚生年金の保険料率を一三・九三四%に引き上げ、その後毎年〇・三五四%ずつ上げ、平成二十九年（二〇一七年）に一八・三%となったところで固定し、国民年金の保険料は平成十七年（二〇〇五年）四月から一万三五八〇円に引き上げ、それから毎年二八〇円ずつ引き上げ平成二十九年（二〇一七年）に一万六九〇〇円（平成十六年度価格）になったところで固定することとした。またマクロ経済調整による年金の給付水準の引下げは、五年ごとに行われる財政検証によって将来の年金財政の収支均衡が図れる見通しが立つまで行われることとするが、それによって年金の給付水準がどこまでも下がることは老後生活の主柱としての役割を果たすべき公的年金として問題があるので、年金の受給開始時点における所得代替率が五〇%になった時点で調整を終結し、給付と費用

図１－24　諸外国の年金保険料率（2013年）

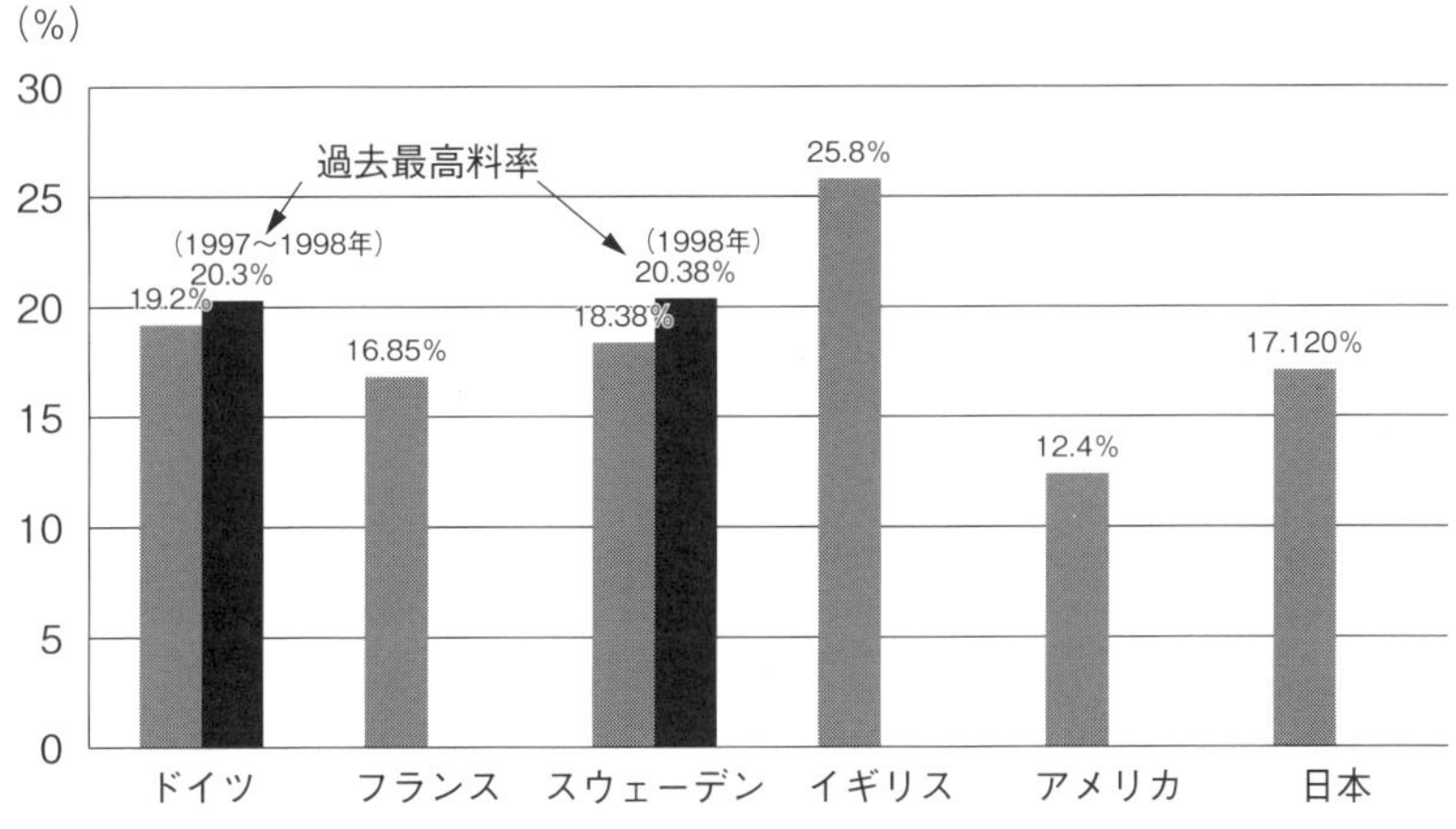

負担のあり方を見直すこととした。マクロ経済調整による年金の給付水準の引下げは、年金の名目額を引き下げない範囲内で、従来の物価スライド率から一定の調整率を減ずることによって行われるが、その調整率は保険料を負担する公的年金の全被保険者数の減少率の実績に、年金受給者の平均余命の伸びを考慮して設定される。公的年金の全被保険者数の減少率の見通しでは、調整が開始される平成十七年度（二〇〇五年度）から基準ケースの場合に調整が終了する平成三十五年度（二〇二三年度）までの間で〇・二%から一・〇%までの値をとり、平均すると年率〇・六%程度である。これに、年金受給者の平均余命の伸びを考慮して定めた一定率の〇・三%を加えると、スライド調整率は、年率平均で〇・九%程度となる。

人口と経済について一定の前提をおき、以上述べたような保険料の上限固定と給付水準のマクロ経済調整を柱とする有限均衡方式によって行われた財政再計算の結果は次のとおりであった。

厚生年金の標準的な年金の所得代替率は、人口に関する前提は平成十四年（二〇〇二年）一月将来人口推計の出生中位（合計特殊出生率一・三九）とし、経済に関する前提は物価上昇率一・〇%、賃金上昇率二・一%、運用利回り三・二%として設定された基準ケースでは、年金裁定時で、平成十六年度（二〇〇四年度）現在で五九・三%が、給付水準のマクロ経済スライドにより、平成三十五年度（二〇二三年度）まで一九年間かけて五〇・二%まで引き下げられ、以降その代替率の水準で収支均衡する。このとき、報酬比例部分の所得代替率は二五・七%から二一・八%まで低下し、基礎年金部分の所得代替率は三三・六%から二八・四%まで低下し、年金の給付水準の低下率はいずれも一五%と同じであった。

図1-25　平成16年財政再計算における年金額及び所得代替率の見通し（標準的な年金受給世帯）

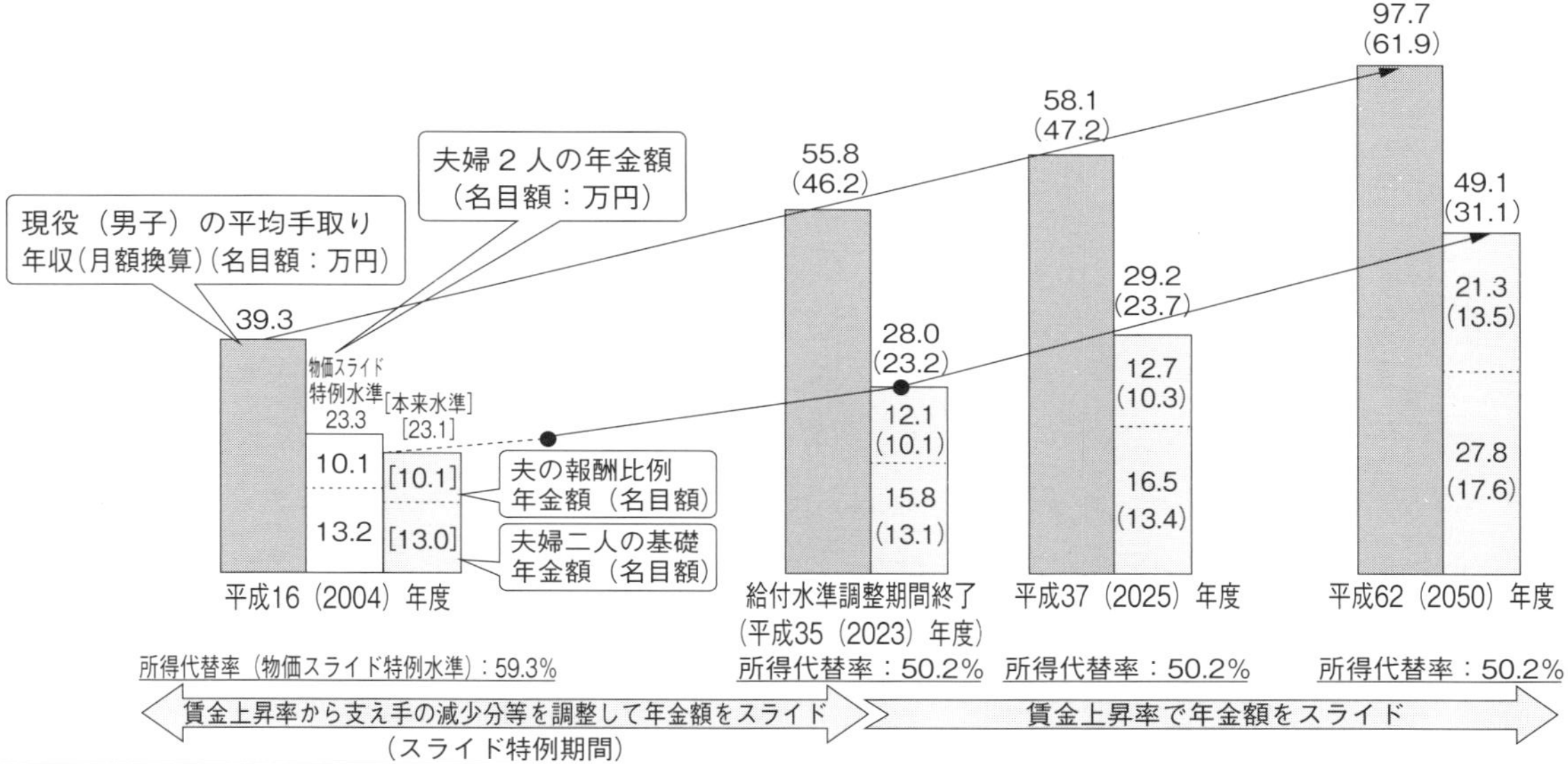

	平成16（2004）年度 物価スライド特例水準	平成16（2004）年度 [本来水準]	平成35（2023）年度	平成37（2025）年度	平成62（2050）年度
報酬比例	10.1万円	[10.1万円]	⇨12.1万円（10.1万円）	⇨12.7万円（10.3万円）	⇨21.3万円（13.5万円）
基礎年金（夫婦2人分）	13.2万円	[13.0万円]	⇨15.8万円（13.1万円）	⇨16.5万円（13.4万円）	⇨27.8万円（17.6万円）

※（）内は物価で現在価値に割り戻した価格表示

資料：厚生労働省

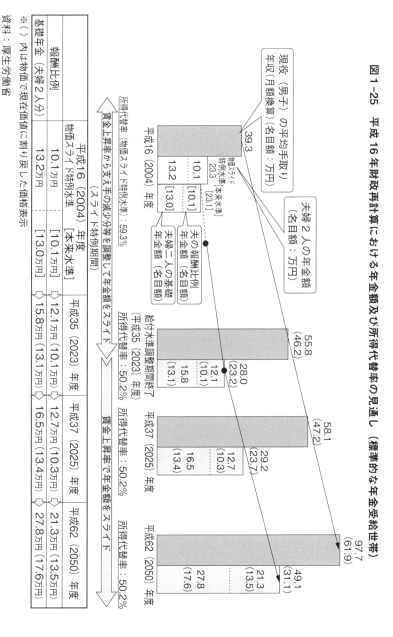

しかしながら、最も厳しい前提として、人口に関する前提は出生低位（合計特殊出生率一・一〇）とし、経済に関する前提は物価上昇率一・〇%、賃金上昇率一・八%、運用利回り三・一%として設定されたケースでは、厚生年金の所得代替率は、平成四十五年度（二〇三三年度）以降四五・三%まで低下させてようやく収支均衡するが、五〇%の下限を超えるよう平成三十六年度（二〇二四年度）においてマクロ経済調整は終了し、以降も五〇%を上回る給付水準を確保できるよう給付と費用負担のあり方を改めて検討することとされた。

マクロ経済スライドによる給付水準の引下げを行いつつ、最小限妥当な年金水準を確保する内容の平成十六年（二〇〇四年）改正であったが、それ以降賃金や物価の上昇率がマイナスの年が多く、そのうえ平成十一年（一九九九年）から平成十三年（二〇〇一年）に物価が下がったにもかかわらず特例的に年金額が据え置かれたためマクロ経済スライドによる給付水準の引下げも、平成二十一年（二〇〇九年）財政検証の時点でも行われないままになった。

表１-24　厚生年金の財政方式の推移

保険料改定時期	保険料率（%）			平準保険料率（%）			最終保険料率（%）	財政方式	
	男子	女子	坑内員	男子	女子	坑内員			
昭和17(1942)年6月	6.4	−	8.0	6.4	−	8.0		平準保険料方式	
昭和19(1944)年10月	11.0	11.0	15.0	11.0	11.0	15.0		〃	
昭和22(1947)年9月	9.4	6.8	12.6	9.4	6.8	12.6		〃	
昭和23(1948)年8月	3.0	3.0	3.5	9.4	5.5	12.3		〃	インフレによる積立金の減少等を考慮して、暫定保険料率を設定
昭和29(1954)年5月	3.0	3.0	3.5	5.0 4.1	3.6 3.1	6.0 4.9		段階保険料方式	急激な保険料の増を避けるため、保険料率の将来見通しを作成し、段階保険料方式を採用 少なくとも５年ごとの財政再計算を行うことを法定
昭和35(1960)年5月	3.5	3.0	4.2	4.4	3.1	5.2		〃	
昭和40(1965)年5月	5.5	3.9	6.7	6.9	5.3	15.8		〃	保険料は段階的に引き上げられることが法定
昭和44(1969)年11月	6.2	4.6	7.4	8.5	6.4	20.4		〃	
昭和48(1973)年4月	7.6	5.8	8.8	昭和48年財政再計算 10.5	13.9	46.9	19.6 〔平成22（2010）〕	スライドを考慮した将来見通しに基づく段階保険料方式	物価スライド制・標準報酬の再評価（賃金スライド）制の導入 保険料率はスライドを考慮した将来見通しに基づいて算定（平準保険料率は参考として算定）
昭和51(1976)年8月	9.1	7.3	10.3	昭和51年財政再計算 13.9	20.0	61.5	20.7 〔平成22（2010）〕	〃	
昭和55(1980)年10月	10.6	8.9	11.8	昭和55年財政再計算 19.1	26.4	65.6	35.4 〔平成33（2021）〕	〃	
昭和60(1985)年10月	12.4	11.3	13.6	昭和59年財政再計算 −	−	−	28.9 〔平成33（2021）〕	〃	
平成２（1990)年1月	14.3	13.8	16.1	平成元年財政再計算 −	−	−	65歳支給：26.1 60歳支給：31.5 〔平成32（2020）〕	〃	
平成6(1994)年11月	16.5		18.3	平成６年財政再計算				〃	
平成8(1996)年10月	17.35		19.15	−	−	−	29.8 〔平成36(2024)〕		
平成11(1999)年10月	17.35		19.15	平成11年財政再計算			国庫負担１／２：19.8 〔平成31（2019）〕 国庫負担１／３：21.6 〔平成36（2024）〕	〃	
平成15(2003)年4月	13.58		14.96						

（次頁に続く）

平成 16(2004)年 10 月	13.934	15.208	平成 16 年財政再計算 ・将来にわたる保険料水準を設定 ・平成 29(2017) 年まで毎年 0.354% ずつ引上げ ・平成 29(2017) 年度以降 18.3% で固定	給付水準を固定した永久均衡方式から保険料上限固定による有限均衡方式へ転換	給付水準のマクロ経済調整導入 マクロ経済調整期間の見通し（基準ケース）：基礎年金部分・報酬比例部分ともに平成 35（2023）年度に調整終了
平成 21(2009)年 2 月	15.350	16.200	平成 21 年財政検証 将来にわたる保険料水準は平成 16 年財政再計算によって設定されたものを用いて財政検証	〃	平成 17 年度から平成 21 年度までマクロ経済調整未実施
平成 26(2014)年 6 月	17.120	17.440	平成 26 年財政検証 将来にわたる保険料水準は平成 16 年財政再計算によって設定されたものを用いて財政検証	〃	平成 22 年度から平成 26 年度までマクロ経済調整未実施 平成 27 年度にマクロ経済調整初実施

＊昭和 44 年財政再計算以前の最終保険料率及び平準保険料率は、財政再計算の計算基準時点における物価水準、賃金水準や給付水準等が将来に向かって一定との仮定の下に計算されている。
＊昭和 29（1954）年 5 月の平準保険料率の上段は、予定利回りを当初 10 年間につき 5 %、それ以降につき 4.5%としたもので、下段は、予定利回りを全期間につき 5.5%としたもの
＊平成 11 年財政再計算以降の最終保険料率、および平成 15（2003）年 4 月以降の保険料率は総報酬ベース、それ以外は標準報酬月額ベース

図 1 -26　厚生年金保険料率の推移（男子：1942～2017 年度）

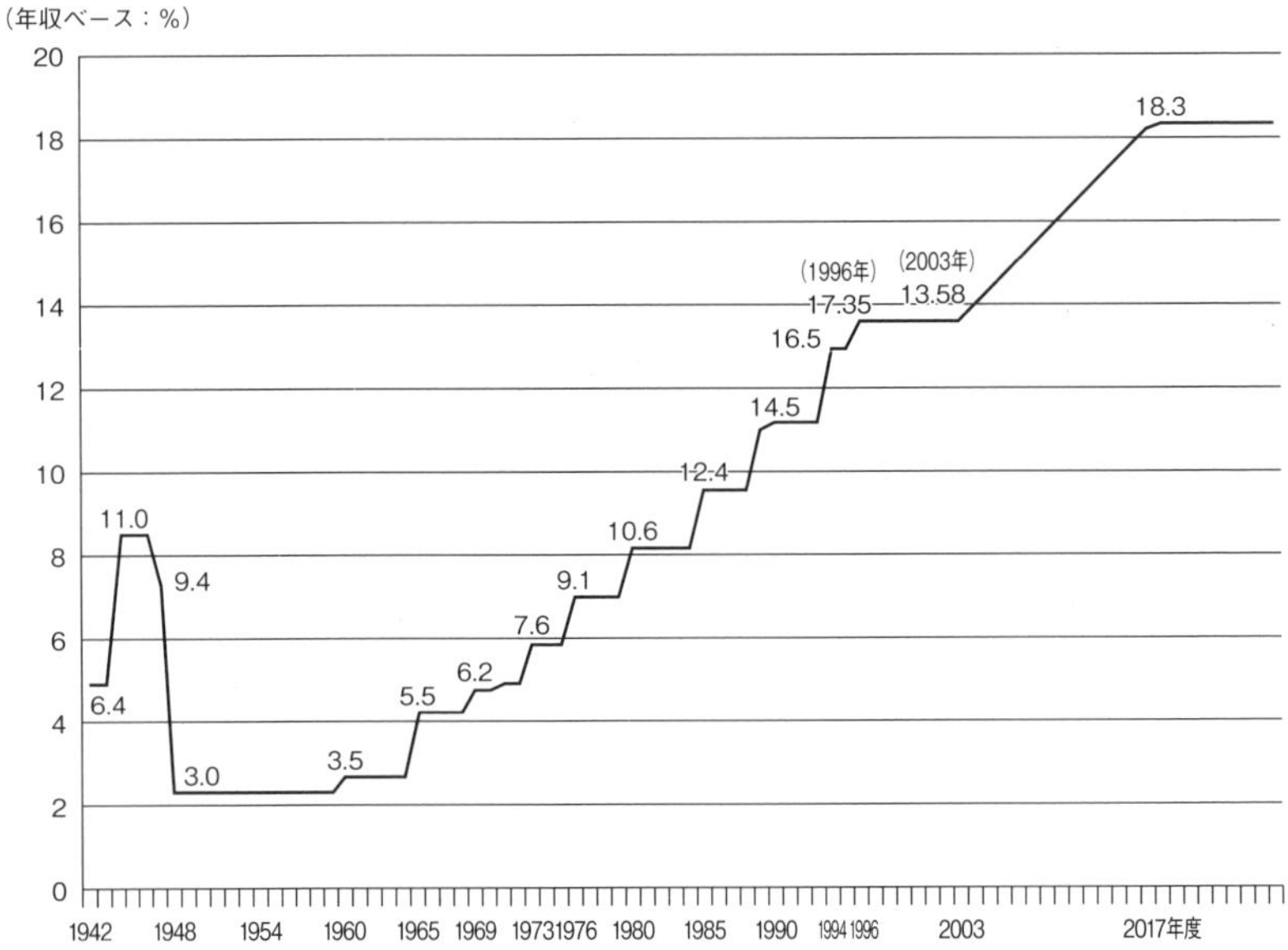

（注）平成14年度（2002年度）までの保険料率については、グラフは保険料率を年収ベースに換算して描いているが、表示されている計数は月収ベースのものである。
資料：厚生労働省資料に基づき作成

表1-25　国民年金の財政方式の推移

保険料改定時期	保険料	平準保険料	段階保険料	財政方式	
昭和36(1961)年4月	20歳～34歳：100円 35歳以上　：150円	128.3円	－	平準保険料方式	少なくとも5年ごとの財政再計算を行うことを法定
昭和42(1967)年1月	20歳～34歳：200円 35歳以上　：250円	昭和41年財政再計算		段階保険料方式	急激な保険料の増を避けるため、保険料の将来見通しを作成し、段階保険料方式を採用 保険料は段階的に引き上げられることを法定
昭和44(1969)年1月	20歳～34歳：250円 35歳以上　：300円	403円	昭和56（1981）年度以降 508円		
昭和45(1970)年7月	450円	昭和44年財政再計算		〃	
昭和47(1972)年7月	550円	862円	平成22（2010）年度以降 1,640円		
昭和49(1974)年1月	900円	昭和48年財政再計算		スライドを考慮した将来見通しに基づく段階保険料方式	物価スライド制の導入 保険料はスライドを考慮した将来見通しに基づいて算定（平準保険料は参考として算定）
昭和50(1975)年1月	1,100円	(2,661円)	平成22（2010）年度 35,800円（名目額）		
昭和51(1976)年4月	1,400円	昭和51年財政再計算		〃	
昭和52(1977)年4月	2,200円	(5,040円)	平成22（2010）年度 8,650円（昭和51年度価格）		
昭和53(1978)年4月	2,730円				
昭和54(1979)年4月	3,300円				
昭和55(1980)年4月	3,770円	昭和55年財政再計算		〃	
昭和56(1981)年4月	4,500円	(7,980円)	平成25（2013）年度以降 15,700円（昭和55年度価格）		
昭和57(1982)年4月	5,220円				
昭和58(1983)年4月	5,830円				
昭和59(1984)年4月	6,220円				
昭和60(1985)年4月	6,740円				
昭和61(1986)年4月	7,100円	昭和59年財政再計算		〃	公的年金各制度からの拠出金による基礎年金制度創設
昭和62(1987)年4月	7,400円	－	平成19（2007）年度以降 13,000円（昭和59年度価格）		
昭和63(1988)年4月	7,700円				
平成元(1989)年4月	8,000円				
平成2(1990)年4月	8,400円	平成元年財政再計算		〃	
平成3(1991)年4月	9,000円	－	平成22（2010）年度以降 16,100円（平成元年度価格）		
平成4(1992)年4月	9,700円				
平成5(1993)年4月	10,500円				
平成6(1994)年4月	11,100円				
平成7(1995)年4月	11,700円	平成6年財政再計算		〃	
平成8(1996)年4月	12,300円	－	平成27（2015）年度以降 21,700円（平成6年度価格）		
平成9(1997)年4月	12,800円				
平成10(1998)年4月	13,300円				
平成11(1999)年4月	13,300円				
平成12(2000)年4月	13,300円	平成11年財政再計算		〃	
		－	平成32（2020）年度以降 国庫負担1／2：18,500 国庫負担1／3：25,200 （平成11年度価格）		

（次頁に続く）

平成 17(2005)年 4 月	13,580 円	平成 16 年財政再計算 ・将来にわたる保険料水準を設定 ・平成 29(2017)年まで毎年 280 円(平成 16 年度価格）ずつ引上げ ・平成 29（2017）年度以降 16,900 円（平成 16 年度価格）で固定	給付水準を固定した永久均衡方式から保険料上限固定による有限均衡方式へ転換	給付水準のマクロ経済調整導入 マクロ経済調整期間の見通し（基準ケース）：基礎年金部分：平成 35（2023）年度に調整終了
平成 21(2009)年 2 月	14,410 円	平成 21 年財政検証 将来にわたる保険料水準は平成 16 年財政再計算によって設定されたものを用いて財政検証	〃	平成 17 年度から平成 21 年度までマクロ経済調整未実施
平成 26(2014)年 6 月	15,250 円	平成 26 年財政検証 将来にわたる保険料水準は平成 16 年財政再計算によって設定されたものを用いて財政検証	〃	平成 22 年度から平成 26 年度までマクロ経済調整未実施 平成 27 年度にマクロ経済調整初実施

＊昭和 44 年財政再計算以前の段階保険料及び平準保険料は、財政再計算の計算基準時点における物価水準、賃金水準や給付水準等が将来に向かって一定との仮定の下に計算されている。

図１-27　国民年金保険料・基礎年金額・老齢福祉年金額の推移（1961～2015 年度）

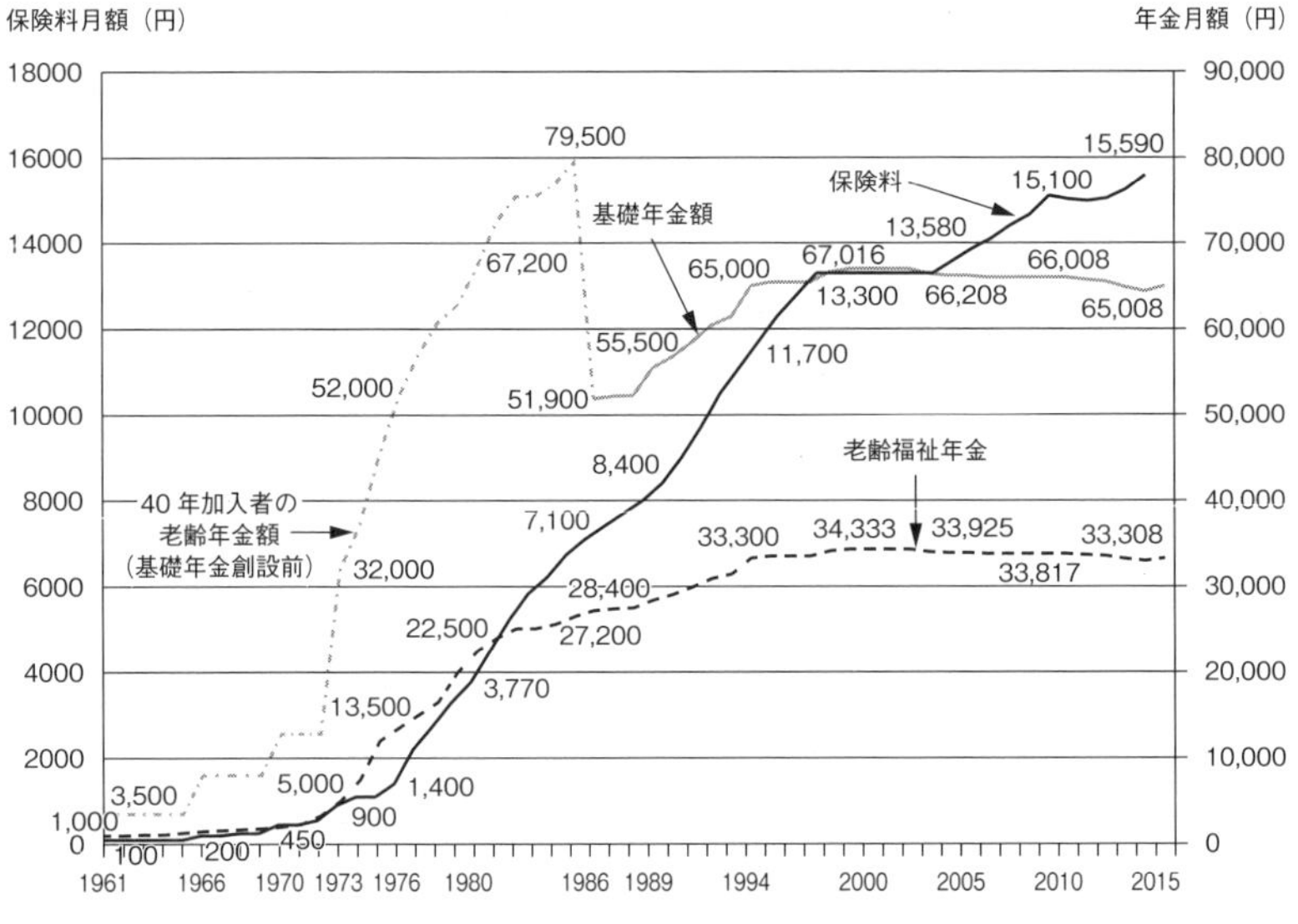

第五節　制度の成熟化と収支比率の変化

前節までにおいて公的年金の財政方式の変遷をたどってきたが、本節では年金扶養比率や収支比率の指標を用いて、数値面から財政状況の変化をたどってみたい。

年金扶養比率は、老齢年金・退職年金相当の受給権者数に対する被保険者数の比率のことであり、一人の老齢年金・退職年金相当の受給権者を、何人の被保険者で支えているかを表し、年金制度の成熟の度合いを意味する指標である。昭和六十一年度（一九八六年度）に基礎年金制度が創設され、厚生年金や共済年金の加入者も国民年金に加入することとなり、国民年金の財政は産業構造や就業構造の変動に影響を受けないものとなったことに伴い、昭和六十一年度（一九八六年度）以降の国民年金の年金扶養比率については、基礎年金の年金扶養比率を用いている。基礎年金の年金扶養比率は昭和六十一年度（一九八六年度）では五・六三であり、このことは一人の老齢年金・退職年金相当の受給権者を五・六三人の被保険者で支えていることを意味している。近年、制度の成熟化と高齢化の進展により基礎年金や厚生年金の年金扶養比率は低下し、近年では二・〇を若干上回る程度になっている。

基礎年金創設前の国民年金の年金扶養比率は、成熟化対策が講じられたことにより、昭和四十年代後半に急速に低下し、昭和四十九年度（一九七四年度）には厚生年金を下回ることとなった。年金扶養比率は、昭和五十年度（一九七五年度）においては、厚生年金が二一・六四と、国民年金の九・四八に比べ、年金制度としての成熟が進んでいない状態であったが、基礎年金制度の創設によって被用者を含む全国民が被保険者となったために、厚生年金の年金扶養比率は基礎年金の年金扶養比率に急速に接近し、平成十三年度（二〇〇一年度）以降ではほぼ基礎年金の年金扶養比率と同じ状況になっており、平成二十五年度（二〇一三年度）では二・三二で、基礎年金の年金扶養比率は二・一五であった。

次に、収支比率とは、実質的な支出額から国庫・公経済負担を控除した額の保険料収入と運用収入の合計額に対する比率のことである。実質的な支出額から国庫・公経済負担を控除した額が保険料収入や運用収入でどの程度賄われているかを表す指標で、一〇〇％を超えると保険料収入と運用収入だけでは賄い

図1-28　年金扶養比率の推移

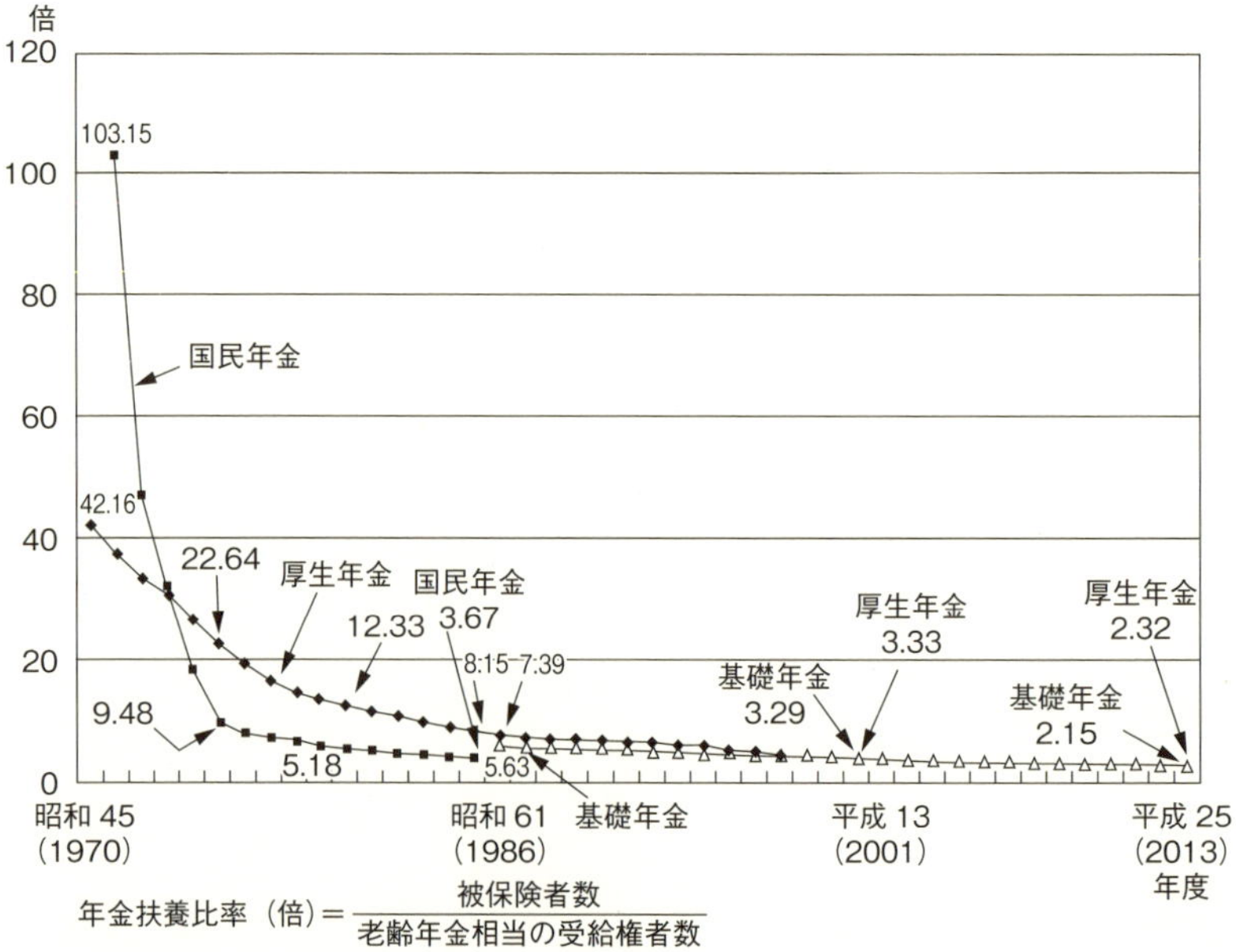

きれず、積立金の元本取り崩しが必要となる財政状況となっていることを意味する。実質的支出額とは、基礎年金拠出金と独自給付費の合計額を指す。独自給付費は、厚生年金については基礎年金拠出金を除いた報酬比例部分などの給付に要する費用のことである。

さらに、積立比率とは、当年度の実質的な支出額から国庫・公経済負担を控除した額に対する前年度末積立金の比率のことで、前年度末の積立金が、当年度の実質的な支出のうち保険料収入や運用収入という自前の財源で賄わなければならない部分の何年分に相当するかを表す指標である。

厚生年金の収支比率は、昭和四十五年度（一九七〇年度）は一三・四％であった。即ち、この段階では、保険料収入と運用収入は、支出を七倍以上も上回っており、財政運営上かなり余裕があった。しかし、第一次、第二次と二回のオイルショックによる物価や賃金の高騰による大幅な給付改善を経た後の昭和五十五年度（一九八〇年度）には四四・一％と収支比率が三倍以上増大した。積立比率にいたっては、昭和四十五年度（一九七〇年度）の二六・五倍から昭和五十五年度（一九八〇年度）には八・五倍まで急低下した。もとより、これらの背景には、年金扶養比率が、昭和四十五年度（一九七〇年度）の四二・一六から、昭和五十五年度（一九八〇年度）に一二・三三へと低下し、成熟化が急速に進んでいることがある。しかし、この時期は、インフレによる年金額の改善や積立金の目減りにより、厚生年金の財政状況が急速に修正積立方式から離れていく時期でもあった。

その後、厚生年金の収支比率は、昭和六十一年度（一九八六年度）に六一・五％と前年度よりも一〇ポイント以上も急増した。このことは、基礎年金制度の創設が厚生年金の財政を賦課方式に近づけた大きな転換点になったことを示している。その後、厚生年金は、平成元年財政再計算で保険料率を二・一%と当時では過去最大の引上げを行ったことにより収支比率が一時的に改善したものの、急速に賦課方式に近い財政状況へとシフトし、平成十三年度（二〇〇一年度）には収支比率が一〇二・四%と支出が収入を上回る状況となった。

二一世紀に入ると、さらに財政状況は厳しいものとなり、平成二十五年度（二〇一三年度）まで、積立金を時価評価ベースでみた場合でも、多くの年度で一〇〇%を超えている。これは、積立金の取り崩しで財源を確保していることの表れであり、厳し

図1-29　厚生年金における収支比率・積立比率の推移

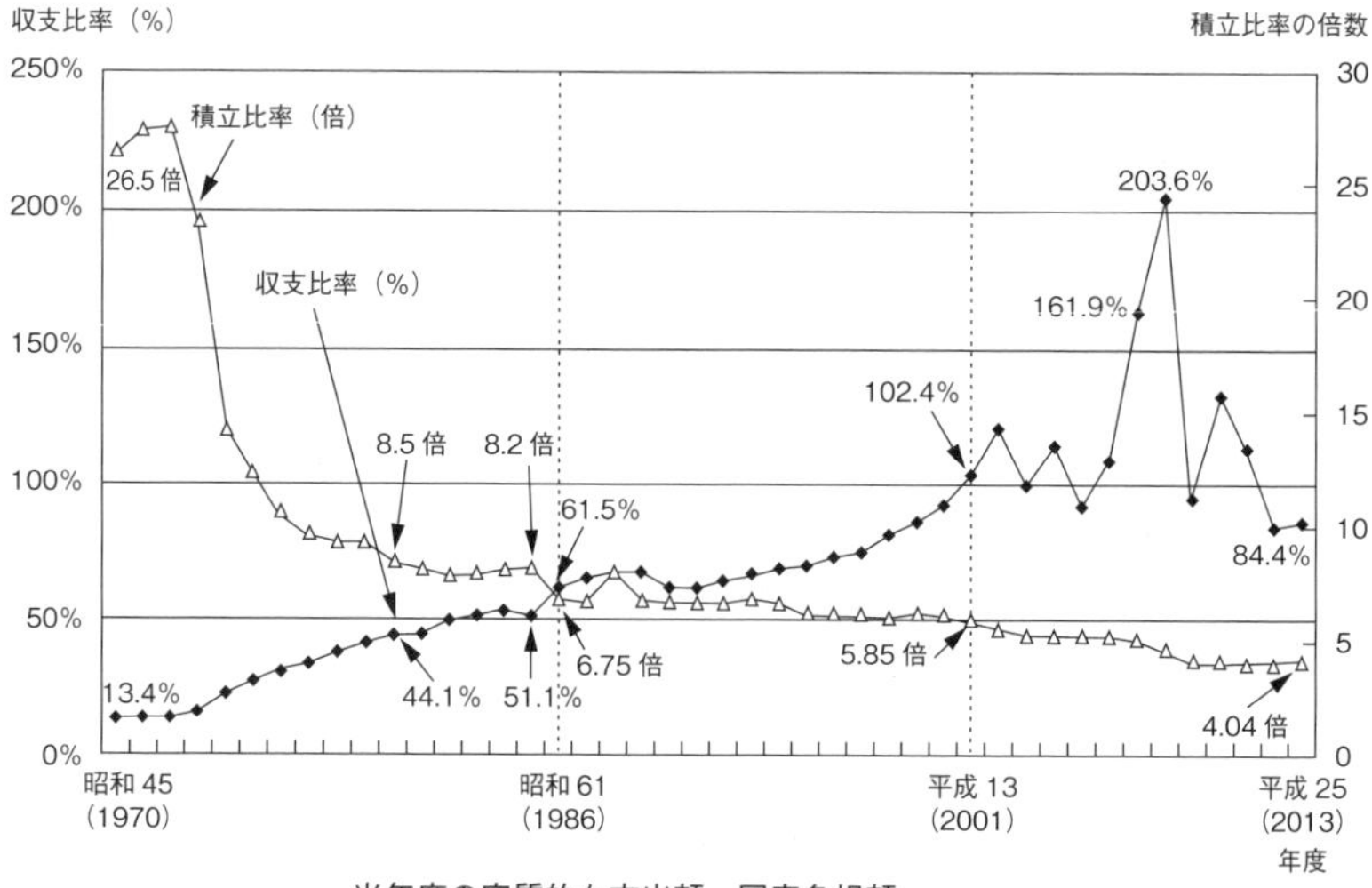

$$\text{収支比率（\%）}=\frac{\text{当年度の実質的な支出額}-\text{国庫負担額}}{\text{保険料収入}+\text{運用収入}}$$

$$\text{積立比率（倍）}=\frac{\text{前年度末積立金}}{\text{当年度の実質的な支出額}-\text{国庫負担額}}$$

（注）実質的な支出額＝基礎年金拠出金＋独自給付費

い財政状況であることをあらわしている。

この理由として、第一に、この間、年金扶養比率が平成十三年度（二〇〇一年度）の三・三三から、平成二十五年度（二〇一三年度）には二・三二まで低下し、厚生年金の成熟化が進んでいることである。第二に、平成十一年（一九九九年）財政再計算が実施されたにもかかわらず、平成十六年（二〇〇四年）十月まで保険料の引上げが凍結されたことである。第三に、資金運用利回りが大きく変動する運用環境に様変わりしたことである。第四に、平成十六年（二〇〇四年）財政再計算による段階保険料設定も当面は積立金の取り崩しを前提とした緩やかなものであったことである。それらの結果、年金扶養比率の減少がなだらかであるにもかかわらず、収支比率は櫛の歯のように変動を繰り返し、厳しい財政状況が続いている。

特に、資産運用環境の激変は近年著しいものがあり、平成十九年（二〇〇七年）夏に発生したサブプライム住宅ローン危機により、運用利回りがマイナス三・五％と大きく低下し

図1-30　厚生年金の収入と実質的な支出の推移

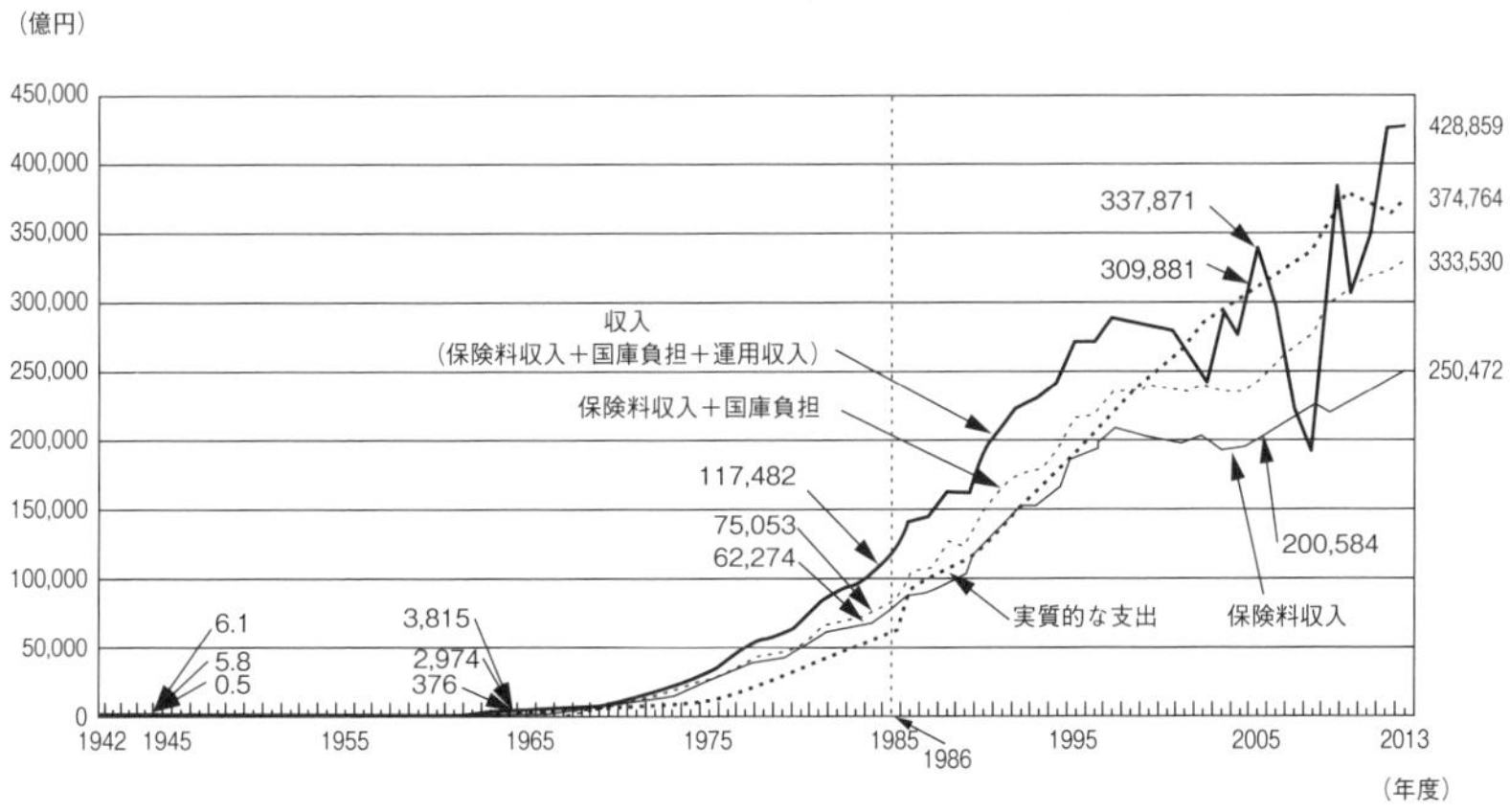

ため、平成十九年度（二〇〇七年度）における厚生年金の収支比率は一六〇％を超えた。さらに、平成二十年（二〇〇八年）九月にはリーマン・ショックが発生し、運用利回りはマイナス六・九％とさらに低下したため、平成二十年度（二〇〇八年度）における厚生年金の収支比率は二〇〇％を超えた。即ち、平成二十年度（二〇〇八年度）の厚生年金では、保険料収入と運用収入を合わせた収入が、保険料や運用収入で賄うべき支出の半分にも満たない状況になった。

国民年金の収支比率は、制度の成熟化にオイルショックに伴うインフレによる給付改善がなされたことが重なり、急速に上昇し、昭和五十一年度（一九七六年度）には九四％を超え、厳しい財政状況となった。そのため、国庫負担を拠出時から給付時に変更し、保険料を引き上げることにより収支状況は若干改善した。しかしながら、農業などの第一次産業から製造業などの第二次産業やサービス業などの第三次産業へ産業構造・就業構造が変化しており、国民年金は厚生年金に比べ年金財政上困難な立場に立たされていた。

基礎年金制度が創設された昭和六十一年度（一九八六年度）以降の国民年金の収支比率は、厚生年金の収支比率と数度にわたり交差しながら、長期的にはほぼ同じ傾向で上昇している。基礎年金創設前の昭和六十年度（一九八五年度）以前は、国民年金の収支比率の方が高かったが、生産年齢人口全体で支える仕組みである基礎年金が創設された結果、産業構造や就業構造の変化に耐えられるようになり年金財政が安定するようになったためである。

ただ、近年における資産運用環境の激変の影響を国民年金も厚生年金同様受けている。平成十九年（二〇〇七年）夏に発生したサブプライム住宅ローン危機による影響で、平成十九年度（二〇〇七年度）における国民年金の収支比率は一五〇%を超えた。さらに、平成二十年（二〇〇八年）九月に発生したリーマン・ショックの影響で、平成二十年度（二〇〇八年度）における国民年金の収支比率は二〇〇%を超えた。即ち、平成二十年度（二〇〇八年度）は国民年金も厚生年金と同様、保険料収入と運用収入を合わせた収入が保険料や運用収入で賄うべき支出の半分にも満たない状況になった。

　以上のように、制度の成熟化の進捗状況は、厚生年金と国民年金で異なる時代があったが、基礎年金制度創設以降急速に同化し、近年では成熟化の状況はほぼ同じで

図1-31　国民年金における収支比率・積立比率の推移

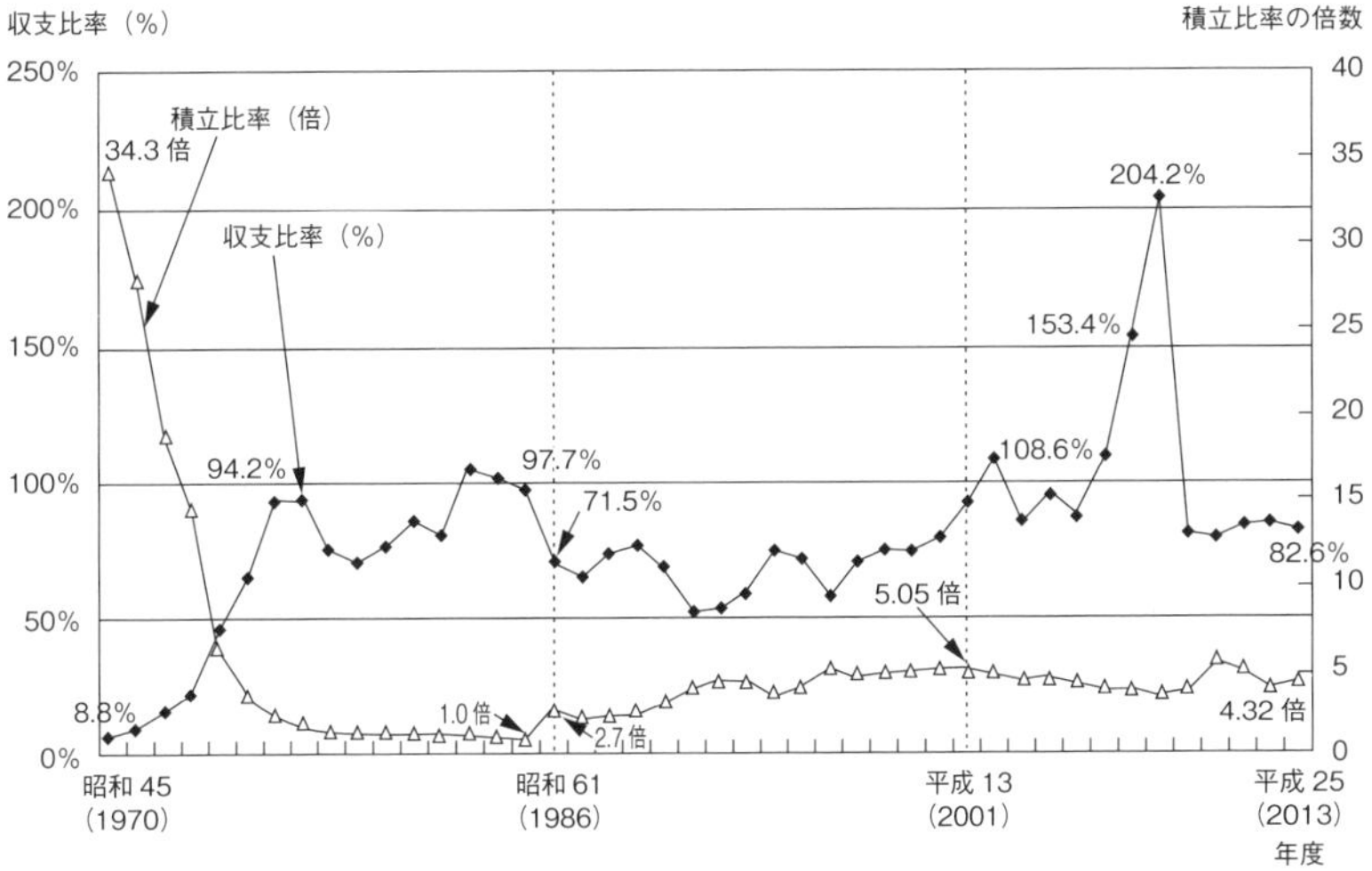

$$\text{収支比率（\%）} = \frac{\text{当年度の実質的な支出額} - \text{国庫負担額}}{\text{保険料収入} + \text{運用収入}}$$

$$\text{積立比率（倍）} = \frac{\text{前年度末積立金}}{\text{当年度の実質的な支出額} - \text{国庫負担額}}$$

（注）実質的な支出額＝基礎年金拠出金＋独自給付費

ある。収支比率や積立比率の状況も、短期的にはともかく、長期的にみれば、厚生年金と国民年金はほぼ同じである。いずれにしても近年、収支比率は一〇〇%前後を動き、積立比率は三～四倍程度で推移している。「入るを量りて出ずるを制す」という考え方に立脚した保険料上限固定による有限均衡方式のもとで、財政検証を繰り返し行い、人口や経済の変動に柔軟に対応して、収入財源の枠内に支出を制御しつつ、同時に公的年金として妥当な給付水準を確保し続けることができれば、年金制度を長期的に持続させることは決して不可能ではない。

図１-32　国民年金の収入と実質的な支出の推移

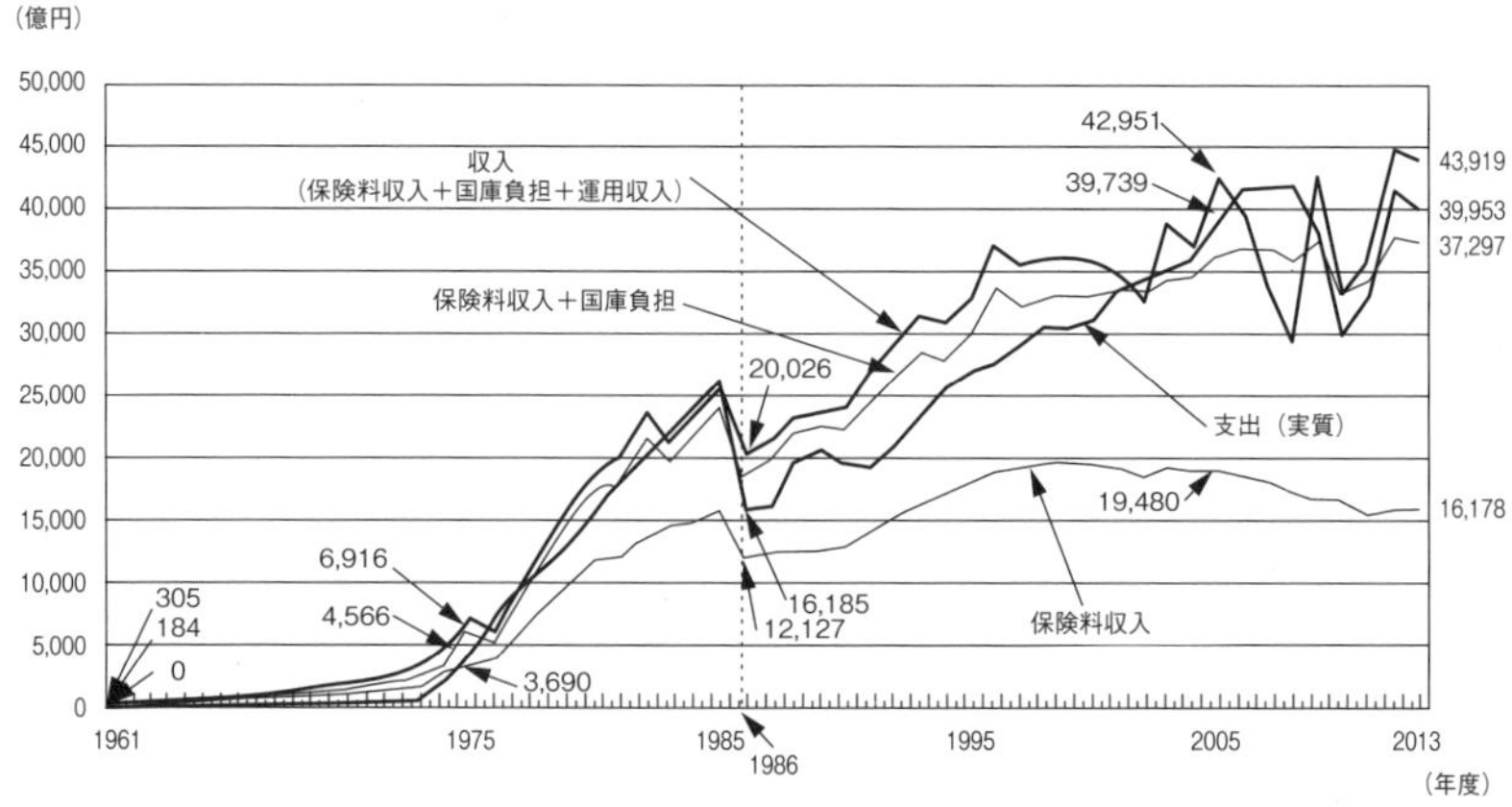

第六節　平成二十一年財政検証結果

保険料の上限固定と給付水準のマクロ経済調整の仕組みが導入されてはじめての第一回財政検証が平成二十一年（二〇〇九年）に行われた。検証の前提とされた将来の人口推計は、国立社会保障・人口問題研究所が平成十八年（二〇〇六年）に発表した出生率に関する新たな高位、中位、低位の三推計が用いられた。新人口推計は平成十四年（二〇〇二年）の推計に比べて中位推計で合計特殊出生率は平成六十二年（二〇五〇年）一・三九から平成六十七年（二〇五五年）一・二六に低下し、六十五歳以上の人口の比率は平成六十二年（二〇五〇年）三五・七％が平成六十七年（二〇五五年）四〇・五％に上昇し、人口の少子高齢化が一段と進むというものであった。

経済の前提は、平成二十七年度（二〇一五年度）までは平成二十一年（二〇〇九年）に内閣府が発表した「経済財政の中長期方針と一〇年展望」、それ以降は社会保障審議会年金部会の下におかれた経済前提専門委員会の報告に基づき、物価上昇率一・〇％、賃金上昇率二・五％、運用利回り四・一％を中位に、高位、低位の三つの前提が設定され、人口の出生に関する三つの前提と組み合わせて九つの前提を置いて財政検証が行われた。

財政検証の結果は次のとおりであった。まず第一に、平成十一年（一九九九年）から平成十三年（二〇〇一年）にかけて物価が下落したにもかかわらず特例的に基礎年金の額が据え置かれたうえに、平成十六年（二〇〇四年）以降賃金上昇率はマイナスの年が多く、物価上昇率も〇％近辺で推移したため、給付水準のマクロ経済調整が一度も発動されなかった。そのため、基礎年金の賃金に対する所得代替率が平成十六年（二〇〇四年）の三三・六％から平成二十一年（二〇〇九年）には三六・六％に上昇し、報酬比例部分を合わせた標準的な年金の所得代替率も五九・三％から六二・三％に上昇した。

第二に、人口、経済とも中位を前提とした基本ケースでは、給付水準のマクロ経済調整は平成二十四年（二〇一二年）から開始され、報酬比例部分の所得代替率は平成二十一年（二〇〇九年）の二五・六％から平成三十一年（二〇一九年）に二三・四％まで低下して終了し、基礎年金部分の所得代替率は平成二十一年（二〇〇九年）の三六・六％から平成五十年（二〇三八年）に二六・八％まで低下して終了し、両者合わせた標準的な年金の所得代替率は五〇・一％になり、その後平成百十七年（二一〇五年）まで厚生年金、国民年金とも財政の均衡は維持される。

第三に、五年後の平成二十六年（二〇一四年）の標準的な年金の所得代替率は六〇・一％で、給付水準の下限値五〇％を上回ることから、法律が定める給付と負担を見直し、所要の措置を講ずる必要はないという結果になった。

以上のような平成二十一年（二〇〇九年）の財政検証結果は、平成十六年（二〇〇四年）に導入された給付水準のマクロ経済調整がこの五年間に一度も発動されず、また、平成十六年（二〇〇四年）当時より人口の高齢化がさらに進むにもかかわらず、年金財政は今後およそ一〇〇年にわたって所得代替率五〇％以上の水準を保ちつつ、収支の均衡を維持することができるというものであった。

給付水準の調整期間は前回の財政再計算時には平成十六年（二〇〇四年）から平成三十五年（二〇二三年）までの一九年間であったが、今回の財政検証では平成二十三年（二〇一一年）から平成五十年（二〇三八年）までの二七年間と、八年も長くなった。スライド調整率は、調整が開始される平成二十四年度（二〇一二年度）から基準ケースの場合に調整が終了する平成五十年度（二〇三八年度）までの間で〇・八％から二・〇％までの値をとるが、平均すると年率でおおむね一・二％程度である。また、仮に所得代替率が五〇％という下限値を超えてマクロ経済調整を続けた場合、人口も経済も最も低位のケースでは、前回の財政再計算時では平成四十五年（二〇三三年）に所得代替率が四五・三％で財政が均衡し

図1-33　厚生年金の標準的な年金の給付水準の見込み（年金を受給し始めた時の年金額）（平成21年財政検証基本ケース）

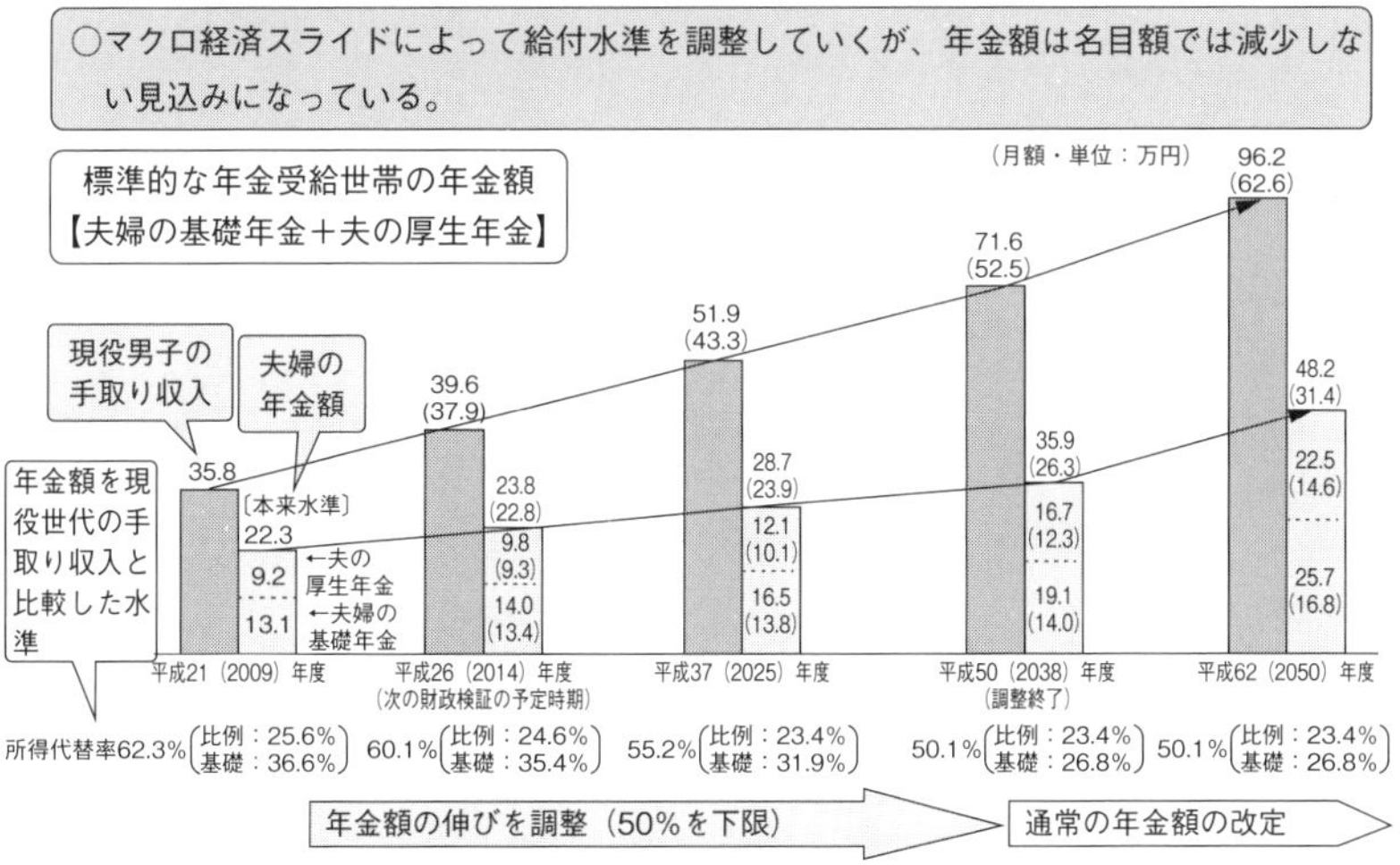

（注1）図中の数値は各時点における名目額。（ ）内の数値は、物価で現在価値に割り戻した額。

（注2）年金額はスライド特例によるかさ上げ分のない本来水準。平成21年度に実際に支給される基礎年金額は夫婦で13.2万円（スライド特例によりかさ上げ）。

資料：厚生労働省

たが、今回の財政検証では、平成六十年（二〇四八年）に所得代替率が四三・一%まで低下して財政が均衡するという結果になった。経済が最も低位の前提といっても賃金上昇率は二・一%、物価上昇率は一・〇%、運用利回りは三・九%というもので、経済の前提については幅が狭すぎ、楽観的すぎるという意見があり、経済の実績がこの前提より悪くなればマクロ経済調整による所得代替率の低下がさらに大きくなる。

平成十六年（二〇〇四年）財政再計算と今回の財政検証の結果のもう一つ大きな相違点は、前回の再計算では報酬比例年金と基礎年金の所得代替率の低下と調整期間が同じであったが、今回の財政検証では報酬比例年金に比して基礎年金の代替率の低下が大きく、標準的な年金の代替率の低下の大部分が基礎年金の代替率の低下によるものとなり、調整期間も長くなった。

第七節　平成二十六年財政検証結果

保険料の上限固定と給付水準のマクロ経済調整の仕組みが導入されて二回目の財政検証が平成二十六年（二〇一四年）に行われた。検証の前提とされた将来の人口推計は、国立社会保障・人口問題研究所が平成二十四年（二〇一二年）に発表した出生率や死亡率に関する新たな高位、中位、低位のそれぞれ三推計ずつを組み合わせて用いられた。新人口推計は平成十八年（二〇〇六年）の推計に比べて出生率に関する中位推計で合計特殊出生率は平成六十七年（二〇五五年）一・二六から平成七十二年（二〇六〇年）一・三五に上昇し、六十五歳以上の人口の比率は平成六十七年（二〇五五年）四〇・五％が平成七十二年（二〇六〇年）三九・九％に低下し、人口の少子化が若干緩和されるというものであった。また、死亡率に関しては、中位推計で平成六十七年（二〇五五年）男子八三・六七年、女子九〇・三四年から平成七十二年（二〇六〇年）男子八四・一九年、女子九〇・九三年に上昇し、長寿化は若干進行するというものであった。

経済の前提は、平成三十五年度（二〇二三年度）までは平成二十六年（二〇一四年）に内閣府が発表した「中長期の経済財政に関する試算」、それ以降は社会保障審議会年金部会の下におかれた年金財政における経済前提と積立金運用のあり方に関する専門委員会の報告に基づき、幅の広い八通りのケースが前提として設定された。八通りのケースのうち、五通りは内閣府試算「経済再生ケース」に接続し、労働力率は労働市場への参加が進むケースを用いて設定され、平成三十六年度（二〇二四年度）以降においては物価上昇率二・〇％、実質賃金上昇率二・三％、賃金に対する運用利回りのスプレッドが一・一％のケースAから、物価上昇率一・二％、実質賃金上昇率一・三％、賃金に対する運用利回りのスプレッドが一・七％のケースEまでの前提が設定され、経済が高成長のケースであった。また、残り三通りは、内閣府試算「参考ケース」に接続するもので、労働市場への参加が進まないケースを用いて設定され、平成三十六年度（二〇二四年度）以降においては物価上昇率一・二％、実質賃金上昇率一・三％、賃金に対する運用利回りのスプレッドが一・五％のケースFから、物価上昇率〇・六％、実質賃金上昇率〇・七％、賃金に対する運用利回りのスプレッドが一・〇％のケースHまでの前提が設定され、経済が低成長のケースであった。

八通りの経済前提と人口に関する出生中位・死亡中位の前提を組み合わせた八つの前提のほか、ケースC、ケースE、ケースGについては、それぞれ、死亡中位の前提のもとで出生高位、出生低位、また、出生中位の前提のもとで死亡高位、死亡低位を置くことにより一二通り、合計で二〇通りの幅広い前提のもとで財政検証が行われた。このほか、物価や賃金の伸びが低い年度は、現行制度のもとではマクロ経済スライドが完全には発動しないことから、物価上昇率や賃金上昇率が平成三十年度（二〇一八年度）以降、四年周期の変化をマイナス一・二％からプラス一・二％の間で繰り返す経済変動のあるケースについても試算がなされた。

財政検証の結果は次のとおりであった。

第一に、前回の財政検証が行われた平成二十一年（二〇〇九年）以降においても物価が下落したため、給付水準のマクロ経済調整は平成二十六年度（二〇一四年度）まで一度も発動されなかった。そのため、基礎年金の賃金に対する所得代替率は平成二十一年度（二〇〇九年度）の三六・六％からさらに上昇し、平成二十六年度（二〇一四年度）に三八・二％まで上昇したが、被用者年金一元化により比較的賃金の高い共済組合の組合員が厚生年金の被保険者となるため三六・八％となった。報酬比例部分を合わせた標準的な年金の所得代替率も六二・三％から六四・一％に上昇するが、同様の効果により六二・七％となるものの、前回財政検証よりさらに上昇する結果となった。

第二に、人口の前提を出生、死亡ともに中位を前提として、経済が高成長の五通りのケースでは、いずれも、給付水準のマクロ経済調整は平成二十四年度（二〇一二年度）から開始され、報酬比例部分の所得代替率については、平成二十六年度（二〇一四年度）の二五・九％から平成二十九年度（二〇一七年度）に二五・三％まで低下して終了するケースAが最短で終了するケースであり、最長でもケースEで平成三十二年度（二〇二〇年度）に二四・五％まで低下して終了する。ケースによっては次期財政検証が行われる平成三十一年（二〇一九年）までに終了することになるが、基礎年金部分のマクロ経済調整が平成五十五年度（二〇四三年度）頃まで行われることを前提としたものであり、経済の動きもケースの想定通りに推移するものではないことから、報酬比例部分のマクロ経済調整の終了年度の決定は十分慎重に行う必要がある。一方、基礎年金部分の所得代替率については、平成二十六年度（二〇一四年度）の三六・八％から平成五十五年度（二〇四三年度）ないしは平成五十六年度（二〇四四年度）に二六・〇％ないしは二五・六％まで低下して終了し、両者合わせた標準的な年金の所得代替率は五〇・六％から五一・〇％になり、その後平成百二十二年度（二一一〇年度）まで厚生年金、国民年金とも財政の均衡は維持される。

第三に、マクロ経済調整による調整率は保険料を負担する公的年金の全被保険者数の減少率の実績に年金受給者の平均余命の伸びを加えたものであるが、出生中位・死亡中位の人口見通しで労働市場への参加が進むケースAからケースEまでの場合には、公的年金の全被保険者数の減少率は、調整が開始される平成二十七年度（二〇一五年度）から調整が終了する平成五十五〜五十六年度（二〇四三〜二〇四四年度）までの間で〇・六％から一・六％までの値をとり、平均すると年率〇・九％程度である。これに、年金受給者の平均余命の伸びを考慮して定めた一定率の〇・三％を加えると、現行の仕組みにおいて実際に発動

表１–26　平成 26 年財政検証の経済前提と財政検証結果

		将来の経済状況の仮定		経済前提		運用利回り			財政検証結果（人口推計中位）給付水準調整終了後の標準的な所得代替率			（参考）実質経済成長率【2024 年度以降 20 ～ 30 年】
		労働力率	全要素生産性（TFP）上昇率	物価上昇率	賃金上昇率（実質）	実質〈対物価〉	スプレッド〈対賃金〉	名目	合計	基礎年金	報酬比例年金	
ケース A	高成長ケース【内閣府試算「経済再生ケース」に接続】（注 1）	労働市場への参加が進むケース【女性や高齢者の就労が進み 2030 年に労働力人口 6285 万人を維持（2012 年比で 270 万人減）】	1.8%	2.0%	2.3%	3.4%	1.1%	5.4%	50.9%（2044 年度）	25.6%（2044 年度）	25.3%（2017 年度）	1.4%
ケース B			1.6%	1.8%	2.1%	3.3%	1.2%	5.1%	50.9%（2043 年度）	25.8%（2043 年度）	25.1%（2017 年度）	1.1%
ケース C			1.4%	1.6%	1.8%	3.2%	1.4%	4.8%	51.0%（2043 年度）	26.0%（2043 年度）	25.0%（2018 年度）	0.9%
ケース D			1.2%	1.4%	1.6%	3.1%	1.5%	4.5%	50.8%（2044 年度）	26.0%（2043 年度）	24.8%（2019 年度）	0.6%
ケース E			1.0%	1.2%	1.3%	3.0%	1.7%	4.2%	50.6%（2044 年度）	26.0%（2043 年度）	24.5%（2020 年度）	0.4%
ケース F	低成長ケース【内閣府試算「参考ケース」に接続】（注 1）	労働市場への参加が進まないケース【労働参加が進まず 2030 年に労働力人口が 5683 万人に減少（2012 年比で 872 万人減）】	1.0%	1.2%	1.3%	2.8%	1.5%	4.0%	50.0%（2040 年度）	27.0%（2040 年度）	23.0%（2040 年度）	0.1%
									（注２）45.7%（2050 年度）	22.6%	23.0%	
ケース G			0.7%	0.9%	1.0%	2.2%	1.2%	3.1%	50.0%（2038 年度）	28.1%（2038 年度）	21.9%（2038 年度）	▲ 0.2%
									（注２）42.0%（2058 年度）	20.1%	21.9%	
ケース H			0.5%	0.6%	0.7%	1.7%	1.0%	2.3%	50.0%（2036 年度）	29.5%（2036 年度）	20.5%（2036 年度）	▲ 0.4%
									仮に機械的に調整を続けると国民年金は 2055 年度に積立金がなくなり完全な賦課方式に移行し、その後の所得代替率は 35 ～ 37%程度			

（注１）「経済再生ケース」は内閣府試算による全要素生産性（TFP）上昇率を 1.8%（1983 ～ 1993 年の平均）としたものであり、「参考ケース」は 1.0%（1983 ～ 2009 年）としたものである。全要素生産性とは生産に寄与する要素のうち労働力及び資本の投入量以外の技術進歩等の要素による生産性のことである。

（注２）財政のバランスが取れるまで仮に機械的に調整を進めた場合の所得代替率

資料：厚生労働省資料に基づき作成

される調整率は調整終了年度までの年率平均で、ケースCでは一・二％程度、ケースEでは一・〇％程度となる。ケースによって調整率の年率平均が異なるのは名目消費者物価上昇率が低いケースでは調整率がフルに発動しない年度が生ずるためである。労働市場への参加が進まないケースFからケースHまでの場合には、調整率がフルに発動しない年度がさらに多くなるため調整率は小さくなり、平成五十二年度（二〇四〇年度）までに五〇％下限に到達してしまい、ケースGでは調整率は年率平均で〇・九％程度、ケースH

図1-34　基礎年金の調整終了年度における現役世代の手取り収入と年金額【将来の人口の前提：中位】

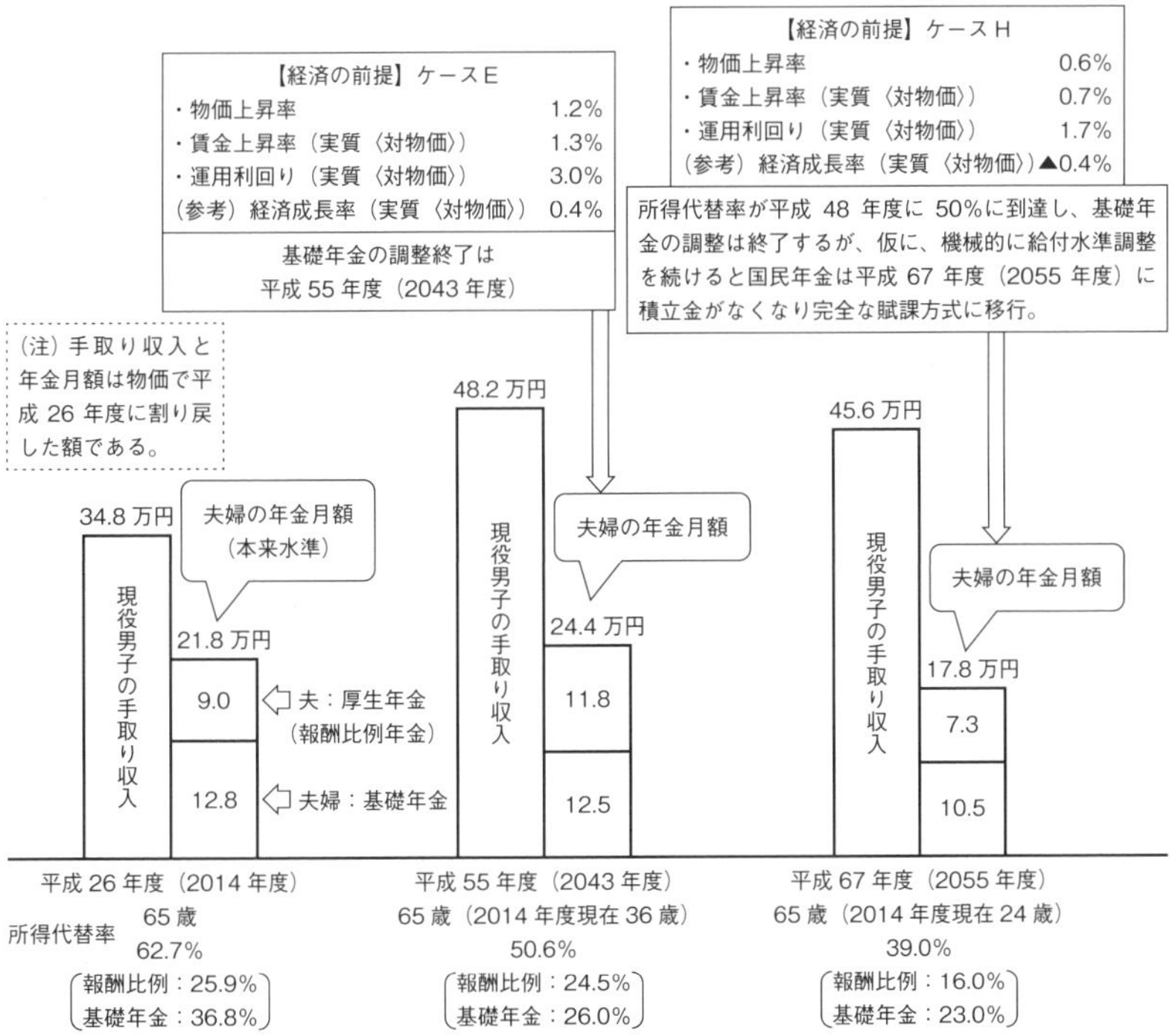

資料：厚生労働省資料に基づき作成

では年率平均〇・七％程度と低下する。調整率がフルに発動しないことと実質賃金上昇率や運用利回り対賃金スプレッドが小さいことから、ケースＦからケースＨではマクロ経済調整による調整が五〇％下限に達したことにより終了した後、現在からおおむね一〇〇年後の平成百二十二年度（二一一〇年度）までの期間にわたり五〇％の給付水準では財政均衡が図れない結果となっている。

高成長ケースでは、前回検証よりもほんのわずかであるが財政状況は好転しており、日本経済の再生と労働市場への参加が進めば、現行の年金制度の下で、将来的に所得代替率五〇％の給付水準は確保される。一方、今回の財政検証では、幅広いケースが設定されたことから、低成長ケースでは、全体的には、前回検証よりも財政状況は悪化している。これは、賃金や物価の低迷が続き、基礎年金の本来水準への回帰が遅れ、この一〇年間一度もマクロ経済スライドが適用できなかったためである。

その結果、前回の財政検証と同様、今回の財政検証でも、報酬比例年金に比して基礎年金の代替率の低下が大きく、標準的な年金の代替率の低下の大部分が基礎年金の代替率の低下によるものとなり、調整期間も長くなった。低成長ケースの最も厳しいケースでは、仮に財政の均衡が図れるまで機械的に給付水準調整を進めると調整期間は長引き、最終的な所得代替率は三五～三七％程度に低下する。平成二十一年（二〇〇九年）及び平成二十六年（二〇一四年）の二回にわたる財政検証は、賃金や物価が上昇しなければ給付水準のマクロ経済調整が発動されないことや調整期間が基礎年金と報酬比例年金とで大きく異なることにより、将来の基礎年金水準が大きく低下すること等給付水準のマクロ経済調整のあり方に関しては種々の問題を浮き彫りにした。

生年別に基礎年金の年金月額の見通しをみると、ケースEにおいて平成二十六年度（二〇一四年度）現在三十五歳の世代は六十五歳時点の基礎年金月額が同時点の現役世代の平均的な手取り月収の一二・九％と、現役世代の所得水準対比では現在の基礎年金水準の七割程度の水準にとどまる。この場合には老後生活の基礎的部分に対する所得保障機能が不十分になることから、年金制度への信頼感や安心感を高める見地にたって基礎年金拠出期間の延長や支給開始年齢引上げによる基礎年金の所得代替率の引上げを図ることが必要である。

図１-35　マクロ経済スライドの発動の遅れによる調整期間の長期化

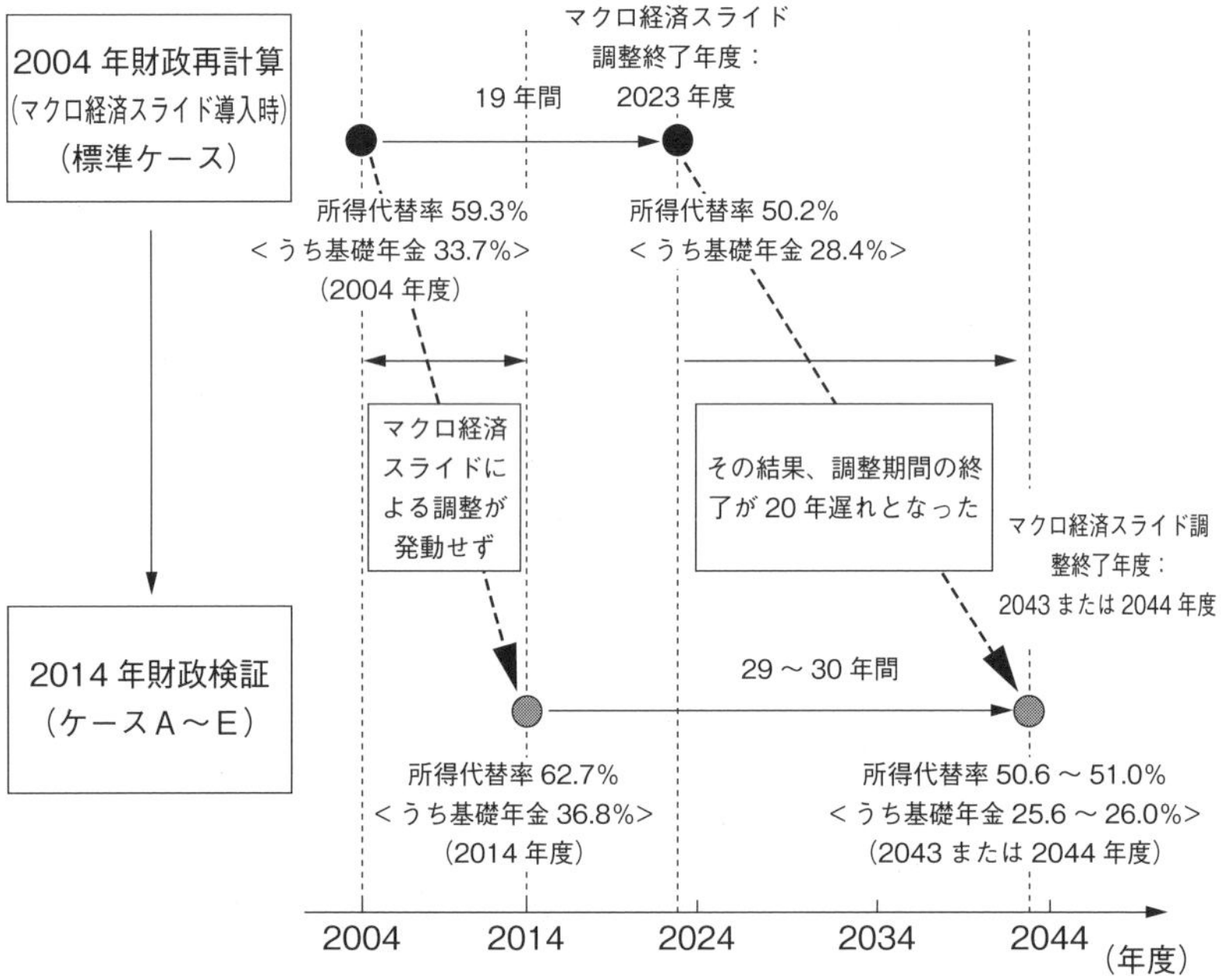

資料：厚生労働省資料に基づき作成

図１-36　生年度別にみた 65 歳以後の基礎年金水準の見通し
－現役世代の平均的な手取り収入に対する比率(%)－

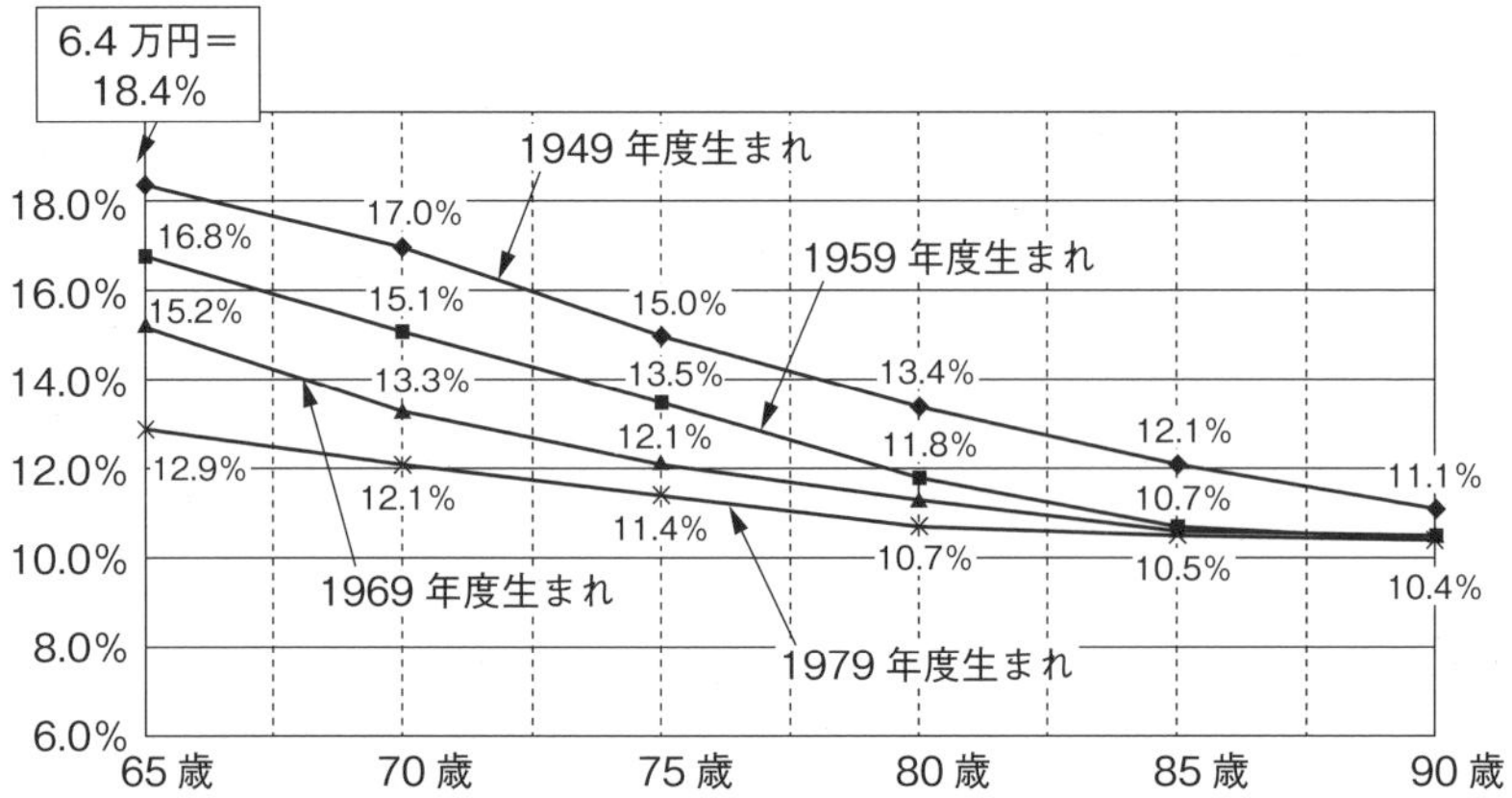

第八節　平成二十六年財政検証オプション試算

平成二十六年（二〇一四年）財政検証においては、法律で定められた財政検証に加え、今後の年金制度改革の検討課題についてオプション試算が行われた。これは、社会保障・税一体改革法の成立に伴い設置された社会保障制度改革国民会議の報告書において、単に財政の現況と見通しを示すだけでなく、社会保障改革プログラム法（持続可能な社会保障制度の確立を図るための改革の推進に関する法律）に掲げられた四つの検討課題の検討に資するような検証作業を行い、その結果を踏まえて遅滞なくその後の制度改正につなげていくべきであるとされたことを踏まえて行われたものである。

この四つの検討課題とは、マクロ経済スライドの仕組みのあり方、短時間労働者に対する被用者保険の適用拡大、高齢期における就労と年金受給のあり方、高所得者の年金給付及び年金課税のあり方である。これらは、民主党の新年金制度案の実現可能性がないことが広く認識されたことから、公的年金制度を持続可能なものとするために検討を行うべき基本的な課題であり、その財政効果を検証することは重要である。

オプション試算Ⅰは、物価や賃金の伸びが低い場合でもマクロ経済スライドによる給付水準の調整をフルに発動させた場合の試算である。具体的には、物価上昇率や賃金上昇率が平成三十年度（二〇一八年度）以降において四年周期で変化を繰り返すものとして変動幅をマイナス一・二％から一・二％と仮定して試算が行われている。高成長ケースでは効果は若干であるが、低成長ケースでの効果は大きく所得代替率が大きく上昇する結果となっている。例えば、ケースGでは給付水準調整終了後の標準的な厚生年金の所得代替率が平成八十四年度（二〇七二年度）に三九・五％まで低下したものが平成六十二年度（二〇五〇年度）に四四・五％まで低下することで収まるし、ケースHでは現行制度だと五〇％を下回った後も機械的に給付水準調整を続けると国民年金は平成六十三年度（二〇五一年度）に積立金がなくなり完全な賦課方式に移行したものが平成六十六年度（二〇五四年度）に四一・九％まで低下することで収まるなど、効果は大きい。

オプション試算Ⅱは被用者保険のさらなる適用拡大を行ったとした場合の試算である。この試算においても総じて給付水準調整終了後の所得代替率が上昇する効果が得られている。オプション試算Ⅱでは、①週二〇時間以上の短時間労働者に適用拡大を行うケース（約二二〇万人適用拡大するケース）と②一定以上の収入のある全雇用者を適用拡大するケース（約一二〇〇万人適用拡大するケース）の二ケースの試算が行われている。①のケースについては月収五・八万円未満の者のほか学生、雇用期間一年未満の者、非適用事業所の雇用者は適用拡大の対象外とされ、実施は平成三十六年（二〇二四年）四月として試算が行われており、マクロ経済調整による給付水準調整終了後の標準的な厚生年金の所得代替率は経済前提のいずれのケースについても〇・五％ないしは〇・三％引き上がると試算されているが、その効果はわずかである。しかしながら、②のケースについては、実施は①のケース同様平成三十六年（二〇二四年）四月として月収五・八万円未満の者のみ適用拡大の対象外とし、学生、雇用期間一年未満の者、非適用事業所の雇用者は適用拡大の対象とされていることから、適用拡大が大きく進展するため、給付水準調整終了後の所得代替率は高成長ケースのケースCやケースEでは五七％台まで上昇し、低成長ケースのケースGでは四七％台、ケースHでも四五・八％まで上昇するなど効果は大きい。

オプション試算Ⅲは基礎年金の拠出期間の上限について現行制度の二十歳から六十歳までの四〇年間を二十歳から六十五歳までの四五年間に延長し、拠出期間の延長に合わせて基礎年金を増額する仕組みに変更した場合の試算である。具体的には、平成三十年度（二〇一八年度）から拠出期間の上限を三年毎に一年延長し、六十五歳以上の在職老齢年金を廃止すると仮定して試算が行われている。この試算でも給付水準調整終了後の所得代替率が大きく上昇する効果が得られている。その効果はオプション試算Ⅱの②で月五万八〇〇〇円以上の収入のある全雇用者を適用拡大する場合の効果とほぼ同程度である。ケースCやケースEでは五七％台まで上昇するし、ケースGやケースHでは四八％程度まで上昇する。また、基礎年金の拠出期間延長と受給開始年齢を六十五歳以上で選択できることとした場合には、拠出期間延長の効果に繰下げ受給による効果が上乗せされることにより給付水準調整終了後の所得代替率はさらに大きく上昇する結果が得られている。六十七歳に年金を受給開始し、基礎年金の拠出期間を四七年間とした場合にはケースCやケースEでは六八％台まで上昇し、基礎年金の所得代替率も夫婦二人で三五％と現在とあまり変わらない水準を維持できるとの試算結果が得られている。ケースGやケースHでも五七％台まで上昇し、基礎年金の所得代替率も夫婦二人で二九％前後となるなど、給付水準の大幅な低下を抑制する結果が得られている。

今回の財政検証で試算が行われた三つのオプションについては、いずれも公的年金制度の持続可能性を高め、給付水準の確保に関してプラスの効果を持つものであることが示された。今後は、これらの試算結果を踏まえ、オプションⅠ、Ⅱ、Ⅲを単独で実施するのではなく三つともあわせて実施することにより、将来の給付水準を確保して公的年金制度の持続性や信頼性を高めていくことが必要である。さらに、四つの検討課題のほか年金支給開始年齢自体の引上げや基礎年金のマクロ経済調整による調整期間が報酬比例年金に比べて長いことや水準の低下が大きいことなどの問題の検討が進められ、着実な改革が行われれば、老後生活の安定を維持できる給付水準の確保を図ることができ、公的年金制度の持続性や信頼性を高めることができる。

表1-27　オプション試算による所得代替率の見通しの概要

	経済前提	現行の仕組み	オプション試算Ⅰ	オプション試算Ⅱ		オプション試算Ⅲ	
			マクロ経済調整がフル発動した場合	被用者保険の更なる適用拡大を行った場合		基礎年金の保険料拠出期間を延長する場合	
			物価・賃金に景気の波（4年周期、変動幅±1.2%）による変動を平成30年度以降織り込んで設定。	試算Ⅱ―① 週20時間以上の短時間労働者を適用（約220万人拡大）	試算Ⅱ―② 一定以上の収入のある全雇用者を適用（約1,200万人拡大）	試算Ⅲ（65歳） 基礎年金の保険料拠出期間を45年間に延長、65歳受給開始モデル	試算Ⅲ（67歳） 基礎年金の保険料拠出期間を47年間に延長、67歳受給開始モデル
厚生年金	ケースC	51.0%	51.2%	51.5%	57.3%	57.6%	68.7%
	ケースE	50.6%	51.0%	51.1%	57.5%	57.1%	68.2%
	ケースG	42.0%	44.5%	42.5%	47.1%	48.4%	57.8%
	ケースH	35～37%程度	41.9%	42.2%	45.8%	47.9%	57.2%
基礎年金	ケースC	25.8%	26.2%	26.5%	32.7%	30.0%	35.0%
	ケースE	25.7%	26.5%	26.6%	33.3%	30.0%	35.0%
	ケースG	17.8%	22.4%	20.6%	25.2%	24.3%	28.4%
	ケースH	–	21.0%	21.3%	24.9%	24.9%	29.1%

資料：厚生労働省資料に基づき作成

第十四章　年金積立金の運用

第一節　資金運用部への預託と還元融資

わが国の年金制度は、厚生年金、国民年金とも完全積立方式で発足し、その後、修正積立方式に移行、いまでは積立金を保有しつつ、実質的には賦課方式といってよい財政方式で運営されている。積立方式の年金制度は、制度発足後給付が本格化するまで相当期間を要し、その間徴収された保険料の大部分が積立てられ、給付が本格化したとき積立金の運用収入がその大きな財源となる。

昭和十七年（一九四二年）に発足した厚生年金の積立金は初年度一億四〇〇〇万円程度であったが、戦後一〇年経った昭和三十年（一九五五年）には約一五〇〇億円、昭和四十年（一九六五年）には一兆四〇〇〇億円、昭和五十年（一九七五年）には一二兆円になった。昭和三十六年（一九六一年）に発足した国民年金は初年度は三〇〇億円程度であったが、昭和四十年（一九六五年）には約二〇〇〇億円、昭和五十年（一

表１-28　厚生年金・国民年金の積立金と運用利回りの推移

（単位：億円、％）

	積　立　金			運用利回り		新規預託金利（年度平均）
	厚生年金	国民年金	合　　計	厚生年金	国民年金	
	（億円）	（億円）	（億円）	（％）	（％）	（％）
昭和36年度	5,659	305	5,964	6.40	—	6.50
40	14,415	1,946	16,361	6.37	6.21	6.50
45	44,202	7,271	51,473	6.46	6.27	6.50
50	122,869	19,221	142,090	6.93	6.24	7.83
55	279,838	26,387	306,225	7.06	6.22	8.29
60	507,828	25,939	533,767	7.16	7.06	6.91
平成２年度	768,605	36,317	804,922	5.90	5.20	6.80
3	839,970	43,572	883,542	5.97	5.29	6.24
4	911,340	51,275	962,615	5.82	5.53	5.21
5	978,705	58,468	1,037,173	5.52	5.22	4.31
6	1,045,318	63,712	1,109,030	5.34	5.11	4.47
7	1,118,111	69,516	1,187,628	5.24	4.90	3.41
8	1,184,579	78,493	1,263,072	4.99	4.56	3.20
9	1,257,560	84,683	1,342,243	4.66	4.26	2.48
10	1,308,446	89,619	1,398,065	4.15	3.94	1.72
11	1,347,988	94,617	1,442,605	3.62	3.58	1.95
12(予算)	1,368,287	98,704	1,466,991	(3.29)	(3.07)	—

（注）1.　年金積立金は、７年満期の固定金利で預託されており、運用利回りは、過去７年間に預託した積立金の平均利回りである。

2.　新規預託金利は、その年度に新たに預託した場合の金利（年度平均）。

資料：厚生労働省

九七五年）には約二兆円になった。その後厚生年金を中心に年金積立金額は毎年著しく増加し、平成五年（一九九三年）両年金合わせて一〇〇兆円を超え、平成十二年（二〇〇〇年）には約一五〇兆円に達した。

厚生年金が発足して今日までこのような年金積立金を誰がどのように運用するかは、単に年金制度上の問題としてのみならず、国の経済、財政、金融にもかかわる問題として幾度となく大きな問題となった。厚生年金の発足時、厚生省は年金の積立金は労使から強制的に徴収された保険料の集積であり、積立金をどのように運用し、どの程度の運用収入をあげるかは、年金の保険料や給付と密接な関連を有することから、制度の運営責任をもつ厚生省が、厚生年金事業の一環として被保険者の利益になり、事業の健全な発展に役立つように自主運用すべきであると強く主張した。これに対し大蔵省は、国の制度や法律、信用に基づいて集められた国家資金は、郵便貯金などの資金とあわせて、大蔵省預金部において国が一元的に管理運用すべきであると強く主張した。

結局、労働者年金保険特別会計法第五条で、「本会計ノ積立金ハ国債ヲ以テ保有シ又ハ大蔵省預金部ニ預入レシ之ヲ運用スルコトヲ得」と定められ、大蔵省預金部が国債、社債等に一元的に管理、運用することとされ、「大蔵大臣ト厚生大臣トノ協定」でその一部を公共団体等を通じて労働者やその家族のための福祉施設に還元融資することとされた。昭和十九年（一九四四年）の厚生年金の積立金は約九億円であったが、全額特別預金として大蔵省預金部に預託され、そのうち約七億円が国債に、約一億五〇〇〇万円が社債の購入にあてられ、一〇〇〇万円あまりが福祉施設に融資された。福祉施設の融資対象は温泉保養所、整形外科病院、総合病院、診療所、労務者住宅、会社食堂、厚生農園、戦災被保険者住宅などであった。

戦後、昭和二十一年（一九四六年）総司令部の覚書により預金部資金の運用が国債と地方債に限定され、福祉施設への融資は停止されたが、昭和二十六年（一九五一年）には資金運用部資金法が制定されて大蔵省預金部が資金運用部に改組され、厚生年金の積立金は全額資金運用部に預託されることになった。翌二十七年（一九五二年）、毎年度の国の財政投融資計画で「勤労者厚生資金」として積立金の還元融資が復活した。しかしその融資対象は社宅などの住宅と病院に限られ、事業主や健保組合等には直接融資できず、地方公共団体を介しての転貸方式がとられた。

労働者年金保険発足当時の大蔵省預金部の一般預金に対する利率は年三%であったが、労働者年金保険の定期預金については年三・五%の特別利子が付された。特別利子は昭和二十四年（一九四九年）から四・五%に引き上げられ、昭和二十六年（一九五一年）預金部が資金運用部に改組されてからは五年以上の長期預託利子は、その源泉を問わず、年五・五%とされ、昭和三十年（一九五五年）から約定期間七年以上のものは年六%という利率が設定された。厚生年金積立金の大半は約定期間七年以上のものとして年六%で預託された。六%といっても一般の市中金利よりはるかに低く、同じ年金積立金であっても、自主運用している国家公務員共済組合、国鉄や電々などの公共企業体職員共済組合の運用利率に比べても一%以上も低かった。

昭和二十九年（一九五四年）厚生年金保険の全面改正にあたり、厚生年金積立金の運用の改善の要望が高まり、衆参両院で民主的、効率的運用を図るよう付帯決議されたが、特段の改善はされなかった。昭和三十年代に入って厚生年金の積立金は毎年四〇〇億円から五〇〇億円ずつ増加し、その一五％程度が還元融資され、その対象施設も休養施設や会館、体育施設などへ拡大されていった。しかし大部分が郵貯資金や簡保資金の一部などとともに、国の財政投融資の原資とされ、日本開発銀行や公庫、公団などを通じて基幹産業の振興や産業基盤の整備、道路などの社会資本の整備、住宅などの建設資金にあてられた。昭和二十八年（一九五三年）に厚生年金から分離独立して私立学校教職員共済組合が設立され、昭和三十三年（一九五八年）に農林漁業団体職員共済組合が設立され、いずれも年金積立金の自主運用が行われるようになった。こうしたことから厚生年金の積立金についても自主運用すべきであるという要望が高まっていった。

表1-29　厚生年金積立金の還元融資額の推移

（単位：億円）

年度＼区分	原　資	還　元融資額	割　合
			（%）
昭和27年度	159	16	10.0
28	190	25	13.2
29	300	33	11.0
30	310	45	14.5
31	315	55	17.5
32	420	75	17.9
33	480	75	15.6
34	565	85	15.0
35	770	115	14.9
36	1,040	260	25.0
37	1,320	330	25.0
38	1,660	415	25.0
39	2,180	545	25.0
40	3,260	815	25.0
41	4,052	1,013	25.0
42	4,404	1,101	25.0

資料：厚生労働省

第二節　還元融資枠の拡大と年金福祉事業団の設立

昭和三十六年（一九六一年）国民年金制度の創設の際、厚生年金の積立金、年金積立金の運用があらためて大きな問題となった。特に国民年金の積立金は、農業や自営業、零細企業の被用者など比較的所得の低い加入者が納付した零細な保険料の集積だけに、国家資金であるという理由だけで、厚生年金と同様に低い利率で資金運用部に預託され、その使途もわからないのでは加入者の納得が得られるわけはなかった。

昭和三十四年（一九五九年）の国民年金法案の国会審議でも積立金の運用が大きな論点の一つになり、法案の成立にあたって衆参両院で積立金が被保険者の利益に還元されるよう配慮すべきことが付帯決議された。また、昭和三十六年（一九六一年）の拠出制年金の実施が近づくにつれ、社会党や革新団体を中心に激しい拠出制年金実施反対運動がおきたが、反対理由の一つが積立金の使途が明確でなく、再軍備に使われるのではないかということであった。そのため年金積立金の運用について保険料拠出者の納得が得られる適切な結論が得られない限り、拠出制年金の円滑な実施ができないような状況になった。

国民年金法成立後、年金積立金の運用について社会保障制度審議会、国民年金審議会、大蔵省の資金運用審議会などで本格的な論議がはじまった。社会保障制度審議会は、社会保障の積立金は本来独自の総合的な基金制度の下で社会保障制度の充実のために運用されるべきであり、暫定的に資金運用部に預託するにしても特別の勘定を設け、他の資金と厳密に区分して運用されるべきであると要望した。国民年金法に基づいて新たに設置された国民年金審議会は、年金資金の資金運用部の一括預託を認めつつ、他の資金とは区分した特別勘定を設け、これをさらに有利運用と福祉運用に振り分け、使途を明確にし、国民生活の安定、向上に直接寄与する分野に運用する、還元融資の枠を拡げ、還元融資事業を行うための専門の法人を設置する、資金運用審議会の組織を保険料拠出者の意向が反映されるよう改めることなどを求めた。資金運用審議会は、資金運用部に預託された資金は財政投融資の原資として経済の発展と国民生活の向上のために運用されており、保険料と拠出者の福祉の向上にも寄与しているとして一括運用の立場を維持しつつ、資金の使途の明確化、還元融資枠の拡大、預託利率の引上げ、資金運用審議会の改組など各方面から指摘されている欠陥は是正すべきであると建議した。

昭和三十六年（一九六一年）一月こうした各審議会の意見に基づいて厚生、大蔵両省間で折衝が行われ、両省は次のとおり合意した。

(1)　国民年金、厚生年金、船員保険、共済組合等の資金（年金資金等）は、これまで通り全額資金運用部に預託し、財政投融資資金として運用する。

(2)　資金運用部資金について、郵貯資金等と年金資金等の資金区分別に使途別分類表をつくり、使途を明確にする。

(3)　財政投融資計画は、極力国民生活の向上に重点を指向し、特に年金資金等については国民生活の向上に直接役立つ住宅、生活環境整備（上下水道等）、厚生福祉施設（病院、福祉施設等）、文化施設、中小企業、農業等の分野に重点をおき、残余についても国民生活の安定、向上の基盤となる道路、通信、国土保全、地域開発等の分野に運用する。基幹産業や輸出の振興等の分野には郵貯資金等をあて、年金資金等はあてない。

(4) 年金資金等の毎年の増加額の二五％程度は、厚生年金の還元融資又は国民年金の特別融資として国民生活の向上のなかでも保険料拠出者等の生活の向上に直接寄与する施設等の整備にあてる。

(5) 還元融資又は特別融資について、地方公共団体が施設の設置者又は事業主体となる場合は特別地方債として直接資金運用部が引き受け、事業主等が設置者となる場合は直接事業主等に対する融資を行う専門の機関として年金福祉事業団を設立する。

(6) 年金資金等預託期間が七年以上の長期預託金については、法定の年六分の利子のほか、大蔵省令で五厘程度の特別の利子を付する。

(7) 資金運用審議会について、委員から関係行政機関の職員を除き、学識経験者七名の委員からなる構成とし、委員に年金制度の諸事情や保険料拠出者の意向を反映しうる者を加える。

社会保障制度や国民年金審議会の意見に基づき、厚生省が強く要求した特別勘定の設置は、事務的に繁雑でロスが大きく、使途が明確になれば目的は達せられるという理由で認められなかった。

この合意に基づき、昭和三十六年（一九六一年）三月資金運用部資金法が改正されるとともに、同年十一月年金福祉事業団が設立され、事業主等が設置する住宅や保養施設等の被保険者のための福祉施設に融資

表1-30　昭和41年度財政投融資使途別分類表　(単位：億円)

区分	産投会計	資金運用部資金 年金資金等	資金運用部資金 郵貯資金等	資金運用部資金 小計	簡保資金	公募債借入金等	財投合計
(1) 住宅	—	882	724	1,606	289	1,311	3,206
(2) 生活環境整備	1	827	629	1,456	207	763	2,427
(3) 厚生福祉施設	—	602	74	676	—	10	686
(4) 文教施設	—	174	217	391	220	—	611
(5) 中小企業	2	972	1,210	2,182	225	360	2,769
(6) 農林漁業	—	553	687	1,240	38	—	1,278
(1)〜(6) 小計	3	4,010	3,541	7,551	979	2,444	10,977
(7) 国土保全災害復旧	—	313	390	703	50	—	753
(8) 道路	—	89	109	198	319	1,355	1,872
(9) 運輸通信	50	240	298	538	202	1,866	2,656
(10) 地域開発	20	268	334	602	116	337	1,075
(7)〜(10) 小計	70	910	1,131	2,041	687	3,558	6,356
(11) 基幹産業	42	—	1,434	1,434	24	141	1,641
(12) 輸出振興	370	—	1,525	1,525	—	—	1,895
合計	485	4,920	7,631	12,551	1,690	6,143	20,869

注　1．昭和41年度「資金運用部資金運用報告書」…大蔵省による。
2．「年金資金等」には、厚生年金保険のほか、国民年金などの預託金も含まれている。

表1-31　厚生年金保険積立金と還元融資資金の推移　(単位：億円)

対象＼年度別	36	37	38	39	40	41	42
年金福祉事業団	40	135	184	250	354	354	367
住宅		70	100	152	235	250	285
病院	17	30	33	29	40	45	30
厚生福祉施設	23	35	51	69	79	59	52
第1種	18	28	43	61	72	52	52
第2種	5	7	8	8	7	7	
地方公共団体	200	171	206	260	374	533	591
特別地方債	155	117	146	176	324	503	557
住宅	59	28	41	43	43	47	50
病院	63	57	69	87	95	109	125
厚生福祉施設	33	32	36	46	54	75	82
清掃					132	120	133
簡易水道						37	42
下水道						115	125
一般地方債	45	54	60	84	50	30	34
医療金融公庫	20	24	25	25	62	83	93
社会福祉事業振興会					3	6	11
国立病院特別会計					12	14	14
公害防止事業団					10	23	25
合計	260	330	415	545	815	1,013	1,101

を行うほか、事業主自らが施設の設置運営もできることとされた。還元融資は、医療金融公庫や社会福祉事業振興会などを通じても行うことができることとし、資金運用部による地方公共団体に対する地方債（特別地方債）の引受けとあわせて、三つのルートで行われることとなった。

昭和三十六年度（一九六一年度）の財政投融資計画では、資金運用部に預託された年金資金約一四四〇億円のうち約一〇〇〇億円が住宅・生活環境施設・厚生福祉施設等の第一の分野にあてられ、約四〇〇億円が道路・通信・国土保全等の第二の分野にあてられ、還元融資等の額は一〇〇〇億円程度とされた。基幹産業や輸出振興等の第三の分野には郵貯資金約三〇〇〇億円のうちの一〇〇〇億円があてられた。

昭和四十七年（一九七二年）に資金運用部の預託金利は六・五％から六・二％に引き下げられたが、医療保険や年金制度について大幅な給付改善が行われて福祉元年といわれた昭和四十八年（一九七三年）から還元融資枠は二五％から三分の一に拡大され、年金福祉事業団によって被保険者個人向けの住宅資金の貸付け事業や全国一三か所の大規模年金保養基地の建設、整備なども行われるようになった。住宅資金の貸付けは平成十年（一九九八年）までに融資戸数三九一万戸、融資額は二四兆六〇〇〇億円に達した。昭和五十年（一九七五年）からは年金担保資金の貸付けも行われるようになった。

昭和六十一年（一九八六年）基礎年金の導入を柱とする公的年金制度の大改革が行われ、厚生省はあらためて年金積立金の自主運用を要求し、還元融資の一環として年金福祉事業団が資金運用部から預託金利と同一の金利で借り入れ、還元融資資金確保のための資金運用事業を初年度五〇〇〇億円で行うことが認められた。その背景には昭和六十年（一九八五年）九月に先進五ヶ国によるドル高是正を目的としたプラザ合意により、急速に円高が進み、それまで一ドル二四〇円であった円が二年後には一二〇円まで上昇し、公定歩合が過去最低の二・五％に引き下げられ、資金運用部の預託金利も七・一％から六・〇五％へ引き下げざるをえなかったという金利事情などの大きな変化があった。

さらに翌昭和六十二年（一九八七年）には資金運用部の預託金利の法定制（最低六％）が撤廃されることに伴い、年金財政基盤強化のための資金運用事業も初年度一兆円の規模で認められた。両事業の資金量は年々大きく増加し、平成十二年度（二〇〇〇年度）には資金確保事業七兆五六七〇億円、財政基盤強化事業一九兆八五六〇億円、あわせて二七兆四二三〇億円に達した。

しかし、これらの事業は財政投融資制度の枠内での市場運用で、資金運用部からの長期固定の借入れ金利を上回る収益をあげることを予想していたもので、事業開始当初の運用は好調であった。しかし平成に入ってバブル経済が崩壊し、株価（平成二年（一九九〇年）一月四日　日経平均三万八七一二円）が暴落するなど運用環境が悪化するとともに、超低金利時代に入り、市場金利より資金運用部からの借入れ金利の方が高くなったために、平成十二年度（二〇〇〇年度）末には累積で一兆七〇〇〇億円もの利差損（逆ざや）が生ずる結果となった。そのため厚生省は年金積立金を資金運用部から借り入れて市場運用するのは本来の自主運用の仕組みではなく、平成六年（一九九四年）から年金積立金を年金特別会計から年金福祉事業団に直接運用寄託する本格的自主運用を大蔵省に要求したが、認められなかった。

平成に入り年金積立金は年々増加の一途を辿り、平成五年（一九九三年）には厚生年金、国民年金あわせて一〇〇兆円を超え、平成十一年（一九九九年）には一四四兆円に達した。昭和三十六年（一九六一年）から平成十一年（一九九九年）までに年金福祉事業団によって行われた福祉施設の整備資金や被保険者向けの住宅資金の貸付等還元融資の総額も約二八兆円に達し、さらに全国一三か所の大規模年金保養基地もつくられ、多くの被保険者の福祉向上に貢献した。

第三節　財政投融資改革と年金積立金の自主運用

昭和六十年代から円高による超低金利時代に入り、市場に資金が潤沢になってきたにもかかわらず、多額の郵便貯金や年金積立金などの資金が自動的に流入することから、大蔵省資金運用部に預託された資金は年々増加を続け、平成十一年度（一九九九年度）には累積で郵便貯金二五一兆円、年金積立金一三四兆円、その他の資金五一兆円、あわせて四三六兆円にもなった。これに簡保資金の一部六〇兆円などを原資とする財政投融資事業の総額は、資金運用部資金による国債引受け一二〇兆円を除いても四〇一兆円、毎年度の財政投融資の新規計画額も平成十年（一九九八年）には四〇兆円もの規模になり、財政投融資事業の肥大化、非効率性、政策金融の拡大による民業圧迫などの問題が指摘されるようになった。このため平成十二年（二〇〇〇年）の中央省庁の再編、統合を柱とする行政改革の一環として、財政投融資制度につ

図1-37　財政投融資のシステム（平成11年度）

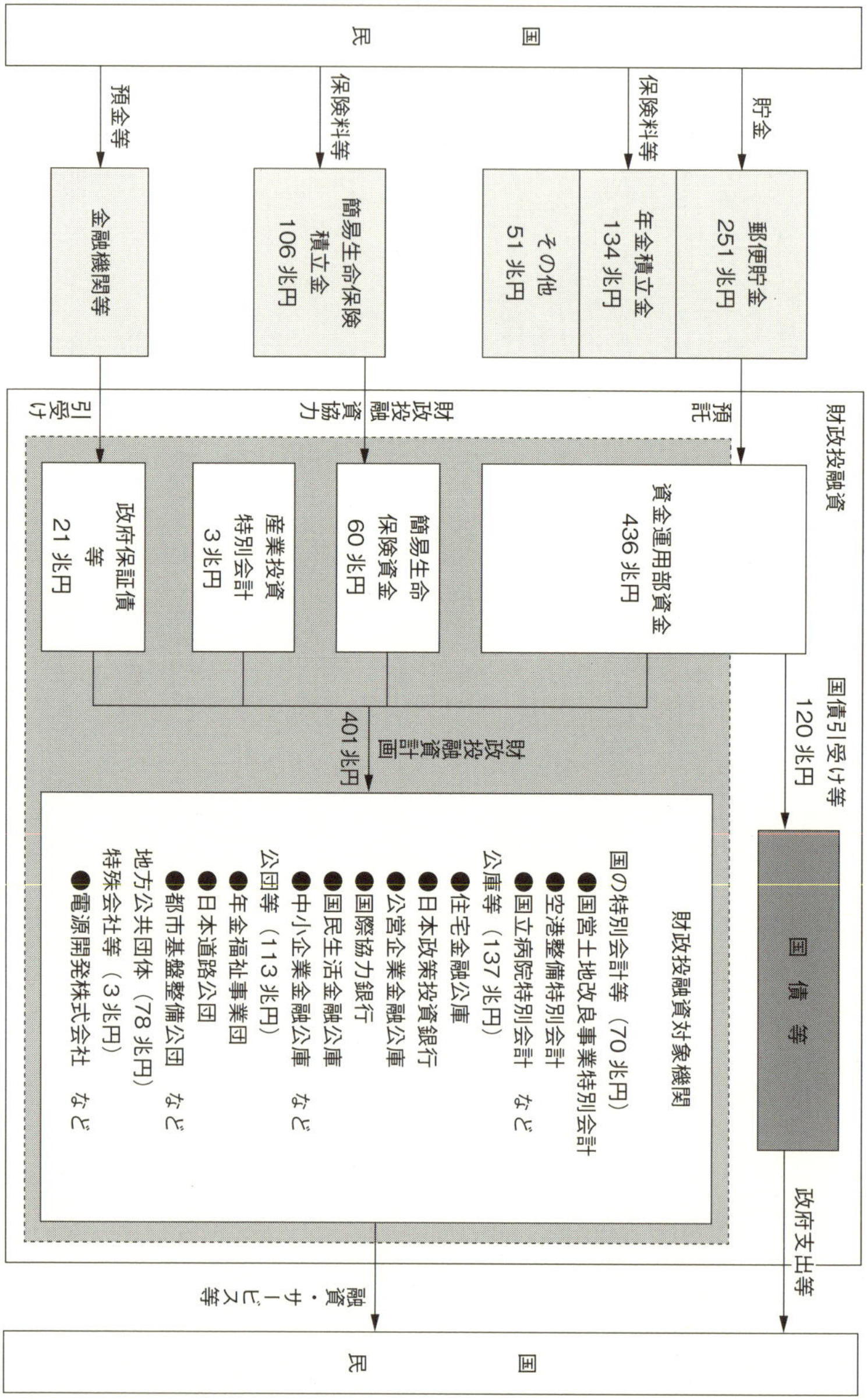

図１-38　年金積立金還元融資の仕組み（平成11年度）

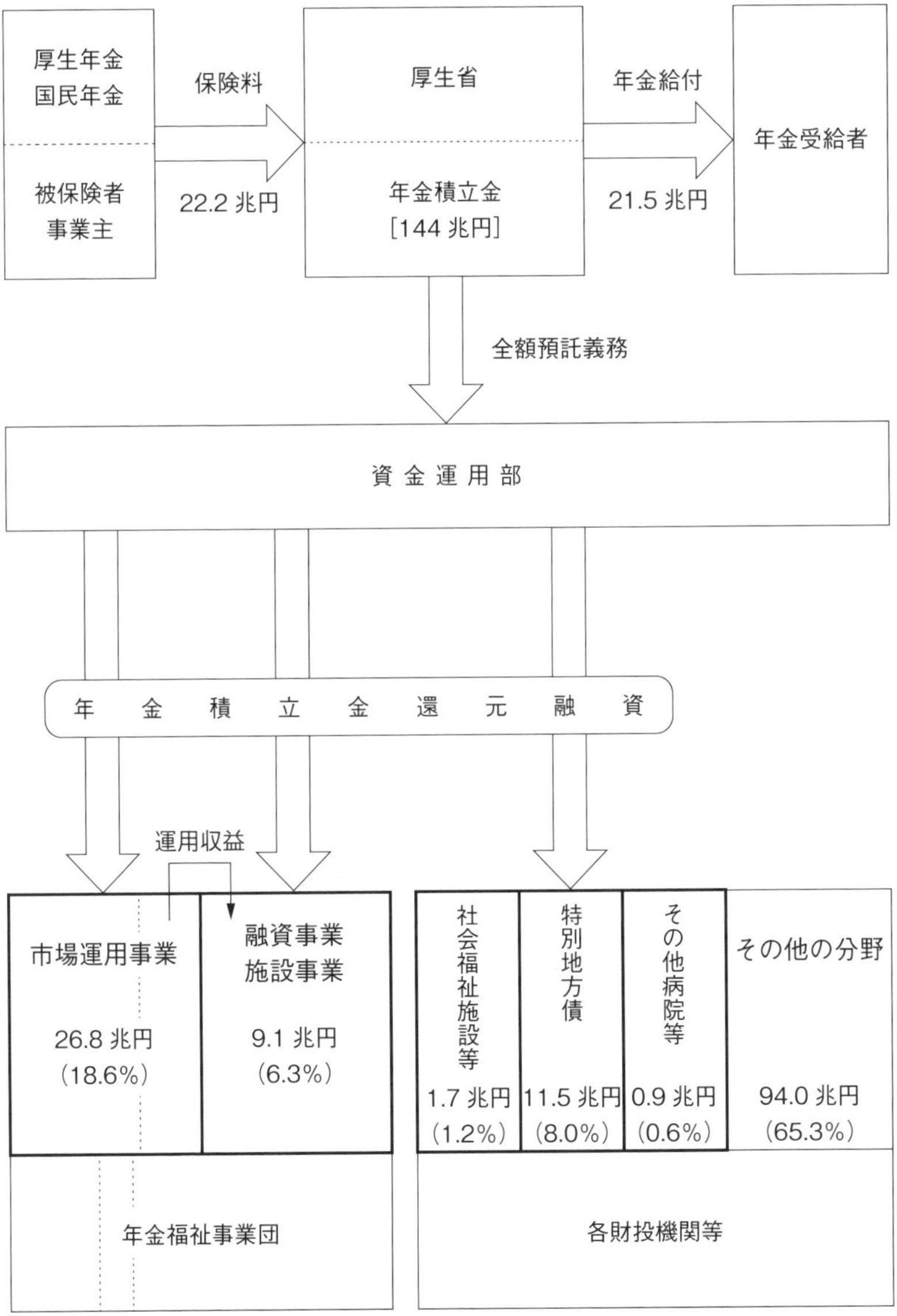

資料：厚生労働省

いても大改革が行われた。

財政投融資制度改革の最大の柱は郵便貯金や年金積立金の資金運用部への預託の全面廃止で、二つの資金はいずれも自主運用されることになった。それに伴って資金運用部も廃止され、財政投融資制度にかえて財政融資制度が創設され、これまで資金運用部からの借入金で事業を行ってきた特殊法人等は、財投機関債を発行して自ら市場から必要な資金を調達することになり、財投機関債の発行が困難な特殊法人は、国（財政融資特別会計）が国債の一種である財投債を発行して市場から調達した資金を特殊法人に貸し付ける仕組みがつくられた。

財政投融資事業の受け皿となっていた特殊法人についても整理、合理化と組織、事業の見直しが行われた。昭和三十六年（一九六一年）に設立されて以来、厚生年金や国民年金の被保険者の福祉の向上を目的に年金積立金の還元融資事業として福祉施設への融資や被保険者に対する住宅資金貸付事業を行ってきた年金福祉事業団についても、貸付件数の減少や施設運営の悪化に加え、平成になって年金給付が本格化して年金財政が厳しくなり、年金の積立金はできるだけ効率的に運用し、保険料は年金の給付の財源以外には使うべきでないという意見が強まってきたこともあって、平成十二年度（二〇〇〇年度）に廃止され、被保険者向けの住宅資金の貸付事業や大規模保養基地（グリーンピア）の運営などの事業も平成十七年度（二〇〇五年度）までに廃止、融資債権の管理、回収等は独立行政法人福祉医療機構に引き継がれた。

年金積立金の資金運用部への預託が廃止されても、巨額の年金積立金の運用をすぐに厚生労働省（平成十三年一月から厚生省と労働省が統合され、厚生労働省となった）自らが行うのは、事業の特殊性、専門性、民間活力の活用、責任体制などの観点から適当でないと判断され、厚生労働大臣から寄託された年金積立金を自主運用する特殊法人として新たに年金資金運用基金が設立され、年金積立金は平成十三年（二〇〇一年）四月から運用基金が、次のような新しい仕組みで行うこととされた。

(1)　年金積立金の管理、運用は、厚生労働大臣から資金の寄託を受けて年金資金運用基金がもっぱら被保険者の利益のために安全かつ効率的に行い、その運用収益を年金特別会計に納付する。

(2)　厚生労働大臣は、保険料拠出者の代表や、経済、金融の専門家からなる審議会（社会保障審議会年金運用分科会）の意見をきいて、年金積立金の運用目標や長期的観点からの資産の構成割合等の運用の基本方針を策定する。

(3)　年金資金運用基金は、厚生労働大臣が策定した基本方針に従い、資金を国内債券をはじめ、国内株式、国外債券、国外株式、短期資産に分散投資し、自ら運用するほか、信託銀行、投資顧問会社等民間の運用機関に委託して行う。

(4)　年金資金運用基金は適切な情報公開によって業務運営の透明性を確保する。

年金資金運用基金の設立によって厚生省が長年主張してきた年金積立金の自主運用が実現した。しかしこれまで資金運用部に預託されていた一四七兆円もの巨額の積立金をすぐ市場で自主運用すれば、これまでの財投事業や金融市場への影響が大きいため、経過措置として平成二十年度（二〇〇八年度）までに毎年二〇兆円程度ずつ厚生労働省の年金会計に移管することとし、基金で全額市場運用されるのは平成二十一年度（二〇〇九年度）からとされた。また年金福祉事業団が還元融資資金確保と年金財政基盤安定のために行ってきた資金運用事業は、借入金の財政融資会計への償還が完了するまで基金が承継し、厚生労働大臣から直接寄託される資金と合同で運用されることとなった。国が新たに発行する財投債についても、当分の間、法律で基金が一部を引き受け、市場運用分と区分して管理することとされた。

長期にわたり年金積立金を安全かつ効率的に運用するためには、リスク・リターンの特性が異なる国内債券、国内株式、外国債券、外国株式、短期資産などの複数の資産に分散して投資することが必要であること

図1-39　財政投融資改革による新たな年金積立金の自主運用の仕組み

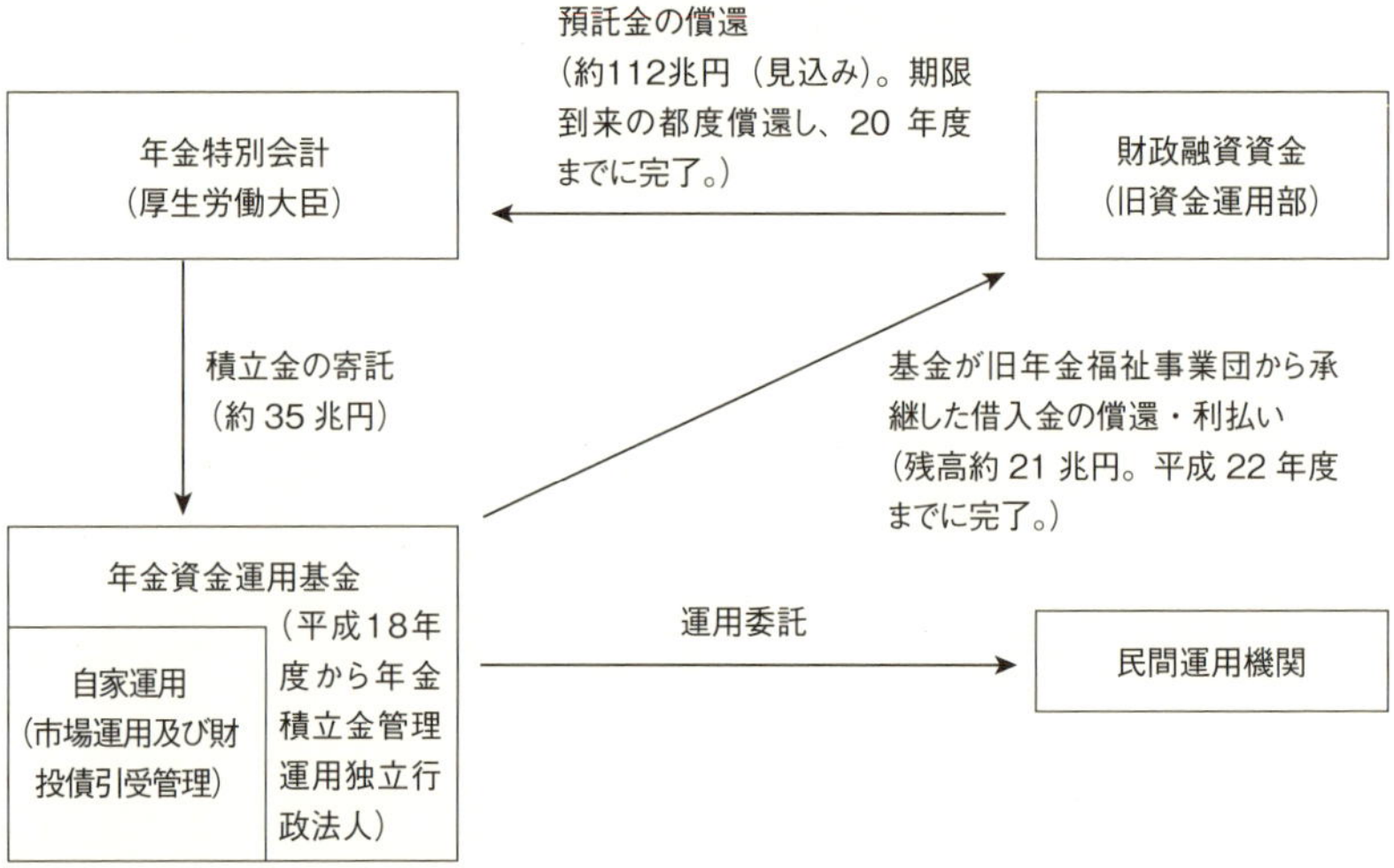

から、平成十六年度（二〇〇四年度）までに年金資金運用基金が長期的に維持すべき資産構成割合（基本ポートフォリオ）は、最もリスクが少ない安定資産といわれる国内債券六八％、国内株式一二％、外国債券七％、外国株式八％、短期資産五％、目的収益率は四・五％と定められた。

この基本ポートフォリオに基づいて行われた年金資金運用基金の運用実績は、国内株式市場の低迷により平成十三年度（二〇〇一年度）及び十四年度（二〇〇二年度）の収益率はマイナスとなったが、株式市場が回復した平成十五年度（二〇〇三年度）はプラスとなり、十六年度（二〇〇四年度）末の年金資金運用基金の市場運用分の資産額は四七・四兆円、財投債引受分の資産額は二八・四兆円、財政融資資金への預託金七五・五兆円で、これらをあわせた年金積立金全体の資産額は、全部で一五一・一兆円、収益率はプラス二・五九％、収益額は三・八兆円となった。

第四節　年金積立金管理運用独立行政法人の運用実績

平成十六年（二〇〇四年）の年金制度改革により、年金財政の運営方式がこれまでの積立金の元本は将来にわたって取り崩さず、保険料と国庫負担のほか、積立金の運用収入を財源に将来にわたるすべての期間永劫に給付と負担の均衡を図るという永久均衡方式から、現在の世代が年金受給を終える今後おおむね一〇〇年程度の期間は積立金の運用収入のみならず、元本も取り崩しつつ、給付の財源にあて、給付と負担の均衡を図るという有限均衡方式に変わった。これは保険料水準を固定し、そのなかで給付水準を調整して、年金財政の安定を図るという方式であり、積立金が将来の給付の貴重な財源として安全、確実かつ効率的に運用されなければならないことはこれまでと全く変わりはなかった。

平成十一年（一九九九年）行政改革の一環として、公共性の高い事業を国にかわって自律的、効率的に行う特殊法人として新たに独立行政法人制度がつくられ、多くの特殊法人が独立行政法人に切り替えられていった。平成十六年（二〇〇四年）年金積立金の管理運用についても、専門性の徹底、独立性の確保、責任の明確化を図るため、独立行政法人で行うこととされ、年金積立金管理運用独立行政法人法が制定され、平成十八年（二〇〇六年）四月から年金積立金管理運用独立行政法人（ＧＰＩＦ）がこれまで年金資金運用基金が行っていた一一四・五兆円の積立金の管理運用業務を引き継ぎ、次のような仕組みで行うこととされた。

(1) 年金積立金管理運用独立行政法人は、厚生労働大臣から寄託された年金積立金を、長期的な視点に立ち、安全かつ効率的に運用し、運用収益を年金特別会計に納付する。

(2) 管理運用法人は、独立行政法人通則法により厚生労働大臣が定めた運用利回りなど法人が達成すべき業務運営に関する中期目標を踏まえ、中期計画を策定する。

(3) 中期計画においては、長期的視点から法人が維持すべき資産の構成割合（基本ポートフォリオ）等の基本方針を策定する。

(4) 年金積立金の管理運用は、安全、確実を基本に、名目賃金上昇率を上回る実質的な利回りの確保を目標とし、民間の投資活動に与える影響にも留意しつつ、運用が特定の方法に集中しないよう、内外の債券、株式等に分散投資することとする。

(5) 年金積立金の実際の運用は法人自らも行うが、大部分を信託銀行との信託契約、投資顧問会社との投資一任契約、有価証券（株式を除く）の売買等の方法により民間に委託して行う。

年金積立金の管理運用を独立行政法人が行うことに伴い、これまで厚生大臣が策定していた年金積立金の基本資産構成割合（基本ポートフォリオ）は、平成十八年（二〇〇六年）四月から管理運用法人が策定することとなり、国内債券六七％、国内株式一一％、外国債券八％、外国株式九％、短期資産五％と定められ、平成二十五年（二〇一三年）六月に国内債券六〇％、国内株式一二％、外国債券一一％、外国株式一二％、短期資産五％に変更された。

年金積立金の自主運用が開始された平成十三年度（二〇〇一年度）から二十六年度（二〇一四年度）までの一四年間の年金資金運用基金及び年金積立金管理運用法人の運用収益率は、国内外の経済や景気の状況、株式市場や為替市場の動きなどによって、年度によってはマイナスとなるなど大きく変動した。特に平成二十年度（二〇〇八年度）にはアメリカでリーマン・ショックがおき、国内外の株式市場が大幅に下落し、為替は円高となり、収益率はマイナス七・五七％となった。しかし平成二十四年度（二〇一二年度）は安倍内閣による長期のデフレから脱却するための大胆な金融緩和政策によりわが国の株価は大幅に上昇、為替は円安に戻り、収益率はプラス一〇・二三％にもなった。平成二十五年度（二〇一三年度）及び平成二十六年度（二〇一四年度）の収益率もそれぞれ八・六四％、一二・二七％になり、平成十三年度（二〇〇一年度）から平成二十六年度（二〇一四年度）までの一四年間の年平均収益率は三・一八％のプラス、運用収益額の累積は五〇・七兆円となった。財政融資資金に対する借入利息や運用手数料等を控除した運用収益額の累積は四七・八兆円、名目運用利回りは一四年間の平均で二・七六％、運用資産総額は一三七・五兆円となった。

年金積立金には年金積立金管理運用法人が管理運用している積立金と、預託期間が終了するまで財政融資資金に預託されていた積立金のほか、年金給付を行うための資金繰り上必要な資金として年金特別会計で管理されている積立金が八・五兆円あり、それらをあわせた年金積立金全体の一四年間の収益率は年平均三・三二％、運用収益額の累積は六一・八兆円に達し、平成二十六年度（二〇一四年度）末の年金積立金は一四五・九兆円となった。

年金積立金の運用実績が年金財政にプラスの影響を与えているかどうかの評価は、年金給付費は長期的には名目賃金上昇率に連動して増加していくことから、年金積立金の名目運用利回りから名目賃金上昇率を差し引いた実質的な運用利回りが、五年ごとに行われる財政再計算や財政検証が前提とした利回りより上回っているかどうかで判断される。平成十三年度（二〇〇一年度）から平成二十六年度（二〇一四年度）までの一四年間は名目賃金上昇率がマイナスとなったために、実質利回りが前提を上回り、この間の年金積立金の運用は年金財政にとってプラスとなった。

年金積立金管理運用法人の運用実績が平成二十四年度及び二十五年度の国内外の株式の上昇により大きく黒字となったため、政府はこれまでの国内債券中心の基本ポートフォリオの見直しを求め、平成二十六年（二〇一四年）十月国内債券を三五％に引き下げ、国内株式を二五％に引き上げ、外国株式二五％を含め、リスクの高い国内外の株式の割合を五〇％とするポートフォリオに改められた。それと同時に運用リスク管理体制の強化、専門人材の確保、理事の一名増員など管理運用法人のガバナンス体制も強化することとされた。

平成二十六年（二〇一四年）の財政検証では今後一〇年程度は積立金を取り崩すことが想定されており、積立金の水準はしばらく低下するが、その後一旦上昇に転じ、おおむね二五年後に最も高くなった後に継続的に低下していくと予想されている。そのため管理運用法人の想定運用期間は積立金を取り崩していく局面では流動性の確保に重点を置く必要があることなどから、積立金の水準が最も高くなり、継続的に低下が始まる前までの二五年間とされている。

図１-40　年金積立金管理運用法人による年金積立金運用の仕組み

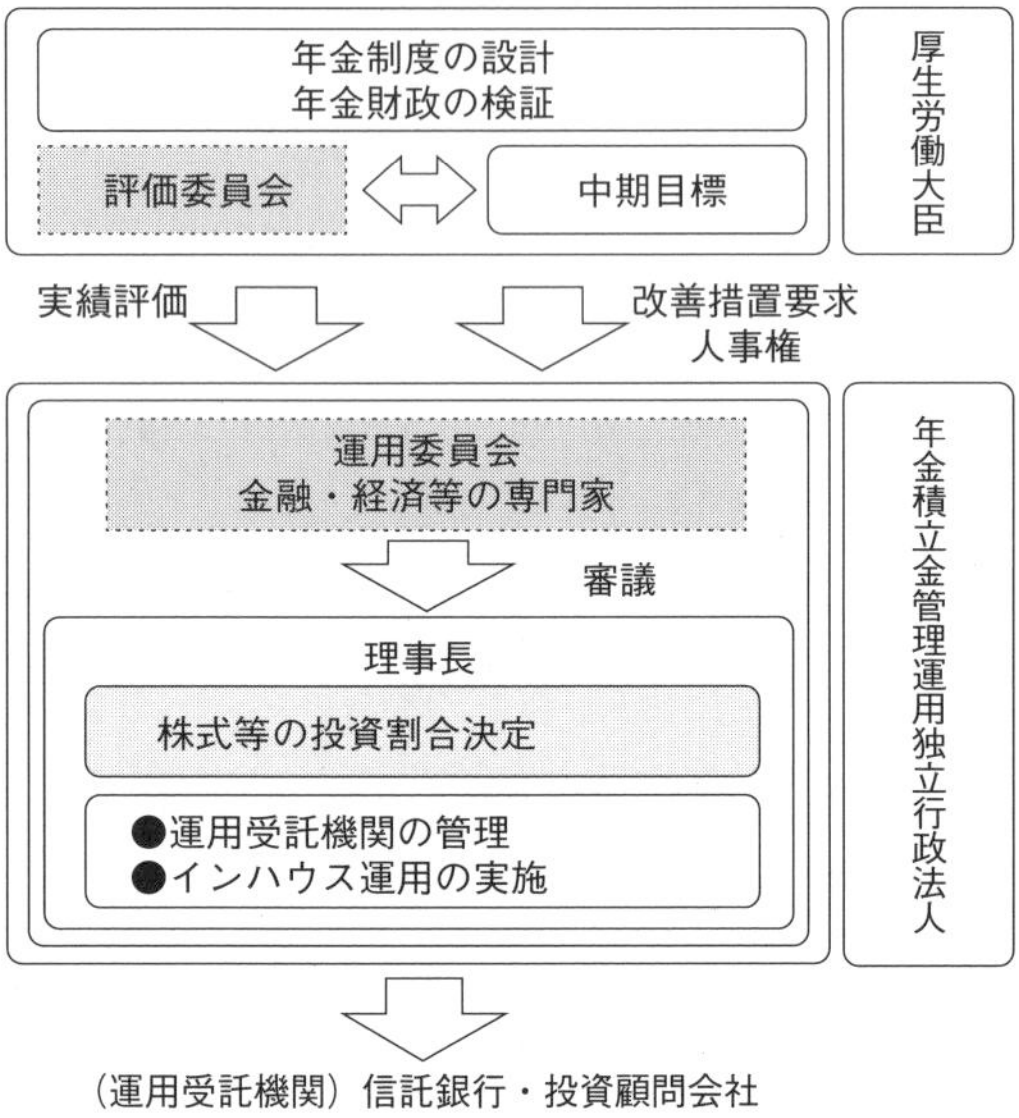

図１-41　年金積立金運用の基本ポートフォリオの推移

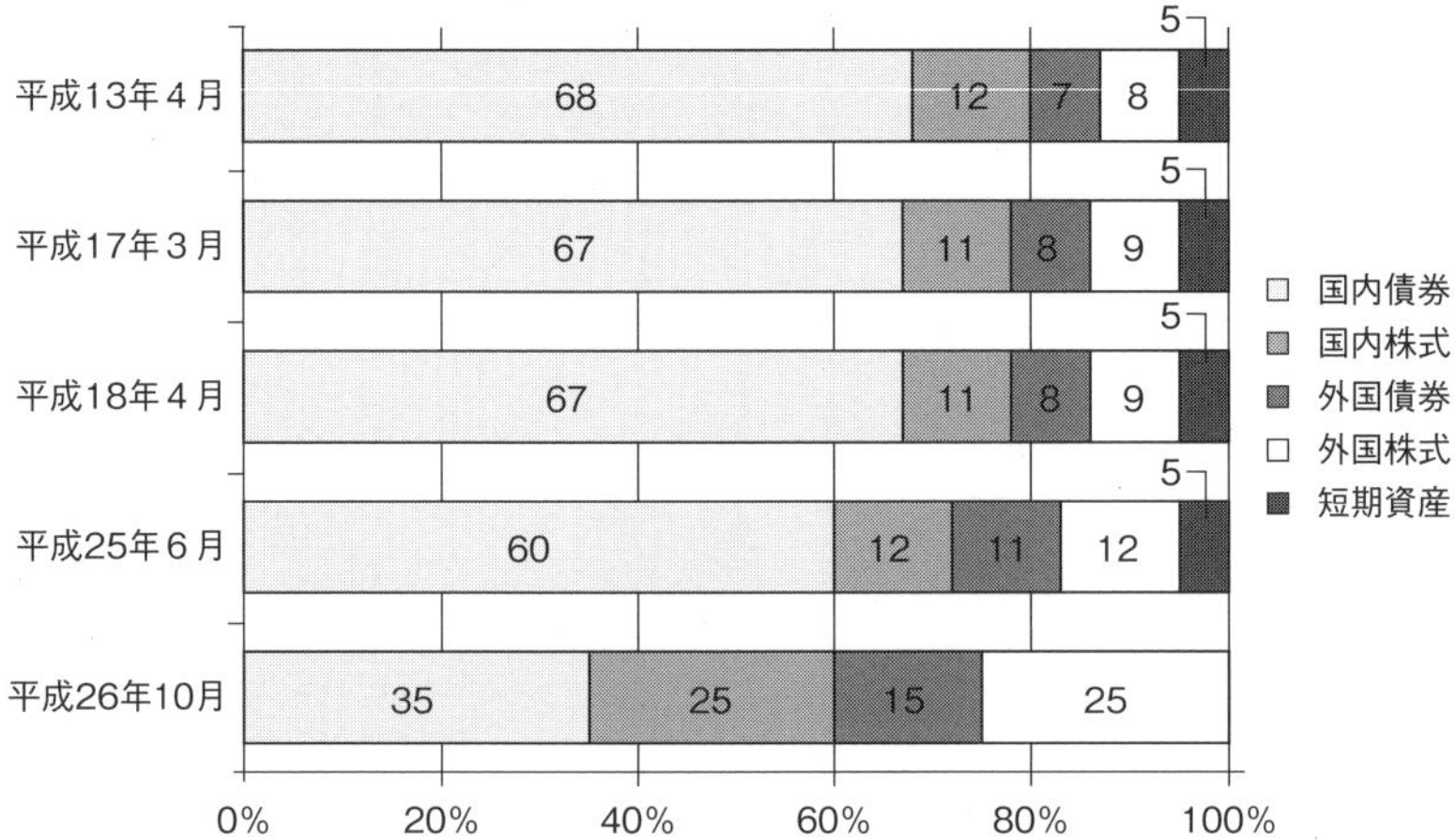

資料：年金積立金管理運用独立行政法人

図1-42　年金積立金の運用利回りの推移

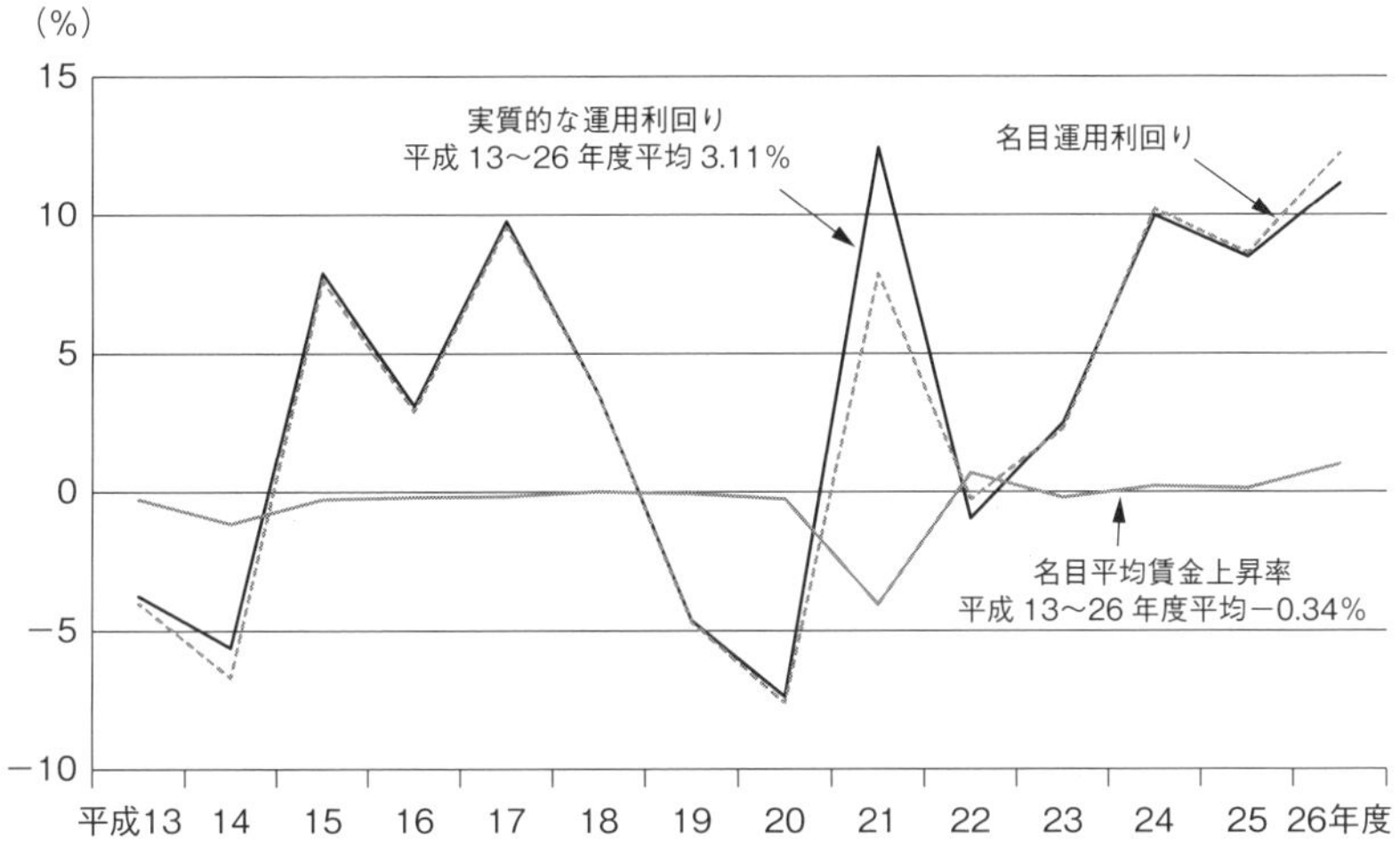

（注）名目運用利回りは借入金利息及び運用手数料等控除後
資料：年金積立金管理運用独立行政法人「平成26年度業務概況書」に基づき作成

図1-43　年金積立金の自主運用開始からの累積収益額の推移

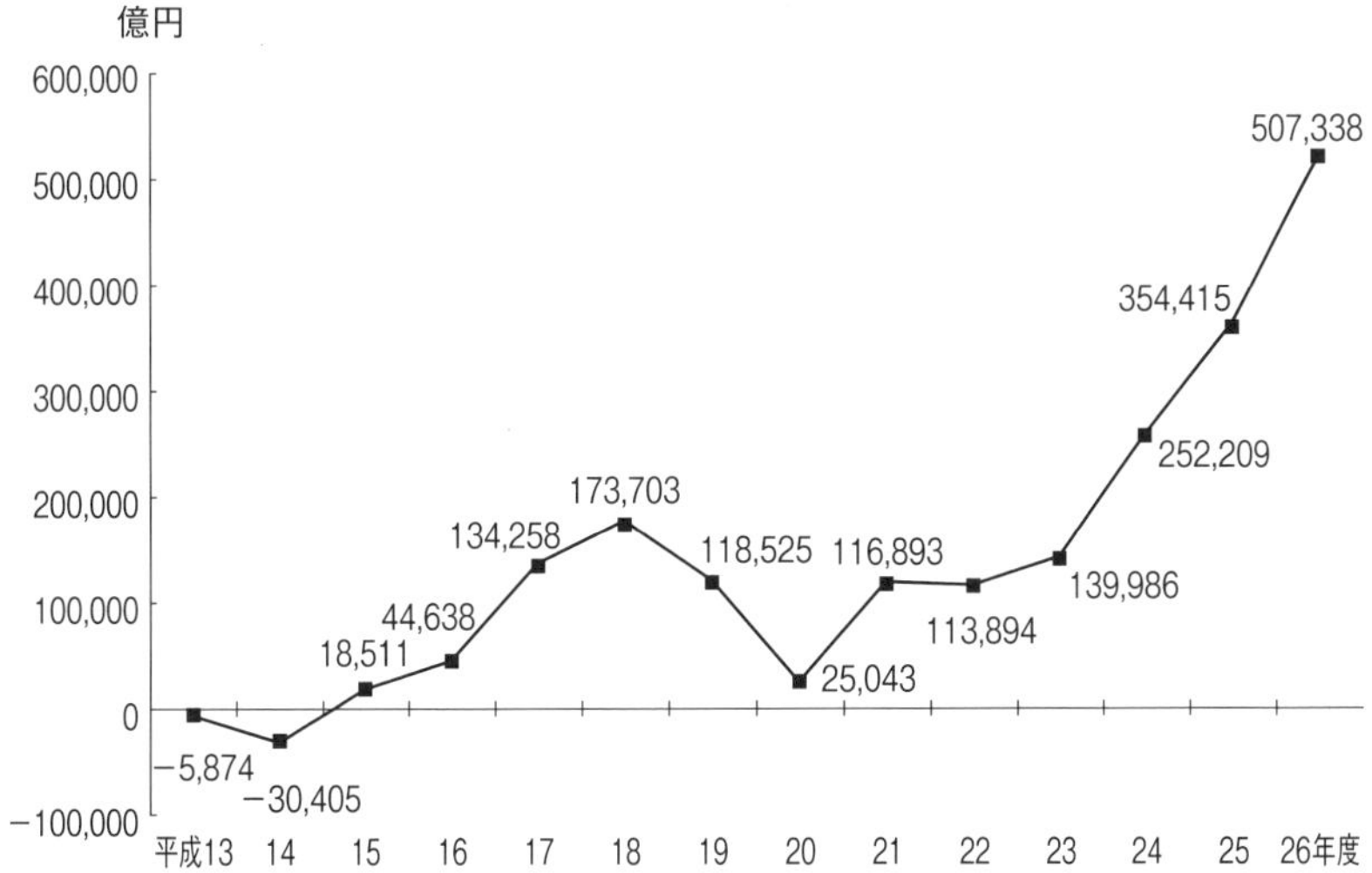

資料：年金積立金管理運用独立行政法人

図１-44　年金積立金の自主運用開始からの運用資産額の推移

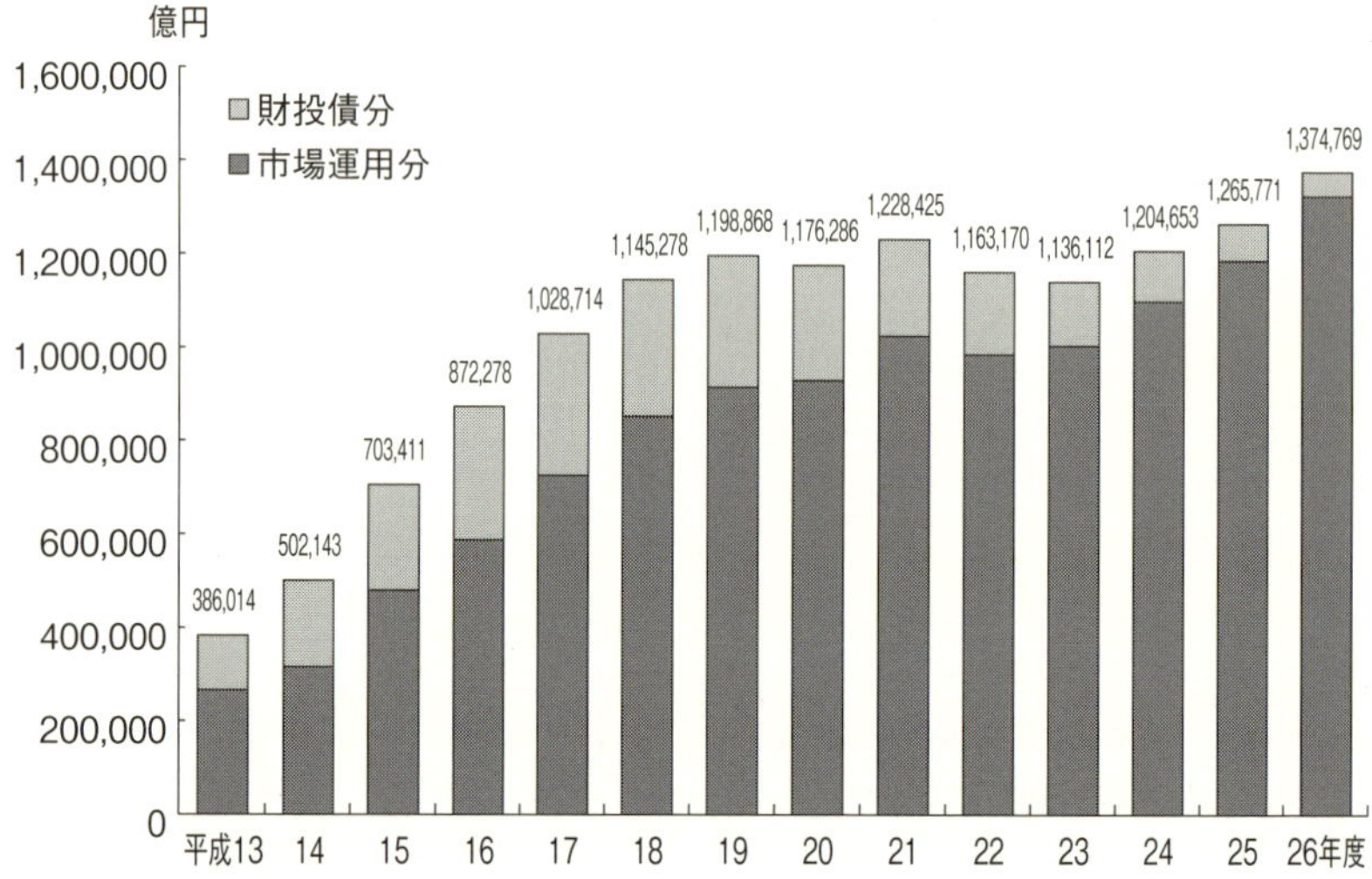

資料：年金積立金管理運用独立行政法人

第十五章　公的年金制度の現状

第一節　公的年金制度の概要

わが国の公的年金制度は、二十歳以上六十歳未満の者はすべて国民年金の被保険者となり、これらの者が高齢になれば基礎年金の給付が受けられる仕組みとなっている。さらに、民間被用者や公務員は、平成二十七年（二〇一五年）九月までは国民年金に加え、厚生年金や共済年金に加入し、基礎年金の上乗せとして報酬比例年金の給付が受けられる二階建ての仕組みとなっていたが、同年十月から被用者年金一元化法が施行されたことに伴い共済年金が厚生年金に統合されたため、これまで共済年金の組合員であった国家公務員、地方公務員、私立学校教職員等もすべて厚生年金の被保険者となることとなった。その上に民間被用者等を対象にした企業年金制度等が設けられている。

公的年金全体の適用状況については、厚生年金、国民年金、それにこれまでの共済年金を合わせた公的

図 1-45　わが国の年金制度の体系

（数値は平成 26 年 3 月末）

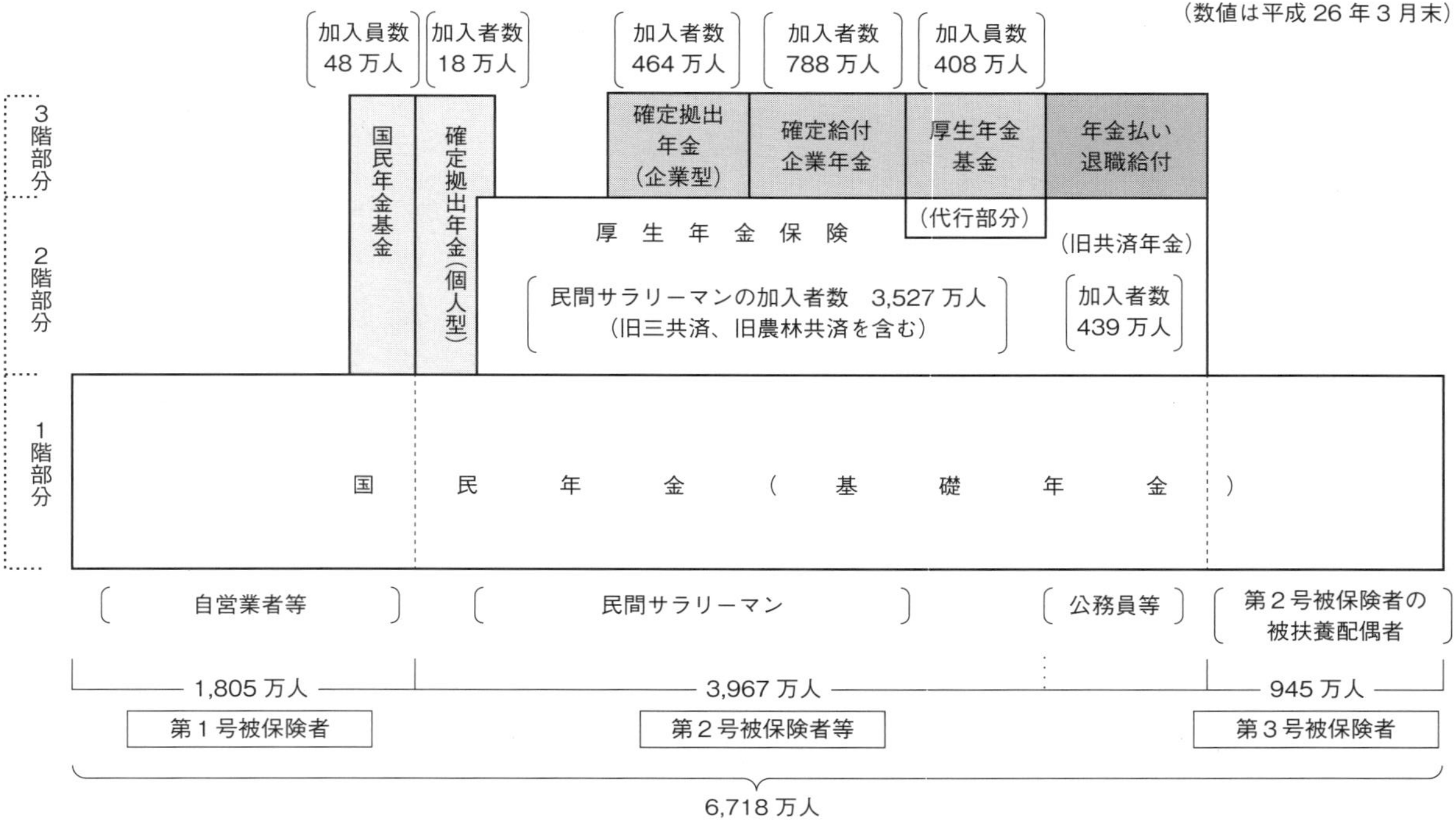

（次頁に続く）

○国民年金制度

（平成 26 年 3 月末現在）

区分	被保険者数 ①	老齢基礎年金等受給権者数 ②	年金扶養比率 ①/②	老齢基礎年金平均年金月額（繰上げ・繰下げ除く）	実質的な支出総費用額	積立金（時価ベース）	積立比率（時価ベース）	保険料（平成26年9月）	老齢基礎年金支給開始年齢
	万人	万人		万円	兆円	兆円		円	
第1号被保険者	1,805	3,068	2.15	5.7	4.0	8.4	4.3	15,250	65 歳
第2号被保険者	3,832				—	—	—	—	
第3号被保険者	945				—	—	—	—	
合計	6,582				—	—	—	—	
（参考）公的年金加入者合計	6,718								

○被用者年金制度

（平成 26 年 3 月末現在）

区分	適用者数 ①	老齢（退職）年金受給権者数（老齢・退年相当） ②	年金扶養比率 ①/②	老齢（退職）年金平均年金月額（老齢・退年相当）（繰上げ・繰下げ等除く）	実質的な支出総費用額	積立金（時価ベース）	積立比率（時価ベース）	保険料率（平成26年9月）	老齢（退職）年金支給開始年齢（平成 26 年度）
	万人	万人		万円	兆円	兆円		%	○報酬比例部分
厚生年金保険	3,527	1,523	2.32	15.7	37.7	123.6	4.0	17.474	一般男子・共済女子 61 歳 厚年女子 60 歳
国家公務員共済組合	106	69	1.52	20.4	2.1	7.6	5.1	16.924	坑内員・船員 60 歳
地方公務員共済組合	283	198	1.43	21.0	5.7	39.8	8.9	16.924	○定額部分
私立学校教職員共済	51	13	4.04	20.5	0.5	3.8	8.1	14.000	一般男子・共済女子 65 歳 厚年女子 63 歳
合計	3,967	1,803	2.20	16.4	46.0	174.9	4.7	—	坑内員・船員 60 歳

資料：厚生労働省

図１-46　公的年金全体の規模と財政の仕組み（平成25年度）

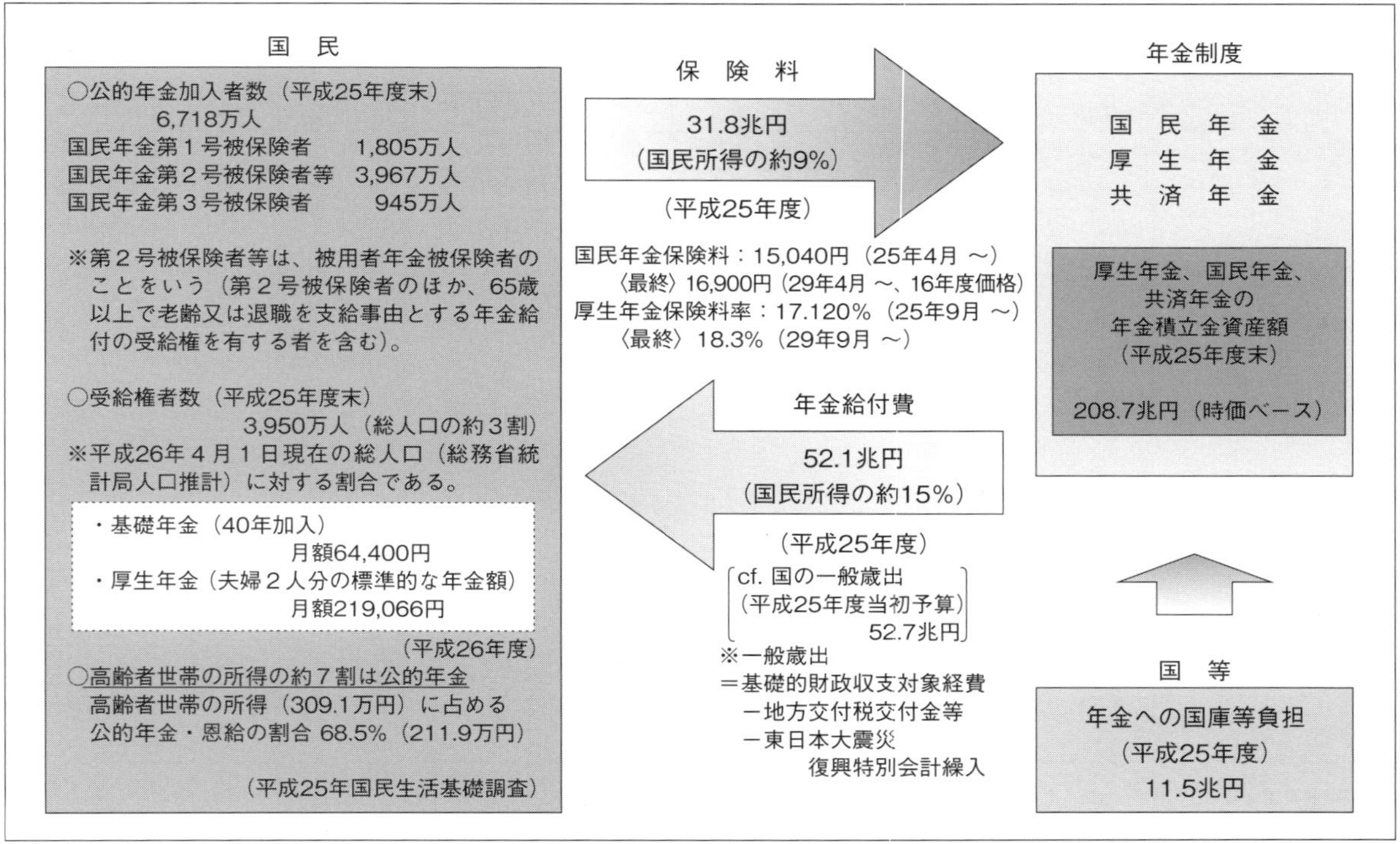

資料：厚生労働白書に基づき作成

年金全体の平成二十五年度(二〇一三年度)末現在の加入者数は六七一八万人と、前年度末に比べて〇・三％減少した。

国民年金の被保険者は、農業者、自営業者、無業者等の被用者年金に加入していない第一号被保険者、厚生年金の被保険者や共済組合の組合員である第二号被保険者、第二号被保険者の被扶養配偶者である第三号被保険者からなる。第一号被保険者は月額一万五二五〇円（平成二十六年度（二〇一四年度））の定額保険料を支払い、第二号被保険者は被用者で厚生年金の被保険者については給与の一七・四七四％の保険料を労使折半で負担しており、これらの保険料のなかには基礎年金拠出金の二分の一である保険料相当分が含まれている。第三号被保険者の基礎年金拠出金の保険料相当分は第二号被保険者が負担する保険料に含まれており、第三号被保険者は保険料負担の必要がない。

国民年金の第一号被保険者数は、任意加入被保険者二七万人を含め、一八〇五万人で、前年度末に比べて三・一％減少した。平成十五年度（二〇〇三年度）の二二四〇万人をピークに、この一〇年間減少し続けている。

国民年金の第二号被保険者等である厚生年金の被保険者数三五二七万人と共済年金の組合員数四三九万人を合わせた被用者年金被保険者数は三九六七万人で、前年度末に比べて一・四％増加した。この被用者年金被保険者には、国民年金第二号被保険者のほかに、六十五歳以上で、老齢年金や退職年金の受給権を有する被保険者が含まれている。被用者年金被保険者数は最近の五年間は増加傾向であるが、厚生年金被保険者数は景気変動の影響を受け変動しており、近年では、リーマンショックの影響で平成二十年度（二

図 1-47　国民年金の被保険者数の推移

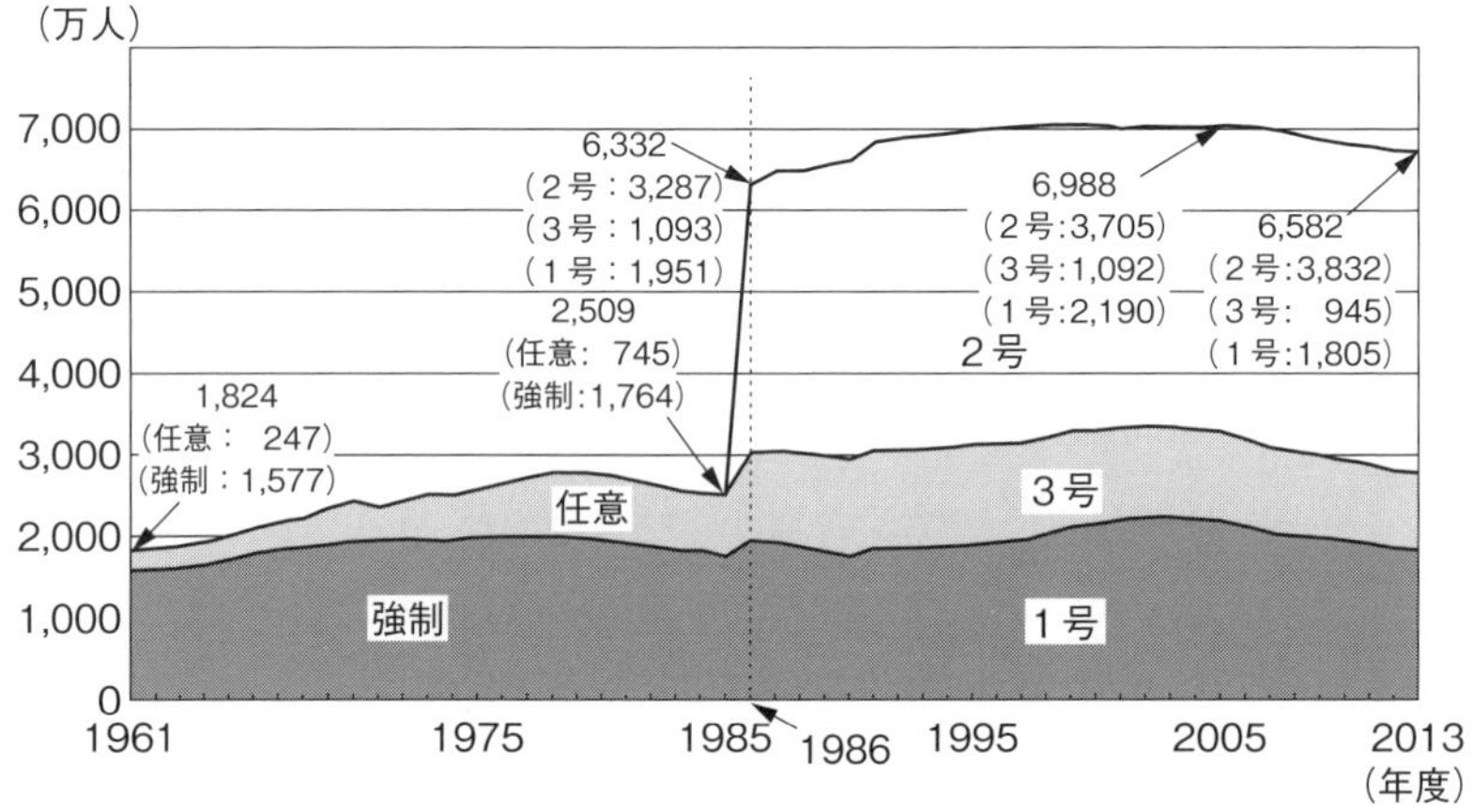

(単位：万人)

年度	公的年金被保険者数合計	国民年金被保険者数合計	昭和60年度以前		昭和61年度以降		
			強制	任意	1号	3号	2号
昭和36 (1961)	3,725	1,824	1,577	247	—	—	—
昭和40 (1965)	4,335	2,002	1,718	283	—	—	—
昭和45 (1970)	5,194	2,434	1,951	483	—	—	—
昭和50 (1975)	5,546	2,588	2,004	585	—	—	—
昭和55 (1980)	5,905	2,760	1,973	786	—	—	—
昭和60 (1985)	5,824	2,509	1,764	745	—	—	—
昭和61 (1986)	6,332	6,332	—	—	1,951	1,093	3,287
平成 2 (1990)	6,631	6,631	—	—	1,758	1,196	3,678
平成 7 (1995)	6,995	6,995	—	—	1,910	1,220	3,865
平成12 (2000)	7,049	7,049	—	—	2,154	1,153	3,742
平成17 (2005)	7,045	6,988	—	—	2,190	1,092	3,705
平成22 (2010)	6,826	6,734	—	—	1,938	1,005	3,791
平成25 (2013)	6,718	6,582	—	—	1,805	945	3,832

(注) 数値はいずれも年度末のものである。
資料：厚生労働省資料に基づいて作成

○○八年度）及び平成二十一年度（二〇〇九年度）の両年度で、前年度対比で被保険者数が減少した。共済年金のなかでは、私立学校教職員共済の組合員数が一貫して増加しているが、国家公務員共済組合の組合員数は平成三年度（一九九一年度）以降平成二十一年度（二〇〇九年度）まで減少し続けた後ほぼ横ばいで、地方公務員共済組合の組合員数は平成六年度（一九九四年度）以降減少し続けており、共済年金全体でも平成五年度（一九九三年度）以降減少し続けている。

また、国民年金第二号被保険者の被扶養配偶者である第三号被保険者数は、九四五万人で、前年度末に比べて一・五％減少しており、平成七年度（一九九五年度）以降減少し続けている。

以上のとおり、近年の傾向では、第一号被保険者と第三号被保険者が減少し、第二号被保険者が増加したが、公的年金全体の加入者数は平成十七年度（二〇〇五年度）以降減少し続けている。この現象の背景には、日本の生産年齢人口が少子化に伴い減少していることがある。

公的年金全体の給付状況については、受給者数、年金総額ともに毎年増加している。公的年金全体における平成二十五年度（二〇一三年度）末現在の受給者数は、延人数で六八〇〇万人と、前年度末に比べ一七九万人増加し、過去最多である。このうち、厚生年金と基礎年金を同一の年金種別で併給している者の重複分を調整すると、受給者数は四七四二万人となる。さらに、基礎年金番号を活用して把握された重複のない公的年金受給権者数は三九五〇万人となり、前年度末に比べ八万人増加した。伸び率は〇・二％に留まった。

また、公的年金全体の受給者の年金総額は、平成二十五年度（二〇一三年度）末現在で五二兆八〇〇〇億円と、前年度末に比べて四〇〇〇億円減少した。伸び率にして〇・七％の減である。減となったのは、基礎年金額の特例水準を解消するために平成二十五年（二〇一三年）十月から年金額が一・〇％引き下げられたことや老齢厚生年金や退職共済年金の支給開始年齢が引き上げられたことによるものである。年金総額の国内総生産（ＧＤＰ）四八二兆四〇〇〇億円との対比では一一・〇％、国民所得三五九兆一〇〇〇億円との対比では一四・七％にのぼる。制度別では、国民年金が二〇兆七〇〇〇億円、厚生年金が二五兆七〇〇〇億円とこの二制度で八七・七％を占めている。

公的年金制度全体の年金給付費は平成二十五年度（二〇一三年度）で、厚生年金基金の代行分を含め

図1-48　公的年金全体受給者数と年金総額の推移

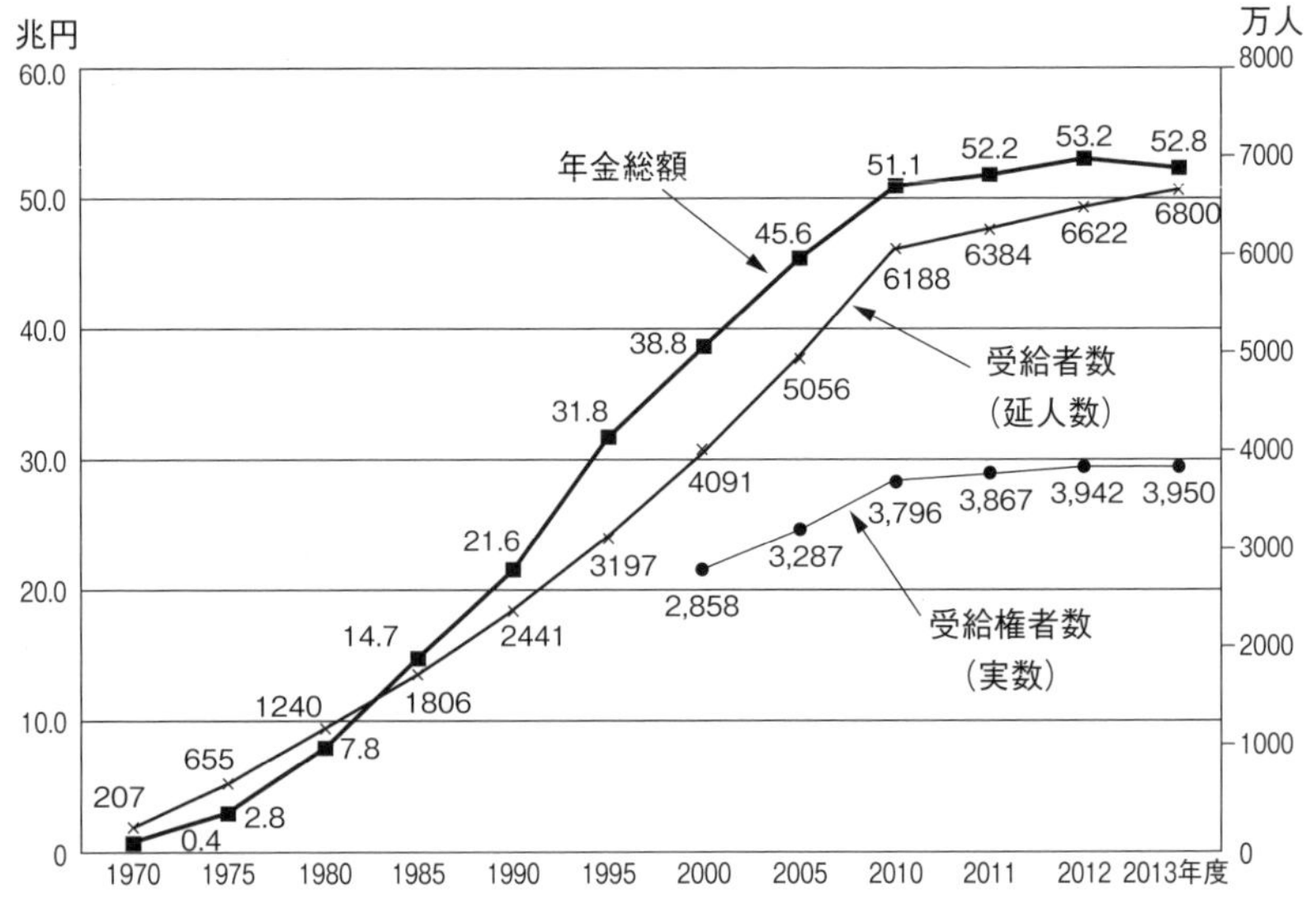

ないと五〇兆五〇〇〇億円であるが、代行分を合わせると五二兆一〇〇〇億円にのぼる。これは、平成二十五年度名目ＧＤＰ四八二兆四〇〇〇億円に対して一〇・八％に相当する大きな規模となっている。保険料収入は厚生年金基金の代行分を含めないと三一兆一〇〇〇億円であるが、代行分を合わせると三一兆八〇〇〇億円、国庫負担などの公的負担は平成二十五年度（二〇一三年度）で二一兆四〇〇〇億円にのぼる基礎年金給付費のおよそ二分の一に相当する一〇兆七〇〇〇億円の国庫負担を含む一一兆五〇〇〇億円にのぼっている。これらの財源と、平成二十六年（二〇一四年）三月末で公的年金会計の積立金は一八六兆三〇〇〇億円で、これに厚生年金基金の代行分に係る積立金を合わせた二〇八兆七〇〇〇億円にのぼる積立金の運用収入や積立金自体を財源として、五〇兆円を超える年金給付の費用を賄っている。

第二節　厚生年金の適用と給付の状況

厚生年金の平成二十五年度（二〇一三年度）末現在の適用状況については、適用事業所数が一八〇万一〇〇〇か所で、前年度末に比べて二・四％増加した。

被保険者数は三五二七万人で、前年度末に比べて一・六％増加した。平成十七年度（二〇〇五年度）から平成十九年度（二〇〇七年度）の三年間は五〇万人から八〇万人近い増加であったが、リーマンショックの影響で平成二十年度（二〇〇八年度）、平成二十一年度（二〇〇九年度）はともに減少した。しかし平成二十二年度（二〇一〇年度）以降は反転し一〇～二〇万人程度の増加となり、さらに平成二十五年度（二〇一三年度）は雇用拡大により五六万人の増加となった。

標準報酬月額は平成二十五年度（二〇一三年度）末現在で平均三〇万六〇〇〇円であり、男子の平均は三四万七〇〇〇円、女子の平均は二三万三〇〇〇円である。平成二十五年度（二〇一三年度）の年度間平均でみても、それぞれ四〇〇円程度ないし一六〇〇円程度の増加である。伸び率はいずれも〇％台ではあるが微増している。しかしリーマンショックによる影響で落ち込んだ平成二十一年度（二〇〇九年度）における男子の三％超の低下は未だ取り戻されていない。

一方、標準報酬月額に年度間に支給された標準賞与額を加えた年間の総報酬ベースである標準報酬額では、男子は〇・三％増加して四九四万八〇〇〇円である。一方、女子は〇・七％増で三二二万四〇〇〇円である。全体では、四三二万六〇〇〇円で前年度に比べプラス〇・三％とわずかの増である。女子はリーマンショックによる落ち込みを平成二十四年度で

図１-49　厚生年金の被保険者数と受給者数の推移

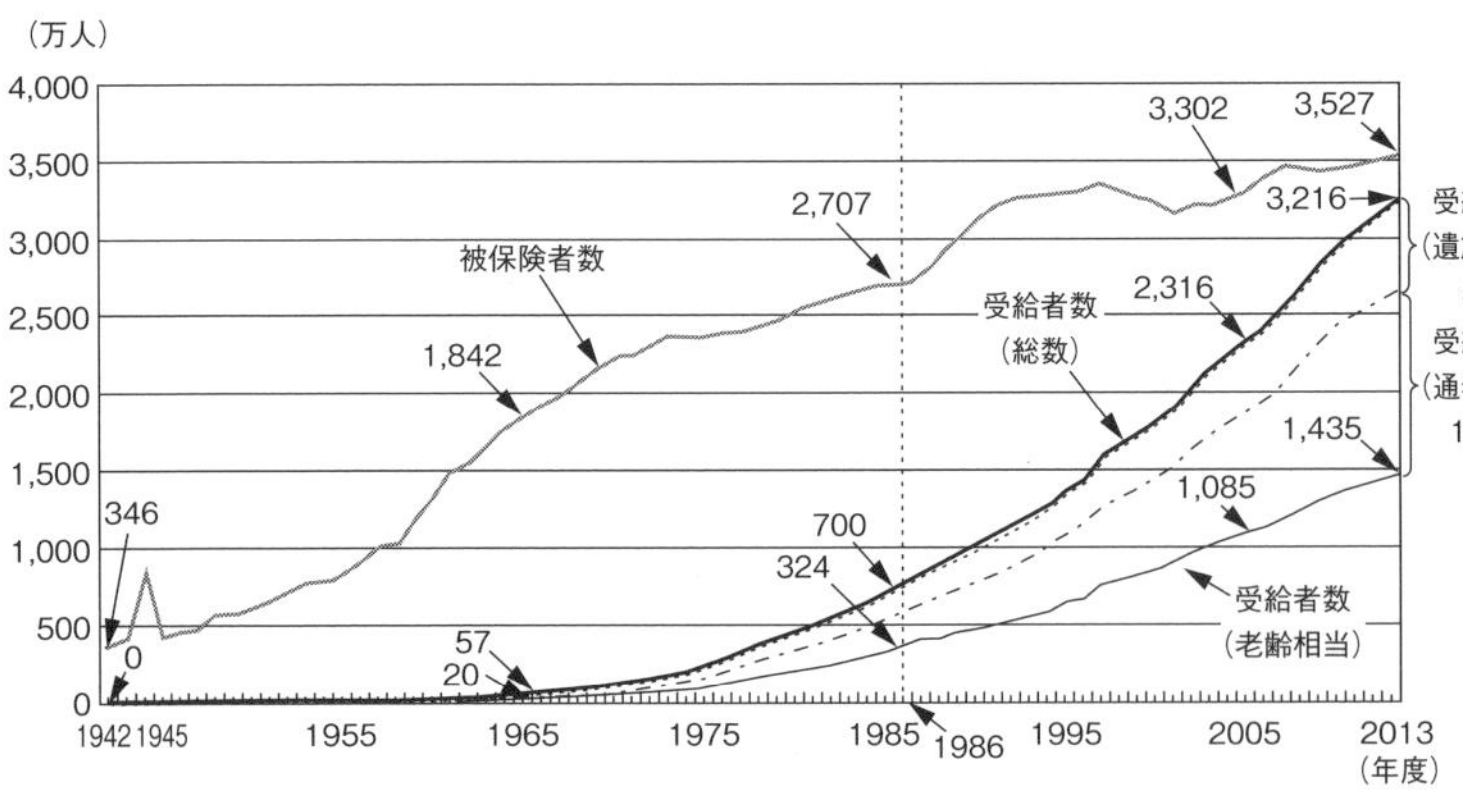

資料：厚生労働省

取り戻したが、男子は平成二十一年度（二〇〇九年度）とほとんど変わらない状況であり、落ち込みを取り戻していない。

平成二十五年度（二〇一三年度）末現在における給付状況について、受給者数は厚生年金全体で三三一六万人に達し、前年度末に比べ六三万人の増、伸び率にして二・〇％の増である。このうち、老齢年金受給者数は一四三五万人、通算老齢年金受給者数は一二二九万人、障害年金受給者数は四〇万人、遺族年金受給者数は五〇九万人である。

厚生年金の受給者の年金は基礎年金の上に報酬比例年金が上乗せされる仕組みであり、夫が厚生年金に四〇年加入し、妻が四〇年間専業主婦で第三号被保険者というモデルでは夫婦あわせて六十五歳の年金裁定時には月額二二万八〇〇〇円の年金額となるが、平成二十五年度（二〇一三年度）末の実績では厚生年金の六十五歳男子の老齢年金平均年金月額は基礎年金を含めて一七万六〇〇〇円で平均加入期間は三六年一〇か月で、国民年金の女子の新規裁定基礎年金月額の平均は五万四〇〇〇円で平均加入期間は三二年九か月であり、仮に夫婦であったとしてこれらの平均年金月額を合算すると二三万円となる。また、厚生年金の老齢年金平均年金月額は基礎年金を含めて男子が一六万九〇〇〇円、女子が一〇万三〇〇〇円であり、男女あわせた厚生年金受給者では平成二十五年度（二〇一三年度）末現在で平均年金月額は老齢年金で一四万八〇〇〇円、障害年金で一〇万三〇〇〇円、遺族年金で八万六〇〇〇円である。厚生年金における定額部分の支給開始年齢が、男子については平成十三年度（二〇〇一年度）から段階的に引き上げられているため、老齢年金受給権者の平均年金月額の水準には、平成二十五年度（二〇一三年度）では六十四歳までと六十五歳以降で大きな違いがみられ、六十四歳で一〇万六〇〇〇円、六十五歳で一七万六〇〇〇円となっている。また、女子については平成十八年度（二〇〇六年度）から段階的に引き上げられているため、平成二十五年度（二〇一三年度）では六十二歳までと六十三歳以降で大きな違いがみられ、六十二歳で四万八〇〇〇円、六十三歳で九万六〇〇〇円となっている。

在職者の老齢年金と通算老齢年金を合わせた老齢給付の受給権者数は三一六万五〇〇〇人で、そのうち受給者数は二六三万人となっている。六十歳台後半（七十歳以上の者を含む）の在職老齢厚生年金受給権者数は一三六万二〇〇〇人で、受給者数は一三四万八〇〇〇人であるから、六十歳台後半では全額支給停止者は少ない。一方、六十歳台前半の在職老齢厚生年金の受給権者数は一七九万六〇〇〇人で、受給者数は一二七万五〇〇〇人であるから、六十歳台前半では全額支給停止者は受給権者の三割近い五二万一〇〇〇人にのぼる。

第三節　国民年金の適用と給付の状況

国民年金の平成二十五年度（二〇一三年度）末現在における第一号被保険者数は、任意加入被保険者二七万人を含め、一八〇五万人で、前年度末に比べて三・一％減少した。第一号被保険者数は、一〇年前の平成十五年度（二〇〇三年度）から一貫して減少している。国民年金制度発足当初は農林漁業が被保険者の四割近くを占めていたが、現在は四％にも満たない。また、自営業主や家族従業者が制度発足当初は五割を超えていたが、現在は二割を若干超える程度である。このように、産業構造や就業構造の変化は著しく、平成二十三年（二〇一一年）の国民年金被保険者実態調査では第一号被保険者のうち無職者が四割弱と最も多く、臨時・パートの者が自営業主と家族従業者をあわせた人数を上回っている。

国民年金の保険料については低所得者に対して免除制度があり、生活保護受給者や障害基礎年金受給者など対象者が法律で定められた法定免除制度と、申請することによって世帯の所得状況等の審査を受け承認されれば保険料の全部または一部が免除される申請免除制度がある。一部免除では所得の状況に応じて保険料を四分の一、二分の一、四分の三免除する仕組みとなっている。学生に対しては学生本人の所得のみ審査する学生納付特例制度があり、パートやアルバイト等で

図１-50　国民年金第１号被保険者の就業状況の変化

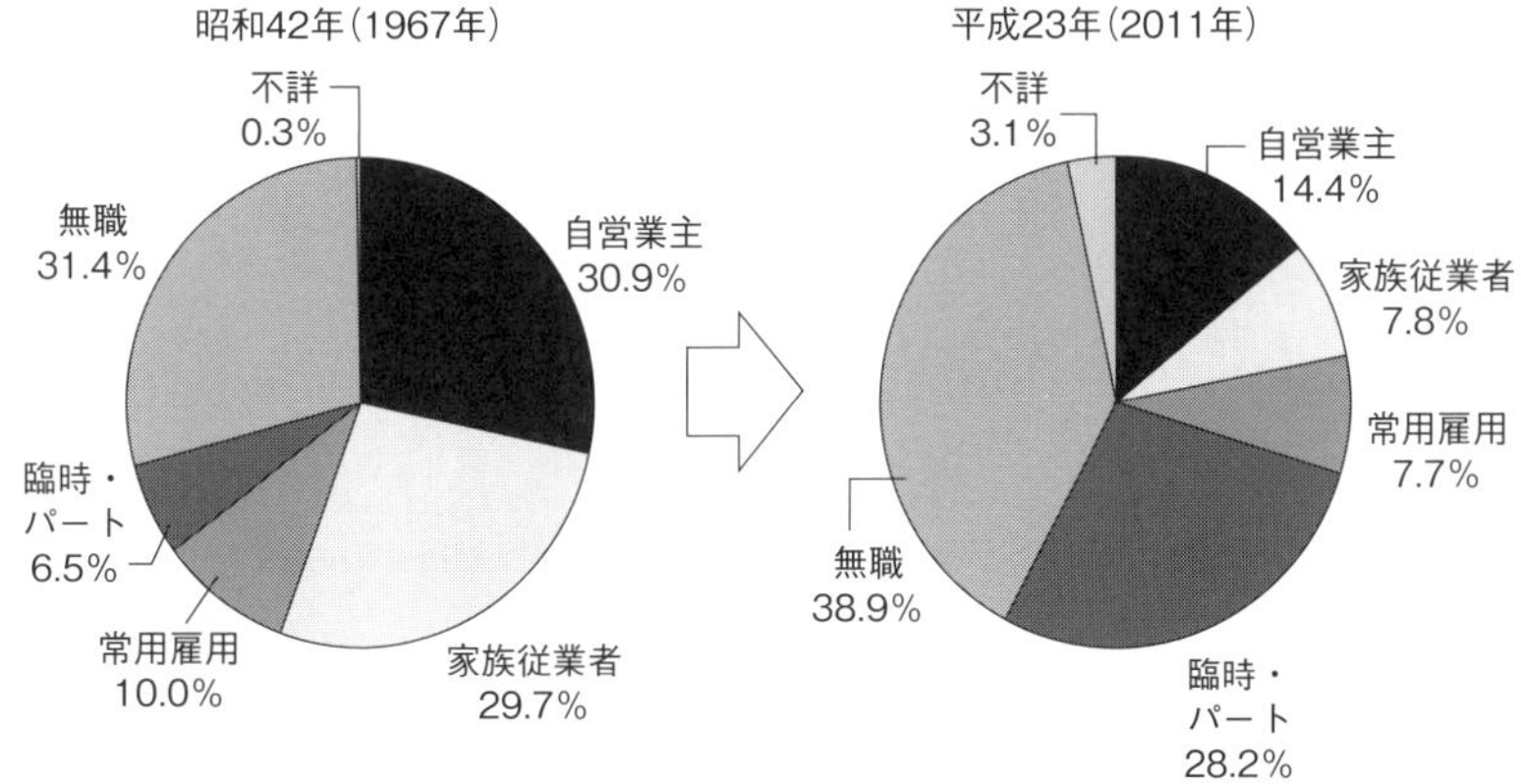

資料：厚生労働省資料に基づき作成

厚生年金に未加入の低所得者に対しては二十歳以上三十歳未満なら保険料の納付猶予を受けることができる若年者納付猶予制度がある。保険料免除、学生納付特例もしくは納付猶予いずれの期間も基礎年金の受給資格期間には算入されるが、保険料免除期間の国庫負担担当分や一部免除期間の保険料納付に対応する分が年金額に反映されること以外は保険料を一〇年以内に追納しない限り年金額には反映されない。

免除者については、全額免除者が、平成二十五年度（二〇一三年度）末現在では六〇六万人で、任意加入被保険者を除く第一号被保険者数に占める全額免除者の割合は三四・一％と、前年度末に比べ二・一ポイント上昇し、三分の一を超えた。全額免除者割合は、制度発足当初の昭和三十六年度（一九六一年度）では一〇・六％であったものが昭和四十九年度（一九七四年度）には八・〇％まで低下したが、その後昭和五十九年度（一九八四年度）の一七・四％まで増加の一途をたどり、昭和六十一年度（一九八六年度）に適正化努力により一度一一・九％まで低下したものの再び増加し、近年ではリーマンショック以降の急増が目立つ。全額免除者のうち、法定免除者が一三四万人、申請免除者が二四九万人で、この六年間増加し続けている。学生納付特例は一七六万人とこの四年間は増加しているが、過去には平成十七年度（二〇〇五年度）に一七六万人を記録するなど波がある。若年者納付猶予は四六万人で最近の二年間の増加が目立つ。

第一号被保険者の枠内でみれば全額免除割合は高いが、昭和六十一年度（一九八六年度）以降全国民共通の基礎年金制度が創設され公的年金全体で支えていくことになったことから公的年金全被保険者数に対する全額免除者数の割合は平成二十五年度（二〇一三年度）末でも九・〇％と一割にも満たない。

申請一部免除者は、平成二十五年度（二〇一三年度）末現在で五九万人と過去最高で昨年度より一一万人増加した。申請一部免除者の割合は第一号被保険者の三・三％で免除者全体からすればわずかである。

国民年金の平成二十五年度（二〇一三年度）において年度中に納付された同年度分の保険料納付月数が納付対象月数に占める割合である現年度納付率は、六〇・九％で、前年度の五九・〇％に比べ一・九ポイント上昇しており、平成二十三年度（二〇一一年度）を底に回復傾向にある。保険料納付の時効期間が二年あることから、過年度分として納付された保険料を加えた最終納付率は平成二十四年度（二〇一二年度）の状況が最新で、六七・八％である。若年者納付猶予制度の導入により、最終納付率は、平成十七年度（二〇〇五年度）に七二・四％まで一度回復したものの、それ以降再び低下していたが、平成二十二年度（二〇一〇年度）を底に回復傾向にある。平成二十五年度（二〇一三年度）の現年度納付率を五歳階級別にみると、二十歳台後半が五〇％弱と最も低く、それ以降年齢が高くなるとともに上昇して年金支給開始年齢が近づく五十歳台後半では七三％を超えている。

平成二十五年度（二〇一三年度）末現在における国民年金の給付状況については、受給者数は年金種別合計で三一四〇万人に達し、前年度末に比べ一〇九万人の増、伸び率にして三・六％の増である。ここでの国民年金受給者数は、旧法国民年金受給者数と新法基礎年金受給者数の合計である。基礎年金受給者数

図1-51　国民年金第1号被保険者における納付率、納付対象月数及び納付月数の推移

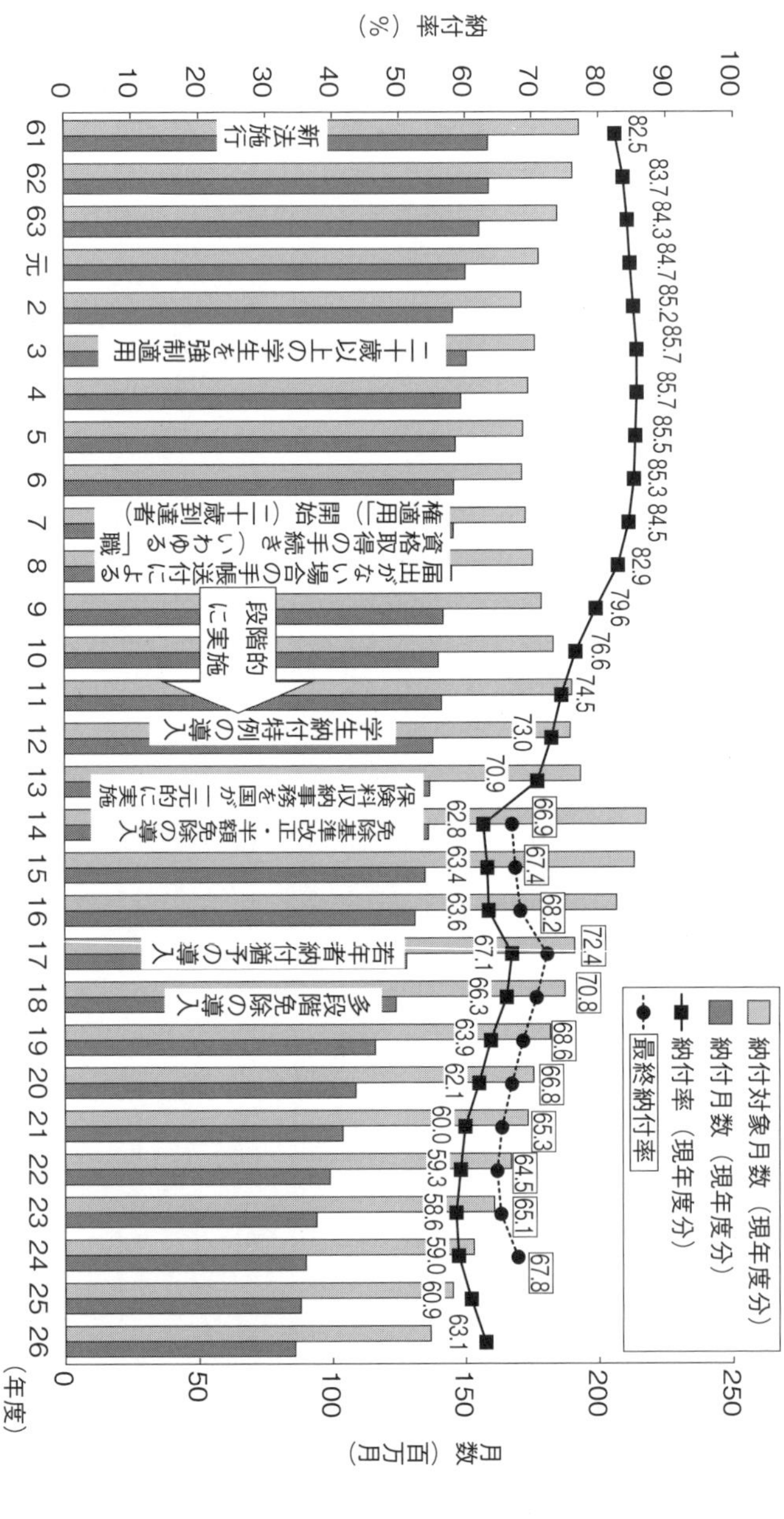

資料：厚生労働省

図１-52　国民年金（基礎年金）受給者数の推移

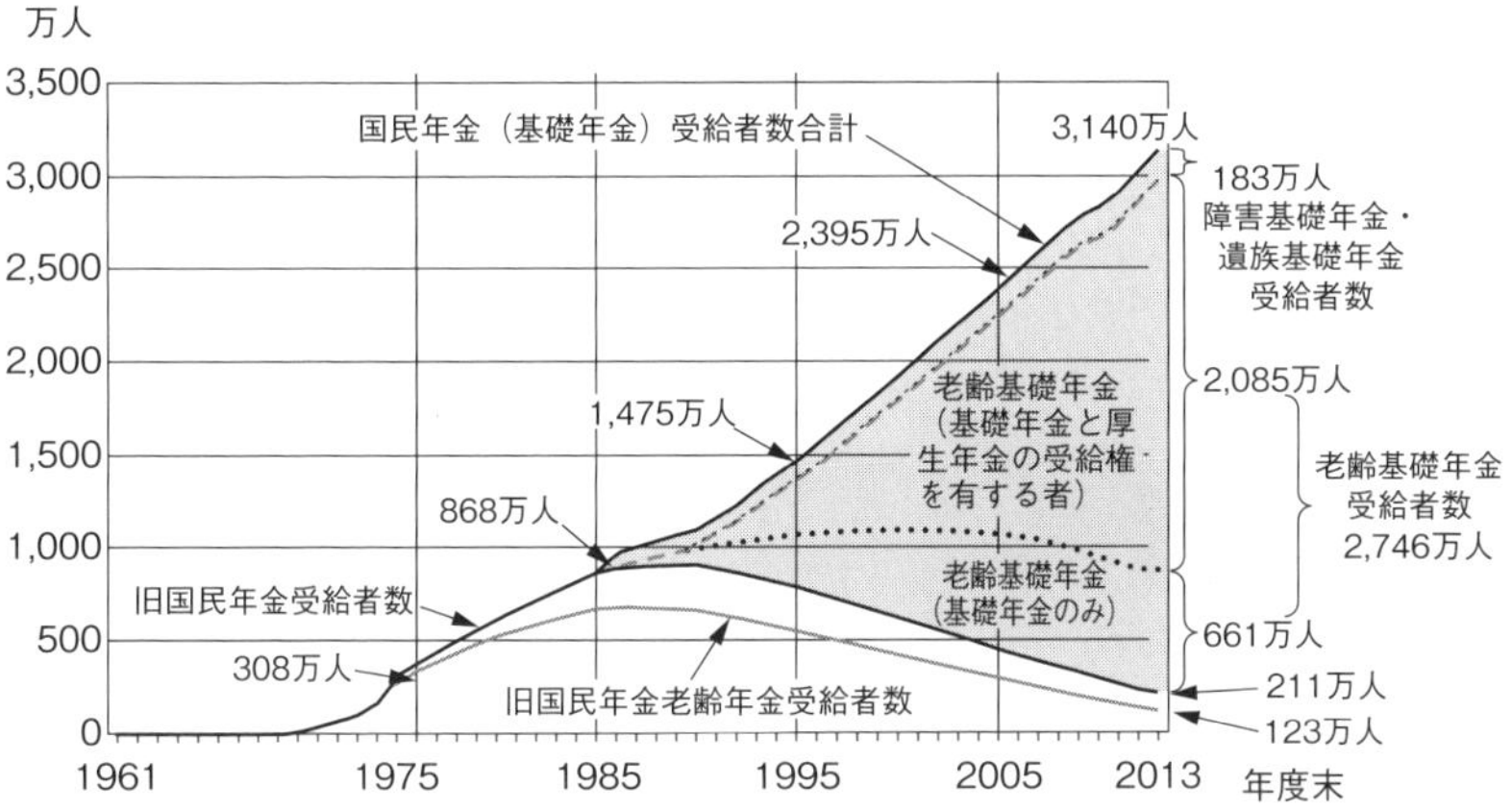

図１-53　国民年金（基礎年金）給付費の推移

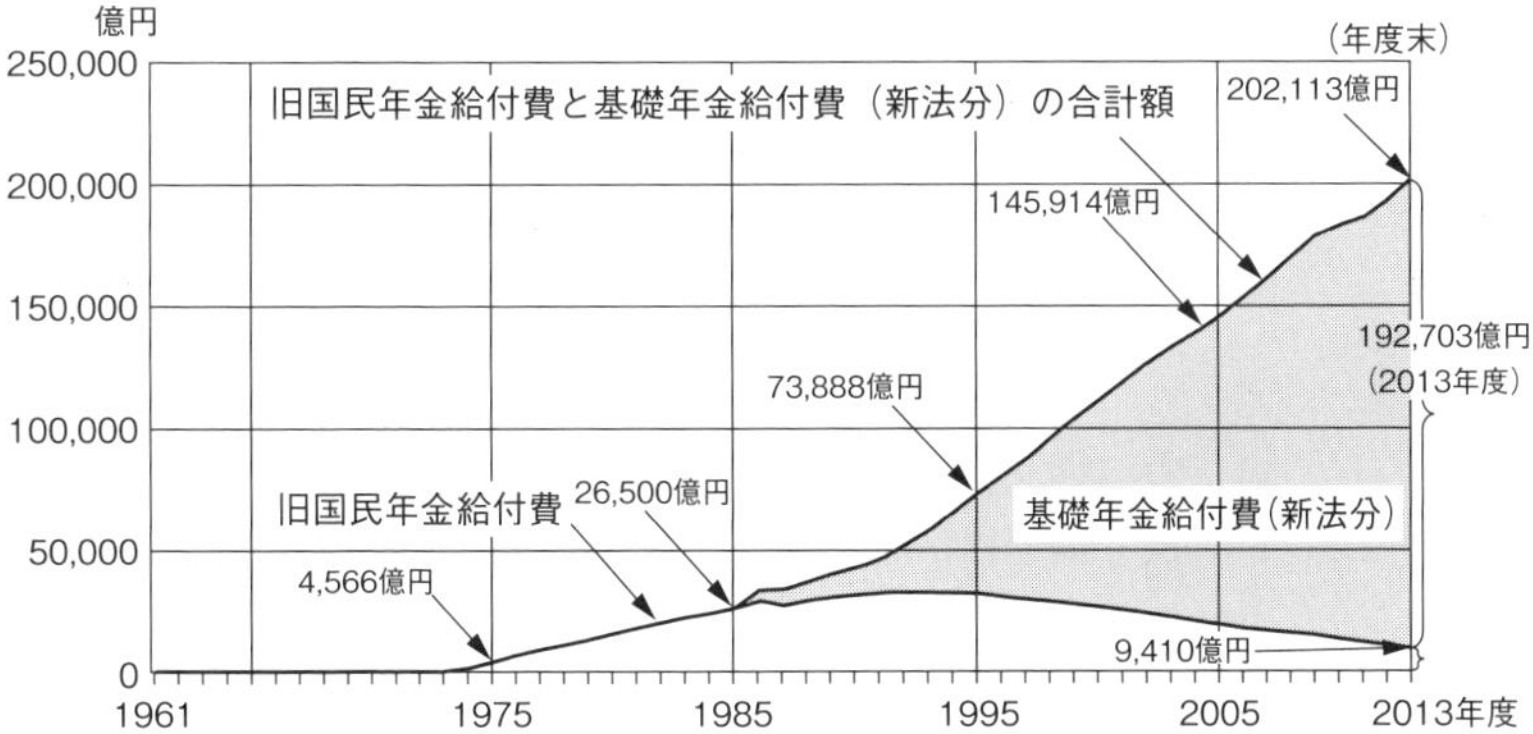

には被用者年金を上乗せして受給している者も含まれている。老齢年金受給者数は二八六九万人、通算老齢年金受給者数は八〇万人、障害年金受給者数は一八〇万人、遺族給付は一一万人である。

このうち、基礎年金の受給者数は二九二九万人で、そのうち老齢基礎年金受給者数は二七四六万人、障害基礎年金受給者数は一七三万人、遺族基礎年金受給者数は九万人となっている。厚生年金の受給権を有しない基礎年金のみの受給者八一三万人と旧国民年金の受給者二一一万人の合計は一〇二三万人である。

国民年金の老齢年金受給者の平成二十五年度（二〇一三年度）末現在における平均年金月額は老齢年金で五・五万円、障害年金で七・三万円、遺族給付で八・〇万円である。また、平成二十五年度（二〇一三年度）における新規裁定老齢年金受給者の平均年金月額は五・二万円である。

国民年金の基礎年金の年金額は原則として二十歳以上六十歳未満における保険料納付期間に応じて定められ、四〇年間保険料を納付すると平成二十六年度（二〇一四年度）では満額の月額六万四四〇〇円を受給し、基礎年金が受給できる資格期間の二十五年間保険料を納付した場合には月額四万二五〇〇円を受給することとなる。平成二十五年度（二〇一三年度）末では、老齢基礎年金受給者の平均年金月額は五・五万円であるが、繰上げ受給者及び繰下げ受給者を除いた本来受給の受給者の平均年金月額は五・七万円となっている。また、障害基礎年金受給者の平均年金月額は七・三万円、遺族基礎年金受給者の平均年金月額は八・八万円である。

第四節　厚生年金・国民年金の財政状況

厚生年金の収支状況について平成二十五年度（二〇一三年度）決算に基づいて年金財政を分析する観点に立って、収入から簿価ベースの運用収入や積立金からの受入を除いてみると、収入は三五兆一〇〇〇億円で、このうち保険料収入は二五兆円、国庫負担は八兆三〇〇〇億円、基礎年金勘定からの基礎年金交付金は一兆一〇〇〇億円である。一方、支出は三八兆九〇〇〇億円で、給付費に二三兆八〇〇〇億円、基礎年金勘定への基礎年金拠出金に一五兆円支出されている。このうち給付費は厚生年金勘定から年金受給者に直接支払われる二階部分相当給付の給付費二二兆七〇〇〇億円と、旧法の基礎年金相当給付の給付費一兆一〇〇〇億円からなっている。その結果、単年度収支残は三兆八〇〇〇億円の不足となっている。平成二十五年度（二〇一三年度）は資金運用が好調だったため、この不足分を運用収入等で賄ってもなお、平成二十四年度（二〇一二年度）末よりも時価ベースで積立金が五兆七〇〇〇億円増加し、平成二十五年度（二〇一三年度）末で一二三兆六〇〇〇億円となった。過去五年間の積立金の動向をみると、年度により上下しているが、おおむね一一〇兆円台から一二〇兆円台の間で変動している。

平成二十五年度（二〇一三年度）決算に基づいて厚生年金の年金扶養比率をみると二・三二で前年度に比べ若干上昇した。雇用回復により厚生年金の被保険者数が増加したためであるのに対し、長期的な傾向としては成熟化が着実に進行している。また、収支比率は簿価ベースでは一〇八・一であるが、資金運用の好調さを反映して時価ベースでは八四・四と前年度に続き八〇％台を維持しているが、実質的には賦課方式に近い財政状況となっている。

国民年金の収支状況について平成二十五年度（二〇一三年度）決算に基づいて年金財政を分析する観点に立って、収入から簿価ベースの運用収入や積立金からの受入を除いてみると、収入は四兆五〇〇〇億円で、このうち保険料収入は一兆六〇〇〇億円、国庫負担は二兆一〇〇〇億円、基礎年金勘定からの基礎年金交付金は八〇〇〇億円である。一方、支出は四兆九〇〇〇億円で、給付費に九〇〇〇億円、基礎年金勘定への基礎年金拠出金に三兆八〇〇〇億円支出されている。このうち給付費は国民年金勘定から年金受給者に直接支払われる寡婦年金や付加年金等の給付費二〇〇〇億円と、旧法の基礎年金相当給付の給付費八〇〇〇億円からなっている。その結果、単年度収支残は四〇〇〇億

図１-54　厚生年金の財政状況（平成25年度）

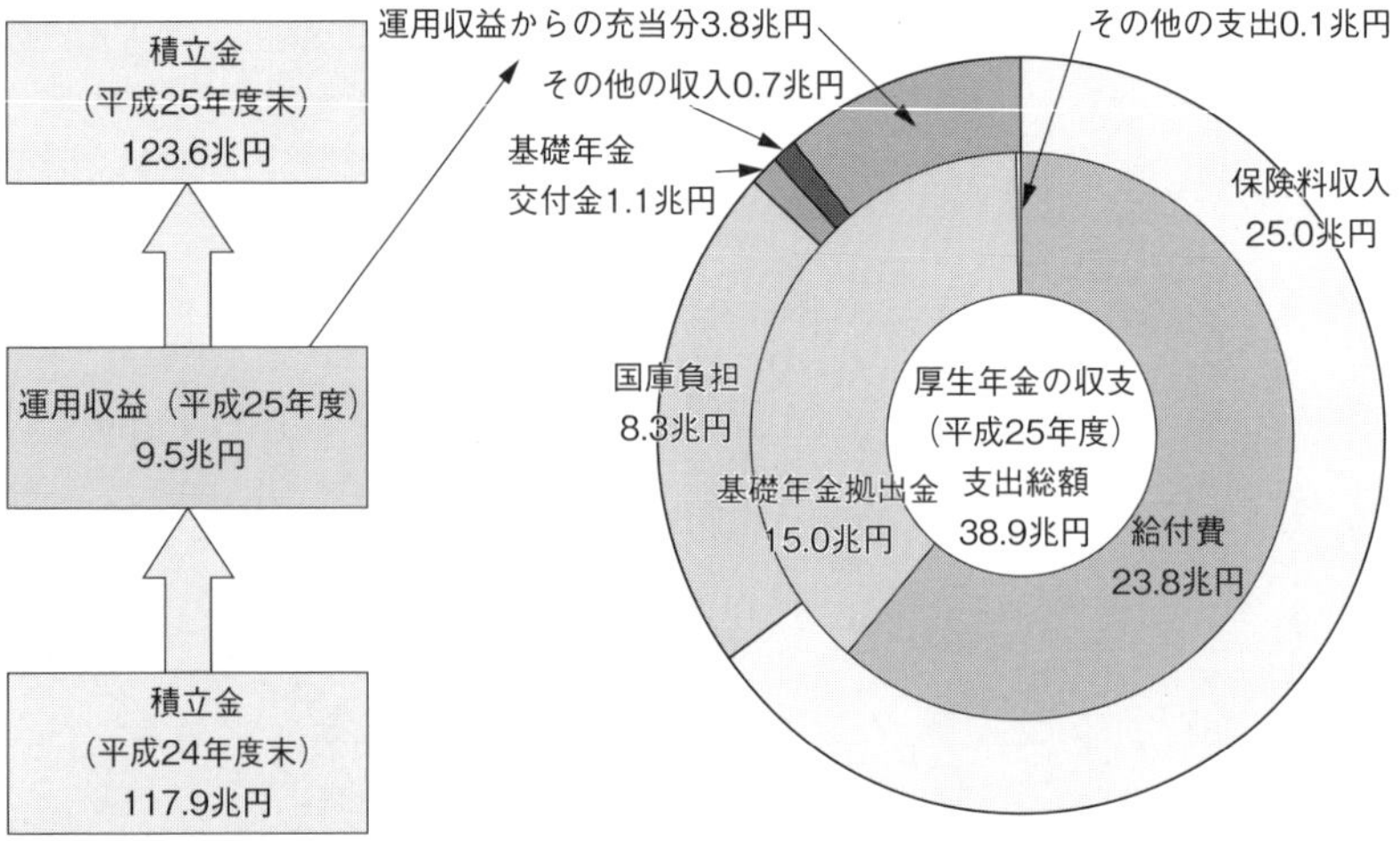

資料：厚生労働省資料に基づき作成

円の不足となっている。平成二十五年度（二〇一三年度）は資金運用が好調だったため、この不足分を運用収入等で賄ってもなお、平成二十四年度（二〇一二年度）末よりも時価ベースで積立金が三〇〇〇億円増加し、平成二十五年度（二〇一三年度）末で八兆四〇〇〇億円となった。過去五年間の積立金の動向をみると、厚生年金と異なり、毎年度若干ではあるが増加している。

基礎年金の収支状況について平成二十五年度（二〇一三年度）決算に基づいて年金財政を分析する観点に立って、収入から簿価ベースの運用収入や基礎年金勘定の前年度剰余金受入を除いてみると、収入は二一兆円で、ほとんどが各保険者の基礎年金拠出金に依っており、厚生年金から一五兆円、国民年金から三兆八〇〇〇億円、共済組合から二兆一〇〇〇億円が拠出金として基礎年金勘定に拠出されている。この拠出金のうち約二分の一の一〇兆七〇〇〇億円が国庫負担であ

図1‒55　国民年金の財政状況（平成25年度）

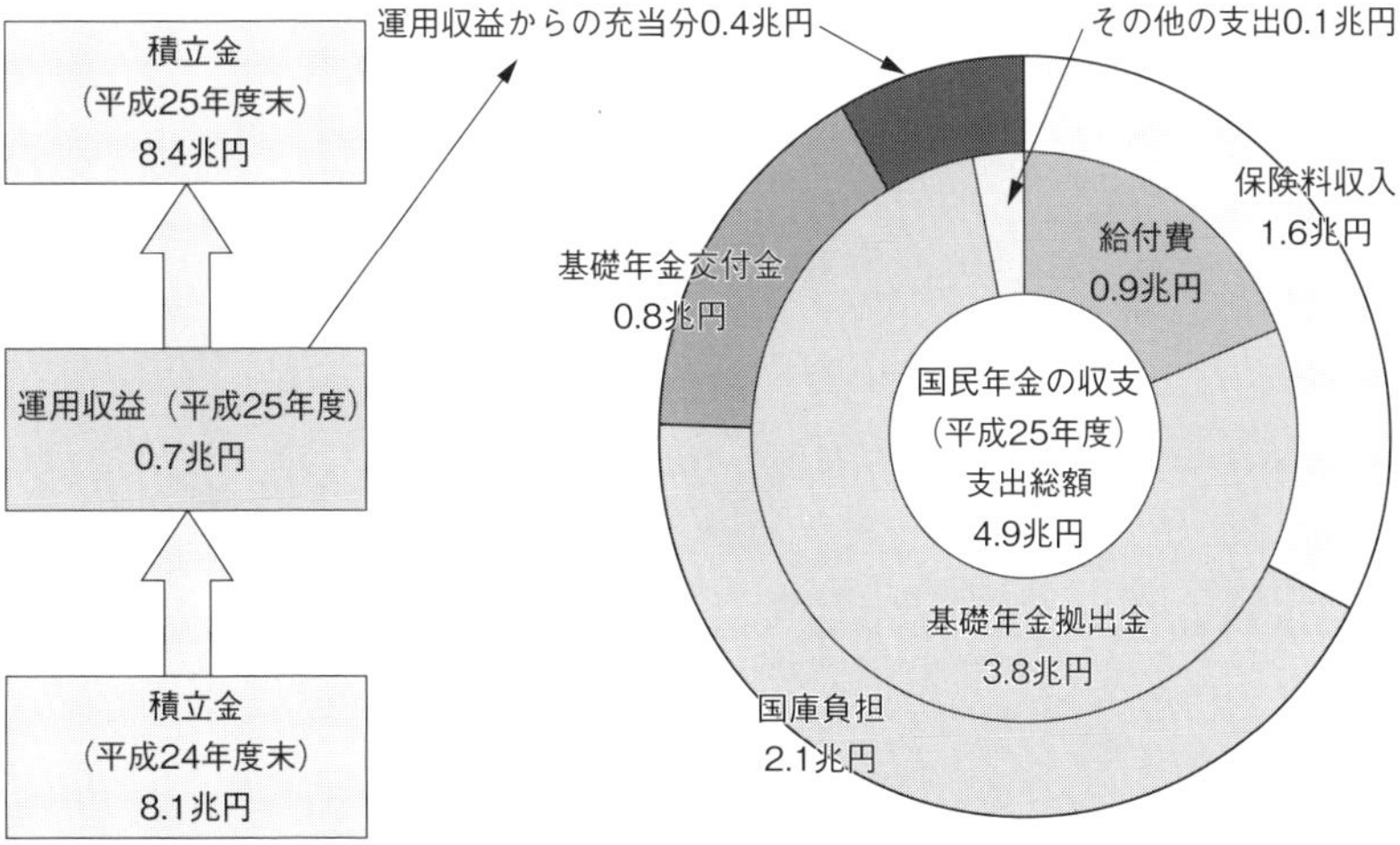

資料：厚生労働省資料に基づき作成

る。支出は二一兆四〇〇〇億円で、基礎年金給付費に一九兆三〇〇〇億円、基礎年金相当給付費の各保険者への交付金として二兆二〇〇〇億円が支出されている。この交付金は昭和六十一年度（一九八六年度）前の旧法給付のうち基礎年金に相当するとみなされる各制度の給付費相当分にあてられるもので、基礎年金勘定から国民年金勘定へ八〇〇〇億円、厚生年金勘定へ一兆一〇〇〇億円、各共済組合へ四〇〇〇億円が支出されている。その結果、単年度収支残は四〇〇〇億円の不足となっている。基礎年金は概念的には完全賦課方式として制度の基本的設計がなされているが、実際には、概算と精算を繰り返すことから、毎年度若干の過不足が生ずるものである。

　基礎年金の年金扶養比率をみると二・一五で前年度に比べ着実に低下し、引き続き成熟

図１-56　基礎年金の財政の仕組み（平成25年度）

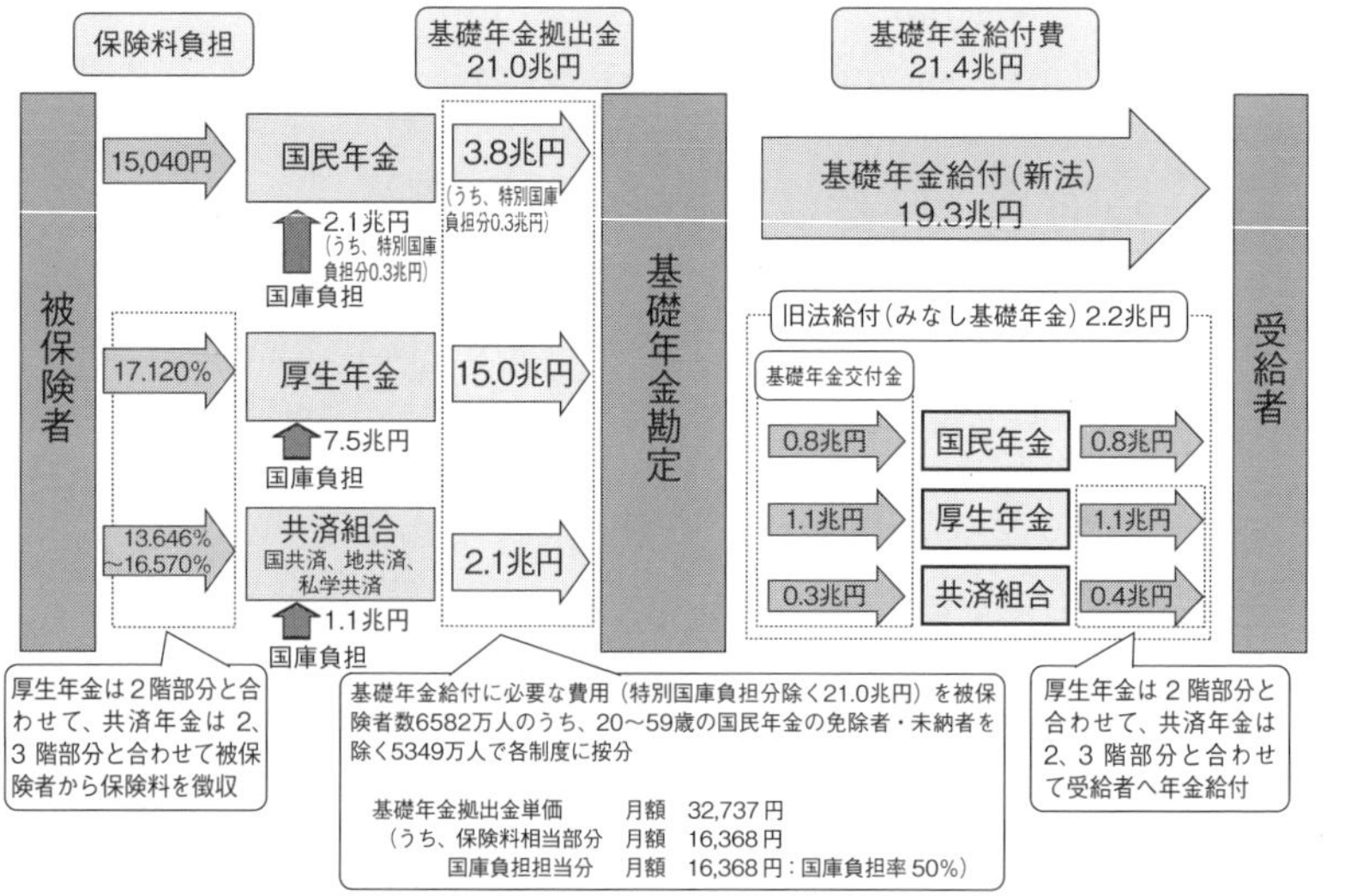

（注）特別国庫負担とは、保険料免除者に対する給付や20歳前障害者に対する給付等に対し、特別に国庫から負担されるものである。
資料：厚生労働省資料に基づき作成

化が進行している。国民年金の収支比率は簿価ベースでは一〇五・二であるのに対し、資金運用の好調さを反映して時価ベースでは八二・六と前年度よりも改善したが、実質的には賦課方式に近い財政状況となっている。

第五節　平成二十七年度の年金予算

平成二十七年度（二〇一五年度）の国の予算は、歳入、歳出ともに対前年度比プラス〇・五％の総額九六兆三四二〇億円の規模の予算となった。歳入のうち税収は消費税率の八％から一〇％への引上げは先送りされたが、企業業績の改善による法人税の増収等を見込んで対前年度比四兆五〇〇〇億円の増でプラス九・〇％の五四兆五二五〇億円が見込まれた。これは平成三年度（一九九一年度）の五九兆八〇〇〇億円以来の高さであった。新規の国債発行額は対前年度比四兆四〇〇〇億円の減でマイナス一〇・六％の三六兆八六三〇億円で、六年ぶりに四〇兆円を下回り、国債依存度は四三％から三八％に下がった。目標としてきた基礎的財政収支の赤字半減は平成二十七年度(二〇一五年度)に達成できる見込みとなったが、国、地方の借金総額である長期債務残高は平成二十七年度（二〇一五年度）末で一〇三五兆円で、対ＧＤＰ比で二〇〇％を超える見通しとなった。

歳出のうち国債の元利償還に充てる国債費二三兆四五〇七億円を除いた政策経費は、対前年度プラス〇・

四％の七二兆八九一二億円で、そのうち最も多いのが社会保障費で、対前年度比プラス三・三％の三一兆五二九七億円であった。消費税率の引上げにより見込んだ財源が約一兆八〇〇〇億円から一兆三〇〇〇億円程度に縮小され、自然増が八三〇〇億円から四二〇〇億円に圧縮された。

社会保障費のうち基礎年金に対する二分の一の国庫負担分等の年金の予算は一一兆五二七億円で対前年度比プラス三・一％となった。

平成二十七年（二〇一五年）十月に予定されていた消費税率の一〇％への引上げが先送りされたことにより、それと同時に実施されることとされていた低所得者の年金受給者に対する月額五〇〇〇円の生活支援給付金の給付と、年金の受給資格期間の二五年から一〇年への短縮措置は見送られることになった。

年金額の改定については、新規裁定年金は名目手取り賃金変動率によって改定し、既裁定年金は購買力を維持する観点から物価変動率によって改定される仕組みとなっている。ただし、賃金水準の変動よりも物価水準の変動が大きい場合には、給付と負担の長期的な均衡を保つこと等の観点から、既裁定年金も名目手取り賃金上昇率で改定される仕組みとなっている。平成二十七年度（二〇一五年度）の年金額は、前年の物価変動率が二・七％、名目手取り賃金変動率が二・三％であることから、本来は名目手取り賃金変動率にスライドして二・三％増額されるが、マクロ経済スライド調整が発動されることにより〇・九％引き下げられ平成二十六年度（二〇一四年度）の本来水準の年金額からの改定率は一・四％となる。しかしながら、平成二十六年度（二〇一四年度）の基礎年金支給額と比べると平成二十七年度（二〇一五年度）

図１-57　平成 27 年度一般会計予算：歳出内訳

（単位：億円）

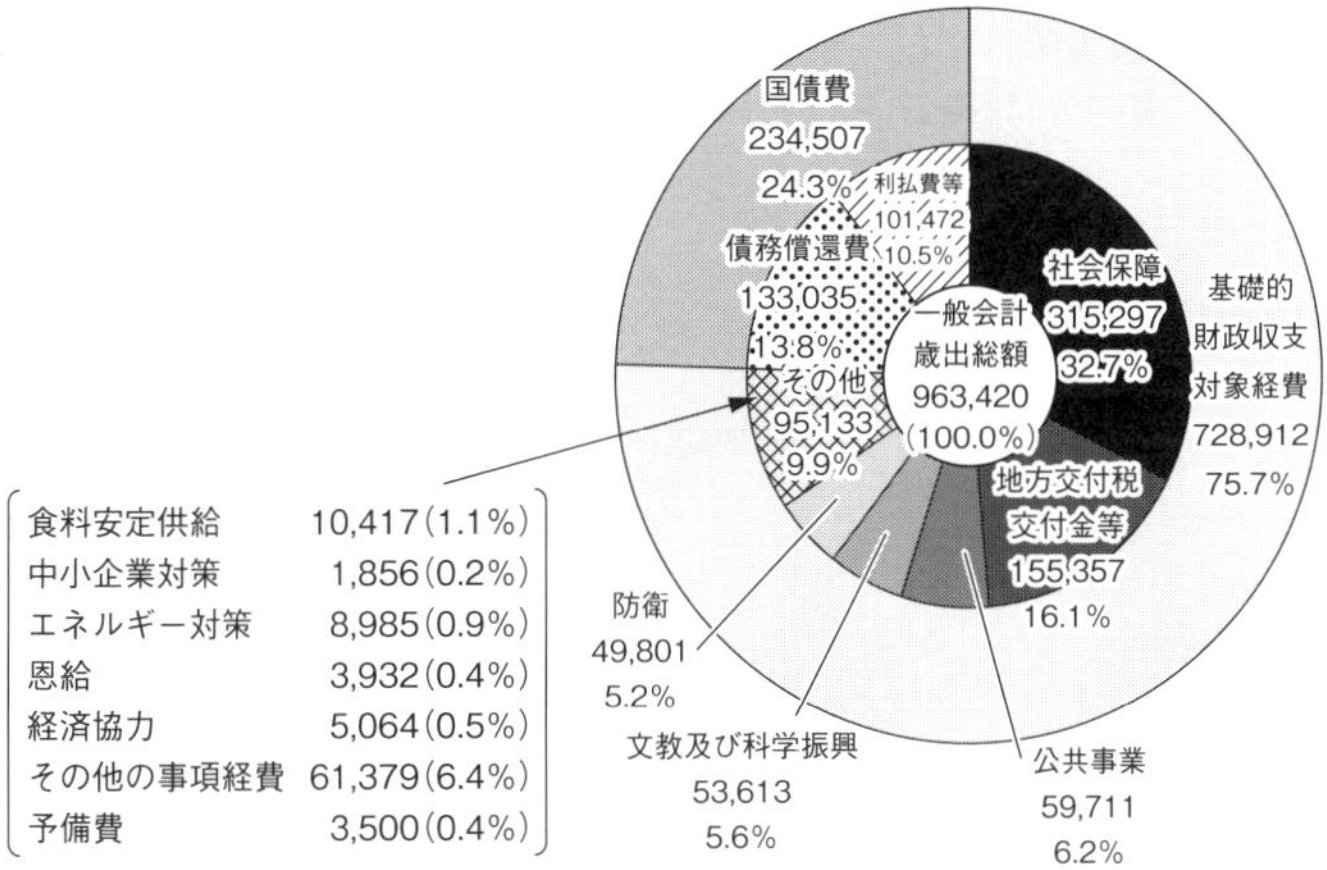

（注）一般歳出※における社会保障関係費の割合：55.0%
※一般歳出は、基礎的財政収支対象経費から地方交付税交付金等を除いたもの
資料：財務省

図１-58　平成 27 年度一般会計予算：歳入内訳

（単位：億円）

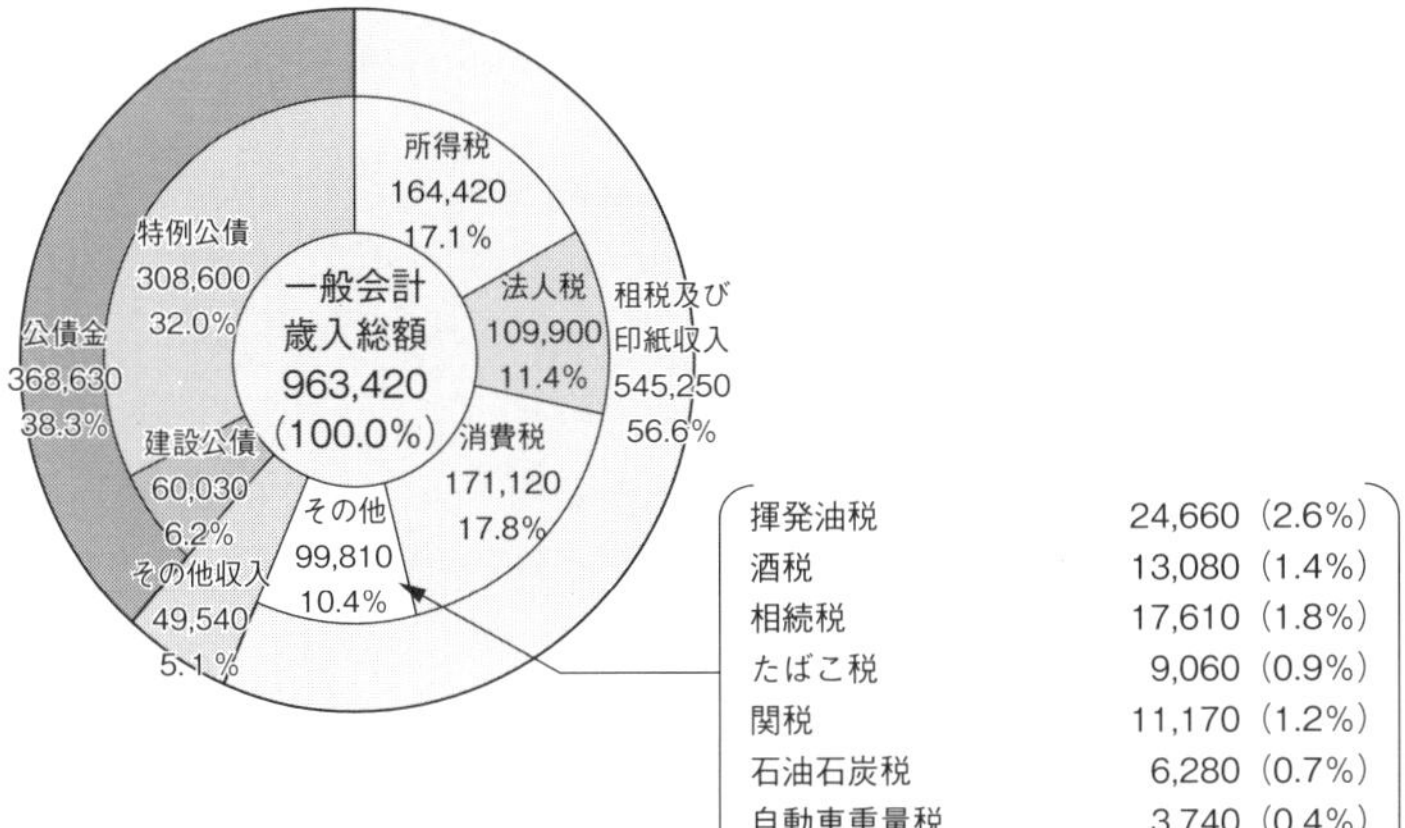

所得税
164,420
17.1%
特例公債
308,600
32.0%
一般会計
歳入総額
963,420
(100.0%)
法人税
109,900
11.4%
租税及び
印紙収入
545,250
56.6%
公債金
368,630
38.3%
建設公債
60,030
6.2%
消費税
171,120
17.8%
その他
99,810
10.4%
その他収入
49,540
5.1%
揮発油税 24,660 (2.6%)
酒税 13,080 (1.4%)
相続税 17,610 (1.8%)
たばこ税 9,060 (0.9%)
関税 11,170 (1.2%)
石油石炭税 6,280 (0.7%)
自動車重量税 3,740 (0.4%)
その他税収 3,940 (0.4%)
印紙収入 10,270 (1.1%)

資料：財務省

図１−59　平成 27 年度厚生労働省予算（一般会計）の社会保障関係費の内訳

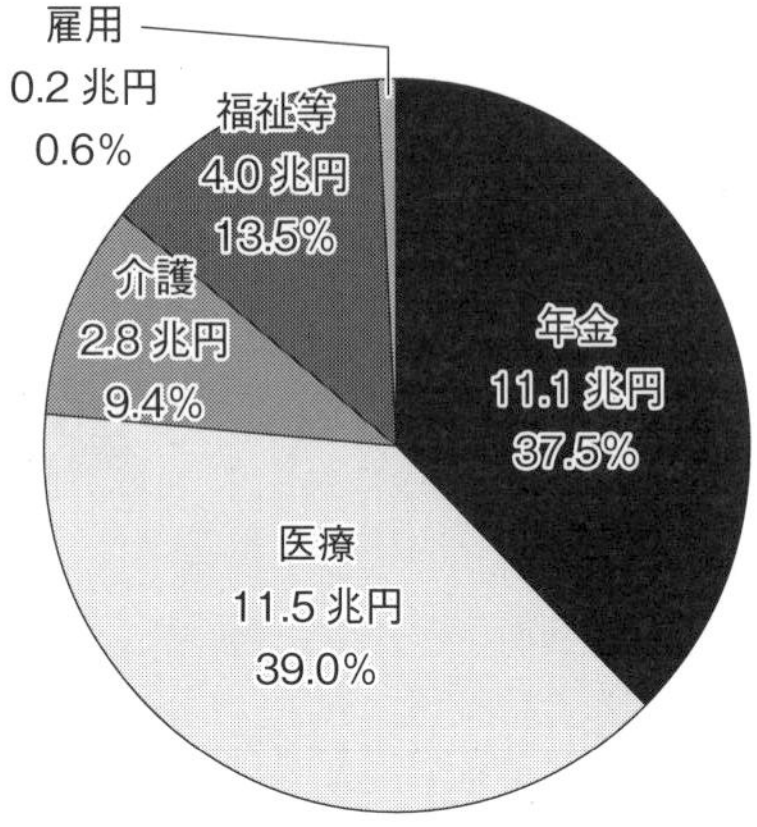

（単位：億円）

		平成 26 年度 予算 （A）	平成 27 年度 予算 （B）	増△減額 （C） （（B）−（A））	増△減率 （C）／（A）
社会保障関係費		285,274	294,505	9,231	3.2%
	年　金	107,166	110,527	3,361	3.1%
	医　療	111,990	114,891	2,901	2.6%
	介　護	26,899	27,592	693	2.6%
	福祉等	37,397	39,815	2,418	6.5%
	雇　用	1,822	1,679	△ 143	△ 7.9%

（注 1）平成 26 年度予算は当初予算額である。

（注 2）平成 26 年度予算は、社会保障関係費 30 兆 2,251 億円（うち福祉等 5 兆 5,016 億円）から、内閣府へ平成 27 年度に移管する保育所運営費等 1 兆 6,977 億円を除いている。

資料：厚生労働省

の基礎年金額は〇・九％の増額にとどまる。これは、平成十一年（一九九九年）から平成十三年（二〇〇一年）にかけて物価が下がったにもかかわらず特例的に年金額を据え置いたために年金額が本来の水準よりも二・五％高くなっていたことから、平成二十五年度（二〇一三年度）及び平成二十六年度（二〇一四年度）に二・〇％分の解消を行い、平成二十七年度（二〇一五年度）に残る〇・五％の解消を行ったためで、基礎年金額は満額で平成二十六年度（二〇一四年度）の月額六万四四〇〇円が平成二十七年度（二〇一五年度）には月額六万五〇〇八円になる。また、厚生年金の年金額は、基本的には昭和十一年度（一九三六年度）以前生まれの者は〇・九％の増額、昭和十二年度（一九三七年度）生まれの者は一・三％の増額、昭和十三年度（一九三八年度）以降生まれの者は一・四％の増額となり、厚生年金の標準的な年金額は平成二十六年度（二〇一四

図１-60　平成 27 年度の基礎年金の年金額改定

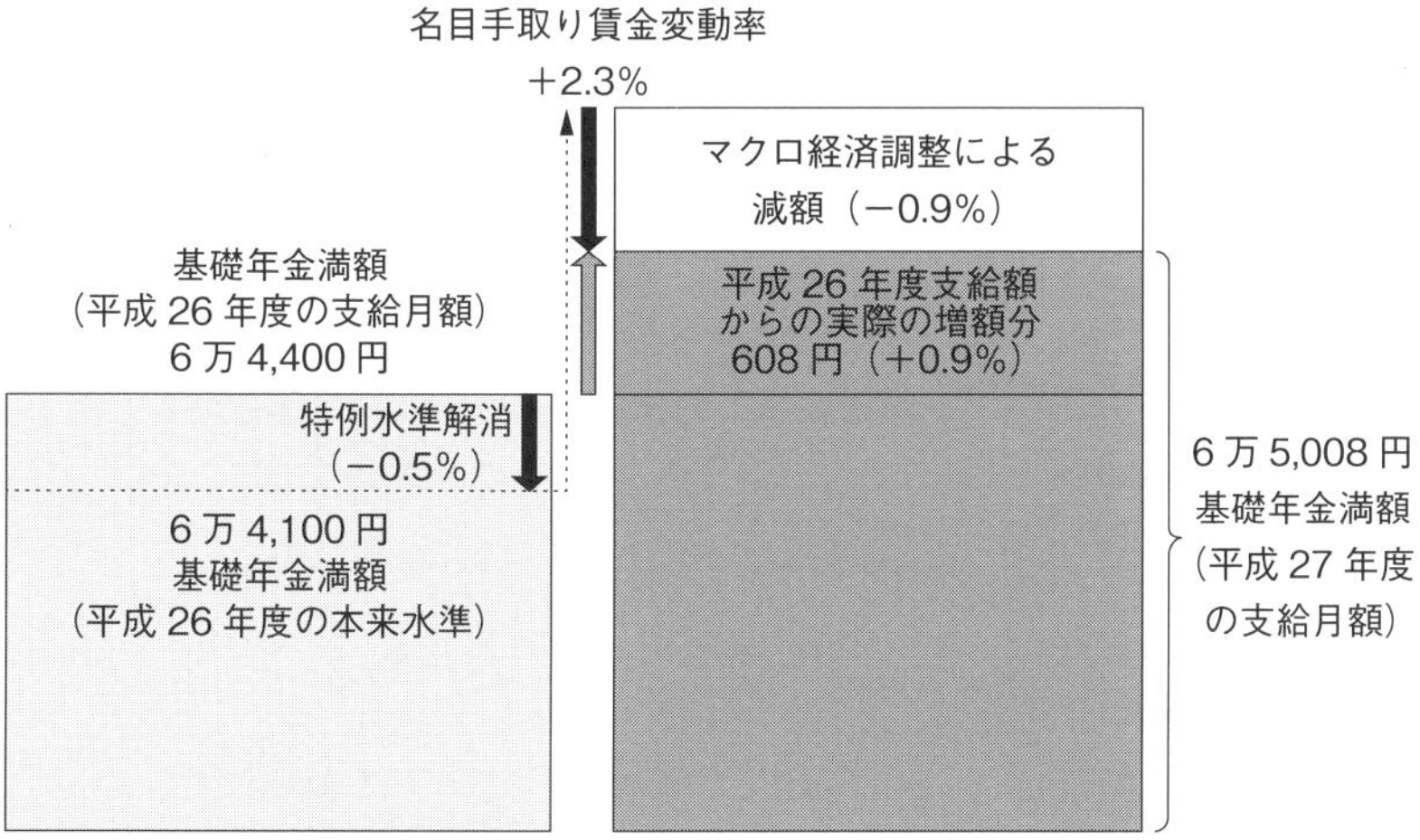

資料：厚生労働省資料に基づき作成

年度）の二二万九〇六六円から二二万一五〇七円になる。一方、保険料は国民年金が平成二十七年度（二〇一五年度）から月額一万五五九〇円に、厚生年金の保険料率が平成二十七年（二〇一五年）九月から一七・八二八％に上がる。

平成二十六年度（二〇一四年度）のＧＤＰは、消費税率の引上げ後の個人消費の落ち込みが予想以上に大きかったため、名目で四九一兆四〇〇〇億円で対前年度比プラス一・七％、実質ではマイナス〇・五％の実績見込みとなった。平成二十七年度（二〇一五年度）は個人消費が回復し、ＧＤＰは名目で五〇四兆九〇〇〇億円と名目成長率プラス二・七％、実質成長率プラス一・五％、消費者物価上昇率は一・四％という見通しである。政府は平成二十五年度（二〇一三年度）から平成三十四年度（二〇二二年度）まで年間平均で名目三％、実質二％の

図１-61　平成 27 年度の厚生年金（夫婦２人分の老齢基礎年金を含む標準的な年金額）の年金額改定

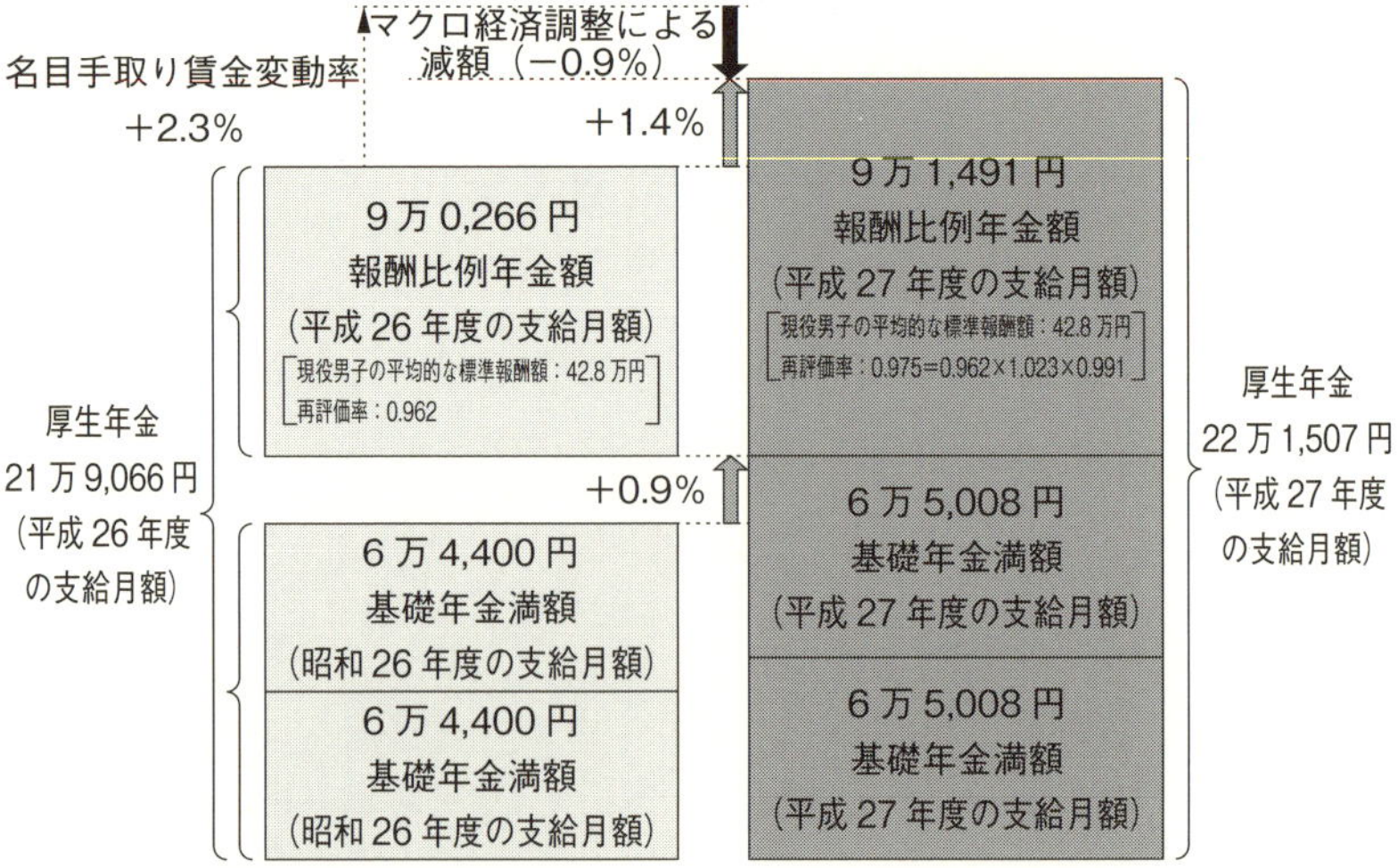

資料：厚生労働省資料に基づき作成

成長率をめざしているが、平成二十三年度（二〇一一年度）以降平成二十六年度（二〇一四年度）まで思ったほど消費や投資が伸びず、実際の成長率は政府の見通しを下回っている。

平成二十七年（二〇一五年）十月から年金制度に関連して国民一人一人に個別の番号を割り振る社会保障・税の共通番号制度（マイナンバー制度）が発足し、住民票をもとにした個人番号が国民一人一人に通知される。平成二十八年（二〇一六年）一月からは番号情報が入ったＩＣチップを埋め込んだ顔写真付きの個人番号カードが申請すれば希望により配布される。当初はこの番号を用いて同月から公的年金の相談や照会を行うこととされていたが、平成二十七年（二〇一五年）五月に発覚した日本年金機構へのサイバー攻撃による個人情報流出のため、基礎年金番号との連結の開始時期は最長で平成二十九年（二〇一七年）五月まで延期され、日本年金機構がマイナンバーを用いて情報を提供したり照会したりすることは最長で平成二十九年（二〇一七年）十一月まで延期となった。

平成二十九年（二〇一七年）一月からは、「マイナポータル」というホーム・ページを開設してインターネットに接続すれば集められた自分の個人情報を確認できるようになるし、平成二十九年（二〇一七年）七月からは、複数の行政機関の発行書類が必要だった行政手続きなどについても窓口に個人番号カードを提示するだけで済ませることができるようになり、マイナポータルが確定申告などに使えるようになる。平成三十年（二〇一八年）からは本人の同意を条件に銀行口座の預金情報とマイナンバーの連結が可能となり、所得把握の正確さが高まり年金制度の公平・公正な運営に資することが期待される。

政府は行政コストの圧縮、税・社会保険料のより的確な徴収、社会保障の給付の不正受給の防止などの効果を見込んでいる。米国で普及している「社会保障番号」は悪用されるケースが目立ち社会問題化しており、マイナンバーの悪用や個人情報の漏えいに対する対策を十分講じることにより、税・社会保障制度が電子化時代にふさわしい公平なものとなるよう運用していく必要があろう。

表１-32　平成 27 年度における年金額と保険料

〔　〕内は月額換算した額

	平成 26 年４月～		平成 27 年４月～	
〔国民年金〕	円	円	円	円
老齢基礎年金	772,800	〔64,400〕	780,100	〔65,008〕
障害基礎年金（1 級）	966,000	〔80,500〕	975,100	〔81,258〕
（2 級）	772,800	〔64,400〕	780,100	〔65,008〕
遺族基礎年金（子１人）	995,200	〔82,933〕	1,004,600	〔83,716〕
基　本	772,800	〔64,400〕	780,100	〔65,008〕
加　算	222,400	〔18,533〕	224,500	〔18,708〕
３子以降の加算	74,100	〔6,175〕	74,800	〔6,233〕
10 年年金	469,500	〔39,125〕	473,900	〔39,491〕
5 年年金	399,600	〔33,300〕	403,400	〔33,616〕
障害年金（1 級）	966,000	〔80,500〕	975,100	〔81,258〕
（2 級）	772,800	〔64,400〕	780,100	〔65,008〕
母子年金（子１人）	995,200	〔82,933〕	1,004,600	〔83,716〕
基　本	772,800	〔64,400〕	780,100	〔65,008〕
母子加算	222,400	〔18,533〕	224,500	〔18,708〕
老齢福祉年金	395,900	〔32,991〕	399,700	〔33,308〕
〔厚生年金保険〕				
標準的な年金額 （夫婦２人の老齢基礎年金を含む）	2,723,100	〔226,925〕	2,658,100	〔221,507〕
障害厚生年金（3 級、最低保障）	579,700	〔48,308〕	585,100	〔48,758〕
障害手当金（最低保障）	1,153,800		1,170,200	
障害年金・遺族年金 （最低保障、旧法）	772,800	〔64,400〕	780,100	〔65,008〕
遺族年金 （子２人・最低保障額、旧法）	1,477,000	〔123,083〕	1,490,900	〔124,241〕
基　本	772,800	〔64,400〕	780,100	〔65,008〕
寡婦加算	259,400	〔21,616〕	261,800	〔21,816〕
加　給	444,800	〔37,066〕	449,000	〔37,416〕
国民年金の保険料（月額）15,250 円（平成 26 年４月～）			15,590 円（平成 27 年４月～）	
厚生年金の保険料率 17.474%（平成 26 年９月～）			17.828%（平成 27 年９月～）	

第十六章　企業年金の沿革と現状

第一節　企業の退職金制度と税制適格年金制度

わが国における企業年金の嚆矢は、明治三十八年（一九〇五年）に創設された鐘紡共済組合の年金制度である。これは、鐘紡の武藤山治がドイツのクルップ製鋼会社における疾病金庫や年金金庫の制度を参考にして設立したものである。

その後、大正時代に入って、公務員の恩給制度にならって、すでに明治三十年（一八九七年）から退職慰労金の支給がなされていた三井商店使用人恩給内規にも退職年金が設けられたが、このような退職年金制度は一部の財閥系企業で実施されたに過ぎなかった。これに対し、退職時に一時金を支給する退職金制度は、企業の長期勤続者に対する功労報償あるいは賃金の後払いとして、普及しはじめた。昭和十年（一九三五年）には、一〇〇人以上の工場の五三％が退職金制度を有していた。

一方、昭和六年（一九三一年）の満州事変後における軍需産業の急激な発展に伴い必要となった労働需要に対しては、臨時工を雇うことで対処されていたが、これらの者には、退職手当が適用されていなかった。このため、労働者保護の声が高まったことと、一時的な好況の反動に備える失業対策の観点から、昭和十一年（一九三六年）に、退職積立金及び退職手当法が制定された。この法律は、昭和十二年（一九三七年）一月から実施されたが、一〇人以上の従業員を有する事業所を対象とした当初の法案要綱が修正され、五〇人以上の従業員を有する事業所を対象とすることとされた。昭和十年（一九三五年）当時、一〇人以上の従業員を有する事業所において退職金制度が普及していたのは一七%にとどまっており、この修正で大多数の中小工場は、この法律の適用から外れてしまった。しかしながら、この法律により、退職金制度が法的強制力をもったことから、退職金は、労働者の権利としての性格を帯びるようになった。

その後、戦争の激化に伴い急激に増加してきた徴用工には、労働者年金の脱退手当金が支給されず、徴用工の士気を低下させるという深刻な問題が起こった。これは、徴用工の徴用期間がおおむね二年であったことから、脱退手当金の受給資格期間である三年間を満たすことができなかったためである。このため、昭和十九年（一九四四年）に、労働者年金保険法を改称した厚生年金保険法に、退職積立金及び退職手当法を統合吸収することにより、企業の退職金積立機能を引き継ぐこととして、この問題の解決が図られた。

第二次世界大戦終了後、失業保障や老後生活保障の観点から労働組合が賃金引上げと並行して退職金制度の導入や増額を要求するようになった。また、戦後の混乱期における慢性的な事業資金不足のなかで、退職金の給付原資は内部留保として事業資金に用いることができるという利点があった。これらの社会経済状況を要因として、退職金制度が復活し、急速に普及していった。

退職金の税制に関しては、戦前の昭和十三年（一九三八年）四月に退職手当等が課税対象として源泉分離課税されていたが、昭和二十二年（一九四七年）改正で、簡易な税制に移行する趣旨から総合課税一本立てによる課税制度に改められた。しかしながら、昭和二十六年（一九五一年）税制改正においては、当時の行政整理や企業整理による多数の失業者の発生や急激なインフレが進行するなかで、税負担の過重を軽減すること等の政策的な見地から、再び源泉分離課税とされることになった。そして、昭和二十七年（一九五二年）には、退職給与引当金制度が創設され、従業員が自己都合で一斉に退職したと仮定して退職給与規程に基づき事業主が支給すべき退職金の額である要支給額の全額を累積引当限度額として損金算入できることとなった。これに伴い、退職金制度が、大企業だけでなく、中小企業にも広く普及することとなった。

一方、企業年金に関しては、戦後の復興とともに、昭和二十四年（一九四九年）に松坂屋自家年金が設けられたのを皮切りとして、昭和二十六年（一九五一年）には、早稲田大学教職員年金が設けられた。昭和二十七年（一九五二年）には、十条製紙や三菱電機で退職金を分割して給付する退職年金制度が設けられ、企業年金が復活してきたが、実施したのは大企業が中心で、税制上の優遇措置は設けられていなかった。

退職金制度が、広く普及するようになったなかで、厚生年金における最初の養老年金受給者が発生する昭和二十九年（一九五四年）が近づくにつれて、その給付水準が生活保護以下の低い水準であることが大きな問題となっていた。この状況下で、日本経営者団体連盟（以下、「日経連」という）は、世界に例をみない退職金制度を多くの企業が有し、事実上社会保障制度を代行している現実と、労働組合側の既得権理論もしくは賃金後払い論によって、退職金制度の全廃もしくは削減は事実上困難であることから、厚生年金と退職金の負担の重複を調整する必要があることを強く主張していた。

しかも、一九五〇年代半ばからはじまった高度経済成長に伴い、物価や賃金が急速に上昇した。賃金を基礎として算定される退職金の支給額も逐年増加することが見込まれ、企業の資金繰りへの影響が懸念されるようになった。さらに、昭和三十一年（一九五六年）税制改正において、損金算入できる累積引当限度額が要支給額の五〇％に引き下げられた。これらの状況を背景として、厚生年金制度と退職金制度の調整と、退職金の支払負担の平準化が企業経営上の大きな課題となっていった。

企業経営上の大きな課題となった退職金の支払負担の平準化のため、大企業に退職年金制度が広がっていったことから、退職年金制度へ税制上の優遇措置を導入することが検討されるようになった。昭和三十二年（一九五七年）に当時の日経連が「企業年金の課税政策に関する要望」を提出したのを嚆矢として、日経連、信託業界及び生命保険業界が中心となって関係当局に働きかけがなされた。その結果、昭和三十七年（一九六二年）に、法人税法及び所得税法の改正により、退職年金の企業外積立を行う制度として、適格退職年金制度（以下、「適格年金制度」という）が創設され、同年四月から実施された。

適格年金制度は、米国の税制適格制度を範としてつくられた。企業が信託銀行や生命保険会社の受託機関との間で締結する年金契約のうち、契約内容が法人税法に基づいて定められた適格要件に該当すると認められたものが、適格年金契約である。適格要件としては、年金支払いのための要留保額は受益者等のために確保され、契約解除の際にも確保されること、適正な年金数理に依っていること、不当差別禁止等、七つの要件が定められた。

適格年金として、国税庁の承認を受けると、企業が従業員のために拠出した掛金は、事業年度ごとに全額損金算入され、従業員にも課税されないという税制上の優遇措置を受けることができるようになった。ただし、従業員が給付を受ける時点では、年金の場合には給与所得、一時金の場合には退職所得として課税されることとされた。また、従業員に対する課税が掛金の払込時点から年金又は一時金の給付時点まで繰り延べられることから、所得税の繰延に対する遅延利子として年金積立金に対して、年一・二％の特別法人税が課税された。

この適格年金制度は、創設年度の昭和三十七年度（一九六二年度）末では、契約件数一六一件、加入者数四万人とわずかであったが、四年後の昭和四十一年度（一九六六年度）末には、契約件数は一万六〇〇〇件を超え、加入者数も一四七万人と、急速に発展していった。

第二節　厚生年金基金制度の創設と発展

昭和二十九年（一九五四年）の厚生年金の全面改正にあたって、日経連は、退職金の支払負担の平準化と並ぶ企業経営上の大きな課題である厚生年金制度と退職金制度の調整の問題が未解決であり、時期尚早として、絶対反対の姿勢をとった。しかしながら、厚生省が、標準報酬の上限及び保険料率の引上げに伴う負担増加が企業経営に及ぼす影響を考慮して調整を行った結果、全面改正がなされた。その代償として保険料率は三・〇％のままに据え置かれたため、昭和二十三年（一九四八年）八月以降においては形式だけの積立方式だった財政方式を、本来の積立方式に復することができず、修正積立方式とせざるを得なくなった。そのため、年金財政の長期的均衡を図る観点から、少なくとも五年ごとに財政の再計算を行うことになった。

厚生年金の給付水準が低いことが一因となって、昭和二十八年（一九五三年）の私立学校教職員共済組合法の制定に続いて、昭和三十三年（一九五八年）には農林漁業団体職員共済組合法が制定され、厚生年金からの離脱が続いていた。このような状況下で、昭和三十四年（一九五九年）に第一回目の財政再計算が行われたが、当時創設が検討されていた国民年金制度との関連が不明確であることと、退職金制度との調整がなされていないことを理由として、事業主側が反対したことから、昭和三十五年（一九六〇年）の厚生年金保険法の法律改正では給付水準の大幅な引上げは実現しなかった。

さらに、厚生年金からの離脱が相次ぐ動向に影響を受けて、中小企業関連団体による中小企業従事者の厚生年金からの脱退と共済年金創設の動きすらでてきた。このような厚生年金の分解すら危惧される状況下で、厚生年金制度と退職金制度の調整は緊急の課題となっていった。

既に多額の退職金や退職年金を負担している大企業は、厚生年金が戦前の退職積立金及び退職手当法を吸収して設けられたにもかかわらず機能不全に陥っていたことから、退職金や退職年金で対応していたと考えていた。大企業にとっては、厚生年金と退職金の負担は労働者の老後の生活保障という政策目的に対する二重負担にほかならず、両者とも企業が負担しなければならないのはおかしいということから、既存の企業年金で厚生年金を代替できるようにしたいとの要求がなされた。

このような状況のなかで、厚生年金基金制度は、厚生年金保険法の昭和四十年（一九六五年）改正により、昭和四十一年（一九六六年）に創設された。基金制度創設により、企業が被保険者及び労働組合の同意と厚生大臣の認可を得て厚生年金基金という公法人を設立し、厚生年金の報酬比例部分の全部を国に代わって支給する場合には保険料負担を調整するという方法で、厚生年金と退職金・企業年金の調整を行うこととされたのである。また、基金制度は、企業の実情に応じた独自の上乗せ年金給付等を行うことも目的としていることから、適格年金と同様に事業主掛金が損金算入される税制上の優遇措置がとられた。さらに、適格年金における税制上の優遇措置を上回る措置として、被保険者本人の掛金が社会保険料控除の対象として非課税とされ、特別法人税も国家公務員共済年金給付水準相当の積立金水準までは非課税とされた。

厚生年金基金制度が創設された昭和四十一年（一九六六年）当時は、厚生年金における老齢年金や通算老齢年金の報酬比例部分すべてを厚生年金基金が代行していた。厚生年金基金が代行して支給する部分（以下、「代行部分」という）が存在することから、これに要する費用は厚生年金本体においては不要となり、この費用に相当する保険料の厚生年金本体への払い込みは免除することとされた。これを免除保険料といい、創設当初は男子二・四％、女子二・〇％、坑内員三・六％であった。この値は、昭和四十年（一九六五年）財政再計算における厚生年金被保険者及び受給権者の死亡率と、予定利率五・五％を用いて、年金給付水準が引き上げられた昭和四十年（一九六五年）五月時点に厚生年金がはじめて施行されると仮定した場合に必要となる平準保険料率として算定された値に基づいて定められたものである。これが開放基金方式の標準費用と称されることになった。

厚生年金基金の設立基準として、基金加入者集団の財政安定性の見地から、単独企業からなる単独型や主力企業と関連会社からなる連合型の場合は加入者数が常時一〇〇〇人以上、同種同業企業などが一定の基準のもとに集まり共同で設立する総合型の場合は加入者数が常時五〇〇〇人以上と定められた。

厚生年金基金の資産運用については、生命保険会社・信託銀行に委託されるが、基金の資産のうち代行相当部分は政府保証債引受けの形で財政投融資に協力するものとされた。基金制度発足当初においては、制度の円滑な運営が確保されるまでは、代行相当部分の三分の一とされたが、大蔵省は二分の一を主張し、昭和四十四年（一九六九年）分の積立金の運用割合を定める時期までに協議することとされた。

また、資産運用については、運用対象とする資産や資産の種類ごとに配分割合の上限を定めた規制がかけられていた。個々の運用機関ごとに、信託銀行については、元本が保証されている資産を五〇％以上、株式三〇％以下、不動産二〇％以下とされた。また、生命保険会社の場合は、一般勘定であったため、年金資産に限定することはできず、会社全体にかかる規制として、株式三〇％以下、不動産二〇％以下とされた。

以上のように、本格的な企業年金制度である厚生年金基金制度が発足し、昭和四十一年（一九六六年）十一月に、八七の厚生年金基金が厚生大臣の認可を

図1-62　厚生年金基金における代行制度の概要（昭和41年10月現在）

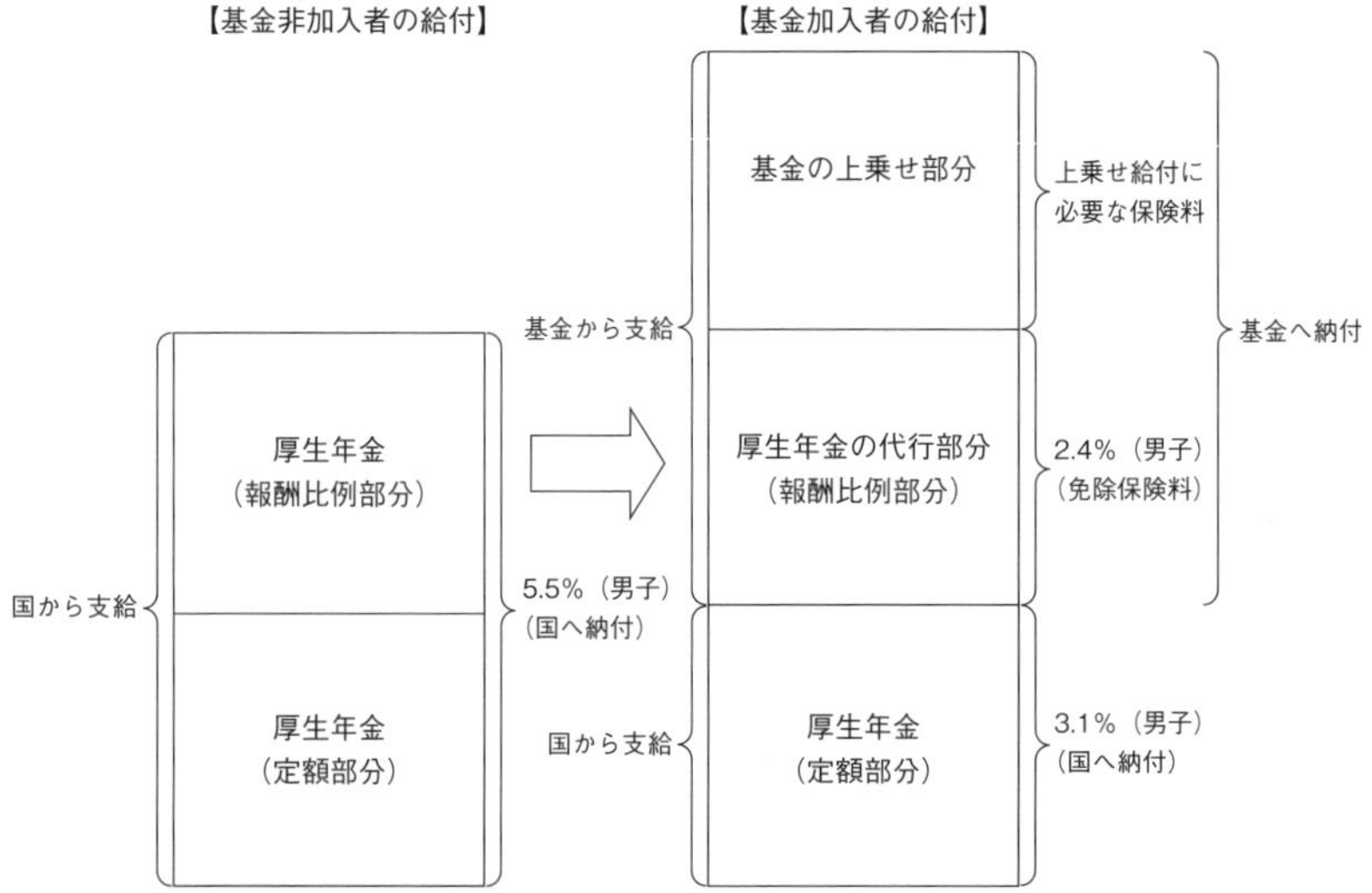

受けて設立された。単独型四八、連合型三七、総合型二で、加入員数は合計二八万五四一四人であった。また昭和四十二年（一九六七年）二月には、基金の中途脱退者に対する給付を共同して行うための特別認可法人として厚生年金基金連合会が設立された。

厚生年金基金制度が発足し、基金業務が開始され、効率的な事務処理のため、加入員記録の管理、受託機関である信託銀行・生命保険会社への業務委託方法が問題となった。その議論の過程で、受託機関に対する報酬が課題となり、幾多の検討・議論が重ねられた結果、生命保険会社とは、昭和四十四年（一九六九年）に業務委託方式を三つの型に分けることで決着をみた。信託銀行とは、信託報酬を固有の信託報酬と業務委託報酬とに分けることなどで、昭和四十五年（一九七〇年）にようやく決着をみた。

また、基金の年金積立金の財投協力問題については、大蔵省の主張する二分の一に移行する時期について、協議が重ねられた結果、昭和四十六年（一九七一年）に事実上の決着をみた。この結果、財投協力割合は、基金設立時から第一回財政再計算後の二事業年度を経過するまでは代行相当分の増加額の三分の一、それ以後から第二回財政再計算後の二事業年度を経過するまでは四〇%、それ以後は二分の一とすることとされた。

このように、厚生年金基金が発展していく基盤が整備され、高度経済成長のなか基金制度は着実に普及拡大していった。昭和四十七年度（一九七二年度）末で、基金数は八五三、加入員数は五〇〇万人近く、資産残高は四五〇〇億円、厚生年金基金連合会の資産を合わせると四九〇〇億円近くにのぼった。

また適格年金制度も、昭和四十三年（一九六八年）に加入者拠出掛金への生命保険料控除が適用される制度改正が行われ、着実に普及拡大していった。昭和四十七年度（一九七二年度）末には、契約件数は六万件を超え、加入者数は四〇三万人、資産残高は四八〇〇億円に達した。

ところが、昭和四十八年（一九七三年）改正で厚生年金に再評価・物価スライド制が導入されたことに伴い、再評価・物価スライドを除いた部分を厚生年金基金が代行して支給することとなり、報酬比例部分の全部代行から一部代行に性格が変わり、翌年の昭和四十九年（一九七四年）以降、基金数、加入員数ともに微増にとどまる状況に陥った。

そのため、基金は独自の給付設計の方策を探ることとなり、幾多の委員会や懇談会で議論が重ねられた結果、昭和五十四年（一九七九年）に厚生年金基金加算型給付設計の弾力化が図られた。これにより、有期年金・つなぎ年金・上乗せ年金という付加部分の導入、選択一時金及び掛金の取扱いの緩和

図１-63　適格年金契約件数と厚生年金基金数の推移（1962年度～2014年度）

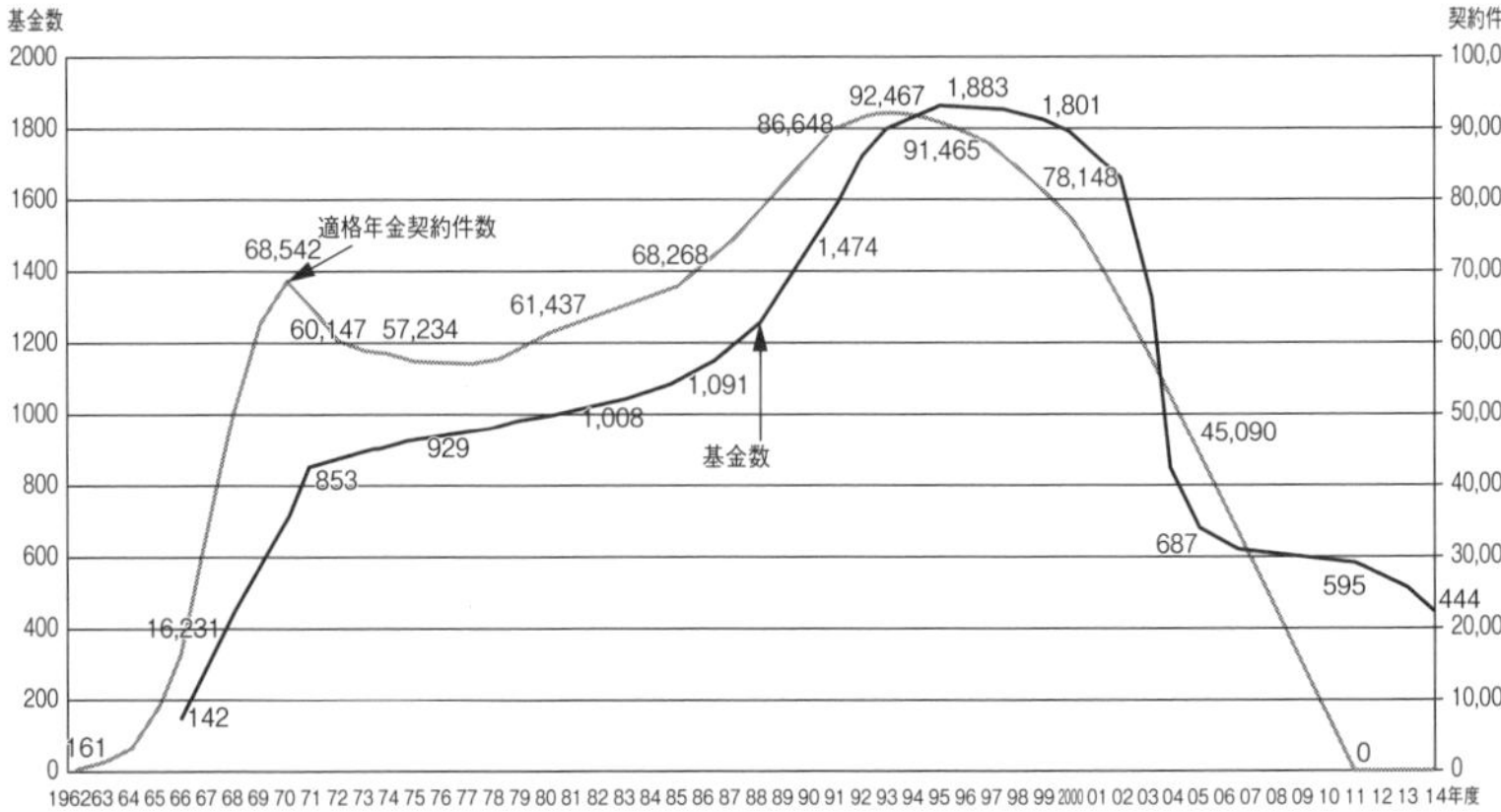

資料：厚生労働省、企業年金連合会、信託協会等

などが行われた。それにより、再び基金数が増加したが、昭和四十年代の状況には及ばず、昭和五十六年度（一九八一年度）末にようやく一〇〇〇基金を超えた。このときの加入員数は六一八万人余りで、資産残高は五兆六〇〇〇億円を超え、厚生年金基金連合会の資産を合わせると六兆一〇〇〇億円に達した。

一方、適格年金制度においては、創設当初では一契約につき加入者数が信託契約では三〇〇人以上、生命保険契約では二五人以上という行政指導が行われていたが、昭和三十九年度（一九六四年度）には、信託契約では一〇〇人以上に、生命保険契約では二〇人以上に人数要件が緩和された。また、昭和四十九年（一九七四年）に使用人兼務役員の加入を解禁する制度改正が行われた。これらの規制緩和と基金を設立するよりも簡単に契約できるこ

図１-64　厚生年金基金と適格退職年金における加入者数の推移（年度末現在）

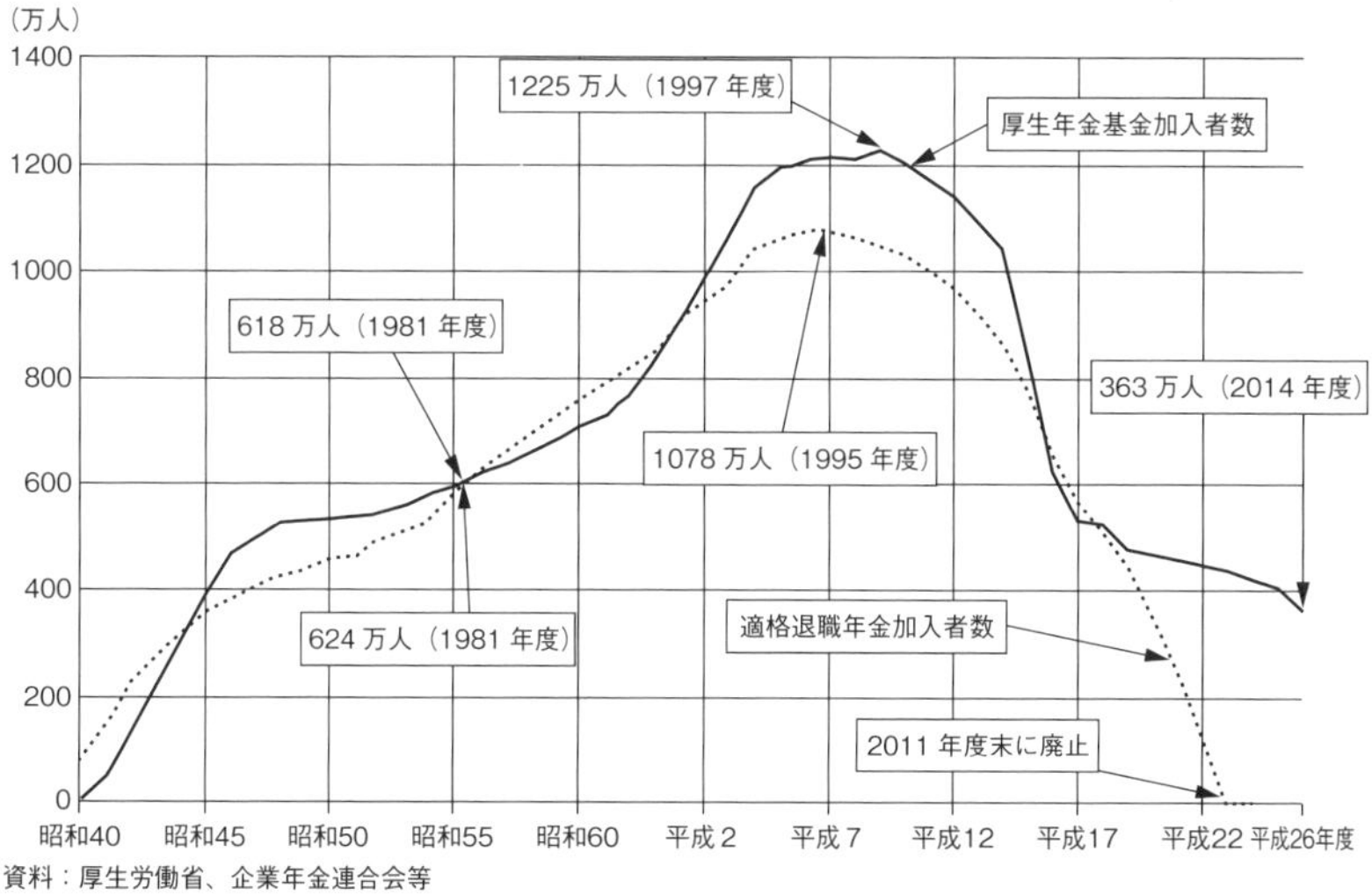

資料：厚生労働省、企業年金連合会等

となどの理由で、適格年金は中小企業を中心に急速に普及していった。昭和五十六年度（一九八一年度）末には、契約件数は六万二〇〇〇件を超え、加入者数は六二四万人と厚生年金基金加入員数を上回り、資産残高は三兆七〇〇〇億円に達した。

そのようななかで基金主導の資産運用をめざし、昭和五十七年（一九八二年）から委員会や研究会で検討が重ねられ、昭和六十年（一九八五年）には、厚生年金基金連合会が「連合会資産の運用についての基本方針」をまとめた。これが、同年の年金信託契約書の見直しにつながり、運用での個別指図の禁止内容を明確にさせるとともに、基金が運用方針を指示できるようになった。

昭和六十年（一九八五年）改正により、基礎年金制度が創設され、公的年金制度が二階建てに再編されたことが厚生年金基金制度にも大きな影響を与えた。この改正により、国家公務員共済年金の給付水準が引き下げられたため、基金の積立金に対する特別法人税の非課税水準の扱いが問題となった。従前基金の積立金は国家公務員共済年金給付水準相当の積立金水準までは特別法人税が非課税とされていたことから、そのまま放置すれば、基金積立金の非課税水準が下がってしまうことになる。このため、終身年金を基本とするなど老後の所得保障としての機能を、厚生年金基金が発揮しうるためには、特別法人税非課税水準について従前水準を維持することが必要であるとして、昭和六十三年（一九八八年）に厚生年金保険法改正が行われた。この改正では、このほか、通算制度の充実などの年金給付の充実や、小規模基金の事務の共同処理や年金数理の適正化も図られた。それに関連して、基金の数理業務が適正に行われていることを確認し、基金が安全に運営されることを確保するために、年金数理人制度が創設された。

　また、平成元年（一九八九年）の厚生年金保険法改正で基金の資産運用方法が、従来の信託銀行や生命保険会社に加えて投資一任会社まで拡大された。この背景には国債の大量発行に起因するオープン金融市場の拡大や昭和五十九年（一九八四年）五月に出された日米円・ドル委員会報告書をもとに、金融の自由化・国際化が急速に進展し、昭和六十年代に入ると年金運用環境が大きく変容したことがあった。

　資産の種類ごとに配分割合の上限を定めた規制については、昭和五十四年（一九七九年）に外貨建て資産が運用割合一〇％以下として追加された後、昭和六十一年（一九八六年）に、これが三〇％以下にまで拡大された。その結果、国債・地方債等の安全性の高い資産五〇％以上、株式三〇％以下、外国債・外国株式からなる外貨建て資産三〇％以下、不動産二〇％以下という規制になった。これがいわゆる五・三・三・二規制である。

　これらに加えて、基金の設立認可基準が緩和されたこともあり、新設基金数が急激に増大し、平成三年（一九九一年）には、基金数は一五〇〇を超え、加入員数も一〇〇〇万人を突破し、資産残高は厚生年金基金連合会の資産を合わせると二九兆円に達した。

　さらに、平成六年（一九九四年）の厚生年金保険法改正により、厚生年金基金の免除保険料率の複数化が行われ、平成八年（一九九六年）に実施された。これは、各基金の年齢構成等の違いから各基金が代行給付に必要とする費用が異なり、基金間に負担の格差が生じていることから、その是正を図るために改正されたものである。免除保険料率は、各基金が代行に必要な保険料率として算定した代行保険料率に基づいて、上限三・八％、下限三・二％の範囲内で複数化されることになった。

一方、平成三年（一九九一年）にバブル経済が崩壊し、資産運用環境は徐々に厳しくなっていった。その結果、予定利率以上の運用利回りを達成することが容易ではなくなった。このため、予定利率が五・五％に設定されていた厚生年金基金の資産運用には利差損が発生するようになった。しかも、平成八年度（一九九六年度）までは、積立金は簿価評価であったことから、含み損が蓄積し、資産運用にも悪影響を与えていた。

このようななかで平成九年（一九九七年）に、厚生年金基金財政の安定化と受給権の保全等を図るため、厚生年金基金制度の改正が行われた。その内容は、おおむね以下のようなものであった。

(1) 予定利率の設定を、従来、全基金一律五・五％であったものを、上下限を定めて、弾力化する。

(2) 非継続基準に基づく財政検証を行う措置を導入する。この非継続基準とは、決算時点で基金が終了したとした場合における過去の加入期間に係る給付に見合った積立金が確保されているか否かを検証するものである。

(3) 給付水準変更を弾力化する。従来、認められていなかった給付水準の引下げを、基金設立企業の経営状況が著しく悪化している場合など、やむを得ない場合には引下げができる要件を定めるものである。

(4) 解散認可基準を明確化する。

(5) 基金の財政運営の弾力化に伴い、財政状況を早期に診断するため、指定年金数理人制度を導入する。

表１-33　免除保険料率の推移

適用日	免除保険料率		備考
	男子	女子	
昭和 41 年 10 月 1 日～	24‰	20‰	全基金一律
昭和 44 年 11 月 1 日～	26‰	22‰	
昭和 49 年 11 月 1 日～	28‰	24‰	
昭和 51 年 8 月 1 日～	30‰	26‰	
昭和 55 年 10 月 1 日～	32‰	29‰	
昭和 60 年 10 月 1 日～	32‰	30‰	
平成 6 年 1 月 1 日～	32‰		
平成 6 年 11 月 1 日～	35‰		
平成 8 年 4 月 1 日～	32‰～38‰		複数化
平成 15 年 4 月 1 日～	24‰～30‰		総報酬制導入
平成 17 年 4 月 1 日～	24‰～50‰		凍結解除

図１-65　厚生年金基金における代行制度の概要（平成８年４月現在）

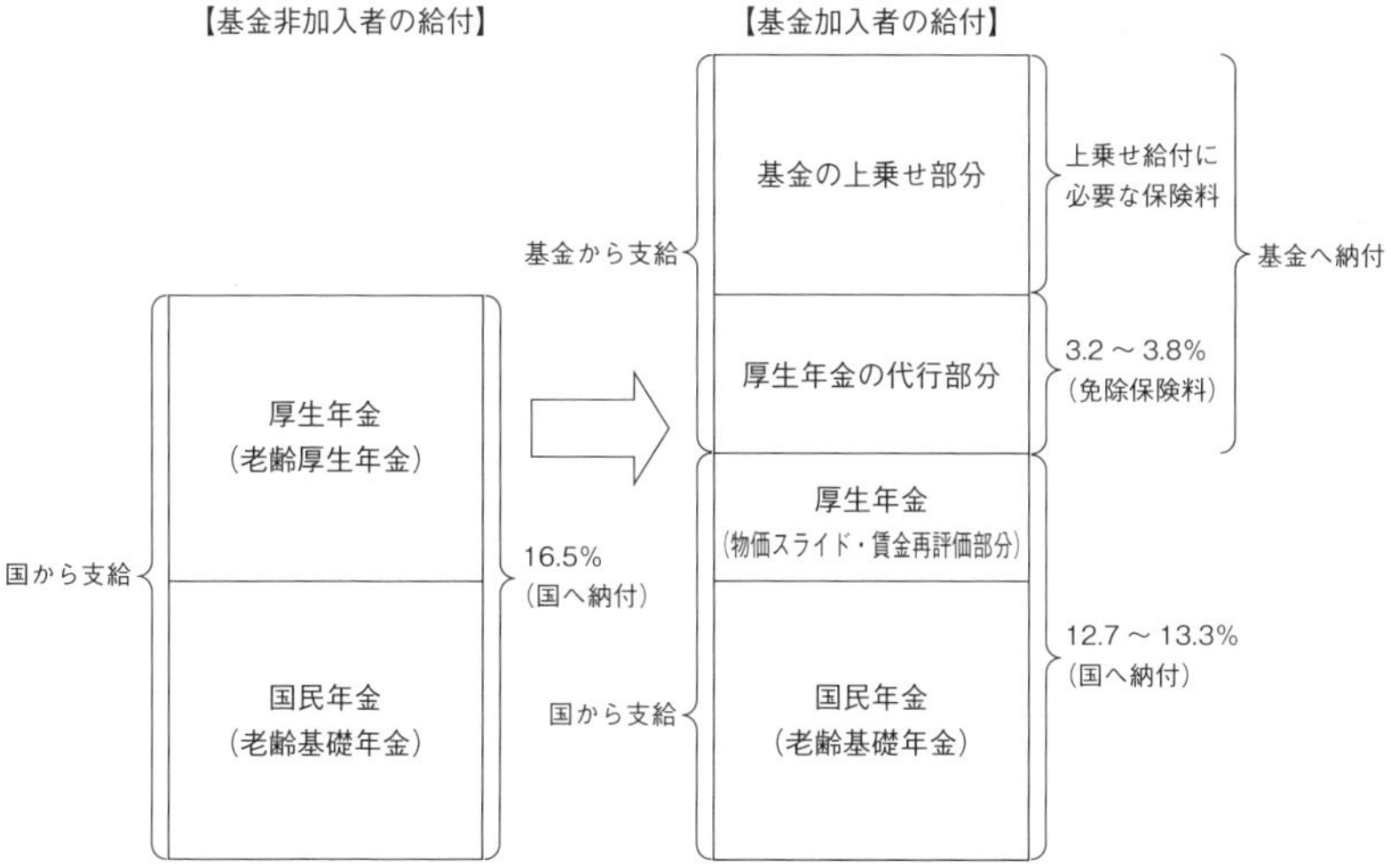

(6)　資産の評価方法を、簿価評価から時価評価に変更する。

このとき同時に、基金の資産運用についても改正が行われた。基金の資産運用を抑制してきた多くの規制は、平成の時代に入ってからたびたび改正が行われ、徐々に緩和されてきたが、平成九年（一九九七年）に資産の種類ごとに配分割合の上限を定めた五・三・三・二規制が完全に撤廃された。続いて、平成十年（一九九八年）三月には財投協力が廃止された。さらに、平成十二年（二〇〇〇年）には自家運用が全基金に解禁され、運用規制のほとんどが撤廃されるに至った。加えて受託者責任の明確化を図るため、受託者責任ガイドラインが厚生省から示された。

これらの改正や運用規制の緩和等の結果、基金数は平成八年度（一九九六年度）末に一八八三、加入員数は平成九年度（一九九七年度）末に一二二五万人、資産残高は平成十一年度（一九九九年度）末に五七兆六〇〇〇億円、厚生年金基金連合会の資産を合わせると六二兆二〇〇〇億円と、それぞれピークに達した。

適格年金制度については、昭和五十七年（一九八二年）に全国共済農業協同組合連合会が受託機関として新たに参入し、昭和六十一年（一九八六年）には生命保険契約の人数要件が一五人以上に規制緩和され、契約件数、加入者数、資産額が増大していった。一九九〇年代以降の厚生年金基金における制度設計及び資産運用に関する規制緩和にならった規制緩和が行われ、その一環として平成五年（一九九三年）には加入者は五〇〇人未満であるが厚生年金基金制度並みの給付設計とすることで厚生年金基金制度と同水準の特例法人税非課税となる特例適格年金制度が導入された。また、平成九年（一九九七年）には、資産配分に関する五・三・三・二規制の完全撤廃、投資顧問業者の参入、信託契約の人数要件を生命保険契約と同じ一五人以上とすることなどの規制緩和が行われた。さらに、平成十一年（一九九九年）には契約の人数要件が撤廃された。それらの結果、契約件数は平成五年度（一九九三年度）末に九万二五〇〇件、加入員数は平成七年度（一九九五年度）末に一〇七八万人、資産残高は平成十三年度（二〇〇一年度）末に二二兆七〇〇〇億円と、それぞれピークに達した。

厚生年金基金や適格年金を企業が導入するメ

図1-66　厚生年金基金と適格退職年金における資産額の推移（年度末現在）

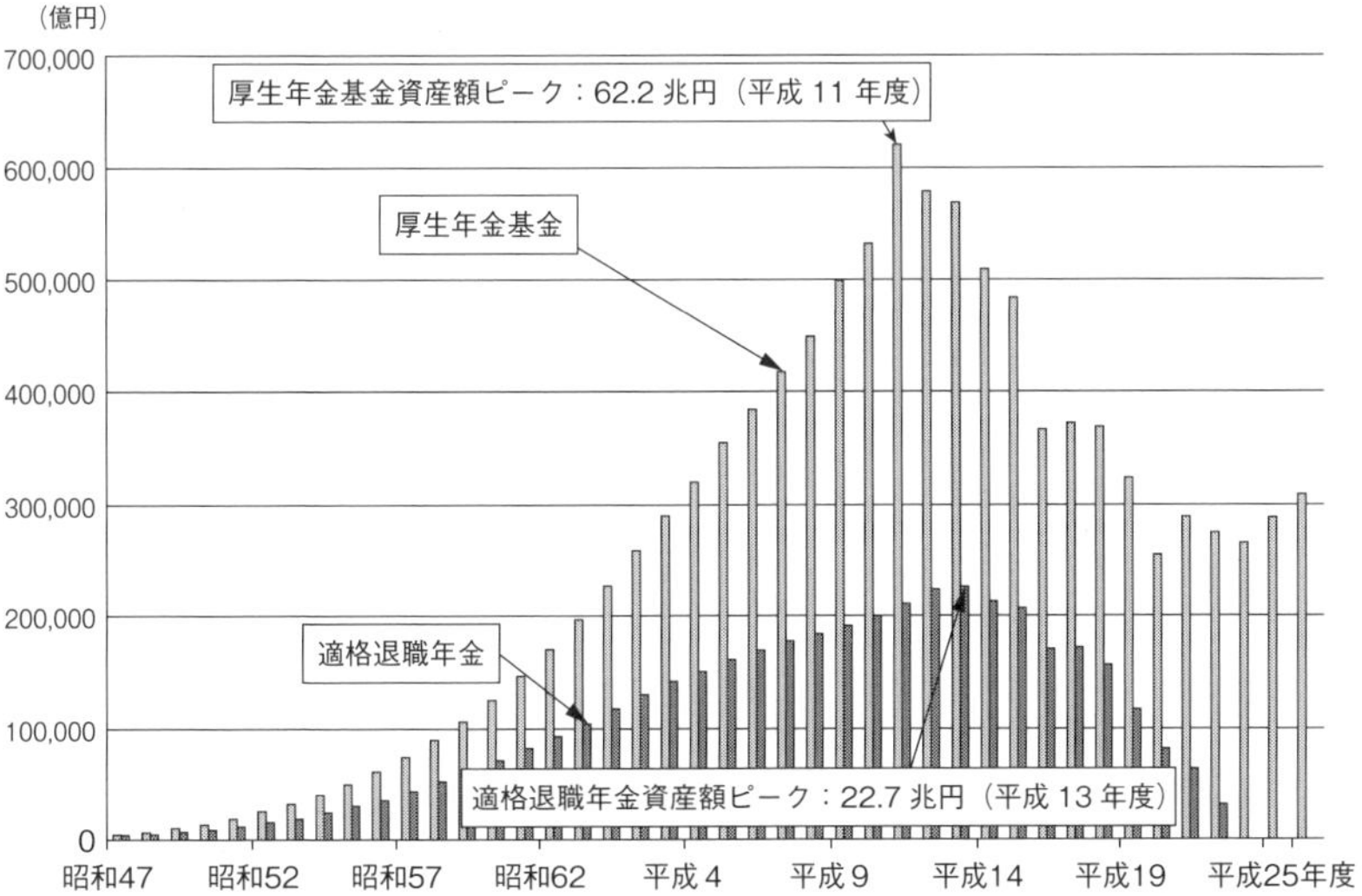

資料：厚生労働省、企業年金連合会等

リットとして、退職金支払負担の平準化、税制上の優遇措置、外部積立による年金資金の確保があげられる。これらのメリットは両制度発足以来変わらないものであるが、高度経済成長による製造業における熟練労働者の確保、長期勤続や終身雇用制度の保持の必要性から制度面の種々の規制緩和を加えて、厚生年金基金や適格年金が普及、発展した。特に、退職年金は加入期間二〇年以上などの一定期間の勤続を要件とする仕組みをとるのが通例であることから、長期勤続や終身雇用を求める企業の需要と整合的であり、厚生年金基金や適格年金が普及した要因の一つであった。

しかしながら、バブル経済が崩壊して平成三年（一九九一年）からはじまった平成不況により、終身雇用・年功賃金を柱とする日本的経営が揺らぎはじめ、資産運用も低迷していった。このため、適格年金の加入者数は平成七年度（一九九五年度）に、厚生年金基金の加入者数は平成九年度（一九九七年度）にピークとなり、その後減少に転じていった。年功賃金から成果主義賃金への転換や非正規労働者の増加もあり、退職金制度や企業年金制度は転換期を迎えることとなった。

第三節　確定給付企業年金制度と確定拠出年金制度の創設

バブル経済崩壊後の資産運用の低迷が続いたため、免除保険料率の算定に用いる予定利率が五・五％に固定されていた厚生年金基金の代行部分の存在が母体企業には次第に重荷になっていった。日本的経営が大きく揺さぶられて企業債務を圧縮する傾向の強い時代であったため、代行返上を求める動きが経済界から生まれてきた。さらに平成十年（一九九八年）に大蔵省企業会計審議会が「退職給付に係る会計基準の設定に関する意見書」を公表し、退職給付に係る負債としてプラスアルファ部分だけでなく代行部分も含め積立不足額を企業会計に計上すべしとしたため、代行返上を求める動きが強まった。

一方、適格年金は厚生年金基金の代行部分を返上した受け皿にはなり得なかった。適格年金制度は税法上の規定であることから、退職給付原資の充実よりも事業主の過大損金算入の防止に重点が置かれていた。このため、予定利率を引き下げて掛金拠出を増額することが制限されていた。また、適格年金制度には積立水準を検証したうえで積立不足等に対処する措置が講じられていなかった。積立不足があってもその解消は義務づけられておらず、剰余が発生しても超過分は財政再計算時に事業主に返還しなければならなかった。このような仕組みであると、予定利率以上の運用利回りを達成できなくなれば積立不足が拡大する。資産運用の低迷により、予定利率以上の運用利回りを達成できず給付原資が確保できない事例が頻発したため、適格年金制度は受給権保護の仕組みが脆弱であるという欠点が顕になった。このため、適格年金契約の解約が徐々に増加するようになった。

こういったことから受給権の保護が図られ、代行返上が可能となる制度整備が大きな課題となり、平成十三年（二〇〇一年）に確定給付企業年金法が制定された。同時に、中小零細企業への企業年金制度の普及、雇用形態の流動化等への対応を図る見地から、米国のシリコンバレーのベンチャー企業などで著しく普及していた確定拠出年金制度を創設するため、確定拠出年金法が制定された。

確定給付企業年金には、基金型企業年金と規約型企業年金の二つの運営形態がある。基金型企業年金は、母体企業とは別の法人格をもった基金を設立したうえで、当該企業年金基金において年金資金を管理・運用し年金給付を行う形態である。また、規約型企業年金は、労使が合意した年金規約に基づき、企業の事業主が実施主体として信託会社・生命保険会社等と契約を結び、母体企業の外部で年金資産を管理・運用する形態である。

確定給付企業年金法においては、受給権の保護のため、以下のように規定された。

(1)　積立義務として、年金資産の積立基準を設定するとともに、財政再計算、財政検証や積立不足の解消を義務づける。

(2)　受託者責任の明確化のために、事業主など企業年金の管理・運営に関わる者について、加入者等に対する責任及び行為準則を明確化する。

(3)　情報開示義務として、事業主に対し、業務の概況について加入者等への情報開示及び厚生労働大臣への報告を義務づける。

厚生年金の報酬比例部分を代行するものではないが、受給権の保護が確実に図られている確定給付企業年金制度の創設によって、受給権保護に欠ける適格年金は存在理由が無くなってしまった。このため、適格年金制度は、平成二十四年（二〇一二年）三月末で廃止されることになった。

　その結果、平成十三年度（二〇〇一年度）末では、適格年金の契約件数は七万三五八二件、加入者数は九一七万人、資産残高は二二兆六五九四億円であったが、確定給付企業年金、確定拠出年金、厚生年金基金、中小企業退職金共済制度への移行などにより、逐年減少し、平成二十四年（二〇一二年）三月末には閉鎖型の適格年金の一部を除き、適格年金はすべて廃止された。他の企業年金等への移行がなされず、廃止されただけの契約は平成十三年度（二〇〇一年度）末契約件数の約四割にのぼるとみられる。

　確定給付企業年金は、制度発足一年後の平成十五年度（二〇〇三年度）末では、制

図１-67　適格退職年金の企業年金等への移行状況

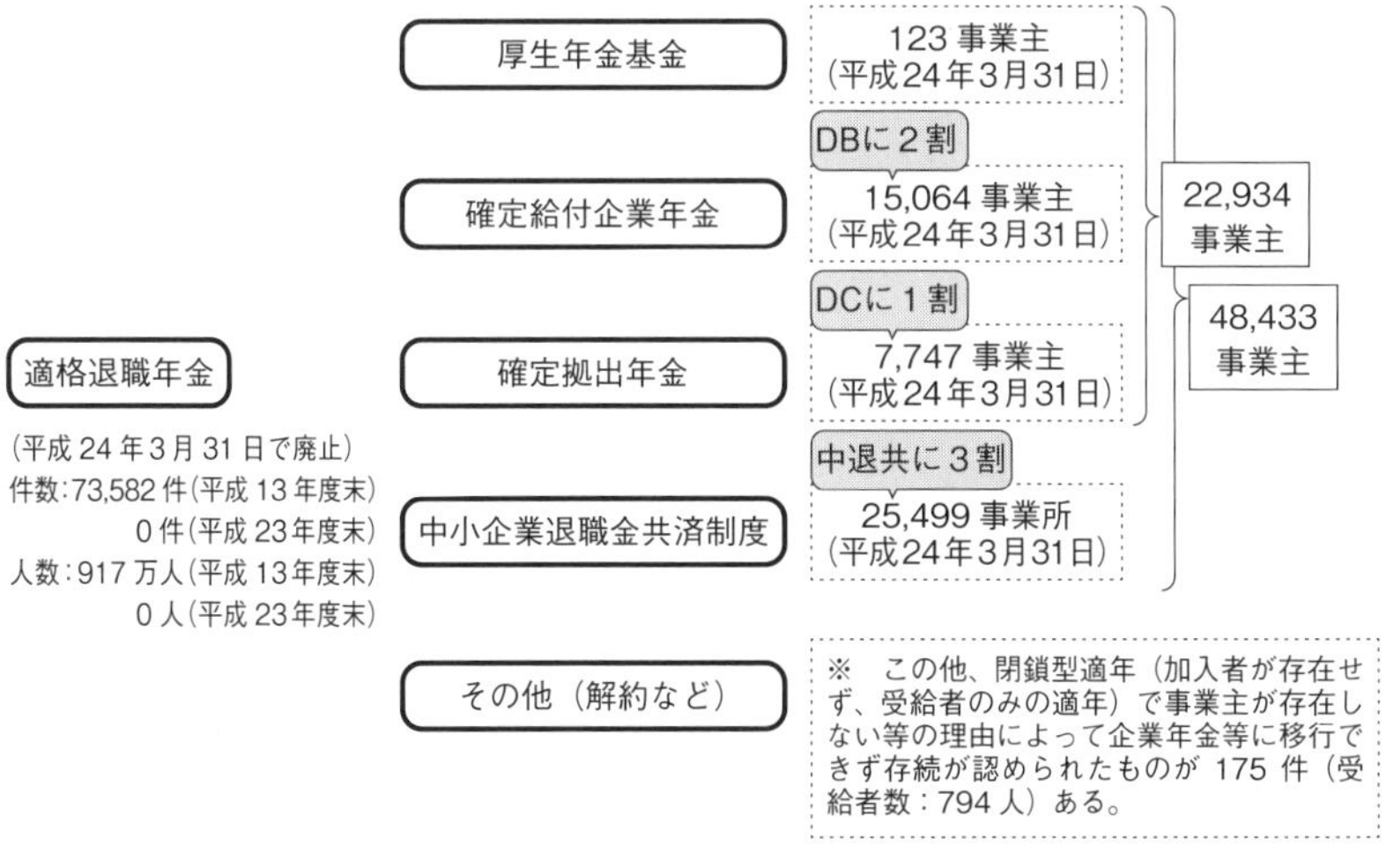

〈注１〉適格退職年金から確定給付企業年金への移行数は、新規設立と同時又は既存の確定給付企業年金に適格退職年金から権利義務継承もしくは資産移換を行っている確定給付企業年金の数である。
〈注２〉適格退職年金から確定拠出年金及び中小企業退職金共済制度への移行数は、適格退職年金契約の全部又は一部を解除することにより、資産移換を行っている実施事業主数である。
〈注３〉複数制度への移行はそれぞれの制度に計上。
資料：厚生労働省

度数は三一六、加入者数は一三五万人に過ぎなかったが、厚生年金基金の代行返上や適格年金廃止に伴う移行により、平成二十五年度（二〇一三年度）末では、制度数は一万四〇〇〇余りに、加入者数は七八八万人に達し、資産残高は五三兆円を超えた。

確定拠出年金は、拠出された掛金が個人ごとに明確に区分されて積み立てられ、加入者自らの指図に基づいて資産の運用を行い、その運用結果と掛金との合計額に基づいて給付額が決定される年金である。従って、確定拠出年金は、資産の運用リスクや長寿化によるリスクすべてを個人が負う制度である。

確定拠出年金には、企業型確定拠出年金と個人型確定拠出年金の二つの形態がある。企業型確定拠出年金は、事業主がその従業員を対象として確定拠出型の企業年金を行うもので、事業主が拠出限度額の範囲内で掛金を拠出する。さらに、平成二十三年（二〇一一年）の確定拠出年金法改正により、企業型確定拠出年金加入者は、企業型確定拠出年金加入期間に対しては、加入者自らの掛金拠出も可能となった（平成二十四年（二〇一二年）一月実施）。個人型確定拠出年金は、国民年金基金連合会が実施する確定拠出型年金で、自営業者等や企業の従業員のうち企業年金のない者が加入できるものである。この場合は、加入者個人が拠出限度額の範囲内で掛金を拠出する。

確定拠出年金は、企業型で、制度発足一年後の平成十五年度（二〇〇三年度）末では、規約数は八四五、加入者数は七〇万人余りに過ぎなかったが、適格年金廃止に伴う移行等により、平成二十五年度（二〇一三年度）末では、規約数は四四〇〇を超え、加入者数は四六四万人余りに達している。個人型を合わせると、加入者数は四八三万人、資産残高は八兆五四〇〇億円に達している。

確定給付企業年金制度や確定拠出年金制度が創設された平成十三年度（二〇〇一年度）末では、厚生年金基金制度における基金数は一七三七、加入員数は一〇八七万人、資産残高は企業年金連合会分を合わせると五七兆円を超える規模に達していた。また、解約が相当数行われたとはいえ、適格年金の契約件数は未だ七万三五〇〇件を超えており、加入者数も九一七万人、資産残高も二二兆六〇〇〇億円を超える規模に達していた。

しかしながら、適格年金制度の廃止による移行だけではなく、次節で述べる代行返上が大量に行われたため、厚生年金基金から確定給付企業年金や確定拠出年金への移行も増大した。その結果、企業年金が多様化し、なかでも確定給付企業年金

図1-68　企業年金各制度における加入者数の推移（年度末現在）

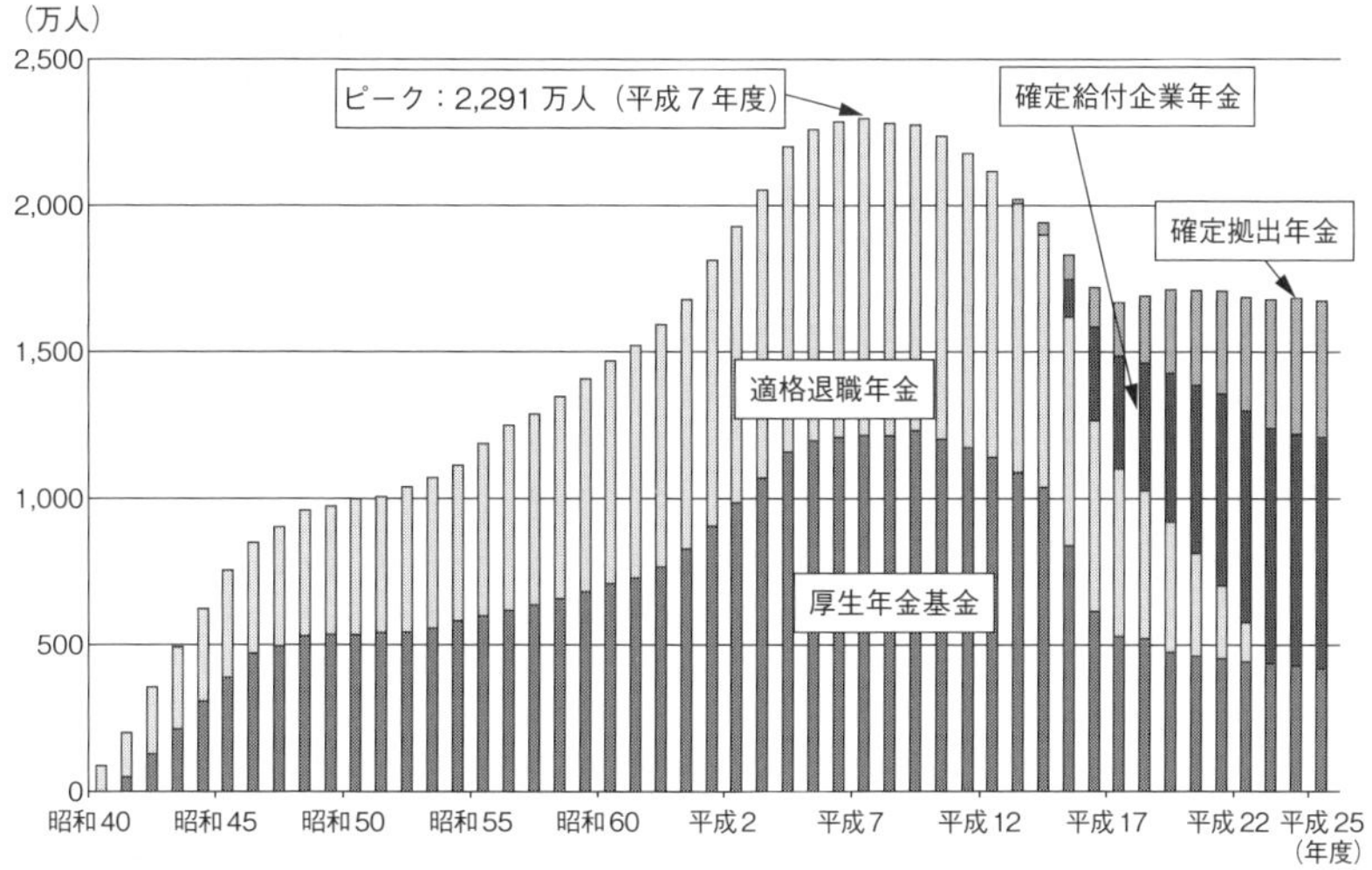

資料：厚生労働省、企業年金連合会等

制度が加入者数、資産額ともに最大となった。

図１-69　企業年金各制度における資産残高の推移（年度末現在）

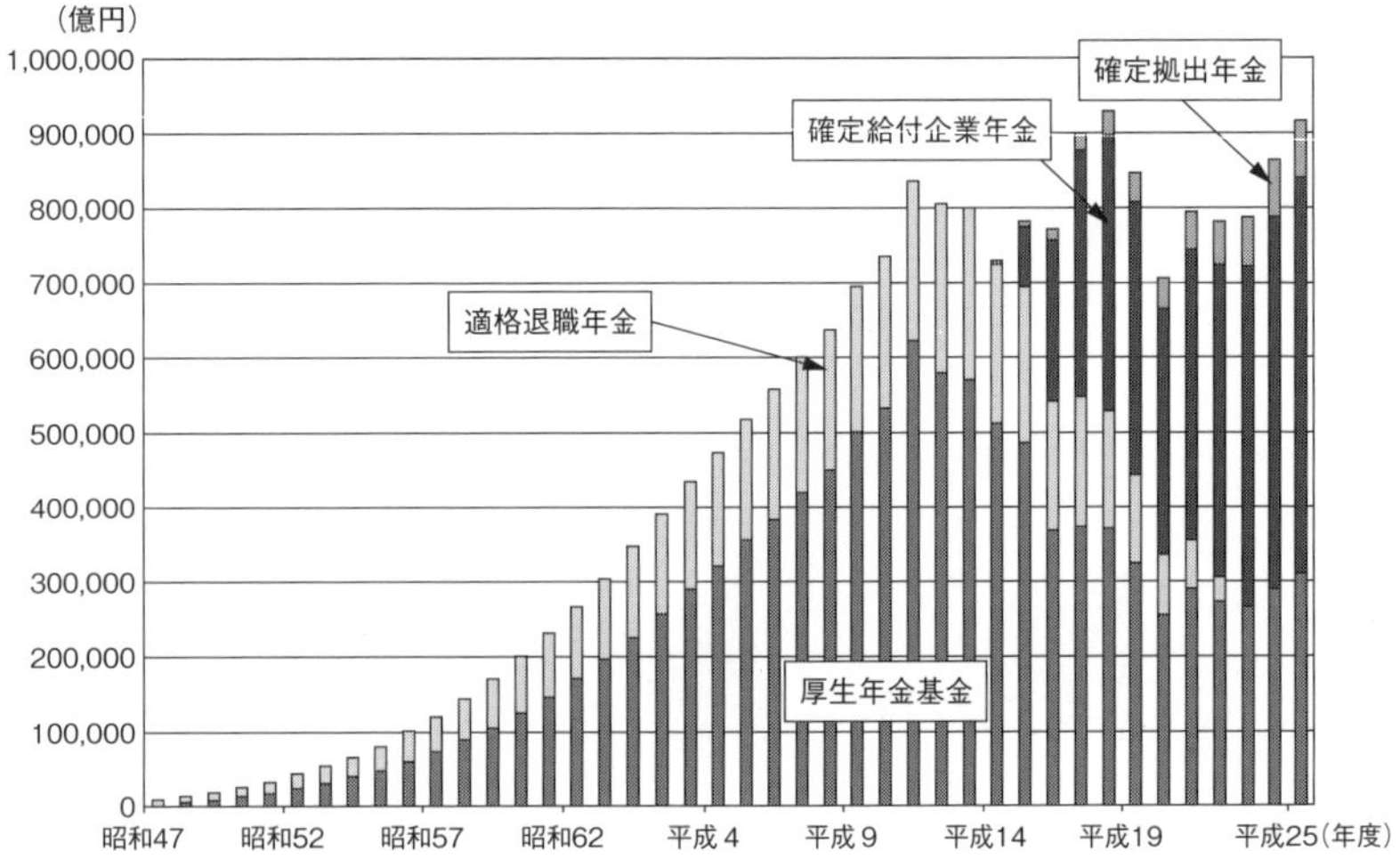

資料：厚生労働省、企業年金連合会等

第四節　厚生年金基金の代行返上と実質的廃止

平成十二年度（二〇〇〇年度）から、企業年金制度や退職一時金制度に関して退職給付会計として同一の会計処理を行うこととする新企業会計基準が導入された。従来の企業会計基準では企業が企業年金制度に拠出する掛金だけを費用として認識するのみで債務については財務諸表に反映されていなかったが、新企業会計基準では、企業が企業年金を有していて退職給付債務に対して積立不足が生じている場合には、退職給付引当金として当該企業の貸借対照表に負債として計上しなければならなくなり、同時に当期の発生分は退職給付費用として損益計算書に計上しなければならなくなった。その結果、企業年金の資産額や給付債務が企業会計の基準に従って評価され、母体企業の財務に直接影響を及ぼすことになった。

平成九年（一九九七年）十一月に山一證券が破綻するなど、大手金融機関の破綻が相次いで発生した。翌年の平成十年（一九九八年）九月には日本の金融システムへの不安が高まり、日本経済は平成金融不況と称される大不況に見舞われていた。このような状況のなかで、平成十一年（一九九九年）に厚生年金の財政再計算が実施され、平成十二年（二〇〇〇年）に年金改正が行われた。

この改正においては当時の経済状況等に配慮して、厚生年金本体の保険料率引上げは行われず、保険料率は据え置かれたが、給付の適正化等の制度改正が織り込まれていたほか、将来の運用利回りについては四・〇%に引き下げられ、また死亡率の見込みについても低下が織り込まれた。しかしながら、厚生年金本体の保険料率が凍結されたなかで、免除保険料率だけを引き上げることはできなかったことから免除保険料率も凍結された。これに伴い、免除保険料率は本来必要とされる水準よりも低いものとなったため、基金の財政運営に支障を来さないよう、最低責任準備金の算定にあたって、毎年度の免除保険料を収入とし、代行給付額を支出として、毎年度ごと順繰りに積立金を算定するいわゆる転がし法がとられた。

新企業会計基準を導入する際に、それらの措置をみて、日本公認会計士協会は「退職給付会計に関する実務指針」において、代行部分の扱いが厚生年金本体との関係で中立的でないとして、公的年金の一部である厚生年金基金代行部分を退職給付の対象と定めてしまった。この指針に従うと、企業年金が代行部分を有するか否かによって、母体企業の財務内容が異なるという現象が生ずる。

折しも、平成十二年（二〇〇〇年）から平成十四年（二〇〇二年）にかけて、企業年金の運用利回りは三年連続でマイナスと、運用実績が極端に悪い異常事態が発生した。厚生年金基金の運用利回りも、全体で平成十二年度（二〇〇〇年度）マイナス九・八三%、平成十三年度（二〇〇一年度）マイナス四・一六%、平成十四年度（二〇〇二年度）マイナス一二・四六%と三年連続でマイナスの運用利回りとなってしまった。欧米でも同じ状況であり、この事態を欧米ではパーフェクト・ストームと称するようになった。後に、これはＩＴバブルの崩壊に起因するものだというのが通説となったが、当時最新の金融理論や金融工学でも全く想定されていなかった事態であった。

図1-70　企業年金の運用実績の推移

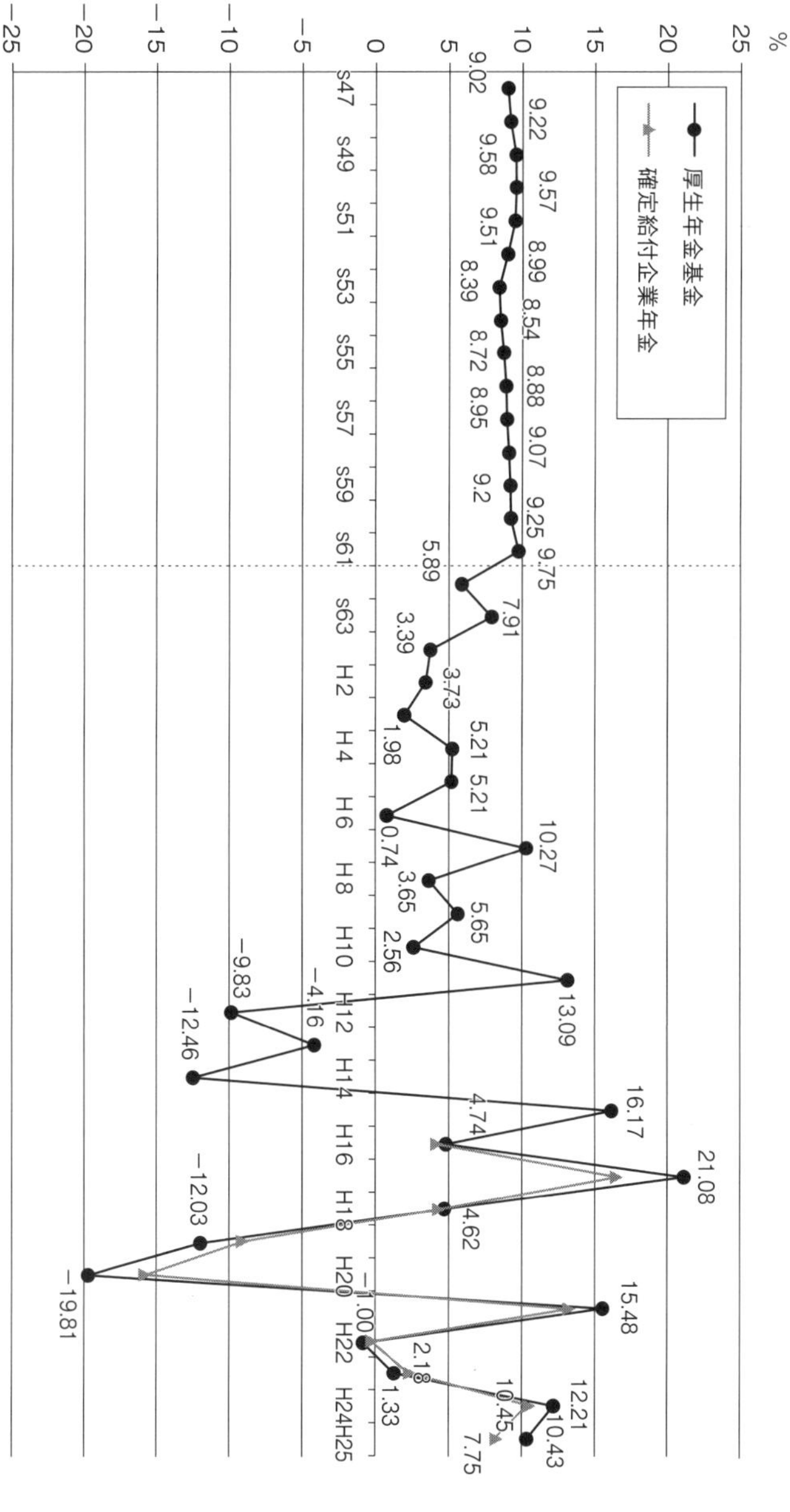

資料：企業年金連合会

注1：昭和62年度以降は、修正総合利回りの数値。
注2：修正総合利回り＝総合収益／期中平均残高（修正平均残高）×100

　このため、厚生年金基金をもつ母体企業の財務内容が、代行部分を有していることによって一層悪化する事態に立ち至り、大企業中心に代行返上ブームが巻き起こった。過去分の代行返上が認められるようになった平成十五年（二〇〇三年）九月から平成二十六年（二〇一四年）三月末までの一〇年半の間で、過去分を代行返上した基金は八五二基金に、解散基金は五〇一基金にのぼった。このなかには、サブプライムショック、リーマンショックと運用環境を悪化させる事態が二年連続で発生したために、財政状況が厳しくなって解散した基金もあった。それらの結果、厚生年金基金数は急減し、平成二十六年（二〇一四年）三月末で、基金数は五三一、加入員数は四〇五万人にまで減少した。結果的には、厚生年金基金制度は、中小企業が多数集まって設立された総合型厚生年金基金が中心となる制度に変貌を遂げた。

　また、ＩＴバブル崩壊後、その崩壊で傷んだ基金財政を建て直そうとして、代替資産運用といわれる非伝統型

図１−71　厚生年金基金の代行返上

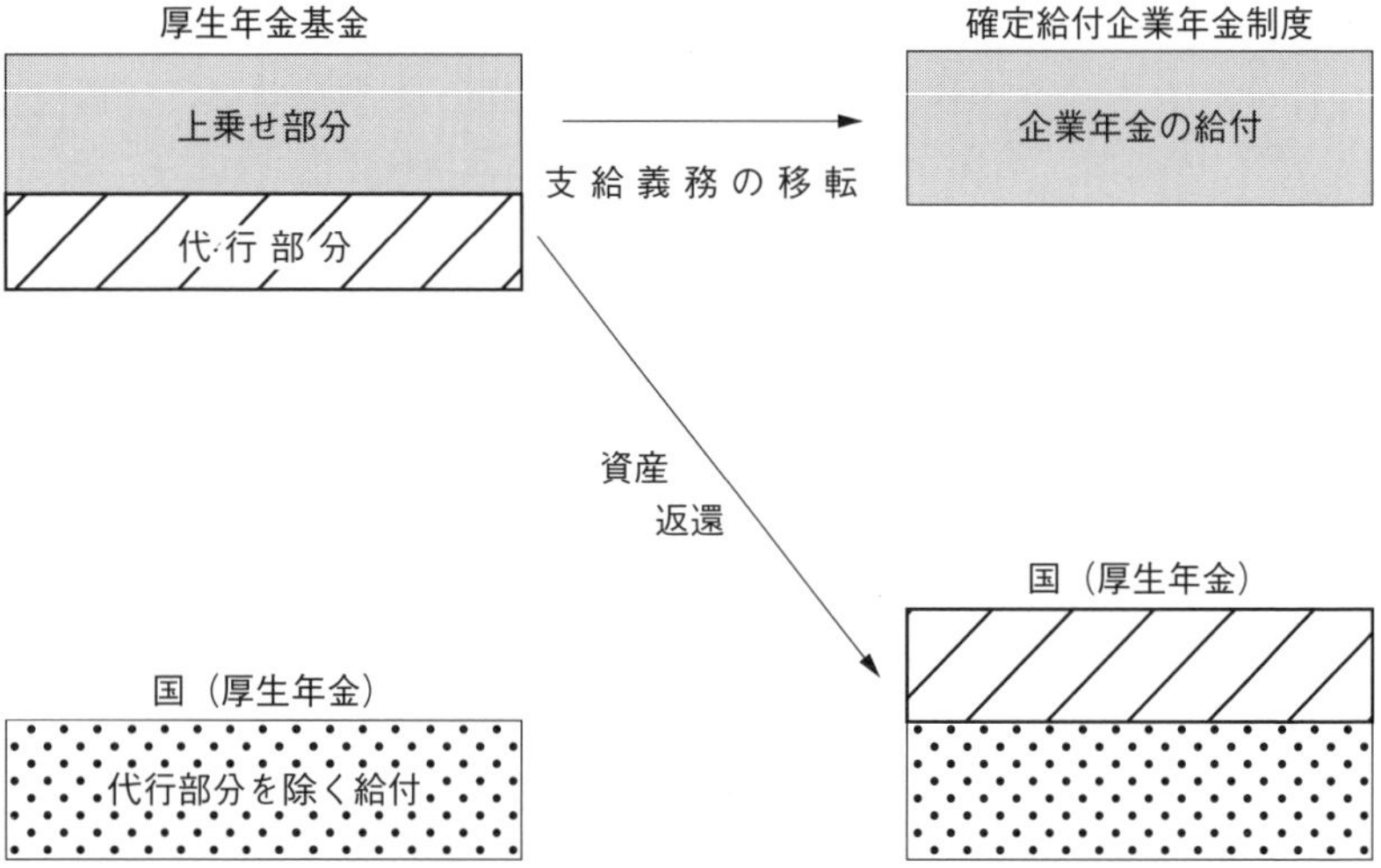

図1-72　厚生年金基金基金数と加入者数の近年の動向

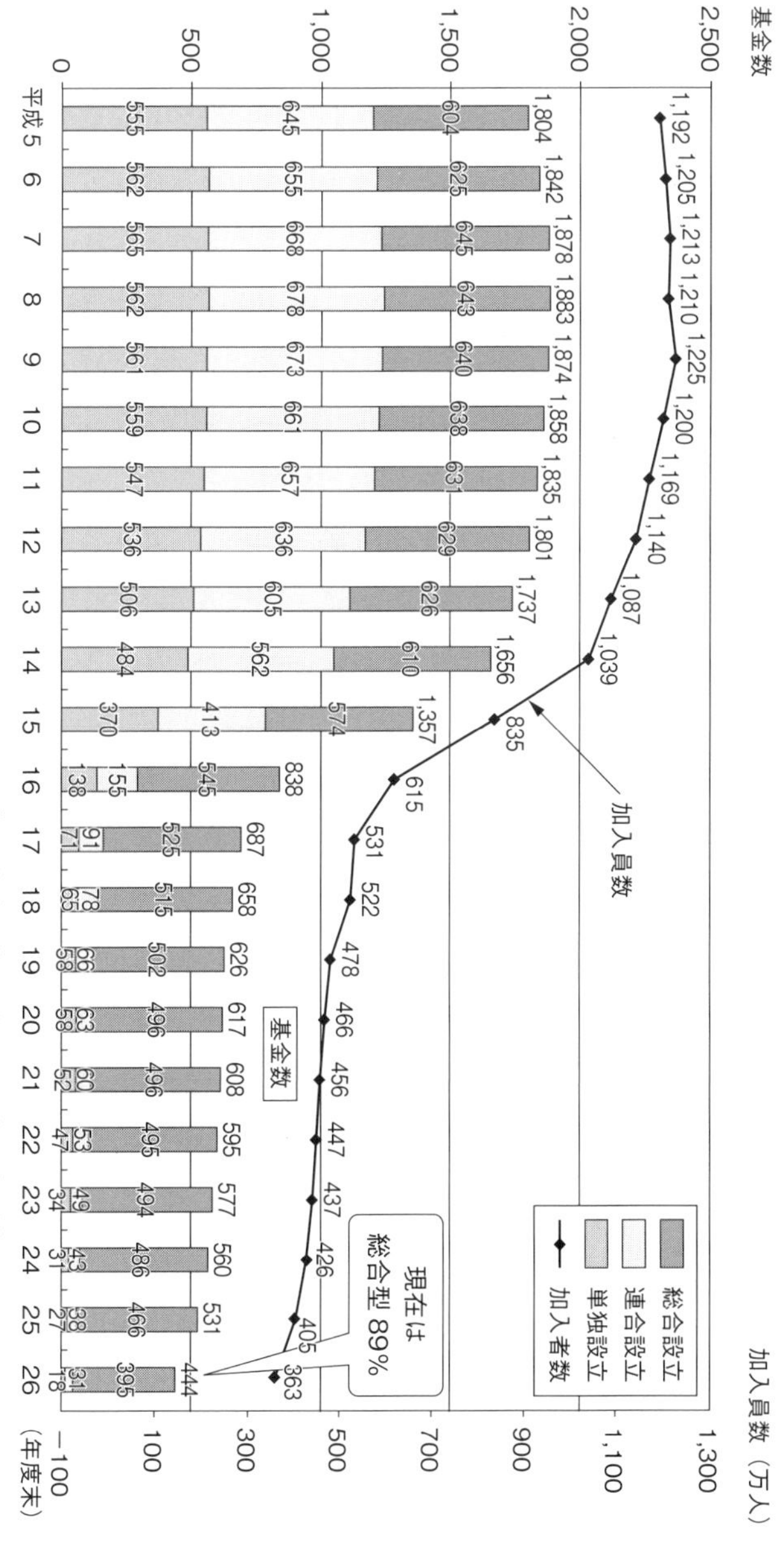

平成14年度以降の解散501、代行（過去）返上852基金

資料：厚生労働省、企業年金連合会

資産運用を導入する基金が次第に増えていった。ところが、平成二十四年（二〇一二年）二月に、九四にものぼる厚生年金基金や確定給付企業年金基金等から約一五〇〇億円の資産運用を受託していたＡＩＪ投資顧問が、顧客である年金基金等に虚偽の運用実績を伝える等の重大な法令違反行為を行って年金資産の大半を消失していたことが、証券取引等監視委員会の検査によって判明した。その結果、リーマンショックや長期的な日本株の株安傾向等から生じていた積立不足が一層拡大し、資産額が最低責任準備金を下回ってしまう基金が増大した。いわゆる代行割れ問題が拡大し、大問題になった。

当時の政権与党であった民主党は「年金積立金運用のあり方及びＡＩＪ問題等検証ワーキングチーム」を設置し、平成二十四年（二〇一二年）四月、財政運営のあり方や厚生年金基金制度の将来的な廃止に触れた中間報告をまとめた。一方、野党の自民党も「ＡＩＪ問題に関するプロジェクトチーム」を設置し、同年六月に、厚生年金基金の構造問題への対応、運用実務にかかわる再発防止策や厚生年金「代行選択制度」のあり方に触れた提言をまとめた。

また、厚生労働省においては、「厚生年金基金等の資産運用に関する特別対策本部」を設置後、「厚生年金基金等の資産運用・財政運営に関する有識者会議」を設置し、平成二十四年（二〇一二年）七月に有識者会議の報告がまとめられた。この報告では、資産運用規制のあり方、財政運営のあり方、厚生年金基金制度等のあり方の三つの論点について取りまとめが行われているが、厚生年金基金の代行制度の今後のあり方については、廃止論と存続論が併記されていた。その後九月に特別対策本部が一定の経過期間をおいて代行制度を廃止する方針を打ち出した。有識者会議で代行制度廃止反対を表明していた企業年金連合会は、厚生労働省の方針は唐突だとして激しく反対し、同年十月代行制度廃止反対を主張する提言を行った。しかしながら、厚生労働省は、社会保障審議会年金部会に設置した「厚生年金基金制度に関する専門委員会」に、同年十一月厚生年金基金制度の見直しに関する試案を提示した。この試案に対して専門委員会は肯定的な意見をまとめた。その結果を踏まえ、平成二十五年（二〇一三年）四月公的年金制度の健全性及び信頼性の確保のための厚生年金保険法等の一部を改正する法律案が国会に提出された。

この法案については国会ではほとんど修正がなされず、平成二十五年（二〇一三年）に厚生年金保険法等の一部改正法が成立した。この改正は、厚生年金基金制度について、新設禁止、解散命令の発動を可能にすること、基金の財政健全性要件の厳格化、他の企業年金制度への移行を促進すること等、厚生年金基金制度に対する強力な規制を行うもので実質的には制度の廃止といえる改正であった。その主な内容は以下のとおりである。

(1) 平成二十六年（二〇一四年）四月以降は厚生年金基金の新設を認めない。

(2) 平成二十六年（二〇一四年）四月からの五年間における時限措置として、従来の特例解散制度を見直し、分割納付における事業所間の連帯債務を外すなど、基金の解散時に国に納付する最低責任準備金の納付期限・納付方法の特例を設ける。

(3) 平成二十六年（二〇一四年）四月から五年後以降は、代行資産保全の観点から設定した基準を満たさない基金については、厚生労働大臣が第三者委員会の意見を聴いて、解散命令を発動できる。

(4) 上乗せ給付の受給権保全を支援するため、厚生年金基金から他の企業年金等への積立金の移行について特例を設ける。

これらの改正事項は、改正時点で代行割れを生じている約四割の基金は五年以内に早期解散することを想定した内容となっている。また、一〜二年後に代行割れする確率がほぼゼロとなる最低の積立比率一・五を下回る約五割の基金については、確定給付企業年金か確定拠出年金に移行するか、もしくは五年間のうちに解散することを想定したものとなっていた。従って、存続が妥当と想定されていた基金は残り約一割にすぎず、厚生年金基金の大幅な縮小・実質的な廃止を企図した改正であった。

このような改正の趣旨を踏まえて、平成二十五年度（二〇一三年度）の運用環境が良好で高利回りを得られたにもかかわらず、解散に踏み切る厚生年金基金が続出した。運用環境が良好であるから、通常なら存続に向けて舵を切るところであるのに、逆の行動となった。健全化法にもとづく厚生年金基金の見直しが始まった平成二十六年（二〇一四年）四月から平成二十七年（二〇一五年）三月末までの一年間で解散を認可された基金は七二で、このうち特例解散基金は二八であり、代行返上基金は一三に、解散の方向性について代議員会で議決し記録整理等具体的な作業を始めた解散内諸済基金は一八〇に、代行返上内諸済基金は一〇三にのぼった。それらの結果、平成二十七年（二〇一五年）三月末の基金数は四四四にまで減少し、このうち解散内諸済基金と代行返上内諸済基金の合計は三八三で、残り六一基金のうち解散又は代行返上予定基金が二八、方針未定基金が一三であることから、この段階で存続を予定している基金は二〇にすぎなくなった。

このほか平成二十四年（二〇一二年）に退職給付に関する企業会計基準について、貸借対照表の負債の部における未認識債務の即時認識の導入、割引率設定方法として基本的にイールドカーブを使用すること等の見直しが行われ、確定給付企業年金や厚生年金基金のような給付建て年金制度の運営にとっては、従来以上に企業にとっての負担となる規制が導入された。

厚生年金基金制度の実質的廃止の方向に舵を切った厚生労働省は社会保障審議会に企業年金部会を設け八か月近い審議を経て平成二十七年（二〇一五年）一月に議論の整理を行い、その結果に基づき同年四月に確定拠出年金法等の一部改正法律案を国会に提出した。この法案は、企業年金の普及・拡大やライフコースの多様化への対応等を図るため確定拠出年金の中小企業への普及策や個人型確定拠出年金の加入可能対象を拡大すること等を内容とする次のようなものであった。しかし、この法案は平成二十七年（二〇一五年）の国会では成立せず、継続審議となった。

(1)　企業年金の普及・拡大

①　中小企業を対象に設立手続き等を大幅に緩和した簡易型確定拠出年金制度を創設する。

②　中小企業に限り個人型確定拠出年金に加入する従業員の拠出に追加して事業主拠出を可能とする個人型確定拠出年金への小規模事業主掛金納付制度を創設する。

③　確定拠出年金の拠出制単位を月単位から年単位へ変更する。

(2)　ライフコースの多様化への対応

図１-73　個人型 DC の加入可能範囲の拡大

個人型 DC に加入できる者を、第３号被保険者や企業年金加入者、公務員等共済加入者に拡大。

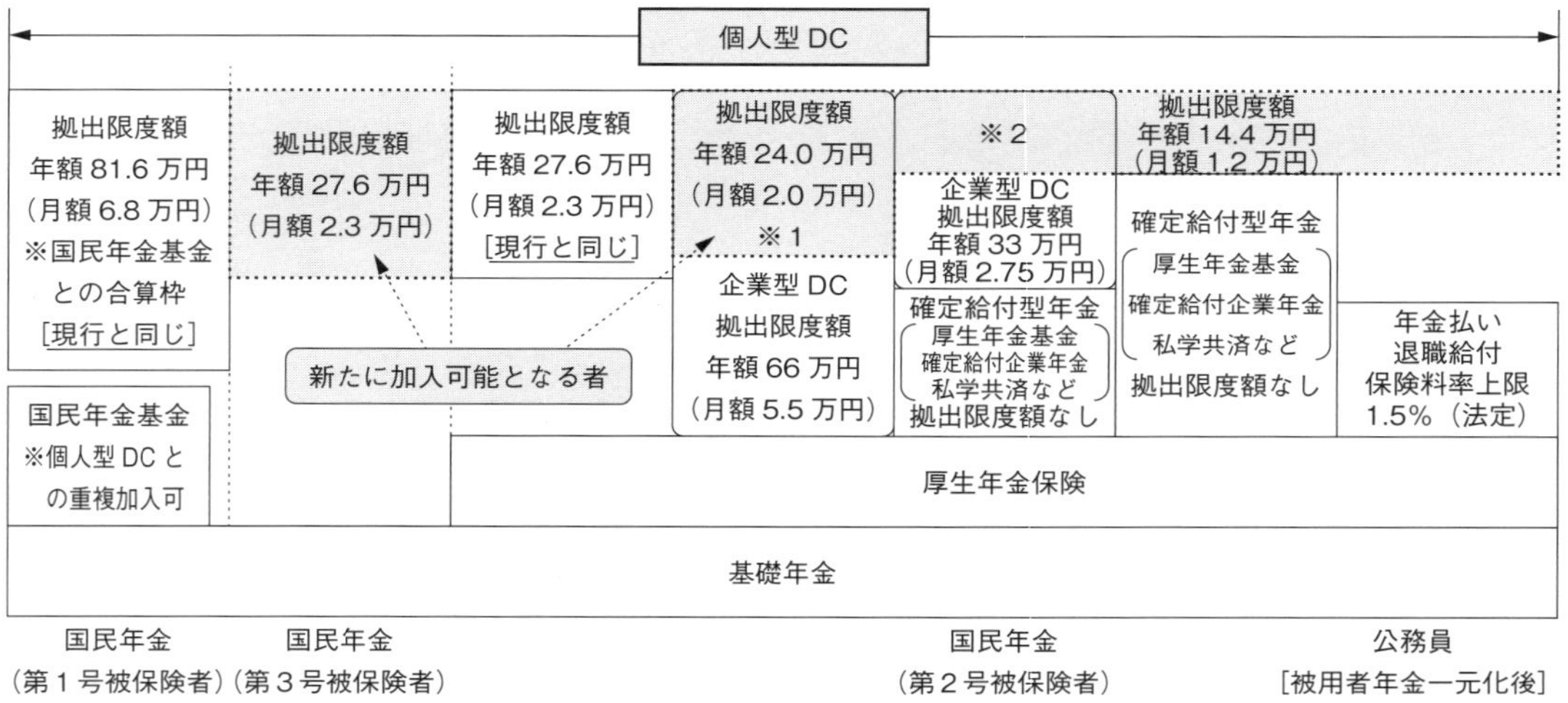

※１　企業型DCのみを実施する場合は、企業型DCへの事業主掛金の上限を年額42万円（月額3.5万円）とすることを規約で定めた場合に限り、個人型DCへの加入が認められる。

※２　企業型DCと確定給付型年金を実施する場合は、企業型DCへの事業主掛金の上限を年額18.6万円（月額1.55万円）とすることを規約で定めた場合に限り、個人型DCへの加入が認められる。

資料：厚生労働省

① 個人型確定拠出年金について第三号被保険者、企業年金加入者、公務員等共済加入者も加入可能とする。

② 確定拠出年金から確定給付企業年金、確定給付企業年金や企業型確定拠出年金から中小企業退職金共済等への年金資産の持ち運び（ポータビリティ）が可能となるよう拡充する。

企業年金の形態の如何を問わず企業年金制度が存続していくためには、年金基金等が安心して資産運用できるよう運用の可視化を進めるなど、資産運用インフラが質的に向上した形で整備されることが必要である。さらにより根本的には、英米社会の根底に厳然と存在する「専門家は弱い立場の人に対してしっかりと専門家としての義務を果たすべきだ」という信認関係（フィデュシャリー・リレーション）の考え方を日本社会にも深く根づかせる必要がある。即ち「受益者の利益を常に優先する忠実義務や、自らの業務のプロセスを委託者にきちんと説明する義務」である受託者責任を厳しく問う社会を形成することである。

日本企業の退職金制度は、従業員の定着の促進や終身雇用を維持するために発展した。企業年金制度については、高度経済成長による製造業における熟練労働力の確保の必要性から生じた長期勤続や終身雇用を背景として、普及、発展してきた。日本的経営が揺らぎ、非正規雇用が増大した平成不況の時代は、退職金制度や企業年金制度が、徐々にではあるが縮小していった時代であった。

第五節　国民年金基金の創設と現状

国民年金は被保険者が主として農業者や自営業者等であるため、所得の正確な把握が困難であり、また、比較的所得の低い者が多いことから、保険料は定額とし、給付も保険料の納付期間に応じた定額給付の制度として創設された。しかし制度発足時から少し高い保険料で高い給付を望む声もあり、それに応じる形で、昭和四十四年（一九六九年）付加年金制度が創設され、さらに業種ごとのニーズに応える上乗せ給付を行う制度として、厚生年金における厚生年金基金制度に準じた国民年金基金制度が創設された。しかしながら、この改正で導入された基金設立の要件が、職能型の国民年金基金を想定したもので、同種の事業または業務に従事する者の三分の二以上の者で設立することとする厳しいものであったため、実際には基金は設立されず、制度の具体的実施には至らなかった。

昭和六十年（一九八五年）改正で、公的年金は、全国民が老後に共通して受給する一階部分の基礎年金と、被用者が老後に受給する二階部分の報酬比例年金に再編された。しかし、国民年金の第一号被保険者には一階部分の基礎年金だけで、二階部分の年金はなかったが、平成元年（一九八九年）の年金改正で基礎年金の上乗せ給付を行う制度として国民年金基金制度が整備された。自営業者等からなる第一号被保険者の所得の態様と水準は多様であり、厚生年金のように給与を基準とした一律の強制適用制度は馴染まないことから、昭和四十四年（一九六九年）に創設された任意加入の国民年金基金制度の仕組みを活用することとされ、地域型国民年金基金制度が導入されるとともに、職能型国民年金基金制度の設立要件も新基準に改められた。地域型国民年金基金の設立要件は、同一の都道府県に住所を有する千人以上の国民年金の第一号被保険者で組織されることとされ、職能型国民年金基金の設立要件は、同種の事業または業務に従事する三千人以上の国民年金の第一号被保険者で組織されることとされた。いずれも、厚生労働大臣の認可を受けた公的な法人である。

国民年金基金制度は平成三年（一九九一年）四月に施行され、同年五月一日に地域型国民年金基金が全四七都道府県に設立され、職能型国民年金基金として設立された歯科医師国民年金基金、全国農業みどり国民年金基金、貨物軽自動車運送業国民年金基金の三基金と合わせて、五〇基金で発足した。五月末には、東京都国民年金基金をはじめとする基金が発起人となり、中途脱退者等に係る年金および一時金の支給を国民年金基金が共同して行うために、国民年金基金連合会が設立された。平成三年（一九九一年）の

図1-74　国民年金基金現存加入員数の推移

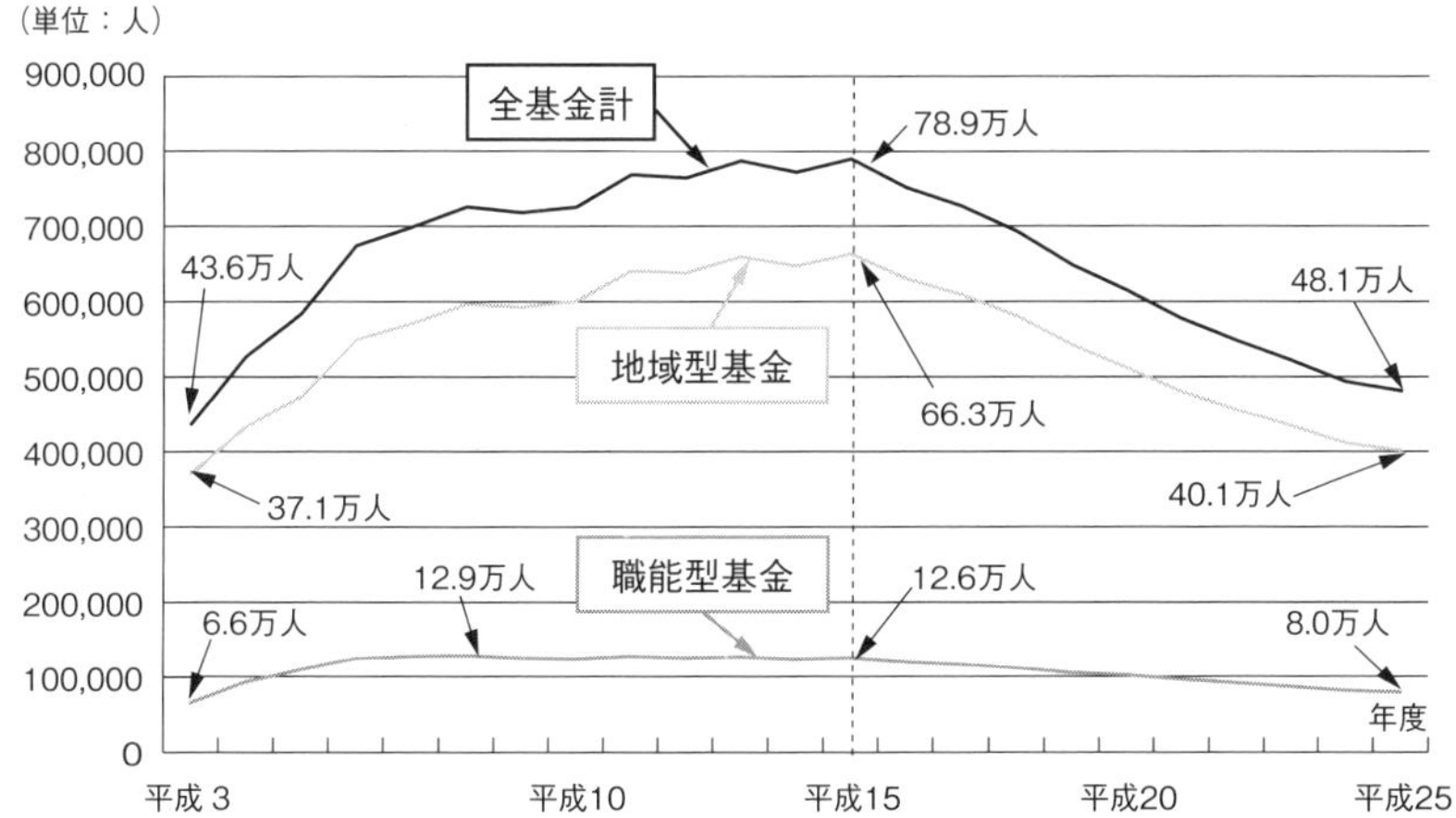

年末には基金数は六三となり、その後、平成五年（一九九三年）九月には職能型基金は二五にまで増加し、国民年金基金数は七二となり、現在に至っている。

加入員となれるのは、日本国内に居住している二十歳以上六十歳未満の国民年金第一号被保険者のほかに、六十歳以上六十五歳未満の国民年金任意加入被保険者である。ただし、国民年金の保険料を免除されている者、学生納付特例者、若年納付猶予者、農業者年金基金の被保険者は加入できない。

加入員数は制度を実施した平成三年度末は四三・六万人で、その後、増加を続け平成十五年度（二〇〇三年度）末に七八・九万人に達したが、この年をピークに減少し、平成二十五年度（二〇一三年度）末現在は四八・一万人となっている。

表1-34　職能型国民年金基金一覧表

（平成26年4月現在）

	基金名	加入できる者	設立年月日
1	歯科医師国民年金基金	歯科診療所に従事する者（歯科技工士は除く）	平成3年　5月　1日
2	全国農業みどり国民年金基金	農業従事日数が年間60日（480時間）以上の者	平成3年　5月　1日
3	貨物軽自動車運送業国民年金基金	貨物軽自動車運送業に従事する者	平成3年　5月　1日
4	全国社会保険労務士国民年金基金	社会保険労務士及び事務所に従事する者	平成3年　5月　8日
5	日本医師・従業員国民年金基金	病院・診療所・老人保健施設に従事する者	平成3年　5月14日
6	漁業者国民年金基金	漁業従事日数が年間90日以上の者	平成3年　5月24日
7	日本薬剤師国民年金基金	薬局・店舗販売業・配置販売業・卸売販売業に従事する者	平成3年　6月　1日
8	日本税理士国民年金基金	税理士業務に従事する者	平成3年　7月　1日
9	土地家屋調査士国民年金基金	土地家屋調査士業務に従事する者	平成3年　7月10日
10	司法書士国民年金基金	司法書士業務に従事する者	平成3年　8月　1日
11	全国建設技能者国民年金基金	建設業に従事する建設に関する技能者	平成3年　8月　1日
12	日本弁護士国民年金基金	弁護士業務に従事する者	平成3年　8月　1日
13	全日本電気工事業国民年金基金	電気工事業に従事する者	平成3年　9月　1日
14	日本柔道整復師国民年金基金	柔道整復業に従事する者	平成3年11月　1日
15	全国個人タクシー国民年金基金	一人一車制の一般乗用旅客自動車運送事業に従事する者	平成3年11月　8日
16	全国左官業国民年金基金	左官業に従事する者	平成3年12月　1日
17	公認会計士国民年金基金	公認会計士業に従事する者	平成4年　1月20日
18	全国板金業国民年金基金	板金・金物工事業に従事する者	平成4年　2月　1日
19	歯科技工士国民年金基金	歯科技工業に従事する者	平成4年　3月16日
20	自動車整備国民年金基金	自動車整備業に従事する者	平成4年　5月28日
21	日本建築業国民年金基金	建築工事業（木造建築を除く）に従事する者	平成4年　6月29日
22	全国損害保険代理業国民年金基金	損害保険代理業に従事する者	平成4年　9月　1日
23	全国クリーニング業国民年金基金	クリーニング業に従事する者	平成4年10月　8日
24	日本麺類飲食業国民年金基金	麺類飲食業（麺類業・飲食業）に従事する者	平成5年　4月　1日
25	鍼灸マッサージ師等国民年金基金	鍼灸マッサージ等の業務に従事する者	平成5年　9月　1日

掛金月額は、選択した給付の型、加入口数、加入時年齢によって異なるが、掛金の上限の範囲内で選択することとされている。掛金の上限は月額六万八〇〇〇円であり、掛金は全額社会保険料控除の対象である。特に、国民年金の保険料を免除されていた者・学生納付特例者・若年納付猶予者が免除期間分等の保険料を全て追納したときは、追納した期間のうち最高五年間は掛金の上限が月額一〇万二〇〇〇円になり、その全額が社会保険料控除となる特例が設けられている。地域型基金の平均掛金月額は二・二万円、平均加入口数四・一口であるのに対し、職能型基金の平均掛金月額は三・〇万円、平均加入口数六・五口と口数にして約六割高い。

国民年金基金の年金給付には老齢年金と遺族一時金があり、老齢年金の年金額は加入年齢や加入口数によって、年金受取期間は給付の型によって定まる。一口目は、終身年金で六十五歳支給開始と定められており、一五年間保証を有する型と保証期間が無い型とがある。いずれも加入時年齢によって掛金が定められており、終身年金であることから、掛金は男性と女性で異なる。二十歳誕生月から三十五歳誕生月までに加入する場合には、年金月額は二万円と定められ、この年金月額に対して、男女別、加入時年齢別に掛金月額が定められている。保証期間が無い型の場合、男性の掛金月額は平成二十五年度（二〇一三年度）現在、二十歳誕生月では約五五〇〇円程度で、加入時年齢が上昇するにつれ掛金が上昇し、三十五歳誕生月では約一万円を若干上回る程度である。女性の掛金月額は、これらの額よりも概ね一五〇〇円から二五〇〇円程度高い。三十六歳誕生月から四十五歳誕生月までに加入する者に対しては、年金月額は一万五〇〇〇円と定められ、この年金月額に対して男女別・加入時年齢別に掛金月額が定められており、男性の掛金月額は約八〇〇〇円程度から、加入時年齢の上昇とともに上昇し、四十五歳誕生月加入では約一万四〇〇〇円を若干上回る程度に定められている。四十六歳誕生月から五十歳誕生月の加入者に対しては、年金月額は一万円と定められ、男女別、加入時年齢別に応じて、それぞれ掛金が定められている。二口目以降は、掛金を定める基礎となる年金月額が一万円もしくは五〇〇〇円と半額以下とされ、その年金額に応じて、男女別、加入時年齢別、終身年金又は確定年金の複数の型別に掛金が定められており、その額は半分以下である。

一口目の受給権者数は四一・九万人で、その平均年金月額は十六・四万円、月額にして一万四〇〇〇円弱であり、二口目以降の受給権者数は二三・四万人で、その平均年金額は二九・六万円、月額にして二万五〇〇〇円弱である。

資産規模は平成十年度（一九九八年度）で一兆一〇〇〇億円であったが、平成二十五年度（二〇一三年度）末現在で三兆六〇〇〇億円となっている。

公的年金がスリム化するなかで、自営業者等のより豊かな老後生活の実現という役割が十分に発揮されるよう国民年金基金制度のあり方は、厚生年金基金の実質的廃止による中小企業従業員の上乗せ年金の受け皿づくりと相まって、十分検討される必要がある。

表１-35　国民年金基金の平均掛金額と平均加入口数（平成25年度末）

	平均掛金額（円）			平均加入口数（口）
	１口目	２口目以降	合計	
地域型基金	10,890	10,702	21,592	4.1
職能型基金	10,460	19,481	29,941	6.5
全基金計	10,819	12,158	22,977	4.5

表１-36　国民年金基金の年金及び遺族一時金の受給権者数と年金額（平成25年度末）

		受給権者数	１人当たり平均額
年金	１口目（注１）	418,892人 (435,101人)	163,646円 (158,347円)
	２口目以降	233,574人	295,637円
遺族一時金（注２）		5,656人	2,092千円

注１：カッコ内の数値には、国民年金付加年金相当部分の繰上げ受給分が含まれている。
注２：遺族一時金は、平成25年度中の１年間の実績。

第二部　厚生行政と年金制度の戦後七〇年

I

講演・小論・随想

(1) 昭和の時代の厚生行政とこれからの企業の役割

（平成三年四月）

1　はじめに

ただいまご紹介いただきました厚生年金基金連合会の理事長をしております吉原でございます。本日は三井生命の六五周年記念事業の一つとしての講演会に講師としてお招きいただき、誠に光栄であります。講演に入ります前に皆様とともに三井生命の六五周年を心からお祝い申し上げます。また厚生年金基金事業につきまして日頃いろいろご支援、ご協力をいただいておりますことにつきましても厚く御礼申し上げます。

今日ここにおいでいただいている方は、いろいろな企業や会社の総務部や人事部関係のお仕事をしておられる方が多いようでございますので、社会保障についてのあまり専門的、技術的なことでなく、来るべき高齢化社会を活力あるものにするため、厚生省がこれまでどのような考え方で厚生行政や社会保障をすすめてきたか、またこれからすすめようとしているのか、そういったなかで企業にどのような役割を期待しているのかということについてお話してみたいと思います。

2　社会保障の成長と拡大

私はさきほどご紹介いただきましたように昭和三十年（一九五五年）に大学を出まして、厚生省に入り、三五年あまり勤めて昨年退官いたしました。この間日本の経済社会は大きく発展、変化しましたが、社会保障や社会福祉の発展、変化もまた大きなものがありました。

平均寿命は昭和三十年（一九五五年）頃はまだ六十歳ぐらいでありましたが、いまや人生八〇年という世界一の長寿国になりました。それからあまり一般には知られておりませんが、国民の健康度、医療の水準をあらわす指標に、もう一つ乳児死亡率、赤ちゃんが生まれて一年以内に死ぬ率というのがありますが、これがいまわが国では出生一〇〇〇対四・八、つまり一〇〇〇人生まれて一年以内に死ぬ数が五人足らずで、世界でスウェーデンと並んで一番低い率であります。明治時代、私たちの親が生まれた時代は一五〇人ぐらいであり、私たちが生まれた昭和十年（一九三五年）前後でも一〇〇〇人のうち八〇人の赤ちゃんがいろいろな感染症で一年以内に死んでいったわけであります。イギリスやフランス、西ドイツなどは八人から九人、アメリカなどはまだ一〇人ぐらいであります。乳児死亡率のうえからも日本人は世界一健康な国民になったわけであります。

医療保険や年金制度などの社会保障制度はどうかといいますと、わが国の健康保険ができたのは昭和二年（一九二七年）ですし、厚生年金保険ができたのは昭和十七年（一九四二年）で、いずれも戦前からありましたが、ヨーロッパなどに比べて五〇年近くも発足が遅れております。し、大きく発展したのは何といっても戦後であります。しかしいまでは制度の内容といい、水準といい、世界一といっても過言ではありません。

医療について申し上げますと、昭和十三年（一九三八年）に自営業者を対象に、市町村を実施主体として国民健康保険制度ができ、昭和三十六年（一九六一年）にそれが全市町村の義務制になり、国民一人残らず健康保険か国民健康保険が適用されるようになりました。しかし昭和三十年代までは医者や医療機関も少なく、保険も制限診療の時代で、新薬などがなかなか使えない時代でありました。しかしいまでは国民の誰もが保険証一枚でどこの病院にでも自由にかかれ、お金の心配なしに最高の水準の医療が受けられるのであります。

よくアメリカに行ってアメリカの病院などを見てこられた人が、アメリカの病院はじゅうたん敷きで設備もよく、その快適さ、アメニティのよさに感心して帰られますが、アメリカには公的な医療保険としては六十五歳以上の老人を対象としたメディケアと、日本の生活保護の医療扶助にあたるメディケイドしかありません。したがって大部分の国民は個人で又は会社を通じて民間の保険に入るしかなく、民間の保険にも入っていない無保険者が三〇〇〇万人以上もいるといわれております。そのうえアメリカは大変医療費の高い国でありまして、病院で高い水準の医療を受けられるのはお金持ちだけで、保険に入っていない人や、金のない人はそのような医療は受けられないのであります。

年金はどうかといいますと、昭和十七年（一九四二年）にできた厚生年金保険は、戦後のインフレでダメになり、それが再建されたのが昭和二十九年（一九五四年）であります。それから昭和三十六年（一九六一年）に国民年金制度ができ、年金も国民皆年金になりました。その後昭和四十年代、五十年代を通じて経済の高度成長のなかで年金の給付水準が急ピッチで引き上げられ、いまでは厚生年金に三五年から四〇年加入して退職しますと月額二〇万円以上、現役勤労者の平均賃金のほぼ七〇％の年金が受けられるようになっているのであります。

この結果、わが国の社会保障給付費が全体でいまどのくらいになっているのかと申しますと、平成二年度（一九九〇年度）で四五～四六兆円ぐらいになっているはずでありまして、国民所得に対する比率では一四％ぐらいであります。この率も昭和三十年代、四十年代はずっと五～六％で長く推移しましたが、昭和五十年代に入ってやっと一〇％を超え、その後急テンポであがってきたのであります。

この率が諸外国ではどうなっているかと申しますと、イギリスは二五％、西ドイツは二九％、スウェーデンは四〇％ぐらいで、日本よりはるかに高くなっております。このことから日本の社会保障は、全体としてはまだ大分遅れているという人がいますが、他の国が日本より高い理由は、他の国の老人人口比率が日本よりはるかに高いからであります。他の国は六十五歳以上の老人人口比率がすでに一五％から一八％ぐらいでありますが、日本はまだ一二％であります。したがってわが国もこれから老人人口比率が高くなるにしたがって社会保障費も増え、平成十二年（二〇〇〇年）頃には国民所得比で二〇％近くになり、老人人口比率がピークになる平成三十二年（二〇二〇年）頃には三〇％を超えるだろうと予想されるのであります。

さて、昭和三十年代、四十年代を通じての社会保障の量的な拡充、拡大政策の最後、そのいわばきわめつきが昭和四十八年（一九七三年）の老人医療の無料化でありました。その年は年金についてもいわゆる五万円年金と物価スライド制の導入が実現し、福祉元年といわれたのでありますが、それが皮肉にも、その直後に起こった第一次オイルショックを契機とした経済の転換期と同時に、わが国社会保障政策の大きな転換期になりました。

それまでおおむね国民経済の伸びと並行していた社会保障費の伸びが、オイルショックがもたらした激しい物価や賃金の上昇もあって、国民経済の伸びをはるかに上回る伸びを示しはじめました。特に無料化による老人医療費の伸びが著しく、それが老人を一番多く抱えた国民健康保険の財政にとって大変な重圧となり、市町村が悲鳴をあげはじめました。そのうえ乱診乱療とか病院のサロン化といった現象も指摘されるようになったのであります。

一方経済は高度成長から低成長になり、税収は上がらず、財政は赤字国債の発行にふみきり、それが累増していきました。こうして財政再建と行政改革が政治の最大の課題になり、そのための歳出の削減、国庫負担の減少と、行政の簡素化という要請にこたえるうえでも、量的な拡充、拡大を中心とした社会保障政策に終止符をうち、その転換を迫られたのであります。

3 質の向上と公平と効率

それ以後今日に至るまで、社会保障政策の新しい理念、目標としていますすめておりますのが次の三つであります。第一がわが国はいまや世界一の長寿国になりましたが、その長寿が本当に国民一人ひとりにとって幸せといえるものになっているか、国民が長生きをしてよかったといえるものになっているかということであります。長生きにしても寝たきりになったり、痴呆になったのでは本当の幸せとはいえませんし、六十歳になるかならない歳で会社をやめ、働けるところもない、自分の経験や知識をいかすところもないというのでは、これも幸せとはいえません。したがって長寿を真に健康で生きがいのあるものにする、最近よくいわれる生命や生活の質、クオリティオブライフを高めるということがこれからの厚生行政の理念であり、第一の政策目標であります。

第二の政策目標は、これまでばらばらに発展してきた医療保険や年金制度をできるだけ一元化し、給付や負担の不公平やアンバランスを是正することであります。また、ほかの国と比べて日本の社会保障の大きな特徴の一つは、医療と年金に比率が著しく高く、それ以外の児童手当や生活保護、社会福祉、失業保険などの比率が非常に少ないことであります。他の国はその他の比率が全体の三分の一から四分の一ぐらいあるのに対し、わが国の場合は一割ぐらいで、国民所得に対して一・五％ぐらいにすぎません。生活保護や失業給付が低いのはむしろ結構なことでありますが、児童手当や社会福祉費とりわけ児童手当の給付が極めて少ないのであります。わが国でもやっと昭和四十五年（一九七〇年）に児童手当制度ができたのですが、この制度についてはなかなか事業主などの理解が得られず、制度が大きく育っていません。今年（平成三年（一九九一年））はちょうど児童手当の見直しの年でありますが、社会保障の全体の姿のバランスからだけでなく、子どもの出生率のかつてない低下という観点からももう少し児童手当の充実を考えていかなければならないと思うのであります。

第三の政策目標がサービスの供給と費用の支出の両面から制度の効率を高め、費用の増加を抑制し、制度の長期的安定を図るということであります。社会保障費の際限のない増加は、結局租税と社会保険料の増加というかたちで国民の過重な負担にはねかえり、社会保障制度そのものの存続を危うくする恐れがあるからであります。

いま国民の租税と社会保険料をあわせた国民負担率が国民所得比でどの位かといいますと、租税が国税、地方税あわせて二八、社会保険料が一一、あわせて三九％ぐらいであります。昭和五十年代はまだ租税が二四～二五、社会保険料が一〇、あわせて三四～三五でありました。これはイギリスの五〇、西ドイツの五〇、フランスの六〇、スウェーデンの七〇に比べまして、まだまだ低いのですが、わが国でもこれから人口の老齢化がすすみ、社会保障費が増加するにつれて、社会保険料率が上がり、特にいまの社会保険料負担率一〇～一一％のうち五～六％、半分以上を占める年金負担が倍以上になり、老人医療費などの増加による医療負担の増加をあわせますと、将来社会保険料負担だけで二〇を超すことが予想されるのであります。

一方租税負担率も、新たな財政需要の増加によって現状程度にとどめることは至難であり、ある程度の上昇は避けられないと思うのであります。しかも日本の税制は、特別の増税をしない限り、経済が伸び、法人所得や賃金が上がれば、租税負担率が自然に上がるという仕組みになっています。現に増税なき財政再建とか、消費税を導入した分だけ所得税、法人税を減税するといいながら、ここ数年の好景気によって、租税負担率は三〇近くまで上がりつつあります。租税負担率が現状のままでも、社会保険料負担率の増加によって国民負担率は四五を超えることになりますし、租税負担率が若干でも上昇しますと、五〇を超える恐れすらでてまいります。

国民負担率は、国によってかなりの違いがあり、国民負担率はどの程度が適正であるか、どの程度まで許容されるかは一概にはいえませんが、国民負担率が高すぎると国民に働く意欲を失わせ、社会の活力を弱め、経済の停滞をまねく恐れがあります。しかし国民が国民負担率が高くなっても社会保障をはじめとするさまざまな公共サービスをもっと望んでいるとすれば、結局は国民の選択の問題であります。

中曽根内閣のときの行政改革の推進役となった土光臨調は、国民負担率のわが国の将来の目標として四〇台の前半にとどめたいといっておりましたが、土光臨調を引き継いだいまの行革審はそれは無理ではないかという判断から、五〇を超えないようにするということを新たな目標として掲げております。

ヨーロッパの先進国は大体どこでも五〇を超えており、わが国も五〇を超えてもよいではないかという意見があります。私も社会保障はできるだけ充実させていきたいと思いますが、あまり社会保障に金をかけすぎるのも国全体のあり方としてどうかなと思うのでありまして、国民負担率を五〇以下にとどめるというのは、いま時点では妥当な目標ではないかと思うのであります。そうしますと、これから日米の構造協議で一〇年間に四八〇兆円もの公共投資もしなければいけませんし、今回の湾岸戦争を契機にこれからＯＤＡなど国際協力や国際的貢献などの費用を増やさなければならないとすれば、租税負担率が三〇％を超えることは避けられません。だとすれば社会保障負担率は二〇を下回る一七～一八程度にとどめざるを得ない、ということになるわけであります。

4　医療

次にこのような新しい政策理念、政策目標をもって具体的な医療、年金、福祉のそれぞれの分野でこれまでどのようなことをしてきたか、またこれからしようとしているか申し上げてみたいと思います。

まず医療でありますが、さきほどわが国の医療はいまのところ全体として非常にうまくいっていると申し上げましたが、実はいろいろな問題があります。その一つはわが国の場合医者も患者も大病院志向が強く、また入院期間が長いということであります。ちょっとしたかぜにもすぐ病院にかかり、医者も病院の勤務医を希望する人が多いため、開業医の数が減少し、老齢化しています。また患者は一旦入院するとなかなか退院せず、アメリカでは一週間、ヨーロッパでは一〇日間から二週間ぐらいの平均入院期間がわが国の場合は三〇日から四〇日であります。それも本当に入院が必要ならやむを得ませんが、必ずしも入院の必要はないけれども、家に帰ってもお世話をする人がいないという理由で入院している人が少なくないのであります。患者のクオリティオブライフの観点からは入院より住みなれた自宅で療養が続けられれば、その方がはるかによいはずでありまして、簡単な病気の場合には近くのかかりつけの開業医に診てもらい、入院した場合にもできるだけ早く退院できるような在宅医療をもっと推進していかなければなりません。

それからわが国の医療は病気の治療そのものの水準は大変高いのですが、病気にならないための予防や治療のあとのリハビリテーションと介護の体制が不十分であります。疾病構造が急性の感染症が中心の時代であればそれでもよいのですが、がんとか心臓病とか脳卒中といった生活習慣病中心のいまは、何よりも予防が大事であり、また一旦病気にかかりますと完全に治しきるということは難しく、最小限の日常生活が自分でできるようになるためのリハビリテーションや、体が不自由な人のためのケア、介護がきわめて大切であります。キュアからケアといわれますようにいまの医療ではプライマリケアと介護が占めるウエイトが非常に高いのであります。

第三は医療費の問題であります。わが国の国民医療費はいま全体で約二〇兆円、国民所得の六％を超える大きな額になっており、しかもこれが毎年一兆円ずつぐらい増えていっております。このなかで老人保健法の対象となっている七十歳以上のお年寄りの老人医療費が約六兆円であります。七十歳以上の老人はいま約九四〇万人ですから、人口比で七％の人の医療費が全体の二七～二八％を占めていることになります。そして平均して老人一人あたり一年に六〇万円、若い人の四～五倍ぐらいの医療費がかかっているのであります。しかもこれから若い人はあまり増えないのに老人の数は年三％から四％も増えていきますから、いずれ老人医療費が全体の医療費の三〇％を超え、四〇％近くに達するようになります。

これらの医療費の大部分を医療保険がもっているわけでありますが、医療保険は大企業の健康保険組合、中小企業の従業員を対象とした政府の健康保険、自営業者などを対象に市町村がやっている国民健康保険とでは、給付の面でも保険料の面でもかなり違いがあります。特に老人や低所得者の加入者が多い国民健康保険は財政基盤が弱く、多額の国庫負担をしても、なおかつ被用者を対象とした健康保険に比べて給付も悪く、保険料負担も重いうえに、老人医療費の無料化がさらに国保の財政にとって重圧となっています。

医療費についても地域差が大きいということも問題の一つであります。さきほど老人一人あたりの医療費は平均六〇万円といいましたが、北海道は平均九〇万円もかかっており、長野県は四〇万円にすぎません。市町村別にはもっと大きな差があります。なぜそんなに差があるのか、北海道のお年寄りが病気になりやすく、長野のお年寄りが病気になりにくいとかいうとそんなこともありませんし、平均寿命にもそんなに違いがありません。はっきり違いがあるのは医師数や医療機関の数、ベッド数でありまして、札幌に行きますとたくさんの新しい病院が目につきますが、北海道は病院が非常に多いのであります。これが北海道の医療費が高い原因のすべてとは申せませんが、非常に高い相関があることは確かであります。

こういった医療に関するさまざまな問題を解決するために、医療保険制度のうえでまず昭和五十八年（一九八三年）に老人保健法を制定して老人医療費の無料化をやめ、僅かではありますが再び一部負担をいれ、また老人医療費を医療保険の各制度が公平に負担しあう仕組みをつくり、翌年健康保険についても本人を一割負担にしたほか、退職者医療制度の創設、国民健康保険に都道府県も財政援助する途を開くなどの措置をとったのでありまず。引き続き昭和六十一年（一九八六年）に老人保健法を改正し、病院と家庭との中間施設として老人保健施設という新しいカテゴリーの施設を創設し、さらに老人の介護体制を整備強化するため法律改正をいま国会に提出しているのであります。

医療供給体制の面についても昭和六十年（一九八五年）に都道府県に地域医療計画の策定を義務づけ、適正な医療機関の整備を図ることにし、また、病院を大学病院などの高度の先端的医療を行う病院と、普通の病院、長期療養と介護中心の病院の三つのタイプに分け、それぞれの病院が十分連携を保ちつつ、患者の症状にもっとも適した医療が効率的に行われるような医療体制をつくるための医療法の改正をいまの国会に提出しております。

医療については実はほかにもいろいろ問題がありまず。昭和四十年代ぐらいまでは医師不足ということがいわれておりましたが、これからはだんだん医師過剰時代に入ろうとしております。また医療の専門分化がすすみ、自分の専門のことしかわからない、体全体をみない、患者の心がわからない医者が増えてきているともいわれております。

それから医学の進歩がどこまで進むのか、医学の進歩によって昔は治らなかった病気まで治るようになったのは結構なことでありますが、一方人間の意思や感情をこえ、人間の生命の尊厳、生命倫理という観点から、そこまでやっていいのかというところまで医学が進みつつあるということもあります。そういった問題の一つとしていま大きな議論になっているのが臓器移植の問題であります。わが国では人間の死は、死の三徴候といいまして、心臓がとまり、呼吸がとまり、瞳孔が開いた状態になってはじめて死というのでありますが、多くの国では心臓や呼吸がとまる前の脳の機能の重要な部分が完全にダメになり、回復の見込みがない時点で死と認めて、その人の心臓や肝臓を取り出し、他の人に移植する臓器移植が治療法の一つとして認められ、広く行われています。日本ではまだこういった脳死が死と認められておりませんので、臓器移植も認められておりません。そこで日本でも脳死を死と認めて臓器移植が行えるようにすることの是非について総理の諮問機関である脳死臨調でいろいろ議論されております。私は日本でもいずれ臓器移植が行えるようになるだろうと思いますが、脳が死んでもまだ心臓が動いている段階で死と認めるかどうかは、人間の生と死に深くかかわることだけに、反対意見も少なくないのであります。

それだけではありません。いま遺伝子の研究が非常に進んでおり、人間の病気はその人のもっている遺伝子と非常に深い関係があり、遺伝子を組み替えることによって病気にならない、あるいは病気を治すことができる可能性がでてまいりました。日本ではまだですが、アメリカではすでにそのような遺伝子の組替治療が行われはじめています。これらはほんの一例でありますが、このように一歩誤ると人間が人間を自由につくりかえることができるところまで医学が進んできているのであります。

5　年金

少し医療についての話が長くなりすぎましたが、次に年金について申し上げますと、わが国の年金制度は制度によって年金額の計算の仕方や支給開始年齢が違うなど給付の面での違いだけでなく、沿革や成熟度の違いなどから保険料率や掛金率など負担の面でもかなり違いがあります。特に民間の被用者を対象とした厚生年金と、公務員などを対象とした共済制度を比べますと、共済制度のほうが給付水準も高く、支給開始年齢も五歳早いなど厚生年金よりはるかに有利でありました。一方、例えばわが国で最も古い共済組合である国鉄共済組合は、昭和四十年代から鉄道事業の斜陽化と経営の合理化により、職員数は減少の一途を辿り、組合員数より年金受給者のほうが多くなってしまい、遂に少々掛金を引き上げ、積立金を取り崩してもなおかつ年金の支払いが困難になり、国家公務員などの共済制度から財政援助を受けざるを得ない状況になったのであります。こういったことから年金制度についても制度の一元化、財政の調整、制度間の給付と負担のアンバランス、不公平の是正と官民格差の解消などが大きな課題になったのであります。

わが国の年金制度のもう一つの問題は、制度の仕組みをそのままにしておきますと、将来加入年数が長くなるにつれて、現役世代の賃金水準に比べて年金の給付水準が高くなりすぎますし、現役世代が支払う保険料の水準も負担の限度を超えてしまうということであります。厚生年金でいいますと、年金の給付水準はいまは勤労者の平均賃金の六九％、七〇％弱ですが、制度をこのままにしておきますと、八三％を超え、妻が国民年金に入っていますと、一〇〇％以上にもなります。一方保険料は将来ピーク時に現在の三倍以上、三八・三％にもなるのであります。

年金制度というのは世代間の合意に基づき、現役世代が老齢世代を社会的に扶養する仕組みでありまして、この仕組みを順次後世代に確実に引き継いでいくためには、年金の給付水準は現役世代の賃金とバランスのとれたものでなければなりませんし、保険料率も現役世代が負担できる範囲内のものでなければなりません。そうでないと両世代の合意が成り立たなくなり、収支の均衡、制度の安定が図られなくなるのであります。

そこでまず昭和七十年（平成七年（一九九五年））までに年金制度の一元化を完了させることを目途に、昭和六十年（一九八五年）に第一段階の制度改革を行い、昭和六十一年（一九八六年）から実施したのであります。その内容の第一は、国民年金の適用を全国民に拡大し、国民年金を各制度の加入者に共通の基礎年金を支給する制度にあらため、厚生年金及び各共済組合は、基礎年金の上乗せとして、報酬比例年金を支給する制度にあらためることにより、わが国の年金制度をすべて基礎年金と報酬比例年金という二階建年金の仕組みに再編したということであります。そして基礎年金の財源は三分の一は国がもち、三分の二は各制度が加入者の数に応じて公平に負担しあう仕組みにしたのであります。

第二は、厚生年金の定額部分の単価をいまの二〇〇〇円から二〇年かけて一二〇〇円に減らし、報酬比例部分の乗率をいまの一〇〇〇分の一〇から二〇年かけて一〇〇〇分の七・五に減らして、年金の給付水準を将来とも現在と同じ標準報酬の六九％程度にとどめ、保険料率もピークでは二八・九％にとどめることにしました。そして共済年金の内容や水準も厚生年金にあわせることにしました。これらの改革はわが国の年金制度はじまって以来の大手術であり、これによってわが国の年金制度は極めて公平ですっきりしたものになったといえるのであります。

次いで平成元年（一九八九年）に第二段階の制度改革として、平成二年（一九九〇年）から平成四年（一九九二年）までの間、報酬比例年金のうち厚生年金給付相当分の費用について各制度がその成熟度に応じて負担しあうことにし、制度一元化までの負担の地ならしを行ったのであります。この結果、破産状態にあった国鉄民営化後の鉄道共済は、厚生年金などから一五〇〇億近い財政援助が受けられることになったのであります。

この第二段階の改革で厚生年金について保険料率を引き上げたほか、支給開始年齢についていまの六十歳をこれから二〇年かけて一歳ずつ引き上げ、平成二十二年（二〇一〇年）から六十五歳にすることにしておりましたが、残念ながら国会を通らず、次回の改正まで先送りになりました。支給開始年齢の引上げは、約一〇年前の昭和五十五年（一九八〇年）にもやろうとしたのですが、このときは法案の国会提出まで至りませんでした。今回何とか自民党はクリアして国会に提出できたのでありますが、社会党はじめ野党がこれに強く反対し、結局次回までの検討条項を入れただけでその部分は削除されたのであります。六十五歳までの雇用の保障がないというのがその理由であります。

雇用の問題もわからないわけではありませんが、平均寿命が八十歳になったにもかかわらず六十歳代のときの支給開始年齢がそのままというのはおかしな話ですし、しかもそれをいますぐ六十五歳にしようというのでなく、二〇年という長い期間をかけて段階的に引き上げよう、その間に雇用についても努力しましょう、今後生産年齢人口の絶対数がだんだん減っていくわけですから、定年制を六十五歳にすることは無理にしても、延長雇用等などのかたちで六十五歳まで必ず働ける社会になるだろう、せめて引上げの方針とスケジュールだけはいま明確にしておくことが親切ではないかというのが私どもの考えでありましたが、いれられなかったのであります。

アメリカ、ヨーロッパの各国の年金の支給開始年齢は、ほとんどすべての国で六十五歳であり、アメリカは二〇二一年までに六十七歳に引き上げることにしておりますし、西ドイツも一九八九年に長期加入者についての六十三歳という早期支給制度を廃止し、二〇〇六年までに六十五歳に引き上げる改正を与野党一致で決めているのであります。年金の支給開始年齢の引上げは、年金財政の長期的安定のみならず、国民負担率の五〇％以下への抑制のためにもどうしても必要であります。平成六年（一九九四年）に予定されている次の改正の際には是非とも実現しなければならないと思うのであります。

6　福祉

次に福祉についてでありますが、率直にいいまして老人に対する福祉サービスなかんずく在宅サービスは、ヨーロッパの国々に比べて日本は量的にも質的にも一番遅れている分野であります。わが国は人口の老齢化率がまだ低いですから当然といえば当然ですが、スウェーデンやデンマークなどの北欧の国々には寝たきり老人はいないといわれております。いないことはないと思いますが、少しぐらい体が不自由であったり、痴呆でも自分の家で独りかあるいは小規模のケアハウスで、地域からさまざまなサービスを受けながら通常の生活に近い生活を送っていることはたしかであります。わが国でもこれから急速に人口の老齢化がすすみますので、二一世紀までの一〇年間にヨーロッパなみの福祉サービスができるようにしようということで、昨年高齢者保健福祉推進十か年戦略、通称ゴールドプランをつくり、それに基づいて一生懸命すすめているところであります。

このゴールドプランは、消費税導入の際その使途は何か、何のための消費税導入かということが大変議論になり、消費税をできるだけ高齢者などの福祉にあてようということでできたのであります。その内容は、寝たきり老人ゼロ作戦の展開、老人ホームや老人保健施設などの施設の整備、ホームヘルパーの増員、デイケア、ショートステイ、在宅介護支援センター等の在宅対策の推進のほか、高齢者が健康で生きがいをもって暮らせるためのまちづくり、長寿福祉基金の設置、長寿科学の研究の推進など極めて広範多岐にわたっており、いわば高齢者が健康で生きがいをもち、また安心して暮らせる長寿社会をつくることを目的にした総合戦略であります。具体的には一〇年間におおむね六兆円の総事業費をかけて、寝たきりや痴呆の発生をできるだけ予防し、そうなった場合にも、できるだけ住みなれた自分の家や地域で介護が受けられる社会をつくることを最大の眼目にしており、そのためにホームヘルパーを一〇年間に約三万人から一〇万人に増員し、デイケアや在宅介護支援センターを全国に一万か所つくることにしています。また特別養護老人ホームや老人保健施設も一〇年後にはあわせて五〇万床以上整備しようというものであります。そして市町村が計画をつくり、いろいろな事業を一元的にすすめていけるよう老人福祉法なども改正し、法制上の整備もしたのであります。

このゴールドプランの達成は、市町村など公だけがどんなに一生懸命やっても、地域の住民や民間団体の方々の協力がなければ達成できるものではありませんし、このプランを達成するうえでの一番の問題は、これから人手不足が深刻化するなかでどれだけホームヘルパーや施設に働く職員の確保ができるかどうかということであります。

7 自助努力と民間活力

さて次に、私どもが一体どのような方法でこれからわが国の社会保障制度の質の向上と公平、効率、安定を図ろうとしているかといいますと、これまで申し上げましたことからおわかりいただけるかと思いますが、一つは社会保障でカバーすべき範囲、守備範囲を見直し、次第に失われてきた国民の制度に対する自助努力、自己責任の考え方をできるだけ取り戻すということであります。老人医療や健康保険における一部負担の復活や引上げ、年金の支給開始年齢の引上げはこのような考え方に基づくものであります。

第二は、社会保障の給付を基礎的で普遍的な部分と、そうでない部分に分けて考え、基礎的、普遍的部分は国民全部に共通で一律なものにしますが、そうでない部分は多様性と選択性の強いものにするということでありま す。昭和六十年(一九八五年)の年金制度における基礎年金の導入はまさしくこのような考え方によるものでありますし、今度新しく国民年金の二階部分としてできる国民年金基金という制度も同じ考え方に基づくものであります。国民年金基金は一旦加入すれば脱退ができませんが、加入するかどうかは任意ですし、給付にもいろいろなタイプがあり、それに口数制をとって何口入るかは加入者が自由に選択できます。国がやる制度としてはこれまでにないユニークな性格のものといってよいでしょう。

第三は、いままでは社会保障とか社会福祉の仕事は、すべて国や公のやることと考えられてきましたが、これからは民間でやっていただけるものはやっていただくということであります。何を国がやり、何を民間にやっていただくかはよく考えねばなりませんが、いま申し上げたこととの関連でいえば、社会保障の基礎的部分はこれからも国がやり、選択的部分のなかに民間にやっていただけるものが多いのではないかと思うのであります。

このような考え方に対し、国会などで野党からすぐでてくるのが、それは国の責任の回避であり、社会保障の後退ではないのかということでありますが、私どもはそうは思わないのであります。なぜなら国民が一様に貧しかった時代の社会保障と国民が豊かになった時代の社会保障は当然違ってよいと思うからであります。また人の平均寿命が五十～六十歳であった時代の社会保障と、八十歳の時代の社会保障は当然違ってよいと思うからであります。それに国民のニーズや価値観が高度化や多様化してきますと、社会保障や福祉のサービスも必要最低限の画一的なものでは、とても高度化し、多様化した国民ニーズにこたえられないからであります。

老人ホームも昔は養老院などといわれ、自分の親を入れるのは恥ずかしいことでありましたが、いまはそんなことはありません。私たちもいろんな方からよい老人ホームを紹介してほしいというご依頼を受けることも少なくありません。このように福祉がかつてのように貧しい人だけの特別な問題でなく、国民の誰もが多かれ少なかれ抱える一般的な問題になってきますと、国や公の手だけでは対応しきれませんし、創意工夫をこらしながらできるものは民間にやっていただくほうが、法律や予算にしばられることもなく、国民が望むさまざまなよいサービスが自由に効率的に提供できると思うのであります。

8 サッチャーの政策

社会保障のなかに自助努力の考え方と民間活力を導入して、制度の効率性を高め、費用の増加の抑制を図るという考え方は、実は日本だけではありません。イギリスにしても、西ドイツにしても、ヨーロッパの先進国といわれている国は、いまいずれも多かれ少なかれ同じような考え方で社会保障の改革をすすめようとしています。昭和六十三年(一九八八年)七月パリでOECDではじめて社会保障に関する厚生大臣会議が開かれまして、加盟各国の将来の社会保障のあり方について活発な議論が行われました。経済の成長率の低下や高い失業率のなかで、人口の高齢化はすすみ、社会保障費が増えていくことは、いま先進国共通の悩みであり、できるだけ制度の効率化と、クオリティオブライフを高めつつ、アクティブソサエティを実現することが各国の共通の課題になっているのであります。そしてその会議でわが国は昭和五十年代から六十年代にかけての医療保険や年金制度の改革について報告をし、よく日本はそこまでの改革ができたという高い評価を受けたのであります。

ヨーロッパの国々のなかではいまとりわけイギリスと西ドイツが社会保障について思い切った改革をすすめています。イギリスはゆりかごから墓場までの社会保障としてわが国が戦後の社会保障のモデル、お手本にした国でありますが、一九七九年から昨年十一月まで一一年間続いたサッチャー政権のときに、イギリス経済の活性化を図るために、石油とか、電力とか、通信など戦後労働党政府が国有化したほとんどの主要産業の民営化をすすめる一方、社会保障についても個人の責任を強調し、国家の役割を減少し、平等主義、普通主義から選択主義に改め、市場原理、競争原理を導入し、サービスの効率化を図るという考え方にたち、社会保障について極めてドラスティックな改革を行ったのであります。

NHSナショナルヘルスサービスといわれるイギリスの保健医療制度は、大部分を税金を財源に、国営の公共サービス方式によって、国民に予防からリハビリテーションに至る包括的保健医療サービスを提供しております。病院も大部分は国営であり、住民はすべて自分が予め選んで登録した地区の家庭医をもち、家庭医の紹介によって病院サービスを受けるという仕組みをとっておりますが、病院や家庭医は予め割り当てられた予算の範囲内でしか患者をみません。そして政府が予算の伸びを抑えているため、いま六〇、七〇万人にものぼる待機患者がいるといわれており、給与が低いために看護婦も不足し、それも大きな社会問題になっております。

そこでサッチャーは、このような非能率なNHS制度を改めるためには、市場原理、競争原理を導入する以外にはないと考え、一九八九年から病院や家庭医に対する予算配分方式を事前の割当制から、実際に患者を治療した費用に応じて支払ういわば出来高払制に改め、また病院トラストをつくって病院に独立採算制をとらせ、運営も自由化し、民間資金の借入などもできるようにしたのであります。

イギリスは年金についても一九八八年に思い切った改革をしております。イギリスの年金制度がどうなっているかといいますと、被用者、自営業者共通の基礎年金のうえに、被用者については政府管掌の国家所得比例年金があり、政府管掌比例年金以上の給付を行うという条件で政府の認可を受けた職域年金があれば、政府の所得比例年金は適用を除外されるという、わが国と非常に似かよった、というより全く同じといってよいような仕組みになっているのであります。最初の出発はむしろ全く反対でして、日本は被用者に対する報酬比例年金から出発し、それが定額部分と報酬比例部分に分かれ、定額部分が基礎年金になっていったのでありますが、イギリスは定額拠出、定額給付の制度から出発し、あとからそのうえに所得比例年金ができたのであります。

一九八八年から実施された年金改革というのは、第一に年金給付の増大に対応するために政府管掌の国家所得比例年金についてまず給付水準を従前所得の二五%から二〇%に引き下げることにし、二〇〇〇年から毎年〇・五%ずつ一〇年間にわたって実施する、また従前所得も従来最善の二〇年の平均をとっていたものを、全期間の平均に改めるというものであります。第二が企業年金及び個人年金の普及のために、給付建ての企業年金のみならず、拠出建ての企業年金（保険料を先に決め、給付を結果として定める方式）も適用除外制度として新たに認める。第三に企業年金のほかに支給開始後最低三%の物価スライドが保障された拠出建ての個人年金についても個人が自由に選択できるようにし、企業年金と同率（五・五％）の保険料免除を認めるというものであります。

社会保障だけでなく、政府の介入を極力排し、民間経済の活性化を図るために、いろいろな分野でサッチャーがとった民営化路線や歳出抑制策は決してすんなり国民に受けいれられたわけではありません。サッチャー自身はNHSについてもっと徹底した廃止に近い民営化を考えていたようでありますが、国民の反対により税方式による現行のNHSの骨格を維持せざるを得なかったのであります。またサッチャーが税制改革の一つとして導入した人頭税、ポールタックスは、国民の強い反対を受け、サッチャー退陣の一つのきっかけにもなり、サッチャーのあとを継いだメジャー首相によって廃止されるのではないかともいわれております。したがってサッチャーのとった政策が必ずしも全部が全部よいとはいえませんが、どこの国においても社会保障の費用の増加の抑制と民営化が一つの大きな流れになっていることは間違いないのであります。

9 健康、シルバー関連ビジネス

大分時間が経過しましたが、これから今日はもう一つ高齢化社会における企業の役割ということについて申し上げてみたいと思います。最初に私が申し上げたいのは、これからの社会における企業の役割を考える場合に、高齢化だけを念頭におくのではなく、いまやわが国が世界一の経済大国であること、それから高齢化と同時に子どもの出生率が著しく低下しつつある社会であることも念頭におかなければならないということであります。そう考えますと、これからのわが国の企業の役割は大変大きいし、また大きく変わっていかなければならないと思うのであります。

まず人口の高齢化とともに、国民の健康や医療に対する関心が高まり、これに関連するビジネスはこれからの成長分野だろうと思います。高齢者を対象とした各種の施設の整備や在宅福祉サービス、介護などもこれからますます需要が増え、ビジネスチャンスも多くなると思います。現に医薬品の分野に最近いろいろな業界からの新

⑴ 昭和の時代の厚生行政とこれからの企業の役割

規参入が盛んですし、介護付きの有料老人ホームなどに大手の鉄鋼会社や商社など、あまりこれまでにこういった分野にご縁のなかった業界も進出もされようとしております。生命保険会社や損害保険会社がはじめられた介護保険も売れ行きがよいようであります。

厚生省としても健康や医療に関連したビジネスやシルバーサービスに民間のいろいろな企業や会社が進出してこられるのは歓迎であります。しかしこういったビジネスは高齢や障害をもったお年寄りなどを対象にした公益性、公共性の強い仕事だけに、あまり儲け本位でやられても困りますし、普通のビジネスとは違った細かい心づかいや節度が必要であります。介護保険なども大変結構だと思いますが、介護保険に入れば介護はまったく心配ないというPRの仕方はどうかなと思うのでありまして、いま介護の問題はお金の問題より、介護が必要になったときに実際の介護サービスが受けられるかどうかが問題であります。したがって介護保険のなかではお金のことだけでなく、実際に介護サービスが受けられるようなこともあわせて考えていただきたいと思うのであります。

すでに関係の業界や企業団体のご協力により財団法人で医療関連サービス振興会やシルバーサービス振興会ができておりますが、厚生省としてもこれらの財団法人とも連携をとりながら、民間の医療関連ビジネスやシルバービジネスの健全な育成、振興を図っていきたいと思っております。

10　厚生年金基金と年金市場

厚生年金基金などの企業年金もこれからの大きな成長分野であります。厚生年金基金は昭和四十一年（一九六六年）の厚生年金保険法改正の際にできた制度でありますが、そのとき基金制度をつくることについてはいろいろな議論がありました。健康保険には健康保険組合といった企業単位のものがすでにありますが、健康保険といった短期保険ではともかく、年金のように一旦つくったらやめられないものを企業単位につくっていいのかという疑問がありました。私もそういう疑問をもっていた一人であります。しかしそのときの厚生年金保険法の改正は、それまでは月額三五〇〇円程度であった年金給付水準を一挙に一万円ぐらいに上げようというもので、当然これに伴って保険料率もかなり上げなければなりません。しかし保険料の引上げは労働者側はもちろん、退職金の負担が重い使用者側も困るといって難色を示しました。その結果、基金をつくって厚生年金の報酬比例部分を代行してもらうかわりに一定の保険料率を免除し、さらに企業に退職金の原資を財源にプラスアルファの年金を上乗せしてもらうといういわば妥協の産物として厚生年金基金ができたのであります。

しかしその基金もいまではその数は一五〇〇にもなり、加入者も一〇〇〇万人を突破して、厚生年金適用者の三分の一にも達しようとしています。これからもますます増えるだろうと思います。なぜ基金の数がこんなに増えてきたかといいますと、この制度がその後の国の経済、社会の変化、時代の要請にマッチし、企業の発展にもプラスであったからだと思うのであります。それにさきほど申しました社会保障の基礎的部分は国がやるけれども、その上の部分はできれば民間にやってもらうという、いまの行政改革、社会保障改革の趣旨にも合致しているからだと思います。最近では基金があるかどうかが学生が就職先を選ぶうえの一つの条件にもなっており、優秀な人材を確保するためには会社も基金ぐらいはもっていなくてはならないようになってきています。企業年金には厚生年金基金より先にできた税制適格年金がありますが、これには年金制度としては曖昧なところがあり、厚生年金基金を企業年金の中核としてこれからも伸ばしていかなくてはならないと思っています。

そういったことで厚生省は、二、三年前に基金の設立条件を緩和し、小規模の基金もつくれるようにしましたが、あまり小さな基金をたくさんつくるのも問題があります。したがってこれからさらに基金を普及していくためには、いま一本の免除率が基金をつくりにくくしている面があるとすればそのあたりを考えなおしてもいいのではないかと思いますし、拠出建ての年金は、掛金だけが決まっていて将来いくら年金がもらえるかわからないということで日本では認められておりませんが、イギリスでは中小企業が導入しやすいようにそれも政府の年金の適用除外に認めることにしております。日本でもこれから検討に値するのではないかと思っています。

基金の数が増えるにしたがって基金の資産も総額ですでに二五兆円に達しており、税制適格年金の資産をあわせますと、三八兆円を超える金額になっております。しかも毎年一五～一六％の伸びで増えており、一〇年後には一〇〇兆円を超えるだろうと見込まれるのであります。アメリカの年金資産は、公的年金もあわせて二兆ドルから二兆五〇〇〇億ドル、日本円にして二〇〇兆円とか三〇〇兆円とかいわれております。いまはまだアメリカほどではありませんが、いずれ日本の年金資産も日本の経済や金融のなかで大変なウエイトを占めるようになることは確実であり、その運用が日本の経済や金融に与える影響も大変大きくなってくると思うのであります。

年金資産の運用についてはこれまでの信託、生保に限られていたものが、平成二年（一九九〇年）から投資顧問等にもひろげられ、また基金のインハウス運用もできるようになりました。内外の金融機関やいろいろな業界から年金資産の運用、年金市場への参入希望が多くなる一方であります。ただ年金資産の運用環境はいま非常に難しい時期にあり、長期的に効率的で安全な年金資産にふさわしい運用が強く求められているのであります。

11　企業の家庭と地域の福祉への貢献

いま企業が一生懸命取り組んでおられることに定年延長や労働時間の短縮などの問題がありますが、私が今日これからの企業のあり方として特にお願いしたいのは、これまで企業と福祉といいますと、別に財団や事業団をつくって幅広く福祉事業や文化事業をやっておられる会社もあるにはありますが、大部分は社員の福利厚生のために健康診断をしたり、保養所をつくったりする程度のことであったかと思います。それも労務管理の一環としておやりになっていたにすぎません。これからはそれではいけないと思うのであります。

いまの国会に育児休業法という法律が提出され、議論されています。これは働く女性の仕事と育児が両立できるように、男女を問わずに一年間の育児休業を認めようというものでありますが、このような制度はスウェーデンをはじめヨーロッパの国々ではとっくの昔から認められておりまして、スウェーデンでは休業中も最高一年間、九割の賃金も保障されており、ドイツでは休業中に賃金がでるだけでなく、その期間が年金の加入期間に算入されています。日本はやっといまごろ権利だけは認めようというわけでありますが、それもノーワーク、ノーペイなどといって賃金の保障はありません。育児休業の権利だけを認めるのが精一杯のようであります。そのうえ外国では育児休業だけでなく、老人の介護休暇とか、社員が地域の福祉活動にボランティアとして参加するためのボランティア休暇なども認めているところが少なくありません。日本でもＩＢＭとか富士ゼロックスとか一部の外資系の企業ではじめたという記事が最近新聞にでておりましたが、日本ではそういうことが一般的になるのはいつのことかと思うのであります。

アメリカは社会保障ではあまりすすんだ国ではありませんが、民間企業や個人のボランティア活動は大変盛んで、アメリカの地域福祉は、それによって支えられているといってもいいぐらいであります。地域の企業は地域の福祉のために寄附もし、活動するのが常識になっています。日本の企業は、日本ではそんなことはしませんが、アメリカではそうしないと、進出もできなければ活動もできないのであります。

こういったことから私が申し上げたいのは、いまや企業や会社は、社業の利益や発展だけを考える時代ではなくなった、従業員、社員本人は無論のこと、ＯＢやその家族のこと、地域のこと、さらには国全体の福祉のことも考え、そのためにお金もだし、人もだして貢献するという時代になったのではないかということであります。今流の言葉でいいますと、人や家庭にやさしい企業、地域の福祉に貢献する企業になっていただきたいということであります。

私は日本の経済がここまで発展してきたなかで圧倒的に強くなったのは企業と女性であり、弱くなったのは家庭と男性ではないかと思うのであります。国は経済力はともかく、国家としての国際的な地位や力は強くなったとは思えません。一人ひとりの個人は強くなった面と弱くなった面があるでしょう。

何といっても弱くなったのは家庭の力ではないでしょうか。子どもの数が減って少人数になり、老人の単身世帯が増え、父親は毎日夜遅くまで働かせられ、会社の命令一本で何年も単身赴任や海外赴任をさせられ、どの家庭も母子家庭のようになり、そのうえ最近では母親までが働きにでる家庭が多くなりました。こうして家族はばらばらになり、家庭の育児の機能も老人介護の機能もすっかり弱くなってしまいました。企業の力が強くなった裏側にこういった家庭の犠牲があり、企業や会社としても無視できないような状態になりつつあると思うのであります。家庭は何といっても生活の基盤であり、従業員や社員の活力の源泉、リフレッシュの場でもあります。大家族がいいというわけではありませんし、女性の社会進出をうんぬんするつもりもありませんが、もう少し家庭の力をもとへ戻さないと、家庭がなくなってしまったら私はこれからの企業や会社の発展はないと思うのであります。

いま子どもの出生率が平成元年度（一九八九年度）に過去最低の一・五七にまで下がったことが大変問題になっています。平成二年（一九九〇年）がどうなるかまだわかりませんが、さらに下がるだろうといわれておりますし、将来は一・四とか一・三台にまでなるという見方もあります。こういう状態が長く続きますと将来の日本の人口は六〇〇〇万人から八〇〇〇万人ぐらいに減ってしまいますし、老齢化のピークも、いまは平成三十二年（二〇二〇年）頃の二三・六%と推計されていますが、これが二五%を超えることは確実であり、二七〜二八%になる可能性もあります。これは医療とか年金などの社会保障負担のうえで大変なことであるばかりでなく、企業の発展の基盤である必要な労働力を将来確保するうえでも大変なことであります。地球全体ではいま開発途上国を中心に人口の急増が問題になっていますし、日本の労働力の不足は外国人労働者で補えばよいという人もおり、日本の人口を増やすことがいいかどうかは議論の分かれるところですが、将来人口が減っていくと経済も企業も衰退することは間違いありませんし、社会保障も容易ならぬことになるわけであります。

12　おわりに

湾岸戦争は最近いろいろな意味でいろいろなことを考えさせられた最大の事件でありました。これほど日本のあり方について国民一人ひとりが考えさせられたことはなかったと思います。そのなかで誰もが共通して思ったことは、世界が大きく変わりつつあるなかで、日本は一体このままでよいのか、一国平和主義、一国繁栄主義はもう通用しない、日本が世界のために何ができるか、何をすべきかを考えなければならないということだと思います。

これは企業や個人についても同じことで、企業や会社も自分の本来の社業の発展のことだけを考え、社会保障や社会福祉は国の仕事、家庭は個人のことと考えていればよい時代は過ぎ、家庭や地域の福祉のことも考え、文化や環境の問題にも目を向け、できるだけの貢献をしていく、そういう時代になってきたのではないかと思います。個人も同じであります。もともと日本人は自分のことや自分にごく親しい身近な人のことは心配もし、一生懸命やりますが、公のことや他の国のこと、将来のことを考える視点が少ないと思います。しかしこれからはそれではいけないと思うのであります。

日本の経済や社会保障がここまで大きくなったのは、一つは平和憲法のもとで国の防衛や軍事にあまりお金をかけないですみ、経済活動に専念できたからであります。防衛費が国民所得の一％なんていう国はどこにもありません。だからこそ社会保障に国民所得の一四％、国の予算でも一二兆円ものお金をかけることができたのでありります。これからはそうはいかないでしょう。防衛費や軍事費のお金を増やすということはないでしょうが、いろいろな形で国際的な支援や貢献をするために日本が出さなくてはならないお金はものすごく増えるだろうと思います。

日本の経済や社会保障をここまで大きくすることができたもう一つの原因は、日本の人口の老齢化が低く、若い勤勉で優れた労働力をふんだんに確保できたからであります。しかしもう五〜六年先から生産年齢人口は減りはじめ、本格的な人手不足の時代に入りますし、人口の老齢化も急ピッチで進みます。このようにこれまでわが国の経済や社会保障を大きく発展させてきた条件や背景もまた大きく変わります。国も企業も個人もこれからの進路やあり方を考え、これまでの考え方や意識を変えるべきいまが一番大事なときではないかということを申し上げまして、私のお話を終わります。

（三井生命創立六五周年記念講演）

第１図　わが国の将来推計人口の推移

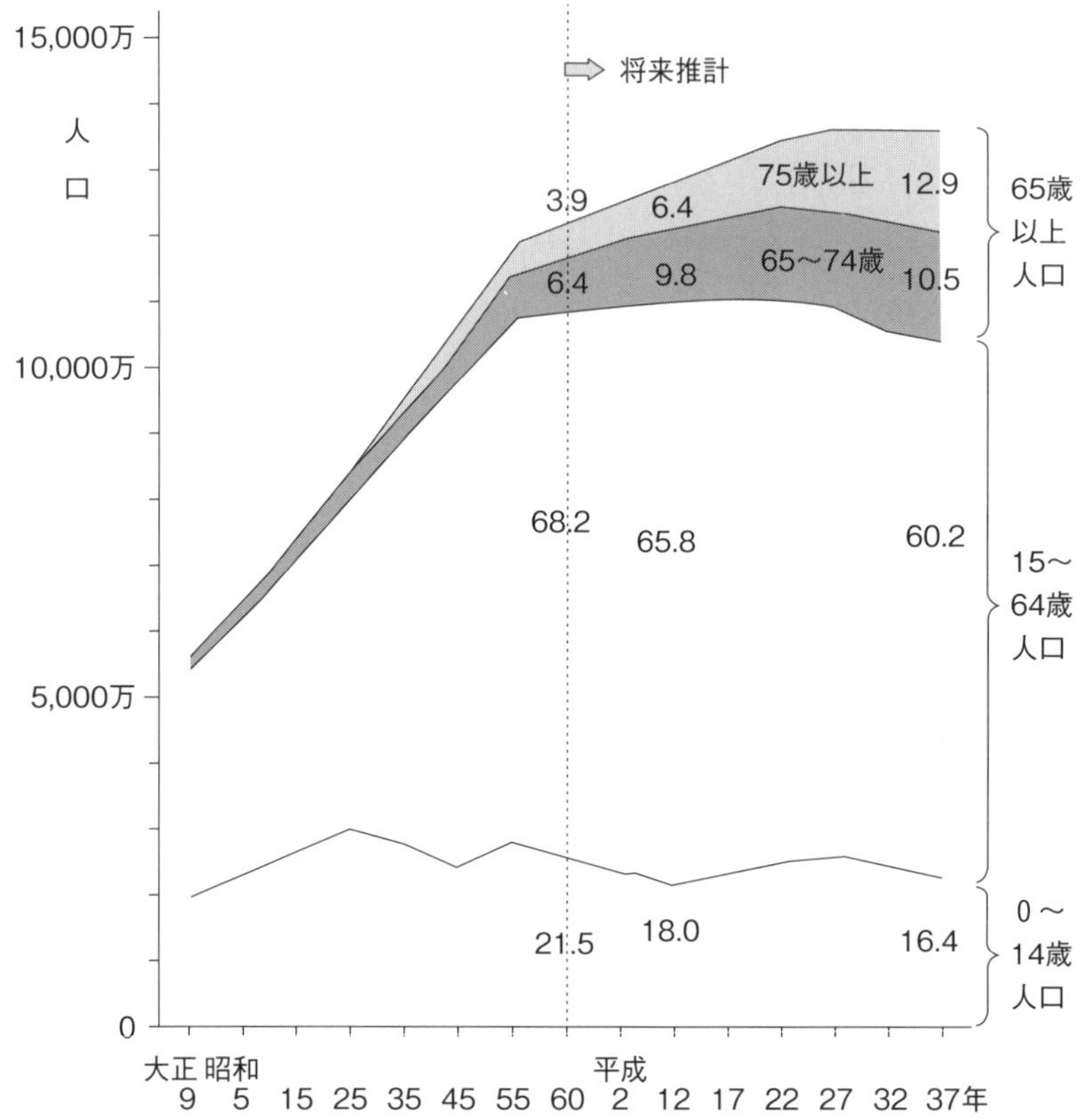

1．総人口のピークは、平成25（2013）年で13,603万人に達する。
2．老年人口のピークは、平成32年で3,188万人に達する。
3．高齢化のピークは、平成33年で老年人口比率が23.6%に達する。

第２図　社会保障給付費等の年次推移

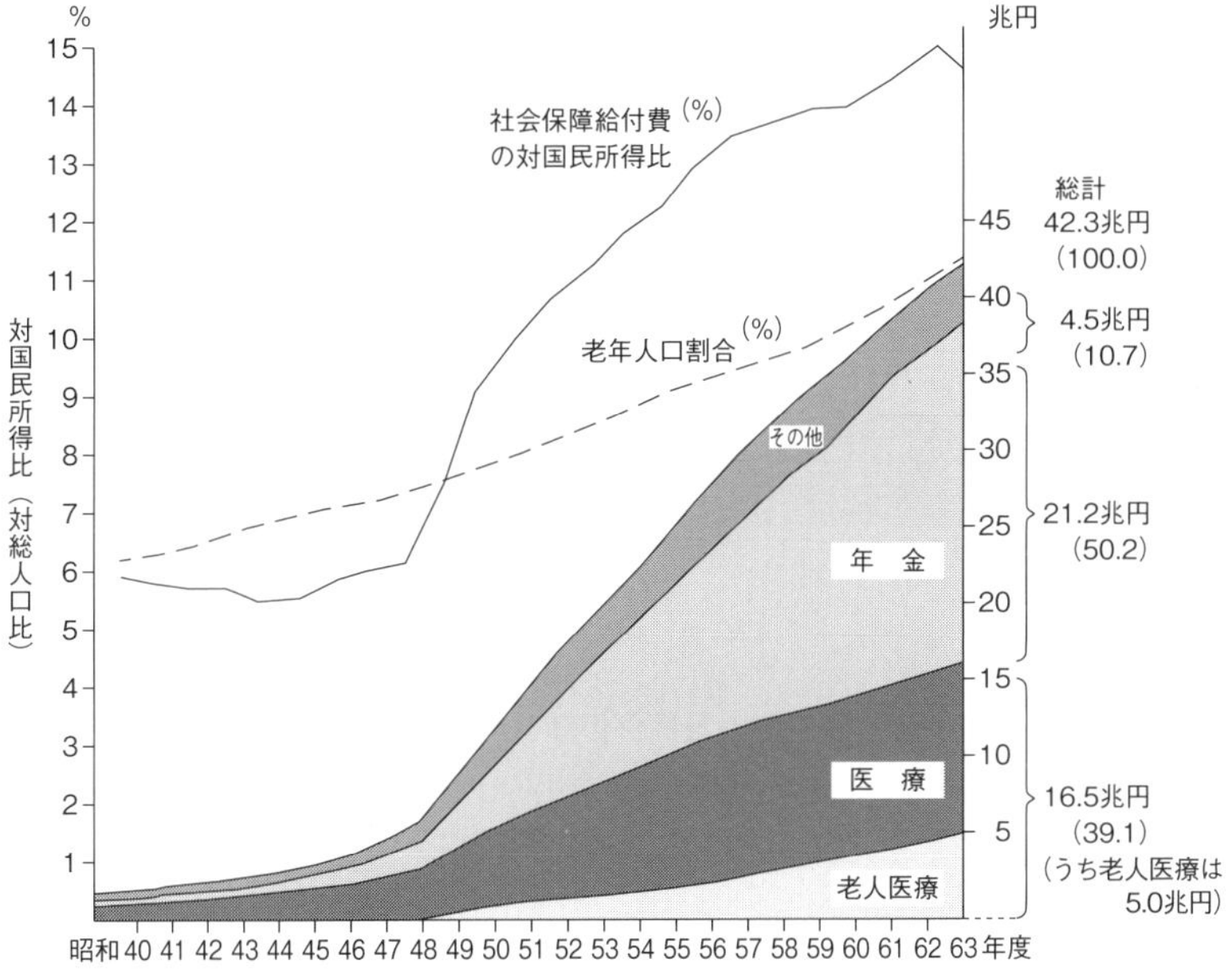

第３図　社会保障給付費（対国民所得比）の部門別構成比の国際比較

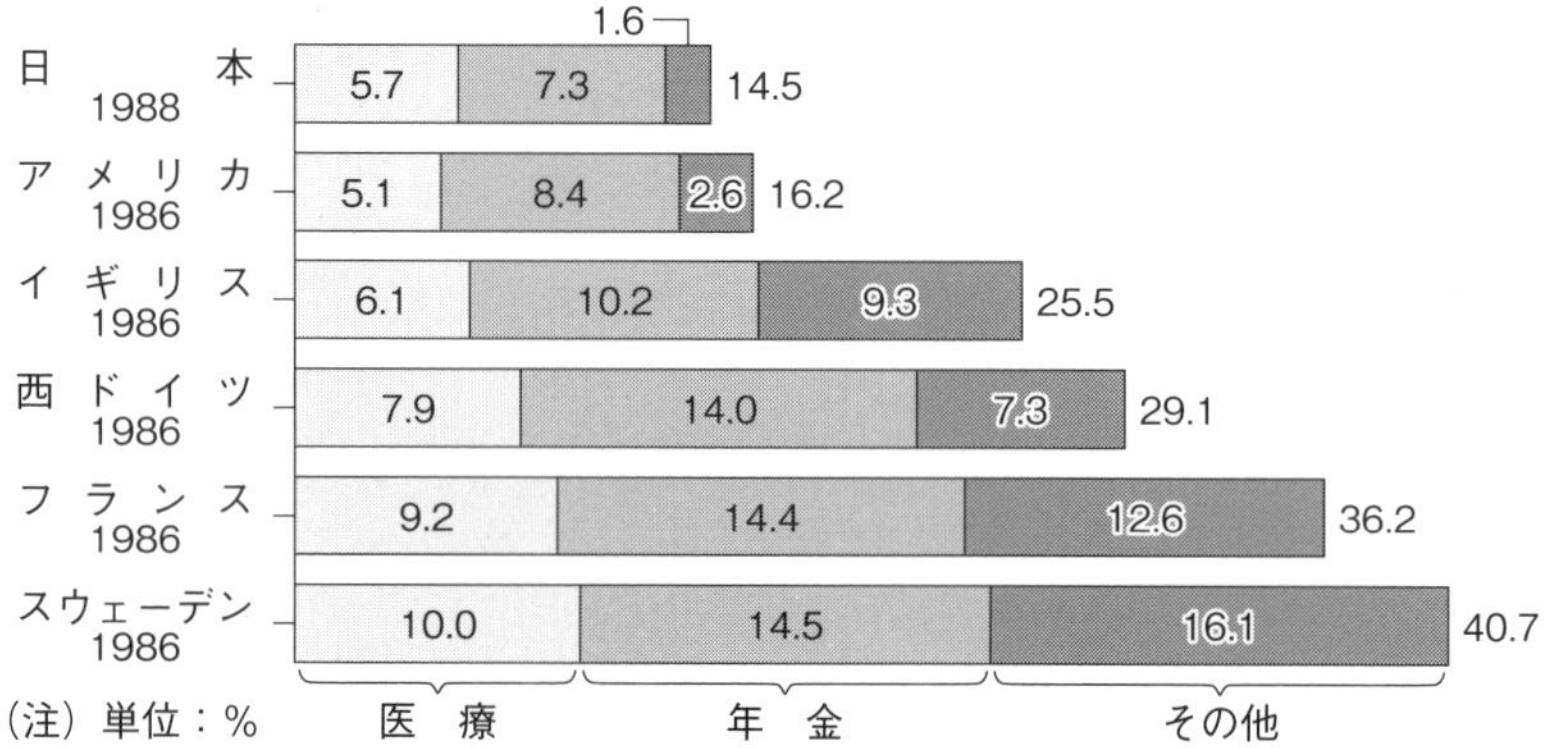

第４図　国民所得に対する租税負担率と社会保障負担率の国際比較

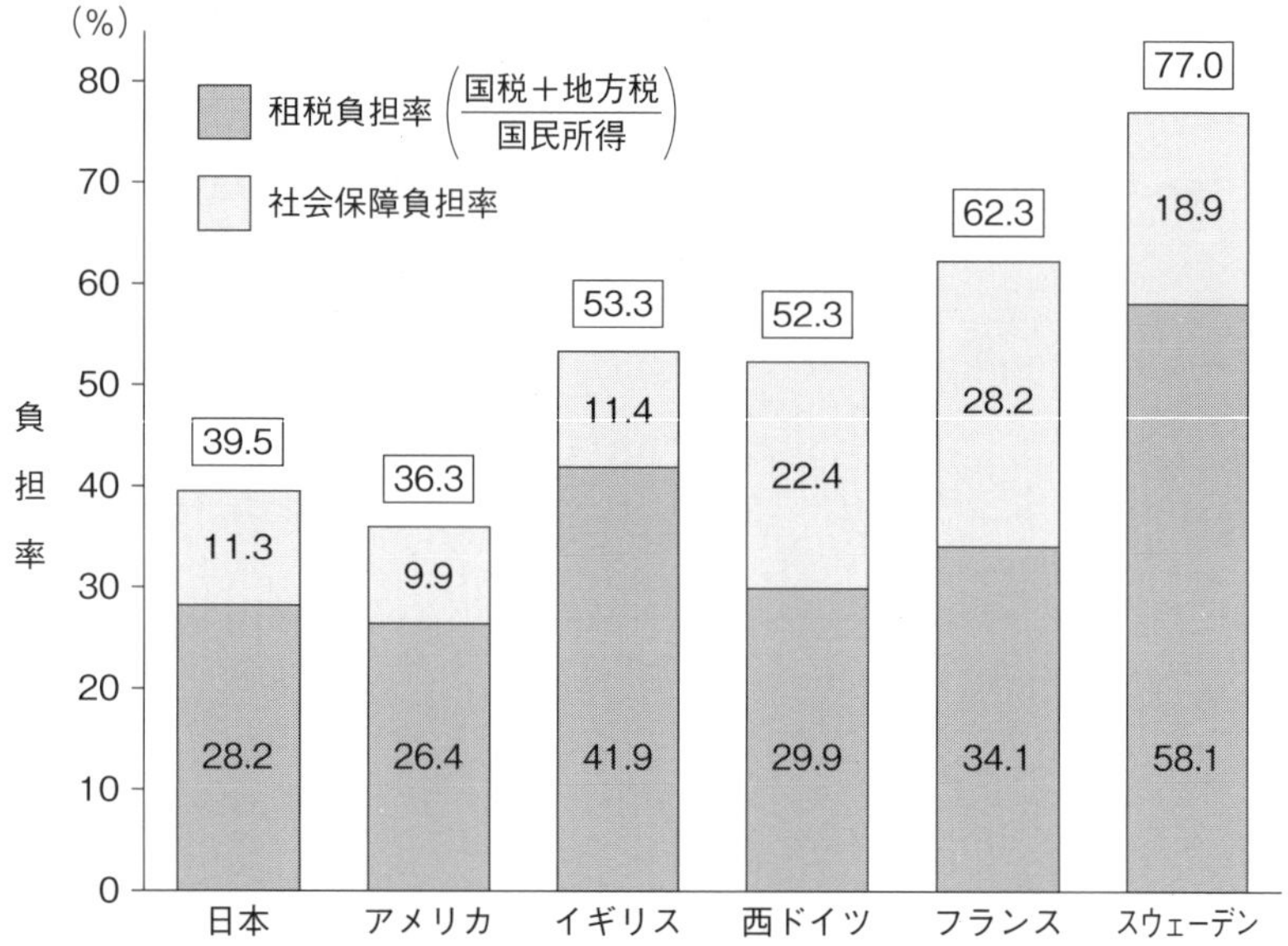

（注）日本は平成２年度推計、諸外国は1987暦年実績（イギリスは1986暦年実績）。
　　□内は、社会保障負担率と租税負担率の合計（国民負担率）である。

(1)　昭和の時代の厚生行政とこれからの企業の役割

第１表　高齢者保健福祉推進十カ年戦略（ゴールドプラン）

事　　項	元年度予算	２年度予算	３年度予算	整備目標（11 年度）
1．在宅福祉対策の緊急整備 (1)ホームヘルパーの充実	31,405 人	35,905 人 （＋ 4,500 人）	40,905 人 （＋ 5,000 人）	100,000 人
(2)ショートステイの充実	4,274 床	7,674 床 （＋ 3,400 床）	11,674 床 （＋ 4,000 床）	50,000 床
(3)デイ・サービスの充実	1,080 カ所	1,780 カ所 （＋ 700 カ所）	2,630 カ所 （＋ 850 カ所）	10,000 カ所
(4)在宅介護支援センターの充実	—	300 カ所	700 カ所 （＋ 400 カ所）	10,000 カ所
(5)「住みよい福祉のまちづくり事業」の推進	新規 30 市町村	80 市町村 （新規 50 市町村）	100 市町村 （新規 20 市町村）	—
2．「ねたきり老人ゼロ作戦」の展開 (1)機能訓練の充実				
①機能訓練を行う場の確保（市町村保健センター等の活用）	3,849 カ所	4,316 カ所 （＋ 467 カ所）	4,783 カ所 （＋ 467 カ所）	—
②機能訓練会場への送迎のためのリフト付きバスの配備	—	1,054 台	1,287 台 （＋ 233 台）	—
(2)脳卒中情報システムの整備	—	10 県	15 県 （＋ 5 県）	—
(3)脳卒中、骨折等の予防のための健康教育等の充実	17.625 百万円	17.779 百万円	18.026 百万円	—
3．在宅福祉等充実のための長寿社会福祉基金	63 年度補正予算 100 億円	元年度補正予算 600 億円	—	—
4．施設の緊急整備（整備費） (1)特別養護老人ホームの整備	8,000 床	10,000 床 （＋ 2,000 床）	10,000 床	240,000 床
(2)老人保健施設の整備	150 カ所	250 カ所 （＋ 100 カ所）	275 カ所 （＋ 25 カ所）	3,500 カ所 (280,000 床)
(3)ケアハウスの整備	200 人	1,500 人 （＋ 1,300 人）	3,000 人 （＋ 1,500 人）	100,000 人
(4)高齢者生活福祉センターの整備	—	40 カ所	40 カ所	400 カ所
5．高齢者の生きがい対策の推進 (1)「明るい長寿社会づくり推進機構」の設置	15 県	30 県	47 県	—
(2)「高齢者の生きがいと健康づくり推進モデル事業」	152 市町村	304 市町村 （新規 152 市町村）	304 市町村 （新規 152 市町村）	—
6．長寿科学研究の推進 長寿科学総合研究経費	508 百万円	1,002 百万円	1,392 百万円	—
7．高齢者のための総合的な福祉施設の整備「ふるさと 21 健康長寿のまちづくり事業」基本計画策定費	60 百万円	60 百万円	60 百万円	—

(2)　よき家庭人に――一・五七ショック――

（平成三年十二月）

出生率の低下が問題になっている。平成元年の女子の合計特殊出生率が一・五七になり一・五七ショックといわれたが、平成二年には、前年の一・五七よりさらに下がり、一・五三になった。これからも下がりつづけるのかどうか。厚生省の人口問題研究所は、平成五年に一・四八まで低下してから上昇に転じ、平成三十七年に一・八五まで回復するとみているようである。

しかしこれはどちらかといえば楽観的な見方であり、最悪の場合には平成八年に一・三五まで低下し、その後上昇に転じても、平成三十七年に一・五七までしか回復しないという。楽観的な見方の場合でも六十五歳以上の人口比率は、二一世紀のなかばに二七％を超え、最悪の場合には三一％を超えるというから大変なことである。

出生率の低下の原因は、二十歳代の適齢期の女性の高学歴化や社会進出による未婚率の上昇、晩婚によるもので、仕事と育児が両立する環境、条件を整えればいずれ回復する、ドイツやイタリアなどはもっと低いし、それほど心配する必要はないという意見もあるが、果たしてそうであろうか。

私はわが国の出生率の低下の根底に、結婚とか、家族とか、子どもというものに対する国民の価値観の変化があり、これからのわが国の衰退のきざしであるような気がしてならない。われわれの時代には、経済的にどんなに苦しくても、家が狭くても、ある年齢になれば結婚して、家庭を持ち、子どもを産むことを当然と考えてきた。しかしいまの人たちは、結婚して、家庭や育児のことで苦労するより、仕事をして自分の能力を活かし、高い収入を得て、自由な生活を少しでも楽しみたいという気持ちが強い。

少し前に総務庁が子どもを持つ意味について各国の比較をした調査があるが、子育てが楽しいからとする者の率がアメリカで四八・六％、イギリスでは七〇・七％、フランスでは七六・六％と最も高いのに対し、日本は二〇・六％と最も低く、逆に日本では子どもは次の世代を担うからというのが最も高いのは、大変興味深いと同時に考えさせられるものがある。

出生率の低下は、かつてわが国の家庭や家族のもっていたさまざまな役割や機能が、小さく、弱くなってしまったことの結果でもある。これまで長い間国民は誰もが家庭をかえりみることなく、ひたすら仕事に励んできた。その結果わが国の企業や会社は強く大きくなり、わが国は世界一の経済大国、金持ちの国になった。しかしその反面家庭はすっかり小さく、弱くなり、家族のつながりも薄くなった。いつの時代でも家庭は人の生命と活力の源泉であり、企業の担い手も、国の担い手も結局は人であることを思えば、これ以上家庭の力を弱くしては、これからのわが国の繁栄も企業の発展もないのではないか。

(2) よき家庭人に

いま経済界でいろいろな不祥事が起き、節度を失ったとしかいいようのない事業の伸展や収益第一の考え方に反省が求められ、企業のあり方が問われている。メセナなども結構であるが、これから本格的な人手不足の時代に入ることでもあり、できれば人や家庭にもっと目を向け、それを大事にしてもらいたいし、人もまたよき企業人であると同時に、よき家庭人、よき市民、よき国際人になることを心がけねばならないと思う。

（『PRODUCTIVE AGING』収載）

(3) 日本はどのような国をめざすのか（Ⅰ）

（平成六年一月）

1 はじめに

新年になってもう一月の下旬になりますが、普通年の暮れに決まっている新年度の予算がまだ決まっていません。いまのところ来月の五日に内示があって、一〇日に政府案を決めるという予定のようでありますが、それも政治改革法案がこんなようなことになって（衆議院で可決、参議院で否決）、さらに遅れるかもしれません。予算編成が二月になるなどということは、私も長い間役所に勤めておりましたが、はじめてのことであります。

なぜこのようなことになったかその最大の理由は、昨年昭和三十年（一九五五年）以来三八年も続いた自民党の一党支配が崩れ、自民党を出た一派と政策を全く異にしたそれまでの野党が一緒になって新しく連立政権の細川内閣ができましたが、その政権基盤がまだ弱いからであります。そのうえこれから先もどうなるかさっぱりわからないといういま日本の政治は極めて困った状況にあります。

政治だけではありません。経済もまたひどい不況が続いており、一昨年の実質成長率は〇・七％、昨年はマイナス〇・一％という戦後最大かつ最長の不況の真只中にあります。経済の成長がマイナスになったのは昭和四十九年（一九七四年）のオイルショック以来のことであります。失業率もじわじわと上がっており、昨年暮れには二・八％と、これまた円高不況以来の高い率であります。

2　諸外国の経済

ところで政治も経済もこんな状況にあるのは日本だけなのかといいますと、そうではありません。アメリカもヨーロッパも実はみんな同じような状態にあります。むしろ日本よりもう少し早い時期から経済は不況になり、高い失業率と膨大な財政赤字を抱えて困っています。アメリカやイギリス、スウェーデンなどでは政権も替わりました。ドイツのコール政権も次の選挙では危ないといわれています。

まず東西の冷戦と湾岸戦争の最大の勝利者であるアメリカですが、一九八九年頃から景気が悪くなり、一九九〇年は一・二%、一九九一年はマイナス〇・七%という成長率でした（第1表）。一九九二年に入って少し景気が回復しはじめましたが、それでも二%程度の成長率であります。失業率も一九九二年には七・四%まで上がりました。経済だけではありません。アメリカは財政も貿易も膨大な赤字が続いていますし、国内問題としては医療の問題をはじめ、貧困、犯罪、麻薬、エイズ、教育などさまざまな問題を抱えています。そして昨年、レーガン、ブッシュと、一九八一年から一二年間続いた共和党政権が倒れ、民主党のクリントンが大統領になりました。

イギリスも一九九一年、一九九二年と二年もマイナス成長が続き、失業率もいま一〇%を超えています。そして一九七九年から一一年間も政権をとっていたサッチャーが退陣を余儀なくされたのであります。

ドイツは三年前の東西ドイツの統一以後、国の経済も財政も戦後最悪の状態にあります。特に失業率が東は一五%、西は八%、全体で九・五%にも達しています。人数でいいますと、東に約一二〇万人、西に約二五〇万人、併せて約三七〇万人もの失業者がおり、今年も四〇〇万人を超えるだろうといわれております。

フランスも例外ではありません。経済は一九九一年は〇・七%、一九九二年は一・四%、一九九三年はマイナス〇・七%という成長率で、失業率は何と一二%という高さであります。若年層だけでは二〇%を超えているだろうといわれています。

アメリカもヨーロッパもどこもみんなこんな状態で、いま経済がよいのは中国や韓国、それに香港、タイ、マレーシアやシンガポールなど、アジアの国々だけでありますこれらの国々の成長率はいま六%から一〇%位の成長が続いています。

第１表　各国の経済成長率

(%)

	1989年	1990年	1991年	1992年	1993年
日　本	4.5	5.1	3.6	0.7	△0.1
アメリカ	2.5	1.2	△0.7	2.6	2.8
イギリス	2.0	0.7	△2.3	0.4	2.0
(西) ドイツ	3.4	5.1	4.5	2.1	△1.4
フランス	4.4	2.2	0.7	1.4	△0.7

3　諸外国の社会保障

こういったアメリカやヨーロッパの国々が経済の停滞から脱却し、財政赤字を解消するために、いま共通して一生懸命取り組んでいる政策が国営企業の民営化とか、社会保障の改革、医療費の抑制であります。

アメリカは医療の水準も世界一高い国ですが、医療費の高さも世界一で、医療費の総額は円に換算して一〇〇兆円、ＧＮＰの一四%にも達しています。そしてこれがいまの勢いで増えていきますと、今世紀中にＧＮＰの二〇%近くになるだろうといわれています。医療費の範囲が日本よりアメリカのほうが少し広いので単純には比較できませんが、ＧＮＰ比で日本の倍以上であります。

しかもアメリカの場合は、日本と違って国民皆保険ではありません。メディケアといって六十五歳以上の高齢者と障害者にしか公的な医療保険はありません。それ以外の人は自分で保険料を払って民間の保険会社などがやっている民間保険に入る以外、保険に入る途はありません。ただ大きな会社や企業に勤めているサラリーマンは、会社や企業が従業員のための福利厚生事業の一つとして保険料を払ってくれますので、自分で払わなくてもよいのですが、最近医療費が高くなるにつれて保険料も高くなり、この不景気のなかで会社や企業が払いきれないと悲鳴をあげはじめております。サラリーマンでない人つまり失業者や自営業者、無職の人は高い保険料を自分で払わない限り無保険者になります。そしてその数がだんだん増えていま三七〇〇万人にも達しているといわれています。こういったことがいまアメリカで最大の国内問題の一つになっており、何とか医療費の増加を抑制し、無保険者を無くすための医療制度の改革がクリントン政権の最大の内政課題になっています。昨年の秋、ようやくクリントン大統領のヒラリー夫人が中心になってまとめた改革案が議会に提出されましたが、反対論も強く、いま大変な議論をよんでいます。

イギリスもサッチャーが在任中社会保障について大変大きな改革をやっています。サッチャーは徹底した自由主義、個人主義者で、個人にも企業にも自助努力と自己責任を強く求めています。こういった信念から鉄鋼や電力、通信、航空など長い間国営でやってきた四〇社以上の企業を民営化してしまいました。主として税金でやっている国営のナショナルヘルスサービスについても、いまのやり方では競争原理もはたらかず、非能率だとして病院や家庭医にある程度の権限と責任を与え、また患者にも選択権を与えてサービスに競争原理を導入し、その能率化を図ったのであります。また、年金制度についてもサッチャーは所得比例年金は廃止して、全部民間の個人年金や企業年金に任せようとしたのでありますが、さすがにこれには反対が強く、所得比例年金の水準を切下げ、個人年金や企業年金を奨励することにしました。

ドイツは医療保険にしても年金保険にしてもヨーロッパの国々のなかで最も社会保障の水準の高い国でありますが、東西ドイツ統一後この高い水準の社会保障費を生産性や賃金のはるかに低い東ドイツにも原則としてそのまま適用することにしたために、一挙に社会保障費が増えてしまいました。失業した場合に給与の約七〇%の失業手当を三二か月にわたってもらえることになっていますが、これを東西併せて何百万人もの失業者に支払わなければならないのですからたまりません。

ドイツの医療保険は八種類、一一〇〇余りの職種別、地域別の疾病金庫が保険者になっており、給付は予防からリハビリ、介護、出産までわが国より範囲が広く、入院時の一部負担などはありますが、本人も家族も原則一〇割給付です。保険料率は疾病金庫によって違いがありますが、最近の支出の伸びを反映して、低いところでも八・五%、高いところは一六・八%、平均して一三・一%とわが国よりはるかに高い料率になっています。国庫負担はなく、できるだけ政府の介入を少なくして、当事者自治の原則で運営してきたというのがドイツの医療保険の特色であります。

ドイツはこの医療保険の給付費の増加を抑えるために、一九八九年に一部負担の増額、医薬品について定額制の導入などの構造改革を行いましたが、一九九三年にはさらに病院の費用に対する支払方式の変更をして、報酬の伸びを賃金の伸びの範囲に抑えるなどの改革を行ったのであります。また、疾病金庫について加入者の年齢に応じたリスク調整をし、加入者に複数の金庫への加入の選択を認めて金庫間に競争原理がはたらくようにし、一九九九年からは保険医に六十八歳という定年制を設けて、保険医の数の増加を抑えるということも決めています。

ドイツは労働時間も年間一六〇〇時間、週三四時間程度とヨーロッパで一番時間短縮の進んでいる国であります。フォルクスワーゲンは今年から週休三日制を導入したということであります。このようにドイツは賃金は高く、福祉は手厚く、労働時間は短く、労働者天国の国でありますが、それが他の国に比べて企業の賃金のコスト、労働コストを著しく高め、経済と雇用を圧迫しているわけであります。そのため企業経営者から「高すぎる賃金は引下げを、手厚すぎる福祉は削減を、短すぎる労働時間は延長を」という声が大変大きくなりつつあります。一方でドイツではいま労使折半負担の社会保険として介護保険法が議会に提出されています。社会保障を削減するだけでなく、新たな負担を伴っても必要な社会保障は充実していくところが偉いと思うのであります。

4　諸外国の諸比率

このようにいまどこの国でも経済不振や財政赤字の元

凶があたかも社会保障にあるがごとく、その費用の削減や運営に市場原理を導入するなどの改革にやっきになっていますが、実はこれらの国の間でも社会保障の給付の規模や負担の程度には大きな違いがあるのであります。これを比較したのが第2表でありますが、ついでに社会保障の規模と関係の深い老人人口比率、租税負担率、消費税率、国防費率などについても比較してみました。

まず老人人口比率は、日本はまだ一二％で最も低いですが、それでもアメリカとほぼ肩を並べ、ヨーロッパの国々にも大分近づいてきました。医療費は国によって範囲に若干の違いがありますが、日本とイギリスが最も低く、対国民所得比で六％台、その他の国は一〇％前後、アメリカやスウェーデンはそれ以上です。

社会保障給付費は日本とアメリカが一四〜一五％、イギリスが二〇％ちょっと、ドイツとフランスが約三〇％、スウェーデンが約四〇％と非常に大きな開きがありますす。社会保障のどこでそんな開きが出てくるのかといいますと、医療や年金の違いもさることながら、その他の分野つまり児童手当とか、社会福祉とか、失業とか、公的扶助の比率が日本及びアメリカとヨーロッパでは大きな違いがあります。よく日本の社会保障費の比率が低いのは人口の高齢化率つまり老人人口比率が低いからだといわれますし、私も厚生省におりますとき、そういう説明をしてきましたが、いまはどうもそれだけでは説明しきれない他の要素がたくさんあるなと思っています。もっとも失業給付や公的扶助費が多いために社会保障費が多くなるのは決して自慢できることではありません。

社会保障給付の全体だけでなく、その内訳まで大変よく似ているのが日本とアメリカであります。しかしアメリカでは医療費のうち社会保障でカバーされているのが半分以下である、いいかえれば個人で負担している医療費が対国民所得比で六％位あるということを見落してはなりません。

租税負担率も国によって大きな違いがあります。日本とアメリカは税金の比較的低い国、スウェーデンはべらぼうに高い国、イギリス、ドイツやフランスなどがその中間の国ということがはっきりわかります。租税負担率と社会保障負担率を合わせた国民負担率も大体同じような傾向で、これがその国の政府が大きいか、小さいかを表しているわけであります。スウェーデンは国民所得の七五％も税金や社会保障でとっていますが、それだけ政府の仕事や役割が大きく、医療や年金だけでなく、教育や住宅もすべて政府の仕事としてやっているということであります。就業者も当然民間より公務員のほうが多いということになります。

話が少し横道にそれますが、税金の取り方も所得税や法人税などの直接税が中心か、消費税や付加価値税などの間接税が中心か、国によって大きな違いがあります。日本とアメリカは直接税中心、フランスは間接税の比重の高い国であります。いまわが国で問題になっている消費税率も国によって違いがありますが、日本のように三％という低い税率の国はありません。アメリカは消費税はあるにはあるのですが、国税ではなく州税ですのでここには書いてありません。それにしてもスウェーデンの消費税率が二五％と

第２表　各国の対国民所得諸比率（％）

	日　本	アメリカ	イギリス	(西)ドイツ	フランス	スウェーデン
老人人口比（1990）	12.0	12.6	15.4	14.9	13.8	18.1
医療費（1990）	6.4	11.5	6.0	10.0	10.9	―
社会保障給付費（1989）	13.9	15.8	22.3	28.4	33.7	44.2
医療	5.4	5.5	6.0	7.4	8.2	11.8
年金	7.1	8.0	9.3	13.7	16.5	16.6
その他	1.4	2.1	6.9	7.2	8.9	15.8
租税負担（1989）	27.7	26.1	40.6	30.6	33.9	55.9
社会保障負担（1989）	10.9	10.4	10.8	21.9	28.1	20.0
国民負担（1989）	38.5	36.5	51.4	52.5	62.0	75.9
失業率（1993）	2.8	6.4	10.5	8.0 （全ドイツ）9.5	12.0	10.0
消費税率（1990）	3	―	17.5	15.0	18.6	25.0
国防費（1990 対 GNP）	1.0	5.3	4.1	2.2	2.9	2.5

いうのもあまり知られておりませんが、高い福祉の相当部分がこれで賄われているわけです。

国防費の対GNP比もご覧の通りです。全体を眺めて同じ自由主義、市場経済の国でありながら、国によってこんなに大きな違いがある、そして日本がいかに老人人口比も、医療費も、失業率も、国防費も、租税負担率もずばぬけて低い、いわば恵まれた国であるかが判ると思います。ここに日本が戦後四〇年以上も長きにわたって高度の経済成長をとげ、今日の繁栄を築き上げることができた原因、背景があろうかと思うのであります。

5 国家の二類型

同じ自由主義、市場経済の国でありながらなぜ国によってこのようにいろいろな違いがあるのか、単に人口構造の違いとか、社会保障や福祉を重視しているかどうかだけで説明しきれるものではありません。もっとその国の長い歴史や文化ともかかわるその国のあり方や、国の基本的理念に由来するところが大きいのではないかと思います。

あえて単純化していいますと、次の表(第3表)を見ていただきたいのですが、私はおよそ国家、社会には二つの態様、類型があるように思えます。一つは個人を重んずる、個人を中心に考えるAタイプの国家社会と、個人より国家とか企業とかといった組織、集団を中心に考えるBタイプの国家社会であります。Aタイプの国家社会では、個人にも企業にもその才能や能力を最大限に発揮させて自由に競争させ、その結果は自分が負うという自己責任の考え方を大事にします。Bタイプの国家社会では、個人の自由よりも平等、競争より組織、集団の和とか協調、秩序を重んじ、結果については組織なり集団が連帯して責任を負うということになります。

Aタイプの国家社会では、政府はできるだけ引っ込んでいてもらいたいということになりますから、権限の弱い、予算も少ない、従って税金も低い小さな政府になります。社会保障も小さいほうになります。これに対してBタイプの国家社会では、政府は権限が大きく、予算も多く、従って税金も高い大きな政府になります。政府の指示に従い、その代わり保護も受けようというわけであります。当然社会保障も大きくなります。

こうしたことからAタイプの国家社会は多様な活力のある国家社会になります。しかし反面変化やリスクも多くなり、困っても国家は助けてくれませんから安心はできない、下手をすると強いものがちの社会になります。これに対しBタイプの国家社会は画一的な誰もが平等な社会になるでしょう。変化やリスクも少なく安定感のある社会になるでしょう。

以上非常に単純に国家社会のタイプをA、B二つに分類してみましたが、ただこれは程度の差というか、相対的、流動的概念で、どの国もA、Bの両面を持っていますし、一つの国が時代や時期によってAタイプからBタイプに、あるいはBタイプからAタイプに変わるということもありうるわけであります。こういうことを前提にさきほどの五つの国がどちらのタイプの国かを考えてみますと、アメリカは明らかにAタイプの国であり、スウェーデンはBタイプの国であります。イギリス、ドイツ、フランスはその中間、どちらかといえばBのほうに少し寄っているように思えます。

アメリカがAタイプの国といっても、Bの要素が全然無いわけではありません。アメリカには共和党と民主党という二つの政党がありますが、共和党はAの考え方が強いのに対し、民主党にはBの考え方が強いのであります。アメリカの社会保障はいつも民主党の大統領のときにできています。しかしアメリカは建国以来個人の自由や権利をできるだけ尊重すべきであり、個人の生活や産業活動に政府は介入すべきでないという考え方が強いの

第３表　国家社会の態様、類型

Aタイプ	Bタイプ
個人　尊重	組織、集団　尊重
自由　尊重	平等、統制　尊重
競争　尊重	和、協調　尊重
自己責任、個人責任　尊重	連帯責任、組織責任　尊重
政府　小	政府　大
規制保護　少	規制保護　多
税金保険料　小	税金保険料　大
社会保障　小	社会保障　大
地方分権	中央集権
多様	画一
変化・リスク　大	変化・リスク　小
活力　大	活力　小
安心、安定　小	安心、安定　大

であります。それはアメリカが国家権力から逃れ、自由な天地を求めていろいろな国から移り住んできた人たちが、自らの手でつくり上げた国であるということと無関係ではありません。個人の努力と自由な競争こそがよい生活をもたらすというのがアメリカ人の夢であり信条であります。個人の健康もまた個人の責任であり、公的な医療保険をつくるという考え方はなかなかでてこないのであります。

ところで一体、日本はどちらのタイプかということでありますか。私は日本はBタイプの国家であると思います。日本人は明らかに個人より組織や集団を大事にします。戦前滅私奉公という言葉がありましたが、戦後から今日に至るまで自分を犠牲にして抑えて国家とか会社という集団や組織につくすということが最大の美徳と考えられてきました。和をもって尊しと為すという言葉があり、統制を破れば「村八分」になりますし、会社でも自分の意見をはっきりいうことは少なくともいままではあまり好まれませんでした。産業も明治以来政府の手厚い保護の下にここまで大きく発展してきたわけであります。景気が悪くなったり、企業の倒産が増えるとすぐ政府の責任とか救済ということがいわれます。国民の間の貧富の格差・所得の格差が日本ほど少ない国もありません。社会保障の規模はいまはまだこれらの国の間では小さいほうですが、十分大きくなる要素を持っています。ある意味では平等過ぎる国になったかもしれません。

6 わが国の国家ビジョン

世界では冷戦が終わってソ連という国がなくなり、国内ではバブル経済が崩壊し、四〇年続いた自民党一党支配も終わり、世界も日本もいま何十年に一度あるかないかという歴史的転換期にあることを誰もが感じています。そしてこれから世界がどうなるか、その中で日本はどう在るべきかについての論議がいま大変盛んであります。

自民党政権の最後の総理になった宮沢さんは、「経済大国」から「生活大国」へということをいわれました。宮沢さんのあと連立政権の最初の総理になった細川さんは、「質実国家」をめざしたいといわれました。その連立政権を支えている最大の実力者の小沢一郎さんは、国力に応じて国際的な軍事貢献ができるという意味の「普通の国家」でなければならないといっておられます。また新党さきがけ、官房長官の武村さんは『小さくともキラリと光る国・日本』という本を書いておられます。そしていま、政治改革、行政改革、財政改革、税制改革、経済改革、規制緩和、市場開放などあらゆる分野で経済社会の高齢化、情報化、成熟化、国際化などに対応した改革が課題になっています。

こういったいろいろなビジョンや改革の狙い、内容には若干のニュアンスの違いがありますが、その最大公約数ともいうべきものは次のようなことだと思います。

○国民の誰もが豊かさと生きる喜びを実感できる質の高い経済社会
○創造的かつ個性的で、活力に満ち、同時に安心とゆとりが感じられる経済社会
○公正でかつ透明度の高い、自由で開放的な経済社会
○世界と調和し、共存し、世界に貢献できる国家
○簡素で効率的なあまり大きくない（国民負担率が五〇%以下の）政府

私は日本のこれからの新たな国家目標、国家ビジョンについて必ずしもまだはっきりした国民的コンセンサスができているとは思いませんが、ここでいわれていること自体はいわばいいことばかりで、国民の間にもそう大きな反対はないだろうと思います。しかしこれをさきほどの国家社会の二類型にあてはめて考えてみますと、全体としてこれまでBタイプであった日本を少しAタイプよりに変えていこうということであります。ただ問題はここでいわれていることのなかには相対立するといいますか、容易に両立しがたい考え方がいくつも含まれています。例えば活力ある多様な社会をめざすとすれば、公平さや安心感、安定感はある程度犠牲にしなければなりませんし、規制を撤廃し、緩和すれば当然それだけリスクも大きくなりますが、そのリスクは自分が責任を負うということになります。国際貢献にしてもそれに軍事貢献まで含むとすれば、大議論になるでしょう。つまりこれらが仮にこれからの日本の国家目標、国家ビジョンであるにしても、その具体的な進め方や過程で強い意見の対立や議論が巻きおこることは、最近の政治改革論議や米の市場開放問題からみて容易に想像ができます。

7 社会保障の改革

さて、新たな国家目標、国家ビジョンのなかでわが国の社会保障はこれからどうなるのでしょうか。国民負担率を五〇％以下にとどめるというのは、いまの段階ではまあ妥当なところだと思う人が多いでしょう。私もそう思いますが、実は社会保障にとっては大変厳しい目標で、実際にできるかどうか疑問であります。

いまわが国の国民負担率は租税が二六％、社会保障が一二％、計三八％ですが（第４表）、社会保障はいまの制度を前提にする限り、年金を中心に着実に上がり、ピーク時にはいまの倍程度の二四～二五％になることは確実であります。租税がどの程度上がるかわかりませんが、いまの租税のなかにも社会保障に充てている部分が四～五％位あり、今の国庫負担割合を前提にすればこれも倍の八％位になりますから、その分だけで租税負担率は三〇％になり、社会保障負担率と合わせて国民負担率は五四～五五％になります。従ってこれを五〇％以下にとどめるには、五％位社会保障の水準をカットしなければな

第４表　国民所得に対する国民負担率の推移

（%）

	合計	租税	社会保障	医療	年金	その他
昭和30年	20.8	18.1	2.7	–	–	–
昭和40年	22.7	18.3	4.4			
昭和50年	25.7	18.3	7.5	3.0	3.6	0.9
昭和60年	34.6	24.1	10.5	3.7	5.9	0.8
平成４年	38.4	26.1	12.3	4.0	7.3	0.9

らないということになります。老人介護とか児童対策について社会保障制度として新たな対応をするとなれば、既存のものについてはさらにカットが必要になります。カットの仕方としては水準そのものを下げるか、制度の守備範囲を縮小するしかないので、例えば年金については水準をさらに下げるか、支給開始年齢を六十五歳はおろか六十七歳か七十歳くらいにしなければならなくなるかもしれませんし、医療保険の給付率も原則八割位が精一杯というところでしょう。

平均寿命も一人当たり国民所得も世界のトップクラスになった時代の社会保障としては少し範囲が拡がりすぎた面もありますから、少しは縮小してもやむを得ないかもしれません。しかしそのような制度いじりより、社会保障の必要ニードそのものを全体として少なくしていくことと、社会保障を支える国全体の力を強くしていくということがもっと大事であります。そうでないと制度の守備範囲を縮小することによって国民負担率は下がっても、その分だけ個人や家計の負担が増える、つまり公共負担を私的負担に転嫁するだけのことになるからであります。医療保険についていえば、国民の疾病量全体を減らさないと、保険の負担を個人負担に変えるだけのことになります。そうするといまのアメリカのようになってしまいます。年金にしても年金の支給開始年齢の引上げと同時に高齢者雇用を進めて、その年齢までは年金に依存しなくて済むようにしなければなりません。

社会保障を支えるのは、若い働き手の人たち、生産年齢人口であり、その人たちの生み出す所得、経済成長であります。従ってその人たちの絶対数がここ数年のうちに減少しはじめるというのは、社会保障のみでなくわが国の経済社会にとっても大変なことであります。その意味で社会全体が子どもの出生率の低下をもっと真剣に受けとめ、その回復策、向上策を考えねばなりません。子どもをつくり、子どもを育てることを楽しいと思う社会にしなければなりません。生産が減少していけば、その産業は衰退していくのと同様、子どもの数が減っていく社会は衰退に向かいます。

社会保障の財源、費用についても高齢化社会において社会保険料と税金、国と地方、引退世代と現職世代、サラリーマンと自営業者などの間でどう分担するのが最も公平か考えなければなりません。税の負担についても同じであります。いま消費税率の引上げが大変問題になっていますが、私は消費税率の引上げに基本的に賛成であります。社会保障の財源は、これからも社会保険料中心でやっていかざるを得ず、その料率は急ピッチで上がっていき、所得税のように累進料率ではありませんが、月給や賃金の高い人は当然高い保険料を払うことになり、若いサラリーマンの負担は大変大きいものになります。そのうえ累進税率で高い所得税をたくさん払わされたのでは、現役サラリーマンはたまったものではありません。税金の面では、消費税などの間接税の比重を上げて所得税などの直接税の比重を下げ、高齢者や自営業者を含め、広く国民全部にある程度の税負担をしてもらうのが公平だと思うのであります。そして消費税を厳密な意味での目的税にするかどうかは別にして、基礎年金など広く国民全部にいき渡る福祉財源に充てることにすれば、高齢者や所得の低い人にも納得してもらえるのではないでしょうか。

出生率対策にしても、高齢者雇用にしても、財源の問題にしても、これからは厚生省が他省庁の行政に注文をつけ他省庁と手を組み、国全体として総合的に取り組まなければならないことばかりです。これからは外国人労働者や難民問題なども視野に入れておかなければなりません。経済がよくなかったり、財政が苦しいと、社会保障に対する風当たりも強くなります。しかし、社会主義はなくなっても、社会保障まで無くしては自由主義も資本主義もダメになります。しっかりした社会保障があってこその自由主義、自由経済であります。社会保障が大きすぎてもいけませんが、どんな時代でも守るべきところは守り、これからもしっかり役割を果たしていかなければなりません。

8 社会保障を守り、支える五つの意識と心

最後に社会保障を守り、維持していくためには、制度を変えただけでは駄目で、私どもの意識や心にも変えねばならないいろいろな問題があることを申し上げて私の話を終わりたいと思います。

第一に、年をとっても元気で能力のある人はいくらでもいます。従ってある年齢になったからといって一律に

老人扱いする考え方を改め、元気な人の能力をできるだけ社会に活用しなければなりません。強いて年齢で区切るとするならば七十五歳以上くらいでよいという人もいます。

第二に、これから生産年齢人口が減少する時代に入ることを考えると、男も女も元気な間は働き、社会保障の受け手でなく、支え手になる、そして仕事と子育てが両立できるような条件を整えて、女性が男性と対等に働ける社会にすることが必要であります。

第三に、社会保障は相互扶助、共生・共助の精神から成り立っていますが、それは自分でできることはできるだけ自分でする、なるべく人に迷惑をかけないという強い自立心、自助努力を前提にしています。「天は自ら助くる者を助く」といいますが、「社会保障は自ら助くる者を助く」のであります。

第四に、物が豊かになり、ほしい物が何でも簡単に手に入るようになって、物を大切にする心が失われてきたように思えます。保険証一枚で簡単に医療を受けられることを当然と思ってはなりません。人間の生命を尊重し、医療保険制度に感謝しつつ、大切に使う心をもたなければなりません。

第五に、国民の未来に対する信頼と希望です。国民特に若い人が未来を信じ、未来に安心と希望がもてるような社会にしなければ社会保障はおろか、国家の繁栄も発展もありません。

（社会保険大学校特別講演）

(4) 日本はどのような国をめざすのか(Ⅱ)

(平成七年四月)

1 はじめに

厚生年金基金特別研究会の会長の井上さんから一時間あまり何か講演をしてもらいたい、仕事の話でなくてよい、むしろ仕事の話でないほうがよいというご依頼がありました。

それではお引き受けしましょうと申し上げてこのような題をつけてしまいました。少し大げさな題をつけすぎたことをいま少し後悔しておりますが、東西の冷戦が終わり、戦後五〇年経っていま国民の誰もが多かれ少なかれ考えているテーマだと思います。

ただ私は国際社会のなかでこれから日本が何をめざすか、どういう役割を果たしていくかということを皆様にお話するほどの知識や能力はありません。いまわが国は世界で経済的に最も豊かな国になりました。しかし必ずしも生活の面で豊かさが実感できない、もっと豊かさが実感できるような国にしなければならない、また来るべき高齢化社会を明るく活力のある社会にしなければならないということがいわれております。そしてそのために行政改革、税制改革、社会保障改革、規制緩和などがすすめられています。

しかしいまこういった改革がすすめられているのは日本だけではありません。アメリカをはじめ先進国といわれる欧米の国々でも同じであります。そこで今日はさまざまな角度から日本とこれらの国々、特にアメリカと比較しながら、これから日本がどういう国をめざしたらよいかということについて皆さんと一緒に考えてみたいと思います。

2　先進六か国の比較

今日のためにお手許にお配りしましたような資料（第1表）を用意いたしました。これは日本とアメリカ、イギリス、西ドイツ、フランス、スウェーデンの先進国といわれる六つの国について、人口とか経済、社会保障、税制などいろいろな経済的、社会的諸指標を比較したものであります。

こういう資料をみる場合に単純に数字のうえだけの比較でうんぬんしますと大きな過ちをおかすことになりますので、十分注意しなければなりませんが、いくつかの点について少しコメントをしておきたいと思います。

まず高齢化率、老人人口比ですが、五年前の一九九〇年には日本とアメリカだけがまだ一二%台で、この六か国のなかでは一番老人人口比の低い国でありました。しかし今年はアメリカはまだ同じ一二%台ですが、日本は西ドイツやフランスとほぼならんで一四%になっています。

そしていまから一〇年後の二〇〇五年には日本は一九・一%と、一番老人人口比の高い国になり、世界でトップを切って二〇%台に突入します。そして二〇二五年には他の国が大体二〇%前後に止まっているのに対し、日本だけは二五・八%になります。これもいま一・四八まで下がっている合計特殊出生率が今年ぐらいから反転して上がり、一・八〇ぐらいまで回復するということを前提にしたものであり、仮に出生率がさらに下がりつづけたり、あまり回復しないということになりますと二八%くらいになります。

なぜ日本の高齢化率がこんなに高くなるのか、それはその下にありますように出生率や死亡率がずばぬけて低いからであります。特に日本と西ドイツの合計特殊出生率が低いということがわかります。アメリカとスウェーデンはいまでも二以上であり、この二つの国はこれから一〇年ぐらい老人人口比はほとんど変わりません。むしろ下がるぐらいであります。

次に各国の経済の状況ですが、経済全体の規模、国内

第１表　経済・社会諸指標の国際比較

	日　本	アメリカ	イギリス	西ドイツ	フランス	スウェーデン	備　考
総人口（万人）	12,300	24,900	5,700	6,300 (1,600)	5,600	860	1990 （　）は東ドイツ
老人人口比（%）	12.1 14.5 19.1 25.8	12.6 12.6 12.2 18.5	15.7 15.6 15.4 19.5	14.6 14.8 17.2 20.5	14.0 14.9 15.9 21.2	17.8 17.4 16.3 20.9	1990 1995 2005 2025
高齢化の速度（年） （7～14%）	25	70	45	45	125	85	
千人当り出生率	9.8	16.3	13.7	11.1	12.9	14.2	1991 又は 1992
千人当り死亡率	6.7	8.6	11.2	10.7	9.1	10.9	1991 又は 1992
合計特殊出生率	1.46	2.01	1.84	1.44	1.80	2.14	1990（日本は 1993）
国内総生産（億ドル）	36,600	60,300	10,400	17,800 (1,400)	13,200	2,400	1992 （　）は東ドイツ
1人当り国内総生産（ドル）	29,400	23,600	18,000	27,500 (9,500)	23,000	28,400	1992 （　）は東ドイツ
経済成長率（%）	4.1 0.1	2.6 3.0	2.1 1.9	2.0 －1.9	2.0 －1.0	1.9 －2.1	1979～90 1993
失業率（%）	2.5 2.8	7.0 6.4	9.2 10.5	6.7 8.0	9.0 12.0	2.4 10.0	1980～90 1993
社会保障給付費 国民所得比（%）	13.7	16.6	21.9	27.5	34.1	46.5	1990
医　療	5.3	4.9	6.3	7.4	8.4	12.4	
年　金	7.1	8.2	9.0	13.2	16.7	16.9	
その他	1.4	3.5	6.6	6.9	9.0	17.2	
社会保障負担（%）	11.5	10.3	10.3	21.7	28.1	21.8	1990
租税負担（%）	28.1	25.9	40.3	29.1	33.7	56.6	1990
国民負担（%）	39.6	36.2	50.6	50.8	61.8	78.4	1990
所得課税の割合（%）	67.0	60.1	45.5	51.5	32.5	51.6	1990
消費税率（%）	3.0	—	17.5	15.0	18.6	25.0	1990
国防費率（%）	1.0	5.3	4.1	2.2	2.9	2.5	1990
千人当り公務員数（人）	40	81	80	—	120	—	1990 （地方公務員を含む）
貯蓄率（%）	14.1	4.5	3.9	13.7	12.4	－0.8	1990
年間労働時間（製造業）	2,080	1,943	1,902	1,582	1,682	2,007	1990
1人当り住宅面積（m^2）	25.2	61.8	35.2	37.2	30.7	—	1990
1人当り都市公園面積（m^2）	東京23区 2.6	ニューヨーク 23.0	ロンドン 25.6	ボン 37.4	パリ 11.6	—	1990
下水道普及率（%）	49	73	96	86	68	86	1990
百人当り自動車保有台数（台）	46	73	45	51	50	—	1990
百人当り電話普及率（%）	46	55	41	46	48	—	1990
十万人当り医師数（人）	177	216	217	297	267	—	1990
十万人当り病床数（床）	1,347	446	576	1,353	1,361	1,286	1990

総生産が一番大きいのはもちろんアメリカですが、一人当たりではこの六つの国のなかで一番高いのが日本です。世界で一番高い国はスイスといわれておりますが、おそらく今の円高でドル換算すれば日本が世界一になったのではないかと思います。経済成長率も一九八〇年代まで他の国が大体二％台であったのに対し、日本は四％台でありました。しかしいま経済が一番よいのはアメリカで、日本も他の国もほとんどがゼロ成長といってよい状態であります。

失業率もまた国によって大きな違いがあり、日本はわずか二％ですが、ヨーロッパの国々はおしなべて一〇％前後で、フランスなどは一二％にもなっています。若い人の失業率はもっと高いといわれています。ただ日本は少し低くですぎている面がありますし、アメリカは六％といってもほぼ完全雇用といってよいのであります。

社会保障の規模が国民所得比で一〇％台であるのは日本とアメリカだけで、スウェーデンなどは五〇％近い率であります。社会保障の中味は大きく「医療」と「年金」と「その他」に分けられます。「その他」というのは公的扶助、社会福祉、児童手当、失業給付などをひっくるめたものでありますが、日本は他の国々に比べて「その他」の割合が極端に低い。これをせめて二倍程度に高めようというのが昨年（平成六年（一九九四年））発表された厚生省の「二一世紀福祉ビジョン」の考え方であります。

税の国民所得に対する割合つまり租税負担率は日本とアメリカが最も低くてまだ二〇％台ですが、スウェーデンなどは五〇％を超えています。税のとり方つまり税金全体に占める所得課税、消費課税、資産課税の割合も国によって大きく違い、日本とアメリカは所得税や法人税などの所得課税、言い換えれば直接税の割合が高く、フランスはその逆で消費課税、間接税の割合が非常に高い国であります。いまわが国で問題になっている消費税率も日本のように低い国はありません。アメリカは消費税は州税で、ここに書いてありませんが、あることはあるのです。スウェーデンが二五％という高い消費税をとっていることもあまり知られていないと思います。

国防費も日本のように対ＧＮＰ比一％という低い国はありません。アメリカは冷戦の時代は一〇％以上もありましたが、いまは五％ぐらいになりました。

ほかに公務員の数ですとか、貯蓄率ですとか、年間労働時間数とかいろいろな数字を載せておきました。これらにも国によって大変大きな違いがあるということがおわかりいただけるかと思います。行政改革とか公務員の削減とかいわれますが、日本の公務員の数は実は大変少ないのであります。ここに書いてありませんが、スウェーデンは民間で働く人より公務員のほうが多いといわれていますから、おそらく一〇〇〇人当たり何百人という数でしょう。

二つめの資料（第1図）はアメリカのミシガン大学の教授が世界の三七か国を対象に行った世界価値観調査という国民の意識調査の一部で、これもまたおもしろい結果がでています。「進んで国のために戦うか」という問いに対しては、中国が九〇％以上と最も肯定的な答えが多く、日本が一〇％程度と最も否定的な答えが多くなっています。また「自由と平等のどちらが大切か」という問いに対しては、アメリカやスウェーデン、フィンランド、イギリス、西ドイツなどは平等より自由をはるかに大切と思うのに対し、中国やブラジルは自由より平等をはるかに大切に思い、日本もどちらかというと平等を大切に思う国です。「人生を自由に変えられるか」という質問に対しては、アメリカやカナダ、スウェーデンなどは肯定的な答えが多いのに対し、日本は否定的な答えが多い国であるということがわかります。

3　最も恵まれている日本

さてこの表（第1表）をごらんになって皆さんはどのようなご感想をおもちでしょうか。私はまず先進国、民主主義、市場経済といわれている国にもいろいろな国がある、いずれの国も経済の低成長や財政赤字、高い失業率に悩んでいますが、日本は住宅、公園の広さなどを別にすれば、全体としては最も恵まれている国であるということであります。第一に所得は一番高くて税金が安い、もっとも所得税の累進度合いは日本は非常に高いですし、法人税も高い、有価証券取引税など外国にはない税もありますが、租税負担率全体は決して高くはありませ

第1図　世界価値観調査

「世界価値観調査」とはミシガン大学社会調査研究所のR、イングルハート教授が中心となって、世界各国に呼び掛けて実現した広範な分野にわたる価値観の国際的な比較研究のための調査である。

1. 調査地域———全国
（37か国が参加）
2. 調査対象———18歳以上の男女
3. 標 本 数———1か国当たり702〜2792サンプル
4. 実査期間———1989年11月〜1992年1月

●戦争観 ——“嫌戦”意識の強い日本人

ここで非常に日本に特徴的なことは、仮に戦争になった場合進んで国のために戦うという意欲が非常に低い（10.3%）ことである。こうした“嫌戦”の態度は、イタリア（24.8%）、西ドイツ（31.4%）など、第二次世界大戦での敗戦国にも共通してみられる。その中でもとりわけ日本が、圧倒的に低い数値を示したことは、「平和」あるいは「非戦」思想の浸透を反映するものといえる。しかも20代30代の若者層では、半数近く（約48%）がはっきりと拒絶の意を示していることは特筆すべき点であろう。

進んで国のために戦うか

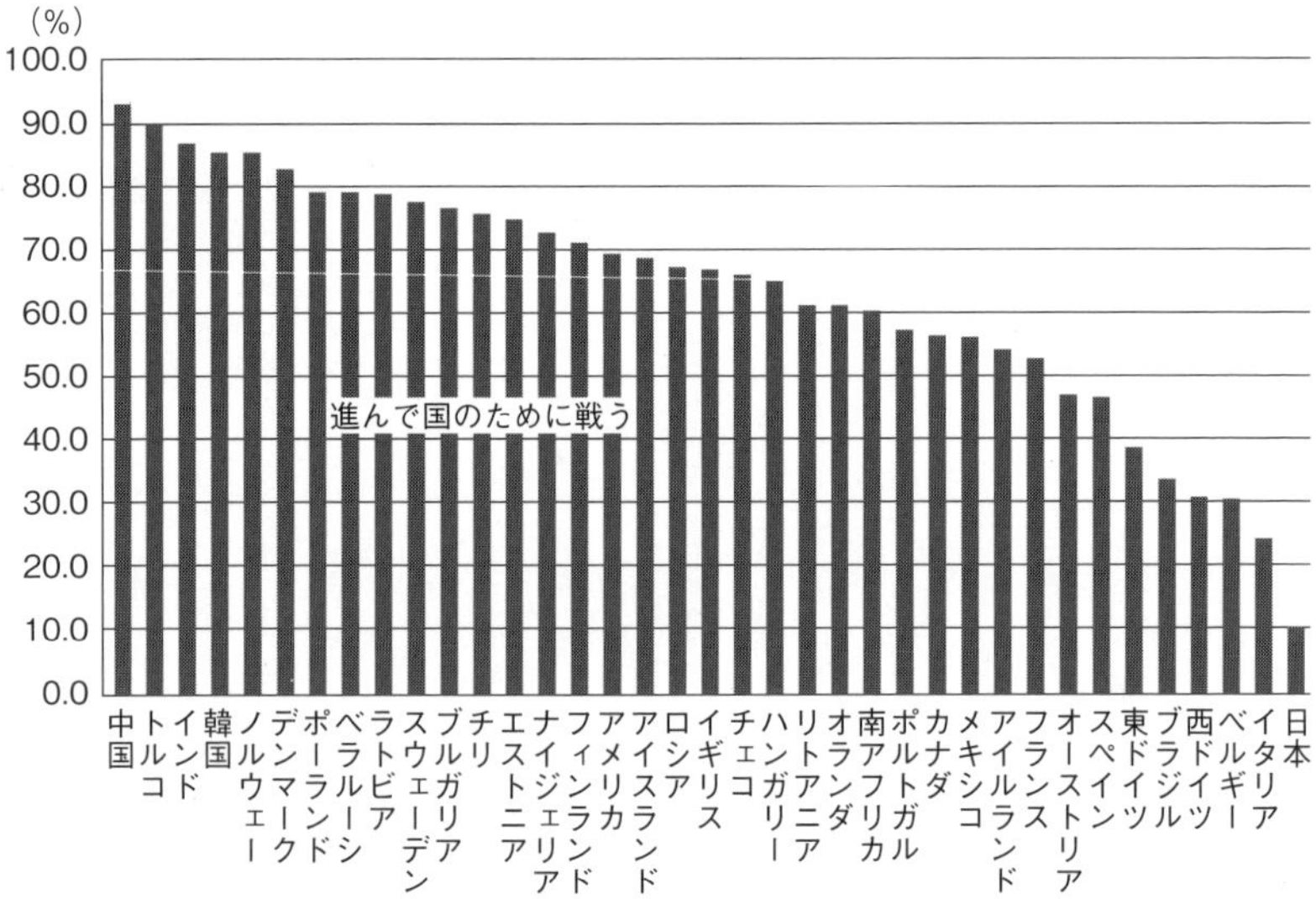

（次頁に続く）

⑷ 日本はどのような国をめざすのか（Ⅱ）

●自由か平等か――相対的に平等志向の日本人

「平等」をより大切とする国は、中国（63.1％）、ブラジル（57.6％）などの11カ国である。また、平等重視者の割合を自由重視者の割合で除した数字、「平等重視比率」でみると、日本は14位と、相対的に「平等志向」の国である。

自由と平等のどちらが大切か

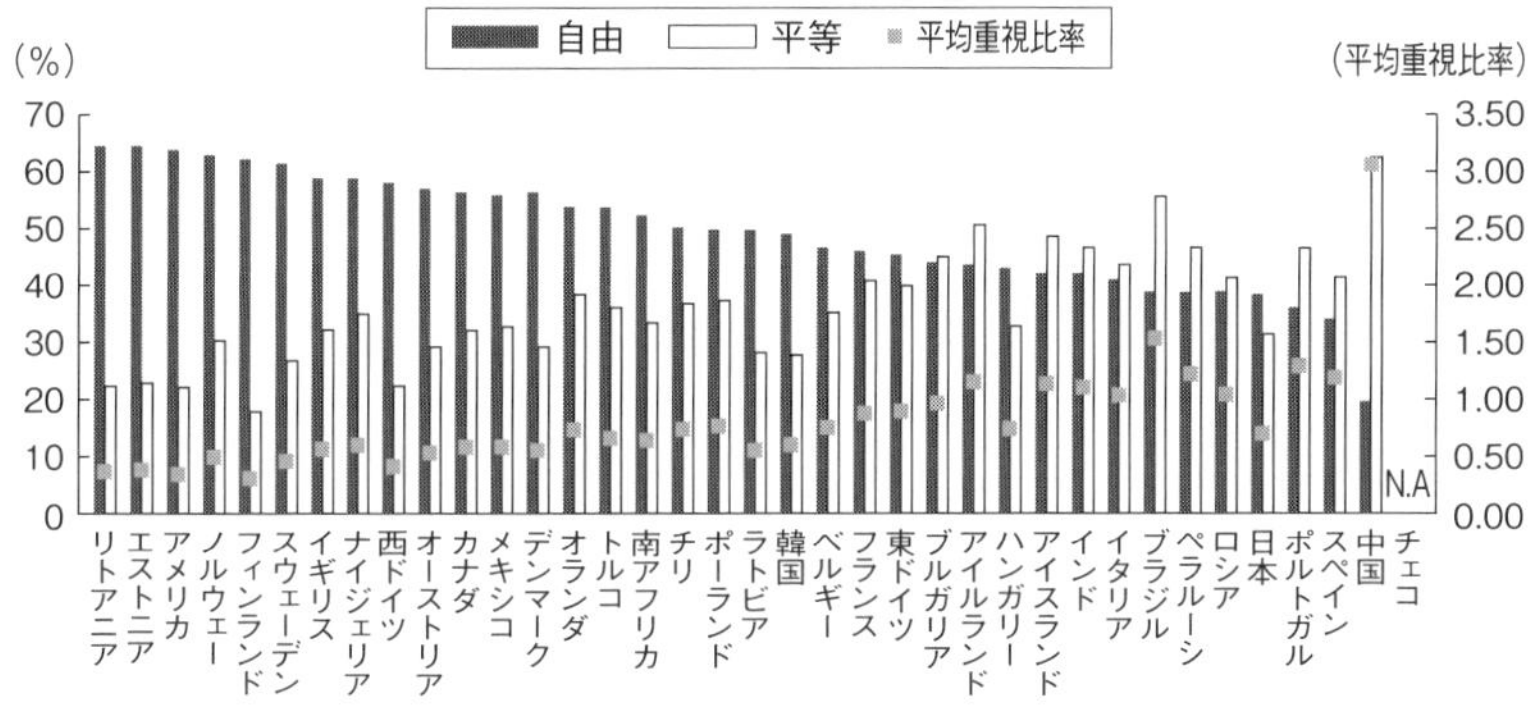

＊平均重視比率：平均の方が大切／自由の方が大切

●人生の自由度――中途半端を生きる日本人

自分の人生を自由に動かす事ができるか否かを尋ねたところ、10段階評価での37カ国の平均値は、6.66（中間値は5.5）を示した。フィンランド、アメリカ、カナダ、韓国、スウェーデンなどが高い。日本は10段階評価でも平均値が5.47、また6～10と回答した人の割合も45.9％と、37カ国中35位であった。

人生は自由に変えられるか否か（10段階評価で）

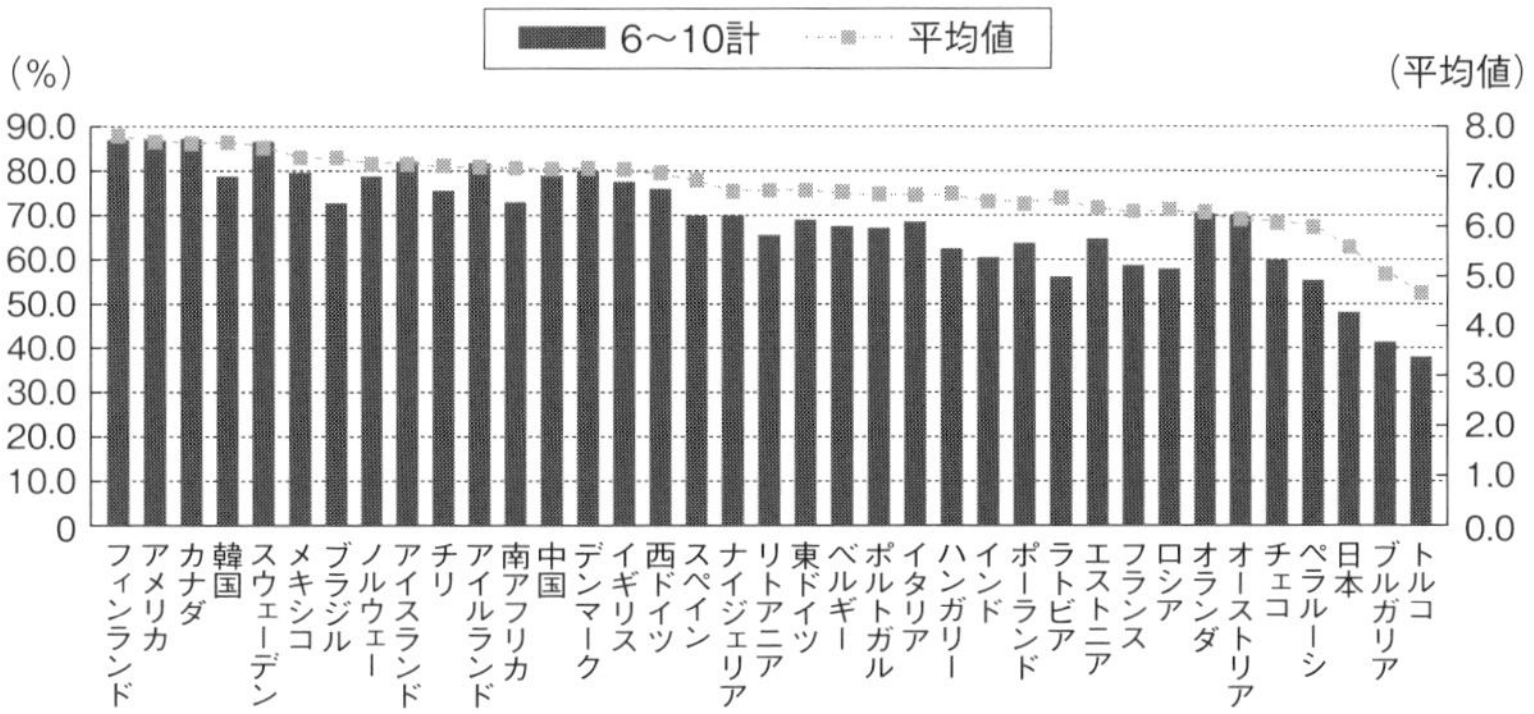

ん。

社会保障はどうかというと、給付の規模全体は低いですが、生活保護とか、失業が少ないために低くなっているということもあり、児童手当を別にして社会保障が制度の面で遅れているということはありません。失業率は最も低い、そして実によく働き、よく貯金する国民であるということが数字にはっきりあらわれています。日本のように国防費が低い国も、ありません。

しかし一人当たりGNPがドル換算で世界一といってもとてもそんな実感はありません。その最大の理由はこの表には物価の比較がありませんが、物価が高い、円の実質購買力がそんなにないからであります。東京とニューヨークの物価を比較しますと、食料費は東京はニューヨークの一・六倍、家賃は一・八倍、背広やワンピースは二・五倍、水道代や電気代は二倍であります。ニューヨークだけではありません。私どもがヨーロッパなどへ旅行して一流のレストランで最高級のワインを飲んで食事をしても、日本では一人二万円も三万円もするのに、一万円前後ですみますし、タクシーに乗って一〇〇〇円も出せば随分遠くまで行けます。したがって実質購買力で比較しますと、アメリカの一人当たりGNP二万四〇〇〇ドルに対して、日本は二万一〇〇〇ドルぐらいだといわれています。とはいえ戦後の復興を終えた昭和三十年（一九五五年）当時日本のGNPはまだアメリカの約一七分の一、一人当たりの国民所得はアメリカの一〇分の一程度でありましたから、それから四〇年の間によくぞここまできたという感じであります。

経済だけではありません。数字でみる限り社会保障や税制も日本とアメリカは非常に似ております。それ以外でもいいことも悪いこともアメリカで流行っていることは一〇年後、二〇年後には必ず日本でも流行ります。

なぜそうなったのか、それは戦争で日本がアメリカに負け、戦後ずっとアメリカをいわば先生、お手本にしてアメリカのような豊かなすばらしい国になろうと一生懸命努力してきたからであります。そのため冷戦が終わって気がついてみると、日本の経済のほうが強くなっている、アメリカが面白くないと思うのは無理ありません。

4 日米の違い

しかし日本とアメリカはもともとは生いたちも国民の考え方も対照的な国であります。ご承知のとおりアメリカはいろいろな国から移民してきた人たちがつくった多民族国家であり、日本のように単一民族の国ではありません。

そしてアメリカは一人ひとりの個人の自由とか権利、能力を尊重する個人中心の社会であるのに対し、日本はいまは「家」こそなくなりましたが、個人より会社とか国家という集団とか組織を大事にし、個人は自己を犠牲にしてでもそれに奉仕すべきであるという考え方の強い国であります。少なくともいままではそうでした。アメリカは自由競争を重んずる社会ですが、日本はどちらかといえば自由より平等、競争より和を重んじ、一人だけあるいは一社だけ勝手なことや突出したりするとすぐたたかれます。日本人は何かにつけ集団で行動をし、横並びを気にする国民であります。

こうしたことから国家とか政府というものに対する国民の考え方も違います。日本では政府は小さいほうがいい、税金を上げるのは反対といいながら、実は政府に頼る気持ちが強く、何かことがおきるとすぐ政府の責任はどうなっているんだということがいわれます。明治以来国家の規制と手厚い保護、助成によって経済も産業もここまで発展してきたわけであります。

これに対してアメリカでは国家や政府はすぐ個人の自由を制限したり、権利を侵害したり、ろくなことはしない、したがって政府はないわけにはいかないが、あまり頼るべきでない、社会保障もほどほどでよいという考え方が強いのであります。

さきほどの表(第1表)ではアメリカの社会保障の全体の規模は日本より少し大きいぐらいで、医療、年金、その他の割合も日本と非常に似ていますが、実質的には大きな違いがあります。アメリカの社会保障は一九三五年大恐慌のあとニューディール政策の一環としてできた年金制度や失業対策が中心で、医療は一九六五年にできたメディケアという老人や障害者を対象にした健康保険があるだけであります。

これに対して日本の社会保障は大正十一年（一九二二年）まず最初に健康保険ができました。もっとも当時はまだ社会保障という概念はなく、労資の緊張を緩和するための社会政策、労働政策の一つとしてできたのでありまず。その後昭和十三年（一九三八年）に農村恐慌で疲弊した農村の救済策として国民健康保険ができ、昭和三十六年（一九六一年）に国民皆保険になったのはご承知のとおりであります。そして年金制度ができたのは健康保険よりはるかに遅く、昭和十六年（一九四一年）であります。

アメリカは国民皆保険ではありませんので、大部分の国民は会社や個人で民間保険に入っていますが、保険料が高いために民間保険に入れない低所得の人がたくさんいます。したがってこの表では社会保障でカバーしている医療は国民所得比で五％ぐらい、日本と同じぐらいですが、日本は医療費全体の九割をカバーしているのに対し、アメリカでは三分の一程度しかカバーしていないということを見落としてはなりません。

こういったことからクリントンが大統領になったとき、最大の内政課題は国民皆保険であるということで、ヒラリー夫人が中心になって昨年医療保険の改革案をまとめ、発表しました。それは地域ごとに健康保険組合のようなものをつくり、これに全企業の従業員の加入を義務づけ、保険料の八〇％を企業が負担し、二〇％を本人が負担する、そのうち一定部分以上は国が援助するというものでした。しかし産業界や保険業界などの反対が強く、できそうもありません。

5　政と官と民

いま日本では自民党単独政権の時代が終わって、政治家の力が弱くなり、官僚の力が強くなったと、大蔵省などに対する風当たりが大変強くなっていますが、官僚に対する国民の見方や、「政」「官」「民」の関係も日本とアメリカには大きな違いがあります。

ついこの間までＮＨＫでニューヨークのコロンビア大学教授のジェラルド・カーチスさんという人が毎週一回日本の政治や行政についての話をしておられました。この方はなかなか日本語もうまく、日本のことをよく知っておられるなと感心してきいておりましたが、日本では官僚はエリート集団で、社会的地位も高く、親は大変誇りに思いますが、アメリカではそんなことは全くありません。アメリカのエリート、ベストアンドブライテストは官僚などにはならず、大学に残ったり、民間にいくというわけです。

「政」と「官」の関係も、アメリカでは大統領が代りますと、官僚の上のほう三〇〇〇人ぐらいの人が代わります。そしてその人たちは民間の銀行や会社、大学や研究所などにいき、そこからまた別の人が役所にきます。いまアメリカの財務長官をしているルービンという人もゴールドマンサックスという証券会社の会長であった人です。

日本は大学を出て役人になれば、ずっと役人として長く勤め、局長や次官をめざします。会社に入ればその会社に長く勤めて重役や社長をめざします。また長く勤めないとえらくなれません。少なくともいままではそういう年功序列の社会でした。「政」の世界も同じで、少なくとも自民党単独政権の時代までは、衆議院では当選五回、一五年ぐらい国会議員をやらなければ大臣になれませんでした。

これに対してアメリカは、会社をいくつもかわることによって地位も月給も上がっていく、役人が民間に入り、民間人が政治家になるのも日常茶飯事であります。政治家にも民間出身の人がたくさんいます。「政」「官」「民」の間に垣根がない、出入りが自由であり、「民」に比べて「政」や「官」の地位が特に高いということもありません。

国の政策決定もアメリカでは政治家が政策を決め、官僚はその場合いくつかの選択肢、オプションペーパーを出すだけであるのに対し、日本では官僚が政策を決め、政治家に説明しているだけだということをカーチスさんは言っておられました。必ずしもそうではありませんが、日本では多くの場合役所が政策を考え、それを与党に説明して、法案を通してもらい、実施に移す、実際には政策の立案の段階から与党とは十分相談しながらすすめているのですが、役人、官僚の果たす役割が大きいことは事実であります。

なぜそうなるのか、まずいろいろな情報や資料が役所に集まり、政策を立案できる人材がそろっているのに対し、政治家、国会議員は、個人的には優秀な人がいますが、何しろ政策の立案より選挙区の世話などに時間やエネルギーをとられてしまい、また政策の立案をしようにも情報や資料は役所からとらなければならないし、スタッフもいないということがあります。最近政策担当の秘書が一人おけるようになったようですが、アメリカの議院の事務局の体制やスタッフの充実度合いとは比べるべくもありません。

アメリカでは議員は共和党や民主党という政党に属してはいますが、ある政策や法案の賛否について日本の「党議決定」というような党の「しばり」はなく、最終的にはあくまで議員個人の判断に委ねられるというのもアメリカと日本との違いといえます。

6　所得格差と階級社会

話が少し横にそれましたが、さきほどいいましたようにアメリカは自由社会、競争社会でありますので、競争や努力の結果、人によって所得や地位に違いがでるのは当然であり、所得や貧富の格差は日本よりはるかに大きいのであります。例えば社長の給料にしてもアメリカには年収一億円や二億円の人はざらにいますが、日本では大きな会社、企業でも、五〇〇〇～六〇〇〇万円からせいぜい七〇〇〇～八〇〇〇万円でしょう。

国民を五分の一ずつ五つの所得階層に分けた場合、アメリカでは一番所得の高い階層の平均所得は一番低い階層の一二～一三倍ですが、日本は二～三倍にすぎません。日本人は大部分の人が中流階級意識をもっているといわれていますが、それだけ所得の格差が少ない、平等化がすすんでいるわけです。アメリカは自由、平等を標榜しながら実は大変な階級社会で、最上層の階級の人の生活はとうてい外からはうかがいしれないといわれています。

アメリカが多くの人が銃をもち、銃による犯罪の多い銃社会、訴訟が非常に多い訴訟社会であることも、これまで述べてきたことと無関係ではありません。つまりアメリカでは自分の生命も財産も権利も、基本的には自分で守らなければならないということです。アメリカにはなんと七〇万人もの弁護士、法律家がいます。日本の弁護士の数は一万五〇〇〇人ぐらいですから、人口比にすれば数十倍です。ちょっとしたこともすぐ訴訟事件になり、負けると実際の損害額に懲罰的賠償額を上乗せしたべらぼうに高い賠償金をとられます。

泥棒に入るために人の家の屋根にあがった泥棒が、屋根が壊れていたために落ちて怪我をしたら、その泥棒が家主を相手に損害賠償の請求をしたという話もあるくらいです。夫婦でもお互いに訴訟をおこすことが認められており、離婚訴訟ならともかく日本では考えられないことです。

これもアメリカが法律によってものごとを決める社会であるからで、日本が何かにつけ、「話し合い」によってものごとを決め、解決する社会と大違いであります。従って日本でごく当たり前のこととして行われている事前の「根回し」とか、「談合」とか、法律に根拠のない「行政指導」などは、アメリカ人には理解できないことでしょう。

年金と関係の深い定年にも日本とアメリカには大きな違いがあり、アメリカには日本の定年制というようなものはありません。かつてはアメリカにも六十五歳ぐらいで退職をするという習慣がありました。ところが一九六七年年齢による雇用差別禁止法という法律ができ、一定の年齢に達したことを理由に解雇することができなくなったのであります。といっても何歳まででも働けるというわけではありません。仕事の能力、生産性が落ちればいつでも事業主は解雇することができるわけですから、大変厳しい、定年制とどちらがよいかわかりません。

7 独自の個性と文化をもった国に

以上アメリカと日本の国の違い、社会の違いということについてお話してきました。人間と同様国にもよいところと悪いところがあり、長所と短所はうらはらですから、そううまくはいかないとは思いますが、私はこれから日本は何もかもアメリカの真似をする、後追いをするのでなく、アメリカはじめ、いろいろな国のよいところだけをとりいれていく、そして日本のよいところもできるだけ残して、独自の個性と思想、文化をもった国をめざすべきではないかと思います。

これから日本が学ぶべきアメリカのよいところは何かというと、何といってもアメリカが多様で、包容力のある国だということであります。ピンからキリまで何でもある国ですが、それにしても懐の深い、開放的な国であります。これに対して日本はまとまりはよいのですが、包容力がなさすぎる、閉鎖的でありすぎます。

アメリカの大学には中国やインドなどアジアの国々からの留学生が非常に多いそうであります。こうしてアメリカはこれから大きな発展の期待されているアジアの国々の指導者を養成しているわけです。アジアの人々が近くの日本に留学に来ないで遠くのアメリカに行くのはなぜかということを真剣に考えてみる必要があります。

もう一つ日本がアメリカに見習うべき点は、建国以来のフロンティア精神を受け継いでいるということでしょう、新しいものに対するチャレンジ精神が旺盛だということであります。産業にしても、科学、技術にしても常に世界の最先端をいっているのがアメリカであります。光ファイバー、インターネットなど情報産業は日本よりはるかにすすんでいますし、医療、医学の分野でも日本でまだ行われていない臓器移植や遺伝子治療などもかなり広汎に行われています。年金の資産運用も理論的にも実際的にも日本より一〇年も二〇年もすすんでいることは皆さんご存知のとおりであります。

新しいものに対するチャレンジ精神は学生からして違います。日本の大学生は卒業すれば寄らば大樹の陰で、その時代の花形産業の有名企業に就職することを希望する人が多いですが、アメリカでは自分で何か新しいビジネスを興そう、新しい会社をつくろうと考えている学生が多く、大学に新しい会社のつくり方などの講座もあるくらいだという話をききました。

もう一つ私はこれからの日本はアジア特に中国やインドにもっと目を向けるべきだと思います。いま中国はじめアジアの国はものすごい経済成長をしつつあり、二一世紀はアジアの時代になるとまでいわれています。人口が日本の一〇倍以上もある中国がいまのような勢いで経済成長を続けていけば、経済の面だけでなく、食糧の面でも、資源の面でも、環境の面でも日本に対する影響はものすごいものになると思います。政治的に革命とか暴動のようなことがおきれば、それはそれですぐ隣の国であるだけに大変なことであります。

以上いろいろ申し上げましたが、今年に入っておきた阪神大震災とサリン事件という二つの事件は大変衝撃的な事件でした。阪神大震災によって五〇年間の繁栄が一瞬にしてガレキと化し、為す術がなかったわけであります。また日本は治安がよい、安全な国であるという神話も崩れ、いつの間にかとてつもなく恐ろしい国になっている、世界人類のために何か貢献をするなどえらそうなことがとてもいえる国ではないということを思いしらされました。バブルの崩壊以上の大きなショックであります。

この間梅原猛さんがある新聞に日本は精神世界、精神文化のたてなおしが必要ということを書いておられました。精神とか心とかという言葉でいいあらわされるかどうかわかりませんが、日本は経済的、物質的繁栄と文明のなかで何か一番大事なものを忘れ、失ってしまったという思いを深くします。まずそれをとりもどすことが必要なのかもしれません。

(厚生年金基金特別研究会講演)

(5) 未来への信頼と希望

（平成十三年十月）

最近喜んでよいのかどうか考えさせられるニュースが二つほどあった。一つは平成十二年（二〇〇〇年）に日本人の平均寿命がまた伸び、男七七・六四歳、女八四・六二歳になったというニュースである。もちろん世界一で、アメリカが平成十年（一九九八年）に男七三・八〇歳、女七九・五〇歳であるのと比べて、男は約三歳、女は五歳も違う。

ちょっと前までは平均寿命の伸びを素直に喜べたが、いまは複雑である。寿命の伸びがわが国の老人の数をますます増加させ、高齢者問題を深刻にし、年金財政を苦しくするという心配がすぐに頭に浮かぶからである。自分自身にとっても元気であれば長生きもいいが、よぼよぼになって他人様のお世話になってまで長生きをしたくはない。最近よく使われる長生きの「リスク」という言葉も長生きが必ずしもいいことではないということをいみじくもあらわしている。

もう一つのニュースは日本青少年研究所が行った日本、韓国、アメリカ、フランスの四か国の青少年の意識調査の国際比較の結果である。「二一世紀が希望に満ちた社会になるかどうか」という問に対して、「なる」と答えたのは、アメリカの約八六％を筆頭に、韓国が約七〇％、フランスが約六三％であったのに対し、日本は約三四％にすぎなかった。その裏返しといってよいのか「人生の目標」として、アメリカやフランスの青少年が「努力して高い社会的地位や名誉をえ、円満な家庭を築きたい」と答えたのが約八〇％であったのに対して、日本は約二五％にすぎず、そんなことより「今の人生を楽しんで生きたい」というのが六一％と圧倒的に多かった。「自分の国のために何か貢献したいと思うかどうか」という問に対しても、アメリカの青少年の約八〇％がそう思うと答えたのに対して、日本の青少年の約六〇％が必ずしもそうは思わないと答えた。

もう二度と戦争はせずに、平和で豊かに暮し、長生きできる国にしたいというのが戦後の日本の長い間の国家目標、国民の共通の願いであった。それが見事に達成されたいま、国民の誰もが今の生活を楽しみたいと思うのはもっともであり、喜ぶべきことであろう。しかしまだ若い青少年が未来に希望も目標ももたず、結婚し、家庭をもつことすら必ずしも必要とは思っていないとなると、喜んでばかりはいられない。

この二つのニュースは、わが国の年金制度とも無縁ではない。わが国の年金制度については、昨年から今年にかけていわゆる聖域なき構造改革の一環として厚生年金などの公的年金について大幅な制度のスリム化、縮小が図られ、企業年金についても体系的な再編と受給権保護のための新法が制定され、確定拠出年金も導入された。超高齢社会となる二一世紀において公私の年金制度を確かで揺るぎないものとするための大変意味のある画期的な改革であった。

しかし年金制度は公私を問わず国民が国家や企業を信頼し、未来に希望をもって努力し、貢献するという精神を前提に成り立っており、国民がそのような精神をもたず今を楽しむ気持ちばかり強くては制度は成り立たない。年金制度に限らず、人口の少子化に歯止めをかけ、構造改革を成功させるためには、日本の青少年が未来への信頼と希望を共有し、その実現にむけて努力できるような具体的な新しい国家像、未来像を描かないといけない。

こんなことを考えているさなか、アメリカで世界中を震撼させ、二一世紀を大きな不安に陥れる衝撃的な事件がおきた。同時多発テロである。天を仰いだ。

（みずほ年金研究所『みずほ年金レポート』No.二九収載）

(6) 年金不信論からの脱却

（平成十七年五月）

1　はじめに

まず最初に日本年金数理人会総会の記念講演に講師としてお招きいただきましたことを厚く御礼申し上げます。

いま司会の方からご紹介いただきましたように、私は昨年暮れ『わが国の公的年金制度―その生い立ちと歩み―』という本を出版いたしました。ご承知のとおり昨年わが国の公的年金制度について画期的な改革法が成立いたしました。しかしこの改革法が成立するまでの経緯を振り返りますと、国民年金の保険料の未納や保険料の無駄使いなど現行の制度やその運営についての批判や非難（あたっていることもありますが、あたっていないこともあります）に終始し、制度改革に関する本質的議論はほとんど行われないまま法案は与党によって強行採決され、成立いたしました。民主党などは、いまなおこの改革は小手先の改革で、国民の年金制度に対する不安や不信を解消するものではないと言っております。一般の世論もそのような受け止め方が多いようであります。

このような年金論議を聞いていて非常に残念に思ったのは、いまの制度がどのような理由や経緯でつくられ、今日のような姿になったのかあまり知られておらず、国民に厚生省が勝手に制度をつくり、いい加減な運営をしてきたという印象を与えてしまったということでした。

つい最近も日経新聞の経済教室にわが国の年金制度は積立方式に転換すべきであると主張している経済学者が、「わが国の年金制度が賦課方式で出発したのがそもその間違いであった」と書いておられました。厚生年金も国民年金も賦課方式ではなく、完全積立方式で出発したことをご存知ない。また先日大臣をされたこともある自民党の先生（社労族の先生ではありません）の講演を聞きました。その先生は年金について「厚生省が甘いことばかりやってきたからこんなことになった」と言っておられました。自民党の先生ですからさすがに「いい加減なこと」とは言われませんでしたが、厚生省が「甘いことばかりやってきた」と言われますと、少しひっかかるものがあります。「甘いことはいいが、辛いことはほどほどに」と言って、厚生省がいくら言っても給付の引上げはいいが、保険料の引上げや支給開始年齢の引上げはダメだといわれたのは労使であり、政治家ではなかったのですか。

お名前を言えばここにいる皆さんなら誰もがご存知の学者や政治家でもこんな風ですから、一般の人が年金制度のこれまでの沿革や歴史を知らないのは無理ありません。しかし考えてみますと知ろうにも適当な本がありません。厚生省は厚生年金保険法何十年史という本を残していますが、一般人向けのものではありません。私は昭和三十年（一九五五年）に大学を卒業し、厚生省に入りましたが、それから約五〇年以上直接、間接年金に関わる仕事をし、制度の変遷を目の当たりにしてきました。その記憶がまだ残っているうちにそれを一般の人にも読んでもらえそうな本にして残しておきたいと思って、冒頭ご紹介いただいた本を出したのであります。

そこで今日はまず私が直接関わった昭和三十年代の国民年金制度創設時と、昭和六十年（一九八五年）の基礎年金制度導入時のお話から始めたいと思います。この二つはこれまでのわが国の年金制度の歩みのなかで最大の出来事でありましたし、実はいま大きな問題になっている年金制度の一元化や税方式化の議論とも密接に関わっているからであります。

2　国民年金創設時の話

国民年金制度は、昭和三十四年（一九五九年）に法律がつくられ、無拠出制年金が昭和三十四年（一九五九年）十一月から施行され、拠出制年金は昭和三十六年（一九六一年）四月から保険料の徴収が開始されました。

昭和三十年（一九五五年）頃の日本がどんな状況にあったかといいますと、総人口はまだ九〇〇〇万人に達していない八九〇〇万人、六十五歳以上の老齢人口は四八〇万人、五・三%でした。平均寿命は男子六三・六歳、女子六七・七歳です。一方〇歳から十四歳の年少人口は三〇〇〇万人、総人口の約三分の一に相当する三三・四%で、出生率は二・三七でした。

全就業者数は四二〇〇万人ほどでしたが、農業などの第一次産業の就業者が四一%も占めていました。製造業の勤労者の平均賃金は月額一万六〇〇〇円程度、大学出の公務員の初任給は八〇〇〇～九〇〇〇円程度でした。

戦争に負けたわが国は、昭和二十七年（一九五二年）にサンフランシスコ平和条約が締結され、独立を回復します。昭和三十年（一九五五年）に自由党と民主党が一緒になって自由民主党が結成され、左右社会党も統一、自民党と社会党中心の五十五年体制ができあがります。

経済は昭和二十年代に戦後の復興期を終え、昭和三十年頃から高度成長期に入ります。国民生活も昭和二十七、二十八年頃に昭和九～十年頃の戦前の水準まで回復します。わが国は戦争を放棄し、経済的に豊かで、社会保障が充実した福祉国家になることを目標とします。

昭和二十年代の厚生省の仕事の中心は生活困窮者の保護や孤児の救済、伝染病の予防や結核対策、健康保険や厚生年金の再建でした。昭和三十年代に入るとまだ一部の国民にしか適用されていなかった医療保険と年金制度を全国民に適用するための国民皆保険と国民皆年金が社会保障の大きな課題となります。

わが国の年金制度はまず明治のはじめに軍人や官吏を対象とした恩給制度ができます。次に明治の終わりから大正にかけて鉄道や林野など、国の現業事業の雇用人を対象に共済組合ができます。民間の労働者についても昭和十四年（一九三九年）に船員を対象とした船員保険法ができ、昭和十六年（一九四一年）に民間の工場労働者を対象に厚生年金保険法（最初は労働者年金保険といいます）ができます。戦争に負けて軍人恩給は一時停止されますが、昭和二十八年（一九五三年）に復活されます。厚生年金保険法も戦争で機能停止状態になりますが、昭和二十九年（一九五四年）に姿を変えて再建されます。

しかしこれらの年金制度の適用を受けているのは一二〇

〇万人、全就業者の三分の一程度で、また全就業者の半分近くを占めていた農業などの自営業者や零細企業の従業員には何の年金制度もありませんでした。

昭和三十年頃から全国民を対象とした国民年金の創設を求める声が出はじめ、昭和三十三年（一九五八年）の総選挙でそれが自民、社会両党の選挙公約になります。当時の厚生省は、国民皆年金はいずれやらねばならないとしても、国民皆保険が先であり、両方同時に進めることは無理と考えておりました。しかし自民党が選挙に勝ったために、昭和三十四年（一九五九年）からの国民年金の実施が至上命令となります。そのため厚生省は小山進次郎さんという人を責任者とする国民年金制度立案のためのプロジェクトチーム（作業班）をつくります。一方自民党にも野田卯一さん（今の野田聖子さんのおじいさんにあたる人です）という人を委員長とした国民年金制度創設のための特別委員会がつくられ、昭和三十四年（一九五九年）からの制度実施に向けて厚生省と自民党が一体となって取組む体制ができます。厚生省に入って間もない私もプロジェクトチームの一員に加えられ、年金とのご縁が始まったわけであります。

国民年金をつくるにあたってまず第一に問題になったのが拠出制（社会保険方式）を基本とするか、無拠出制（税方式）を基本とするかということでした。拠出制を基本とするといっても、その当時すでに高齢になっている人に年金を支給するためには税金でやるしかありません。したがって拠出制だけというわけにはいかず、少なくとも経過的に無拠出制も併用する必要があります。しかし拠出制、無拠出制のいずれを基本とするか、拠出制を基本とするとしても無拠出制を経過的、補完的なものにとどめるか、恒常的なものとするかどうかで意見が分かれました。

国民年金の対象者には所得の低い人や所得のない人も多くおられますし、すでに高齢に達している人もおられますから、無拠出制一本の制度にすべきだという意見も強かったのであります。社会党がそうでしたし、国民年金の対象者で最も多い農民を代表して、農業者団体も税金を財源とする無拠出制を希望しました。

しかし厚生省と自民党は「無拠出制では巨額の財源を必要とし、七十歳から月額一〇〇〇円程度の年金しか支給できない。老齢とか障害は誰にでもいつかは到来する、あるいは起きることが予想される事故だから、予め自らのできる範囲でそれに備えるという考え方に立った拠出制のほうが老後等の生活の支えとなる本格的な年金制度にすることができる」という理由で、拠出制を基本とし、制度発足時にすでに一定年齢以上にある人や所得が低かったために保険料が払えなかった人にだけ経過的、補完的に無拠出の年金を支給するということにしました。

第二に問題となったのは国民年金の対象をすでに既存の制度の適用を受けている者を含む全国民を対象とする制度とするか、既存の制度の未適用者だけを対象とする制度とするかということでした。

年金制度はできるだけ一本化したほうがいいし、多くの制度が分立していますとそれぞれの制度で二〇年という長い資格期間を満たさないと年金が受けられません。したがって国民年金をつくるとすれば全国民一本の制度にすべきであるとの考え方も強かったのであります。しかしその場合、既存の制度は廃止するのか、そのままにして国民年金と二重適用とするのかは簡単に結論を出せる問題ではありません。そこでさしあたって国民年金は既存制度の未適用者だけを対象にした制度とし、拠出制年金発足までに少なくとも各制度間の資格期間の通算だけはしようということになったのであります。

次に問題となったのは学生や収入のない者まで強制適用にするのかどうか、被用者年金に加入している者の配偶者をどうするのかということでした。これについても意見が分かれましたが、収入のない人も被保険者として保険料を免除することとし、被用者の妻や学生はさしあたって任意加入にするということになりました。

第三の問題は被保険者期間は何歳から何歳までにするのか、保険料の額、年金の額、支給開始年齢などの支給要件をどうするかなど制度の具体的内容です。

被保険者は既存制度に加入していない二十歳以上六十歳未満（制度発足時五十歳以上の者を除く）の全国民、保険料の額は二十歳から三十四歳までは月額一〇〇円、三十五歳から五十九歳までが月額一五〇円、年金額は保険料を原則二五年以上納めた場合に、六十五歳から月額二〇〇〇円、四〇年まるまる納めた場合は月額三五〇〇円とされました。保険料の免除期間がある場合は二五年の内、一〇年以上保険料の納付期間があれば年金が出ることにしました。国も保険料収入の二分の一相当額、給付費に対する比率に換算すれば三分の一を負担することとし、完全積立の財政方式で運営することにしました。昨年の国会で政治家の国民年金保険料の未納が問題になり、誰それには何か月の未納があることまで問題にされましたが、国民年金はもともと全期間の納付を前提にしていないのです。

一方無拠出年金は制度発足時既に五十歳を超えている人を対象に七十歳から月額一〇〇〇円の老齢福祉年金を支給することにし、また保険料免除期間が長く、保険料納付期間が一〇年にも満たなかった人にも無拠出年金を支給することにしました。これらの無拠出年金には当然のことながら所得制限がつきます。拠出制と無拠出制では年金額や支給条件にこれだけ大きな差をつけざるを得ないということがおわかりいただけるかと思います。

昭和三十四年(一九五九年)春、このような内容の国民年金法が国会を通り、無拠出年金は昭和三十四年(一九五九年)十一月分から支給が開始され、拠出制年金の保険料徴収は昭和三十六年(一九六一年)四月から始まりました。無拠出年金はアメ玉年金と揶揄されながらも、当時のお年寄りにはおかみから年金がもらえるなんて夢にも思わなかったと大変喜ばれました。一方昭和三十六年(一九六一年)四月から保険料の徴収が始まった拠出制年金には社会党などが全国的に猛烈な反対運動を起こし、制度が軌道に乗るまでに大変な時間がかかりました。

3 基礎年金の導入

昭和五十年代に入ってわが国の経済は高度成長の時代から安定成長の時代に入ります。年金制度も昭和四十年代の急速な給付改善の時代から制度間格差の是正、統合の時代に入ります。なかでも民間の被用者を対象とした厚生年金と国家公務員や地方公務員を対象とした共済組合に給付の面でも負担の面でも大きな格差があることが年金の官民格差として国会などでも問題になり始めます。同時に共済組合として最も歴史の古い国鉄共済組合の財政悪化が問題になり始め、年金制度は統合の方向にもっていくべきであるという意見が強くなってきます。

このような状況の中で、昭和五十二年(一九七七年)社会保障制度審議会(会長 大河内一男氏)は、「皆年金下の新体系」として、わが国の年金制度を新たに目的税として所得型付加価値税を創設して、それを財源に全国民を対象に基本年金制度を創設し、その上に現在の社会保険方式の年金を上乗せする二階建ての体系に再編成することを建議します。

この建議はなかなか魅力的な構想でしたが、新たな目的税である所得型付加価値税というものがどういう税なのかよくわからない、また果たして現在の制度から新体系にうまく移行できるかどうかなどについて疑問がありました。

厚生省は厚生省で大臣の私的諮問機関として年金制度基本構想懇談会（会長　有沢広巳氏）をつくってこれからの年金制度のあり方を検討してもらいました。その懇談会は、わが国の年金制度はこれまで通りの社会保険方式を堅持すべきであるという考え方にたって、これまで自営業者だけを対象としていた国民年金の対象を被用者を含む全国民に拡げ、それを全国民共通の一階部分である基礎年金とし、被用者についてはその上に報酬比例の年金を上乗せするという仕組に変えてはどうかという報告書をまとめました。二階建ての年金体系にする点では両者は同じですが、一階部分の年金について制度審議会は新たな税方式の年金、厚生省の懇談会はこれまでの社会保険方式の国民年金という点が一番大きな違いでした。

厚生省は懇談会の報告に沿って、社会保険方式による現行制度の分立を前提に、段階的に各制度間の整合性を図り､不均衡を是正していくほうが現実的であると考え､国民年金を全国民共通の一階部分とする基礎年金制度を創設し、二階部分の報酬比例の年金を支給する被用者年金は昭和七十年（一九九五年）を目途に制度の統合、一元化を図る方針を閣議決定しました。

厚生年金などに加入している被用者にも国民年金を適用するといっても、厚生年金の加入者がこれまで支払っていた厚生年金の保険料とは別に、国民年金の保険料まで支払うようにした訳ではありません。給付はこれまでの厚生年金の定額部分を国民年金と同じにし、すでに年金をもらっている人の給付水準も給付体系も大きく変わらないようにしました。保険料や給付が大きく変わるのは厚生年金に加入している夫の専業主婦の妻で、これまでは夫が厚生年金を受けるようになった場合、夫の年金の加給対象にはなりますが、国民年金に任意加入しない限り、自分の名前では年金を受けることはできませんでした。これからは国民年金の保険料を払わずとも（夫の厚生年金保険料の中にその分も含まれているという考え方です）国民年金の被保険者になり、六十五歳になれば自分の名前で国民年金つまり基礎年金を受けられるようになったということであります。

これがいま働く女性の人から不公平といわれている国民年金の第三号被保険者の問題でありますが、当時は働く女性は厚生年金、専業主婦は国民年金と、女性の誰もが自分の年金を受けられるようになり、女性の年金権が確立されたと評価されたのであります。

基礎年金の導入について一番心配されたのが、国家公務員などの共済組合がこれについてくるかどうかでありました。共済組合の給付水準は厚生年金よりも高いですし、給付体系も報酬比例一本であります。しかも基礎年金の費用は各制度の加入者の頭数に応じた各制度からの拠出金によって賄われることにしたからであります。共済サイドにはいろいろ議論はあったようですが、最後にはのってきました。その背景には国鉄共済が財政破綻寸前の状態に陥っており、いずれ厚生年金をはじめとする公的年金制度全体でこれを支援していかざるを得ない、年金制度全体の統合、一元化の方向は避けられないという判断からだと思います。

こうして共済を含むわが国の全公的年金制度に基礎年金が導入されることになり、そのための法律改正案が昭和五十九年から六十年にかけて国会に提出され、六十一年四月から実施に移された訳であります。

この改革が行われたのは中曽根内閣のときで、中曽根行革の目玉は国鉄、電電、たばこ三公社の民営化だとよくいわれますが、健康保険に本人一割負担を導入した医療保険の改革と、年金に基礎年金を導入した年金改革が社会保障の分野における中曽根行革の大きな目玉だったのであります。厚生省で癌と闘いながらこのような改革案をまとめ、国会提出までもっていったのが私の二年先輩の山口新一郎さんという人ですが、山口さんは国会審議に入る前に亡くなり、私がその後を継いで法案の成立、実施までやりました。

4　昨年の改革

昨年の改革について私は大変大きな改革と評価しています。保険料は今後とも毎年少しずつ上げるが、その上限を決める、給付は逆に被保険者数の減少や平均寿命の伸び分とあわせて〇・九％程度毎年実質的に下げていく、そして保険料の上限の範囲内で財政収支のバランスをとり、制度を持続させていくという改正です。前提どおり物事が進むかどうかは別として、このような改革が果たして小手先の改革でしょうか。これを小手先の改革という人は、できるはずのない国民年金を含む全制度の一元化や税方式の制度にする以外はすべて小手先の改革ということになるのでしょう。保険料の上限を決める一方で給付にも下限をつけたのはおかしいという意見がありますす。そのために調整の幅が狭くなったことは確かですが、給付がどこまで下がるかわからないという懸念をなくすためにはやむを得ないと思います。

昨年の改革にも疑問点がない訳ではありません。まずすでに被保険者でなくなった七十歳以上で働いている人にまで在職老齢年金を適用して給付を制限することとしたのは、本来の在職老齢年金の趣旨とは違うだけではありません。社会保険の年金に実質的に所得制限、収入制限を導入するものですし、健康で能力のある限り生涯現役で働こうという気持ちにも水を差すものです。それも収入が年一〇〇〇万円も二〇〇〇万円もある人ならともかく、月四〇～五〇万円ぐらいの収入で長い間掛けた保険料は掛捨て、年金に結びつかないということになるわけで、納得できない人もいるでしょう。給付を減らしたいのならまだ先にやるべきことがありますし、少々年金の給付費を減らすより、元気な高齢者に働いてもらうほうが国としてもよいのではないでしょうか。

この改革で年金制度は一〇〇年安心だというのも言い過ぎです。そしてこれまでやってきた五年ごとの財政再計算と給付と負担の見直しはやめ、五年ごとに財政を検証するだけにとどめるというのもどうかと思います。給付と負担の見直しは不断にやるべきで、それをまったくせずに一〇〇年もつとは到底考えられません。

私はわが国の年金制度に不信はもっておりませんが、不安はもっております。今度の改革でも不安がまったくなくなったとは思いません。

その理由はまず第一にこの改革は平成十四年（二〇〇二年）の将来人口の中位推計を前提に、少子化は出生率一・三〇程度を底に平成三十七年（二〇二五年）頃には一・三九まで回復することを前提にしていますが、出生率の低下はそう簡単には止まらない、まだ当分続くのではないかと思うからです。現に改革法の成立直後、平成十五年（二〇〇三年）の出生率が一・二九になり、役所はそれを知りながら後出しをしたと言われましたが、今朝のある新聞には平成十六年（二〇〇四年）の出生率は一・二八になるだろうという記事が載っておりました。結婚年齢が遅くなり、また必ずしも一生結婚しなくてもよい、結婚しても子どもは一人でよいと思う若者が増えており、そう簡単に出生率が上向くとは考えられません。平成十九年（二〇〇七年）の将来人口推計でどのような結果がでるか、一・二から一・三ぐらいの間で低下が止まればいいのではないでしょうか。

第二に企業の年金などの社会保障への負担についての意識の変化であります。最近企業は従業員の人件費や福利厚生費のみならず、法律で義務とされる社会保障費の負担もできるだけ少なくしたいということを強く思うようになりました。戦後経済の高度成長が長く続き、企業は従業員を増やし、賃金だけでなく、教育、訓練、福利厚生、住宅、老後の生活にまで多くの費用を支出してきました。本人だけでなく、家族も含めて一生面倒をみるという意識が強く、企業の果たす社会的役割が非常に大きい企業中心の社会が形成されてきたといえるかと思います。

しかし平成に入って経済のマイナス成長が続き、企業収益が上がらなくなるにつれ、企業は人件費を中心としたコストの削減、従業員のリストラや非正規化、終身雇用の見直し、賃金の引下げなどを進めてきました。できれば社会保障から撤退したいという気持ちを強くもつようになりました。経済界が法人税より社会保険料の負担のほうが大きいのはおかしいとか、年金制度は税方式に転換すべきであると言い出したのもそのような企業の意識の変化が背景にあり、企業がいろいろな面で大きな社会的役割を果たしてきた企業中心社会が変容しつつあるように思えます。

第三に年金制度を支える現役世代、特に若者の意識の変化です。最近ニートとかフリーターとか、学校に行かない、学校を出ても就職しない、就職しても二～三年で離職する若い人が増え、何十万人あるいは何百万人にも達しているといわれています。何をしたいという希望や目標をもたないこのような若者達が国民年金の保険料を払っていないということは容易に想像できます。

なぜこのような若者が増えているのか、私などの時代は学校を出たらできれば大きな会社に就職し、五十五歳か六十歳で定年になって退職金をもらって会社を辞め、退職後は年金で生活をするというのが通常のサラリーマンの一生の姿でありました。今は仮に大きな会社に入ってもいつリストラされ、職を失うのかわかりません。長い間一生懸命働いても偉くなれるとは限りません。いつ何が起こるかわからない、将来の社会の姿、自分の姿がどのようになるのかわからない時代になってしまいました。将来の社会の姿、自分の姿がはっきりしない若者が年金の保険料を払う気がしないのは当然で、こういう若者達も年金をもらえるようにするために税方式の年金にするというのも変な話です。保険料未納者の増大はこういう将来の希望や目標をもたない若者の増加も原因というか背景にあり、制度の仕組みを変えれば未納はなくなるという簡単な問題ではないと思います。

5　年金制度の一元化

昨年の年金改革で残された最大の課題は平成二十一年（二〇〇九年）までの基礎年金の国庫負担の二分の一への確実な引上げです。財源を賄うには消費税の引上げしかないということであれば、当然税制の基本にかかわる大きな論議になります。主役は税制調査会や財務省になります。厚生労働省も年金制度自体の論議はここで一段落、今年は介護保険、来年は医療保険改革に取り組むと言っています。

一方年金改革法を成立させるにあたって自民、公明、民主の三党が合意して「年金制度をはじめとする社会保障制度改革に関する両院合同会議（会長　自民党　与謝野政調会長）」が国会にできました。そこで民主党などは年金制度の一元化や税方式の制度創設の論議から始めると言っています。与野党で社会保障全体のあり方を協議するというのはよいにしても、年金制度の一元化論議から始めるというのでは、不毛な議論のむし返しになるのは目に見えています。

年金制度の一元化は考え方が間違っているとは思いませんし、そのような方向で進んできていることはさきほど申し上げたとおりです。昭和六十一年（一九八六年）からの基礎年金の導入がその大きな第一歩ですが、それより先、まず昭和五十八年（一九八三年）に国鉄共済などの公共企業体共済組合は国家公務員共済組合に統合されました。平成十四年（二〇〇二年）には農林共済が厚生年金に統合されました。したがっていま共済組合として残っているのは国家公務員共済と地方公務員共済、それに私学共済だけであります。国家公務員共済と地方公務員共済は平成二十一年（二〇〇九年）の財政再計算期に保険料を一本化することとしておりますが、昭和七十年（一九九五年）に被用者年金の一元化を完了するという当初の目標に照らせば大幅に遅れていることは確かであります。

国鉄共済や農林共済が厚生年金に統合されたのは、財政が立ち行かなくなった、あるいはそのおそれがあるということが背景にあります。私学がいまなお統合を嫌がっているのは公立学校が共済組合であるからということもありますが、財政状態が一番よい、掛金率が一番低いということが最大の理由であります。公務員共済は、公務員という職務の特殊性ということを理由に厚生年金との統合に反対しています。特に地方公務員共済に反対の意見が強くあります。

しかし被用者年金が統合、一元化の方向に進みつつあることは確かでありますし、私学や公務員も統合しようとすれば、すぐにでもできない話ではありません。郵政も民営化されれば二七万人の職員は本来なら厚生年金に移らなければなりません。しかし自営業者などを対象とした国民年金を含めた統合、一元化は、始めから念頭にありませんし、いますぐにできる話ではありません。少なくとも自営業者などについても正確、公平に所得の把握ができることが大前提になります。仮に所得の把握が正確にできるようになっても、老後の生活実態、年金に対するニーズが異なる被用者と自営業者の年金をどうしても一緒にしなければならないとは思いません。

6　税方式の年金

基礎年金の総額は現在全部で一五〜一六兆円、それを税で賄うためには消費税率に換算して七〜八％、将来は一〇％もの財源が必要となることから、実現の可能性はまったくないといってもよいでしょう。それに税方式にすれば必ず所得制限がつき、年金の額もそのときの財政事情に大きく左右され、決してよい制度にはなりません。年金がもらえる年齢も六十五歳からというわけにはいかないでしょう。いま基礎年金をもらっている人が税方式になっても同じようにもらえると思うのは大間違いです。仮にどうしても税方式にしたければ二分の一国庫負担が実現した時点で考えればよいことでしょう。

民主党がいう全国民一本の所得比例年金を補うものとして全額税による最低保障年金をつくるというのも、全国民一つの所得比例年金が果たしてできるのか、税による最低保障年金の水準など、制度の具体的中味をはっきりさせてもらわなければ何ともいいようがありません。

日本に比較的近い先進国で税方式の年金制度をもっている国にオーストラリアとニュージーランドがあります。一昨年たまたまこの二つの国に行く機会があり、年金制度の話も聞いてきましたので、この機会に少しご紹介しておきたいと思います。

オーストラリアは人口が約二〇〇〇万人、人口の老齢化率は約一二％で非常に多民族、多言語の国であります。この国の老後の所得保障は三階建てで、一階部分がエイジペンションといわれる公的年金、二階部分がスーパーアニュエーションと呼ばれる企業年金、三階部分が生命保険会社や銀行が販売する任意の個人貯蓄、個人年金です。

エイジペンションは全額税方式で居住及び資産収入条件付きで、支給開始年齢はいま男子六十五歳、女子六十二歳ですが、女子も二〇一五年までに六十五歳になることになっています。エイジペンションの水準はそれほど高いものではありませんが、高齢者にはコンセッションといわれる医薬品や交通費の割引制度があるため、エイジペンションの水準が低いという不満はあまりないようです。

スーパーアニュエーションは一九八六年に創設され、

全雇用主に一定率の拠出を義務づけている被用者を対象とした退職年金基金です。大部分が確定拠出ですが、一部確定給付型もあります。

企業別、産業別などに大小に合わせて約二六万の基金があり、加入者数は二五五〇万人、全就業者の八八％に及んでいます。事業主の拠出率は最初は三％でしたが、今は九％になっています。日本の厚生年金の事業主拠出率よりも高いですが、企業はそれほど負担感を感じていないようです。資金の運用は個人が選び、給付は一時金又は年金あるいは両者組合せを選択できますが、一時金の選択が多いようです。政府は被用者の退職所得政策としてスーパーアニュエーションを重視する方向を打ち出しており、事業主の拠出率の引上げや被用者本人の拠出（いまでも一部あるようですが）の導入を考えています。三階部分の個人貯蓄や個人年金には税制優遇があります。

ニュージーランドは人口約四〇〇万人、老齢化率はオーストラリアと同じくらいです。ニュージーランドにはオーストラリアのエイジペンションに相当する全額普通税を財源とする税方式の年金しかありません。これがニュージーランドではスーパーアニュエーションと呼ばれています。二十歳以上一〇年間と六十五歳以上という年金要件を満たすだけで年金がもらえます。税方式の年金なのに所得要件や資産要件がないのには驚きました。ただし年金以外の収入にはしっかり税金だけは掛かります。年金は所得や資産がどうあろうとも、居住と年金要件を満たせば出す、そのかわり税金はしっかりもらう、言い換えれば収入があれば誰もが税金を払い、年をとれば誰もが年金を受けられる、それが当然という考え方のようです。税金は所得税と消費税（一二％）、固定資産税（地方税）の三つだけという簡易な税制です。

ニュージーランドの年金でもう一つ感心しましたのは、二〇年後、人口の高齢化による年金支払いのピーク時における税負担を緩和するため、二〇〇一年から毎年GDPの二％程度を積立て、株式や債券に運用し、二〇二五年には六年から七年分の積立金をもつというスーパーアニュエーションファンドという基金をつくったということです。人口高齢化のピーク時といってもニュージーランドの場合二〇％程度です。人口の高齢化がピーク時には三五％を超えるわが国は年金を税方式にし、積立金を取り崩そうとしています。この違いをどう考えたらよいのでしょうか。

オーストラリアとニュージーランドは国の規模、人口の規模は大きく異なりますが、人口の高齢化率はまだそれほど高くありませんし、経済も三～四％の成長を続けています。税金で年金をやっていながら大変だという危機感はそれほどないようです。

税金をとること、増税することがいかに難しいか一番よく知っているにもかかわらず、与野党を問わずわが国の政治家に年金制度を税方式に変えるべきであるという税方式論者が多いのは不思議です。わが国の年金制度をいま税方式に変えたり、新たに税方式の年金をつくるより、基礎年金の国庫負担率を確実に二分の一に引き上げることが先で大事なことです。消費税を引き上げて年金の国庫負担率を引き上げることについては必ずしも賛成意見ばかりではありませんし、また消費税を引き上げるなら老人医療や介護保険などにもあてるべきだという意見もあります。

中長期的に消費税をどの程度引き上げて何に使うかは、国の税制、財政、社会保障全体のあり方にかかわる大問題で容易に結論が出せる問題ではありませんから、早く議論を始めなければなりません。私個人としては消費税は最終的に一五～二〇％程度までは引き上げざるを得ないと思いますが、当面の目標は一〇％程度までの引き上げをいつまでに行い、何に使うかということでしょう。

7　おわりに

さて皆さんは次のようなことについてどのようにお考えになりますか。これは小泉さんや竹中さん、経済財政諮問会議や財務省などの社会保障改革の基本的考え方です。一見全部もっともで正しいように思われますが、本当にそうでしょうか。仮に望ましいにしても実際にできることでしょうか。

一　個人についても企業についても自由な競争、活動こそが成長や発展、活力の源泉である。規制や保護はできるだけなくすべきである。

二　大きな政府、高い国民負担率（税金及び社会保険料）

は経済の成長や企業の国際競争力を低下させる。社会保障費の伸びはGNPの伸び程度にとどめ、国民負担率は国民所得比で五〇％以下にとどめなければならない。

三　所得水準が高い国になったのだから、社会保障は国民生活の最小限のセーフティネットとして給付の対象も所得の低い者に限定すべきである。

四　社会保障制度は一元化、一本化すべきである。そして実施は民間にまかせたほうがよい。

五　どんな生き方をするか、結婚するかしないか、子どもを産むか産まないかは個人の自由である。子どもを産み、育てたいと思う人がしやすい環境をつくることが国の仕事である。

私がしいて〇をつけるとすれば一だけで、後は△か×であります。年金や医療費などの社会保障給付費の伸びをGNPの伸び程度に抑え、国民負担率を五〇％以下にとどめるというのは望ましいには違いありませんが、実際には無理であり、五五％から六〇％程度にならざるを得ないと思っています。社会保険方式で高額所得者からも保険料を取りながら、給付を低所得者に限定する考え方にも賛成できません。

二枚目のペーパーは最近出た本の書き出しの一節です。誰が書いた何という本かおわかりの方はいらっしゃいますか。社会学者の山田昌弘さんという方が書いた『希望格差社会』という本です。大変面白い本でこういう若者が増えて困るのは年金制度だけでなく、日本の国がどうなるのか心配です。政治家の人にはこういう若者がなぜ増えるのかもっと考えてもらいたいと思います。

これからの年金論議は、これまでのように役所主導ではなく、政治家主導になると思います。年金がこれだけ大きな国民的関心事、政治問題になりましたから、年金をどうするかは政治家が中心になって議論し、政治が決めるということになるでしょう。しかし政治家や政党の論議は、昨年の国会での論議がそうであったように、どうしても世論（必ずしも正しいものばかりとはいえません）や選挙、党利を意識した〝政治的〟な議論になりやすいのが心配です。また最近政府の重要な政策の方向を決めている経済財政諮問会議の社会保障改革論議は、委員に経済界のトップや経済学者が多くおり、企業や国の負担を少しでも軽くしようという観点を優先させた給付の削減、引下げ論が強いのも困ったことです。

　そういうことから最後に年金数理人の方にお願いしたいことがあります。それは企業年金に限らず公的年金についても正しいまっとうな年金論議の推進役になっていただきたいということであります。最近お役所やお役人は信用を失い、政治家に対しても、世間に対しても主張すべきことを主張しなくなりました。政治家に言われたことを黙ってやるだけになってしまいました。年金はちょっとやそっと話を聞いたり、書いたものを読んだりしただけではわかりません。長く実際に法律の条文をつくったり、数理計算をしたり、保険料の徴収や年金の裁定といった実務に携わったりしないとわからないことがたくさんあります。思いつきでいい加減な議論をされては困るのです。

　お話したいことがまだたくさんあるのに時間をオーバーしてしまいました。皆様のご活躍と年金数理人会のますますのご発展を祈念して終わります。

（日本年金数理人会特別講演）

(7) 小泉改革雑感

(平成十八年六月)

1 はじめに

雑誌『大霞』への寄稿の依頼状が原稿用紙とともに送られてきた。時間的にも気持ちのうえでもあまり余裕がないのでお断りしようかとも思ったが、最近の改革論議に関する感想や意見を述べて責をふさぐこととしたい。

小泉内閣は、「改革なくして成長なし」「小さな政府」「官から民へ」をスローガンに、総理の強い信念と気迫で数々の改革を成し遂げられてきた。景気も長い低迷から脱し、回復した。自民党をぶっ壊すと言いながら、選挙では顔ぶれの変わった自民党を大勝させた。戦後の内閣で、佐藤内閣、吉田内閣に次ぐ長期政権になり、業績の評価については意見が分かれるとしても、日本の政治を大きく変えた歴史に残る総理であったことは確かであろう。しかし、失われた大事なものも多く、日本がよくなり、未来に明るい展望が開けてきたとは必ずしも思えない。

2 年金改革

最近の改革論議で少し的外れとしか思えないものの一つが公的年金制度の改革論議である。一昨年、人口の少子高齢化が進むなかでわが国の年金制度を将来とも持続可能なものにするために、保険料の上限固定、給付のマクロ経済スライド制(給付水準を現役世代の数の減少や平均余命の伸びに応じて実質的に低下させていく仕組み)、平成二十一年(二〇〇九年)までに基礎年金の国庫負担を三分の一から二分の一へ引き上げるなどを柱とする大改革が行われた。しかし民主党はこの大改革をその名に値しない小手先の改革といい、国民年金を含む全公的年金制度の一元化を強く求めた。そのためにさしあたって被用者を対象にした厚生年金と共済年金の統合が決まった。

民主党に限らず公的年金制度を自営業者を対象とした国民年金を含めて全国民一本の制度にすれば公平でわかりやすい、安定した制度になると思っている人が多いかもしれない。しかしわが国の公的年金制度の持続性に不安の生じてきた最大の原因は、予想を超える速さで進行し、止まる気配がない人口の少子高齢化と、将来の現役世代の負担能力を超える保険料の水準と年金給付費の増大である。したがって人口の少子高齢化に歯止めをかけるとともに、給付水準を下げるなり、給付の対象者を減らして、現役世代が負担できる保険料の範囲内に将来の給付費を抑えない限り、制度は安定しない。民主党などが求める制度の一元化などは、間違っているとはいわないが、二の次の問題である。しかも自営業者を対象とする国民年金を含めた全制度の一元化は現実的には難しいし、必ずしもいい制度にはならない。職業や職域によって制度が分かれている国はいくらでもある。

わが国の年金制度は昭和五十年代までは厚生年金、船員保険、国民年金という三つの社会保険と、国家公務員共済をはじめとする五つの共済組合の八つの制度に分立していた。昭和六十年（一九八五年）に全国民共通の基礎年金制度が導入され、統合、一元化が進められ、国鉄や電電、専売などの旧公企体や農協職員の共済組合は厚生年金に統合された。現在では厚生年金と国民年金のほか、国家公務員と地方公務員、それに私学教職員の三つの共済年金がある。これらの共済年金も郵政をはじめ国の事業の民営化や独法化が進み、組合員数も次第に減少するであろうということを考えると、早晩厚生年金への統合は避けられない。

しかし厚生年金と共済年金の統合にあたって、民間の職域年金に相当する月額二万円程度の共済年金の職域年金部分や、昭和三十四年（一九五九年）に国家公務員の年金が恩給から共済年金に変わる以前の恩給期間に対する国の追加負担などまで官の特権、官民格差といって廃止すべきであるとの意見には納得しがたい。民間にも大企業はもちろん、中小企業にも厚生年金とは別にいろいろな形の企業年金や福利厚生施設があるし、公務員には労働基本権の制約など民間の労働者にはない身分上の制約や服務上の規律が求められている。いまの形のままで厚生年金にもっていくことはできないにしても、何らかの形で公務員にも職域年金部分を残すべきであろう。

昔の恩給期間に見合う財源にあてられる国の費用まで官民格差といい、恩給期間をもつ公務員ＯＢの年金を減額するというのもいかがなものか。いまなお全額国の費用で軍人恩給や文官恩給、遺族扶助料などを受けている人が一〇〇万人以上もいるが、それも官の特権であり、廃止すべきというのであろうか。

結局平成二十二年（二〇一〇年）から職域年金は廃止し、恩給期間のある公務員ＯＢの年金や文官恩給を一割程度減額するという結論になったが、この結論に何をいまさらと割り切れない思いをもつ受給者も多いであろう。

3　三位一体改革

最近の改革論議でもう一つ疑問を禁じえないのは、いわゆる三位一体改革である。厚労省が生活保護の補助金を都道府県に移譲しようとしたのに対して、都道府県が強く反対し、児童手当、児童扶養手当などの移譲、それも都道府県が国よりも多い三分の二も費用を負担する形で結着した。

都道府県が生活保護費の移譲に反対したのは、生活保護は社会保障の最も基本の制度で、全国一律に国の責任でやるべき仕事であり、都道府県に裁量の余地はないというのが理由のようである。それなら児童手当や児童扶養手当には地方に裁量の余地はあるのか、また制度の趣旨や制度ができた経緯からいって地方が二分の一以上の費用を負担する理由があるのか、数字合わせでそうなったのであれば何をかいわんやである。

私は昭和三十年代の終りから四十年代の始めにかけて本省と県の両方で直接生活保護の仕事に携わったことがある。貧困や病気で最低の生活もできない人に救いの手を差しのべ、自立を助けることは地方公共団体としても大事な仕事であり、生活保護は児童手当などよりはるかに地方でなければできない仕事である。都道府県は生活保護だけは何が何でも嫌で、国が強行するのなら、事務の返上も辞さないと言ったそうであるが、感心できない。

国は外交や、安全保障、司法など国でなければできない仕事に特化し、地方ができることはできるだけ地方でやってもらうという徹底した地方分権の考え方に立てば、医療や福祉など厚労省の仕事の大部分が地方移譲になじむ仕事であろう。そうはいっても国から独立して地方があるわけではないし、人口の少子高齢化が進むなかでこれからますます大変になる医療や福祉の仕事を全部地方まかせにしてよいであろうか。地方もそれを望んでいるわけではあるまい。医療や福祉の事務、事業の一つひとつについて国と地方の最も適切な役割と費用の分担、協力関係を築くことが大事なのではないか。

4　政と官と民

小泉政治、小泉改革によって大きく変わったものの一つが政と官と民の意識と、国の政策決定にかかわる相対関係であろう。まず官の元気がなくなり、力が弱くなった。数々の不祥事のせいもあるが、官は悪、民は善とばかり、官をたたき、官の仕事は民に移し、官の数は減らし、給与は下げる、年金も退職金も下げ、再就職もさせない、宿舎も取り上げると言われては、官の士気は低下し、優秀な人材は官にいなくなるであろう。民だけで世の中が成り立つわけではないのに、人のため、社会のために尽くすという官や公の仕事の大事さまで否定し、それでなくても希薄化しているといわれる公共心を国民から失わせてはいないか。

官の力が弱まったのに対して、相対的に政の力は強まった。しかし政の質は下がったのではないか。失礼ながら与野党を通じて人生経験や社会経験に乏しく、こんな人に日本の将来をまかせていいかと思わざるを得ない幼稚で未熟、常識や品位を欠く政治家が目につくようになった。国会は国政について真剣、冷静に討議するより、不祥事やスキャンダルの糾弾、行政のあらさがし、与野党間の罵り合いのような場になった。民主党の偽メール事件はお粗末の限りであったが、野党にはこれに類する的外れでいい加減な質問や追求が多い。

民はどうか、国の政策決定への発言権や影響力が強まり、景気も回復し、元気を取り戻してきた。しかし行政の実際を知らない学者の意見や提言には、非現実的なことが多く、経済界は、ビジネスや利益の拡大のことしか念頭になく、その主張は規制の撤廃や、税、保険料などの公的負担の軽減や抑制につきるといっても過言ではない。昨年から今年にかけて民のあらゆる分野で偽装や偽計、不正、粉飾、捏造などが当り前のように行われていることが明るみに出た。企業や個人がしたいことを何でも自由にできるようにすることが経済を活性化させると民が言い、政がそれをすすめるのだから、ホリエモンのような人が出てきても不思議ではない。

官は反省すべき点は謙虚に反省しなければならないし、変えるべき点も多いが、国を思う志、気概は失ってほしくない。しかし謙虚でなければならないのは政も民も同じである。国の政策は政治家が決めるというのなら、政治家はこれまでの経緯や歴史を含め政策についてもっと勉強し、変わりやすく、ときに間違っている世論やマスコミの意見に左右されることなく、長い目で見て真に国益にかなう政治を行ってほしい。

民は競争に勝つこと、事業や利益の拡大のみを追わず、事業が自由にできるようになればなるほど強い倫理観や自律心、大きな社会的責任が求められることを自覚してほしい。そして政、官、民の三者が信頼と協力関係の上に立って、それぞれが役割を果たして二十一世紀の日本を築き上げていってほしい。

5 おわりに

藤原正彦氏の『国家の品格』という本がいまベストセラーになっている。数学者でありながら国語教育の大事さを説き、日本人から日本人特有の情緒や感性が失われ、国家の品格の低下を嘆いている。共鳴、共感するところが多い。

検察のライブドアや村上ファンドの摘発は、ルールなき自由競争社会、市場原理主義への警鐘であり、最近のヒットである。トリノオリンピックの荒川静香の優雅で華麗極まる演技は、金メダル一個でも十個に値するぐらいの価値があった。

昨年来、ＪＲ福知山線の事故や耐震偽装事件など一体日本はどうなったのかと思わせる事故や事件が相次いだなかで、藤原正彦氏の本、検察のライブドアなどの摘発、荒川静香の金メダル、それに野球の世界一、この四つは日本もまだ望みがあるのかなと思わせた爽やかな嬉しい出来事であった。会員諸氏はどう思われるであろうか。

（財団法人地方財務協会『大霞』収載）

(8) 美しい国と年金

（平成十九年一月）

今までは想像もできなかった忌まわしい事件が多発するせいか、最近日本人の品性やモラルの低下を嘆く声が強い。家族や地域の絆、連帯感の希薄化を指摘する声もある。昨秋文化勲章を受章された瀬戸内寂聴さんは「日本がこれほどダメになったのは、戦後はただ目に見えるものだけを追ってきたからである。目に見えないものとは神仏、宇宙の摂理、人の心などである」とエッセイに書いておられる。

私は昭和三十年代始めの国民年金創設時から年金にかかわってきたが、その当時から現在に至るまでの年金論議を振り返っても、日本人の心や意識の変化を感じざるを得ない。

まず第一に私どもの世代は老後の生活など将来の幸せのためには、少々つらくても若いときから努力を積み重ね、それに備えるべきだと教えられてきた。しかしいまの世代の人は、どうなるかわからない将来に備えるより、いまの生活を十分楽しみたいという意識が強い。若いときから何十年も保険料を掛けるより、老後になったら国が全額税金で年金を出せばよいという意見が多くなった。

第二に利己的、打算的になり、損得意識が強くなった。公的年金では納めた保険料の額ともらえる年金の額が人によって世代によって大きく異なるのは当然であり、やむを得ないのに、それがなかなかわかってもらえない。年金について自分が払った保険料ともらえる年金の額がはっきりわかるように個人勘定を設けてはどうかという意見すら出てきた。

第三に国や官の権威が失墜し、国や官に対する国民の信頼感が著しく低下した。年金制度の不安の最大の原因は、予想をはるかに超える寿命の伸びや人口の少子高齢化にあるのに、多くの国民はそうは思わず、国や官の制度の管理運営に問題があったからだといい、年金制度の民営化論が強まっている。

もう一つ加えればこれまで日本人の美徳や長所とされてきた丁寧さや緻密さ、奥ゆかしさがなくなってきた。昔に比べて年金に対する国民の関心がはるかに高まり、年金論議が盛んになったのはよいが、十分な検証や吟味なしの粗雑で乱暴、無責任な論議が多い。

このような日本人の心や意識の変化を一概に悪いとはいえないかもしれない。しかしこのような状況が続けば日本の現在の公的年金制度の維持は困難となる。わが国の年金制度の維持可能性は、給付と負担の均衡といった単なる財政問題ではない。

昨年九月に発足した安倍新内閣は「美しい国創り」を目標としている。わが国の政治は戦後一貫して「豊かな国創り」を目標としてきた。それを捨てたわけではなさそうであるが、安倍さんの胸中には日本は豊かになったが、かつての日本がもっていた美しさが失われつつあるという思いがあるかもしれない。

美しさには自然、文化、芸術などいろいろな面があるが、人間の心の美しさは最も大事な美しさの一つであろう。日本を美しい国にするためには、まず日本人の心を美しくしなければならない。美しい心とは、この世に生を受けたことを喜び、感謝し、精一杯生きようとする心、損得勘定抜きに恵まれない人や弱い立場にある人を思いやり、社会のため、人のために貢献する心などであろう。だとすれば年金論議に見られる日本人の心の変化はどのように考えればよいのであろうか。

「美しい国創り」と年金は無関係ではない。国や官が信頼を回復し、わが国の年金制度が日本人の美しい心に支えられた制度になることを心から願わずにいられない。

（財団法人年金シニアプラン総合研究機構『年金と経済』収載）

(9)　年金政策の回顧と展望—日独の比較—

（平成二十二年一月）

1　はじめに

昨年（平成二十一年）十一月、三日間にわたって財団法人医療経済研究機構の主催により、日独の行政経験者と学者で「日独社会保障政策の回顧と展望—医療保険と年金を中心に—」と題するワークショップとシンポジウムが開催された。日本の行政経験者の一人として私も参加した。大変興味深い有意義な会議であったので、年金制度を中心に、私個人の感想を含め、その概要をご紹介したい。

2　制度の創設と戦後の再建

日独の年金制度はいずれも社会保険の制度であるが、歴史をふりかえってまず感ずるのは制度の歴史の長さの違いである。

ドイツは、社会保険の創始国といわれるだけあって、廃疾老齢保険法ができたのは一八八九年で、約一二〇年の歴史をもっている。日本に被用者を対象に社会保険としての年金制度ができたのは昭和十四年（一九三九年）の船員保険法、昭和十六年（一九四一年）の労働者年金保険法（昭和十九年（一九四四年）に厚生年金保険法と改称された）であるから、約七〇年の歴史しかない。

そして、健康保険や介護保険などと同様に、ドイツが先行し、日本がそれにならい、そのあとを追うかたちで今日に至っているが、全体として日本はいまなおドイツに見習うべき点が多い。

制度の発展過程で日独で大きく異なるのは、ドイツが民間の労働者や職員などの被用者を対象とする年金制度を中心に発展し、一九五七年に農業者を対象とする年金制度ができ、一九七二年に自営業者は労働者年金保険か職員年金保険に任意加入できるようになり、徐々に適用が拡大されていった。しかし、いまでも厳密な意味での国民皆年金ではない。

それに対し日本は、戦後が終わり、昭和二十九年（一九五四年）に厚生年金が再建されたが、その翌年の昭和三十年（一九五五年）頃から、被用者だけでなく「全国民に年金を」という世論が高まり、昭和三十四年（一九五九年）に国民年金法が制定された。そして、昭和三十六年（一九六一年）四月から農業者や自営業者など、厚生年金や共済組合に加入していない二十歳以上六十歳未満の全国民が、職業、職域、収入の有無を問わず、国民年金への加入が義務づけられ、一挙に完全な国民皆年金体制となった。

制度の発展過程で日独のもう一つの大きな違いは、両国ともに第二次世界大戦で敗戦国となり、経済も壊滅的打撃を受けた。しかし、ドイツの経済の復興は日本よりはるかに早かった。年金制度も日本ほど大きな打撃は受けず、回復が早く、一九五七年に今日に至るまで決定的な意味をもつ大改革が行われた。

年金制度はそれまでは老齢期でのミーンズテストを伴わない生計費補助という性格であったが、それが現役時代に継続して納付した保険料に比例して老齢期に失われた所得の一部を補填する賃金に代わるものという性格に変わり、四〇年加入の場合退職とともに六十五歳から本人の退職時の六四％、四五年加入の場合には七二％を支払うという目標が確立された。年金支給開始後も現役時代の生産性の向上に退職世代も与るよう年金に賃金スライド制が導入された。

日本は昭和二十二年（一九四七年）に新憲法を制定し、国民に基本的人権と生存権を保障し、社会保障の整備、推進を国の責務とした。この新憲法の理念に沿って、まず生活困窮者に対する無差別平等の考え方にたった国家扶助制度として生活保護法が制定され、次に戦前につくられ戦後機能停止状態に陥った社会保険の再生、再建が図られ、その次に国民皆保険、皆年金が計画され、達成されるという流れで、日本の社会保障制度は整備されていった。

厚生年金は、戦後保険料率が暫定的に低く下げられ、老齢年金を凍結、事実上障害給付及び遺族給付だけのための制度となっていたが、昭和二十九年(一九五四年)に老齢年金の凍結が解除され、それまで報酬比例一本であった給付体系が定額プラス報酬比例の体系に改められ、男子の老齢年金の支給開始年齢は五十五歳から六十歳に引き上げられた。

給付費に対する国庫負担も一五%から二〇%に引き上げられた。しかし保険料率は低い暫定料率のまま据え置かれ、年金の給付水準も一九五〇年代から六〇年代にかけて賃金の二割強程度の低い水準で推移し、いわばかたちだけの再建に終わった。

日独年金制度の第二の違いは、制度の分立と給付のかたちである。ドイツは職業、職種ごとに制度が分立しており、自営業者であっても、作家やジャーナリスト、芸術家などには特別の年金制度がある。連邦の官吏には日本のかつての恩給のような制度もある。

日本も一九七〇年代までは厚生年金、船員保険のほか、いくつもの共済組合があって、多くの制度に分立していたが、一九八〇年代に入って分立による各制度の給付と負担、財政状態の格差が問題となり、昭和六十一年(一九八六年)に被用者であると自営業者であるとを問わず、全国民が国民年金に加入するかたちで全国民共通の基礎年金制度が創設された。その後も年金制度は全国民一本の制度が公平であるという考え方にたって、共済組合間、厚生年金と共済組合の間での統合が進められてきた。

給付の体系も、ドイツは報酬比例一本であるが、日本の被用者年金は定額の基礎年金部分と報酬比例部分の二階建てである。ドイツでは、年金とは世代間の契約による退職者に対する賃金に相当するものであり、給付は現役時代の賃金に応じて支払われた保険料(貢献度)に比例するものでなければならない。それに対し日本では、年金は私的扶養を社会化した世代間の扶養の仕組みであり、社会保障としての年金の一定部分、基礎的部分は一律であるべきだと考える。

制度は分立、給付も人により違いがあってよいというドイツと、制度も一本、給付も一律であるのが公平と考える日本、それは連邦国家、分権国家のドイツと、統一国家、集権国家の日本の違いを反映しているのかもしれない。

3　制度の改善と統一

国民皆年金が達成された昭和三十六年（一九六一年）からオイルショックのおきた昭和四十八年（一九七三年）まで、日本は年率一〇％を超える経済の高度成長を達成した時期であったが、同時に医療保険、年金制度を通じて社会保障の給付水準の大幅な改善、充実が図られた時期でもあった。経済の高度成長とともに被用者の賃金も著しく上昇したため、賃金水準と年金水準との差は開く一方であった。

そのため厚生年金の水準も昭和四十年（一九六五年）には月額一万円、昭和四十四年（一九六九年）には二万円へと急ピッチで引き上げられ、昭和四十八年（一九七三年）には年金水準を男子平均賃金の六割とする考え方にたって月額五万円とし、物価スライド制も導入された。医療保険についても給付の改善、老人医療の無料化などが図られ、日本は昭和四十八年（一九七三年）に名実ともに先進国に遜色のない水準の福祉国家になった。年金制度についていえば、日本はドイツに比べほぼ一五年の遅れであった。

ドイツの六〇年代は、五〇年代に比べて経済成長がはるかに弱まり、マイナス成長という時期すらあった。経済の停滞は二つの意味で年金財政を圧迫した。まず保険料収入の伸びが鈍化し、準備金を取り崩さざるを得なくなった。また、連邦は年金に対する補助金を引き下げただけでなく、連邦予算の歳出を社会保険に転嫁した。例えば鉱山従業員の連邦による赤字補塡責任を労働者及び職員年金保険の財政調整に転嫁した。

一九七二年のドイツの年金改革ではいくつかの点で「制度の改善」が行われた。

まず第一に、自営業者並びにその他の集団にも年金保険の途が開かれた。しかも過去(一九五六年まで)に遡って保険料を任意に納付することが認められ、多くの人がこれを利用した。

第二に、固定した年金の受給開始年齢（六十五歳）を柔軟化し、長期加入者について減額なしに男子六十三歳、女子六十歳から受給できることとした。失業者に対してはすでに特例による六十歳の早期受給が認められていたが、それに加えてとられたこの措置は、その後三〇年間、年金財政に非常に大きな負担を生じさせた。また、早期退職者を増やし、六十三歳の男子の就業率は早くも一九七四年に五〇％を切った。企業はこの措置を最大限利用し、企業の雇用削減費用を大規模に社会保険に外部転嫁させる結果になった。

第三に、最低所得による年金が導入され、低所得の長期加入者（三五年）の年金に一定の条件を満たす場合、年金額の算定において報酬に下駄をはかせた。

昭和四十八年（一九七三年）と昭和五十三年（一九七八年）の二回にわたるオイルショックを契機に、日本の経済は高度成長から安定成長の時期に変わった。成長率は半分以下に下がり、税収は大きく落ちこみ、国の財政は赤字国債への依存が年々高まっていった。そのため行政改革と財政再建が内政の最大課題となり、行政のあらゆる分野にわたって制度の改革が行われた。

年金制度は、各制度の給付と負担の格差の是正と統一、財政の調整が課題となり、昭和六十一年（一九八六年）から全国民に国民年金が適用されて、全国民共通の基礎年金制度が創設され、厚生年金や共済組合などの被用者年金は基礎年金のうえに報酬比例年金を支給するという制度に再編成された。それまで制度によってばらばらであった給付が統一され、国民皆年金が一本のきれいな姿に大きく改められた。

また、それまで国民年金の任意加入者であった被用者年金の加入者に扶養されているいわゆる専業主婦の妻は、自ら保険料を納めることなく、基礎年金の受給権が与えられた。基礎年金の財源は三分の二を各制度が加入者数に応じて持ち寄り、三分の一を国が負担することとされ、財政的にも安定した。日本の年金制度が統合への大きな第一歩を踏み出した歴史的な改革であった。

基礎年金の導入を柱とする昭和六十一年（一九八六年）の年金改革は、昭和四十五年（一九七〇年）から始まった日本の人口の高齢化に対応するための改革でもあった。日本で人口の高齢化の始まりとされる六十五歳以上人口の比率が七％を超えたのは昭和四十五年（一九七〇年）（七・一％）であった。そして二〇年後の平成二年（一九九〇年）には一二％、平成七年（一九九五年）（一四・五％）に一四％を超えた。これに対し、ドイツは一九五五年（一〇・七％）にすでに六十五歳以上人口の比率が一〇％を超えており、一九七〇年（一三・八％）にはほぼ一四％になった。つまり、人口の高齢化ではドイツが日本より二五年以上も先行国であった。

一九七〇年以降ドイツの人口の高齢化のスピードがさほど速くなかったのに対し、日本はますますピッチを早め、二〇〇〇年には日本の高齢化率がドイツを抜き、現在はドイツは約二〇％、日本は約二二％である。二〇五〇年にはドイツは約三二％であるのに対し、日本は四〇％を超えるだろうと予測されている。このような日本の群を抜いた高齢化のスピードの速さと、高齢化率の高さがもたらす社会的問題や経済的影響は、ドイツより日本のほうがはるかに大きい。

人口の高齢化の始まりとともに、日本の年金給付費は急激に増加し始めた。昭和四十五年（一九七〇年）にはまだ年間一兆円にも満たなかった年金給付費は、昭和五十五年（一九八〇年）には一〇兆円を超え、平成二年（一九九〇年）には二四兆円にも達した。

このような年金給付費の急激な増加の原因には、オイルショックによる物価の急騰による年金額の大幅な物価スライドもあったが、厚生年金の支給開始年齢がまだ六十歳であるため、人口の高齢化の進行以上の年金受給者の増加が原因であった。

そのため一九八〇年代に入って年金の支給開始年齢の引き上げの必要性が強く認識され始めたが、企業の定年制がまだ大半が五十五歳であったこともあって、支給開始年齢の引上げには労使が強く反対し、政治もこれを許さず、昭和五十五年（一九八〇年）、昭和六十一年（一九八六年）及び平成元年（一九八九年）の改革で三たび見送られた。年数でいえば二〇年以上先送りしたことになり、のちの年金財政に与えた影響は大きい。

4　制度の持続性維持のための努力

一九八九年に、日本にとってもドイツにとっても、あるいは世界にとっても、時代の転換を象徴する出来事が起きた。ドイツでベルリンの壁が崩壊し、東西冷戦が終結、翌九〇年東西ドイツが統一された。東西ドイツの統一は、ドイツの公共財政にも社会保険財政にも著しい負担をもたらした。しかも、費用の多くは社会保険が負担し、それが原因となって制度の財政健全化の必要性が生じた。

日本では昭和の時代が終わり、平成の時代に変わった。その後間もなく政治は昭和三十年（一九五五年）以来続いた自民党の長期単独政権の時代が終わり、経済はバブルが崩壊、長期の不況と金融不安の時代に陥った。人口の高齢化率も平成二年（一九九〇年）に日本は一二％、ドイツは一五％を超えた。

こうした大きな時代と環境の変化から、日独とも年金制度の持続性に大きな懸念がもたれ始めた。そのため一九九〇年代から今日に至るまで、できるだけ保険料の上昇と給付の増加を抑制して、将来にわたって財政収支の均衡を図ることが年金制度の最大の課題となった。日独を通じて年金額のネットスライド制の導入、支給開始年齢の引き上げ、保険料の上限固定、人口動態の変化に応じた年金額の自動調整の仕組みの導入など、多種多様な給付の抑制策が講じられた。

日本では、平成六年（一九九四年）と平成九年（一九九七年）に定額部分と報酬比例部分に分けて、男子は平成三十七年（二〇二五年）、女子は平成四十二年（二〇三〇年）までに、厚生年金の支給開始年齢が六十歳から六十五歳に引き上げられることが決まった。

また、平成六年（一九九四年）には年金額の名目賃金スライド制がネットスライド制に変更され、平成九年（一九九七年）には保険料率の総報酬制が導入された。厚生年金の適用年齢も六十五歳から七十歳まで延長された。平成十六年（二〇〇四年）には激しい論議のすえ、保険料の上限が一八・三％に固定され、年金水準を被保険者数の減少や平均寿命の伸びに応じて、現在の六〇％弱から五〇％まで引き下げていくマクロ経済調整の仕組みが導入された。基礎年金の国庫負担率も平成二十一年（二〇〇九年）から三分の一から二分の一に引き上げられることとなった。

ドイツでは、一九九二年に年金の受給開始年齢の柔軟化を目的に一九七二年に導入された男子六十三歳、女子六十歳という早期受給開始年齢が段階的に原則どおり六十五歳に引き上げられた。保険料率や連邦による税財源による補助も引き上げられ、これに連動して年金水準を引き下げていく自動調整の仕組みが導入された。

二〇〇一年には現在労使あわせて一九・九％の保険料水準を二〇二〇年までに二〇％、二〇三〇年まで二二％を上回らないようにするという目標が法律に明記された。公的年金水準の低下を補うため、連邦の補助と税控除つきの任意の積立式の民間個人年金（リースター年金）も導入された。二〇〇四年からは年金額の算定に平均寿命の伸びだけでなく、年金加入者に対する受給者の比率を加味した持続可能性係数を用いることとされた。

こうしたことによってドイツの標準年金の所得代替率（日独で標準年金の定義が違うので単純に比較できない）は、二〇〇八年の五〇・三％が二〇二〇年には四六％、二〇三〇年には四三％まで下がると予想された。そしてそのとき行政は適切な措置を提案するという水準維持条項が設けられた。二〇〇七年には年金の支給開始年齢を二〇一二年から二〇二九年にかけて六十五歳から六十七歳に引き上げていくこととされた。

5　日独年金制度の次の課題

日独の年金制度の次の課題は何か。まず日本の年金制度は今大きな岐路、転換期に立っている。それは先の総選挙で日本の年金制度を全国民を対象とした社会保険方式の年金と、税方式による最低保障年金を組み合わせた仕組みに大きく変えることを選挙公約に掲げた民主党が大勝し、政権が交代したからである。

民主党案の具体的内容はまだ明確でないが、国民の所得の把握や財源の確保など、事前にクリアすべき問題が多く、新制度への移行にも長い年月を要することから、その是非、実現可能性については大きな疑問がある。年金制度の不安を解消するどころか、新たな不安、不公平を生じさせるおそれもある。

いますぐにでもしなければならない日本の年金制度の課題は、基礎年金の国庫負担二分の一の安定した財源確保のための消費税率の引上げである。消費税率の引上げは基礎年金のためだけでなく、医療や介護、民主党政権が今年から始めようとしている子ども手当など、年金以外の社会保障の財源確保のためにも避けて通れない。しかし、前の自公政権は消費税率の引上げを先送りした。新政権も少なくとも四年間はこれを封印しようとしている。

日本の年金制度のもう一つの課題は、厚生年金の支給開始年齢の六十五歳への引上げスケジュールをもっと早め、年齢もドイツにならって六十七歳ないし六十八歳くらいに引き上げることである。

男女とも平均寿命がほぼ八十歳を超え、九十歳まで生きる人が多い時代になって、年金を六十歳から支給し、男女ともに六十五歳になるのは二〇三〇年というのはあまりにも悠長にすぎないか。幸い日本人は元気である限り、働く機会があれば働きたいと思っている人が多い。それは日本の強みであり、貴重な資産である。それを活かせば年金の支給開始年齢を原則六十七〜六十八歳程度に引き上げることも決して無理ではない。

ドイツの年金については、元連邦労働社会省事務次官のテークトマイヤーさんは、「保険料に上限を設け、そのなかで年金水準を引き下げていくことは、老齢保障を目的とした公的年金の内的正当性を問われかねないパラダイムの大転換であり、社会の連帯、結束にもかかわる問題である」。しかし「どの時代の給付であろうと、その時代に生み出された付加価値の中からしか年金は支払うことができない。年金制度の持続性を維持するためには、付加価値を創造する年齢集団と退職者集団のバランスの崩れに何らかの手を打つ絶対的必要性がある。そのためには就業人口の増加や生涯就業時間の延長などの雇用対策が重要である。生涯就労時間を増やすには年金受給開始年齢だけでなく、就業開始年齢にも同程度の重要性をもって注目しなければならない」。また「ドイツが東西ドイツの統一コストや少子化対策など社会全体で取り組み、連邦政府が負担すべき費用を社会保険や年金制度に委ねたことは、制度に大きな悪い影響を与えた」といっておられた。

テークトマイヤーさんが雇用対策の重要性をことさら強調される背景には日本の倍近いドイツの失業率の高さがある。ドイツの失業率は一九七〇年代までは多少上下はあっても、おおむね五％未満であったが、一九八〇年代に入ってから次第に高くなり、一九九〇年代には一〇％を超え、二〇〇五年には一三・〇％に達した。日本の五～六％のほぼ倍である。旧東独地域の失業率は二〇％近くであり、失業者数は東西合わせて五〇〇万人に近い。そのなかには若年者も多い。ドイツで雇用対策が優先度の極めて高い政策であるのもうなずける。

6　社会国家としてのドイツ

医療保険などを含め、日独の社会保障全体の規模や姿を比較すると、日本よりドイツのほうがはるかに高福祉・高負担の国である。社会保障給付費の対国民所得比は、日本が約二五％であるのに対し、ドイツは三七％である。年金給付費の対国民所得比は、日本一四％、ドイツ一六％、医療給付費の対国民所得比は、日本九％、ドイツ一〇％とさほど変わらないが、介護保険や失業保険、児童手当、社会扶助など、医療、年金以外の給付費の対国民所得比は、日本はわずか二％であるのに対し、ドイツは一一％である。

社会保険料全体の対国民所得比は、日本が一五％、ドイツは二四％、被用者の社会保険料率は、事業主と本人分と合わせて日本は二四％、ドイツは三九％と大きな開きがある。

社会保障が適切に機能するためのインフラともいうべき制度もドイツは完備している。社会保障に関する統一法典ともいうべき社会法典があるし、社会保障番号や納税者番号もすでに整備されている。社会保障に関する権利の救済や紛争処理のため、社会裁判所という特別の裁判所がある。

日本では、いま高齢者の医療をどうするかが大きな問題になっているが、ドイツでは現役を退職するとすぐ年金受給者のための医療保険制度に入り、年金受給者の保険料は年金保険者と本人とで折半負担している。

また、日本の生活保護にあたる社会扶助制度のなかには、六十五歳以上の生活困窮者や低額年金受給者が、緩やかな条件（資産調査の対象が夫婦に限られ、親族に対する事後の償還請求は行われない）で社会扶助を受けられる基礎保障という制度がある。

租税負担の対国民所得比も日本は二五％、ドイツは二八％で、ドイツのほうが高い。ドイツの消費税率は一九％であり、すでに環境税も導入されており、その一部が年金財源にあてられている。日本は、租税負担のうえでも、社会保険料負担のうえでも、ドイツと比べるとまだまだ余裕がある。余裕があるというより上げるべき租税負担や社会保険料負担を上げずにきたというのが実態であり、正確であろう。そのためいま国の財政は危機的状態にある。

もう一つ、日本とドイツが違うと思ったのは、日本は、国は制度をつくるだけでなく、運営にも直接責任をもってあたるべきだという考え方が強い。しかし、ドイツは「社会保険は公的に組織された自助の仕組み」であり、制度をつくることと監督は国が行うが、制度の運営は国とは独立した組織によって、自分たちのことは自分たちで決めるという、「当事者自治」の考え方で運営されているということである。ドイツからみれば、社会保障とはいえ、日本は国が何もかもやりすぎているのかもしれない。

政治の姿や官僚制度も日独には大きな違いがある。偶然にも昨年、日本は八月、ドイツは九月に総選挙があり、政権が交代した。日本は戦後から五〇年以上ほぼ一貫して政権を担ってきた自民党が選挙で大敗、結党十数年余りしかたっていない民主党が大勝、政権が交代した。そして政治の姿、形のみならず、対内、対外のすべての政策が大きく変わろうとしている。年金制度もその一つである。

ドイツにはキリスト教民主社会同盟(CDU、CSU)と、社会民主党(SPD)という二大政党があり、大連立の時代をはさみ、二大政党の間で政権交代が行われてきた。昨年の選挙では、社民党が敗れ、これまでのキリスト教民主社会同盟と社民党の大連立政権から社民党が脱退し、キリスト教民主社会同盟と自由党(FDP)の連立政権になった。

ドイツでは政権が変わっても年金制度が大きく変わることはなく、根幹部分の連続性が保たれてきている。「年金制度は与野党や国民の各界、各層の間で十分論議をつくすが、政争の具にしてはならない」というのが一九五七年のアデナウアー首相時代以来の年金改革の伝統であり、それが今日まで貫かれているという。

首相や各省大臣の任期も長い。ドイツに日本の憲法にあたる基本法ができた一九四九年以来のドイツの首相は、アデナウアー首相から今のメルケル首相までわずか八人である。そのなかでアデナウアー首相は一九四九年から一九六三年まで一四年間、コール首相は一九八二年から一九九八年まで一六年間も首相に在任した。

各省大臣も日本のように一年や二年では変わらない。所管行政については専門家である。局長以上の官僚は政治任命で政権が交代すれば変わることが多いが、テークトマイヤーさんは労働社会省の総合政策局長を一二年、事務次官を一四年も務められた。

医療保険、年金制度などの社会保障について、「関係者や関係団体の意見や利害が対立し、国民的合意をうることが容易でない」ことは、日本と同様のようである。前マックスプランク国際社会法研究所所長のマイデルさんは、「政策の形成、決定について、長期的視野に立って冷静かつ合理的に判断できる政治家でも官僚でもない第三者はいないであろうか」と言っておられた。そういう政治家や官僚はドイツにも少ないということであろうか。

7　二一世紀における国家の役割

日独の社会保障や年金制度の将来を展望するとき、日独とも引き続き困難な道が続くことは覚悟しておかなければならない。

少なくとも日本の年金制度は、制度を支える三本柱ともいうべき国の人口、経済、財政にもう少し明るさが出てこなければ、明るい展望は開けない。数十年の長期的展望にあたっては、次のようなワイドでグローバルな視点で考えることが必要である。

まず第一に、二〇世紀の前半は日独とも戦争の時代であった。後半は経済の成長と発展、福祉国家、社会国家の建設が国家の唯一とはいえないまでも最大の目標であった。それは実現した。しかし、二〇世紀の終わり頃から二一世紀にかけて国の人口、経済、社会の状況が大きく変わり、福祉国家、社会国家を支える力が弱まってきた。東西冷戦が終結し、自己責任や市場原理、小さな政府を求める新自由主義の考え方が勢いを増し、福祉国家、社会国家に対する風当たりが強くなってきた。

一方、人、物、金、情報、そして疾病までもが国境を越えて瞬時に激しく移動し、一国の問題が一国にとどまらず、気象や環境、食糧、資源など人類全体の生存可能性まで懸念されるグローバルな課題の多い時代になった。EUのような国家連合が他の地域にもできるかもしれない。すでにそのような芽がある。

こういった時代の大きな、質的な変化のなかで、国家とは何か、国家は何ができるか、何をなさねばならないか、国家ができないとすれば、民間の企業や個人は何をなすべきか、を改めて考え直す必要がでてきた。また社会保障、社会政策は本質的には各国が主権をもつ国内政策であるが、人や企業の国境を越える移動や往来が盛んになると、国際的視点からの見直しも必要となるし、国家レベルを超える判断や影響も避けられない。現にEUは域内各国の経済、財政、社会政策の調和に向けての努力を強化しているという。

第二に、生産年齢人口の減少や国際競争の激化など社会保障、社会保険の大きな担い手となっている企業を取り巻く内外の環境が変わってきた。企業の意識、従業員の意識、就業形態も大きく変わりつつある。

そのなかで企業と従業員の連帯と結束の精神に基づく社会保険が、二一世紀においても今の保障水準を維持することができるか、維持するための有効な方式、ツールたりうるかということである。マイデルさんは、「社会保険の構造要素は過去数十年間に空洞化が進んでおり、社会保険という保障形態を受け入れ、信頼する姿勢は弱くなっている」と言っておられた。

第三に、ドイツでは「社会保険が本来保険になじまない給付をとりこんだり、国全体で取り組むべき課題が社会保険に委ねられたりして、次第に社会保険の本来の機能の劣化を招きつつある」という。

そして、日独とも社会保険の財源として税財源の増加を求める意見が強い。税財源を増やせるかどうかは国の財政状況にもよるが、社会保険は保険料を主財源とすべきものであり、税財源を増やせば増やすほど給付に国家の干渉が入りやすいし、制限がつきやすい。制度が国家扶助的な性格を強め、社会保険本来の機能を損ないかねない。社会保険のどの部分を税財源に委ねてよいか、保険料と税の役割分担をはっきりさせねばならない。これらの問題についてあまり論議を深める時間的余裕はな

第１表　日独主要指標比較

（日独とも直近の概数）

	日　本	ドイツ
総人口　（万人）	1億2,700 （2050年　9,500）	8,200 （2050年　6,900）
65歳以上人口（万人）	2,800	1,600
高齢化率　（％）	22（2050年　39.6）	20（2050年　33.2）
平均寿命　（歳）	男79.3　女86.1	男76.9　女82.3
合計特殊出生率（％）	1.3	1.3
国内総生産　（兆円）	500	310
国民所得　（兆円）	370	―
社会保障給付費（兆円）	95	―
対国民所得比（％）	25	37
年金給付費　（兆円）	50	―
対国民所得比（％）	14	16
医療給付費　（兆円）	30	―
対国民所得比（％）	9	10
国民負担率　（％）	39	52
租税負担率　（％）	25	28
社会保険負担率（％）	15	24
消費税率　（％）	5	19
社会保険料率　（％）	25.8	39.5
年金保険料率（％）	15.3	19.9
医療保険料率（％）	8.2	14.9
介護保険料率（％）	1.2	1.9
失業保険料率（％）	1.2	2.8
失業率　（％）	5～6	0～20

かったが、今回の会議を通じて日独の参加者が共有した問題意識であった。

会議が終わって私があらためて感じたのは、日独は共通の問題と独自の問題をかかえながら、福祉国家、社会国家を今後どのようにして維持していけばよいか、あらゆる方策を模索し、努力を続けていかねばならない。いずれ人類全体の福祉のための新たな枠組みづくりも課題になろう。

日本は、医療保険や年金制度のみならず、社会保障の枠組み全体について、内外の環境の変化に即応し、税制や雇用政策とも密接な連携を保ちながら、見直し、新しい発想による新しいタイプの制度の必要性、可能性なども含め、党派を超えて検討すべき時期にきているのではないかということであった。二一世紀を担う政治家、官僚、有識者の方々にそのような努力をすすめていただくことを強く期待したい。

（法研『週刊社会保障』No.二五六三（平成二十二年一月十八日）収載）

⑽　国民皆年金五〇年―日本の公的年金制度の歴史、特徴と今後―

（平成二十二年十二月）

1　はじめに

今年は国民皆年金発足五〇年の年にあたる。厚生年金保険法ができてからは七〇年である。この間日本の公的年金制度は予想をはるかに越えるスピードで大きく発展した。日本の経済も、社会も、大きく変化した。人口の高齢化率は国民皆年金当時の五％から二〇％を超える一方、この二〇年間経済の停滞、縮小が続き、日本の国民皆年金、公的年金制度の持続可能性が懸念されるに至った。

こうしたなかで民主党は日本の公的年金制度を公平で持続可能なものにするために、今の制度の枠組み、かたちを大きく変えることを公約にして政権をとった。しかし一年以上経つのに、いくつかのいわずもがなの抽象的な原則を示しただけで、その具体的な姿は全く示していない。

日本の公的年金制度の持続可能性に多くの国民が不安をもっていることはたしかである。今のままで一〇〇年安心であるといわれても誰も信じない。しかし公的年金制度の枠組み、形を根本から変えることがいかに難しく、大変なことであるか、そしてまた枠組み、形を変えるだけでは、年金制度を持続可能な制度になしえないということを民主党はわかっているのであろうか。年金制度の枠組み、形を変えるか、変えないかということは、民主党のある国会議員がいった野球をするか、サッカーをするか、という類の話ではないのである。

国民皆年金五〇年にあたり、皆年金創設当時から長く日本の公的年金制度にかかわってきた者として、その歩んできた道をふりかえり、日本の公的年金制度の特徴と問題点をふまえ、今すぐにでもなすべきことは何かを考えてみたい。本稿が大きな岐路に立つ日本の公的年金制度のとるべき道を間違えないようにするうえで少しでもお役に立てば幸せである。

2　日本の公的年金制度とその始まり

日本の公的年金制度は、国民年金と厚生年金保険、国家公務員共済組合、地方公務員共済組合、私立学校教職員共済組合の五つの制度から成り立っている。国民年金と厚生年金保険が二大制度であり、国民年金には被用者、自営業者を問わず、無業の者も含め、二十歳以上六十歳未満の全国民約七〇〇〇万人が加入している。厚生年金保険は民間の被用者を対象とする制度であり、加入者は約三五〇〇万人である。国家公務員共済組合の組合員は約一〇〇万人、地方公務員共済組合の組合員は約三〇〇万人、私立学校教職員共済組合の組合員は約五〇万人である。

日本の公的年金制度の始まりは、日本が近代国家になって間もない明治の初期、一八八〇年頃にできた軍人や国の官吏を対象とした恩給制度で、恩給制度は昭和三十四年（一九五九年）まで存続した。恩給制度ができてしばらく経って官業の鉄道事業などで働く労働者を対象とした共済組合でも年金給付が始められた。

民間の労働者を対象とした社会保険としての年金制度は、昭和十四年（一九三九年）にできた船員を対象にした船員保険が最初で、二年後の昭和十六年（一九四一年）に労働者保護政策の一環として従業員数が一〇人以上の工場や鉱山で働く労働者を対象に労働者保険制度ができ、昭和十七年（一九四二年）から実施に移された。昭和十九年（一九四四年）労働者年金保険は名称を厚生年金保険と改め、従業員数が五人以上一〇人未満の工場、女子、事務職員にも適用が拡大された。

厚生年金保険は、戦争でほぼ壊滅状態に陥ったが、昭和二十九年（一九五四年）に社会保障を目的とした年金制度として形を変えて再建された。国家公務員共済組合（昭和二十四年（一九四九年））や私立学校教職員共済組合（昭和二十八年（一九五三年））などの共済組合もこの時期につくられた。したがって日本の公的年金制度は事実上戦後にできたといってよい。

3　日本の戦後の時代と公的年金制度

第二次世界大戦が終わった昭和二十年（一九四五年）から今日までの六五年の日本の歴史は、ほぼ四つの時期に分けて考えることができる。第一期が昭和二十年（一九四五年）から昭和三十年（一九五五年）頃までの一〇年間で、日本の経済や国民生活が廃墟と混乱のなかから立ち直り、おおむね戦前の水準まで回復した時期である。平和国家、福祉国家の建設をうたった新憲法が制定され、日本は政治的にも独立を回復した。

第二の時期が昭和三十年（一九五五年）頃から昭和五十年（一九七五年）頃までのほぼ二〇年間で、自民党と社会党の二大政党を中心とする五五年の政治体制の下で、日本の経済は年率実質一〇％を超える高度成長を遂げ、日本は繁栄を謳歌した。日本でオリンピックや万博が開催され、日本はアメリカに次ぐGNP第二位の国となった。

第三の時期が昭和五十年（一九七五年）頃から平成二年（一九九〇年）頃までの一五年間で、経済の成長率は半減し、税収も減少、国の財政は赤字となった。財政再建と行政改革が課題となり、国のあらゆる制度や組織、事業が見直される時代となった。日本に消費税が導入されたのもこの時期である。一九八九年に昭和が終わり、平成の時代になった。世界でもベルリンの壁が崩壊し、東西冷戦が終結した。

第四期が平成二年（一九九〇年）頃から今日に至るほぼ二〇年の時期で、日本の経済や社会の状況は一変、地域や家族を含め、既存の体制や秩序の破綻、崩壊が始まった。まず経済は停滞、縮小の時代になり、国の財政赤字は年々大きく膨らんでいった。人口は高齢化が加速する一方、平成九年（一九九七年）からは生産年齢人口が、平成十七年（二〇〇五年）からは総人口が減少し始めた。昭和三十年（一九五五年）からほぼ四〇年続いた自民党単独政権の時代が終わり、連立政権から政権交代の時代に入った。小さな政府、自己責任、市場原理の考え方に基づく規制緩和や、国の事業の民営化などの政策が進められ、企業の倒産や金融機関の破綻、非正規労働者や失業の増大、格差の拡大などを招いた。アメリカでおきた同時多発テロや金融危機が全世界に大きな衝撃を与えた。

日本の公的年金制度についても、多くの制度が再建、創設され、国民皆年金体制が確立された昭和三十六年（一九六一年）頃までの第一期、経済の高度成長に合わせ、大幅な給付の引上げが行われた昭和五十年（一九七五年）頃までの第二期、給付が本格化し、制度の見直し、再編、統合が進められた平成二年（一九九〇年）頃までの第三期、制度の持続性と信頼性がゆらぎ、その維持、回復のための給付と負担の抑制が課題となり、今日に至る第四期の、四つの時期、時代に分けて考えることができる。以下その四つの時代区分に従って日本の公的年金制度の歴史を振り返ってみたい。

4　第一期―制度の再建、創設と国民皆年金―

1　厚生年金保険の再建

日本は昭和二十二年（一九四七年）に新憲法を制定し、国民に健康で文化的な生活を保障することを国の責務とした。日本の社会保障制度は、この新憲法の理念に基づき、まず生活保護法が制定され、公的扶助制度が整備された。次に戦前からあった健康保険や国民健康保険などの医療保険制度が再建され、その次に厚生年金保険などの年金制度が再建されるという順序で整備されていった。

戦後厚生年金保険は保険料率を九・四％から暫定的に三・〇％に下げ、老齢年金は事実上凍結し、障害給付や遺族給付のみを行う制度として辛うじて存続した。昭和二十九年（一九五四年）社会保障の考え方にたって、老齢年金に定額部分を導入するなど、次のように大きく形を変えて再建された。

(イ)　加入期間二〇年の場合、加入期間中の平均報酬月額の四月分（最初は三月分であった）という報酬比例一本の老齢年金の給付体系を、月額二〇〇〇円の定額部分プラス報酬比例部分の給付体系に改める。

(ロ)　男子四十歳以上、女子三十五歳以上の高齢加入者の老齢年金の受給資格期間を二〇年から一五年に短縮する。

(ハ)　老齢年金の男子の支給開始年齢を二〇年かけて段階的に五十五歳から六十歳に引き上げる。

(ニ)　保険料率は、暫定料率三・〇％のまま据え置き、今後五年ごとに財政再計算を行い、段階的に引上げる。

(ホ)　給付費に対する国庫負担率を一〇％から一五％に引き上げる。

2　国民年金制度の創設

厚生年金が再建されると、今度は全国民を対象とした国民年金制度をつくるべきであるという世論が急速に高まってきた。厚生年金が再建される前に現業の国家公務員を対象にした国家公務員共済組合法がつくられ、旧軍人に対する恩給制度も復活されたということもその背景にあった。市町村職員や私立学校教職員を対象にした共済組合もできていた。しかし農民や自営業者、零細企業の被用者には何の年金制度もなかった。当時の日本の全就業者数は約四二〇〇万人であったが、何らかの年金制度の適用を受けている者は約一二〇〇万人にすぎなかった。

昭和三十三年（一九五八年）の総選挙で国民年金制度の創設が当時の二大政党である自民、社会両党の選挙公約になり、選挙後の最大の政治課題となった。国民年金をつくるにあたって一番の問題は、国民年金を既存の公的年金の適用を受ける者を含む全国民を対象とする制度とするか、さしあたって既存の制度の適用を受けていない農民や自営業者のみを対象とするか、社会保険方式による拠出制の年金を基本とするか、税方式による無拠出制の年金を基本とするか、拠出制を基本とする場合、保険料の納付ができない所得の低い者や高齢者をどうするか、定額保険料、定額給付の制度とするか、所得比例の保険料、所得比例の給付の制度とするか、個人単位の年金とするか、世帯単位の年金とするか、夫が被用者年金に加入している場合、その夫に扶養されている妻も国民年金の対象とするかしないかなどであった。これらについて種々検討、論議の結果、昭和三十四年（一九五九年）に次のような内容の国民年金法が制定され、無拠出年金は昭和三十四年（一九五九年）から、拠出制年金は昭和三十六年（一九六一年）から実施された。

(イ)　国民年金制度は、さしあたって厚生年金保険や船員保険、各種共済組合など既存の公的年金制度の適用を受けない二十歳以上六十歳未満の全国民を対象とする。ただし、学生及び夫が被用者年金に加入している場合その夫に扶養されている妻は任意加入とする。

(ロ)　社会保険方式による拠出制年金を基本とし、すでに高齢にある者については税方式による無拠出制年金を支給する。

(ハ)　保険料は、二十歳以上三十五歳未満の者は月額一〇〇円、三十五歳以上六十歳未満の者は月額一五〇円の定額とする。所得がないか、所得が低いため、保険料の納付が困難と認められる者については、保険料の納付を免除する。

(ニ)　保険料を原則二五年（経過措置として最短一〇年）以上納付した者に対し、月額二〇〇〇円（保険料納付期間が一〇年の場合は一〇〇〇円）、四〇年納付した者に対し、月額三五〇〇円の老齢年金を六十五歳から支給する。

(ホ)　制度発足時すでに五十歳以上の者については、七十歳から全額税を財源とする無拠出の福祉年金を支給する。

(ヘ)　国は拠出年金について毎年保険料収入額の二分の一相当額を、保険料とともに将来の年金財源として積立てる。無拠出の福祉年金の費用は、全額国が負担する。

国民年金を社会保険方式による拠出制年金を基本としたのは、税方式の年金にした場合、日本の将来の人口が高齢化した場合巨額の財源を必要とし、国民の老後の生活をしっかり支える年金制度にはならないと考えられたからであった。また保険料も給付も定額とされたのは、農民や自営業者については、所得の正確な把握や保険料の徴収が困難であり、所得比例にするのは無理と考えられたからであった。

国民年金ができるより前昭和三十一年（一九五六年）に国の鉄道、電信電話、たばこ専売の三事業の公共企業体の職員を対象とする公共企業体職員共済組合法が制定された。昭和三十三年（一九五八年）には厚生年金から分離して農林漁業団体職員を対象とする農林漁業団体職員共済組合法が制定された。昭和三十四年（一九五九年）には新国家公務員共済組合法が制定され、恩給制度が廃止されて、国家公務員はすべて国家公務員共済組合の対象とされた。昭和三十七年（一九六二年）には地方公務員を対象とする地方公務員共済組合法が制定された。こうして一九五〇年代に日本の公的年金制度はいくつもの制度が創設、整備されたが、国民年金の実施にあたって、分立した各制度間の資格期間の通算措置がとられ、すべての国民が何らかの年金制度に加入し、職業が変わり、制度を渡り歩いても年金を受けられるという形で国民皆年金体制が確立された。

昭和三十六年（一九六一年）には医療保険についても、国民のすべてが何らかの制度に加入し、医療給付が受けられるという国民皆保険体制も確立され、日本の社会保障の歴史の上で画期的な年になった。その年は偶然にも日本の経済の未曾有の高度成長を牽引した国の所得倍増一〇か年計画がスタートした年でもあった。しかし国民年金の保険料の徴収が始まると、社会党などが全国的に強い反対運動をおこし、制度が国民の理解を得、定着するのにほぼ一〇年かかった。

5　第二期―急速な給付水準の引上げ―

国民皆年金達成後の日本の公的年金制度の課題は給付水準の引上げであった。昭和三十年（一九五五年）から日本の経済は高度成長の時代に入り、それに伴って昭和三十年（一九五五年）には一万三三九一円であった従業員規模三〇人以上の勤労者の平均賃金月額は、昭和四十年（一九六五年）には二万四三七五円に、昭和四十五年（一九七〇年）には三万九三六〇円、昭和五十年（一九七五年）には七万五八六七円と著しく上昇した。しかし厚生年金の老齢年金の額は、昭和三十年（一九五五年）から昭和四十年（一九六五年）まで月額三五〇〇円程度で推移し、賃金水準との差は開く一方であった。そのため給付水準を引き上げ、賃金水準との差を縮めることが公的年金制度の最大の課題となった。

厚生年金の給付水準の引上げは、昭和四十年（一九六五年）、昭和四十四年（一九六九年）、昭和四十八年（一九七三年）の三回にわたり、早いピッチで行われた。昭和四十年（一九六五年）は標準的な老齢年金の水準が、定額部分月額五〇〇〇円、報酬比例部分月額五〇〇〇円、あわせて月額一万円に引き上げられ、昭和四十四年（一九六九年）に二万円に引き上げられた。昭和四十八年（一九七三年）には老齢年金の水準を直近の男子の平均賃金のおおむね六〇％の水準を目途とする考え方にたって、月額五万円に引き上げられた。厚生年金に合わせて国民年金についても昭和四十年（一九六五年）には夫婦で月額一万円、昭和四十四年（一九六九年）には夫婦で二万円にする水準の引上げが行われた。

この時期に厚生年金や国民年金の給付水準が急速かつ大幅に引き上げられた背景には、もう一つ厚生年金や国民年金から中小企業の従業員や農業従事者を離脱させ、より給付水準の高い、魅力ある独自の退職金制度や年金制度をつくろうという構想や動きが強く出てきたということがあった。もしそのような制度ができれば、厚生年金や国民年金は空中分解しかねないし、これ以上特定の産業、職業の従事者ごとに年金制度を分立させることは何としても避けなければならなかった。そのためには厚生年金や国民年金をもっと給付水準の高い、魅力ある制度にすることが焦眉の急であった。しかし農業の近代化と構造改善という農業政策の一環として、農業従事者を対象とした特別の年金制度は欠かせないということから、昭和四十五年（一九七〇年）に国民年金に上乗せするかたちで農業者年金基金制度ができた。

経済の成長に伴って物価も年々大きく上昇した。そのため昭和四十八年（一九七三年）には消費者物価が一年に五％以上上昇した場合には翌年から物価上昇率と同率で年金額も引き上げるという自動物価スライド制が導入された。これによってそのあとすぐ二度にわたって起きた石油ショックによる狂乱物価に対応して年金額の大幅な引上げが行われ、標準的な老齢年金の額は昭和五十一年（一九七六年）には月額九万円、昭和五十五年（一九八〇年）には月額一三万六〇〇〇円になった。平成元年（一九八九年）からは、物価上昇率が五％以下であっても年金額を改定する完全自動物価スライド制となった。

給付水準の引上げとともに、保険料率についても引上げが行われた。昭和四十年（一九六五年）には厚生年金の男子の保険料率は三・五％から五・五％に、昭和四十四年（一九六九年）には六・四％に、昭和四十八年（一九七三年）には七・六％になった。給付費に対する国庫負担率も昭和四十年（一九六五年）に一五％から二〇％に引き上げられた。

このような保険料の引上げはすんなり決まったわけではなかった。保険料率の引上げにあたって、事業主は厚生年金と企業の退職金や企業年金の機能が重複し、企業にとって二重の負担になっていることを理由に厚生年金の保険料率の大きな引上げには反対し、両者の調整を強く求めた。そのため企業が厚生年金の報酬比例部分の一部を代行するとともに、その上に企業独自の年金を上乗せする基金をつくった場合には、厚生年金の保険料の一部を免除することにし、昭和四十一年（一九六六年）日本独自の形の企業年金として厚生年金基金制度が発足した。

この時期に健康保険や国民健康保険などの医療保険についても大幅な給付改善が行われ、医療保険、年金制度を通じて日本の社会保障制度は急速に欧米先進国の水準に遜色がない水準に到達した。そのため昭和四十八年（一九七三年）は日本の福祉国家が完成し、福祉元年と言われた。しかし後から振り返ると、その福祉はかなり肥満体質をもった福祉であり、元年といっても急上昇が終わり、なだらかな下降が始まった元年であった。

6　第三期―基礎年金の導入など制度の再編、統合―

1　基礎年金制度の導入

昭和五十年（一九七五年）から平成二年（一九九〇年）までの第三期に入ると、日本の公的年金制度は、一転して分立した制度全体にわたる給付と負担の見直し、格差の是正、制度の再編、統合が課題となった。

その当時日本の公的年金制度は、国民年金、厚生年金、船員保険の三つの社会保険制度と、国家公務員共済組合、地方公務員共済組合、公共企業体職員共済組合、私立学校教職員共済組合、農林漁業団体職員共済組合の五つの共済組合、あわせて八つの年金制度が分立していた。それらは制度の規模、加入者数に大きな違いがあるばかりでなく、給付内容や保険料（掛金）水準にも大きな違いがあり、ばらばらであった。特に民間の被用者を対象とする厚生年金と、国家公務員や地方公務員などを対象とする共済組合との間には給付内容に大きな違いがあった。例えば厚生年金の老齢年金は、定額部分と報酬比例部分からなるが、共済組合の退職年金は報酬比例一本であった。給付水準も共済組合年金には、民間の企業年金に相当する職域年金部分が含まれているとはいえ、厚生年金の水準に比べてかなり高かった。支給開始年齢も厚生年金が六十歳であるのに対し、共済年金は五十五歳であった。

給付改善の時代が終わった昭和五十年（一九七五年）頃からこういった年金制度間、特に厚生年金と各種共済年金間の格差は是正すべきであるという意見が強くなった。制度の歴史や成熟度の違いなどからくる財政状態の格差も目立ち始め、公共企業体職員共済組合の一つである国鉄共済組合は、年金の支払いが憂慮されるような財政状態になった。

昭和五十年（一九七五年）から日本の人口の合計特殊出生率は二・〇以下に低下し、人口の高齢化も本格化してきた。昭和四十五年（一九七〇年）にはまだ七・一％であった六十五歳以上人口の比率は昭和五十五年（一九八〇年）には九・一％になった。厚生年金の老齢年金の受給者も、昭和四十五年（一九七〇年）にはまだ五〇万人程度に過ぎなかったが、昭和五十年（一九七五年）には一〇〇万人、昭和五十五年（一九八〇年）には二〇〇万人を超えた。昭和四十五年（一九七〇年）は一〇〇〇億円程度であった厚生年金の給付費が、昭和五十五年（一九八〇年）には三兆二〇〇〇億円にもなった。

こうしたことから日本の年金制度について制度全体を通じて給付と負担を見直し、整合性と公平性を図るべきであるという意見が出始め、政府の審議会や調査会、各政党、各種団体等からさまざまな提言がなされた。内閣総理大臣の諮問機関である社会保障制度審議会は、所得型付加価値税を財源に全国民を対象とした一律、定額の

第１表　日本の人口の年齢構成等の推移と将来推計

（万人、％、歳）

年	総人口（A）	15～64歳人口（B）	65歳～人口（C）	C/A	平均寿命
1950	8,320	4,966	411	4.9	男 58.0　女 61.5
1960	9,342	6,000	535	5.7	男 65.3　女 70.2
1970	10,372	7,167	733	7.1	男 69.3　女 74.7
1980	11,706	7,884	1,065	9.1	男 73.4　女 78.8
1990	12,361	8,590	1,490	12.1	男 75.9　女 81.9
2000	12,093	8,622	2,201	17.4	男 77.6　女 84.6
2010	12,717	8,128	2,941	23.1	男 79.5　女 86.3
2020	11,200	7,300	3,600	29.2	
2030	11,522	6,740	3,667	31.8	
2055	8,993	4,595	3,646	40.5	男 83.6　女 90.3

税方式、基本年金制度を創設し、現行の社会保険年金はその上乗せ年金に組み替えるという新年金体系を建議した。厚生大臣の諮問機関である社会保険審議会は、日本の年金制度は今後とも社会保険方式を基本とすべきであるという考え方に立って、各制度に共通の給付の導入を提言した。

昭和六十一年（一九八六年）これらの建議や提言の趣旨やねらいを踏まえ、改革の実現可能性や既存の年金制度との関係、つながりにも考慮し、現行の国民年金を全国民を対象とした基礎年金に組み替えることを柱とした次のような大改革が行われた。

(イ)　国民年金制度を厚生年金や共済組合の加入者及びその者に扶養されている配偶者を含め、二十歳以上六十歳未満の全国民が加入し、全国民がそれぞれ六十五歳から自分の名義で基礎年金を受けられる制度とする（二十歳以上六十歳未満の自営業者等を国民年金の第一号被保険者、厚生年金や共済組合に加入している民間のサラリーマン、公務員等の被用者を第二号被保険者、第二号被保険者に扶養されている配偶者を第三号被保険者とする。）。

(ロ)　基礎年金の額は、四〇年加入の場合、高齢者の基礎的な消費支出を賄いうる月額五万円とし、その費用は、公的年金各制度からの加入者数に応じた拠出金で賄い、拠出金の三分の一を国が負担する。

(ハ)　厚生年金の定額部分は国民年金から基礎年金が支給されることになるため廃止し、厚生年金は基礎年金上に報酬比例年金のみを支給する制度とする。共済組合も同様とする。報酬比例年金を支給する被用者年金については、国は費用の負担をしない。

(ニ)　厚生年金の女子の老齢年金及び共済組合の退職年金の支給開始年齢を平成七年（一九九五年）までに段階的に五十五歳から六十歳に引き上げる。

(ホ)　現在平均三二年程度の加入期間が将来四〇年程度になっても、厚生年金の標準的な老齢年金の水準の所得代替率はいまの六八％程度にとどめることとし、定額部分の単価を二四〇〇円から一二五〇円に、報酬比例年金の乗率を一〇〇〇分の一〇から一〇〇〇分の七・五に徐々に引き下げる。

(ヘ)　従業員五人未満の零細企業の被用者にも厚生年金を適用する。

(ト)　厚生年金の保険料率を男子は一〇・六％から一二・四％に、女子は九・三％から一一・三％に引き上げ、保険料率の男女差を徐々に解消する。

(チ)　国民年金の保険料は昭和六十一年（一九八六年）から月額六八〇〇円とし、平成二年（一九九〇年）から毎年三〇〇円ずつ引き上げる。第二号及び第三号被保険者については、被用者年金の保険料として負担することとし、国民年金としての保険料は徴収しない。

この改革によって、日本の公的年金制度の姿、形は大きく変わり、国民年金は被用者年金の加入者及びその妻を含め、文字どおり全国民が加入し、全国民一人ひとりが基礎年金を受けられる制度になり、被用者年金は厚生年金、共済組合ともに基礎年金に上乗せする報酬比例一本の年金を支給する制度に統一された。

仕事をもたない家事専業の被用者の妻は、これまで国民年金に任意加入しない限り、夫の年金の加給対象にしかならず、夫が死亡した場合のみ遺族年金を受けられたが、この改革により、妻が老齢になれば妻自身も老齢基礎年金を受けられるようになり、女性に独立した年金権が保障されることになった。厚生年金の標準的な老齢年金の給付水準を将来とも所得代替率で男子の平均賃金月収の六八％程度にとどめるという将来の給付水準上昇の抑制措置が初めて講じられた。これまで各制度にばらばらに行われていた国庫負担も基礎年金部分に集中された。

こうして日本の公的年金制度は、国民皆年金が名実ともに完全な形で達成されるとともに、各制度の給付の基礎的部分が統一され、被用者年金の支給開始年齢の引上げと制度の一元化という二つの課題は残したものの、きれいな姿になり、二一世紀の超高齢化社会を何とか乗り切ることができる制度になったと考えられた。しかしその後日本に到来し、また将来到来すると予想される人口の高齢化の波は、当時の予想をはるかに越える大波となった。しかもそれは日本の経済の崩壊、縮小という波とともに到来した。ちなみに昭和五十一年（一九七六年）の将来人口推計では平成十二年（二〇〇〇年）の日本の六十五歳以上人口は一九〇六万人、総人口比は一四・二六％、平成三十七年（二〇二五年）の六十五歳以上人口は二五二七万人、一八・一二％で、それがピークと推計されていた。

2　被用者年金制度の統合

基礎年金制度の導入によって日本の公的年金制度の基礎的部分の統一が図られたが、老齢年金の報酬比例部分や、障害、遺族年金を含めた被用者年金全体の統合、一元化は、平成七年（一九九五年）を目途に進められることになった。被用者年金の統合、一元化は財政状態が悪化していた国鉄共済組合の救済、統合から始まった。昭和五十八年（一九八三年）国鉄などの公共企業体の職員が加入する公共企業体職員共済組合が国家公務員共済組合に統合された。その後これら公共企業体が民営化されたため、平成九年（一九九七年）公共企業体職員共済組合も厚生年金に統合された。次いで農林漁業団体職員共済組合が平成十四年（二〇〇二年）に厚生年金に統合された。その際私立学校教職員共済組合を同時に統合すべきであるという意見もあったが、私立学校教職員共済組合は、共済組合のなかで最も財政状態がよく、掛金率も低いことから統合に反対し、できなかった。

平成十九年（二〇〇七年）国家公務員や地方公務員、私立学校教職員にも厚生年金を適用し、退職年金のみならず、遺族年金などの給付も厚生年金に揃え、公務員の職域年金部分は廃止し、保険料率の上限も厚生年金に統一することなどを内容とする被用者年金一元化法案が国会に提出された。しかし民主党は、被用者だけでなく、全国民一本の年金制度にするべきであるとしてこれに賛成せず、法案は廃案になった。

7　第四期—制度の持続性維持のための給付と負担の抑制—

1　支給開始年齢の引上げ

平成二年（一九九〇年）以降今日まで、日本の人口、経済、財政、雇用などすべてが減少、悪化の時代となり、公的年金制度を支える力が低下していった。人口は、合計特殊出生率が平成十七年（二〇〇五年）には一・二六まで低下する一方、高齢化が加速度的に進み、平成二年（一九九〇年）に一二・〇％であった六十五歳以上人口の比率は、平成二十一年（二〇〇九年）には一〇％も高い二二・〇％になった。平成六十二年（二〇五〇年）における六十五歳以上の人口の比率も、平成四年（一九九二年）は二八・二％、平成九年（一九九七年）は三二・三％と、五年ごとに行われる将来人口の推計のたびごとに上がり、日本の公的年金制度の持続可能性に対する懸念と不安が高まった。そのため一層の年金給付の増加の抑制と保険料負担の上昇の抑制、費用負担のあり方の見通しが避けられない課題となり、基礎年金の国庫負担率の引上げや税方式への転換、報酬比例年金の廃止、民営化論も出始めた。

給付の抑制策としてまず行われた改革が、これまで先送りされてきた厚生年金の老齢年金の支給開始年齢の六十歳から六十五歳への引上げであった。日本人の平均寿命は、昭和十年（一九三五年）頃男女とも五十歳程度であったが、戦後急速に伸び、昭和四十五年（一九七〇年）には男子は六九・三歳、女子は七四・六歳になった。しかし厚生年金の支給開始年齢は、昭和二十九年（一九五四年）に五十五歳から六十歳に引き上げられたままであった。昭和五十五年（一九八〇年）にそれを一五年かけて段階的に六十五歳に引き上げようとされたが、日本独特の雇用慣行である定年制の年齢がまだ五十五歳であったため、労使が強く反対し、与党も参院選への影響を懸念したため、実現できなかった。

厚生年金の支給開始年齢の引上げは昭和六十一年（一九八六年）及び平成三年（一九九一年）の改革でも見送られ、平成六年（一九九四年）、平成十二年（二〇〇〇年）の改革の際、六十歳定年が次第に一般化しつつあったことと、六十五歳までの高齢者雇用対策を推進することを条件に、ようやく労使も合意し、引上げが決まった。それは老齢年金の定額部分（基礎年金部分）について男子は平成十三年（二〇〇一年）から平成二十五年（二〇一三年）にかけて、女子は平成十八年（二〇〇六年）から平成三十年（二〇一八年）にかけて引き上げ、報酬比例部分については、男子は平成二十五年（二〇一三年）から平成三十七年（二〇二五年）にかけて、女子は平成三十年（二〇一八年）から平成四十二年（二〇三〇年）にかけて引き上げるというものであった。基礎年金の国庫負担率の引上げについても今後検討することが法律に明記された。支給開始年齢の引上げは高齢者雇用対策の推進と基礎年金の国庫負担率の引上げの検討といわばセットで決まったといってよい。

平成六年（一九九四年）と平成十二年（二〇〇〇年）にはこれまで六十五歳まであった厚生年金の加入年齢を七十歳まで引き上げる、受給中の年金については賃金スライドをやめ、物価スライドのみとする、報酬比例年金の水準を五％引き下げる、保険料に総報酬制を導入し、これまで月収にのみかけていた保険料を、賞与を含む収入全体にかけることとし、保険料率を一七・三五％から実質的に同率の一三・五八％に引き下げるなどの改革も行われた。

2　保険料の上限固定と給付のマクロ経済調整

一九九〇年代までに行われた日本の公的年金制度の改革は、厚生年金の最終的な保険料率をぎりぎり負担可能な水準として対月収比で二五～二六％、対年収比で二〇％程度にとどめることを念願に給付と負担の増加を抑制しようというものであった。ところが平成十四年（二〇〇二年）に行われた日本の人口の将来推計では、平成六十二年（二〇五〇年）の六十五歳以上人口の比率が、平成九年（一九九七年）の推計の三二・三％よりさらに高い三五・七％にも達し、今の給付水準を維持していくには厚生年金の最終的な保険料率が再び負担可能な水準を超える見通しとなった。そのため平成十六年（二〇〇四年）の改革では、五年ごとの新しい人口推計、年金の財政再計算のたびに給付を抑制したり、保険料を引き上げたりしないで済むよう、あらかじめ保険料率の上限を決め、その範囲内で年金給付を行うという、保険料率の上限固定と年金額のマクロ経済調整を柱とした次のような改革が行われた。ほぼ年間二兆五〇〇〇億円という巨額の財源を必要とするが、そのはっきりした目途がないまま、一〇年前からの懸案であった基礎年金の国庫負担率の二分の一への引上げも決まった。

(イ)　厚生年金の保険料率は、平成十六年（二〇〇四年）から毎年〇・三五四％ずつ引き上げ、平成二十九年（二〇一七年）の一八・三〇％を上限とし、固定する。

(ロ)　年金給付は、保険料率の上限の範囲内で行うこととし、保険料を負担する現役世代の数や所得、賃金の増減などに応じて、給付水準を自動的に調整する仕組みを導入する。

(ハ)　具体的には年金額は今後とも賃金や物価の上昇率にスライドして引き上げるが、引上げ率は、賃金や物価の上昇率から公的年金制度全体の被保険者数の減少率（〇・六％程度）と平均余命（年金の受給期間）の伸び率（〇・三％程度）を控除した率とする。ただし、名目の年金額は引き下げない。

(ニ)　将来の老齢年金の標準的な給付水準は、現役世代の賃金に対する所得代替率で現在の五九・三％から、平成三十五年（二〇二三年）には、五〇・二％まで二割程度下がると見込まれるが、最低五〇％の水準は維持することとし、五〇％を下回ることが見込まれる場合にはマクロ経済調整を終了させる。

(ホ)　国民年金の保険料についても、現在の月額一万三三〇〇円を毎年二八〇円ずつ引き上げ、平成二十九年（二〇一七年）に一万六九〇〇円とし、それを上限に固定する。

(ヘ)　基礎年金に対する国庫負担率は、現在の三分の一から毎年徐々に引き上げ、平成二十一年（二〇〇九年）に二分の一とする。

(ト)　年金の財政方式を将来にわたって永久に給付と負担の均衡を図るという永久均衡方式から、おおむね一〇〇年程度の期間で均衡を図るという有限均衡方式に改める。現在保有する積立金は徐々に取り崩し、平成百十二年（二一〇〇年）の保有額を給付費のおおむね一年分程度とする。またこれまで五年ごとに行ってきた財政再計算に替えて、五年ごとに財政検証（財政の現状及び見通しの作成）を行う。

この改革は、年金制度について一定の給付水準の確保、維持を最重点に考え、その水準を維持するために保険料を上げていくというこれまでの考え方から、年金制度について負担可能な保険料水準にとどめることを最重点に考え、その範囲内で給付を行っていくという考え方に一八〇度転換するもので、日本の公的年金制度が確定給付年金から確定拠出年金的性格をもつものになり、制度の本質が変わったといってもいいくらいの転換であった。

保険料率の上限をどの程度にするかについて、政府は諸外国の保険料水準と同程度の二〇%程度を主張したが、事業主の立場を代表する経済界は当時の水準より少し高い程度の一五%程度を主張し、対立した。国会では、民主党などの野党が現行制度の枠組みを前提にしたこの程度の改革では国民の年金制度に対する不安、不信は解消できない、制度の枠組みそのものを変える抜本改革が必要と主張し、また政治家の国民年金の保険料未納問題や、法律で認められており、国民の要望でもあったが、保険料の一部を福祉施設の整備や事務費にあてていることを大きな問題とし、法案に強く反対した。そのため改革案そのものについては冷静で十分な審議が尽くされないまま、法案は与党である自民党及び公明党によって強行採決され、ようやく成立した。年金制度の改革が国会でこれほど大きな与野党の対立と不信を招いたことはかつてなかった。そしてそれはその後の日本の政治の激動、自公政権から民主党政権への交代につながる契機、要因の一つにもなった。

平成十六年（二〇〇四年）改革で導入された給付水準のマクロ経済調整の仕組みは、今後の日本の人口変動や経済変動を制度のなかに組み込み、一定の人口の出生率の回復と経済成長による賃金、物価の上昇を前提に年金の給付水準を調整しようというものである。仮に人口は、国立社会保障・人口問題研究所の将来推計を基に、合計特殊出生率が一・三九まで回復し、経済は、内閣府の経済の長期展望などを基に、賃金上昇率二・一％、物価上昇率一・〇％、積立金の運用利回り三・二％を前提とすれば、平成三十五年（二〇二三年）に標準的な老齢年金の所得代替率が五〇・二％まで下がり、調整を終了する見通しとなった。この前提は、当然のことながら不確実なものであり、それが変われば将来の所得代替率も調整期間も変わる。そのため五年ごとに財政検証し、新たな将来人口推計や経済の長期展望に基づき、年金財政の見直しをすることとされた。

第一回の財政検証は平成二十一年（二〇〇九年）に行われた。平成十六年（二〇〇四年）から平成二十一年（二〇〇九年）の間には賃金や物価がほとんど上昇しなかったために、マクロ経済調整は発動されず、所得代替率は逆に六二・三％に上がった。そして平成十八年（二〇〇六年）以降の年金財政見通しの前提は、合計特殊出生率は一・二六に下方修正され、賃金上昇率は二・五％、物価上昇率は一・〇％、運用利回りは四・一％に上方修正された。その結果標準的老齢年金の所得代替率は、平成五十年（二〇三八年）に五〇・一％まで下がり、マクロ経済調整を終了する見通しとなった。平成十六年（二〇〇四年）の見通しに比べ、調整期間は長くなった。

8　日本の公的年金制度の特徴と問題

諸外国に比べ、日本の公的年金制度の第一の特徴は、制度の出発が遅く、歴史は短いが、制度の成熟、発展が極めて早く、国民生活のうえだけでなく、国の経済や財政、税制も、公的年金制度抜きでは論ずることができないほど大きな制度になっているということである。平成二十一年（二〇〇九年）現在、日本の総人口は約一億二七〇〇万人、生産年齢人口は約八一〇〇万人、高齢者人口は約二九〇〇万人、公的年金制度の被保険者数は約六九〇〇万人、老齢年金のほか、障害年金、遺族年金を含めた年金受給者は約三六〇〇万人である。平成二十年（二〇〇八年）現在年金給付費の総額は約五〇兆円で、約三五〇兆円の国民所得のほぼ一四％に達しており、基礎年金だけでも約二〇兆円である。保険料の総額は三〇兆円を超え、所得税、法人税及び消費税の総額にほぼ匹敵する。制度の成熟、発展が極めて早かったのは、制度の出発の遅れを取り戻し、経済の高度成長に対応するための給付水準の急速な引上げなどの政策的要因もあるが、最大の要因は平均寿命の著しい伸びと、先進国のなかでも最も急速な人口の高齢化であることはいうまでもない。

第２表　日本の国民所得と年金給付費の推移

（兆円、％）

年	国民所得（A）	年金給付費（B）	B/A
1960	13.4	—	—
1970	61.0	0.85	1.4
1980	203.2	10.45	5.14
1990	348.3	24.04	6.90
2000	371.8	41.20	11.08
2008	351.5	49.54	14.09

日本の公的年金制度の第二の特徴は、二十歳以上六十歳未満のすべての国民が年金制度に加入し、六十五歳から定額の基礎年金を受けられるという国民皆年金の制度になっているということである。そして被用者は、被用者年金制度にも加入するという二重加入の仕組みになっており、給付も基礎年金の上に報酬比例年金も受けられるという二階建て給付の仕組みになっている。しかし保険料は一階部分を含めて報酬比例一本である。そして最初は制度がいくつも分立していたが、いまは統合の方向に向かっている。

第三の特徴は、諸外国に比べて被用者年金の給付水準は比較的高く、保険料率は低く、老齢年金の支給開始年齢は早いということである。夫が四〇年厚生年金に加入し、妻が専業主婦である夫婦の標準的な給付水準は、夫婦の基礎年金に夫の報酬比例年金をあわせて月額約二三万円で、男子の平均賃金に対する所得代替率は六〇％程度である。支給開始年齢は、基礎年金は六十五歳であるが、報酬比例年金は、いまはまだ男女とも六十歳である。保険料率は平成二十二年（二〇一〇年）現在一五・七％に過ぎず、上限も一八・三％で諸外国の保険料率がかなり前からほぼ二〇％前後であるのに比べて格段に低い。

第四に、日本の公的年金制度は一定の保険料の納付を給付の条件とし、保険料を主たる財源とする社会保険方式の年金であるが、基礎年金の二分の一、年金給付費総額の約二割、平成二十一年度（二〇〇九年度）で約一〇兆円が税財源で賄われており、残りの二分の一は各制度から保険料を財源とした拠出金で賄われるという仕組みになっている。また厚生年金も国民年金も完全積立方式の考え方で出発したが、その後段階的に保険料を引き上げていく修正積立方式に変わり、いまでは現役世代の保険料をそのまま今の年金給付の財源に充てており、実質的に賦課方式に近いものになっている。しかし厚生年金は今も約一二〇兆円、公的年金制度全体で約一八〇兆円という年間給付費の三～四年分に相当する積立金を保有しており、今後それを少しずつ取り崩して給付の財源に充て、将来は保有額を年間給付費の一年分（支払準備金）程度に縮小し、一〇〇年程度の期間の財政の均衡を保つこととしている。このような財政方式、財政構造も日本の公的年金制度の特徴の一つといってよいであろう。

以上述べたように日本の公的年金制度は複雑ではあるが、極めて多面的な性格、機能を有し、ハイブリッドでフレキシブルな制度となっている。それは日本の公的年金制度の長所、強みであると同時に、短所、弱みでもあり、いろいろな問題が指摘されている。

まず国民皆年金とはいえ、無業であったり、所得が低いため、国民年金の保険料納付が困難な者や、所得があっても納付しない者が増えており、自営業者等の保険料の納付率はいま六〇％程度に過ぎない。そのため将来の低年金者や無年金者の増加が懸念されており、国民皆年金は事実上崩壊しつつあるという意見すらある。給付水準に比べて支給開始年齢が早く、保険料率が低いのも、これらの引上げをいろいろな理由から先送りしてきたためであり、給付と負担の世代間格差を拡大させ、将来の年金財政の悪化を早める大きな要因となっている。

平成二十一年（二〇〇九年）から基礎年金の国庫負担率を三分の一から二分の一に引き上げることとされたが、その安定的財源として考えられている消費税率の引上げの目途はまだ立っていない。平成十六年（二〇〇四年）に一定の日本の経済の成長、賃金、物価の上昇を前提に導入された給付水準のマクロ経済調整の仕組みも、デフレ経済が続くなかでまだ発動されていない。平成十九年（二〇〇七年）に誰のものかわからない記録や、記載に間違いや漏れがある記録が多数あることが判明し、大きな問題となっており、いま解明が進められている。

9　大きな岐路に立つ日本の公的年金制度

現在の日本の年金制度の最大の問題は、制度の持続性、信頼性、公平性などについて、多かれ少なかれ国民が不安や不信を抱いていることであろう。そしていまの年金制度のあり方、枠組みを根本から変えるべきであるという意見と、改革は必要であるが、制度の枠組みそのものまで大きく変える必要はないし、不可能であるという意見が大きく対立している。そして平成二十一年（二〇〇九年）八月の総選挙で昭和三十年（一九五五年）から五〇年以上政権の中心にあり、平成十六年（二〇〇四年）の改革で日本の公的年金制度はいまの枠組みのままで持続可能なものになったという自民党が大敗し、日本の公的年金制度の仕組みそのものを抜本的に改革することをマニフェスト（選挙公約）に掲げた民主党が大勝し、政権が交代したため、日本の公的年金制度はいま大きな岐路に立っている。

民主党の考え方は、日本の公的年金制度を職業を問わず一本の所得比例年金と、国の税金を財源とした最低保障年金を組み合わせた仕組みに大きく変えようというものであるが、所得比例年金や最低保障年金の水準をどの程度にするのか、それをどのように組み合わせるのか、保険料はどの程度になるのか、最低保障年金にはどの程度の財源が必要で、それをどうやって調達するのか、新制度の移行にどの程度の期間をかけるのか、うまく移行できるのかなど、制度の具体的内容がまだ明確でないし、制度を大きく変えることの是非、実現可能性について疑問視する意見も少なくない。

日本の公的年金制度の大きな岐路の選択にあたって、どのような視点に立ち、どのようなことを念頭におくべきか、日本の公的年金制度の立案、形成に長くかかわってきた経験から、私見を述べてみたい。

第一に、日本の公的年金制度について国民がもっている不安、不信の要因は、年金の記録問題などもその一つには違いないが、最大の要因は、人口の減少と人口構造の少子高齢化、経済の長期低迷、停滞、国の財政の悪化など、公的年金制度を支える土台の力の弱まり、低下である。それが続く限り、制度の形をどのように変えても年金不安は解消されない。年金不安を解消するためには、経済の安定的、持続的成長、長期債務がＧＮＰの二倍にも達する国の赤字財政からの脱却、女性や高齢者を含めた雇用の拡大と七十歳くらいまで働ける社会の実現、少子化対策や次世代の育成など、制度を支える土台の力を強くする対策が何よりも肝要であり、王道である。公的年金制度を支えるもう一つの大事な土台、基盤は、世代を超えた国民相互の連帯感、助け合い、支え合いの心と制度への信頼感であり、そのためには保険料であれ、税であれ、必要な費用は国民も企業も負担しようという強い意識であろう。

第二に、公的年金制度の形や仕組みには、社会保険方式と税方式、統一型と分立型、それらの組み合わせ、中間型などいろいろある。それぞれ長所、短所があり、一概にどれが一番優れているとか、どれでなければならないというものではない。職業によって適用される年金制度が違っても必ずしも不公平とはいえず、理由があれば違って当然という考え方もある。公的年金制度の形や仕組みは、その国の歴史、経済的、社会的諸事情、国民の考え方、価値観などを反映して、国によってそれぞれ違う。

社会保険方式か税方式については、一般的にいって税方式は巨額の税財源を必要とし、国の財政上の制約を強く受け、給付水準も低く、所得制限などのついた救貧的、抑制的な制度にならざるをえない。これに対し、社会保険方式は、国の財政上の制約から離れ、水準の高い、普遍性のある制度にすることが可能である。また個人の権利や努力、責任を尊重し、社会保障は個人の自助努力や自己責任を前提とした共助、公助の仕組みであるとすれば、社会保険方式のほうが適合している。各国の年金制度は社会保険方式が多数を占め、主流である。経済の不況が長引き、経営環境の悪化が続いているため、年金などの社会保険料の負担が企業経営にとって重荷になってきており、経済界や学者のなかにも基礎年金を全額消費税を財源とする税方式化論を唱える者もいる。しかし日本の事業主の社会保険料負担は諸外国に比べてまだ低いほうであり、国の財政の現状からいっても基礎年金の全額税方式化の実現性はない。

第三に、全国民一本の所得比例年金は、形はきれいだし、わかりやすく、公平でいいと思う人が多いかもしれない。しかしそれは全国民の所得の正確で公平な把握と、保険料の確実な徴収が可能なことが大前提である。所得比例年金が一定水準以下の場合、税を財源とする最低保障年金でそれを補うとすればなおさらのことである。納税者番号も社会保障番号もなく、被用者と自営業者の所得の把握に大きな違いがある日本では不可能であるといっても過言ではない。また被用者であれ、自営業者であれ、所得が同じであれば、保険料も同じにするというが、事業主負担のある被用者の保険料と事業主負担のない自営業者の保険料を同じにできるのであろうか。仮に同じにするとすれば自営業者の保険料は大幅にアップする。

第四に、税を財源とする最低保障年金については、最低保障年金の水準をどの程度にするかによって所要財源が大きく変わる。民主党案で考えられている、いまの基礎年金の満額より高い月額七万円程度とすれば、毎年いまの基礎年金に対する二分の一以上の税財源が必要となろう。基礎年金に対する二分の一の安定した財源の目途すらまだ立っていないなかで、そのような財源の調達は無理であろう。

第五に、社会保険方式の年金は、制度が成熟、完成するのに何十年という長い年月がかかる。仮に二十歳で新制度に加入した者が四〇年保険料を納め、六十五歳から年金を受けるとすれば、四五年かかる。現に国民年金は昭和三十六年（一九六一年）に発足したが、四〇年保険料を納めて、満額の年金受給者が発生したのは、平成十八年（二〇〇六年）であり、まだ四年しか経っていない。平均年金額も月五万円程度に過ぎない。

新制度の成熟に長い年月がかかるということは、いまの制度から新制度への同じ程度の年月がかかるということであり、その間新旧二制度が並存し、移行期間中の現役世代は新旧二制度にまたがって負担をし、給付を受けることになる。年金制度を基本からつくり変え、いまの制度から新制度に移行させることは気が遠くなるほど年月がかかり、大変なことで、いったん始めたら引き返すことはできない。失敗は許されないのである。

結論に入りたい。日本の公的年金制度に国民は多かれ少なかれ不安をもっている。不信感をもっている人もいるだろう。これから日本の人口の高齢化はさらに進み、平成四十二年（二〇三〇年）には総人口一億一五〇〇万人、六十五歳以上人口は三六六〇万人、三一・八％、平成六十七年（二〇五五年）には総人口は八九九〇万人に減少、六十五歳以上人口は三六四〇万人、四〇・五％になる。そのときの十五歳～六十四歳の生産年齢人口はそれぞれ六七〇〇万人、四六〇〇万人である。

年金制度は、生産年齢人口が老齢人口に仕送りをし、その生活を支える世代間扶養の仕組みであるとすれば、平成六十七年（二〇五五年）には、四六〇〇万人の生産年齢人口（十五歳～二十歳の人口を除く実際に生産活動に従事できる人口は四二〇〇万人程度）で、三六〇〇万人の老齢人口に仕送りをし、生活を支えることになる。生産年齢人口は、〇歳～十四歳の次の世代の人口も養わなくてはならない。そのうえＧＤＰ、国民所得はこの二〇年間四〇〇兆円から五〇〇兆円程度で推移し、ほとんど伸びていない。税収も減り、増えているのは国の借金だけである。一体こんな社会がもつのか、年金制度は本当に大丈夫なのか、誰しもが不安に思うのは無理もない。

しかしだからといって日本の公的年金制度を基本からつくり変えるというのはいかがなものであろうか。言うべくして実現不可能ではないか。仮に実現できたとしても、何十年も先である。しかも将来の日本の人口構成が変わるわけではないし、いまの制度よりよくなり、不安が解消されるという保証はない。逆に期待外れになる可能性がある。持続可能性が懸念されるのは年金制度だけではなく、社会そのものなのである。

日本の公的年金制度は、いろいろ問題を抱えてはいるが、先に述べたように極めて柔軟な構造になっており、制度を支える力がしっかりすれば、いまの枠組みのままでもかなりの変形や修正は可能であり、決して持続不可能ではない。抜本改革のねらいの一つが最低いくらかの年金を国民に等しく保障しようというのであれば、議論のあるところではあるが、いまの基礎年金にある程度そのような機能を与えることは可能である。年金制度を統合しようというのであればまず厚生年金と共済組合を統合すればよい。パートや派遣など非正規労働者が厚生年金から外れ、国民年金の保険料納付率低下の一因になっているとすれば、非正規労働者もできるだけ厚生年金の適用が受けられるようにすればよい。しかし何よりも必要なことは年金を受ける人を減らし、年金を支える人を増やすことである。日本の国民の多くは元気であれば何歳になっても働きたいと思っている。それは日本の潜在的強みである。それを生かして七十歳くらいまで働ける社会にすれば、年金の支給開始年齢の六十五歳への引上げのピッチをもっと早め、さらに北欧諸国やドイツ、アメリカなどと同様に六十七〜八歳、場合によっては七十歳くらいまで引き上げることも可能であろう。基礎年金を全額税方式にしたり、税方式の最低保障年金をつくるより、消費税率を引き上げて、基礎年金に対する二分の一の国庫負担の安定的財源の目途をつけることが先である。

いずれにせよ、実現不可能なこと、実現に長い年月のかかることを無理してやろうとするより、いまの制度の枠組みのなかでできることをまず、そして早くやるべきではないか。年金の正確な記録管理体制の確立は無論のこと、全国民の所得を正確に把握し、社会保障給付が全国民に漏れなく、きちんとできるようにするための納税者番号や、社会保障番号の整備も急ぐべきであろう。

政治家や政党は国民に夢や希望を与えねばならない。夢を抱き、夢を語ることは容易であるが、その夢は幻の夢ではなく、実現可能な夢でなければならない。政治家や政党はその夢が実現可能かどうか見極める確かな目をもち、実現のための道筋と方策も明らかにしなければならない。平成二十二年（二〇一〇年）の参議院選挙で政権運営に未熟であった民主党は大敗した。いまの日本の国民が感じている最大の不安は政治への不安である。そして日本の公的年金制度はいま大きな政治的リスクにさらされており、行方は混沌としている。

10　おわりに

民主党政権になって、政治は混迷を続け、国民の期待に応えていない。初代の鳩山総理は、沖縄の米軍基地移転問題について、「学べば学ぶほど難しいということがわかった」と言った。半世紀もの歴史をもつ公的年金制度を枠組みから変えることも、学べば学ぶほど難しく、むしろ枠組み自体は大きく変えてはならないということがわかるのではないか。民主党は日本の未来に責任をもつ政権政党として日本の公的年金制度のあり方、いまとるべき方策について、マニフェストにこだわらず、あらためて考え直し、誤らないようにしてほしい。

（財団法人年金シニアプラン総合研究機構『年金と経済』二九巻四号収載）

⑾　持続可能な年金制度の確立に向けて

（平成二十四年十二月）

1　はじめに

ただいまご紹介をいただだいた吉原でございます。まず最初に年金綜合研究所の設立を心からお祝い申し上げます。旧知の坪野理事長から研究所の設立記念シンポジウムを開催したいので講演をして欲しいというご依頼を受けました。大変名誉なことではありますが、いまはもうこのようなところで皆様にお話をする年齢でも立場でもないとご辞退したのですが、私が昔直接かかわった国民皆年金ができるときの話でもいいからと言われ、そのようなことでよければ、またそれがこれからの年金論議に少しでもお役に立てばと思い、お引き受けしました。よろしくお願い申し上げます。

2　国民年金制度（国民皆年金）の創設

全国民を対象とした国民年金制度を創設すべきだという声がで始めたのは昭和三十年（一九五五年）頃からであります。昭和三十年（一九五五年）は日本の戦後の歴史のうえで最初の大きな節目の年でありました。政治的には昭和二十七年（一九五二年）に講和条約が締結され、日本は政治的に独立します。そして昭和三十年（一九五五年）に自由党と民主党が合併して自民党ができ、左右の社会党が統一されて、自民党と社会党の二大政党を中心としたいわゆる五五年体制ができます。経済的には日本の経済が戦後の復興の時代を終えて戦前の水準まで回復、昭和三十一年（一九五六年）の経済白書は「戦後は終わった」と高らかに宣言し、次の高度成長の時代の入口に立ちます。

昭和三十年（一九五五年）当時の日本の人口は総人口が約九〇〇〇万人、そのうち六十五歳以上の老人人口が約五〇〇万人、十五歳以上六十五歳未満の生産年齢人口が約五五〇〇万人、十五歳未満の幼少人口が約三〇〇〇万人でありました。就業人口は約四〇〇〇万人でしたが、農業、林業、漁業などのいわゆる第一次産業の就業者が四割を超えており、自営業者や家族従業員が半分以上で、被用者はまだ一八〇〇万人程度で半分にも達しませんでした。

戦争が終わって数年間は、戦争で父を失い、夫を失い、家を失い、職を失って、食べるものもない、着るものもない、おびただしい数の生活困窮者や戦争孤児、戦地や海外から引き揚げた軍人や引揚者が街にあふれ、厚生省はそれらの人々の救済、援護に追われました。それが一段落したあと昭和二十年代後半から、戦前につくられ、戦争で壊滅状態に陥った健康保険や国民健康保険、厚生年金などの社会保険の再建を図ります。昭和二十八年（一九五三年）には戦後停止されていた軍人恩給も復活します。そして昭和三十年（一九五五年）頃までに国民生活もおおむね戦前の水準まで回復します。

しかし健康保険や国民健康保険などの医療保険の適用を受ける人口はまだ全国民の三分の二程度にすぎず、国民の三分の一、三〇〇〇万人には何の医療保険の適用もなかったのであります。厚生年金や共済組合、恩給などの適用を受ける人口は全就業者の約三分の一、一三〇〇万人程度にすぎませんでした。年金受給者に至っては大部分が元軍人や公務員で、恩給受給者は約一〇〇万人もいましたが、厚生年金の受給者は約二〇万人で、その大半が障害年金や遺族年金の受給者で、老齢年金はまだ本格的な支給が始まっていなかったのであります。

厚生省は昭和三十年（一九五五年）頃から医療保険や年金制度の全国民適用を柱とする社会保障制度の本格的整備に取り組もうとしますが、どちらが先かというと医療保険の全国民適用、国民皆保険のほうが先で、国民年金制度の創設、国民皆年金はその後と考え、昭和三十二年（一九五七年）から四か年計画でそれまで任意であった国民健康保険の実施を全市町村に義務づけました。国民皆保険のほうが先と考えたのは、医療の全国民適用のほうが急ぐということのほか、医療保険は基になる制度がすでにできていましたが、年金制度は基になる制度がまだなく、どのような制度をつくってよいか見当がつかない状況だったからです。そこで昭和三十二年（一九五七年）社会保障制度審議会は内閣総理大臣の諮問を受けて国民年金制度の基本方策について審議を始めますが、厚生省も五人の学識経験者を国民年金委員に委嘱し、どのような制度が考えられるか研究を始めます。

それから年金制度を早く全国民にという世論は高まる一方でした。昭和三十年（一九五五年）前後から年齢や金額はさまざまですが、条例で八十歳以上ぐらいの老人に月五〇〇円とか八〇〇円程度の慰労年金や敬老年金を支給する市町村が増えてきました。こうしたことから昭和三十三年（一九五八年）の衆議院の総選挙で自民、社会の両党は、昭和三十四年（一九五九年）からの国民年金制度の実施を最大の選挙公約に掲げました。岸内閣のときであります。

昭和三十三年（一九五八年）の総選挙は五五年体制になってからの最初の選挙で、国民の関心は高く、投票率は七九・九九%にも達しました。その後何回も選挙が行われましたが、こんなに高い投票率になったことはなく、民主党が大勝して政権交代が起きた前回の平成二十一年（二〇〇九年）の総選挙の投票率も六九・二八%でした。それだけに自民党も社会党も絶対負けられない選挙でしたが、自民党が大勝し、公約どおり昭和三十四年（一九五九年）から国民年金制度の実施が決まり、厚生省に制度の具体案の立案が命じられたわけであります。

こうなった以上厚生省は難しいのなんのとはいっておれません。当時の厚生大臣は橋本龍太郎さんのお父上の橋本龍伍さんでありましたが、全力をあげて党に協力し、党と一緒になって最善の制度をつくろうと、当時保険局次長だった小山進次郎さん（昭和十三年（一九三八年）に内務省に入省し、戦後生活保護法をつくり、のちに初代の年金局長になった人）を長とする二〇名程度の国民年金準備局というプロジェクトチームをつくります。当時の厚生省にはまだ年金局も社会保険庁もなく、厚生年金を所管する厚生年金保険課が一つ保険局の片隅におかれていただけで、年金を知っている人はほとんどいなかったのであります。そして私もそのプロジェクトチームの一員に最年少の一兵卒として加わり、チーム全員で年金のネの字から勉強をはじめたのであります。

一方党は党で大蔵省で主計局長や事務次官をして国会議員になられた岐阜県選出の野田卯一さん（今の野田聖子さんのおじいさんにあたる人）を委員長として、衆参両院の国会議員約八〇名から成る国民年金実施対策特別委員会をつくります。そして党の委員会と厚生省のプロジェクトチームが一体となって、制度の具体案、設計図の作成に全力をあげたのであります。野田さんも小山さんも大変頭がよく、お人柄もよい、立派な方で、うまもあい、お互いに信頼しきっておられました。このお二人を中心に、党と役所が力をあわせ、全力で取り組んで国民年金法という大きな難しい法律が短時日の間に見事につくられていったのであります。

国民年金をつくるには山ほどあるたくさんの問題に一つひとつ答を出していかねばなりませんでした。まず決めなければならない第一の問題が厚生年金や各種共済組合など既存の被用者年金の適用者を含む全国民を対象とする制度にするか、農業従事者や自営業者など既存の制度の適用を受けていない人たちだけを対象とする制度にするかということでありました。

私どもがまずめざしたのが文字どおり全国民を対象とする制度でした。職業や職種ごとにいろいろな制度がたくさんでき、分立する（当時すでにそういう傾向にありました）のはいいことではありませんし、いくつもの制度が分立していますと、どれか一つの制度で原則二〇年という長い資格期間を満たさないと年金がつかないからであります。といって国民年金を全国民を対象とする制度にすると既存の制度との調整の問題が生じます。長い歴史や沿革のある既存の制度をやめるわけにはいきませんし、既存の制度をそのままにして国民年金に二重加入してもらうわけにもいきません。どちらにするか迷ったあげく、この問題はいますぐには結論が出せない、引き続き時間をかけて検討しようということで、さしあたって国民年金の対象者は二十歳以上六十歳未満の既存の被用者年金の未適用者のみとすることにし、同時に分立する各制度間の資格期間を通算する制度をつくり、各制度を通算して二〇年なり二五年以上ある人には各制度からその制度の加入期間に応じて年金をだすことにしたのであります。

このとき議論が大きく分かれたのが、約一〇〇〇万人もいると推定された既存の被用者年金の適用者に扶養されている専業主婦の妻をどうするか、国民年金の対象にするか、しないかという問題でありました。これらの人々は夫が年金受給者になれば加給年金の対象になりますし、夫が死亡すれば遺族年金が受けられます。被用者年金によって守られている、カバーされているともいえますから、夫と同様さしあたっては国民年金の適用外にしていいのではないかという意見と、これらの人は離婚すればただちに無年金者になるのだから国民年金の適用対象にすべきだという意見が大きく分かれたわけです。どちらにするか、さんざん迷ったあげく、夫婦でありながら、夫は被用者年金、妻は国民年金というのもおかしいから、さしあたっては国民年金の対象にはしないが、本人が希望すれば国民年金に加入できるという任意加入の途を開いたのであります。これがいまの国民年金の第三号被保険者の問題の発端であります。

国民年金をつくるにあたっての第二の大きな問題は、拠出制（社会保険方式）を基本とする制度にするか、無拠出制（税方式）を基本とするかでありました。拠出制を基本とするといっても拠出制だけでは当時すでに高齢の人や高齢に近い人は保険料を納める期間がありませんから、年金がでないということになります。こういう人たちにはどうしても税を財源とする無拠出制の年金をつくる必要があります。しかし制度発足時拠出期間のあるまだ若い人たちにも無拠出制の年金でいくのか、それとも若い人たちのためには拠出制の年金をつくるのかという問題です。年金制度をつくる場合、無拠出制、税方式のほうがはるかにつくるのが簡単であります。一定の年齢に達した人に一定額の年金を支給するだけでいいのですから、拠出制、社会保険方式の年金のように保険料の記録や管理の必要はありませんし、裁定も簡単です。問題は財源です。将来にわたってしっかりした安定的な財源が確保できなければいい年金にはなりません。

国民年金の対象者には所得のない人や所得の低い人が多いことから、国民年金は無拠出制、税方式の年金にすべきである、拠出制の年金は無理だという意見が強くありました。社会党がそうですし、自民党のなかにもそういう意見がありました。農業者団体も無拠出制の年金を望みました。しかし当時の国民所得はまだ八兆円程度で、国の一般会計の規模は約一兆円強、厚生省の予算は一〇

○○億円程度（そのうちの半分近くが生活保護の予算）でした。そのような国の財政状況のもとでは無拠出制では七十歳以上の人に月額一〇〇〇円程度の年金を出すのが精一杯でした。それも所得制限つきです。それに障害年金、母子年金を含めると年間三〇〇億円程度の財源が必要になります。仮に金額を二〇〇〇円にすれば倍の六〇〇億円、年金を六十五歳にすればさらにその倍近い金額が必要になります。それは不可能です。

私どもは社会保障の年金制度というからには老後生活のしっかりした支えとなる年金制度をつくりたい、当時の従業員三〇人以上の製造業の給与が月額二万円程度、農村部の老人単身世帯の生活保護の基準額、最低生活費がおおむね月額二〇〇〇円程度でしたので、最低その程度の年金が出るようにしたい、それには事前に一定の保険料を払ってもらい、それを積み立てておいてその利子収入も財源にし、国も一定の負担をする、そういう積立方式の拠出制の年金にする以外にないと考えました。またそのほうが老後の生活に自ら備えるという自助努力、自己責任の精神にも適っていますし、所得制限もない権利性の強い年金になります。欧米先進国の年金制度も大部分が拠出制、社会保険方式の年金でした。

国民年金の枠組にかかわる三つ目の大きな問題は、保険料及び年金額を所得比例にするか定額制にするかということと、夫婦世帯の場合、夫に妻の分も含めて保険料を払ってもらい、年金も妻の分を含めて夫に払う世帯単位の年金にするか、夫婦のそれぞれから保険料を払ってもらい、それぞれに年金を払う個人単位の年金にするかということでした。これについてはそう意見が分かれませんで、保険料、年金のいずれも定額制で、個人単位の年金にしよう、それ以外にないということになりました。年金制度としては所得比例制の年金のほうがいいかもしれませんが、国民年金の対象者は有業者であっても大半が自営業者であって所得の正確な把握が困難であり、また所得の低い人も少なくないからであります。また個人単位にしたのは夫婦の一人ひとりが保険料を払い、一人ひとりに年金権がつくようにしたほうがいいと考えたからであります。このように定額制の個人単位の年金にしたことと、保険料について大幅な免除制度を導入したことの二つが国民年金が厚生年金などと大きく異なる相違点、特徴であります。

こうした制度の大枠を決めてから、制度の具体的内容、保険料や年金額、受給資格期間や支給開始年齢をどうするかという議論に入りました。誰にとっても保険料は低いほうがいいし、年金額も高いほうがいいにきまっていますが、そうはいきません。それらはすべて相互に関連があり、相互のバランス、全体のバランスを考え、何十年も先の将来にわたって年金財政の収支の均衡が保たれるようにしなければなりません。それと同時に年金額は国民一般の生活水準や消費水準、生活保護の最低生活水準などとのバランス、保険料は国民の所得や負担能力とのバランス、支給開始年齢は定年年齢や平均寿命など国民生活とのバランスを考えて決めていかねばなりません。年金制度はこういういろいろなものの複雑なバランスの上に組み立てられる構築物、建造物のようなものであります。

私どもはまず保険料を納める被保険者期間は二十歳から五十九歳までの四〇年、そのうち年金の資格がつく最低受給資格期間は二五年、支給開始年齢は六十五歳ぐらいが適当であろうと考えました。年金額は保険料を二五年納めた場合月額が二〇〇〇円、全期間四〇年まるまる保険料を納めた場合は月額三五〇〇円ぐらいの年金額にしたいと考えました。二〇〇〇円というのは当時の農村部の老人一人あたりの生活扶助基準がそのくらいであり、三五〇〇円というのは当時の五人世帯の消費支出額が月額約二万円、一人当たり四〇〇〇円程度で、共通経費を除くと三五〇〇円程度であったからであります。

一番難しく頭を悩ました問題は保険料をどのくらいにするか、どのくらいの保険料なら多くの人に払ってもらえるかということでした。国民年金の対象者約二〇〇〇万人から二五〇〇万人のうち所得税を納めている人は四〇〇万人程度にすぎませんでした。市町村民税の均等割も払っていない所得の低い人や所得のない人もたくさんおられました。いろいろ考えた末、保険料は月額一五〇円から二〇〇円ぐらいが限度であろう、それも払えない人は免除するしかないという結論になり、いく通りもの数理計算をし、国も保険料相当額の二分の一を負担し、積立金の運用利回りを五・五％程度見込むことを前提とし、最終的に制度の骨格を次のように決めたのであります。

(1)　国民年金の対象は被用者年金の適用又はその年金を受けていない二十歳以上六十歳未満の全国民とする。ただし、被用者年金の適用を受けている者の配偶者、学生及び制度発足時すでに五十歳以上の者は任意適用とする。
(2)　年金の種類は老齢年金、障害年金、母子年金、寡婦年金とする。
(3)　保険料を二五年以上納めた場合に、六十五歳から月額二〇〇〇円の老齢年金を支給する。保険料を全期間四〇年納めた場合には月額三五〇〇円の年金を支給する。保険料の免除期間がある場合は実際に保険料を納めた期間が一〇年以上あり、その期間と保険料免除期間をあわせて二五年以上あれば、六十五歳から月額一〇〇〇円の年金を支給する。
(4)　保険料は二十歳から三十四歳までは月額一〇〇円、三十五歳から五十九歳までは月額一五〇円とする。所得がないか所得が低いためこれを納めることが困難と認められる者については、その期間これを免除する。
(5)　国は毎年納付された保険料の総額の二分の一（給付費に換算すれば三分の一）を同時に負担する。積立金の運用利廻りは五・五％と見込む。
(6)　制度発足時五十歳以上の者及び保険料の免除期間が長かったために拠出年金を受けられない者には七十歳から月額一〇〇〇円の無拠出年金を支給する。ただし、所得制限を付する。

国民年金法案は昭和三十四年（一九五九年）二月国会に提出され、四月には大した修正もなく成立しました。これだけの大法案がいまでは考えられないほどの早さですし、修正は無拠出制年金の名称が援護年金から福祉年金に変わったぐらいです。そして昭和三十四年（一九五九年）十一月分から福祉年金を支給し、実施体制の整備などの準備期間をおいて、昭和三十六年（一九六一年）四月から拠出制年金の保険料の徴収を始めました。福祉年金は第一回の支払いは、昭和三十四年（一九五九年）十一月から翌年二月までの四か月分四〇〇〇円をまとめて三月に全国の郵便局で一斉に行われました。福祉年金は飴玉年金などと悪口も言われましたが、大変喜ばれました。しかし拠出制年金は市町村で保険料の徴収が始まった途端、思いもかけず安保闘争で敗れた社会党や革新団体を中心に猛烈な反対運動が起き、県や市町村の職員が一軒一軒加入者の家を訪問して説明や説得にあたり、二～三年たってようやく制度が軌道に乗り始めたのであります。

こうして昭和三十六年（一九六一年）四月一日は、国民皆保険と国民皆年金という一大事業が同時に達成され、発足するというわが国の社会保障の歴史のうえで画期的な年になりました。昭和三十六年（一九六一年）は池田内閣の所得倍増一〇か年計画が発足した年でもあり、国民皆保険と皆年金は日本の経済の高度成長を下支えするという大変大きな役割を果たしたわけであります。

3　国民皆年金後の昭和の時代—経済の高度成長に見合った制度の拡充、改善と、再編、統合—

昭和四十年代は日本の経済が年率一〇％を超える高度成長をした時期で、賃金も物価も大きく上昇しました。昭和三十九年（一九六四年）に東京でオリンピック、昭和四十五年（一九七〇年）に大阪で万博が開かれました。日本の戦後の一番華やかな時代だったかもしれません。

そうしたなかで各年金制度の給付水準は競い合うように引き上げられていきました。昭和三十年代月額三五〇〇円程度だった厚生年金の老齢年金の水準は、昭和四十年（一九六五年）には標準年金で月額一万円に、四十四年（一九六九年）には二万円に引き上げられました。四十八年（一九七三年）には厚生年金の標準年金の水準は勤労者の平均賃金のおよそ六割を目途とした月額五万円にもなり、物価スライド制も導入されます。国民年金も厚生年金にあわせて夫婦で同程度の水準に引き上げられていきました。昭和四十年代には医療保険の水準も大きく改善され、日本の社会保障の水準が全体としてヨーロッパ先進国の水準に遜色のない水準になり、昭和四十八年（一九七三年）は福祉元年といわれました。

しかし昭和四十八年（一九七三年）に起きたオイルショックを契機に経済の高度成長期は終わり、昭和五十年代に入ると安定成長期に入ります。そして税収が落ち込んで、国の財政は赤字となり、増税なき財政再建と、戦後政治の総決算として行政改革が国の最大の政治課題になります。年金制度についても高度成長時代の給付水準の大幅な引上げにより将来の年金財政の悪化を懸念する声が出始め、また官民格差などバラバラに分立した制度の再編、統合、一元化を求める声が高まります。社会保障制度審議会は日本の年金制度を新たに創設する付加価値税を財源とした税方式の基本年金にこれまでの報酬比例年金を上乗せした二階建ての制度に再編することを建議しました。

厚生省はいまさら新たな税方式による基本年金の創設は無理と考え、昭和六十年（一九八五年）中曽根行革の一環として国民年金は全国民に一階部分の基礎年金を支給する制度とし、厚生年金や共済組合などの被用者年金はその上に二階部分の報酬比例年金を支給する二階建ての仕組みに大きく再編、統合する大改革を行いました。国民年金と厚生年金の定額部分の形や水準がほぼ同じであったためこれをドッキングさせて基礎年金にし、これに共済にものってもらい、基礎年金の費用は各制度が拠出金として加入者の数に応じて持ち寄り、国民全部で負担するということにしたわけであります。

一方厚生年金の給付水準をそのままにしておきますと加入期間が伸びるとともに、勤労者の平均賃金の八割を超える水準を超えることになるので、いまの七割弱の水準にとどめるため、報酬比例部分の乗率を一〇〇〇分の一〇から一〇〇〇分の七・五に引き下げ、給付水準も適正化しました。

二階部分の被用者年金については、厚生年金と船員保険は統合することとし、厚生年金と各共済組合は昭和七十年（一九九五年）を目途に一元化する方針を決めたのであります。しかし統合はこのスケジュール通りにはいきませんでした。平成九年（一九九七年）に国鉄、たばこ、電々の旧公共企業体職員共済組合が厚生年金に統合され、平成十四年（二〇〇二年）に農林漁業団体職員共済組合が厚生年金に統合されましたが、国家公務員共済組合、地方職員共済組合、私立学校教職員共済組合などはまだ存続しており、今年やっと厚生年金とこれらの共済組合が一元化される法律が通り、平成二十七年（二〇一五年）十月から実施されることになりました。

昭和六十一年（一九八六年）の大改革の下絵を書いたのは私の前任の年金局長の山口新一郎さんという人です

が、山口さんは法案を国会に提出してがんで亡くなり、私がそのあとの局長を命じられ、国会で法律を成立させました。私はこれで国民年金をつくるとき、全国民を対象とし、費用も全国民でもつ年金制度にしたいという夢が名実ともに実現し、日本の年金制度は本当にいい形になった、昭和四十年代に上げすぎた給付水準も適正な水準に戻し、スリムになった、障害年金もよくなり、女性の年金権も確立された、支給開始年齢の問題だけを残して、日本の年金制度はこれから到来する人口の高齢化の大波も何とか乗り切れるものになったかと、大変嬉しく思いました。私だけではありません。みんながそう思ったのです。世論、マスコミもあげてこの改革を支持し、評価しました。しかしいま振り返ると見通しが甘すぎました。日本の人口の高齢化はそんな生易しいものではなく、経済も全然違ったものになりました。

この改革の下絵を描くとき、山口さんが迷われたのがいま国民年金の第三号被保険者になっている被用者年金の適用を受けているサラリーマンの専業主婦の扱いでした。専業主婦の人たちに国民年金を適用するにあたって自営業者の妻と同様に一人一人保険料を払ってもらう第一号被保険者にするか、保険料はいままでどおり夫の保険料のなかに含まれていることにし、専業主婦自身は保険料を納めなくていい第三号被保険者にするかということでした。山口さんは後者の途をとられたのであります。健康保険のサラリーマンの妻は夫の保険料で健康保険の給付を受けられます。それと同様妻の基礎年金分の保険料は夫の保険料のなかに含まれており、妻の基礎年金分の財源は厚生年金会計が妻の分も含めて基礎年金会計に拠出すればいいのではないか、そのほうが妻の保険料の未納とか滞納とかの問題は生ぜずに、妻が確実に基礎年金の受給権が得られると考えられたのでしょう。

いま国民年金の第三号被保険者が、保険料を納めないで基礎年金を受けているのはおかしい、被用者や自営業者の妻と比べて不公平だという意見があります。形のうえではそういう意見もわからないでもありませんが、当時はそんな意見はありませんでした。女性の年金権も確かなものにするうえで、これでいいではないかとむしろ評価する意見が多く、国会でも問題にならなかったのであります。いま見直しをするならしてもよいのでしょうが、いまさらサラリーマンの妻に保険料を払ってもらうことにできるかどうか、難しいのではないでしょうか。ただ女性誰もが厚生年金が適用されるようなかたちで働くようになればこの問題は自ずと解決されます。

4　平成の時代―制度の持続性を維持するための給付の増加と負担の上昇の抑制―

平成は、政治も経済も社会も、昭和とは全く違った時代になります。日本の年金制度にとっても順風、追い風の時代から強い逆風、向かい風の時代になります。人口の高齢化は急速にピッチが早まり、経済は低迷し、制度の持続性に不安がもたれ、給付の増加と保険料の上昇の抑制が最大の課題となります。

まず日本の人口の高齢化は一気にスピードを増します。平成二年（一九九〇年）に約一五〇〇万人、総人口の一二％であった六十五歳以上人口は、平成十二年（二〇〇〇年）には約二二〇〇万人、総人口の一七％、平成二十二年（二〇一〇年）には約三〇〇〇万人、二三・一％にも達します。二〇年間に倍にもなります。少子化の進行により二〇五〇年頃のピーク時の高齢化率も、五年ごとの将来人口推計のたびに上がり、平成四年（一九九二年）推計の二二・三％が、平成九年（一九九七年）には二八・二％、平成十四年（二〇〇二年）には三五・七％、平成十八年（二〇〇六年）には三九・六％になります。

年金受給者の数は、老齢年金に障害年金や遺族年金を含めると、平成二十年（二〇〇八年）には約四〇〇〇万人、総人口の三分の一近くにも達します。年金給付費も平成元年（一九八九年）には二二兆円程度でしたが、平成十年（一九九八年）には三八兆円、平成二十年（二〇〇八年）には五〇兆円にも達します。このように膨れあがる年金給付費を賄うために五年ごとの財政再計算のたびに保険料率の引上げが行われますが、バブル経済が崩壊したあと今日まで二〇年も経済の低迷、景気の低迷が続き、企業、経済界などから際限のない保険料率の引上げには応じられないという声が出始め、保険料率の引上げが困難になります。そのため平成に入ると給付の増加と保険料率の上昇を少しでも抑制し、制度の持続性を維持することが日本の年金制度の最大の課題になったわけであります。同時に国の財政は赤字が増え、悪化する一方にもかかわらず、基礎年金に対する国庫負担率の三分の一から二分の一への引上げを求める声が強くなってきます。

給付の抑制策としてまず行われたのが厚生年金の支給開始年齢の六十歳から六十五歳への引上げで、平成六年（一九九四年）改正のときに定額部分（基礎年金相当部分）の引上げが決まり、平成十二年（二〇〇〇年）改正のときに報酬比例部分の引上げが決まりました。厚生省が最初に厚生年金の支給開始年齢を引き上げようとしたのは昭和五十五年改正のときです。そのとき雇用や定年がそこまでいっていないという理由で労使が強く反対し、できませんでした。それから二〇年たってやっと決まるだけは決まったのですが、報酬比例部分の引上げが始まるのは平成二十五年、二〇一三年からで、男女とも六十五歳になるのはまだ二〇年も先の二〇三〇年ですから、何ともものんびりした話です。平成十二年改正では厚生年金の報酬比例部分の乗率の引下げも行われ、給付水準が約五%引き下げられました。また月々の報酬だけでなく、ボーナスなどを含め年収全体に保険料率がかかる総報酬制も導入されました。

平成十六年改正のとき経済界は保険料率に上限を決めることを強く主張し、上限が設定されることになりました。厚生省はドイツやフランスなど諸外国の保険料率がすでに二〇%前後であることから、わが国も二〇%程度を上限にすることを主張しましたが、経済界は一五%程度に抑えることを主張し、自民党が間に立って調整し、一八・三%に決まったわけであります。そして平成十六年（二〇〇四年）の一三・五八%から少しずつ引き上げ、平成二十九年（二〇一七年）に一八・三%にすることで決着しました。

保険料率の上限が決まりますと、給付は当然その範囲内に収まるようにしなければなりません。そこでマクロ経済調整という仕組みを導入し、いま賃金代替率で五九%程度の給付水準を徐々に下げていくことにしたのであります。これは簡単にいうと年金額はこれからも賃金や物価が上がった場合にはその率だけ上げていきますが、その上げ幅を毎年現役世代の数の減少や平均寿命の伸びを反映した一定の率、〇・九%程度減らすということであります。そうすると名目の年金額は上がってもあるいは変わらなくても、実質の賃金代替率は下がっていきます。ただ賃金代替率が五〇%以下になったときにはこの仕組みを見直すことにしました。

平成十六年（二〇〇四年）の改革は、日本の年金制度の歴史のうえで昭和三十六年（一九六一年）の国民皆年金、昭和四十八年（一九七三年）の五万円年金と物価スライド制の導入、昭和六十一年（一九八六年）の基礎年金の導入に次ぐ画期的な改革でありました。国会では国民年金の保険料の未納者が増えていることや保険料の一部が年金給付以外に使われていることなどばかりが問題になり、あまり本筋の議論は行われませんでしたが、年金制度の本質を変えたといってもよいくらいの大きな改革でありました。これまではまず給付はどうあるべきかということから年金制度を考え、それにあわせて保険料を決めてきたわけですが、これからは保険料に上限を決め、その範囲で給付をしていくということにしたわけです。基礎年金に対する国庫負担率も平成十六年度から二十一年度にかけて段階的に三分の一から二分の一に引上げることも決めました。

与党の自民党、公明党は日本の年金制度はこれで一〇〇年安心で持続可能なものになった、これまでのように五年ごとの財政再計算のたびに保険料率を上げたり、給付を下げたりする必要はなくなったと胸を張りました。

しかし野党の民主党はこの改革は現行制度を前提とした辻褄合わせの小手先の改革にすぎず、年金制度に対する国民の不安を解消することはできないと最後まで反対し、廃案を主張しました。そのため法案は強行採決され、成立しますが、その直後の参議院選挙では民主党が大きく議席を伸ばしました。そのあと五〇〇〇万件もの誰のものかわからない年金の記録問題が明るみになり、大きな問題となります。そして平成二十一年（二〇〇九年）の総選挙で民主党は月額七万円の最低保障年金と全国民一本の所得比例年金の創設などをマニフェストに掲げて（それだけが原因ではありませんが）、三〇八もの議席をとって圧勝し、政権交代が起きたわけであります。

国民皆年金が国民の老後生活に不安がないようにすることを目的につくられて半世紀たったいま、日本の年金制度が国民の老後の不安の原因になり、それをどうするかがこんなに大きく与野党の意見が対立し、政権交代の一因にもなるような政治問題になろうとは思いもしませんでした。

5　日本の年金制度の不安の原因と処方

いま日本の年金制度に不安をもっているかと問われれば国民の多くの人が多かれ少なかれもっていると答えるでしょう。私もそうです。平成十六年（二〇〇四年）の改革はよい改革だったと思いますが、これで日本の年金制度が一〇〇年安心になったとはとても思えません。といって民主党がいうように制度の形を大きく変えなければ不安はなくならないとも思いません。むしろ変えることによる不安のほうが大きいと思います。

民主党のいうような月額七万円もの最低保障年金の創設には巨額の財源がいるでしょう。その財源をどうやって調達するのでしょうか。調達ができるわけがありません。また全国民一本の所得比例年金は、全国民の所得の正確で公平な把握が前提で、それが可能でない限り実施できません。またその場合被用者年金の保険料の二分の一を負担している事業主の負担はどうなるのでしょうか。続けるのかやめるのかその辺をはっきりさせてもらわないと困ります。仮にやめるとすれば被用者にとってはいまよりかなり低い水準の年金しかできないでしょう。民主党の改革案は何となくよさそうに聞こえますが、それは幻想で、実現不可能な案です。仮にやろうとしても完成に何十年もかかります。やるメリットよりデメリット、リスクのほうがはるかに大きいでしょう。

私はいまの年金制度に対する国民の不安の原因は、制度の形が悪いからではない、制度の形は決して悪くないが、まず第一に制度が巨大になる一方で制度を支える力が低下していることにあると思っています。人口の高齢化で年金を受ける高齢者の数が増える一方で制度を支える現役の人の数は減る一方です。そのうえバブル経済が崩壊してからずっと経済が低迷し、ＧＤＰは二〇年間ほぼ五〇〇兆円前後でほとんど伸びず、国の税収も企業の収益も勤労者の賃金も上がるどころか下がり続け、国や企業の制度を支える力も低下し続けています。

第二の原因は、年金制度を組み立て、成り立たせているいろいろなバランスが崩れてきているということです。特に年金を受ける人と保険料を払う人の人数のバランス、年金を受ける期間と保険料を払う期間のバランス、支給される年金の額と納められる保険料の額のバランスなどが大きく崩れてきているということです。

第一の原因も第二の原因もいってみれば日本の経済や社会のもつ問題が原因であり、その結果であります。したがって年金制度の不安をなくす処方は、経済や社会のもつ問題をなくすことであります。しかし、人口の高齢化などをすぐ止めるわけにはいきません、だとすれば低迷を続けている経済や景気を良くし、雇用を拡大して、国や企業、現役世代の制度を支える力を強くすることがまず第一であります。特に高齢者の雇用の拡大が大事で、いま日本人の平均寿命は八十歳にも九十歳にもなり、七十歳ぐらいまではみんな元気で、ヨーロッパ人などと違って老後を好きなことをして優雅に暮らすより、働くところがあれば現役として働きたいと思っている人が多いのです。それは日本人がもつ潜在的なパワー、長所でありますから、それを活かし、これまでの「六十歳あるいは六十五歳以上は高齢者、年金世代」であるという概念、意識を変えて、「七十歳ぐらいまで現役として働く、働ける社会」をつくることをめざすことが大事ではないでしょうか。

経済をよくし、雇用を拡大すれば年金制度はいまのままでいいかといえばそうではありません。年金制度自体も変えなければなりません。第一は支給開始年齢の六十五歳への引上げのピッチを速めると同時に、アメリカやイギリス、ドイツなどと同様に少なくとも六十七歳から六十八歳、できれば七十歳まで引き上げることです。いますぐには無理としても七十歳ぐらいまで働ける社会になれば年金の支給開始年齢の引上げも可能になると思います。支給開始年齢を一年引き上げるだけで、制度によって支えられる人が少なくなり、これらの人が支える側に回れば制度のバランスを大きく回復、改善できます。六十五歳の人の平均余命は約二〇年から二五年もあります。年金の受給資格期間二五年が今度一〇年に短縮されるわけですが、保険料を一〇年しか納めていないのに年金は二五年ももらえる、こんな制度が成り立つわけがありません。

もう一ついまの年金制度でやるべきことは賃金や物価が下がるデフレ経済下でも給付水準のマクロ経済調整が働くようにすることです。現役世代の賃金は上がらない、むしろ下がっているのに、保険料率は上がる、一方年金額はそのまま、そのために年金の賃金代替率は上がる、というのはおかしな話です。賃金や物価が下がっているときは年金が下がるのは当たり前ですし、賃金や物価の変動にかかわらず、経済調整というより人口変動調整によって年金額が下がることにしてもやむを得ないのではないでしょうか。厳しいかもしれませんが、このような改革をしないで不安ばかりいってもしょうがありません。

年金制度について払った保険料と受ける年金額の比率がいまの年金世代と現役世代あるいは次の世代との間で違い、格差がありすぎる、いまの年金世代は得をしすぎているということを大きな問題だという意見がありますす。計算の仕方にもよりますが、違いがあることは事実です。これまで給付の引上げが先行し、それに見合うだけの保険料の引上げが迎えられてきたことが一つの原因でありますが、公的年金の本質や役目からいって、避けられない、いやあって当然という面もあります。世代ごとに損得の計算をすること自体あまりいいこととは思いませんが、仮に損得がないようにしたらどんな制度になっているかも考えてみていただきたいと思います。

先の世代は後の世代にできるだけつけや問題を残さないようにしなければなりませんが、年金に限らず、生まれた時代によって、世代ごとに運、不運、損、得があるのは仕方がありません。今月の雑誌『文藝春秋』で東京のある有名大学の経済学の先生が年金の世代間格差を経済学では高齢者による「幼児虐待」だと言っておられましたが、びっくりしました。年金制度に対する世代間の対立や不信感をあおる有害無益の意見としか思えません。

6　民主党政権の三年間とこれからの年金論議に望むこと

先月衆議院が解散され、来る十六日には総選挙が行われることになりました。長く続いた自公政権に愛想をつかし、国民が大きな期待を寄せて誕生した民主党政権ですが、三年余りの民主党政権はどんな政権であり、何をしたでしょうか。一言でいうと戦後こんなひどい政権はなかった、最悪の政権だったと思います。政治家主導といって官僚を排除し、稚拙極まる政権運営で、マニフェストに掲げた政権公約は何一つ満足に実現できず、政治は混乱、混迷を極めました。

年金制度にとっても悪夢のような三年間でした。税を財源とする月額七万円の最低保障年金、全国民一本の所得比例年金の創設は、やるやると言いながら三年経っても具体案や財源が示せず、法案は出せませんでした。国民年金制度ができたときとは大違いです。のみならず被用者年金の一元化など早くやるべきことを先送りしたり、国民年金の第三号被保険者が第一号被保険者になったとき、保険料を納めなかったのに納めたことにして年金を支払ったり、年金の最低受給資格期間の二五年は長すぎるといって一〇年に短縮したり、年金額の低い人に月額五〇〇〇円も税金で上乗せしたり、大衆迎合的な、制度を壊すようなことばかりをやりました。増税した税金をこんなところに使っていいのでしょうか。

民主党がやったことでただ一つ評価してよいことがあります。それは社会保障と税の一体改革です。一体改革といっても増税先行、増税のための一体改革といわれていますが、それでも結構です。自民党が先送りしてきた消費税率の引上げが民主党政権でできるとは思いませんでした。基礎年金の国庫負担二分の一の財源もようやくしっかり確保できるようになりました。自公も民主がやるというならいまのうちにやっておいたほうがいいと考えたのでしょう、野田さんの歴史に残る大きな功績といってよいでしょう。

十六日の選挙の結果がどうなるか、新政権がどんな枠組みの政権になるのか、まだわかりません。民主党がまた勝つということは考えられない、自公が勝つでしょうが、勝ち方によって自公だけの政権になるのか、自公民の政権になるのか、自公維の政権になるのかわかりません。そして今度の選挙では経済対策や原発問題が大きな争点になっており、年金や社会保障は不思議なくらい争点になっていません。民主党は月額七万円という金額を落として最低保障年金の創設をまだマニフェストに掲げていますが、自民党は年金については現行制度を基本に手直しするといっているだけで、具体的に何をするか何もいっていません。他の党は維新だけが年金の支給開始年齢の引上げや財政の積立方式への転換をいっています。

新政権がどんな枠組みの政権になろうとも年金や社会保障の改革は、社会保障と税の一体改革の際の三党合意でできた「社会保障国民会議」の結論待ちということになるのでしょう。この会議は民主党の改革案を棚上げするためにつくった会議といわれていますが、なかなかいい人がメンバーになっておられます。私のあとお話される権丈先生もそうですし、座長の清家先生も大変いい先生で、いい結論を出していただけると思っています。ただあのような会議は自公政権時代からいくつもつくられており、立派な提言がされています。今度の会議で目新しい結論が出るとも思えません。要は年金改革はもう論議の時期ではなく、政治が決断して実行する時期であります。しかし来年七月には参議院選挙があります。結局は改革は来年の夏以降に先送りされることになるのでしょう。新政権は何をやるでしょうか。私としては生涯現役少なくとも七十歳までの現役社会をめざす、それにあわせて年金の支給開始年齢を上げることを柱にした、第二弾の一体改革として「雇用と年金の一体改革」を是非やってほしいと思っています。

（年金綜合研究所設立記念講演）

II　座談会・インタビュー等

(1) 国民年金創設時を振り返る(座談会)

(平成二十三年三月)

◆座談会出席者
・大和田潔氏(元社会保険庁長官/昭和二十七年厚生省入省)
・山崎圭氏(元環境事務次官/昭和二十八年厚生省入省)
・吉原健二(元厚生事務次官/昭和三十年厚生省入省)
・青柳親房氏(元厚生労働省九州厚生局長・司会兼/昭和五十一年厚生省入省)

1　皆保険と同時スタート

青柳氏　「国民皆年金半世紀」をテーマとした座談会ということで、今回は「国民皆年金の実現」と題し、昭和三十年(一九五五年)から四十年(一九六五年)頃にかけてのおおむね一〇年間を中心にお話し合いいただきます。

まず、国民年金の議論が始まり、やがて皆年金体制成立へとつながっていく昭和三十年代前半は、どのような時代だったのか、当時の個人的な思い出を含め、印象的な出来事をご紹介ください。ちなみに私は、小学校入学が昭和三十五年(一九六〇年)。冬の寒い日、小学校の校庭で「おしくら饅頭」をやるときの掛け声は「アンポ・ハンタイ(安保反対)」でした。

大和田氏　昭和二十年代は、わが国は戦争で焼け野原になり、経済も完全にダメージを受けていました。それを戦後、国民が皆で努力して、昭和三十年代の初めの「神武景気」となる、これは非常に印象的なことでした。昭和三十一年（一九五六年）の経済白書が「もはや戦後ではない」と謳ったわけですが、それに対して厚生省はそういう楽観的なことを言ってはならない、これから社会保障を整備しなければという姿勢でした。昭和三十一年（一九五六年）第一回の厚生白書の副題は「国民の生活と健康はいかに守られているか」でしたが、そこで提起したテーマは、「果たして戦後は終わったのか」というものでした。かなり戦後復興は進んでいましたが、まだまだいろいろ問題は残っていて、年金もその一つだったわけです。

山崎氏　昭和三十四年（一九五九年）に今の天皇陛下が正田美智子さんとご結婚されました。ご成婚時のパレードも一つの明るい時代の訪れを反映したものでした。同じ頃、国民年金準備委員会事務局の部屋の窓を通して、建設中の東京タワーがどんどん伸びていくのを見ていました。東京タワーは昭和三十三年（一九五八年）十二月に完成したのですが、当時の時代の明るさを表わしていたのと、国民年金も「小さく産んで大きく育てよう」が後の掛け声になるのですが、何か象徴的でしたね。

しかし一方では、安保反対闘争で、例えば福祉年金が始まった昭和三十四年（一九五九年）の十一月に国会突入があったり、政治的な意味では非常な激動のときでもあったわけです。一部では、安保反対運動がその後の国民年金反対運動に利用された面もあったように思います。

吉原氏　当時の厚生省は、場所は今のところですが、旧海軍省の建物のなかに入っていまして、それは鉄筋コンクリートの建物でした。そのうしろの木造二階建の庁舎で国民年金準備委員会事務局の作業をしていたのを思い出します。

私が厚生省に入った昭和三十年（一九五五年）当時、総人口は約九〇〇〇万人、六十五歳以上人口はその五・三%、四八〇万人程度でした。就業者のうち雇用者の割合は四五・七%と、まだ五〇%に達していませんでした。私の初任給は月九〇〇〇円ちょっと、サラリーマンの平均給与も月二万円なかったと思います。最初の配属は児童局でした。当時厚生省には年金を所管する課は保険局に厚生年金保険課の一課があるだけでした。厚生省全体の予算も一〇〇〇億円程度、そのなかで一番大きいのが生活保護費でした。

昭和三十三年（一九五八年）に国民年金の準備事務局ができ、児童局からそこへ行けといわれ、毎日夜十一時～十二時頃まで仕事をしました。当時は、地下鉄は丸の内線はまだなく銀座線だけで、山手線のなかは四〇路線ほどの都電が走っていました。朝は国鉄の有楽町駅から日比谷公園を抜けて役所に行き、帰りは新橋で一杯飲んで終電で帰るという毎日でした。

青柳氏　昭和三十年代はある意味で非常に日本の社会の大きな転換期で、昭和三十六年（一九六一年）は皆年金、皆保険が同時に達成されるという日本の社会保障の歴史のうえで画期的な年になりました。昭和三十六年（一九六一年）には、所得倍増計画も同時にスタートしています。こうした時代の符合をどのように受け止めればよいのでしょうか。

吉原氏　国民皆保険と皆年金の同時達成は最初から意図されたわけではありません。国民皆保険は昭和三十二年（一九五七年）に昭和三十六年（一九六一年）までの四年計画で達成しようということが決まったのですが、その時点では国民年金は案ができていませんし、実施期日も決まっていませんでした。皆保険、皆年金と同時に所得倍増計画がスタートしたのも偶然でしょう。しかし皆保険、皆年金が働く人の病気や老後の不安をなくし、経済の高度成長を背後から支えたことは確かで、同時スタートはすばらしいタイミングだったと思います。

他の省の関係でも大きなプロジェクトが昭和三十五年（一九六〇年）前後に一斉にスタートしています。例えば昭和三十四年（一九五九年）四月に昭和三十九年（一九六四年）の東京オリンピックまでの開通を目標に東京大阪間の新幹線の工事が始まります。昭和三十六年（一九六一年）六月には日本の農業の近代化のための自立農家の育成を目的とした農業基本法が制定、公布されます。昭和三十七年（一九六二年）にはこれまでの四大工業地帯への日本の産業の過度の集中を是正し、全体的にバランスのとれた地域開発を進めるため、全国総合開発計画がつくられ、全国一三の地域に新産業都市を建設しようという新産業都市建設促進法が制定されます。

そう考えますと、昭和三十年（一九五五年）頃から計画、準備された幾つもの大きなプロジェクトが昭和三十五年（一九六〇年）前後にほぼ同時スタートしますが、これは必ずしも偶然ではなく、日本が政治の季節から経済の季節、国をあげて経済の高度成長と国土の大改造に向けて、一斉にダッシュし始めたすごい時期でした。

2　老後不安の高まる時代

青柳氏　国民年金を成立せしめた要因として、例えば、イギリスのベバリッジ報告の影響を強く受けた学者グループの動き、新生自由民主党が結党時の六大政綱の一つとして「社会保障制度を統合整備して、福祉社会の建設」をめざすことを掲げ、皆保険・皆年金はその象徴的かつ具体的な政策として推進されたこと、昭和二十九年（一九五四年）の厚生年金の改正や共済各法の動きなどある種の「年金ブーム」があったことなどがあると思いますが、いま振り返ってみて皆年金、国民年金の成立に最も大きく寄与したのは何だったとお考えですか。

吉原氏　いろいろな背景や理由が一緒になって気運が盛り上がってきたのだと思います。まず一番の背景として、戦争で息子や家を失い、戦後のものすごいインフレで貯金の価値もなくなり、家族制度もなくなって、誰もが老後に何となく不安をもつようになったということがあると思います。

にもかかわらず、老後に年金や恩給がもらえるのは国や県のお役人や旧軍人などごく一部の人だけでした。厚生年金はありましたが、まだ老齢年金をもらっている人はおらず、働いている人の半分以上を占める零細企業の従業員や農民などの自営業の人には何の年金もありませんでした。旧軍人恩給などはどんどん増額されていきましたし、私立学校の教職員や農協職員などには新たに共済年金制度ができるなどの動きがでてきました。

こういった状況のなかで自民党と社会党を中心とした五五年体制ができ、両党とも全国民を対象にした年金制度の創設を選挙で公約にして、政治の目標にするようになりました。

大和田氏　当時の厚生省の大臣官房企画室では、雇用者、自営業者、家族従業者の構成割合に関するデータを常時眺めていました。データの上で雇用者が非常に少なく、自営業者や家族従業者が多いという状況から、雇用者が急速に増大する時期にありました。しかし、当時は何らかの年金制度の適用を受けている人の数は全就業者数四〇〇〇万人のうち一三〇〇万人くらいで、ほとんどの人が年金制度の未適用者でした。

思い出すのは、生活保護と年金との関係です。生活保護の受給者をみると、当時、低所得で生活保護水準よりも低い所得なのに生活保護を受けていない人の割合が高かった。これは国の保護は受けたくない、貧困になっても自分で何とかしたいという気持ちが強かったのではないでしょうか。そこで貧困に陥らないための予防給付としての所得保障が大事だという議論が出てきたわけです。

それから、さきほど話題に出たベバリッジ報告は企画室で手分けして翻訳までしました。しかしながら、ベバリッジ報告では定額給付・定額拠出の考え方になっていて、どうもピタッとなじまないので、いつの間にか検討の中心からは消えていった感じがしますね。

山崎氏　やはり老後不安が一つでしょう。戦後の核家族化の進展が追い討ちをかけました。住宅事情もあり、人口の都市集中が進むなかで、とにかく老後に対する不安が大きかったと思います。

また、大分県や岩手県久慈市など全国で二〇〇を超える自治体が条例をつくって「敬老年金」などを出す動きがでてきました。これは年金といっても、「あめ玉年金」といっていましたが、年額で三～五〇〇〇円くらい、対象は八十歳とか八十五歳以上だったでしょうか。いずれにしても、敬老思想とか、年金思想みたいなものは、この「年金」という言葉によって芽生えてきた感はあります。

大和田氏　当時、われわれが年金を説明するときも、一般的に「年金」という言葉が知られていませんでしたね。「年金」というと「年金って何ですか」と。それで、「一般国民の恩給ですよ」と説明するとわかっていただけた。そんな時代でした。

青柳氏　「国民年金を創設すべし」という世論の高まりを厚生省はどのように受けとめていたのでしょうか。

吉原氏　昭和二十八年（一九五三年）に健康保険、二十九年（一九五四年）に厚生年金の大改正をしたあと、厚生省は次の課題として、国保の実施を全市町村に義務づける国民皆保険に取り組もうとしていました。国民年金は対象に低所得者が多く技術的に難題も多いし、率直にいってその後という感じだったと思います。しかし昭和三十二年(一九五七年)頃になると、そんなことをいっておれないような雰囲気になりました。厚生省は、長沼弘毅さんほか五人の委員を国民年金委員に委嘱して官房企画室で勉強を始めます。岸総理は社会保障制度審議会に国民年金の基本方針について正式に諮問します。そして昭和三十三年(一九五八年)の総選挙で国民年金の創設を選挙公約にした自民党が勝って昭和三十四年(一九五九年)の国民年金の実施が決定的になります。

厚生省は当時保険局次長だった小山進次郎さんをトップとする国民年金準備委員会事務局をつくり、自民党は野田卯一さん(野田聖子議員の祖父)を委員長とする特別委員会をつくり、両方が緊密な連携をとりながら制度立案のための突貫作業に入ったのです。

3 未適用者のカバーを

青柳氏 国民皆年金の議論では、いくつか大きな論点があったと思います。①全国民共通の単一の制度をつくるのか、それとも自営業者・農業者のための制度をつくるのか、あるいはこれらの折衷案として二重加入で制度を構成するのか、という制度体系論、②何らかの拠出実績に応じた給付という社会保険方式にするのか、拠出実績を問わずに給付する税方式にするのか、という財政方式の選択、さらに③単一制度を採用しない場合には、複数の制度を渡り歩いた者にどのような年金を支給するのか、これらの問題について、当時の議論の状況などをご紹介いただきたいと思います。

山崎氏 皆年金ですので、とにかく既存の制度の網から漏れた人をどうするかを考えていかなければならない。その場合に、全部共通の制度にするのか、それともいままで適用されていない者に焦点を当てるのかで大きな分かれ道があるわけです。

皆年金という以上はとにかく未適用者に網を広げなければならないということと、その場合に、すでに高齢になっていて制度に入れない人をどうするのかという問題がありました。もう一つは、各制度で受給資格期間を満たせない人を一体どうするのか、この三点が満たされなければ皆年金ではないということです。

そうすると、既存制度を壊して、全部共通の制度にして一本にするのは、考え方としてはあるけれども、現実性がないだろうということです。その場合、未適用者を対象として既適用者を含めて二重加入という道もありました。六十年改正で「内ばき」（注：厚生年金保険、共済年金のなかに国民年金部分が含まれているとしたこと）制度が成功しているわけですが、このときは「外ばき」（注：厚生年金保険、共済年金をそのままにして、その外に国民年金をつくること）論もあったわけで（第1図参照）、結局は未適用者に絞ってカバーしていくことになりました。その結果、通算制度が必須になります。

もう一つは、個人単位か世帯単位かの議論がありました。結果は個人単位としましたが、そうすると配偶者問題が出てくる。特に厚生年金被保険者の配偶者をどう考えたらよいのか、単純には割り切れませんでした。

それで任意加入の道を選択したわけです。こうして未適用者すべてをこの制度でカバーする包括的な制度、皆年金をつくったということですね。

青柳氏　むしろ他の制度ではカバーしきれない部分を国民年金で積極的にカバーする形で皆年金を実施したということですね。

山崎氏　そうです。それだけではなくて、経過的福祉年金もつくりました。それから後で通算制度も講じています。当初の法律本則で、この法律と他の制度との適用関係については、別に法律をもって定めるとしていました。この制度と他の制度との適用関係については将来つくります、通算措置をやりますということを法律に盛り込んでいたということです。

拠出制にするか無拠出制にするかは、大きな議論がありました。国民年金委員は完全に拠出制でした。社会保障制度審議会はやや無拠出に重点を置いていました。準備事務局の大勢は拠出制で、とにかく本格的な年金は、額は少なめからスタートするにしても、拠出制でなければ駄目だという考え方でした。

吉原氏　国民年金委員は、国民年金を既存の制度の未適用者だけを対象にして、他制度と通算するのは技術的にも事務的にも困難なので、国民年金は全国民を対象に二重加入させる考え方でした。

社会保障制度審議会は、まず未適用者に網をかぶせて、それから、何とか通算を考えるという提案でした。小山さんは、まず未適用者を対象にした制度をつくって、他の制度との調整は拠出制年金の実施までに考えるという考えで、最終的にこれが結論になりました。

社会保険方式か税方式かという議論は、当時は拠出制か無拠出制かという言い方をしていました。いずれにしても、制度発足時すでに高齢の人には無拠出制にするしかありませんが、制度の原則を拠出制にするか無拠出制にするかで意見は分かれました。

老後の生活をしっかり支える本格的な年金制度にするには自己責任の考え方に立ち、事前の掛け金の納付を前提とした拠出制を基本にしなければならないというのが国民年金委員、社会保障制度審議会、厚生省共通の考え方でした。ただ拠出制と無拠出制の組み合わせ方で意見が違ったのです。

⑴　国民年金創設時を振り返る

第１図　年金体系の選択肢

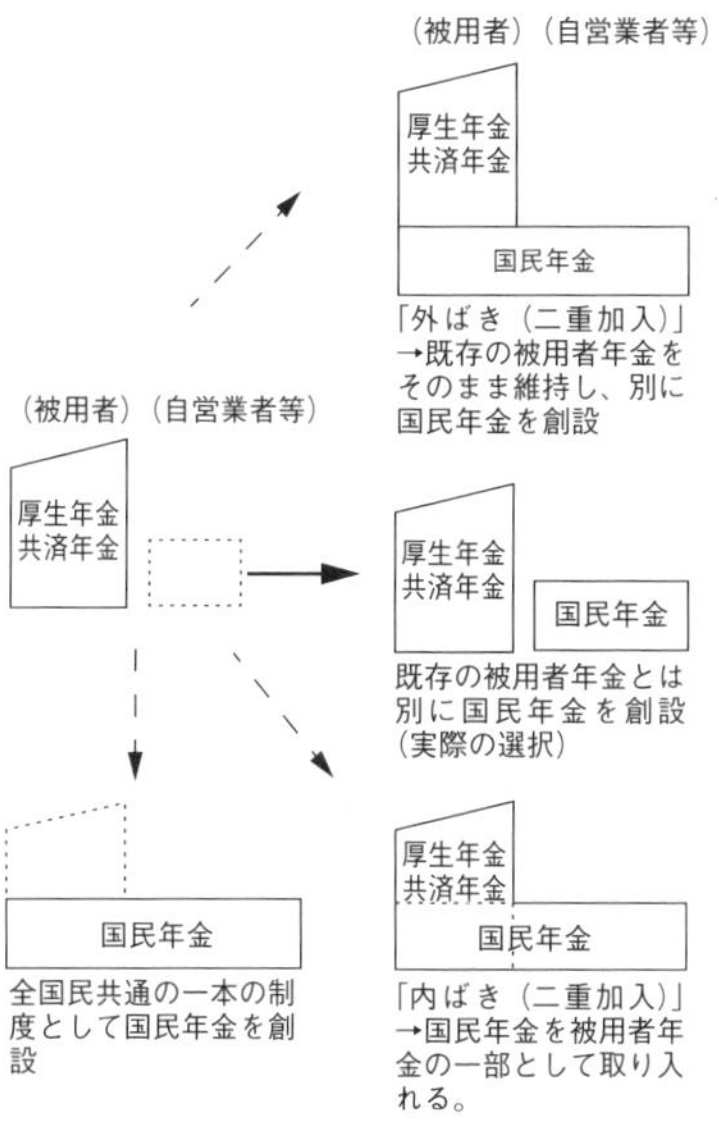

この組み合わせは難しい課題で、社会保障制度審議会は無拠出制を制度のベースにおき、これを恒久的なものとするという考え方でした。

青柳氏　現在の民主党案のような形でしょうか。

吉原氏　七十歳になったら誰もが無拠出制の当時で一〇〇〇円程度の年金がもらえるというものです。保険料を拠出をした人には六十五歳から拠出制年金もでるのですが、七十歳になると無拠出年金の額だけは減額するという組み合わせ方でした。

国民年金委員は、拠出制を基本に無拠出制も併用する考え方ですが、保険としての性格の非常に強い制度にし、自営事業者の家族従業員や無業の人は、保険料の拠出能力のない人、掛け金の払えない人は対象外か任意適用にするより仕方がないという考え方でした。

しかし、厚生省の考えは、無拠出制を恒久的な制度として残すのは問題であり、あくまでも拠出制を基本にして、「経過的・補完的」な制度、この言葉は大和田さん

【制定時の国民年金法の概要】

①被保険者

　二十歳以上六十歳未満の全国民。ただし、厚生年金保険等他の公的年金制度の被保険者・組合員、受給権者は適用除外。適用除外とされた者の配偶者、学生は任意加入。昭和三十六年四月一日において五十歳を超える者は被保険者としないが、このうち五十五歳を超えない者は任意加入を認める。

②年金給付の種類

・拠出制年金＝老齢年金、障害年金、母子年金、遺児年金、寡婦年金。

・補完的福祉年金・経過的福祉年金＝老齢福祉年金、障害福祉年金、母子福祉年金。

③拠出制の老齢年金

・保険料納付済期間が二五年以上ある者、保険料納付済期間が一〇年以上であって保険料納付済期間と保険料免除期間とを合算した期間が二五年以上ある者が、六十五歳に達したときに支給。

・年金額は、保険料納付済期間が二五年以上ある者はその期間に応じて二万四〇〇〇～四万二〇〇〇円。保険料納付済期間が二五年未満の者はその期間に応じて一万二〇〇〇～二万二八〇〇円。

・保険料は、三十五歳未満月額一〇〇円、三十五歳以上月額一五〇円。被保険者が生活保護法の生活扶助を受けるとき等は保険料を法定免除、保険料納付が著しく困難であると認められるときは申請免除

④福祉年金の老齢福祉年金

・老齢年金の支給要件には足りないが、保険料免除期間または保険料免除期間と保険料納付済期間とを合算した期間が三〇年を超える者が七十歳を超えた時に支給。

・年金額は、一万二〇〇〇円。

・昭和三十四年十一月一日において七十歳以上の者は昭和三十四年一月一日から、昭和三十六年四月一日において五十歳を超える者については七十歳に達したときから、老齢福祉年金を支給する経過措置を設けた。

⑤国庫負担

　拠出制年金の納付された保険料総額の一／二に相当する額、福祉年金の給付に要する費用の金額、事務費を負担

⑥施行期日

・福祉年金＝昭和三十四年十一月一日

・拠出制年金＝昭和三十五年十月一日

・保険料徴収に関する規定＝昭和三十六年四月一日

がつくられたのですが、小山さんが非常に感心されて、そう言おうということにしましたね。それで、比較的早い段階で「経過的・補完的」に無拠出制をつくるということで固まりました。

大和田氏　「経過的・補完的」は、よく説明に使っていました。

国民年金委員の方では、川井三郎さんは非常に数字も得意な人で、企画室時代はいろいろな案を川井さんがつくり上げてくれました。それは結局、拠出制、すなわち保険という仕組みにシフトする案になっていくわけです。

4 無拠出には財源に制約

青柳氏　国民年金法が検討されていた当時、各政党などはどのような主張でしたか。

吉原氏　社会党は無拠出制を主張していましたし、自民党のなかにも最初のうちは無拠出制の意見も強くありました。農民を代表した農業者団体も無拠出制を希望しました。

しかし、厚生省としては、無拠出制はあくまで拠出制の経過的、補完的なものにとどめるという考え方をとりました。無拠出では財源の制約もあるし、将来的には老後の本当の支えになる安定的な良い制度にはならない。七十歳から月額一〇〇〇円、しかも所得制限がついて、その時々の財政事情でどうなるかわからない、それでよいのかということです。最終的には自民党も農業者団体も厚生省の考え方を受け入れました。

山崎氏　自民党では野田卯一さんの国民年金実施対策特別委員会が、意見調整の場として、非常に大きな役割を果たしたと思います。自民党のなかの無拠出論を押さえ込んでいたのは野田委員会だったと思うのです。

吉原氏　その辺りを小山さんが野田さんとよく話し合いをされて、調整して、拠出を基本に、しかし、できるだけ所得の低い人も拠出制のなかに入れて、拠出年金が受けられるような制度にすることとなりました。

青柳氏　そこで、免除制度についてお聞きしたいのですが、制度の最初のときの免除期間は年金額には全く反映しない形でつくられたのではなかったでしょうか。

山崎氏　最初は国庫負担がありませんでした。ただし、受給資格期間には入れるというものです。国民年金法第一次改正で国庫負担をつけ、その部分を年金額に反映させたのです。

青柳氏　免除期間を年金額には反映させないが、受給資格期間としては認めるとの判断をされたのは、財政的な問題だったのでしょうか、それとも保険的な性格を非常に強く認識されていたということですか。

山崎氏　後者だと思います。だからまさに補完的ということなのです。低所得で保険料を払えない人は免除を受ける。その免除に見合った資格期間としては算入する。しかし、年金額の計算には算入しない。ただし、その後すぐ国庫負担をつけることになり、年金額にも反映されていくわけです。

大和田氏　いまになって思うのですが、免除という制度をもっとうまく利用してもらえば、今日のような無年金問題にはなっていなかったのではないでしょうか。ところが、なかなか免除の申請をしていただけない。結局、中途半端になってしまっている。それが残念です。何とかもっと利用していただくことはできないかという気がしてなりません。

青柳氏　低所得の方に国民年金をどう適用するかは、ある意味で永遠の課題になっていると言えますね。

5　免除期間も資格期間に

青柳氏　国民皆年金創設当時の厚生省の状況を振り返ってみると、厚生年金は保険局の厚生年金保険課で担当していて、国民年金と厚生年金が同じ厚生省のなかで、別々の組織でした。保険局サイドには国民年金をめぐる動きはどう映っていたのか、その逆に国民年金の側では保険局の動きはどう感じておられたのでしょうか。私がかつて年金局で厚生年金の担当係長をしていたころ、なぜ国民年金は保険原則から外れたことの多い制度なのかと、いく度となく違和感を覚えたことがあったのですが。

大和田氏　その違和感は当然です。しかし、あえて保険、拠出制を基本としながらも、その枠を超えた制度にしなければ、実際の皆年金にはならないということが、小山さんの考え方だったと思います。免除を大々的に採り入れたのもそうです。

普通の保険原理では、長期保険で、保険料を何年も免除したのに年金を出す仕組みは成り立ちません。しかし、制度には入れて、保険料は免除して、せめて資格期間には入れる。それで少額でも年金が受給できるようにしようというのは、いま振り返っても、すごい発想だと思います。

青柳氏　そういう発想で国民年金をつくったという認識が今日では薄れてしまっているのかもしれません。ご指摘いただいたように、保険料を払えない人をどうやって制度に取り込むかということから制度を組み立てていったというところを理解しておく必要がありますね。

吉原氏　そうですね。拠出制を基本にして、かつ、できるだけ多くの人が拠出制に入り、その年金を受けられるようにするにはどうしたらよいか。小山さんの頭の中には常にそれがありました。それで少々無理があっても、免除を大々的に入れて年金に結びつくようにしよう、通算は必ず行って年金に結びつくようにしようと。

青柳氏　今日、税方式にすれば全員に年金を支給できるのでよいだろうという意見もありますが、当時、皆年金はギリギリの瀬戸際のところで判断したという、まさに究極の選択であったということは忘れてはならないと思います。

6　難題にも的確に答え

青柳氏　国民皆年金の発足に当たって、その理論的基礎を形成していただいた小山進次郎さん(初代年金局長)に焦点を当ててみたいと思います。お三方とも、いわゆる「小山学校」の生徒だったと承知しておりますが、小山さんのお人柄なども含めて、当時のエピソードをご紹介いただければと思います。

大和田氏　この人の歩む方向を一緒に歩んでいこうという気持ちにさせるような、非常に素晴らしい方でした。非常によく周りの人のことを見ておられる方で、部下のすることは地味なことでもバックアップしてくれました。栃木県の国民年金課長時代には、そこでの私の生活まで心配をしていただいて。それと、「小山学校」の人たちは、全く派閥的なところがありませんでした。

また、大学の講師になれと言われたら、いますぐできるようによく勉強しておくように言われましたね。

山崎氏　お会いするといつも「君はいま何を読んでいるか」とおっしゃるのですが、これはもっと勉強しろと言われるよりもシビアでしたね。小山さんには、結婚式の祝辞で、「新婚なりといえども、早く家に帰るなんていうことは考えないでください。覚悟してください」と言われました。当時は、本当に夜中まで仕事をしていました。

大和田氏　遅くまで仕事をして、その後、高木玄さん（元厚生事務次官）がわれわれを連れて行って新橋辺りで飲むわけです。そこから、さらに小山さんのお宅に行く。

山崎氏　よく、いやな顔をしないで付き合っていただきました。

吉原氏　一言でいうと非常に聡明な学者風の人でした。よく考えたうえで、適用対象をどうするか、拠出制にするか、無拠出制にするかに始まって、積立金の運用や事務機構をどうするかまで、幾つもの超メガトン級の難題に一つひとつ的確な答えを出していかれました。部下の意見もよく聞き、尊敬し、使い方のうまい人でした。誰もが小山さんを慕い、小山さんのためならどんなに苦しくても頑張ろうという気持ちで一致していました。自民党の野田さんの信頼も厚かったです。国民年金の創設という大事業を成し遂げるうえで最高のリーダーだったと思います。いまでも毎年一回、小山さんを偲びつつ、当時の人の同窓会が開かれています。

大和田氏　全国の国民年金課長会議が開催されると、年金局長挨拶は五分の予定でした。ところが小山さんが三〇分近く話をされる。ただ、それが一番よかった。挨拶が延長したとしても、各県の国民年金課長はそれを期待していた。「そうか、局長がこう言われるのか」と納得して聴いていた。

青柳氏　小山さんは、国民年金の生みの親と言われていますが、その他にも生みの親と言える人にはどのような方々がいらっしゃるのでしょうか。

吉原氏　国民年金の創設はいまでいう政治主導だったと言えます。役所はどちらかといえば難しいなあという気持のほうが強かった。政治のほうで、選挙で公約した以上はやるのだという強い意思がありました。小山さんが生みの親と言ってよいと思いますが、役人は設計者です。設計者として小山さんというすばらしい人材を得て、設計・施行・実施までたどり着いたのですが、政治主導というなかで生みの親といえる人は、自民党の野田卯一さんです。社会党では、多賀谷真稔さんや八木一男さんで、国会でもよく質問されていました。

社会保障制度審議会は当時の会長は大内兵衛さんで、答申をつくった年金特別委員会の委員長は藤林敬三さん、その議論で実質的に中心になったのは今井一男さんです。その他にも平田冨太郎さん、末高信さん、近藤文二さんもおられました。国民年金委員会は長沼弘毅さん、川井三郎さん、三好重夫さん、井藤半彌さん、原安三郎さんでした。これらの方々が中心になって、国全体が、国民年金をつくるためにどうしたらいいのか、一生懸命に全力を挙げて考えてつくり上げた制度なのです。

大和田氏　社会党の八木一男さんは反対運動のときはどうされたのですか。

山崎氏　社会党案を出しているから、反対せざるを得ない。ただ基本的には理解があったと思います。

吉原氏　理解があったから国会でも大きな修正なしで成立できたのだと思います。社会党は国民年金法案と一般年金税法案を出していました。要するに、税方式の年金で、財源は目的税でという法案で、政府案とは全然違いますが、よい年金をつくろうという点で、共通の気持ちがあったと思います。

山崎氏　八木さんで思い出すのは、衆議院を通すとき、最後の段階で八木さんが質問に立って、生活保護加算をとりあげられた。生活保護の人にも老齢年金が出るようにすべきということでした。そうしたら小山さんが岸総理に耳打ちした。総理はその方向で考えますと、その場で答弁された。周囲の者はどうしたらよいか途方にくれましたが、さすがは小山さんで、その後、生活保護に老齢加算制度をつくることで約束を果したんです。

7　「個人単位」を基本に

青柳氏　当時、厚生年金の受給資格期間は原則二〇年、これに対して国民年金は二五年で設計されました。この二五年は基礎年金も踏襲したわけですが、今日、これを短くしたほうがよいのではないかとの声も強くなっていますます。二五年というのは、当時、どのような議論を経たものだったのでしょうか。

吉原氏　国民年金の老齢年金が厚生年金に比べて受給資格期間も長く、支給開始年齢も遅くなっているのは、自営業者には五十五歳という定年もなく、仕事ができる期間も長いからです。したがって、加入期間も二十歳から六十歳までの四〇年間とし、そのうち二五年保険料を納めれば年金の資格がつき、仮に保険料を払えない免除期間があればそれも二五年の期間に入れ、その結果、実際に保険料を納めるのは最短一〇年でよいことにしました。

加入期間四〇年のうち、一五年は保険料の未納、車のハンドルで言う、いわば「あそび」、余裕の期間を認めているわけで、決して長すぎるとは思っていません。また、資格期間を短くすれば当然、年金額も少なくなります。どの程度の資格期間がよいかは加入期間、保険料や年金の額、支給開始年齢などとのバランスのなかで考えなければなりません。

青柳氏　個人単位か世帯単位かという問題が非常に大きな選択だったと思うのですが、年金額でみて、夫婦でこのくらいの年金額があれば、ある程度の暮らしが成り立つといったことは考えられたのですか。

山崎氏　夫も妻も自分自身が個人の年金をもらうべきだということで、やはり個人単位が基本という考え方でしたね。離婚した場合を考えれば、長期保険では、世帯単位はかえって難しいという意識があったのではないかと思います。

大和田氏　個人単位という近代的な考え方を、国民年金がとり入れたということではないでしょうか。

吉原氏　一人ひとりが、自分の名義で年金がもらえるようにする個人単位は、当時としてはかなり思い切った考え方です。その場合、被用者の妻の扱いが難しかったわけです。妻も未適用者ということであれば国民年金に入れるべきだったのですが、厚生年金のほうで加給などで守られている面もあります。あの時点では両論あり、もう少し先の問題として考えようということで、当分の間は任意加入できることとしました。

ただ、将来を考えた場合には、年金は個人単位で、夫の加給とか加算の対象ではなくて、自分が年金をもらえるようにするのが理想で、その考え方はいまでも間違っていないと思います。大和田さんの「近代的」というのは、あの当時にあって時代の先を見ていたという意味ですね。

青柳氏 もう一つ、さきほどの負担と給付や支給開始年齢なりがセットになっているというお話ですが、国民年金は保険料が三十五歳未満が月額一〇〇円、三十五歳以上が月額一五〇円、年金額は二五年納付で月額二〇〇〇円、四〇年納付で月額三五〇〇円という組み合わせでスタートしています。この保険料と年金額のバランスについては、どのような議論があったのでしょうか。

山崎氏 当時の成人一人当たりの消費支出が三八〇〇円、それで三五〇〇円という線が出てきました。社会保障制度審議会の構想は保険料が世帯主月一〇〇円、その他の者月五〇円、二十五歳から五十四歳までの三〇年納付で年金額が月額三五〇〇円でしたね。国民年金委員は保険料が月二〇〇円、二十歳から五十九歳までの四〇年納付で年金額が月四五〇〇円でした。最終的には年齢で区分しましたが、これも小山さんが苦労していました。

吉原氏 年齢による区分は後(注・昭和四十四年改正時)で一本になるのですが、年金をどのくらいもらえるのか、そのために保険料を払っておかなくてはという点への関心の度合いは、三十歳代後半から四十歳代と、二十歳代とでは違うだろうということで段階をつけたのです。数理的には一二〇円だけれども、それを一〇〇円と一五〇円に分けて、国庫負担が三分の一入るという前提で、四〇年納付で三五〇〇円の給付ができる計算でした。これは、当時の貨幣価値での三五〇〇円ですが、生活水準や物価が上がれば、その変動に応じて調整をしていくことが法律に盛り込まれています。これもまた当時としては非常に思い切った考え方です。

8 国年法は複雑な法律に

青柳氏 国民年金法は、いろいろな意味でかなり難しい仕組みの法律になっていると思うのですが、法案作成過程で、苦労された点をお教えください。

山崎氏 法制局との調整もありましたが、当時の法制局の担当参事官は真田さんという方でした。当時の法制局はいまの赤坂の迎賓館の中にありましたね。

経過的福祉年金、補完的福祉年金と拠出制年金との絡み合いをどう法律的に組んでいくかが法技術的には一番難しく苦労した点でした（第１表）。

拠出期間は四〇年間で、二五年の受給資格を満たせば年金を支給するという原則と、制度発足の時点ですでに七十歳になっている人、六十歳の人、五十歳の人に対する仕組みをどう調和させるかという問題です。六十歳を過ぎた人は保険料を納めるチャンスはないわけです。この方々に年金を支給するためには、経過的に福祉年金にもっていかなければならないことになります。一口に経過的な年金といっても、制度発足時における年齢ごとの状況に対応させた措置を講じることが非常に難しくなるのです。

老齢年金以外についても、制度発足時にすでに母子所帯になっている人はどうするのか、すでに障害をもっている人はどうするか、そうしたことが経過的年金と本格的な年金との間で相互に複雑に関係するわけです。

それと同時に補完的年金があります。免除制度を導入したことによって、免除期間と拠出期間をどう受給資格

第１表　国民年金における経過的・補完的年金（国民年金法制定時）の例

種別	原則	経過的年金	補完的年金
老齢年金	・20歳から59歳までの40年間のうち25年以上保険料納付→65歳から年金支給	・制度発足時に31歳を超える者は、年齢に応じて10～24年保険料納付→65歳から年金支給 ・制度発足時に70歳以上の者、制度発足時に50歳以上で拠出制年金に任意加入しなかった者→70歳から老齢福祉年金支給	・保険料納付済期間が10年以上ある者は、保険料免除期間と合算した期間が25年以上（免除期間は年金額に算入しない）→65歳から年金支給 ・任意加入したが保険料納付が困難であった者（免除期間と納付済期間を合算して30年以上）→70歳から老齢福祉年金支給
障害年金	・事故発生前継続して3年以上の保険料納付（障害1級・2級）→年金支給 ・20歳前に1級以上の障害の状態となった者→20歳から障害福祉年金支給	・制度発足時に20歳以上で1級以上の障害の状態にある者→障害福祉年金支給	・拠出制年金に加入したが、保険料を納付することが困難であった者（障害1級）→障害福祉年金支給

＊他に母子年金についても経過的、補完的な年金の仕組みが設けられていた。

期間に算入するかなど、法技術的には大変難解な仕組みになってしまったのかもしれません。

少しわき道に逸れてしまいますが、当時、我々は拠出制、無拠出制と言っていましたが、拠出の「拠」という文字は法律には一回も出てきません。「拠」は、本当は「醵」という、お金を出しあって酒を呑むという文字で、その字は当用漢字ではないため法律用語に使えないので、無拠出年金を「援護年金」としました。これは国会の法案審議過程で修正されて「福祉年金」となったといういきさつがあります。

吉原氏 無拠出制は昭和三十四年（一九五九年）から始まりましたが、拠出制は同時には実施できない。制度の本則が後で、経過的・補完的な無拠出制年金が先に実施となれば、無拠出年金だけ先取りして、もう拠出制年金はやらなくてもいいということになりかねないので、無拠出制年金と拠出制年金の仕組みは一体的で切り離しができないよう、非常に難解な法律になってしまったのです。

青柳氏 国民年金法案は昭和三十四年（一九五九年）二月に国会に提出され、援護年金の名称が福祉年金に変わっただけで、四月には成立しています。こんな大法案がなぜほとんど修正もなく、こんなに早く成立したのでしょうか。

吉原氏 いまでは考えられないことですね。当時はまだ年金というものが一般的にあまり知られていなかったことや、法律が難しくてどこをどう修正してよいかわからなかったのかもしれません。しかし福祉年金の裁定や支給が始まり、拠出年金の準備が進むにつれて、いろいろな意見や要望が出始めました。

それを採り入れるかたちで昭和三十六年（一九六一年）に拠出制の実施時に遡って準母子年金や死亡一時金の創設など法律の一部が改正されました。また、死別母子世帯には母子福祉年金がでるのに生別母子世帯には何もでないというのはおかしいという声が強くでてきましたので、児童扶養手当法という法律を別につくって、生別母子世帯には児童扶養手当を支給することにしました。これらが国民年金法の実質的な修正といってよいでしょう。

9　各年金の通算を実現

青柳氏　困難といわれた通算制度が、拠出制年金実施までにできたのはなぜでしょうか。

吉原氏　厚生年金と船員保険の通算はすでにできていましたし、国民年金と厚生年金、船員保険の通算はできるだろう、しかし共済は公務員制度の一環の福利共済の制度と考えられており、制度の沿革も内容も厚生年金とは大きく違うことから、通算にのってくるかどうか心配でした。ところが各共済も最初から前向きに考えて協議にのってくれました。数珠つなぎ方式で裁定も支払いも各制度でやる、通算年金の水準も厚生年金の水準でよいなら、共済は退職一時金の原資で十分賄え、財源的にも大きな影響がでないことがわかって、つき合おうということになったんだと思います。

これによって共済も社会保障の年金としての性格ももつことがはっきりし、またこれまで縦割りであった各年金制度が初めて横に手をつなぐことになりました。通算年金を創設するための通算年金通則法と各法の改正も国会を通り、昭和三十六年（一九六一年）四月の拠出制年金と同時に発足できて本当によかったです。

青柳氏　拠出制年金が発足した翌年の昭和三十七年（一九六二年）に社会保険庁が発足しましたが、それに先立って、国民年金の実施組織として本省に年金局ができ、都道府県に国民年金課が設置されて、市町村にも担当係が置かれました。大和田さんは栃木県で国民年金課長をされましたが、その当時、苦労された点などご披露いただけますか。

大和田氏　当時、一番苦労したのは保険料の徴収です。やはり無拠出制は喜ばれるわけで、福祉年金の最初の支払い日である昭和三十四年（一九五九年）三月三日の桃の節句に、年金を受け取るために郵便局にも大勢の人が並ばれて、新聞でも非常に好意的に報道されました。その後、拠出制が昭和三十五年（一九六〇年）十月に適用になり（年金手帳の配布）、拠出制の発足に反対運動が生じてきたわけです。

当時は、安保反対運動が一応終わって、そのエネルギーが国民年金反対運動のほうに向かってきた面もあったと思いますが、中央でも地方でも大変でした。手帳返上運動などもありました。県議会でも、社労委員会では厳しい議論がありました。

昭和三十六年(一九六一年)の半ばくらいまでには反対運動も収まってきましたが、反対運動が後を引いて、国民年金制度が非常にイメージを落としたわけです。国民年金は保険料が高く年金額が低い、死んだら掛け捨てになるという言い方で悪評が広まったことで、拠出制の保険料を納めていただく段階で、「納めたくない」という人がかなり出てきて、栃木県でもずいぶん苦労しました。

町内会長の集まりにも、ずいぶん説明に行ったことを思い出します。これは、いわゆる反対運動とは違いますが、そこでは、インフレに対応できるのかという意見があり、これは実に真正面からの議論でしたね。この問題は後に四十八年改正で物価スライドを導入することになり、解決しましたね。

山崎氏　日本人は戦争で、蓄えを全部失いましたから、長期保険制度に対する不信がやはり大きかったのだと思います。老後の不安、老後に何かしなければという気持ちと同時に、長期保険に対する不信感があったと思います。

吉原氏　法案は国会ですんなり通ったのに、保険料の徴収が始まってあんな強い反対運動が起きるとは予想しませんでした。大和田さんの言われるように、社会党などの革新勢力が敗北に終わった安保反対闘争のエネルギー、そのうっぷんをぶつけてきたという感じでした。

青柳氏　安保反対運動と国民年金の保険料徴収とはあまり関係がないように思いますが。

吉原氏　そうなんですが、そうとも言い切れないものもあります。昭和十六年(一九四一年)に厚生年金ができたとき、戦費調達のためだという人がいました。そんなことはないのですが、革新勢力は、国民年金にも同じような問題意識をもったのかもしれません。

10　拠出制の維持が大切

青柳氏　国民年金創設時のお話をうかがってきましたが、歴史的事実として、皆年金が半世紀にわたって国民の老後生活を支えてきたことは、誇りに思ってもよいのではないでしょうか。国民年金の制度運営に当たって、いま振り返って評価できる点、一方で、もう少し工夫していればよかったと思われる点は何かありますか。

また、現在、国民年金の保険料の納付率は六〇%を割り、無年金者や低年金者が増加し、このままで国民年金はもつのかという不安や懸念が指摘されています。このようなことについてはどのように思われますか。

大和田氏　「年金」というものをほとんどの国民が知らなかった時代に、国民年金を実施して、いろいろな議論はありましたが、いまや「年金」は国民の生活に定着しています。この制度があるからこそ、年金をこれからどうしていくかという議論にもなっていくわけです。国民年金制度ができたことで、大きな一歩は踏み出されたといえるのではないでしょうか。

制度的な工夫としては、免除制度は非常によい制度ですので、もう少し活用してよいのではないかと思います。

山崎氏　制度はよく国民に定着したと思います。一方で、六割しか納付率がないという問題があるわけですから、そこをどう改善していくかが課題ですね。年金記録問題で相当不信感を与えてしまったことも影響していますが、何とかこれを解決しなければなりません。

個人的な見解ですが、地方事務官制度の改正時に、なぜ保険料徴収等行政手続きについて市町村を切り離してしまったのかと思うのです。制度発足当時は市町村からさらに納付組織をつくって、それで浸透させていったわけです。ここは何かこれに代わる知恵を出さなければならないのではないかと思います。

また、拠出制は断固守っていくべきだと思います。自分の老後は自己責任として自分で備えておく、こうしたことを見失ってはいけないのだと思います。

吉原氏　小山さんご自身が、国民年金は早産児であり、小さく生んで大きく育てようといっておられました。それだけに国民年金は従来の保険の概念をこえた福祉的な考え方を随所にとり入れ、小山さんが精魂をこめて入念につくられました。今は定額保険料、定額給付の制度しかできないが、将来は所得比例の制度にしたいと考えておられたのでしょう。早産児とはいえ、その後の育ちは早すぎたくらいで、可哀そうなくらいよく働いてきた国民年金が今日まで果たしてきた役割はどんなに評価しても、しすぎることはないと思います。

国民年金が発足時に予想したのと大きく異なるのが人口の高齢化です。当時は将来高齢化がすすんでもピークは昭和九十年（二〇一五年）の一八〇〇万人、二〇・六％程度という予想でしたが、それがいますでに二九〇〇万人、二三％になっており、二〇五五年には三六〇〇万人、四〇％を超えると予想されています。一九九〇年代から制度を支える現役世代、人口が減り始め、国民の所得や賃金もほとんど伸びないということも予想外のことです。そのため人数のうえでも金目のうえでも現役世代と年金世代、年金の給付と負担のバランスが崩れてしまいました。したがって、制度を持続させていくためには、何とかしてこのバランスを取り戻さなければなりません。

保険料の未納者が増え、未納率が高くなったからといって、税方式の年金にするのは本末転倒ですし、国の財政の現状からいっても無理でしょう。ただ、年金の記録問題がおきたのは残念でなりません。

青柳氏　国民皆年金実現の背景には、今日よりも明日のほうが豊かになるという、社会のエネルギーというか、時代の活力みたいなものがあったのではないかと思います。日本の社会において、もう一度、そうした気持ちを国民が共有できるようになれば、たとえ人口の高齢化が進んだとしても、年金をはじめとする社会保障制度は十分に持続可能なものにできるのではないかと感じました。

～後記～

昭和六十年改正で基礎年金を創設する仕事に携わっている際に、幾度となく厚生年金の仕組みと国民年金の仕組みの差異に頭を悩ました。

老齢年金については、通算年金の仕組みや厚生年金の加給年金と国民年金の振替えなど整理のつきやすい面が少なくなかったが、障害年金の保険料納付要件や障害等級の違い、遺族年金と母子年金の構成の違いなど「エイヤ」でどちらかの仕組みを踏襲するか、全く新しい要件を加えるか、議論を重ねたことを思い出す。

当時は、そうした仕組みの違いを「流儀」の一言で片付けていたような風潮があったが、今回の座談会を通じて、永年の謎が解けた感がある。

それまでどの年金制度にも加入していなかった方だけでなく、所得が低く、保険料納付が困難な方をどうやって拠出制原則（＝自立原則）に立って年金保障の対象としていくかという観点から、皆年金の実現に取り組むという大原則は、今後の年金制度運営にあたっても忘れてはならないルールではないだろうか。

この連載では、これから五〇年に及ぶ皆年金の歴史を紐解く大航海に旅立たねばならない。行く手には大嵐や大渦、はたまたベタ凪の海や大海蛇などの大海獣が待ち受けているかもしれない。合計三回、年数にして一〇年余を年金局や社会保険庁で年金制度と向き合ってきたという経験だけで、このような大航海の「航海士」（司会役）の大役を果たせるか、不安で押しつぶされそうな気持ちである。未熟者であり、不勉強を露呈しながらの航海とならざるを得ないが、「乗客」の皆様にはしばらくお付き合い願いたい。

まずはともあれ、「小山学校」の優等生だった三人の大先輩のお力を借りて、この連載も何とか無事船出することができたように思う。

（青柳親房）

法研『週刊社会保障』No.二六一九（平成二十三年三月七日）～No.二六二一（平成二十三年三月二十一日）に掲載された「連載座談会　国民皆年金半世紀／第一部　「国民皆年金の実現」（昭和三十年～四十年）」を一部修正した。

(2) 基礎年金創設時を振り返る(座談会)

(平成二十三年八月)

◆座談会出席者
・吉原健二(元厚生事務次官/昭和三十年厚生省入省)
・田村正雄氏(元厚生省年金局数理課長/昭和三十四年厚生省入省)
・辻哲夫氏(元厚生労働事務次官/昭和四十六年厚生省入省)
・青柳親房氏(元厚生労働省九州厚生局長・司会兼/昭和五十一年厚生省入省)

1 経済は安定成長期に

青柳氏 連載座談会「国民皆年金半世紀」の第三部は、基礎年金を創設した、昭和六十年改正を中心にお話を進めます。まず、六十年改正の背景となった日本の経済社会の状況を振り返ってみたいと思います。

一九七〇年代に生じたオイルショックを契機として、日本経済が安定成長、さらに言えば低成長期に入るなかで、国の財政運営も非常に苦しくなり、第二次臨時行政調査会による行財政改革に活路を求めるという流れが一九八〇年代でした。第二次臨調は、国鉄の民営化をはじめとする多くの成果を得て、その後の行革路線を定着させる礎を築きました。この当時の皆さんの思い出など一言ずつお願いします。

吉原氏 日本の経済の高度成長は昭和四十年代に終わり、税収は激減、昭和五十年から国の財政は赤字になり、「増税なき財政再建」、そのための徹底した歳出削減と行政改革が国の最大の政治課題になります。年金制度については、分立した制度間の給付や負担の格差の是正、特に官民格差の是正と、制度の一元化を求める声が高まり、また、国鉄共済の財政破綻への対応が課題になり始めます。私自身は昭和五十五年（一九八〇年）に老人保健担当審議官を命じられ、老人保健法の制定にかかわり、昭和五十九年（一九八四年）に山口新一郎さんが亡くなったあとの年金局長を命じられました。

田村氏　五十五年改正（一九八〇年）のときの年金数理を担当し、平準保険料と段階保険料の関係の説明が難しく、皆さんにどのように提示したらよいか、ずいぶん勉強させられました。また、数理計算システムが改善されて、何通りもの収支見通しが容易に作成できるようになったことが思い出されます。

辻氏　五十二年～五十五年（一九七七年～一九八〇年）まで年金課で国民年金担当の補佐でした。その後、滋賀県庁に三年間行きまして、五十八年（一九八三年）四月に年金課に戻り、六十年改正に携わりました。そのときも同じく国民年金担当でした。国民年金一筋だったというのが思い出です。

青柳氏　五十五年改正については六十年改正との連続性という面も含めて、五十五年改正の意義、あるいは当時の議論を評価していただければと思います。

辻氏　年金制度基本構想懇談会について、当時の吉原企画課長や荻島課長補佐が作業をされていましたが、六十年改正の大きな方向性は、すでに基本構想懇談会報告に盛り込まれています。

その大きな方向性を踏まえたうえで、五十五年改正の出口は支給開始年齢の引上げにターゲットを絞っていたと記憶しています。長期展望はすでにできていて、その方向で、まずできることをするという意味で、五十五年改正というのは年金制度の長期的安定をめざした最初の改正であったと思います。

田村氏　最も印象に残っていますのは、やはり、その当時から支給開始年齢の引上げが議論になっていたということです。最終的には五十五年改正には盛り込まれないことになってしまいましたが、五十五年改正の試算で、支給開始年齢を五歳引き上げる内容の試算をしています。そういうことも含めて、六十年改正の前哨戦のような形になっていたと思います。辻さんが指摘されたように、六十年改正の前段階にすでに着手されていたという感じがします。

吉原氏 五十五年改正の最大の柱は年金制度基本構想懇談会が早期の着手が必要とした老齢年金の支給開始年齢の六十五歳への引上げでした。それが労使と当時の与党の自民党の強い反対でできず、寡婦年金や加給年金の引上げを中心とした改正にとどまり、正直いって挫折感が残りました。

青柳氏 いわゆるハプニング解散で廃案になった後の法案の再提出のときに、実はもう一度、支給開始年齢の訓示規定だけは書いて政府原案を出したのですが、最終的には残りませんでした。いずれにしても厚生省としては、最後まで諦めなかったという記憶があります。

辻氏 その前提となる全体のシナリオは、基本構想懇談会にある。その点は、いま報告書を読んでも非常に感銘を受けますね。

2 徹底された歳出削減

青柳氏 五十五年改正から六十年改正へつながっていく問題として三つの大きなポイントがあると思います。第一に、第二次臨調の動きです。第二次臨調と年金の関わりという点では、一つは、当面の財政負担軽減のための年金国庫負担の繰り延べがあったこと、もう一つは、長期的な財政負担軽減のための年金水準の将来に向けた適正化の問題意識、さらには国鉄の民営化に向けた国鉄共済年金の適正化と負担軽減のための年金の一元化の動きがあります。第二次臨調と年金の関わりをどう評価されますか。ある意味で、六十年改正をバックアップしていただいた面もあると思いますが。

吉原氏 「増税なき財政再建」のための歳出削減や行政改革の大きな推進役を果たしたのが第二次臨調です。中曽根康弘首相と大蔵省は第二次臨調を大変うまく使って諸改革を進めました。第二次臨調が社会保障について強く求めたのは、老人医療無料化の見直し、医療保険改革、年金改革の三つです。厚生省もこれらの改革は必要だという認識をもっていましたから、第二次臨調とタイアップしてこれを成し遂げ、第二次臨調も評価してくれました。

辻氏　第二次臨調の頃は、本当に風向きがガラッと変わったという感じでした。このときの発想で、「増税なき財政再建」という形で徹底的に歳出削減をするという手法が今日まで二〇年以上続いているといえます。社会保障の将来安定のためにその波に乗らせていただいた部分もありますが、一方でこれが長く続きすぎ、国民の意識にしみ込んでしまって、いまとなっては、それに呪縛されているように思うのです。

3　妻の任意加入が増加

青柳氏　五十五年から六十年の流れを考えたときに、第二のポイントとして、国民年金に関する危機意識が高まっていたことがあるのではないかと思います。

三十六年（一九六一年）に発足した拠出制国民年金は、六十一年（一九八六年）四月には二五年を迎えることとなり、経過措置ではない本則該当の待機者が生まれることとなります。一方、国民年金財政は、就業構造の変動に伴う自営業や農業に従事する本来の被保険者の減少をサラリーマンの無業の妻の任意加入により、何とかカバーする状態が続いていました。五十五年改正では、厚生年金の加給年金が月額一万五〇〇〇円に大幅に引き上げられる一方、国民年金に二五年以上加入した「一人前の年金」の受給者は加給年金の加算対象としないとされており、二五年到達を前にサラリーマンの無業の妻が大量に任意加入から脱退するのではないかとの懸念も生じていました。

他方、昭和五十六年（一九八一年）には国連難民条約の締結・批准に伴い、国民年金の被保険者を「日本国民」から「日本国内居住者」に拡大する改正が行われました。国民年金におけるこうした変化に対する危機感という点で当時の議論などをご紹介下さい。

辻氏　五十五年改正頃までは、国民年金においては政治的には与野党ともに福祉年金の水準と所得制限の見直しが中心的な課題でした。一方において、自営業者等本来の加入者は減るなかで、どんどん膨らんでいる任意加入がどこかでピークアウトして財政危機に陥り、強制適用の加入者も納付しなくなるようになったら国民年金はどうなるのだろうという不安をもっておりました。

そういうことからも、六十年改正は必然だったとも思うのですけれども、実際に基礎年金の導入を通して乗り切ったというのは、大きな歴史の一頁だと思います。

また、五十五年頃は、国民年金の国籍条項をめぐって訴訟が頻発していました。制度論的には、当時の最大のポイントは、福祉年金の取扱いだったのです。福祉年金の国籍要件を撤廃することによって、年金受給を目的に外国人が日本に来るようになるのではないかとの不安がありました。海外の制度では社会保険方式の年金は国籍条項はないのが普通でしたから、結論としては、老齢福祉年金の新規発生がなくなった時点で、国籍条項は全面撤廃するということになったわけです。いまにして思えば、狭い見方だったのかもしれませんが、国民年金については、非常に緊張した気持ちで取り組んだ時代であったと記憶しています。

吉原氏 国民年金は厚生年金よりずっと遅くできたのですが、昭和四十年代に何度も給付を引き上げたり、早めたりする改正をしたために、厚生年金よりはるかに早く制度の成熟化が進み、五十年頃から早くも将来の財政が気になる状況になりました。ただサラリーマンの妻の任意加入者が予想以上に増え、国民年金の財政を支えた面があります。

青柳氏 当時、数理課として任意加入の妻の将来見通しについてはどのようにお考えだったのでしょうか。

田村氏 確かに、当時は国民年金の収支が大変厳しい状態になってきていた時期で、昭和五十年代後半では単年度収支の見込みはマイナスになっていたと思います。そのような意味で国民年金財政は危機に瀕していたと思うのです。その背景には本来の国民年金の対象であった自営業者が大幅に減り、その一方で任意加入が増えるという実態がありました。財政状態は被保険者数の動向に大きく左右されますが、任意加入という不安定な要素をどのように考慮して被保険者数を推計するかということに、相当に悩んでいたように思います。基本構想懇談会でもざっくりとした数字しか示せなかったように記憶しています。

辻氏 当時は、被用者の妻が任意加入で入っていることで国民年金の収支がなんとか保たれているわけです。一方で、保険料引上げをどうするかが最大のポイントで、五十五年改正で初めて国民年金の保険料について、毎年引き上げる方式を導入しています。

国民年金担当として、五十五年改正は、支給開始年齢引上げというメインの改正はできなかったけれども、国民年金の保険料を毎年引き上げることができてほっとしたと記憶しています。それくらい保険料を引き上げなければ大変なんだという危機感があったことを覚えています。

4　障害基礎年金を創設

青柳氏　第三のポイントは、障害者の所得保障をめぐる動きです。昭和五十六年（一九八一年）の国際障害者年を契機に国民的関心が高まったこともあり、障害者の年金保障に関する改正は六十年改正事項のなかでも異論の少ないものだったと思います。障害年金については、制度加入前に生じた障害に対する障害福祉年金を障害基礎年金に改めることなどの改正が行われました。障害者施策と年金との関わりについてエピソードがあればご紹介下さい。

辻氏　当時、障害者の年金を大幅に引き上げよとの強い陳情がありましたが、国民年金未加入の二十歳前に障害の発生した障害福祉年金受給の方については手の打ちようがなく、正直に言って「申し訳ない」というのが私の当時の思いでした。社会保険の論理から言えば助けようがないという認識だったのです。その意味で、拠出制年金の財源と考えられていた保険料財源を投入して、二十歳前障害の方の無拠出の年金額を大幅に引き上げたというのは、私にとっては想像を絶する改革でした。政策というものは国民のために柔軟に動かすものだということをその時に教えられました。

吉原氏　障害年金については思い切ってよくそこまでやったなという感じです。六十年改正から給付の改善はほとんどなくなるのですが、山口さんはせめて障害者には喜ばれるいい改正をやりたいという気持ちがあったのでしょう。昭和五十六年（一九八一年）は国際障害者年でもありましたから。

(2) 基礎年金創設時を振り返る

六十年改正の主なポイント

○**基礎年金の創設**　国民年金は全国民を対象とする「基礎年金」制度に改め、厚生年金や共済年金等の被用者年金は基礎年金に上乗せする二階部分の報酬比例年金として再編成した（図）。基礎年金の費用は、税財源による国庫負担と各制度からの拠出金で負担する。

○**給付水準の適正化**　厚生年金の定額部分の単価を二四〇〇円から一二五〇円に、報酬比例の乗率を一〇／一〇〇〇から七・五／一〇〇〇に徐々に逓減させ、加入期間四〇年の給付水準が月額一七万六二〇〇円（それまでとほぼ同額）、平均標準報酬に対して六九％に止まるようにし、最終保険料率が二八・九％に止まるようにした。国民年金の一か月単価も二〇〇〇円から一二五〇円に徐々に引き下げ、ピーク時の保険料月額は一万三〇〇〇円に止まるようにした。

○**第三号被保険者制度の創設**　専業主婦も国民年金に加入を義務づけ、自分名義の基礎年金を支給。専業主婦からは個別の保険料負担は求めず、被用者年金制度で負担。

○**障害基礎年金の創設**　国民年金に加入する二十歳前に障害者となった者にも障害福祉年金ではなく障害基礎年金を支給。国民年金に加入した後に障害となった場合には、二／三以上の期間の保険料滞納がない限り、障害基礎年金を支給。

図　基礎年金の概念図

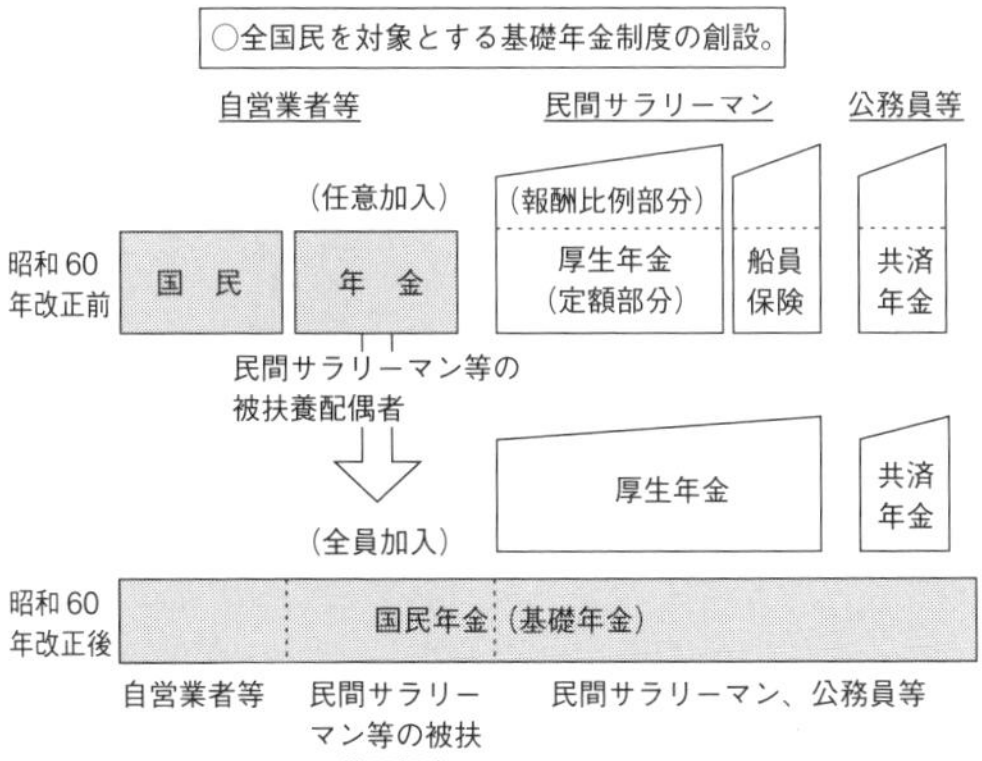

注　60年改正前の公的年金制度は、1）一般の被用者を対象とする厚生年金保険及び船員保険、2）公務員等を対象とする４つの共済組合（国家公務員等共済組合、地方公務員共済組合、私立学校教職員共済組合、農林漁業団体職員共済組合）、3）農民、自営業者等を対象とする国民年金の３種７制度から構成。

資料：平成23年版厚生労働白書

青柳氏　この改正においては、保険料納付を怠らなければ年金は出るという発想に変えたんですね。だから二十歳前では、保険料納付という義務が生じないときに事故が生じているので、それで保険料納付を怠ったわけではない、だから年金を出すという考え方です。

辻氏　いずれにしろ、従来的な意味での社会保険の考え方を真っ向から変えるというか、その部分に特例をつくったというのは事実です。ただ、二十歳前の障害の部分だけであって、全体には波及しないギリギリの対応だったのではないかと思います。山口局長のそういう決断というものはすごいと思っています。

5　給付水準抑制の方向に

青柳氏　基礎年金には三つの大きな問題意識があったと考えています。第一は「体系論」です。国民年金制度発足の際に、皆年金を実現するために「二重加入」、「別建て」、「一本化」などの選択肢がありましたが、結論としては、基礎年金は「別建て」を「うち履き二重加入」に改めたことになります。体系論という面からはいかがお考えでしょうか。

第二は、「水準論」です。サラリーマンの無業の配偶者の年金権を確保しながら、サラリーマンOB世帯の年金水準をいかに適正化するかという問題意識です。五十五年改正で配偶者の加給年金を大幅に引き上げることにより、厚生年金の単身と世帯の水準分化を図った取組みを、六十年改正では配偶者の基礎年金を使ってもっと大仕掛けにしました。一方、国民年金の水準としては二五年加入の年金額をそのままスライドさせています。水準論としての基礎年金をどのようにお考えでしょうか。

第三は、「費用負担論」です。「一億総サラリーマン化」のなかで支え手である現役世代が激減した農業・自営業OBの年金をどうやって負担することが公平かつ安定的な方法かという問題意識です。最終的には、昭和三十六年（一九六一年）から全国民共通の基礎年金が存在したとすれば、その費用負担は現在の全被保険者で均一に負担すべきではないかという論理で、「拠出金」と国庫負担の原則基礎年金部分への集中という形をとっています。直前に制定された老人保健法においても拠出金という手法を用いた費用負担の仕組みがとられましたが、両者の異同なども含めてお考えを伺いたいと思います。

吉原氏　国民年金ができて国民皆年金にはなりましたが、国民年金は大きな問題を将来の検討事項として残した、いわば未完成品でした。それを大変よい形で完成品にしたのが六十年改正ですし、似かよっていた厚生年金の定額部分と国民年金をドッキングさせて一本の基礎年金にし、その財源は保険料でなく、老人保健法の老人医療費の先例にならって各制度からの拠出金にしたのがよかったと思います。

田村氏　水準の話は、山口年金局長が、いまのままでは給付水準が高くなりすぎるので、何とかしなければと常々言っておられました。四〇年加入で給付水準を考えるべきだとも言っておられて、これが基礎年金の算定方式に反映されています。

負担の問題も、もともと基礎年金は全国民を対象とした給付で、その費用は全国民が平等に担っていくべきではないかという考え方でした。国民年金の被保険者の構成が、就業構造や就労形態の変化によって変わってきているので、費用負担の方法としてはこれしかないということで「拠出金」という形になったのだと思います。

辻氏　年金制度基本構想懇談会が示した方向を具体化する知恵を一つひとつ出していくなかで、基礎年金という「概念」をつくることになりました。基礎年金は一定の額ですから、将来給付を適正化するという絶妙な形で基本構想懇談会の考え方を着陸させたということがいえるのではないでしょうか。

青柳氏　体系論では、同じ二階建てにしても社会保障制度審議会は、一階部分は新たな年金目的税による税方式の基本年金にすることを建議しました。

吉原氏　制度審の建議は新鮮で魅力的ではありましたが、「いまさら税方式の年金を新たにつくれといわれても」というのが率直な感じでした。当時すでに一般財源として大型間接税の導入が検討されていましたから、年金目的税の創設は税制上も無理な感じでした。基本構想懇談会や社会保険審議会は現行制度とのつながりも考慮し、年金は基礎的部分も社会保険方式を維持すべきだという意見でした。

6　四〇年加入で月額五万円

青柳氏　基礎年金導入と並ぶ六十年改正のもう一つのトピックスは年金水準の適正化で、一〇〇〇分の一〇となっていた厚生年金の給付乗率を二〇年かけて一〇〇〇分の七・五まで段階的（生年月日別）に逓減させていこうというものです。

当時の厚生年金の水準設計は、定額部分（加給を含む）と報酬比例部分をおおむね一：一で想定していたため、三〇年加入で年金額が平均標準報酬月額（再評価により現役の平均標準報酬月額とほぼ同水準となる）の六割、四〇年加入ならば八割近くに達する構造になっていました。そこで将来四〇年程度の加入（二十歳〜六十歳）が平均的になることを見込んで生年月日別に乗率を逓減させ、報酬比例部分を標準報酬月額の三割とする一方、定額部分と加給年金を夫婦の基礎年金に切り替えて約四割とし、かろうじて六〇％台に抑えるというデザインを描きました。

このため、改正時点での二五年加入の国民年金の金額と将来の四〇年加入の基礎年金の金額がほぼ同額の月額五万円（五十九年価格）となりました。こうした水準適正化の結果、将来のピーク時の保険料負担は、現行制度のまま推移した場合に比べ、おおむね三分の一程度軽減されるものと見込まれました（国民年金一万九五〇〇円→一万三〇〇〇円。厚生年金三九％→二九％）。このような年金水準の適正化については、どのように評価できるでしょうか。

田村氏　年金の給付水準について、厚生年金の給付乗率一〇〇〇分の一〇を七・五に下げることについては、山口年金局長は、厚生年金の国庫負担は基礎年金に充当されるから一〇〇〇分の八までは無条件に下げられるのではないかと、早い段階からはっきり言っておられました。

その当時の乗率は一〇〇〇分の一〇ですから、四〇年加入だと報酬比例部分は平均標準報酬月額の四〇％になります。定額部分と半々ですから、給付水準は八〇％になってしまう。それでは大き過ぎるということで、六〇％まで下げるのであれば、報酬比例部分を三〇％にし、定額部分も三〇%にしなければならない。すると四〇年加入で三〇%にするには、給付乗率は、三〇%÷四〇＝一〇〇〇分の七・五になるということだったと思います。

それから、基礎年金の額が四〇年加入で五万円というのは、そのとき既に国民年金の額が二五年加入でほぼ五万円になっていましたが、これをそのまま四〇年加入でも五万円にするというものだったと思います。

青柳氏　そのままで維持して上げないということですね。

吉原氏　六十年改正の第一の特色が日本の年金制度を分立から一元化の方向に大きく転換させたことだとすれば、第二の特色は改正のたびに給付の格差、引上げを柱としてきたこれまでの年金政策を、給付の抑制、縮小の方向に大きく転換し、初めて年金の給付水準を大きく引き下げたことです。基礎年金額を月額五万円としたのは当時の統計で老人の生活費、消費支出の基礎的部分を賄える金額というのが根拠ですが、それにしてもいままで保険料を二五年納めてほぼ五万円近かった年金の水準を、保険料を四〇年納めて五万円にしたのですから、大変な引下げです。

青柳氏　当時は、年金制度に加入可能な年数が世代によって異なっていました。そうしたなかで、四〇年加入できるときに四〇年加入した人と、二五年しか加入できないときに二五年加入した人が同じ水準になるということのほうが、世代間の公平にかなうだろうという考え方を当時の担当者としては持っていましたね。

7　女性の年金で再検討を

青柳氏　六十年改正で未だに賛否両論の分かれる点の一つが女性の年金をめぐる問題ではないかと思います。六十年改正では「第三号被保険者」制度を創設しました。

三号被保険者については、共働き世帯の「犠牲」の下に、専業主婦世帯を優遇しているとの批判がありますが、これは世帯における合計の所得が等しければ、共働き世帯の夫婦合計の年金額も専業主婦世帯の夫婦合計の年金額も同額になるという意味で不公平は生じていません。健保の被扶養者制度（現在では被保険者本人と同様の給付率（七割））はよいが、三号被保険者制度は駄目という理由もよくわからないところがあります。また、当時は、将来、男女雇用均等が実現すれば、三号被保険者制度もその時の世代の女性にとっては、ほとんど意味がなくなるであろうが、それ以前の世代の女性にとっては老後の生活保障のために必要であろうとの認識を持っていました。

私自身は、パート所得の取扱いを別にすれば問題は何なのかという気持ちもあるのですが、女性の年金について皆さんのご意見を伺いたいと思います。

辻氏　平成十三年（二〇〇一年）頃、年金局長のときでしたが、三号被保険者制度が大きな問題として残っていて、女性のライフスタイルの変化に対応した年金の在り方に関する検討会で検討しました。しかし、三号被保険者の届出に伴う諸問題はあっても、制度自体は公平だし、理論的にも問題がないので、どちらかというと感情的な議論もあって、結局、結論が出ませんでした。どこをどう解決したら皆が納得するのかという答えが見えないということです。専業主婦世帯でも夫は定率で保険料を負担しているわけですから、それとは別に負担したら、今度はその位置づけが難しくなる。技術的にどうしたらよいのかという議論をしてみたのですが、よい知恵が出ませんでした。

平成十六年改正で離婚時の厚生年金分割を導入しましたが、そうなると、ますます制度論的には何が問題なのかということになります。感情論は別にして、いまの制度は相当合理的ではないかというのが私の印象です。

青柳氏　例えば数理計算上、三号被保険者制度はどのような影響があったのでしょうか。

田村氏　数理課内で議論したときには、そもそも三号被保険者にあたる者を統計的にどう把握するかが難しい問題としてありました。それで、三号被保険者の推計は、国勢調査の結果を利用して有配偶率を出すということで計算しています。

私も三号被保険者制度そのものは、ある意味では合理的だと思っています。いろいろ批判があるのは感覚的なものであって、もっとしっかりと説明するとか、よく考えていただければ納得してもらえるとも思うのですが、なかなか、そうはならない難しい問題です。

吉原氏　サラリーマンの妻をどうするかは国民年金をつくるときは結論がでなかったのですが、六十年改正のときも二つの考え方があったかと思います。すでにサラリーマンの妻で任意加入していた人が七〇〇～八〇〇万人もいたのですから全員強制加入にして自営業者の妻と同じように一人ひとり保険料を払ってもらうという選択もなかったわけではないでしょう。しかし、いまの制度も十分理屈はあり、サラリーマンの妻の年金権を確実にするうえで大きなメリットをもっています。しかし、働く女性からこんなに強く不公平という批判がでようとは思いませんでした。感情の問題かもしれませんが、あらためて議論してよいのかもしれません。

8　厚年適用対象を拡大

青柳氏　六十年改正は年金の適用という面でも大きな改正となりました。まず、国民年金については、二十歳以上六十歳未満の全ての国民に基礎年金を適用することとしたことに伴い、厚生年金被保険者も国民（基礎）年金の第二号被保険者となりました。また、その被扶養の配偶者は任意加入ではなく、第三号被保険者となりました。その他、国会議員、老齢年金等年金受給権者も任意加入から当然適用となりました。また、六十歳以上六十五歳未満の国内居住者や二十歳以上六十五歳未満の国外居住者も国民年金に任意加入できることとされました。

厚生年金では、永年の懸案であった五人未満の事業所の従業員を適用対象とすることとしました。適用対象の拡大という面で六十年改正を振り返っていただけますか。まずは数理上の影響はあったのでしょうか。

田村氏　五人未満事業所の適用で適用事業所が急に増えるということでもありませんでしたから、あまり影響はなかったと思います。

青柳氏　その後の話になりますが、五人未満はおろか、二〇人くらいの規模の適用事業所でも、景気の悪いときには脱退を偽装したりして、結果的に適用漏れになってしまっている事実が明らかになり、大きな問題になりました。

辻氏　ただ、制度的に適用すべき事業所が適用対象になっていないとの問題は、ほとんど解決したのではないでしょうか。

青柳氏　国年担当補佐をされた辻さんとしては、適用範囲について何かございますか。

辻氏　やはり学生の適用の問題です。平成元年（一九八九年）の改正で強制適用を導入（平成三年（一九九一年）四月実施）して、十一年改正では学生納付特例制度を導入していますす（平成十二年（二〇〇〇年）四月実施）。それまでの間は、この問題に手をつけなかったわけですね。当時、正直言ってそこまで議論が及ばなかったと記憶しています。

この問題をみていると、若い人の納付率が非常に低いという状況がありますし、それから、そもそも学生自身が本当に国民年金の現役として加入するという整理でよいのか、さらには、もちろん厚生年金に入る人は強制適用ですが、国民年金が二十歳からの適用でよいのかという議論にまで及ぶ可能性もあるのではないでしょうか。

9　料率の上昇を大幅軽減

青柳氏　費用負担の関係では、保険料と国庫負担が六十年改正の非常に大きな問題だったと思います。年金水準の適正化を通じて六十年改正後のピーク時の保険料（率）は、改正が行われなかった場合に比べ、大幅な軽減を見込むことができました（第1図）。また、厚生年金の保険料率の引上げ幅は一〇〇〇分の一八と大幅なものとなりました。六十年改正の負担面については、どのようにお考えですか。

田村氏　五十九年財政再計算では、給付改定率（標準報酬の上昇率）について四％、五％、六％の三通り、積立金の運用利回りについて、六・五％、七・〇％、七・五％の三通りで、これらを組み合わせた九通りの試算をしています。保険料率は六十一年度に一二・四％で、以後五年ごとに一・八％ずつ引き上げていく仮定です。ただ、どの場合でも、最終保険料率は実はそんなに大きく違いませんでした。

給付改定率五％、利率七％のケースでは、最終保険料率が二八・九％になるとしていましたが、これは二八・九％の保険料負担の水準をどうこうというよりは、むしろ、制度改正がなかった場合の三八・八％からこれだけ保険料率が下がるということを説明する意味合いの方が大きかったことは事実ですね。

⑵　基礎年金創設時を振り返る

第１図　保険料率の見通し

●厚生年金保険

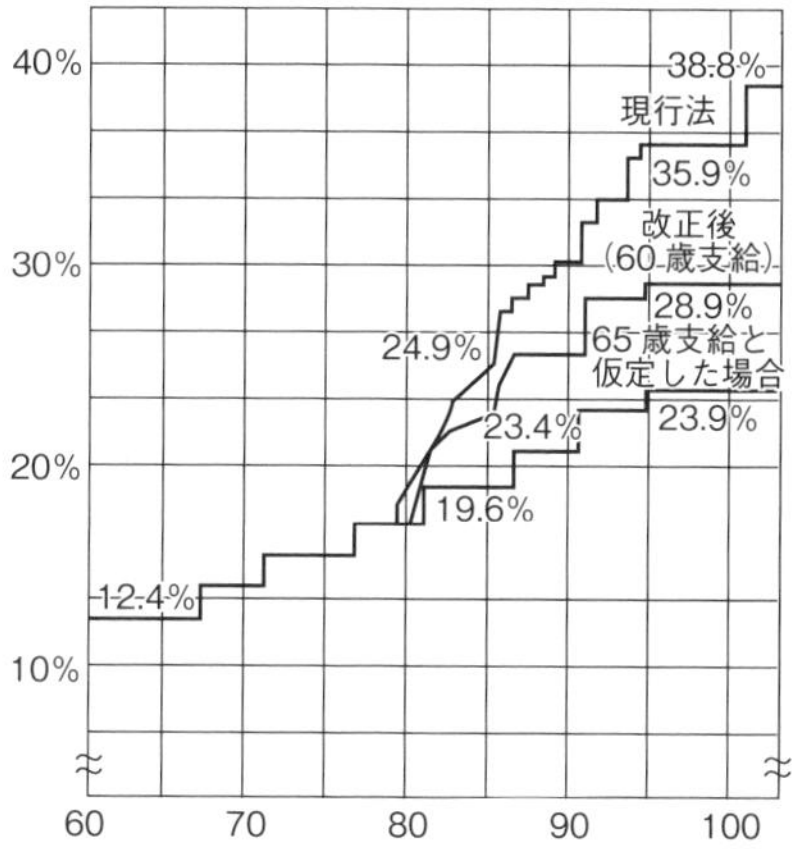

昭和：年度

（注）1.　給付改定率を５％、利率を７％と仮定している。
2.　65 歳支給と仮定した場合は、支給開始年齢を、昭和 73 年度から昭和 85 年度に引き上げていくものと仮定している。

●国民年金

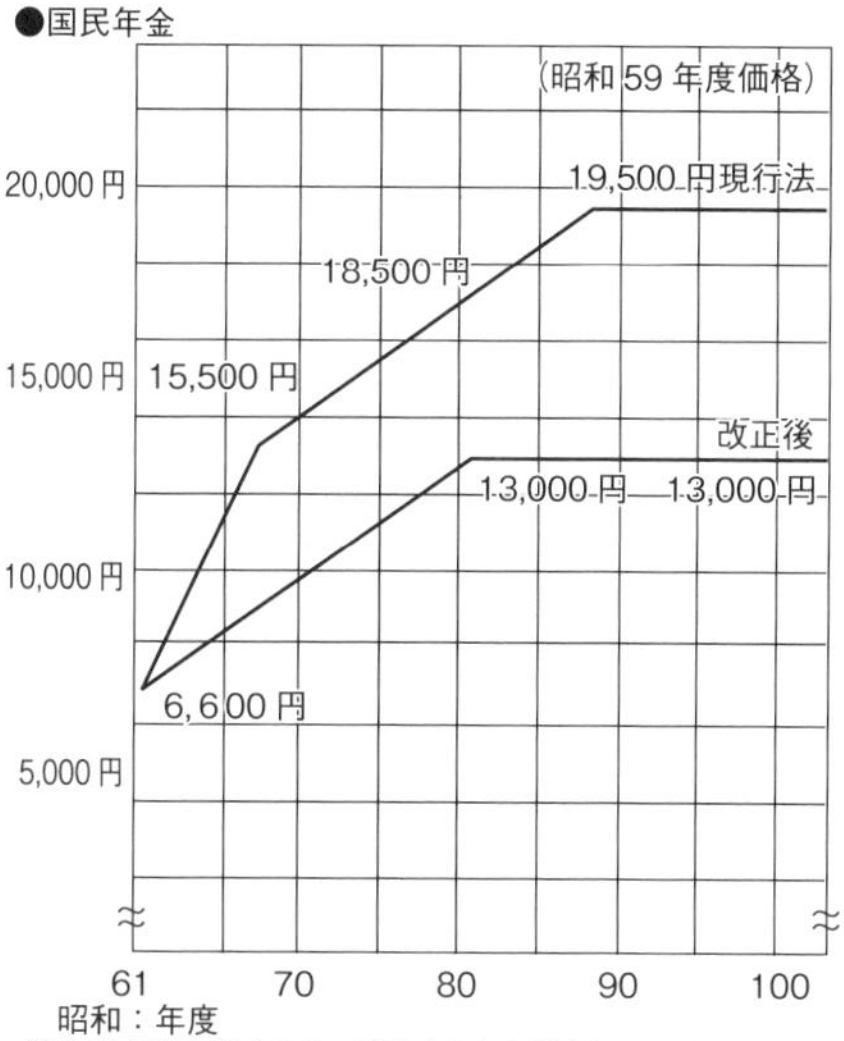

昭和：年度

（注）給付改定率を５％、利率を７％と仮定している。

資料：昭和 60 年版厚生白書

支給開始年齢を引き上げたらどうなるのかは、五十五年改正時から引き続いた問題だったわけですけれども、このとき同時に試算したのですが、最終保険料率はさらに二三・九％まで下がることも示しています。

しかも、この保険料率は標準報酬ベースですから、ボーナスを含めた総報酬ベースでは、この一・三分の一くらいで、改正案の二八・九％は二二・二％程度、支給開始年齢を六十五歳にした場合だと一八・四％程度になると思います。この辺りが負担の限度ではないかという議論もあったように思います。

国民年金についても同様で、前提は厚生年金と同じですけれども、保険料は現行のままでは一万九五〇〇円ですが、改正で一万三〇〇〇円に下がるということでした。これは五十九年価格ですから、現時点で一万七～八〇〇〇円になると思います。

これは将来の話ですから、多くの皆さんは、あまり関係ないと思われていたような感じがします。ただ、いまになってみるとかなり現実的な問題ですね。

辻氏　国民年金は、負担の上限をどこまでかと議論する余裕すらなかったように思います。極力、将来負担水

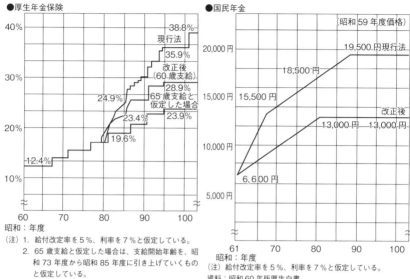

準が下がればありがたいという感覚で一万三〇〇〇円にまで大幅に引き下げられたことを率直に「よかったな」と受けとめていました。

私の結論は、負担は納得だということです。六十年改正によって国民年金はさまざまな不安要素を払拭しています。いろいろな将来不安があるなかで、現場からは、なかなか確信をもって保険料をとれないということも言われていましたが、六十年改正で将来は大丈夫ですとはっきり現場にメッセージを出せるので、これを機に保険料徴収に邁進しなければならないということで、国民年金担当補佐としては、身の引き締まる思いでした。

吉原氏　昭和五十年代から年金の将来の保険料負担が気になり始めましたが、六十年改正で給付水準を適正化したのはこのままだと年金の所得代替率が八〇％を超え、現役世代とのバランスを失するという最大の理由でした。同時にこのままだと将来保険料率が四〇％近くになり、給付水準を適正化すれば三〇％以下になりますということもいいました。

10　健保改正を優先審議

青柳氏　改正案の作成、国会提出までを山口さん、国会審議から成立・施行までを吉原さんが担当局長としてご苦労されたわけですが、国会審議の様子などをご紹介ください。

吉原氏　法案は国会では予想以上に難産になりました。野党が慎重審議を要求したうえに、五十九年（一九八四年）の国会には健保本人に定率負担を導入する健保法改正案が同時に提出され、それが優先審議とされたため、年金法案は時間切れで審議に入らないまま閉会になりました。そのため五十九年(一九八四年)に法案を通し、六十一年(一九八六年)四月から実施するとのスケジュールに間に合わなくなる心配がでてきました。それで閉会中審査までお願いし、五十九年（一九八四年）の十二月に衆議院、六十年（一九八五年）の四月に参議院を通って成立し、何とか六十一年（一九八六年）四月実施に間に合い、ほっとしました。法案の成立の翌日には、年金局の幹部がそろって横浜の山口さんのお墓に報告に行きました。

青柳氏　法案には、基礎年金の創設等の制度改革のほか、五十九年度の物価スライドによる年金額改定も盛り込まれていたのですが、法案から物価スライド部分を議員立法で分離しました。

その場合、本体部分が一事不再議で廃案にならないか、衆議院法制局と一生懸命詰めた記憶があります。

辻氏　国年法改正が成立した直後、六十年（一九八五年）六月から共済年金改正法案の審議が始まるのですが、これは、社労委員会ではありませんでしたから、山口剛彦年金課長が行かれて、その委員会における答弁の大部分は山口課長でした。本当に獅子奮迅の働きを山口課長がされて、共済年金改正法は無事に成立しました。これを含めて大変な血のにじむような努力でこの大改正が成就したという印象です。

青柳氏　国会における審議の中身としては、どうでしょうか。

吉原氏　基礎年金の額が低い、全額税でというのが社会党の主張であり、最大の反対理由でした。国庫負担を減らすのが目的の改正ではないかともいわれました。公明党は生活保護と比べて基礎年金の額が低いし、国民年金の保険料は所得比例にすべきと主張しました。最終的に自民党と民社党の賛成で法案は成立しました。

社会党は反対でしたが、何が何でも反対、徹底抗戦ということではなかったです。法案が通ったら「よかったね」といっていただきました。

11　「山口ゼミ」を開講

青柳氏　ここで山口新一郎さんのお話に触れていただければと思います。山口さんは、六十年改正を構想し、その実現に向けて先頭に立ち、途半ばにして亡くなられました。山口さんは二十九年（一九五四年）の厚年法大改正、その後、四十年（一九六五年）、四十四年（一九六九年）の改正に関わられ、五十五年（一九八〇年）改正時には法案再提出に当たって企画・年金担当審議官を務められました。五十五年改正後には若手を集めて「山口ゼミ」を開講されました。その後、初代の総務審議官を経て、五十六年（一九八一年）夏に年金局長として復帰されるわけですが、一言ずつ思い出などお願いします。

吉原氏　山口さんは二十八年（一九五三年）に厚生省に入省され、最初の課が厚生年金保険課で、二十九年（一九五四年）の厚年法の大改正に携われました。そのせいか年金、とくに厚生年金には特別の愛着をもっておられたように思います。六十年改正には文字通りがんと闘いながら命がけで取り組まれました。ある日、私に「国庫負担を基礎年金に集中したいと思うが、君はどう思うか」という電話がありました。私はもちろん「いいんじゃないですか」と答えましたが、それが私が山口さんと交わした最後の会話となりました。法案を通すまでは山口さんにやっていただきたかったし、ご本人もやりたかっただろうと思います。

辻氏　私は滋賀県庁に赴任して、三年間は年金を離れて、五十八年（一九八三年）四月にまた帰ってきたのですが、山口局長に挨拶に行った時に、「今回の改革は国民年金のためにやるんだ」と言われました。担当者ごとに配慮したキーワードを与えてくださっていたのだと思います。あるときには、「福祉は、人の話を聴くことが始まりだ」と言われました。私には絶対忘れられないキーワードです。

田村氏　とにかく改正案の内容については自分の頭のなかで全部描いておられて、それを一つずつ、「これはどうだろう」とお聞きになるのです。例えば給付水準は四〇年加入で考えるとか、報酬比例部分の給付乗率を一〇〇〇分の七・五にするといったことも、全部、ご自身でお考えになっていて、それを確認するという感じで、われわれに尋ねられていたような気がします。

青柳氏　国会や、審議会委員なども含めて、改正に深く関わった方、印象に残られる方のお話があればご紹介ください。

吉原氏　思い出に残る人は多いのですが、社会保障制度審議会の会長は大河内一男さんでした。それから年金制度基本構想懇談会の座長は有沢広巳さん、国民年金審議会の会長は山田雄三さん、社会保険審議会の会長は金沢良雄さん、厚生年金保険部会長は小山路男さんと、錚錚たる先生方ばかりでしたね。

法案提出時の厚生大臣は渡部恒三さん、国会審議から成立までは増岡博之さんでした。衆議院の社労委員長は戸井田三郎さん、橋本龍太郎さんが自民党の行政調査会長、田中正巳さんが公的年金調査会長。本当に皆さんにお世話になりました。

制度審の今井一男さんや、社会党の大原亨さんにも厳しいご質問やお叱りをいただきましたが、私にとってはすべてよい思い出ばかりです。

青柳氏 衆議院を最後に通すときに、たしか、小沢辰雄さんが筆頭理事で戻ってきていただいて、それで社会党の村山富市さんと、与党と野党のそれぞれの役割を果たしながら、粛々と法案審議が進んでいったという姿を記憶しています。

辻氏 制度審の橋本司郎さんにもお世話になりました。朝日新聞で政府案を支持する内容の特集記事を書かれて、非常に印象的でした。本当にこの法案にかけてくださっていました。

12 国鉄共済破綻で危機感

青柳氏 六十年改正については、「一元化」との関連についても触れなければならないと思います。国民年金法等一部改正法案を国会に提出した時点では、共済グループが基礎年金にのってきてくれるかどうか確信がもてず、法案では、附則で当分の間、基礎年金から共済を適用除外する規定が盛り込まれている状態でした。

共済との一元化という面でご紹介いただけるお話があればお願いします。

田村氏 おそらく共済サイドとしては、国鉄共済が当時からいろいろな問題を抱えていて、これは何とかしなくてはとの意識があり、まず共済のなかで対処しようと考えたと思うのですが、それだけでは追いつかないと。それで、この機会に基礎年金にのるしかないと判断されたのではないでしょうか。

辻氏 共済のほうは、山口年金課長が説得されたのですが、当初はずいぶん頑なで、共済関係者が「わかった」という答えを出すのに実はずいぶん時間がかかりました。しかし、一度理解した途端に、ものすごい勢いで動き始めるのです。非常に短い期間で共済関係の各担当者が難しい経過措置を含めた条文をつくっていました。最後は雪崩のようにゴールに向かっていくという流れでした。

吉原氏　大蔵委員会等の各委員会で共済の改正が全部通ったのは六十年（一九八五年）十二月でした。この改正が共済に与える影響は厚生年金より大きいのですが、官民格差を是正せよという強い世論と財政破綻に近い国鉄共済をかかえて「共済は別だ」とは言えなかったということでしょう。共済がのってきてくれなければ六十年改正の評価もそんなに高くはなかったかもしれません。

青柳氏　年金制度運用を考える際に、六十年改正は一つの転機になったと思いますが、六十年改正と同時に始まった積立金の「自主運用」の問題にも触れていただければと思います。

吉原氏　私が年金局長になった一年目は法案を通すのに全力をあげましたが、国会を通って私が次にやろうと思ったのは厚生年金や国民年金が装いを新たに再出発するこの機会に、制度をつくったときからの厚生省の強い主張、念願であった積立金の自主運用を少しでも実施したいということでした。大蔵省は財投、資金運用部を通じた国家資金の統一運用の原則は絶対に崩せないと強く反対しましたが、厚生省がそこまで言うのならと、最後に財投、資金運用部の預託という大原則を崩さない範囲内でということで年金福祉事業団に六十一年度当初予算で三〇〇〇億円（補正で五〇〇〇億円）の資金運用事業（資金確保事業）を認めてくれました。

これがいまのGPIFによる一二〇兆円もの全額自主運用につながっているのです。しかし、日本の経済や資金の運用環境は当時とはすっかり変わってしまいました。

青柳氏　最後に、六十年改正の今日的な評価、それから今後の年金制度運営への期待という点について伺います。

田村氏　今の基礎年金＋報酬比例年金の形は、理想的な形であり維持していくべきです。平成十六年改正で、財政的にはかなり安定化できる仕組みであるマクロ経済スライドが導入されたのですが、これがデフレ経済下で機能していません。それをうまく機能させるような方法を考える必要があります。そこのところはもう少しこれから研究して、見直していくことが必要になると思います。

辻氏　六十年改正を機に、日本の年金制度は日本の社会の基になるいわば「国の形」になったと思うのです。

障害になったり、一家の主が亡くなったり、年をとったときにどんな所得保障がされるかというのは、その国の一つの形です。これが統一的な制度としてできあがったのは非常に大きなことです。

この制度を今後とも支えていくためには、少子化対策を講じて、世代間扶養を基本とする公的年金制度をどう支えるかという、もっと大きなスキームに問題意識を広げていく必要があると思います。

吉原氏　日本の年金制度の将来の不安の最大の原因は、とまらない人口の少子高齢化の進行とバブル崩壊後の日本の経済の長期低迷と財政の悪化です。大事なのは制度の形を変えることではなく、年金制度を支える人口、経済、財政のいわば三本柱の力をもう一度強くし、再生することです。

〜後記〜

皆年金半世紀回顧の折り返しに当たる六十年改正は、個人的にも思い出深い制度改正である。昭和五十五年（一九八〇年）七月に年金局年金課に異動後、六十年（一九八五年）八月までの五年二か月を一歩も動かず、年金課で過ごすこととなった。

この間に家庭的には三人の子に恵まれることとなったが、大改正に向けての連日の深夜までの勤務、時には始発で一旦帰宅し、朝風呂を浴びての出勤など父親・夫としての勤めを全く果たすことのできなかった懺悔の記憶ばかりの日々でもある。

そんな思いを皆が共有していたせいか、その頃の年金局の団結力には驚くべきものがあった。当時は毎年秋に社会保険庁・保険局・年金局の合同運動会が開催されていたが、前年まで保険局と毎年最下位争いを繰り広げていた年金局が、山口年金局長となった途端、優勝争いの一角に加わることとなったのだ。とりわけ、綱引きをはじめとする団体競技には無類の強さを発揮した。何事にも全力を尽くし、「遊ぶ」ときにも一生懸命という山口イズムが全職員に行き渡っていたように思う。

今回の座談会開催の直前に、山口さんのお墓参りをしてきた。年金制度の発展に文字どおり身を捧げた山口さんが、いまの混迷する年金論議をどのようにご覧になっているか、是非伺いたいと思ったが、真夏の陽盛りのなか、墓石の間を渡る風の音のほかに聞こえてくるものはなかった。

（青柳親房）

法研『週刊社会保障』No.二六四二（平成二十三年八月二十九日）～No.二六四四（平成二十三年九月十二日）に掲載された「連載座談会　国民皆年金半世紀／第三部「基礎年金」（昭和五十五年～六十一年）」を一部修正した。

(3) 戦後の社会保障—回顧と展望—(座談会)

(平成二十三年十月)

◆座談会出席者　※肩書きは収録当時のもの
・土田武史氏（早稲田大学商学部教授）
・宮武剛氏（目白大学大学院教授、元毎日新聞論説副委員長）
・吉原健二（元厚生事務次官）
・佐藤政男氏（㈱法研取締役相談役）

1 戦後—昭和四十年代までの時代—

社会保険の再建へ取組み

佐藤氏　ご多用のなか、ご出席いただき大変ありがとうございます。弊社創立六五周年記念特別号の座談会「戦後の社会保障〜回顧と展望」を開かせていただきます。

弊社は昭和二十一年（一九四六年）十月一日にスタートし、二十二年（一九四七年）一月に週刊社会保障の前身の「月刊社会保険情報」を発刊し、今日に至っています。

この間、社会保障の急速な伸びの充実を感じています。そこで、戦後から今日までの社会保障の発展過程において、どのような政策がどのような人たちによって制度化されてきたのかなど、大きく「戦後〜昭和四十年代までの時代」「昭和五十年代〜昭和の終わりまでの時代」「平成の時代」の三つに分けて振り返っていただき、今日の社会保障制度が先人の知恵と力の結晶であることを検証し、転換期を迎えている社会保障制度のこれからを考えるにあたっての参考にしたいと企画しました。

最初に、「戦後～昭和四十年代までの時代」の社会保障行政、政策を中心としたお話をいただきます。

吉原氏　まずは、六五周年おめでとうございます。昭和二十年（一九四五年）、戦争は終わりましたが、戦争で、親を失い、子を失い、夫を失い、家を失い、職を失った生活困窮者や失業者はおびただしい数にのぼりました。また、戦争で負傷した傷痍軍人や、着の身着のままで引揚げてきた海外からの引揚者もたくさんおられました。戦後の混乱期に厚生省がまずしなければならなかったことは、これらの人々の救済、援護でした。そのために、終戦の翌年、昭和二十一年（一九四六年）に戦前の救護法にかわり、国家責任と無差別平等の考え方に立った生活保護法、昭和二十二年（一九四七年）に児童福祉法が制定されました。

戦後の混乱期を脱し、これらの仕事が一段落した昭和二十五～二十六年（一九五〇～五一年）頃から、戦前につくられ、戦争で機能停止状態になっていた社会保険の再建に取り組みます。まずそれまで組合をつくって運営していた国保を市町村の公営とし、保険料を税として徴収できることとし、給付費に対して国庫補助の途をひらきました。昭和二十八年（一九五三年）には健康保険について適用の拡大や給付期間の延長をします。昭和二十九年（一九五四年）には厚生年金について、それまで報酬比例一本であった給付体系を定額プラス報酬比例の体系に改め、男子の年金の支給開始年齢を五十五歳から六十歳に引き上げます。

昭和三十年代に入ると福祉国家の理念に立った本格的社会保障制度の確立を目指し、国民皆保険、皆年金に取り組みます。そして、それが昭和三十六年（一九六一年）に同時に達成されました。

佐藤氏　昭和三十六年（一九六一年）頃のことはよく記憶に残っています。皆保険計画によって、国保は急速に農村から大都市へ普及していったと思います。皆保険と皆年金が同時に達成されたのはすばらしいことだと思いますが、これは偶然でしょうか。

吉原氏　昭和三十年（一九五五年）頃、総人口約九〇〇〇万人の三分の一にあたる約三〇〇〇万人が医療保険の未適用者でした。一方、就業人口約四〇〇〇万人のうち厚生年金や共済組合などの年金制度の適用を受けている者は約一二〇〇万人にすぎず、就業者のまだ半分以上を占める農業や自営業者は無論のこと、零細企業の従業員などには何の年金制度もありませんでした。

厚生省がまず進めようとしたのは国保の全国普及による国民皆保険で、昭和三十二年(一九五七年)から四か年計画で全市町村に国保の実施を義務づけることにしました。国民皆年金はそのあとと思っていましたが、昭和三十年(一九五五年)頃から全国民を対象に国民年金制度を創設すべしという世論が澎湃《ほうはい》と高まり、昭和三十三年(一九五八年)の総選挙で自民党と社会党がともに選挙公約の第一に掲げ、自民党が勝って、昭和三十四年(一九五九年)からの国民年金制度の創設が決まりました。

そこで、厚生省は自民党と一緒に大車輪で国民年金法をつくり、無拠出制年金は昭和三十四年(一九五九年)から、拠出制年金は昭和三十六年(一九六一年)から実施することになったのです。皆保険と皆年金の同時達成は始めから計画、意図されていたわけではありません。

理念を明確に打ち出す

佐藤氏 医療も年金も急速に発展してきた時代ですが、宮武さんはどうみられますか。

宮武氏 戦後、放置しておけば餓死者が続出するような時代に、緊急の要請もあって生活保護はつくられたわけですが、その内容は、イギリスのウェッブ夫妻が提唱してベバリッジが具体化していくナショナル・ミニマムの理念というのを、きちんと生存権保障として理念の中心に置いた。しかも、小山進次郎さんや黒木利克さんらがケースワークの重要性を説いておられ、サービス付きの現金給付という実践を盛り込んでいった。

次に、戦災孤児を救済しなければならない緊急の要請として、児童福祉法が制定されましたが、次代を担うすべての児童の健全育成を目的とした。さらに、吉原さんがふれられました傷痍軍人救済の現実的な要請に応えながら、広く障害者福祉の理念を盛り込んで、身体障害者福祉法がつくられた。

これらは見事だと思うのです。緊急の課題に止まらずに理念を明確にして、長期戦略を打ち出している。この「戦後復興」のあり方は、現在の「震災復興」にもあてはまる。被災者の緊急支援と同時に、どうやって地域そのものを再興していくのか、私たちの世代に課せられた使命だ、と考えさせられます。

また、吉原さんのお話のように、昭和三十年代から本格的な社会保障制度の構築が始まっていく。昭和三十一年（一九五六年）に経済白書は、「もはや戦後ではない」と宣言した。同じ年の厚生白書には、「果たして戦後は終わったのか」という一文が入っていますね。

それが非常に興味深い。見方と立場で現状認識は大きく変わる。厚生行政の立場からみると、例えば医療保険で約三〇〇〇万人もの未保険加入者がいる。戦後はまだまだ終わっていないと反論することから社会保障政策を広め、深めていったのでしょう。

佐藤氏　改めて考えますと、今年三月に東日本大震災があって、その後の復興計画が必死に進められています。戦争が終わり、戦後の廃墟から立ち上がるにはどうしても民生の安定が大事だと。民生の安定ということをずいぶんとあの当時は言われておりました。それはやはり、社会保障の施策でいくべきで、そのため医療保険等を充実させていくべきだという意味だと思いました。土田さんはいかがですか。

土田氏　非常に興味があるところです。吉原さんからお話がありましたように、やはり戦後は大量失業、大量貧困の問題に対して、いかに取り組むかということが最初の課題だったと思います。国民の生活をいかに安定させていくかということでは、厚生省は非常に真面目に、よく取り組んできたという感じはもっています。

特に、昭和二十年（一九四五年）の十二月に、生活困窮者緊急生活援護要綱が閣議決定されました。そこでは自分たちで当面の対応策を講じたうえで、改めて新しい立法を行うと回答している。それに対して、ＧＨＱからは無差別平等、国家責任、最低生活保障という三原則が出てくる。

それを踏まえて、昭和二十一年（一九四六年）には生活保護法ができて、その後に医療保険や年金保険が再建されていきます。その辺のスピードというのは物凄く速くて、戦後の混乱から再建に向かって次々と対策を講じていくという点では、非常に見事な厚生行政だったと思います。

市町村国保の公営化については、確かに税金として徴収することもそうですが、やはり国庫負担を国保に投入したことが大きいと考えています。最初は二割から始まります。

つまり、市町村に公営化させて、そこへ国庫負担を投入して、名前しか残っていなかった国民健康保険というものを実際に役立つように変えていった。それがその後の国民皆保険体制で国保が大きな役割を担っていくことの大きな下地になった。公営化と国庫負担投入の意義は、非常に大きかったと思います。

戦前の年金というのは所得比例一本だったわけですが、それを昭和二十九年（一九五四年）改正で、定額＋報酬比例にしました。その概念というのは、宮武さんからお話がありましたベバリッジの影響が強かった。国民の生活の平等化といいますか、公平性というものが理念としてありますが、ただし厚生省にすれば、単にそれだけではないと。

つまり、従来積み立てをしてきた人たちの利害というものを反映させていかなくてはならないということで、報酬比例と組み合わせています。それがいまに至るまでの構想になっているわけで、そうした公平性をいかに担保しながら、しかも従来の積立方式を活かしていくかという流れのなかで、国民皆年金もつくられていったと思います。

国民皆保険・皆年金もいきなり出てきたわけではなくて、国保の公営化であるとか、あるいは厚生年金の算定方式の変更であるとか、そうしたことがベースになり、徐々に完成していったととらえています。

給付改善は難路・悪路の連続

佐藤氏　国民皆保険・皆年金のお話が続いております。今年の厚生労働白書は、皆保険・皆年金体制から五〇周年ということで、かなり力を入れて特集を組んでいます。そこで、皆保険・皆年金の五〇年の歩みをどのように受け止めておられるか、お話を承りたいのですが。

吉原氏　皆保険・皆年金達成後、昭和四十八年（一九七三年）までは、経済の高度成長と賃金の大幅な上昇にあわせて医療保険も年金も急速な給付改善が行われました。医療保険の給付率は、健康保険は本人一〇割、家族七割、国保は世帯主、世帯員とも七割、老人は全額無料になりました。年金も昭和三十年代月額三五〇〇円程度だった厚生年金の水準が、四十年代には月額一万円、二万円、五万円と上がっていき、昭和四十八年（一九七三年）には物価スライド制も導入されました。

こういいますと、非常によい時代だったと思われるかもしれませんが、実際には難路・悪路の連続で、厚生省は政管健保や日雇健保の赤字との戦いに悪戦苦闘しました。赤字をなくすための保険料率の引上げや薬剤一部負担の導入などを内容とする健保法の改正案は国会でいつも与野党、自民党と社会党の対決法案となり、通すのが大変でした。「赤字ばかり出している制度では困る。医療保険全体の抜本改正をしろ」といわれ、昭和四十年代は抜本改正論議に明け暮れました。

診療報酬についても中医協で診療側と支払側の意見が常に対立し、審議が大もめにもめ、職権告示事件（中医協の答申を経ずに厚生省が診療報酬を職権で告示し、その告示の有効性が裁判沙汰になり、当時の事務次官と保険局長が責任をとって辞任した）や、保険医総辞退事件（中医協の審議用メモを日本医師会の武見太郎会長が強く不満とし、全国の保険医を総辞退させた）などが起き、対応、収拾が大変でした。歴代の厚生大臣や中医協会長も本当に苦労されました。

佐藤氏　弊社と銀座の武見診療所は近かったものですから、私もよく武見さんのところへ行って、いろいろな激論の内容を拝聴しました。当時の医師会は「武見天皇」と言われるような時代でしたが、結果的として医師会にとっては、かなりよくなった時代であったと思っています。

吉原氏　武見さんは昭和三十二年（一九五七年）から五十七年（一九八二年）まで、二五年も日本医師会長をやり、日本の医療や医療保険に強い発言力と影響力をもった人でした。医療における医師の自由を尊重し、医療の官僚統制を嫌いました。

負担面の公平が課題に

佐藤氏　皆保険・皆年金について、宮武さんと土田さんの評価はいかがですか。

宮武氏　皆保険・皆年金というのは、まさに日本の心情に沿う政策だと思います。何よりも公平・平等を最優先している。もともと被用者向けにつくられた社会保険の対象を自営業者にまで拡大していった。

医療保険でいえば被用者保険制度や医療機関の自由開業制を温存しながら、市町村国保という地域保険を列島の隅々にまで広げたのは、極めて日本的かつ現実的な知恵です。国民年金の場合も別建てで創設して、被用者年金と共存させた。その公平さの実現は、五〇年を通して非常に意義深い取り組みだったと思います。

しかし、公平さの反面で「公正さ」、とりわけ負担面での公正さは後回しにされ、宿題として残った。例えば自営業者の所得把握が難しいから、「当面は」という苦肉の策で定額保険料にされた。その「当面」が実に五〇年も続いたままです。

当初は月額一〇〇円だった保険料が、現在は一万五〇二〇円です。次第に逆進性が高まっていった。市町村国保も応益と応能の複雑な体系にするほかなく、さらに赤字のたびに一般会計で穴埋めするのが常態化していきます。負担面の公正さは置き去りにされ、そのツケが残る歴史ともいえます。

土田氏　国民皆保険・皆年金体制というのは、これによって日本の社会保障制度が確立しましたし、それをベースに日本の福祉国家体制も確立していきました。非常に画期的で、評価に値するものだと思うのですが、その一方で、マイナス部分といいますか、問題もたくさん孕んでいたわけです。

それは、大きく言えば三つほどあります。一つ目は制度間格差がよくいわれます。二つ目は財政的に非常に脆弱であったという問題。三つ目は、当初は給付水準が非常に低かった。さらに医療保険では皆保険に対応した医療供給体制が十分に整っていなかった。そうしたなかで、少なくとも一九八〇年代の改革までは、ほとんどそれらのことへの対応策として展開してきたととらえることができるのではないかと思っています。

昭和四十八年（一九七三年）で経済の高度成長は終わりますが、その後も社会保障財政は高度成長型を続けていきます。したがって一九六〇年代、七〇年代というのは国庫負担を投入しながら格差を是正する、さらには給付を引き上げていった。国保や政管健保に財政的な対応をしていくという形、つまり国庫負担の主導によって、いろいろな矛盾に対応していくという形で取り組んできたと思います。

ただ、八〇年代になりますと、国庫負担は続けられなくなります。したがって、財政調整という別の方式に代わっていきますが、戦後の国民皆保険・皆年金という非常に輝かしいものの裏にある問題に対しては、おそらく八〇年代の改正でほぼ終わったと思います。その後、いまはまた新しい問題が出てきている。

そういう形で、国民皆保険・皆年金体制の光と影というものを両方みながら評価していくことが必要だという感想を持っています。

2　昭和五十年代―昭和の終わりまでの時代―

給付改善是正の改正実施

佐藤氏　次に、「昭和五十年代～昭和の終わりまでの時代」についてです。例えば、昭和五十七年（一九八二年）には老人保健法が制定され、昭和六十一年（一九八六年）には基礎年金が導入された、そういう時代であります。この時代における医療と年金の思い出など、いろいろな点を承りたいと思います。

吉原氏　昭和五十年代に入ると経済成長率は半減し、国の財政は赤字、増税なき財政再建、行政改革と国の歳出の削減が内政の最大の課題となります。社会保障も四十年代までとは一転して給付の見直しと抑制、官民格差など制度間格差の是正、制度の統合、一元化が課題となり、政策の大きな方向転換が行われました。

それを象徴する三つの大きな改革が老人医療の無料化を有料化に戻した老人保健法の制定、健保本人に定率負担を導入した医療保険改革、基礎年金の導入を柱とした年金改革です。いずれも大変な論議を呼び、土光臨調の強いバックアップででき、国鉄などの民営化とならぶ中曽根行革の柱になりました。

佐藤氏　昭和四十八年（一九七三年）に始まった老人医療の無料化は究極の福祉政策といわれました。これがわずか一〇年で有料化されたのは何故でしょうか。

吉原氏　一言でいうと無料化の弊害が大きく出たからです。無料化と同時に老人医療費が急増し、乱診乱療、病院のサロン化などの現象が指摘されるようになりました。老人医療費の急増は老人加入者の多い国保の財政を強く圧迫し、市町村が悲鳴をあげるようになりました。

このようなことはある程度事前に予想されたことで、厚生省には無料化に慎重論もありました。

しかし、秋田県や東京都が始めた老人医療の無料化が全国に燎原の火の如く拡がっていったために、国としてもやらざるを得ないという政治判断から実施に移されたのです。老人保健法をつくってわずかですが有料化に戻すと同時に、老人医療費を各制度からの拠出金と税金で国民全部で公平に負担する仕組みをつくりました。この仕組みはあえてそうはいいませんでしたが、実質的にはかねてから議論があってもできなかった財政調整でもあり、国保の財政負担の軽減、さらには国の財政負担の軽減につながりました。

そして、この拠出金方式がすぐあとの年金改革で基礎年金の費用負担にも使われました。老人医療費の無料化は政策としては失敗でしたが、回り道をしたけれども満更ムダばかりではありませんでした。

宮武氏　一つ踏まえておかなければならないのは、老人医療費の無料化に一番早く踏み切ったのは岩手県の沢内村（現在の西和賀町）でしたね。当時の深沢晟雄村長の取り組みを調べていくと、一歳未満の赤ちゃんと六十歳以上の高齢者の医療費を無料化すると同時に健康管理課を設け、その課長に病院長を就任させ、小さい村にも関わらず保健師を五、六人も雇い、乳児健診と減塩運動を進め、全村民の健康台帳をつくっています。

つまり、保健活動、予防活動と無料化というのは車の両輪のはずです。しかし、全国的には全くとり入れられず、人気取りの無料化だけに走った。おそらく吉原さんはそれを教訓に、老健法では特にヘルス（保健）を重視されたのではないでしょうか。

吉原氏　その通りです。沢内村は全国に先駆けて昭和三十年代から老人医療費を無料化し、保健活動にも力を入れてすばらしい成果をあげてこられました。老人保健法をつくるとき一番つらかったのは、その沢内村の深沢村長に反対されたことです。私は深沢村長にお会いして、「沢内村は立派です。しかし沢内村のようなことはとても全国の市町村でできないのです。ですから国としては無料化はやめざるを得ないのです。わかってください」とお願いしました。

そうしたこともあって老人保健法では四十歳以上のヘルス、予防や健康管理を法律の柱の一つとし、法律の名称も「老人保健法」としたのです。

画期的な基礎年金の導入

佐藤氏　今までのお話のなかで、もうちょっと詳しくお聞きしたいのは、昭和六十一年（一九八六年）に基礎年金制度が導入された点です。これで国民全体が、年金に対する認識がものすごく変わってきたと思うのです。年金局長もご経験されている吉原さんに、経緯と実態をうかがいたいのですが。

吉原氏　基礎年金を導入した年金の六十年改正は、私の前任の山口新一郎さんががんと闘いながら改正案をつくり、国会に提出して亡くなり、私がそのあとを引き継いだのです。法律を国会で通すのは大変でしたが、さすが山口さんが命がけで取り組んだだけあって、内容的には非常によくできており、多くの人に評価されました。

この改正には大きな柱がたくさんありますが、最大の柱が何といっても基礎年金の導入です。これは国民年金と厚生年金の定額部分をいわば合体したものですが、定額部分がなかった共済ものってくれたので、全国民共通のよい形になりました。社会保障制度審議会は所得型付加価値税を財源にした税方式の基本年金を新たにつくるよう建議しましたが、国民年金ができて二〇年以上経ち、やっと定着したのに、いまさらそんなことをいわれても、というのが率直な感じでした。

六十年改正のもう一つの大きな柱が給付水準の適正化です。わかりやすくいいますと、年金の加入期間がいまの三〇年から将来四〇年に伸びても年金の水準はいま程度の水準、所得代替率でいうと六八％程度にとどめ、それ以上年金額が上がらないよう給付の上昇に歯止めをかけた大変な改正でした。このほか障害者の年金の充実、女性の年金権の確立、従業員五人未満の事業所への厚生年金の適用、厚生年金と船員保険の統合など大きな柱がたくさんあり、支給開始年齢の引上げを除いて、それまで宿題となっていた問題のすべてに答えを出した改正でした。

私はこの改正によって二一世紀に到来する人口の高齢社会に十分耐えうる年金制度になったと内心自負していたのですが、実際に到来した人口高齢化の波は当時の予想よりはるかに高く、そんな自負はこっぱみじんにうち砕かれました。

佐藤氏　私も六十年改正は、画期的な改正だったと思っています。

宮武氏　そうですね。年金史上最高の知恵だったと思います。職業に関係なく、老後の基本的な生計費は負担も給付も公平にというのは、まさに正論です。その正論を前面に打ち出して、同時に財政破綻は必死の国民年金制度を被用者年金の支援も加えて救う、絶妙な手ですよね。さらに障害者と主婦の年金権も確保された。共働き主流の時代になって「三号問題」は批判されるが、当時はマスコミも高く評価しています。

土田氏　もともと国民年金は個人型年金ですよね。ところが厚生年金は世帯型年金です。あの段階で世帯型年金を個人型にするという議論は出なかったのですか。

吉原氏　三号被保険者のいまの扱いはおかしいと思いませんし、当時はむしろ評価されたのです。しかし、被用者の妻で国民年金に任意加入している人が七〜八〇〇万人にも達していましたので、保険料を払うことにしてもよかったのかもしれません。

3　平成の時代

介護保険制度はヒット作品

佐藤氏　「平成の時代」に入ります。この間、特に印象に残っていることをお聞きします。

宮武氏　介護保険の制度づくりが一種の市民運動になったことを、物凄く意義深く感じます。私は「青い山脈」の替え歌をつくりましてね、「古い措置費よさようなら、寂しい福祉よさようなら」と。これを社説に書いたのですが、先輩に「悪乗りだ」と怒られました（笑）。

しかし、措置制度という上着では、とても介護のニーズは包みきれない状況になった。利用者はお仕着せの寂しい福祉ではなく、自分でサービスを選びたい、と願い始めていた。契約方式で「選べる福祉」にすると同時に、高齢者にも最初から応分の負担（利用料一割）を求めた。

さらに、市町村に一定の権限を与える地方分権型、介護保険事業計画への住民参画など、五番目の社会保険として理念と制度設計の両面で、社会保障の歩みのなかでも、エポックメイキングな制度だ、と思います。

論説室のなかで、社会保障担当は教育担当、司法担当とまとめて「バルト三国」と言われ弱小扱いでしたが（笑）、介護のニュースが家庭面から一面、政経面にまで広がり、各社の社会保障担当の地位も向上しました。

吉原氏　昭和の終わりはバブル経済の絶頂期で、国の財政もいったんはよくなったのですが、平成に入るとバブルが崩壊、社会保障をとりまく内外の環境は一変し、社会保障にとって強い逆風の時代になりました。社会保障を支える国の経済は低迷し、財政が悪化する一方、人口の高齢化はどんどん進み、社会保障費は増加し、いまは一〇〇兆円を超えています。そのため制度の維持可能性が懸念されるようになり、国の経済の低迷や財政の悪化の原因を社会保障とする声も出始め、自己責任論が高まりました。

そうしたことから、制度への安心と信頼を確保するための改革が次から次へと行われましたが、そのなかで介護保険は保険とはいえ、福祉の性格ももつ、大変うまくつくられた二〇世紀最後のヒット作品だったと思います。ただ、年金のマクロ経済調整の仕組みがデフレ経済下で動かないのは困ったことです。

土田氏　介護保険については、宮武さんの指摘のとおり、初めて住民参加ということを明確にいっていました。地方分権と絡めていたことは、非常におもしろい試みだと思います。

年金改正では、十六年改正でマクロ経済スライド方式を導入したことは、年金制度のパラダイム転換です。つまり、給付ではなくて、保険料の上限を定めて、その枠のなかで給付を考えていく。高齢社会における新しい年金のあり方としてのパラダイム転換であろうと思っています。

さらに、平成二十年（二〇〇八年）からの後期高齢者医療制度は、おもしろい試みだと思っているのですが、政権交代と重なって、政局に取り上げられたのは不幸なことだと思います。

このように、平成の時代もかなり大きな変化があったと評価しています。

4 まとめ・社会保障の評価と課題

支給年齢引上げは三〇年遅れ

佐藤氏 最後に、まとめに入りたいと思います。先日、政府・与党の社会保障・税一体改革成案がまとまりましたが、「これからの日本の社会保障はどうあるべきか」ということが大きな問題です。

そこで、今後の社会保障の課題等について、率直にお話をいただきたいと思います。とくに吉原さんには、「こういうことは役所にいる間にやっておくべきだった」ということも含めてお話を承りたいと思います。

宮武氏 社会保障や厚生行政は、戦後復興から福祉六法や国民皆保険・皆年金の時代を通じ、最低保障や基本的な保障のために、いわば「重量挙げ型」の形で進められた。その次の時代は、より高い保障を求めて、「走り高とび型」へと歩んだ。

いまは、貧富の格差が拡大し、勤め人でありながら勤め人扱いされない非正規労働者が増え続けています。東日本大震災の被災者・被災地支援にも迫られている。もう一回、「重量挙げ型」に戻す状況ではないでしょうか。

もちろん単純な回帰ではなく、高齢者も年齢に関係なく働ける、女性たちが子育てしながら働ける、非正規労働者の社会保険加入も進める、そんな環境・条件を底辺から築き直さなければ、未曾有の少子高齢化を乗り切れないでしょう。

土田氏 日本の社会保障が前提としてきた条件が大きく変わってきた。つまり、少子高齢化が進み、家族制度も変わってきて、単身家庭とか高齢家庭が増えてきました。また、労働形態も非正規が多くなりましたし、何よりも高度成長がなくなって不況の時代である。

このように、環境が大きく変わっていくなかで、日本の社会保障というのが、まだ、それにうまく適応できていない。それらに適応するための改革は、どうしても必要です。

それに対する改革案として、政府・与党の社会保障・税一体改革はよくできている案だとは思います。そこで問題になるのは財源です。財源としては消費税を挙げています。しかし、消費税が五%で間に合うわけがありませんが、ともかく一応そこは上げながら、財源対策をしていくということは、ぜひとも必要だろうと思います。

もう一つは、共通番号制が案としてあります。非常に重要なことなので、もし実現されればかなり大きな改革が可能になります。さらには、年齢で医療費の負担を区分することはおかしな話ですから、所得に比例して負担をさせていくという対策を導入するためにも、共通番号制というのが前提条件となります。ぜひとも実現してもらいたいです。

全体的にいうと、これだけ社会保障のウエイトが大きくなってきていますが、本来、社会保障というのはそれほど大きな役割を担えないものだと思っています。そこで、公私の役割分担をもう一度、きちんと考え直すべきだと思います。

その場合、医療というのは、あくまでも公的な形できちんと担っていくべきだろうと思いますが、年金については、すべての財源を公的な年金で負担していくことはかなり難しいことも考えられます。そういう場合には何らかの形、例えばドイツのリースター年金（任意加入の個人向け確定拠出年金）みたいな形も考えられます。

公私の役割分担と、国が後退していくことをどうやって食い止めていくかという流れのなかで、今後は社会保障改革を進めていく必要があると思います。

吉原氏　私は振り返ってやるべきことをやらず、やっても遅きに失したと思うことを三つばかり申しあげたいと思います。一つは、年金の支給開始年齢の六十五歳への引上げです。厚生省はいまから三〇年以上も前の昭和五十五年（一九八〇年）に引上げを提案しましたが、労使と政治の強い反対でできず、平成に入ってようやく引上げが決まりました。しかし、いまでも厚生年金の報酬比例部分は六十歳で、男女とも六十五歳になるのは二〇年先の二〇三〇年です。このままで年金制度がもつわけがありません。

二つ目は、制度の改革にはしっかり取り組んできたと思いますが、制度をきちんと運営・管理する体制や条件の整備が不十分だったと思います。社会保障番号や年金番号は他の国ではとっくの昔に導入されており、日本もそうなっていれば、年金記録問題もあんな大きな問題にはならなかったと思います。

三つ目は、児童や少子化対策の遅れです。わが国で児童手当制度ができたのは昭和四十六年(一九七一年)です。出生率が二・〇を割り、少子化が始まったのは昭和四十九年(一九七四年)ですが、国が少子化対策基本法をつくり、対策に取り組み始めたのは平成に入ってからです。人口の少子化は静かにひたひたと押し寄せ、人の命までは奪いませんが、すぐには引かない津波のようなものです。少子化には即効薬がないだけにもう少し早く取り組むべきでなかったかと思います。

真摯な与野党協議に期待

宮武氏 私も同感で、共通番号に注目しています。サービス面での向上をめざすということと、もう一つは、この番号を活用して、例えば配当や利子や不動産譲渡益などの、いわゆる資産性の所得を把握して、総合課税に持ち込んでいく。

そうすると累進税率が高まるわけですから、「垂直的な公平性」を取り戻しながら、同時に「水平的な公平性」をもつ消費税の比率も高めていくべきです。その両面の公平と公正をバランスよくとり入れなければ、国民は納得してくれないでしょう。この難問に政治が決意と熱意をもって臨めるかどうか。

吉原氏 政府・与党の社会保障・税一体改革成案については、内容にはまだ問題はありますが、消費税率の引上げが決まったのは大きな前進でしょう。最近の社会保障に関する議論を聞いて感ずることが二つあります。一つは与野党が同じ土俵で真摯で冷静な議論をろくにせず、野党が与党になると前の与党がやったことをひっくり返し、改革といいながら社会保障を政争の具にしたり、できないのに国民に受けのよいことをいって人気とりの具にしているということです。もう一つは、耳触りはよいが的はずれで、実現が不可能な非現実的意見や議論が多く、いますぐにやるべきこと、できることを先送りしているということです。こういったことが社会保障に対する国民の不安、不信、さらには政治に対する国民の不安、不信を大きくしていると思います。

佐藤氏 社会保障・税一体改革成案の行方を含め、これからも社会保障の行方を見守る必要があると思います。とくに、私なりにとりまとめの言葉とさせていただきたいのは、人口減少社会のなかで、財源を含めて社会保障をどう持続すべきか、これが最大の課題だろうと思っています。また、機会がありましたらこの辺の問題も拝聴したいと思います。長時間ありがとうございました。

法研『週刊社会保障』No.二六四七（平成二十三年十月三日）に掲載された「新たな福祉国家を目指して国民皆保険・皆年金を達成―戦後の社会保障～回顧と展望」を一部修正した。

⑷　よくぞできた国民年金（猪熊律子氏のインタビュー）

（平成二十五年十月）

1　日本ならではのハイブリッド方式「まあまあうまくやってきた」

猪熊氏　日本の年金制度は、「保険料を拠出して給付を受ける」という社会保険方式を基本としながら、保険料を拠出できない人まで制度に含める、つまり、国民全員に年金を保障するという世界でも珍しい仕組みになっています。なぜ、そうした仕組みが採用されたのでしょうか。

吉原氏　保険料を拠出できない人も含めて全国民に年金を保障すると、当時の自民党が言い出して、これは困ったことになったなと、厚生省としては思ったわけです。そもそも、年金制度を税方式で行うか社会保険方式で行うかは議論があり、所得がない人もたくさんいるなかで、社会保険方式でやるなんて無理だ、とも言われました。でも、理想として全国民に年金を出したいと言っているのに、所得のある人だけを対象にしたらどうするの。その場合は税でやるより仕方がない。税でやるとしたら、七十歳から、（当時の金額で）月八〇〇円とか一〇〇〇円ぐらいの給付になってしまうわけです。

猪熊氏　少額の年金になってしまうわけですね。

吉原氏　税で始めたら、その方がみんな喜ぶに決まっています。社会保険料を払わなくて済みますから。しかし、いったん税方式で始めたら、日本の年金制度は拠出制（社会保険方式）ではできなくなるだろうと。所得のない人、低所得の人も社会保険のなかに取り込んで、何らかの手当てをしながら、将来は拠出制の年金をもらえるようにしたほうがよいということで、国民年金制度ができました。もともと、低所得者や所得のない人まで含めること自体が矛盾した話で、成り立たないと言われれば、それはそうなんです。ただ、保険料納付期間が三〇年、四〇年ありますから、一生払えないわけではないでしょう。もちろん、生まれながらに障害があって働けない人や、制度開始時に七十歳、八十歳になっている人は税でやるしかない。でも、いま、所得がないからといって、所得がある人だけを対象にすると、ごく一部の人しか加入できなくなる。

猪熊氏　所得税を払っている人だけに絞ったら、実質的に対象とすべき人の約二割にしかならなかったといわれています。

吉原氏　そうです。ですから、六十五歳から、せめて月二〇〇〇円ぐらいもらえるようにするには、とにかく入れるだけ入ってもらおう、払えるときに払ってもらおう、払えないときは免除しようということになりました。迷いに迷った末に、厚生省の準備委員会の事務局長で、初代年金局長となった小山進次郎さんと、自民党の国民年金実施対策特別委員会委員長の野田卯一さんが決めたのです。一つの決断です。そうでない選択肢もあったかもしれませんが、別の選択肢を選んでいたら、いまの年金はみじめな制度になっていたでしょう。その後、拠出制の年金ができたかどうかもわかりません。

猪熊氏　税方式については、どう考えられますか？

吉原氏　保険料を払えない人が多くなったから税方式でやろうという議論が近年聞かれるようになりましたが、本末転倒だと思います。税方式でやったら、消費税も一〇％では済みません。二〇％でも足りないぐらいでしょう。それだけ税金を払う覚悟がありますか、ということです。もちろん、所得がない人を社会保険に入れるというのも、保険制度としては無理がある考え方ですが。年金にしても、医療にしても、日本の制度は、社会保険方式といいながら、かなり福祉的な要素をもっている。税金を随分と入れています。税と保険の折衷が日本の社会保障制度の特徴ともいえます。車でいうハイブリッド混合方式ですね。

猪熊氏　確かに、給付費の半分も税金を入れて、それで社会保険方式といえるのかという人もいます。

吉原氏　日本が社会保障制度をつくる際にお手本にしたドイツの社会保険の基本的な考え方は、財源はなるべく保険料で賄い、国の関与は受けずに自分たちで運営するというものです。それに比べると、日本は、制度を一元化して、全部国でせよ、税金を入れるのも当然だ、という考えが強くなってきているように感じます。日本の制度は税金を投入した折衷方式で、制度が曖昧だという人もいますが、これまではその方式でうまくやってきたと言えるのではないかと思います。

2 一人残らず医療も年金も「格好いいこと、よく打ち上げたな」

猪熊氏 社会保険方式でありながら国民みんなに保障ができたのは、低所得者への保険料免除という仕組みを入れたからですね。

吉原氏 免除の手続きさえしていれば、税金相当分の年金が受け取れます。全く年金がゼロになるわけじゃない。保険料が強制徴収ではないところが国民年金制度の弱みであることは事実です。ですが、自主納付できない人が多くなったから税金でやろうという考え方は、間違っていると思います。

猪熊氏 社会保険方式を日本が採用した理由として、税方式だとスティグマ(恥辱)が生じやすいのに比べ、社会保険方式は自らの力でできるだけ備えをするという自立性があるからだと言われます。どう思われますか。

吉原氏 それはあると思います。英語で"Heaven helps those who help themselves"と言うでしょう。天は自ら助くるものを助く、と訳されます。社会保障も、自ら助くるものを助けるのであって、初めから国が助けるのではない。そういう考え方が、イギリス人にもある。資本主義、市場経済は自分の責任でやるということ。自立と尊厳をもち、自分の義務と責任を果たすのが大事です。自助が最初にあって、それで生活が難しい人は、みんなで助ける。その仕組みが社会保障だと思います。自分でまず最大限の努力をする。その結果責任も負う。結果が平等でないのは仕方ありませんが、それで生活が難しい人は助けるのが基本ではないでしょうか。生まれてきたらみんな全部、国が保障するというのは、ちょっと違うんじゃないのと思います。

ついでに言えば、現在の憲法には、納税や勤労の義務は書いてありますが、社会保険料納付の義務は書いてありません。社会保障の立場からすれば、改憲するならそれぐらいは書いてほしいなと思いますね。生存権の保障責任は、最終的には国にありますが、初めから国ではないのでは。給付を抑制する気持ちは全くありませんが、自ら律する気持ちもないと、制度は成り立ちません。

猪熊氏　国民皆保険・皆年金の評価は。

吉原氏　自分は一兵卒でよくわからないときでしたけれど、まだ日本の経済も一人前でないときに、一人残らず保険制度に加入させて医療も年金も受けられるようにするという、理想もいいところ、格好のいいことを、よくあの時代に、よくできたなという感じはしますね。国民所得倍増計画と同時期にスタートしたというのは、タイミングとしては非常によかったんだと思います。あの時代、国の大きなプロジェクトが全部一斉にスタートしました。新幹線や、高速道路の計画も、昭和三十九年（一九六四年）の東京オリンピックを目指して走り出しました。産業のインフラ、交通のインフラ、農業基本法などが、昭和三十年代初めに議論され、半ばからスタートしました。そんな時期に、皆保険・皆年金がよくできたと思います。

さらに言えば、皆保険はまだしも、皆年金なんてある意味、今、考えても無茶なこと。厚生省はそんなことができるわけはないじゃないかと思いながら、政治が言い出したから必死になってつくった。少々出来が悪かったり、問題点があったりしても、しょうがないじゃないかという思いも正直、あります。でも、作る以上は一人残らず年金をもらえるようにしようと、必死に作った制度なんです。出来が悪い、と今さら言われても、どれだけみんな一生懸命考えて苦労して作ったか、少しはわかってもらいたいな、という気持ちがありますね（笑）。

（平成二十五年十月十八・十九日付読売新聞掲載）

⑸　国民皆保険、皆年金の現状と問題点―国民年金発足時の読売新聞記事―

（昭和三十六年四月）

全国民を対象とした〝国民皆年金〟〝国民皆保険〟がさる一日から実施され、わが国にも、おくればせながら、どうにか社会保障制度の体系が一応ととのった。この皆年金、皆保険は、すべての国民に対して「所得」と「医療」を保障する、いわば車の両輪みたいなものだ。三十六年度の社会保障関係の予算は総額二四六六億五四〇〇万円。前年度にくらべ六三六億八〇〇万円ふえ、数字のうえでは三四・七％の〝成長〟ぶり。「たった一年で、これほど社会保障が伸びた国があったらお目にかかりたい。公約の画期的な充実ぶりだろう」と、さすがの池田さんもいやに〝高姿勢〟。だが、社会保障のめざすところが「ゆりかごから墓場まで」の国民の生活を保障し、国民の所得格差を日常生活の面で多少なりとも「縮める」役割りをもっているとすれば、わが国の生まれたばかりのこの制度には手ばなしで「画期的充実」とばかりは喜べない問題点がいろいろある。一部から〝さか立ちの社会保障〟とさえ批判されるいまの皆年金、皆保険の内容をこれからさき、どのように改善し充実させていくか、社会保障を三大政策の一つに掲げて誕生した池田内閣に課せられたこれは大きな政治的宿題だろう。ここで国民年金、医療保障を中心に、すべりだした社会保障制度の現状と、その問題点などをとりあげてみよう。

ふるわぬ都市部（きょ出制）

制度上は全国民が加入

国民年金制度

国民年金制度の主柱となるのはなんといっても「きょ出制」の国民年金だ。この四月一日から全国の各市町村で一七〇八万六〇〇〇人（厚生省調べ）の加入者を対象に正式に発足し、さる十三日からは同年金の保険料徴収もはじまった。きょ出制年金の加入状況は、厚生省が四月からの適用目標として見込んでいた二〇二三万三〇〇〇人（実際に対象となるべき人数は二四六四万三〇〇〇人）に対し全国平均で八四・四％。五月以降も当分の間、猶予期間を設けてひきつづき同年金の加入届け出を受け付けることにしているから、加入状況は一応マアマアというところだが、農村地区の加入成績がいいのにひきかえ、大都市はサッパリという目立った〝ゆがみ〟がある。

都市部の成績がわるいのは、総評や社会党などを中心に進められたきょ出制国民年金の改善、実施延期要求の運動や「保険料不払い」の呼びかけがかなり浸透した結果にもよるとみられ、厚生省でも大都市の加入促進に重点をおいて対策を練っている。

きょ出制の国民年金には老齢、障害、母子、遺児、か（寡）婦年金の五種類があり、年齢によって今月から毎月一〇〇円または一五〇円の保険料をかければ、掛け金や年金の種類にしたがって将来、月最低五〇〇円から最高三五〇〇円の年金が支給されるという仕組み。この年金は、もともと二十歳から五十九歳までの国民のうち、厚生年金、共済組合保険、恩給など九種類もある他の公的な被用者年金制度の適用をうけていない一般国民を対象とし、二十歳から五十歳までは強制適用されるが、サラリーマンの妻や学生、五十歳以上五十五歳未満のものの加入は任意となっている。現在、同年金の加入者の色わけは強制加入一四八八万二〇〇〇人（目標の八四・四％）任意加入二二〇万四〇〇〇人（同八五％）とほぼ同じ割り合いだが、最近は任意加入の届け出の増加が目立ち、とりわけ「老齢加入」は目標の一一三％以上にも達する好成績だという。

国民年金制度としては、すでにきょ出制年金より一足さきに三十四年十一月から無きょ出制の福祉年金（老齢、障害、母子の三種類)が実施されており、昨年九月現在でこれらの福祉年金の受給権者は約二五二万件、これに要した年金支給額は約二九〇億三〇〇〇万円となっている。これを、いままでの厚生年金、共済組合保険、恩給などとあわせると、国民のすべてが制度上、なんらかの公的な年金制度に加入することになるわけだ。

医療保障体系の確立へ一歩

国民皆保険体制

また政府、自民党が最重要施策の一つとして早くから公約していた〝国民皆保険〟体制もこの四月一日から発足した。これは、さる三十二年度を初年度として実施に移った「国民健康保険全国普及四か年計画」が先月末で終わり、鹿児島県の一部(奄美大島の五か村)をのぞく全国三五〇八の市町村で、いっせいに国民健康保険が実施されたからである。厚生省の調べによると、国民健康保険の被保険者は一日現在で四九〇一万九〇〇〇人。国民の過半数がその被保険者となっているが、地域によっては、世帯主にくらべ家族の加入がおくれているところもあり、きょ出制年金と同様、制度上は一応ほぼ「完全実施」という形でも、なお〝皆保険〟からもれている対象者の数がかなりありそうだ。

それはともかくとして、この国民皆保険の達成により、全国民を対象とした医療保障体系確立の道へ大きく一歩踏みだしたことはたしかだ。従来の大企業単位の健康保険や、中小企業などの政府管掌の健康保険、船員保険、日雇い労働者健康保険などのいわゆる「被用者保険制度」とならんで、この国民健康保険は、こんごのわが国の医療保障制度の中心的な存在となるものである。しかし、その被保険者のなかには生活保護を受けたりしている低所得階層がかなりふくまれているため、ただ医療保険が全国的に普及したというだけでは十分でなく、早急に改善を要する問題点がいくつもあると指摘されている。

各社会保険相互間の総合調整が必要

〝さか立ち保障〟改めよ

こんごの問題点

池田さんのいう「所得倍増計画」が達成される十年後になっても、わが国の社会保障の水準を西欧諸国の水準にまで引き上げることは至難のわざーと、ズバリいいきっているのは、ほかならぬことしの「厚生白書」である。常ひごろ、日本の社会保障は、ピースなみに〝国際的水準〟といっていた政府、自民党首脳がこれを「厚生官僚のクーデター」ときめつけ、当時の婦人大臣第一号、中山マサ前厚相がクビになった直接の原因?という話はまだ記憶に新しいところ。だが「日本を名実ともに福祉国家とするためには、わが国の社会保障は、いまだなすべきことがあまりにも多い」という厚生白書の〝反省〟は、所得保障をうたう国民年金、そして医療保障に通ずる国民皆保険の現状についてもいえることだ。

きょ出制国民年金は、わが国ではもちろんはじめての制度で、その規模も非常に大きいが、早くから改善を指摘されていた保険料のかけ捨てを防ぐ死亡一時金の制度や、六十歳からの老齢年金のくりあげ減額支給、準母子年金の創設などについては、いま国会に国民年金法の改正案として提出され一応、改善のメドがついた形。しかし、総評や社会保障推進協議会（代表、塩谷信雄氏）などでは、保険料の負担方式が貧富の差にかかわりなく一律に定められていて不公平だ、低所得者が保険料を免除された場合には、国庫で保険料の全額を負担して年金の支給額に差別をつけないようにすべきであるといっている。また保険料の積み立て期間を大幅に短縮し、国庫負担の増額による年金額の引き上げと、物価スライド制の採用など問題点の解決を要求し、きょ出制年金の改正運動を展開している。

さしあたって解決を迫られている重要問題としては、このほか各種の年金制度間のアンバランスと通算調整、国民年金や厚生年金保険の積み立て金の運用問題などがあげられるが、このうち各制度間における資格期間の通算については今国会に政府から「通算年金通則法案」が提出されているので、これが成立すればかなり改善される見通し。さらに問題の積み立て金の運用について厚生省は三十七年度から大蔵省資金運用部に「年金特別勘定」を設け、一般の財政投融資と区別した適正な運用をはかりたい考えでいる。だが、保険料を二十五年以上もかけつづけて将来、毎月三五〇〇円しかもらえないのでは生活がたたないといった素朴な国民の不安感や、医療費の引き上げ、物価の値上がりなどで毎月の保険料負担が大世帯では家計にひびき「実質上の増税」という形でのしかかってくるのではないかという〃困惑〃があるのも事実だ。

また、ここで見のがせないのはきょ出制国民年金の対象者は同時に国民健康保険の被保険者とダブる場合が多いということ。しかも国民健康保険は、他の健康保険などの被用者保険と違って医療費の給付率が低く、全国平均の給付率は約五三%で、半額近くを被保険者である国民健康保険の加入者が負担している。医療費が七月から引き上げられれば、現状では低所得階層の多い国民健康保険に一番はね返りが強く、保険料の増徴や患者負担の増大となってあらわれるのは避けられまい。そうしたことから各種の医療保険の統合整理や、国民健康保険の給付内容改善、国庫負担率の引き上げなど、各社会保険相互間における不均衡の総合調整が皆保険達成後の現在、医療保障制度の最も大きな課題となっているわけだ。

社会保障が国民の間の「所得格差」を小さくするものだとしたら、まず社会保障のワク内で「上に厚く下にうすい」さか立ちの現状を改め「格差」をなくすべきだという声が強い。社会保障といえば、これまで革新政党の〃専売特許〃の感じだったが、近代政党への脱皮を急ぐ自民党にも社会保障調査会(会長賀屋興宣氏)が置かれ、十二の部会を作って真剣にこれと取り組みはじめた。〃保守党の社会保障予算〃はぐんとふえたが、問題はそれによって社会の下積みになっている約六〇万世帯、一六〇万人(厚生省調べ)の生活保護世帯や、低所得階層の生活をどれだけよくすることができるかという〃政治〃であろう。ILO条約百二号で定められた「社会保障の最低基準」にさえ達していない現実を忘れずに—。

(昭和三十六年四月十七日付けの読売新聞の記事である)

(6) 国民年金発足時の反対運動（辻竹志氏）

（平成二十三年四月）

皆さまもご承知のようにこの反対運動は国民年金制度創設に端を発したものではありません。

昭和二十六年九月吉田首相がサンフランシスコで連合国四八国と講和条約に調印した際、同時に日米安全保障条約にも調印していたからです。当面の戦争相手だったアメリカの傘の下に入ることに抵抗感を持った安保反対派の人々は、昭和三十五年一月岸総理が渡米しワシントンで日米新安保条約に調印したのを知り、国会での批准を阻止しようと全国の反対派の人々に統一行動をとるよう呼びかけたのです。全国から集まった自称三〇万の人々が二手に分かれ、国会正門は全学連主流派を中心に、参議院に近い南門は全学連反主流派とその他の人々によって国会突入が図られました。南門突入に当たって先頭集団にいた東大四年生の樺美智子さんが警官隊との間に挟まれて亡くなる悲劇が発生しました。

六月十九日当日岸総理以下の閣僚は総理官邸に閉じ込められていて参議院での審議を行われないまま、国会法の定めるところにより十九日午前零時に批准が自然成立しました。安保反対に参加した革新系の人々はこの闘争を高く評価し、この盛り上がったエネルギーを温存持続したいと考え、次のターゲットを探している時に国民年金制度発足が目に留まったのです。これだ、国民から保険料として金を集め警察予備隊（現自衛隊）の増強に使うのだ、をスローガンに戦時中に発足した労働者年金保険（現厚生年金保険）を例にとり、国民年金反対運動に結びつけていったのです。

⑹　国民年金発足時の反対運動

当時第一線におりました私共の受け止め方は、この反対運動は国民年金制度固有の問題として発生したものではないと理解しておりました。何故なら昭和三十二年だったでしょうか、国会に野田卯一先生を長とする国民年金制度創設に関する特別委員会が設置され、前後して非公式に野党の社会党に打診しておりましたら五十五年体制で自民党の政策全てに反対していた社会党から反対の意思表示がなかったとお聞きしていたからです。頷けるのは反対派の人々の動きは当初は実施延期だったと思います。それが東京都の板橋で起きた日雇い労働者の方々の「国民年金加入反対、保険料不納運動」が燎原の火のように全国に広がるに及んで国民年金制度創設反対にエスカレートしていったように思います。新幹線もない時代で東京に出るには夜行寝台を使う時代でしたから東京以西の県は大変だなあと秋田では対岸の火事視しておりました。東北では拠出制に先立って実施された福祉年金が反対派の気勢を削いでいたような気がします。自治労、総評が本腰を入れて反対の戦術を指導するようになってからは次から次へと反対運動の動きが変わってきました。

総評が動くようになってから（自治労との動きにタイム差があった気がします）私共が一番困ったのは、教職員組合が反対運動の先頭に立って動き出したことです。それまで繁華街のデパートで小学生を対象に国民年金に関する習字や絵画の展示会などやっておりましたが一切できなくなりました。また、反対運動がチラシの類であったのが、駅前やデパートの前で署名運動が行われるようになり、一〇〇名単位の銀輪部隊が組まれ、国民年金反対の襷を掛けて市中を連呼して歩くようになりました。解散後は知人、親戚の縁故を辿ってせっかく市町村が配布した年金手帳を回収して歩き厚生省年金局長あてに送り返されたこともありました。当時の年金局国民年金課の竹内補佐から電話があり、庶務係長と二人で受領に上京したこともありました。

二番目に困ったのは市町村主催の年金説明会に出席してくれた地元選出の県会議員が反対派の人々の怒号と野次に辟易し出席しなくなったこと、代わりに県の年金課長を派遣する約束をしてくることで昭和三十五年の九月以降私は県内を走り回っておりました。説明会では私の話を聞こうとせず話が核心に触れると「下り物の課長は東京に帰れ」とか「お前の仕事は我々の要求を知事に伝えることだ」と大声で喚き散らし、他の出席者の耳に入らないよう騒ぎ立てました。時に身に危険を感じることがあり、市町村の担当者が警察に連絡しようかと言ってくれることもありましたが、私は少しでも私の話に耳を傾けてくれる人々に話をするつもりでいるからと断り、指示棒で黒板を叩きながら「民主主義とは人の意見を聴くことだ」と反対派の人々を牽制しながら話をすすめていました。市や町で小学校の講堂を借りて三〇〇名の人に案内を出しているのに二〜三名しか集まらないこともありました。五月はまだ雪が降っていたような所ですが、炭火が赤々と燃えていたのを思い出します。市町の担当者に聞きますと学校に通ずる道に反対派の人々が立っていて「課長の話は我々が聞いておく、貴方がたは家に帰っていてくれ」と追い返しているとのことでした。やむを得ず係長と一緒に学校や役場の宿直室に泊めてもらって数か所の集落を廻ったこともありました。ここにも数人の反対派の方々がおりましたが、他の人々に抑えられて私の話を阻害されることはありませんでした。

私はいったん社会保険庁に戻って静岡、愛知、大阪、東京と国民年金課・部長を経験しましたが、いずれの県も程度の差こそあれ、県市町村の職員を含めて苦労を重ねているのを知りました。当時に比べて昨今の国民年金制度に対する意識の変化には今昔の感を禁じ得ません。

⑺　厚生年金保険法制定時のこと（平井章氏）

（昭和三十四年一月）

私の長い社会保険生活のうち最も思い出の深いのは、厚生年金保険法制定前後の模様であります。正確に言えば改正と言ったほうが正しいと思いますが、題名も変え、かつまた全文を改正して厚生年金保険法ができたものであり、さらにまたその適用範囲ないし給付の規模においても、前の労働者年金保険法と厚生年金保険法とは雲泥の差異がありますので、あえて制定と言ったのであります。

当時の厚生大臣は小泉親彦さんという軍医中将の方でありまして、非常に型の変わった人で—終戦当時戦犯に問われ自刃せられた—思いついた構想を巻紙に毛筆でサラサラと書いて総務課長に渡す。これに肉や血がつけられて厚生省の施策として外部に出るのであります。我々は当時これを大臣のお筆先と申しておりました。このお筆先の一つに健兵健民政策があり、また一つに戦力増強政策がありました。大東亜戦争も終末に近く、戦いはまさに熾烈の時でありましたので、このような着想が出たものであります。

この健兵健民政策の大きな柱が国民皆保険であって、昭和十九年には全国農山漁村には漏れなく国民健康保険組合が設立されたのであります。次いで昭和二十年には都市に普及させると事務局長は張り切っておりましたが、十九年の夏頃、すなわち昭和二十年度予算の編成当時、どういう風の吹きまわしか小泉大臣は都市には組合はつくらないと言い出し、ついに国民皆保険は中途でくずれたのであります。

また戦力増強政策の大きな柱が厚生年金保険法の制定でありました。総じて社会保険関係の法律ほど複雑であり、相互に相関連し、難解なものはありません。法案を議会に提出する前に貴衆両院で概要を説明する慣例でありましたので、私は花沢年金課長の書いてくれた原稿を衆議院で読みましたが、議員さんには少しもわからない。盛んに文句が出た。出席していた友人灘尾君に聞いてみましたがやはりわからぬと言う。閉口して、貴族院へ行くときは花沢課長に勉強してもらい、説明を一表にまとめることとし、その資料に基づいて説明しましたところ成功して、当時貴族院議員であった中川望さんからとてもよくわかったとほめられたことを記憶しております。そのように難解なしかも複雑な法案でありますために、両院では実体に触れた質問はほとんど出ませんでした。記憶しているところでは、まず起草時代に当時の森山法制局長官から、女子を被保険者にするのはけしからんと散々文句を言われました。男女同権の今日では考えられないことであります。また衆議院で、阪本勝議員から炭坑労働者の年金開始年齢の問題につき、異見が出ました。私は議員控室で同代議士といろいろ懇談しましたが、なかなか折れてくれません。そこでやむをえずご希望により修正してもよいが、そのためには計算をしなおさなければならない。それには三か月も要し、今議会成立は不可能であると高飛車に出ましたところ、それは困るということで、ついに原案のまま通過しました。また貴族院では後の厚生大臣の広瀬久忠さんが、積立金の運用と福利施設に関する質問をせられました。私はかねて花沢君と協議をしていたというか、むしろ花沢君から吹き込まれていた厚生団の構想を述べて答弁したのであります。

厚生年金保険の積立金は、一周期の五〇年後には戦前の金で四五〇億円に達します。現在の金にしますと一三兆円にあたり、きわめて巨額であります。この金の運用について、大蔵省と激しい談判をしましたが、結局預金部において運用することになりました。それには保険院長官を運用委員にするとか、その実際の運用は厚生省に任せるとかの条件をつけたのであります。当時は低金利時代で、この運用利率は計算上年三分五厘でありましたが、実際は三分七、八厘にまわります。その差益金が五〇年間になんと一六億円余に達するのであります。この差益金は元来被保険者に帰すべきもので、私企業の保険では配当金とすべき筋のものであります。さらにまた、長期保険制度においては一層被保険者のために福利施設を講ずる必要があることは、ドイツの長期保険制度の例を見ても明らかであります。短期保険では間近に給付を受け、その恩恵に浴する訳ですが、長期保険では二十年度に初めて給付を受けうるにすぎません。でありますからその円滑なる運営のためには、どうしても福利施設を大いにやらなければならない。こういう巨大な財源が一方にあり、また福利施設の必要性もありますので、その実施のため、厚生団を創設することになったものであります。

この団体の名称に会とか協会とかをつけなかったのはこの団体がすばらしく大きな規模構想の下に生まれる団体であり、できうれば特別法に基づく公団的なものにしたかったのでありますが、まだその機を得ず、やむなく財団法人としたため、その名称を団とつけたのでありますす。基本金は一〇万円であり、財界有力会社から花沢課長や山本君が努力して集めてくれました。厚生団の事業として描いたものは、あるいは五万トンの豪華船を建造し、これに優良工員を乗せて東南アジアを見物する計画とか、富士山麓に広大な土地を買い入れ、乳牛を放牧して牛乳や乳製品を工場労働者に配分する計画とか、あるいはアパートをうんと建てて、工員の方々に文化的生活を営んでもらうとか、なかなかドエライ大きなものでありました。まず具体的な第一の事業としては、別府市の有名な亀の井旅館を買収して整形外科療養所を開設したのであります。しかしこうした厚生団も敗戦の現実に直面して、事志と違い、しかも創設間もないだけ、一層苦難な道を歩まなければならなくなりました。幸いその後、その苦難な道も立派に乗り切ることができました。しかし今日の状態ではまだまだ満足すべきではありません。今後毎年少なくとも三〇〇億円位の事業は実施してもらいたいものであります。かくてこそ、目下生みの悩みをしている国民年金制度は楽に生まれ、そして立派に育つものと確信します。国会に絶対多数を占める自由民主党の公約でありますから、年度内に成立することは疑いないと思うのであります。

(8)　遂げずばやまじ―山口新一郎さんを偲ぶ―

（昭和六十一年六月）

昭和六十年（一九八五年）四月二十四日参議院本会議で国民年金法改正法案の採決が行われ可決成立した。傍聴席には山口新一郎前年金局長の遺影を手にした恵子夫人の姿があった。その翌々日二十六日私につづいて古賀審議官、渡辺企画課長、山口年金課長、田村数理課長など年金局の職員約一〇名が横浜市久保山にある故山口前年金局長の墓前にぬかづき、次々に手をあわせた。前々日に国会で成立した年金法の報告である。何とか目的地にたどりついたとはいえ、疲労の色が濃く、もはや力つきた感のある皆の顔にはじめてほっとした安堵と喜びの表情がみなぎった。

思えば長く苦しいみちのりであった。山口局長を中心に今回の改革案の立案作業に入ってから約四年、法案を国会に提出してからも一年以上の歳月がたっている。昨年の国会では健保法と重なったために年金法はほとんど審議に入れず衆議院で遂に継続審議となってしまった。その年は秋の臨時国会のめどもなく、ひょっとすると成立はまるまる一年遅れる。法案は準備期間もみて、昭和六十一年（一九八六年）四月実施を前提に立案されており、もしそれに間に合わないようなことになれば出し直しということになるかもしれない。法案のなかには六十年度分の年金額のスライド改定も含まれている。年金局は暗たんたる空気に包まれた。年内には何としても法案を成立させなければならない。

こうしたわれわれの思いつめた気持が通じ、国会終了後間もなく政府与党は、参議院で同じく継続審議となった電々法案とともに、年金法案についても閉会中審査を行い、次の通常国会の冒頭に年内成立を図る方針を決めた。しかしここでまた難問が生じた。野党から強くスライド部分のみを年内に分離成立させ、本体部分は十分時間をかけて慎重に審議すべきであるという要求がでてきたのである。

今回の法案のなかから仮にスライド部分を分離させると本体部分の成立がさらに遅れる懸念があるばかりでなく、分離すると法律上本体部分が廃案になるのではないかという疑問もあった。したがって政府としては分離には絶対反対であったが、与党のなかにも分離してでも年金額のスライド改定は年内支給すべきであるという意見も強かった。大激論ののち結局十二月の通常国会冒頭において異例の法案審議が行われ、スライド部分は分離されて議員立法として成立し、本体部分は衆議院を通って参議院に送られた。年が明けて参議院では予算案と並行して法案審議を行い、年度内成立を図るという与野党折衝のなかで、三月末に実際の審議に入り、四月二十四日に成立したのである。法案の成立までの時間の長さもさることながら、法案の処理をめぐる与野党の対立はむろんのこと、与党内部や省内でもいろいろな意見があり、国会運営上も異例のことばかりであった。思わぬことで叱られたこともあった。そしてしばしば崖っ淵の決断を迫られ、文字どおり薄氷をふむ思いと緊張の連続であった。それだけに法案が成立したときは感無量であった。

審議の難航にひきかえ、法案そのものはいままでの改正とは全く質的に異なる厳しい内容のものでありながら、いわゆる与野党の対決法案とならず、今後に検討課題を残しつつも、大きな修正なしに成立した。その最大の理由は何といっても法案が見事なぐらい緻密に検討され、細心の配慮と周到な準備のもとに提出されていたからだと思う。そしてこういった年金改革の必要性や方向については与野党を通じて誰もが多かれ少かれこれしかないという共通の認識をもっていた。

今回の改革はわが国年金制度を土台からつくりなおす大改革であったが、そのなかに高い理想を求めつつも現実的配慮を忘れず、また暖かい人間愛に立脚した山口さんらしい決断を随所にみることができる。すべての年金を定額プラス報酬比例の体系に揃えたいというのは山口さんが厚生省に入ってはじめて年金と出会った昭和二十九年（一九五四年）の厚生年金保険法の大改正以来の夢であった。山口さんは今度の改革でこれを全国民共通の基礎年金制度に発展させた。いまの給付水準はおとすことなく将来にむけて徐々にその適正化を図り、年金の支給開始年齢には今回も手をつけなかったのは誠に現実的で賢明な判断であった。国際障害者年を契機に障害者に対する所得保障の充実が懸案であったとはいえ、これほどの障害年金の大幅な改善は山口さんでなければしなかったであろう。

これらは山口さんが年金局長になる以前から長い間あたためていた構想であり、山口さんが年金局長になってからはこれをいかに関係者や関係団体によく説明し、納得をえ、それを国民的合意にしていくかに最大の努力を払ったのではないか。念には念をいれた審議会での検討、果たしてよい結果がでるかどうかわからない有職者調査の実施、七十年を目途とする公的年金制度の統合一元化スケジュールの閣議決定などいずれも山口さんらしい正攻法の堂々たる戦術、戦略である。

山口さんはまだどんなことでも誠意をもって十分話せば必ずわかってもらえるという強い自負と信念をもっていた。したがって予め国会での修正を予想し、いわゆるおりしろをいれて法案を出すというようなことはしなかった。そのために国会で譲る点がなさすぎて困ったことも事実なのであるが、山口さんはそういう人であった。

私は山口さんの存命中何かにつけて目をかけてもらい、よく碁も教えてもらい、ゴルフにもおともさせてもらったが、考えてみるとこれまで一緒に仕事をしたり、すぐあとをやったことがない。ただ私が大臣官房審議官として老人保健制度の創設に四苦八苦していたとき、山口さんは総務審議官として隣の部屋におり、まるで自分の仕事のように何かとアドバイスを受けたり、励ましてもらったりした。ある日山口さんがこれを読めといって一冊の本を渡してくれた。それは高田宏著『言葉の海へ』という本である。この本は明治八年から明治二十四年まで一七年かけてわが国最初の近代的国語辞典である『言海』を編纂した国語学者大槻文彦のことを書いたものであった。大槻文彦は国語の統一こそ近代国家としての独立の基礎であり、標識である、これをやるのは自分しかないと信じ、子を失い、妻に先立たれつつ、生涯をかけてこの仕事にとり組んだのである。その大槻文彦が常々自戒の言葉として服膺したのが祖父玄沢から教わった「およそ事業はみだりに興すべからず、思い定めて興すことあらば、遂げずばやまじの精神なかるべからず」という言葉である。「遂げずばやまじ」少し大げさにいえば、当時自分の役人生活をかけるつもりで老人保健法の制定にとり組んでいた私にとってはどれほど励ましになったことか。そして山口さんもまた年金法に「遂げずばやまじ」の精神でとり組まれ、それがいま花を開いたのである。

山口さん、どうかもう安らかにお眠り下さい。

（山口新一郎さん追悼録に掲載した私の追悼文である）

第三部　資料（図表と統計）

Ⅰ　わが国の戦後七〇年の人口・社会・経済・財政・社会保障の変化（図表）

(1) 人口と世帯

I-(1)-1　日本の人口の推移

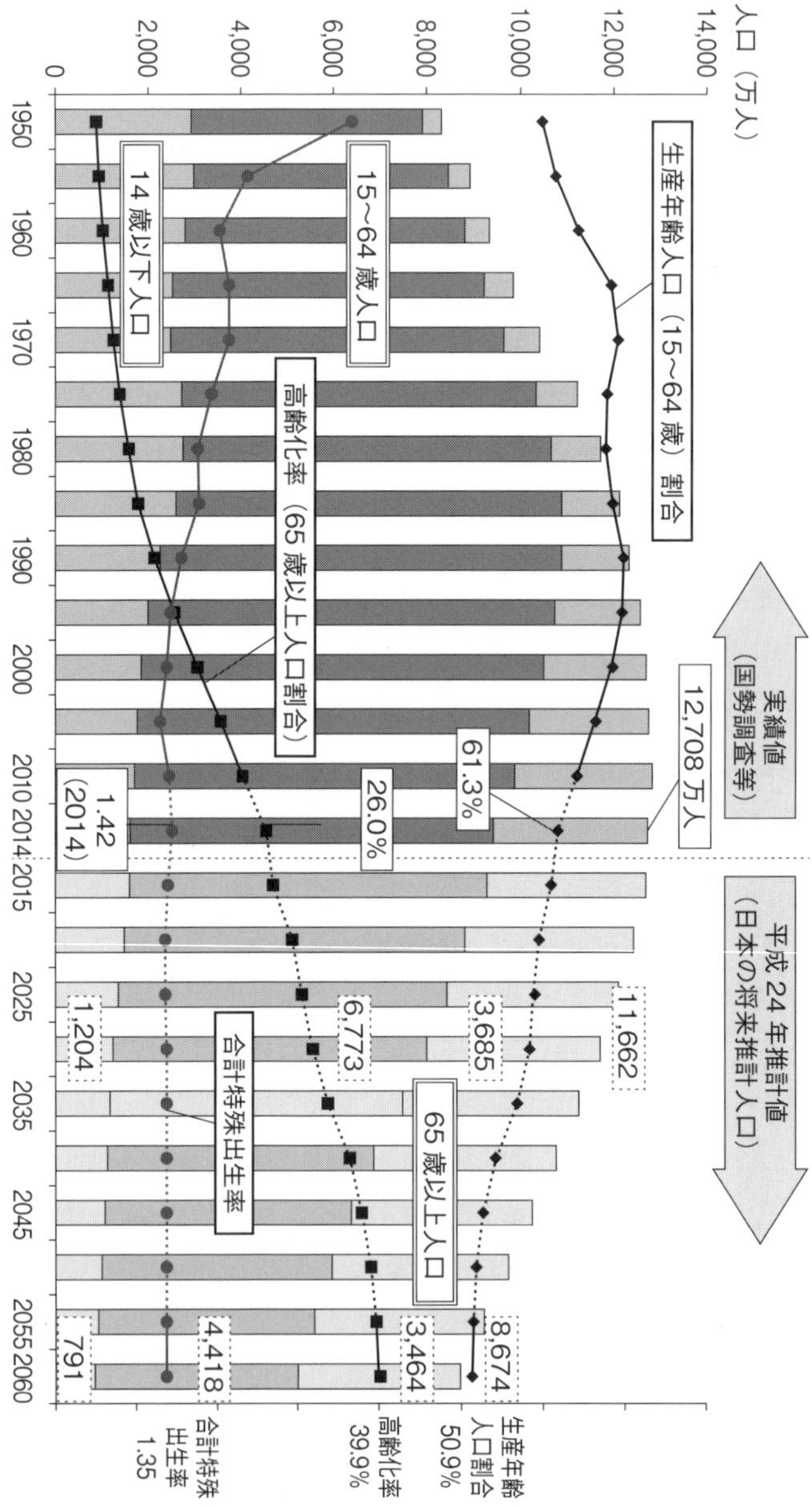

資料：総務省、国立社会保障・人口問題研究所

I－(1)－2　日本の総人口の推移（800〜2060年）

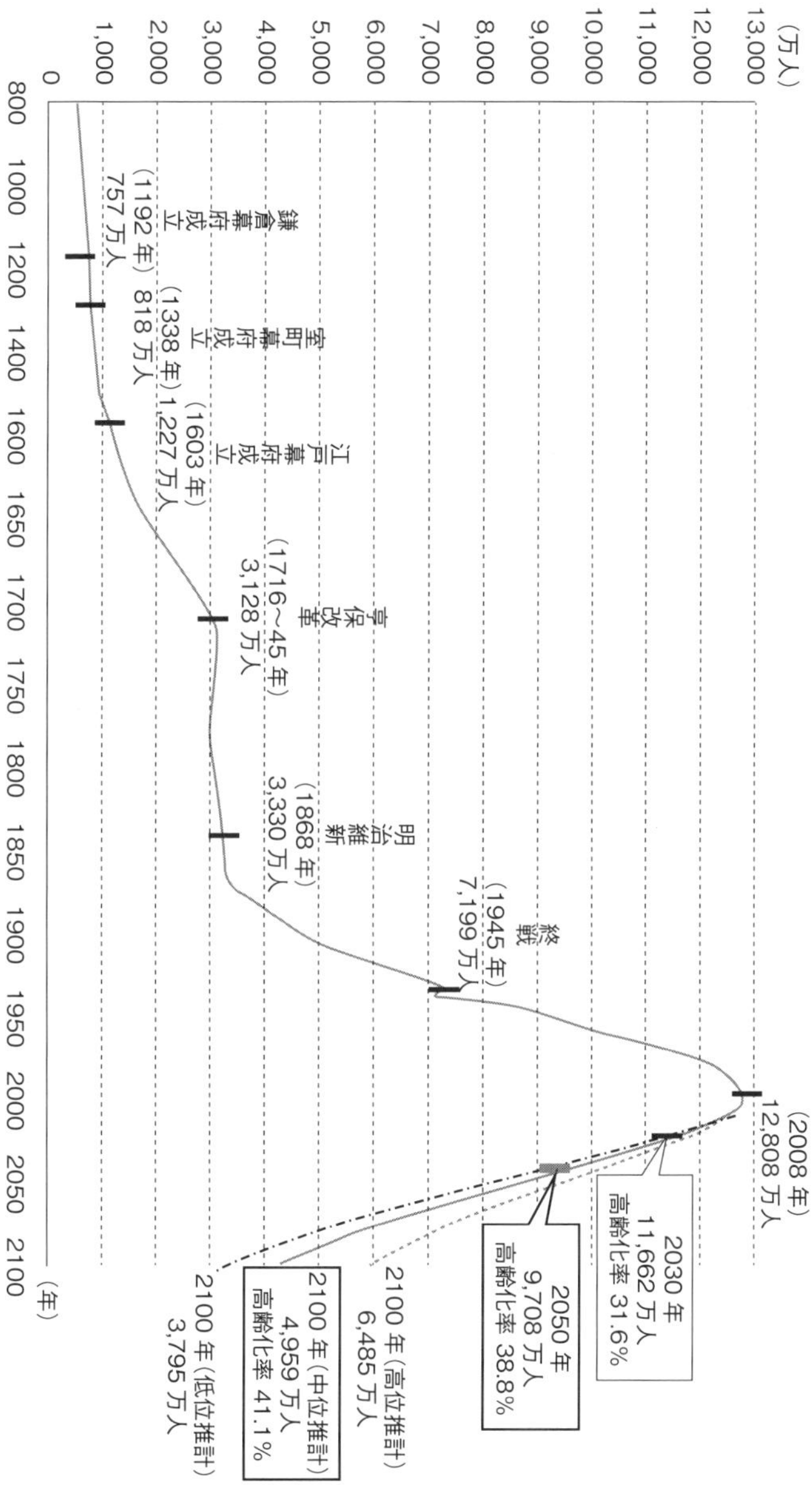

資料：総務省、国土庁、国立社会保障・人口問題研究所

Ⅰ-(1)-3　わが国の人口の年齢（４区分）別推移：1884～2013年

年　次	人　口（1,000人）					年平均人口増加率（%）				
	総　数	0～14歳	15～64歳	65歳以上	75歳以上	総　数	0～14歳	15～64歳	65歳以上	75歳以上
明治17（1884）	37,452	11,843	23,458	2,142	569					
21（1888）	39,607	13,360	24,069	2,175	579	1.13	2.44	0.52	0.31	0.34
31（1898）	43,764	14,367	26,989	2,405	641	1.00	0.73	1.15	1.01	1.02
41（1908）	49,588	16,969	30,014	2,604	780	1.26	1.68	1.07	0.80	1.99
大正 9（1920）	55,963	20,416	32,605	2,941	732	1.03	1.59	0.71	1.04	－0.54
昭和 5（1930）	64,450	23,579	37,807	3,064	881	1.42	1.45	1.49	0.41	1.87
15（1940）	71,933	26,383	42,096	3,454	903	1.10	1.13	1.08	1.21	0.25
22（1947）	78,101	27,573	46,783	3,745	864	1.18	0.63	1.52	1.16	－0.63
25（1950）	83,200	29,428	49,658	4,109	1,057	2.13	2.19	2.01	3.14	6.95
30（1955）	89,276	29,798	54,730	4,747	1,388	1.42	0.25	1.96	2.93	5.60
35（1960）	93,419	28,067	60,002	5,350	1,636	0.91	－1.19	1.86	2.42	3.34
40（1965）	98,275	25,166	66,928	6,181	1,874	1.02	－2.16	2.21	2.93	2.75
45（1970）	103,720	24,823	71,566	7,331	2,214	1.08	－0.27	1.35	3.47	3.39
50（1975）	111,940	27,232	75,839	8,869	2,842	1.54	1.87	1.17	3.88	5.12
55（1980）	117,060	27,524	78,884	10,653	3,661	0.90	0.21	0.79	3.73	5.20
60（1985）	121,049	26,042	82,535	12,472	4,713	0.67	－1.10	0.91	3.20	5.18
平成 2（1990）	123,611	22,544	86,140	14,928	5,987	0.42	－2.84	0.86	3.66	4.90
7（1995）	125,570	20,033	87,260	18,277	7,176	0.31	－2.33	0.26	4.13	3.69
12（2000）	126,926	18,505	86,380	22,041	9,013	0.21	－1.57	－0.20	3.82	4.66
17（2005）	127,768	17,585	84,422	25,761	11,639	0.13	－1.02	－0.46	3.17	5.25
22（2010）	128,057	16,839	81,735	29,484	14,194	0.05	－0.86	－0.64	2.74	4.05
23（2011）	127,799	16,705	81,342	29,752	14,708	－0.20	－0.80	－0.48	0.91	3.62
24（2012）	127,515	16,547	80,175	30,793	15,193	－0.22	－0.95	－1.43	3.50	3.30
25（2013）	127,298	16,390	79,010	31,898	15,603	－0.17	－0.95	－1.45	3.59	2.70

資料：総務省、国立社会保障・人口問題研究所

Ⅰ－(1)－4　わが国の人口の年齢構造の推移：1884 ～ 2013 年

年　次	人口割合（%）				平均年齢（歳）	中位数年齢（歳）	従属人口指数（%）			老年化指数（%）
	0 ～ 14 歳	15 ～ 64 歳	65 歳以上	75 歳以上			総数	年少人口	老年人口	
明治 17（1884）	31.6	62.6	5.7	1.5	28.9	21.0	59.6	50.5	9.1	18.1
21（1888）	33.7	60.8	5.5	1.5	28.2	24.5	64.5	55.5	9.0	16.3
31（1898）	32.8	61.7	5.5	1.5	28.0	23.9	62.1	53.2	8.9	16.7
41（1908）	34.2	60.5	5.3	1.6	27.7	24.1	65.2	56.5	8.7	15.3
大正 9（1920）	36.5	58.3	5.3	1.3	26.7	22.2	71.6	62.6	9.0	14.4
昭和 5（1930）	36.6	58.7	4.8	1.4	26.3	21.8	70.5	62.4	8.1	13.0
15（1940）	36.7	58.5	4.8	1.3	26.6	21.9	70.9	62.7	8.2	13.1
22（1947）	35.3	59.9	4.8	1.1	26.6	22.1	66.9	58.9	8.0	13.6
25（1950）	35.4	59.7	4.9	1.3	26.6	22.3	67.5	59.3	8.3	14.0
30（1955）	33.4	61.3	5.3	1.6	27.6	23.7	63.1	54.4	8.7	15.9
35（1960）	30.0	64.2	5.7	1.8	29.1	25.6	55.7	46.8	8.9	19.1
40（1965）	25.6	68.1	6.3	1.9	30.4	27.5	46.8	37.6	9.2	24.6
45（1970）	23.9	69.0	7.1	2.1	31.5	29.1	44.9	34.7	10.2	29.5
50（1975）	24.3	67.7	7.9	2.5	32.5	30.6	47.6	35.9	11.7	32.6
55（1980）	23.5	67.4	9.1	3.1	33.9	32.5	48.4	34.9	13.5	38.7
60（1985）	21.5	68.2	10.3	3.9	35.7	35.2	46.7	31.6	15.1	47.9
平成 2（1990）	18.2	69.7	12.1	4.8	37.6	37.7	43.5	26.2	17.3	66.2
7（1995）	16.0	69.5	14.6	5.7	39.6	39.7	43.9	23.0	20.9	91.2
12（2000）	14.6	68.1	17.4	7.1	41.4	41.5	46.9	21.4	25.5	119.1
17（2005）	13.8	66.1	20.2	9.1	43.3	43.3	51.3	20.8	30.5	146.5
22（2010）	13.1	63.8	23.0	11.1	45.0	45.0	56.7	20.6	36.1	175.1
23（2011）	13.1	63.6	23.3	11.5	45.3	45.3	57.1	20.5	36.6	178.1
24（2012）	13.0	62.9	24.1	11.9	45.6	45.6	59.0	20.6	38.4	186.1
25（2013）	12.9	62.1	25.1	12.3	45.8	46.0	61.1	20.7	40.4	194.6

資料：総務省、国立社会保障・人口問題研究所

Ⅰ－(1)－5　日本の将来推計人口（平成24年1月推計）要約（死亡中位）

出生率仮定 ［長期の合計特殊出生率］		中位仮定 ［1.35］	高位仮定 ［1.60］	低位仮定 ［1.12］	平成18年12月推計 中位仮定 ［1.26］
死亡率仮定 ［長期の平均寿命］		死亡中位仮定 ［男＝84.19年］［女＝90.93年］			男＝83.67年 女＝90.34年
総人口	平成22（2010）年	12,806万人	12,806万人	12,806万人	12,718万人
		↓	↓	↓	↓
	平成42（2030）年	11,662万人	11,924万人	11,417万人	11,522万人
		↓	↓	↓	↓
	平成67（2055）年	9,193万人	9,880万人	8,593万人	8,993万人
	平成72（2060）年	8,674万人	9,460万人	7,997万人	
年少（0～14歳）人口	平成22（2010）年	1,684万人 13.1%	1,684万人 13.1%	1,684万人 13.1%	1,684万人 13.0%
		↓	↓	↓	↓
	平成42（2030）年	1,204万人 10.3%	1,432万人 12.0%	999万人 8.7%	1,115万人 9.7%
		↓	↓	↓	↓
	平成67（2055）年	861万人 9.4%	1,140万人 11.5%	638万人 7.4%	752万人 8.4%
	平成72（2060）年	791万人 9.1%	1,087万人 11.5%	562万人 7.0%	
生産年齢（15～64歳）人口	平成22（2010）年	8,173万人 63.8%	8,173万人 63.8%	8,173万人 63.8%	8,128万人 63.9%
		↓	↓	↓	↓
	平成42（2030）年	6,773万人 58.1%	6,807万人 57.1%	6,733万人 59.0%	6,740万人 58.5%
		↓	↓	↓	↓
	平成67（2055）年	4,706万人 51.2%	5,114万人 51.8%	4,330万人 50.4%	4,595万人 51.1%
	平成72（2060）年	4,418万人 50.9%	4,909万人 51.9%	3,971万人 49.7%	
老年（65歳以上）人口	平成22（2010）年	2,948万人 23.0%	2,948万人 23.0%	2,948万人 23.0%	2,941万人 23.1%
		↓	↓	↓	↓
	平成42（2030）年	3,685万人 31.6%	3,685万人 30.9%	3,685万人 32.3%	3,667万人 31.8%
		↓	↓	↓	↓
	平成67（2055）年	3,626万人 39.4%	3,626万人 36.7%	3,626万人 42.2%	3,646万人 40.5%
	平成72（2060）年	3,464万人 39.9%	3,464万人 36.6%	3,464万人 43.3%	

資料：国立社会保障・人口問題研究所

Ⅰ-(1)-6　わが国の人口の将来推計（平成24年1月推計）（2010～2060年）出生中位（死亡中位）推計

年次	人口（1,000人）					割合（%）			
	総数	0～14歳	15～64歳	65歳以上	75歳以上	0～14歳	15～64歳	65歳以上	75歳以上
平成22（2010）	128,057	16,839	81,735	29,484	14,194	13.1	63.8	23.0	11.1
23（2011）	127,753	16,685	81,303	29,764	14,720	13.1	63.6	23.3	11.5
24（2012）	127,498	16,493	80,173	30,831	15,227	12.9	62.9	24.2	11.9
25（2013）	127,247	16,281	78,996	31,971	15,669	12.8	62.1	25.1	12.3
26（2014）	126,949	16,067	77,803	33,080	15,990	12.7	61.3	26.1	12.6
27（2015）	126,597	15,827	76,818	33,952	16,458	12.5	60.7	26.8	13.0
28（2016）	126,193	15,574	75,979	34,640	17,029	12.3	60.2	27.5	13.5
29（2017）	125,739	15,311	75,245	35,182	17,602	12.2	59.8	28.0	14.0
30（2018）	125,236	15,056	74,584	35,596	18,094	12.0	59.6	28.4	14.4
31（2019）	124,689	14,800	74,011	35,877	18,598	11.9	59.4	28.8	14.9
32（2020）	124,100	14,568	73,408	36,124	18,790	11.7	59.2	29.1	15.1
33（2021）	123,474	14,318	72,866	36,290	18,868	11.6	59.0	29.4	15.3
34（2022）	122,813	14,049	72,408	36,356	19,620	11.4	59.0	29.6	16.0
35（2023）	122,122	13,766	71,920	36,436	20,429	11.3	58.9	29.8	16.7
36（2024）	121,403	13,505	71,369	36,529	21,212	11.1	58.8	30.1	17.5
37（2025）	120,659	13,240	70,845	36,573	21,786	11.0	58.7	30.3	18.1
38（2026）	119,891	12,959	70,349	36,584	22,199	10.8	58.7	30.5	18.5
39（2027）	119,102	12,706	69,799	36,597	22,488	10.7	58.6	30.7	18.9
40（2028）	118,293	12,466	69,187	36,640	22,668	10.5	58.5	31.0	19.2
41（2029）	117,465	12,242	68,522	36,701	22,737	10.4	58.3	31.2	19.4
42（2030）	116,618	12,039	67,730	36,849	22,784	10.3	58.1	31.6	19.5
43（2031）	115,752	11,856	67,224	36,673	22,767	10.2	58.1	31.7	19.7
44（2032）	114,870	11,692	66,330	36,848	22,670	10.2	57.7	32.1	19.7
45（2033）	113,970	11,544	65,412	37,013	22,595	10.1	57.4	32.5	19.8
46（2034）	113,054	11,410	64,441	37,203	22,542	10.1	57.0	32.9	19.9
47（2035）	112,124	11,287	63,430	37,407	22,454	10.1	56.6	33.4	20.0
48（2036）	111,179	11,171	62,357	37,651	22,347	10.0	56.1	33.9	20.1
49（2037）	110,220	11,060	61,229	37,931	22,253	10.0	55.6	34.4	20.2
50（2038）	109,250	10,951	60,059	38,239	22,197	10.0	55.0	35.0	20.3
51（2039）	108,268	10,842	58,917	38,508	22,168	10.0	54.4	35.6	20.5
52（2040）	107,276	10,732	57,866	38,678	22,230	10.0	53.9	36.1	20.7
53（2041）	106,275	10,618	56,888	38,769	22,011	10.0	53.5	36.5	20.7
54（2042）	105,267	10,500	55,985	38,782	22,123	10.0	53.2	36.8	21.0
55（2043）	104,253	10,377	55,117	38,759	22,239	10.0	52.9	37.2	21.3
56（2044）	103,233	10,249	54,308	38,676	22,390	9.9	52.6	37.5	21.7
57（2045）	102,210	10,116	53,531	38,564	22,567	9.9	52.4	37.7	22.1
58（2046）	101,185	9,978	52,810	38,398	22,792	9.9	52.2	37.9	22.5
59（2047）	100,158	9,835	52,098	38,225	23,062	9.8	52.0	38.2	23.0
60（2048）	99,131	9,689	51,385	38,057	23,369	9.8	51.8	38.4	23.6
61（2049）	98,103	9,539	50,683	37,881	23,648	9.7	51.7	38.6	24.1
62（2050）	97,076	9,387	50,013	37,676	23,846	9.7	51.5	38.8	24.6
63（2051）	96,048	9,233	49,386	37,430	23,979	9.6	51.4	39.0	25.0
64（2052）	95,021	9,077	48,773	37,171	24,044	9.6	51.3	39.1	25.3
65（2053）	93,993	8,922	48,180	36,891	24,079	9.5	51.3	39.2	25.6
66（2054）	92,964	8,767	47,613	36,585	24,060	9.4	51.2	39.4	25.9
67（2055）	91,933	8,614	47,063	36,257	24,010	9.4	51.2	39.4	26.1
68（2056）	90,901	8,464	46,520	35,916	23,907	9.3	51.2	39.5	26.3
69（2057）	89,865	8,319	45,956	35,591	23,791	9.3	51.1	39.6	26.5
70（2058）	88,826	8,178	45,391	35,257	23,671	9.2	51.1	39.7	26.6
71（2059）	87,783	8,042	44,791	34,951	23,535	9.2	51.0	39.8	26.8
72（2060）	86,737	7,912	44,183	34,642	23,362	9.1	50.9	39.9	26.9

資料：国立社会保障・人口問題研究所

Ⅰ-(1)-7　わが国の人口の将来推計（平成24年1月推計）参考推計（2061～2110年）出生中位（死亡中位）推計

年　次	人　口（1,000人）					割　合（%）			
	総　数	0～14歳	15～64歳	65歳以上	75歳以上	0～14歳	15～64歳	65歳以上	75歳以上
平成 73（2061）	85,680	7,788	43,595	34,296	23,138	9.1	50.9	40.0	27.0
74（2062）	84,611	7,671	42,989	33,951	22,886	9.1	50.8	40.1	27.0
75（2063）	83,533	7,560	42,368	33,605	22,602	9.0	50.7	40.2	27.1
76（2064）	82,446	7,454	41,754	33,238	22,285	9.0	50.6	40.3	27.0
77（2065）	81,355	7,354	41,132	32,869	21,942	9.0	50.6	40.4	27.0
78（2066）	80,260	7,259	40,512	32,490	21,585	9.0	50.5	40.5	26.9
79（2067）	79,165	7,167	39,897	32,100	21,244	9.1	50.4	40.5	26.8
80（2068）	78,072	7,080	39,302	31,690	20,900	9.1	50.3	40.6	26.8
81（2069）	76,984	6,994	38,718	31,272	20,590	9.1	50.3	40.6	26.7
82（2070）	75,904	6,911	38,165	30,829	20,290	9.1	50.3	40.6	26.7
83（2071）	74,834	6,828	37,603	30,403	19,976	9.1	50.2	40.6	26.7
84（2072）	73,776	6,746	37,029	30,001	19,685	9.1	50.2	40.7	26.7
85（2073）	72,731	6,663	36,446	29,622	19,418	9.2	50.1	40.7	26.7
86（2074）	71,702	6,580	35,888	29,234	19,154	9.2	50.1	40.8	26.7
87（2075）	70,689	6,495	35,329	28,865	18,909	9.2	50.0	40.8	26.8
88（2076）	69,693	6,410	34,755	28,528	18,676	9.2	49.9	40.9	26.8
89（2077）	68,714	6,323	34,210	28,181	18,451	9.2	49.8	41.0	26.9
90（2078）	67,751	6,234	33,678	27,839	18,221	9.2	49.7	41.1	26.9
91（2079）	66,805	6,144	33,163	27,498	17,996	9.2	49.6	41.2	26.9
92（2080）	65,875	6,053	32,670	27,152	17,756	9.2	49.6	41.2	27.0
93（2081）	64,960	5,962	32,197	26,801	17,538	9.2	49.6	41.3	27.0
94（2082）	64,060	5,869	31,745	26,445	17,344	9.2	49.6	41.3	27.1
95（2083）	63,173	5,777	31,310	26,085	17,169	9.1	49.6	41.3	27.2
96（2084）	62,298	5,685	30,890	25,722	16,984	9.1	49.6	41.3	27.3
97（2085）	61,434	5,594	30,482	25,358	16,810	9.1	49.6	41.3	27.4
98（2086）	60,582	5,504	30,084	24,994	16,660	9.1	49.7	41.3	27.5
99（2087）	59,740	5,415	29,693	24,632	16,491	9.1	49.7	41.2	27.6
100（2088）	58,907	5,329	29,306	24,273	16,319	9.0	49.7	41.2	27.7
101（2089）	58,084	5,244	28,922	23,918	16,139	9.0	49.8	41.2	27.8
102（2090）	57,269	5,161	28,540	23,568	15,946	9.0	49.8	41.2	27.8
103（2091）	56,463	5,081	28,158	23,224	15,740	9.0	49.9	41.1	27.9
104（2092）	55,665	5,004	27,776	22,886	15,523	9.0	49.9	41.1	27.9
105（2093）	54,876	4,929	27,393	22,554	15,295	9.0	49.9	41.1	27.9
106（2094）	54,095	4,857	27,010	22,227	15,060	9.0	49.9	41.1	27.8
107（2095）	53,322	4,788	26,627	21,907	14,819	9.0	49.9	41.1	27.8
108（2096）	52,558	4,721	26,245	21,592	14,576	9.0	49.9	41.1	27.7
109（2097）	51,803	4,656	25,864	21,282	14,332	9.0	49.9	41.1	27.7
110（2098）	51,056	4,593	25,485	20,978	14,090	9.0	49.9	41.1	27.6
111（2099）	50,319	4,532	25,108	20,679	13,852	9.0	49.9	41.1	27.5
112（2100）	49,591	4,472	24,733	20,386	13,620	9.0	49.9	41.1	27.5
113（2101）	48,873	4,414	24,362	20,097	13,394	9.0	49.8	41.1	27.4
114（2102）	48,164	4,356	23,994	19,814	13,175	9.0	49.8	41.1	27.4
115（2103）	47,465	4,299	23,631	19,535	12,963	9.1	49.8	41.2	27.3
116（2104）	46,777	4,243	23,273	19,261	12,760	9.1	49.8	41.2	27.3
117（2105）	46,098	4,187	22,921	18,991	12,563	9.1	49.7	41.2	27.3
118（2106）	45,430	4,131	22,574	18,725	12,374	9.1	49.7	41.2	27.2
119（2107）	44,772	4,075	22,234	18,463	12,192	9.1	49.7	41.2	27.2
120（2108）	44,124	4,019	21,901	18,205	12,017	9.1	49.6	41.3	27.2
121（2109）	43,487	3,962	21,575	17,949	11,849	9.1	49.6	41.3	27.2
122（2110）	42,860	3,906	21,257	17,697	11,686	9.1	49.6	41.3	27.3

資料：国立社会保障・人口問題研究所

Ⅰ-(1)-8　将来人口推計における65歳以上人口比率見通しと実績値

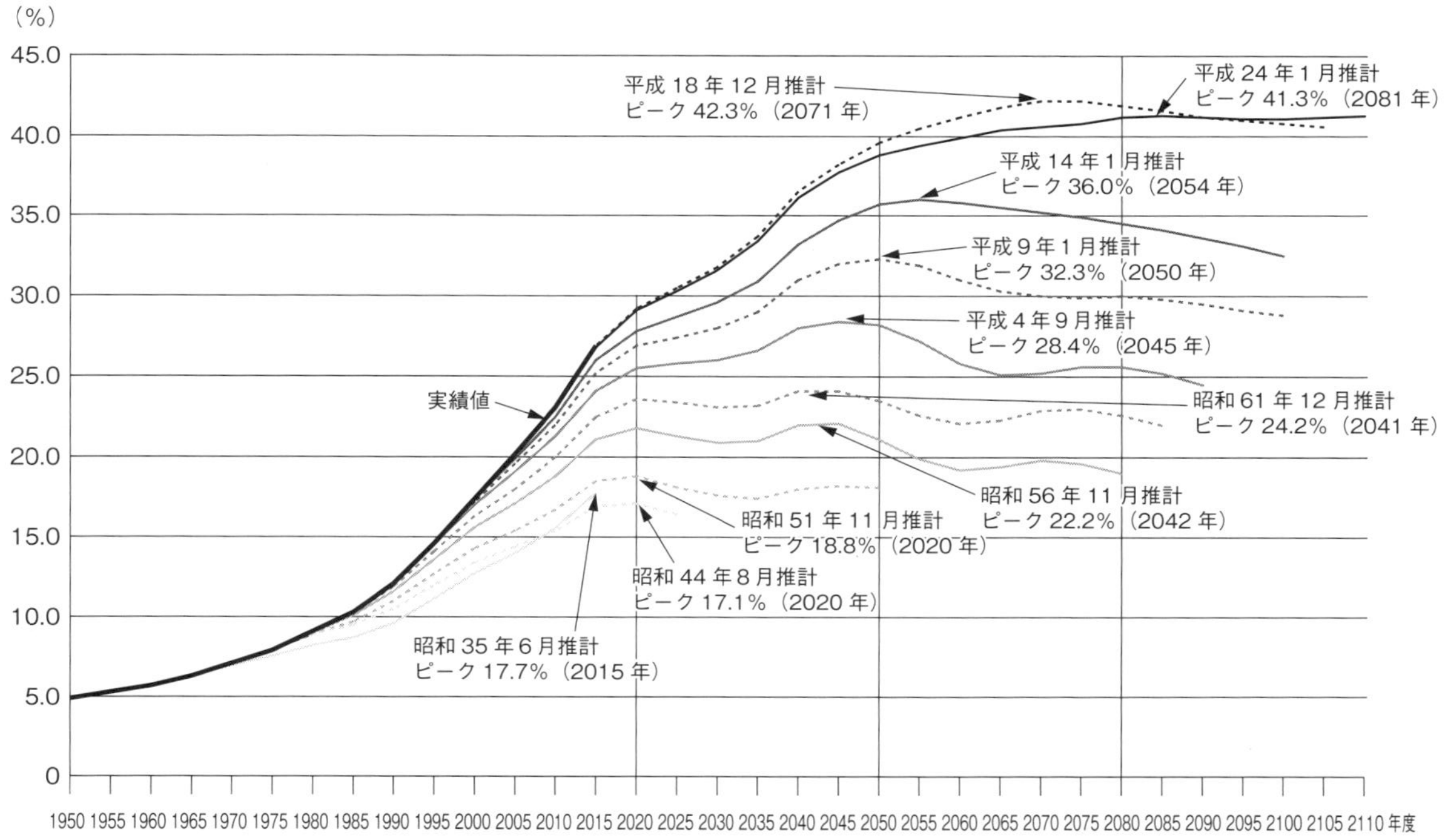

資料：国立社会保障・人口問題研究所の各将来人口推計に基づき筆者作成

Ⅰ-(1)-9　主要国における65歳以上人口割合の推移（1950～2060年）

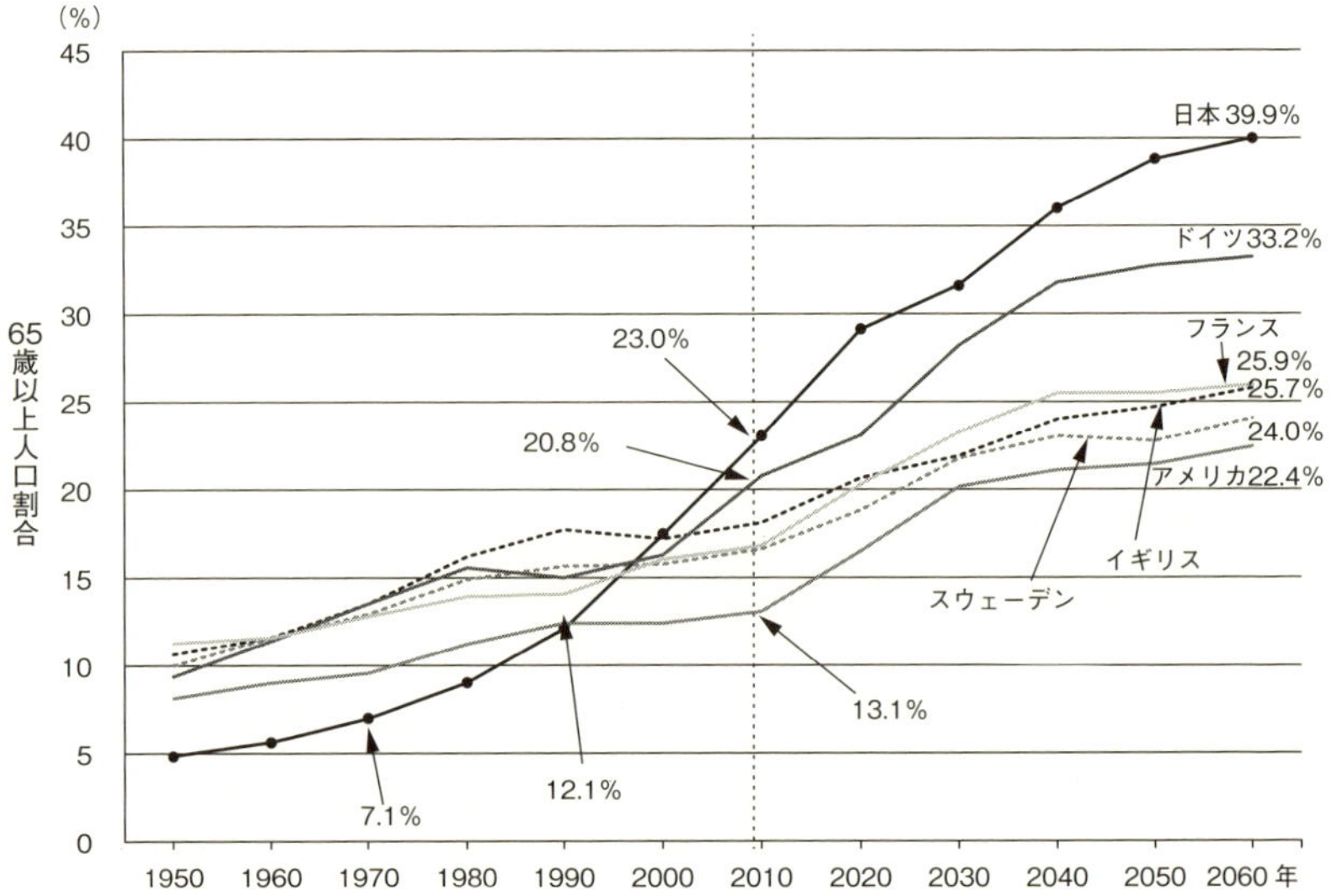

資料：総務省、国立社会保障・人口問題研究所

Ⅰ -(1)-10　主要国の 65 歳以上人口割合：1850 ～ 2060 年

(%)

年次	日本	アメリカ	フランス	ドイツ	ｽｳｪｰﾃﾞﾝ	イギリス
1850	…	…	6.47	…	4.78	4.64
1860	…	…	6.89	…	5.22	4.68
1870	…	…	7.41	…	5.43	4.79
1880	5.72	…	8.11	4.72	5.90	4.62
1890	5.49	…	8.28	5.10	7.68	4.77
1900	5.49	4.07	8.20	4.88	8.37	4.69
1910	5.25	4.30	8.36	5.04	8.44	5.22
1920	5.26	4.67	9.05	5.77	8.40	6.03
1930	4.75	5.41	9.35	7.36	9.20	7.40
1940	4.80	6.85	11.42	8.86	9.41	8.97
1950	4.94	8.26	11.39	9.57	10.19	10.83
1960	5.73	9.15	11.64	11.45	11.75	11.72
1970	7.07	9.76	12.87	13.56	13.66	13.03
1980	9.10	11.29	14.02	15.61	16.29	14.93
1990	12.08	12.47	14.13	14.99	17.78	15.70
2000	17.36	12.36	16.02	16.33	17.26	15.80
2010	23.02	13.06	16.80	20.81	18.20	16.59
2020	29.11	16.55	20.35	23.08	20.69	18.89
2030	31.60	20.15	23.21	28.23	21.99	21.72
2040	36.05	21.18	25.44	31.82	23.08	23.99
2050	38.81	21.45	25.45	32.72	22.81	24.70
2060	39.94	22.39	25.94	33.17	24.00	25.68

資料：国立社会保障・人口問題研究所

Ⅰ -(1)-11　平均余命の推移

作成年次	男				女			
	0歳	60歳	65歳	75歳	0歳	60歳	65歳	75歳
明治24年～明治31年(第1回生命表)	42.80	12.80	10.20	6.20	44.30	14.20	11.40	6.70
32年～明治36年(第2回生命表)	43.97	12.76	10.14	6.00	44.85	14.32	11.35	6.61
37年～大正 2年(第3回生命表)	44.25	13.28	10.58	6.31	44.73	14.99	11.94	7.09
大正10年～大正14年(第4回生命表)	42.06	11.87	9.31	5.31	43.20	14.12	11.10	6.21
15年～昭和 5年(第5回生命表)	44.82	12.23	9.64	5.61	46.54	14.68	11.58	6.59
昭和10年～昭和11年(第6回生命表)	46.92	12.55	9.89	5.72	49.63	15.07	11.88	6.62
22年（第8回生命表）	50.06	12.83	10.16	6.09	53.96	15.39	12.22	7.03
25年（第9回生命表）	59.57	14.36	11.35	6.73	62.97	16.81	13.36	7.76
30年（第10回生命表）	63.60	14.97	11.82	6.97	67.75	17.72	14.13	8.28
35年（第11回生命表）	65.32	14.84	11.62	6.60	70.19	17.83	14.10	8.01
40年（第12回生命表）	67.74	15.20	11.88	6.63	72.92	18.42	14.56	8.11
45年（第13回生命表）	69.31	15.93	12.50	7.14	74.66	19.27	15.34	8.70
50年（第14回生命表）	71.73	17.38	13.72	7.85	76.89	20.68	16.56	9.47
55年（第15回生命表）	73.35	18.31	14.56	8.34	78.76	21.89	17.68	10.24
60年（第16回生命表）	74.78	19.34	15.52	8.93	80.48	23.24	18.94	11.19
平成 2年（第17回生命表）	75.92	20.01	16.22	9.50	81.90	24.39	20.03	12.06
7年（第18回生命表）	76.38	20.28	16.48	9.81	82.85	25.31	20.94	12.88
12年（第19回生命表）	77.72	21.44	17.54	10.75	84.60	26.85	22.42	14.19
17年（第20回生命表）	78.56	22.09	18.13	11.07	85.52	27.66	23.19	14.83
22年（第21回生命表）	79.55	22.75	18.74	11.45	86.30	28.28	23.80	15.27
23年（簡易生命表）	79.44	22.70	18.69	11.43	85.90	28.12	23.66	15.16
24年（簡易生命表）	79.94	22.93	18.89	11.57	86.41	28.33	23.82	15.27
25年（簡易生命表）	80.21	23.14	19.08	11.74	86.61	28.47	23.97	15.39
26年（簡易生命表）	80.50	23.36	19.29	11.94	86.83	28.68	24.18	15.60
37年（2025年）	81.46	24.30	20.22	12.75	88.18	29.90	25.37	16.73
47年（2035年）	82.40	25.05	20.93	13.37	89.13	30.73	26.17	17.46
62年（2050年）	83.55	26.00	21.83	14.15	90.29	31.75	27.17	18.37
72年（2060年）	84.19	26.52	22.33	14.59	90.93	32.32	27.72	18.88

資料：厚生労働省

I-(1)-12　主な死因別死亡率の年次推移

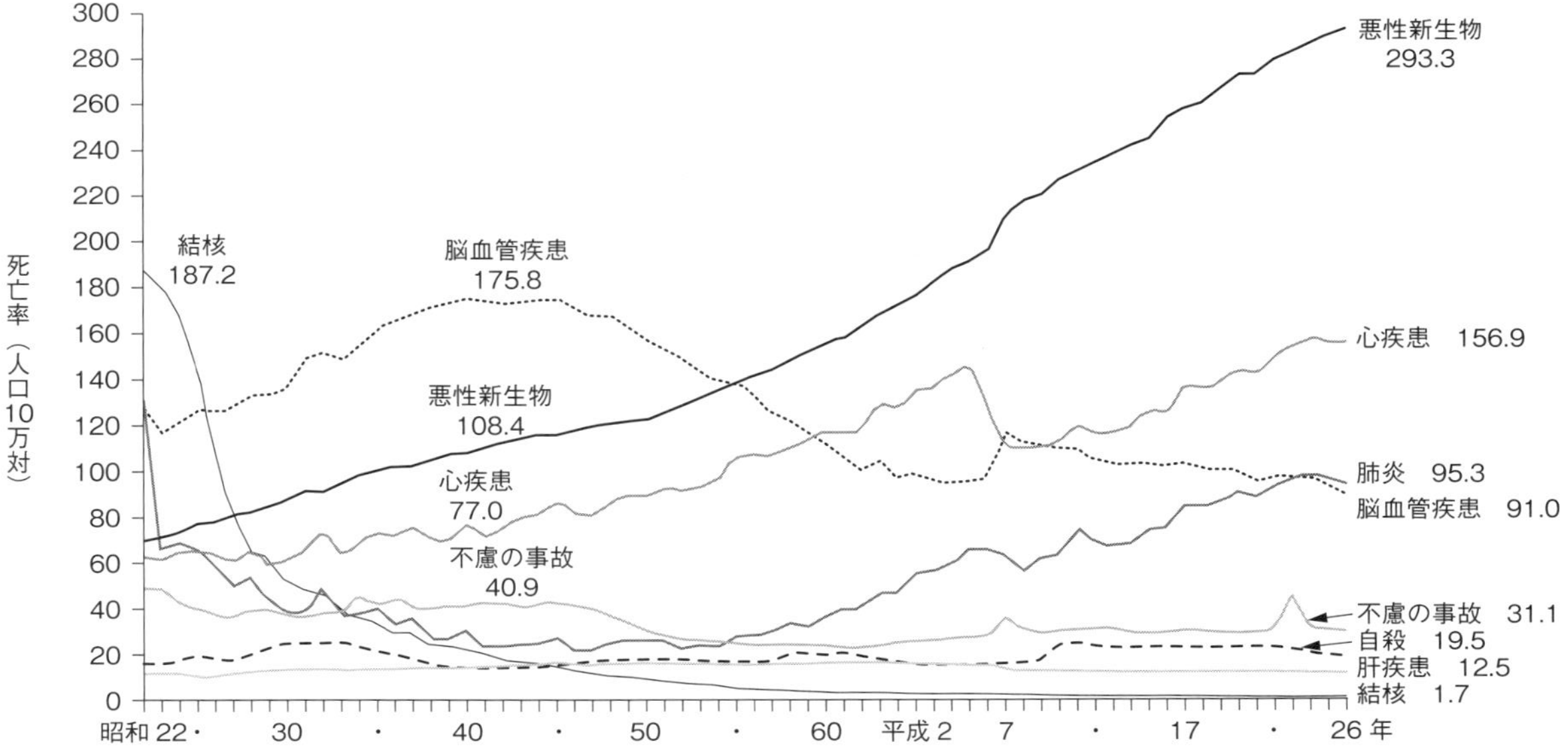

資料：厚生労働省

Ⅰ-(1)-13　平均寿命の国際比較

（単位：年）

	国	作成基礎期間	男	女
	日本	2014	80.50	86.83
北アメリカ	アメリカ合衆国	2013	76.4	81.2
アジア	イスラエル	2013	80.3	83.9
	韓国	2013	78.5	85.1
	香港	2014	81.17	86.75
ヨーロッパ	フランス	2014	79.2	85.4
	アイスランド	2013	80.8	83.7
	イタリア	2013	79.81	84.62
	ノルウェー	2014	80.03	84.10
	スウェーデン	2014	80.35	84.05
	スイス	2013	80.5	84.8
	イギリス	2011 － 2013	79.15	82.92
	ドイツ	2010 － 2012	77.72	82.80
オセアニア	オーストラリア	2011 － 2013	80.1	84.3

資料：厚生労働省

I-(1)-14　出生数及び合計特殊出生率の年次推移

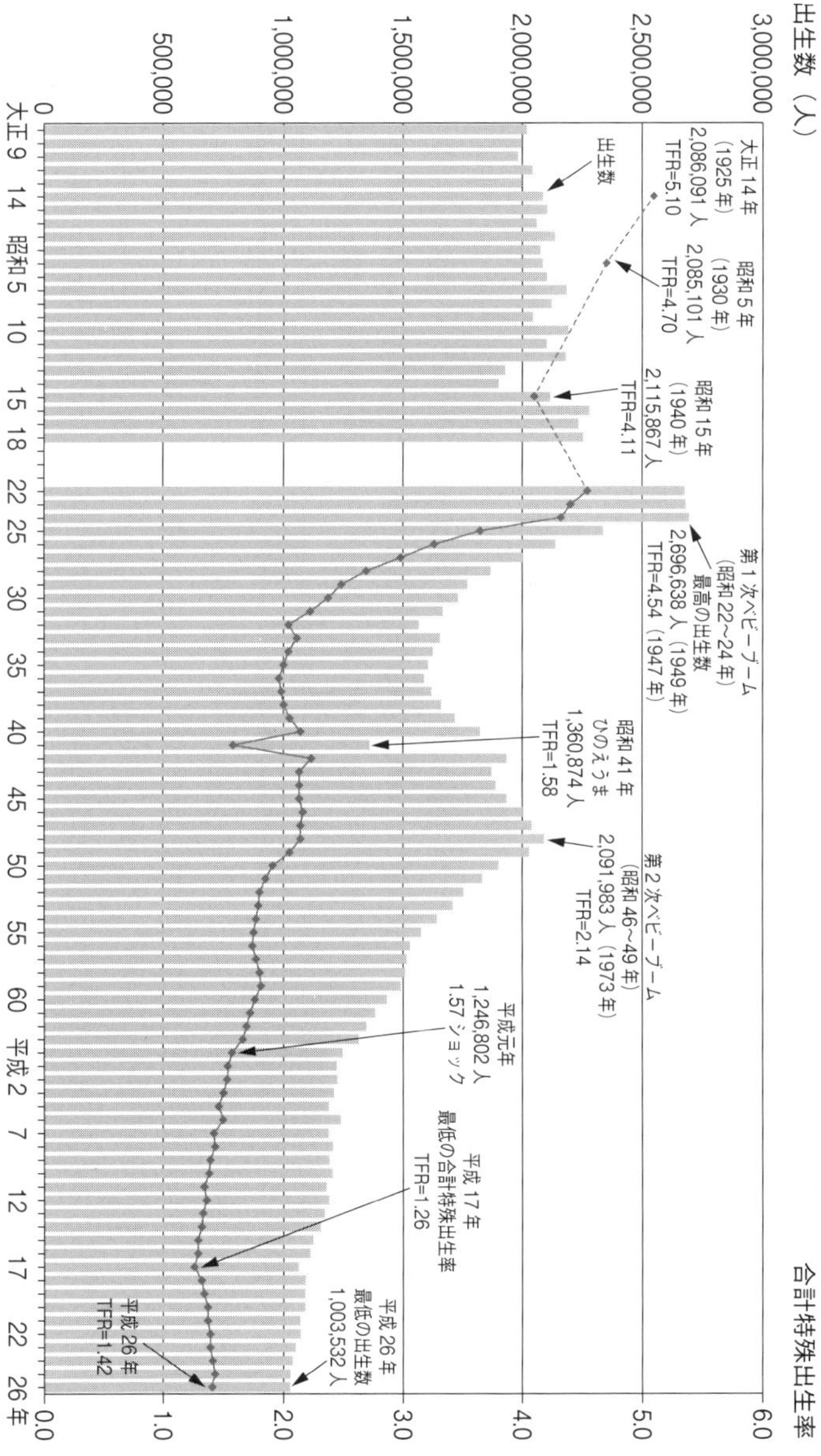

資料：厚生労働省

Ⅰ -(1)-15　出生数・合計特殊出生率の推移

年　次	出生数	合計特殊出生率	年　次	出生数	合計特殊出生率
1899（明治32）年	1,386,981	…	1980（昭和55）年	1,576,889	1.75
1905（明治38）	1,452,770	…	1981（昭和56）	1,529,455	1.74
1910（明治43）	1,712,857	…	1982（昭和57）	1,515,392	1.77
			1983（昭和58）	1,508,687	1.80
1915（大正 4）	1,799,326	…	1984（昭和59）	1,489,780	1.81
1920（大正 9）	2,025,564	…			
1925（大正14）	2,086,091	5.10	1985（昭和60）	1,431.577	1.76
1930（昭和 5）	2,085,101	4.70	1986（昭和61）	1,382,946	1.72
1935（昭和10）	2,190,704	…	1987（昭和62）	1,346,658	1.69
			1988（昭和63）	1,314,006	1.66
1940（昭和15）	2,115,867	4.11	1989（平成元）	1,246,802	1.57
1943（昭和18）	2,253,535	…			
1947（昭和22）	2,678,792	4.54	1990（平成 2）	1,221,585	1.54
1950（昭和25）	2,337,507	3.65	1991（平成 3）	1,223,245	1.53
1955（昭和30）	1,730,692	2.37	1992（平成 4）	1,208,989	1.50
			1993（平成 5）	1,188,282	1.46
1960（昭和35）	1,606,041	2.00	1994（平成 6）	1,238,328	1.50
1961（昭和36）	1,589,372	1.96			
1962（昭和37）	1,618,616	1.98	1995（平成 7）	1,187,064	1.42
1963（昭和38）	1,659,521	2.00	1996（平成 8）	1,206,555	1.43
1964（昭和39）	1,716,761	2.05	1997（平成 9）	1,191,665	1.39
			1998（平成10）	1,203,147	1.38
1965（昭和40）	1,823,697	2.14	1999（平成11）	1,177,669	1.34
1966（昭和41）	1,360,974	1.58			
1967（昭和42）	1,935,647	2.23	2000（平成12）	1,190,547	1.36
1968（昭和43）	1,871,839	2.13	2001（平成13）	1,170,662	1.33
1969（昭和44）	1,889,815	2.13	2002（平成14）	1,153,855	1.32
			2003（平成15）	1,123,610	1.29
1970（昭和45）	1,934,239	2.13	2004（平成16）	1,110,721	1.29
1971（昭和46）	2,000,973	2.16			
1972（昭和47）	2,038,682	2.14	2005（平成17）	1,062,530	1.26
1973（昭和48）	2,091,983	2.14	2006（平成18）	1,092,674	1.32
1974（昭和49）	2,029,989	2.05	2007（平成19）	1,089,818	1.34
			2008（平成20）	1,091,156	1.37
1975（昭和50）	1,901,440	1.91	2009（平成21）	1,070,035	1.37
1976（昭和51）	1,832,617	1.85			
1977（昭和52）	1,755,100	1.80	2010（平成22）	1,071,304	1.39
1978（昭和53）	1,708,643	1.79	2011（平成23）	1,050,806	1.39
1979（昭和54）	1,642,580	1.77	2012（平成24）	1,037,231	1.41
			2013（平成25）	1,029,816	1.43
			2014（平成26）	1,003,532	1.42

資料：厚生労働省

I-(1)-16　主要国の合計特殊出生率の推移

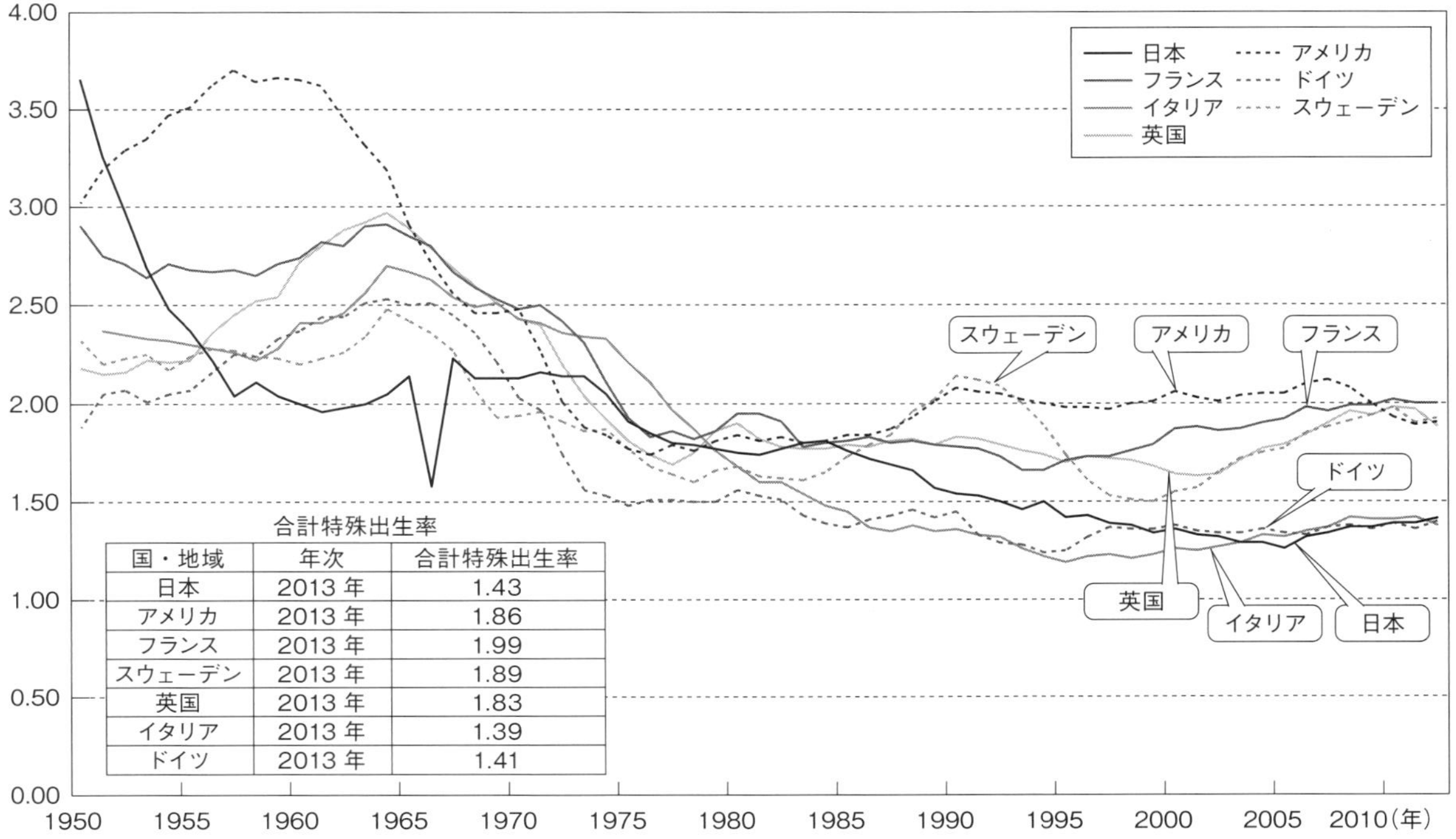

合計特殊出生率

国・地域	年次	合計特殊出生率
日本	2013 年	1.43
アメリカ	2013 年	1.86
フランス	2013 年	1.99
スウェーデン	2013 年	1.89
英国	2013 年	1.83
イタリア	2013 年	1.39
ドイツ	2013 年	1.41

資料：厚生労働省

Ｉ－(1)-17　都道府県別の年齢（４区分）別人口（平成 26 年 10 月 1 日現在）

都道府県	人口（1,000 人）					割合（%）			
	総数	0～14 歳	15～64 歳	65 歳以上	75 歳以上	0～14 歳	15～64 歳	65 歳以上	75 歳以上
全国	127,083	16,233	77,850	33,000	15,917	12.8	61.3	26.0	12.5
01 北海道	5,400	621	3,261	1,519	754	11.5	60.4	28.1	14.0
02 青森県	1,321	155	784	383	197	11.7	59.3	29.0	14.9
03 岩手県	1,284	156	749	380	206	12.1	58.3	29.6	16.0
04 宮城県	2,328	297	1,458	573	290	12.7	62.6	24.6	12.5
05 秋田県	1,037	112	587	339	187	10.8	56.6	32.6	18.1
06 山形県	1,131	139	653	338	189	12.3	57.8	29.9	16.7
07 福島県	1,935	241	1,157	537	286	12.5	59.8	27.8	14.8
08 茨城県	2,919	376	1,789	754	351	12.9	61.3	25.8	12.0
09 栃木県	1,980	257	1,225	498	236	13.0	61.9	25.1	11.9
10 群馬県	1,976	258	1,189	529	254	13.0	60.2	26.8	12.9
11 埼玉県	7,239	929	4,573	1,737	732	12.8	63.2	24.0	10.1
12 千葉県	6,197	778	3,848	1,571	685	12.6	62.1	25.3	11.0
13 東京都	13,390	1,517	8,862	3,011	1,433	11.3	66.2	22.5	10.7
14 神奈川県	9,096	1,161	5,820	2,115	954	12.8	64.0	23.2	10.5
15 新潟県	2,313	282	1,359	672	356	12.2	58.8	29.1	15.4
16 富山県	1,070	133	619	318	157	12.4	57.9	29.7	14.7
17 石川県	1,156	152	691	313	151	13.1	59.8	27.1	13.0
18 福井県	790	106	463	220	115	13.4	58.7	27.9	14.5
19 山梨県	841	106	504	231	118	12.6	59.9	27.5	14.0
20 長野県	2,109	278	1,216	615	322	13.2	57.7	29.2	15.3
21 岐阜県	2,041	274	1,210	557	269	13.4	59.3	27.3	13.2
22 静岡県	3,705	488	2,219	998	480	13.2	59.9	26.9	13.0
23 愛知県	7,455	1,041	4,686	1,728	773	14.0	62.9	23.2	10.4
24 三重県	1,825	241	1,089	495	243	13.2	59.7	27.1	13.3
25 滋賀県	1,416	207	877	332	156	14.6	61.9	23.4	11.0
26 京都府	2,610	322	1,586	701	329	12.4	60.8	26.9	12.6
27 大阪府	8,836	1,122	5,446	2,267	1,013	12.7	61.6	25.7	11.5
28 兵庫県	5,541	732	3,349	1,460	686	13.2	60.4	26.3	12.4
29 奈良県	1,376	173	819	383	177	12.6	59.6	27.8	12.8
30 和歌山県	971	119	556	296	150	12.3	57.3	30.5	15.5
31 鳥取県	574	75	332	167	90	13.0	57.9	29.1	15.7
32 島根県	697	88	387	221	123	12.7	55.6	31.8	17.7
33 岡山県	1,924	256	1,129	540	272	13.3	58.7	28.1	14.1
34 広島県	2,833	378	1,687	769	373	13.3	59.5	27.1	13.2
35 山口県	1,408	174	793	441	224	12.4	56.3	31.3	15.9
36 徳島県	764	91	442	230	121	11.9	57.9	30.1	15.9
37 香川県	981	128	567	286	145	13.0	57.8	29.2	14.8
38 愛媛県	1,395	176	804	415	215	12.6	57.6	29.8	15.4
39 高知県	738	86	414	237	126	11.7	56.2	32.2	17.0
40 福岡県	5,091	687	3,126	1,279	619	13.5	61.4	25.1	12.2
41 佐賀県	835	118	491	225	119	14.2	58.8	27.0	14.3
42 長崎県	1,386	183	803	401	212	13.2	57.9	28.9	15.3
43 熊本県	1,794	244	1,046	504	273	13.6	58.3	28.1	15.2
44 大分県	1,171	150	674	347	181	12.8	57.6	29.6	15.5
45 宮崎県	1,114	153	642	319	169	13.8	57.6	28.6	15.2
46 鹿児島県	1,668	227	963	478	265	13.6	57.8	28.6	15.9
47 沖縄県	1,421	249	903	270	141	17.5	63.5	19.0	9.9

資料：総務省

Ⅰ-(1)-18　都道府県別の年齢（４区分）別人口の将来推計（平成25年３月推計）（平成52年（2040年））

都道府県	人口（1,000人）					割合（%）			
	総数	0～14歳	15～64歳	65歳以上	75歳以上	0～14歳	15～64歳	65歳以上	75歳以上
全国	107,276	10,732	57,866	38,678	22,230	10.0	53.9	36.1	20.7
01 北海道	4,190	353	2,129	1,707	1,050	8.4	50.8	40.7	25.1
02 青森県	932	80	465	387	240	8.6	49.9	41.5	25.8
03 岩手県	938	89	476	373	234	9.5	50.7	39.7	24.9
04 宮城県	1,973	192	1,065	715	429	9.8	54.0	36.2	21.8
05 秋田県	700	58	335	306	199	8.3	47.9	43.8	28.4
06 山形県	836	83	424	329	210	9.9	50.8	39.3	25.1
07 福島県	1,485	146	755	584	365	9.8	50.8	39.3	24.6
08 茨城県	2,423	244	1,297	882	513	10.1	53.6	36.4	21.2
09 栃木県	1,643	169	878	596	347	10.3	53.4	36.3	21.1
10 群馬県	1,630	169	864	596	345	10.4	53.0	36.6	21.2
11 埼玉県	6,305	627	3,476	2,202	1,198	9.9	55.1	34.9	19.0
12 千葉県	5,358	524	2,878	1,956	1,095	9.8	53.7	36.5	20.4
13 東京都	12,308	1,061	7,129	4,118	2,139	8.6	57.9	33.5	17.4
14 神奈川県	8,343	817	4,607	2,919	1,592	9.8	55.2	35.0	19.1
15 新潟県	1,791	173	925	694	426	9.7	51.6	38.7	23.8
16 富山県	841	83	435	323	190	9.9	51.7	38.4	22.5
17 石川県	974	103	521	351	205	10.5	53.4	36.0	21.0
18 福井県	633	68	327	238	145	10.8	51.7	37.5	22.9
19 山梨県	666	65	343	259	155	9.8	51.4	38.8	23.2
20 長野県	1,668	174	853	641	382	10.5	51.1	38.4	22.9
21 岐阜県	1,660	176	883	600	350	10.6	53.2	36.2	21.1
22 静岡県	3,035	318	1,594	1,123	657	10.5	52.5	37.0	21.6
23 愛知県	6,856	776	3,861	2,219	1,203	11.3	56.3	32.4	17.6
24 三重県	1,508	158	807	542	312	10.5	53.5	36.0	20.7
25 滋賀県	1,309	153	728	429	242	11.7	55.6	32.8	18.5
26 京都府	2,224	215	1,199	809	467	9.7	53.9	36.4	21.0
27 大阪府	7,454	721	4,048	2,685	1,472	9.7	54.3	36.0	19.7
28 兵庫県	4,674	472	2,501	1,700	968	10.1	53.5	36.4	20.7
29 奈良県	1,096	107	572	417	247	9.7	52.2	38.1	22.5
30 和歌山県	719	67	365	287	173	9.4	50.8	39.9	24.1
31 鳥取県	441	46	226	168	106	10.5	51.3	38.2	23.9
32 島根県	521	55	262	204	129	10.5	50.4	39.1	24.7
33 岡山県	1,611	176	874	560	328	11.0	54.3	34.8	20.4
34 広島県	2,391	256	1,271	864	508	10.7	53.2	36.1	21.3
35 山口県	1,070	109	551	410	250	10.2	51.5	38.3	23.4
36 徳島県	571	53	289	230	143	9.2	50.5	40.2	25.0
37 香川県	773	80	400	293	175	10.3	51.8	37.9	22.7
38 愛媛県	1,075	107	551	416	255	10.0	51.3	38.7	23.7
39 高知県	537	50	267	220	138	9.2	49.8	40.9	25.7
40 福岡県	4,379	464	2,369	1,546	916	10.6	54.1	35.3	20.9
41 佐賀県	680	79	360	242	151	11.6	52.9	35.5	22.1
42 長崎県	1,049	109	528	412	260	10.4	50.3	39.3	24.8
43 熊本県	1,467	165	768	534	336	11.2	52.4	36.4	22.9
44 大分県	955	101	504	351	217	10.6	52.7	36.7	22.7
45 宮崎県	901	102	465	334	213	11.4	51.6	37.0	23.6
46 鹿児島県	1,314	147	674	493	314	11.2	51.3	37.5	23.9
47 沖縄県	1,369	191	763	415	240	13.9	55.7	30.3	17.5

資料：国立社会保障・人口問題研究所

Ⅰ-(1)-19　世帯数と世帯構成の推移（1960～2035年）

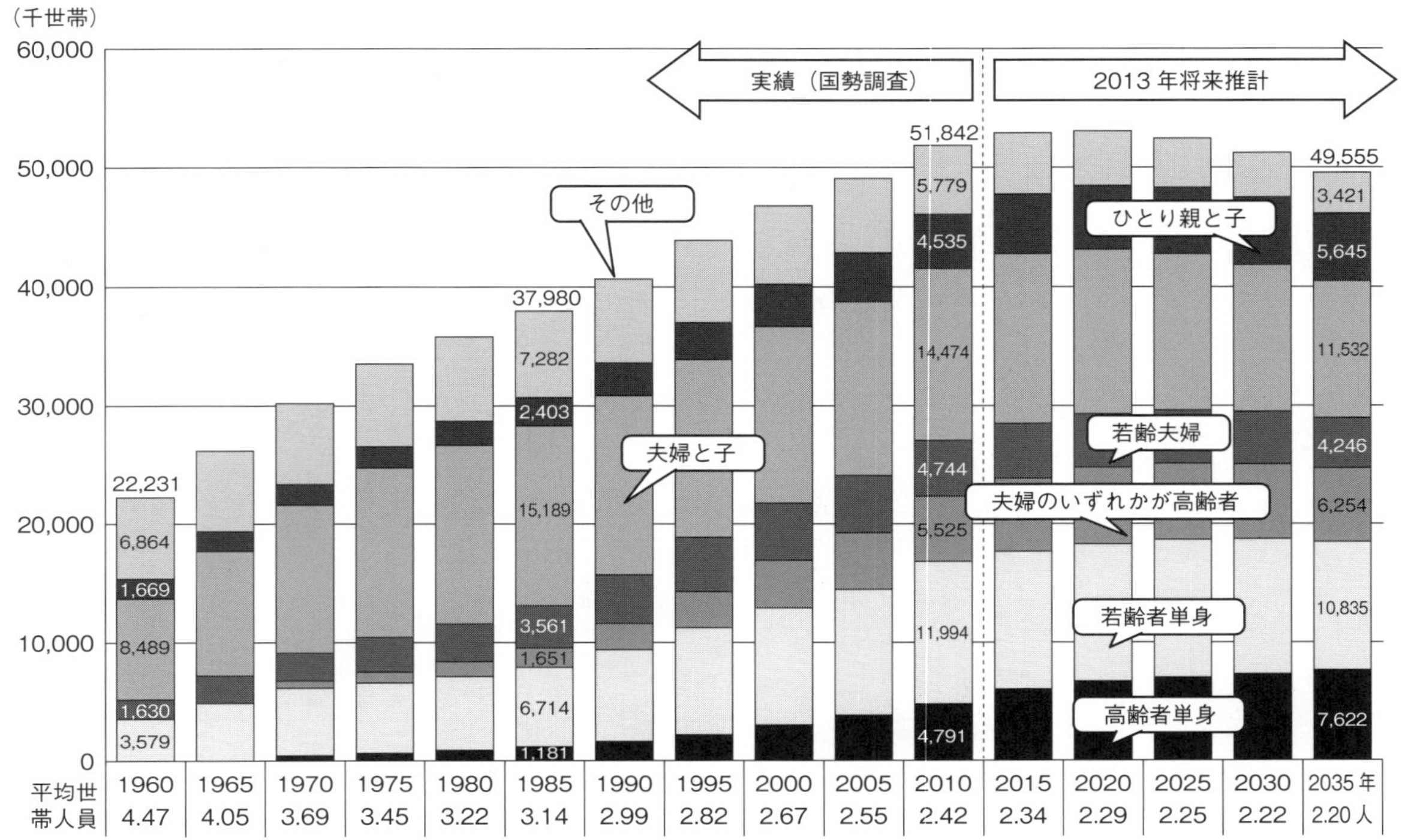

資料：総務省、国立社会保障・人口問題研究所

Ⅰ-(1)-20　生涯未婚率の推移

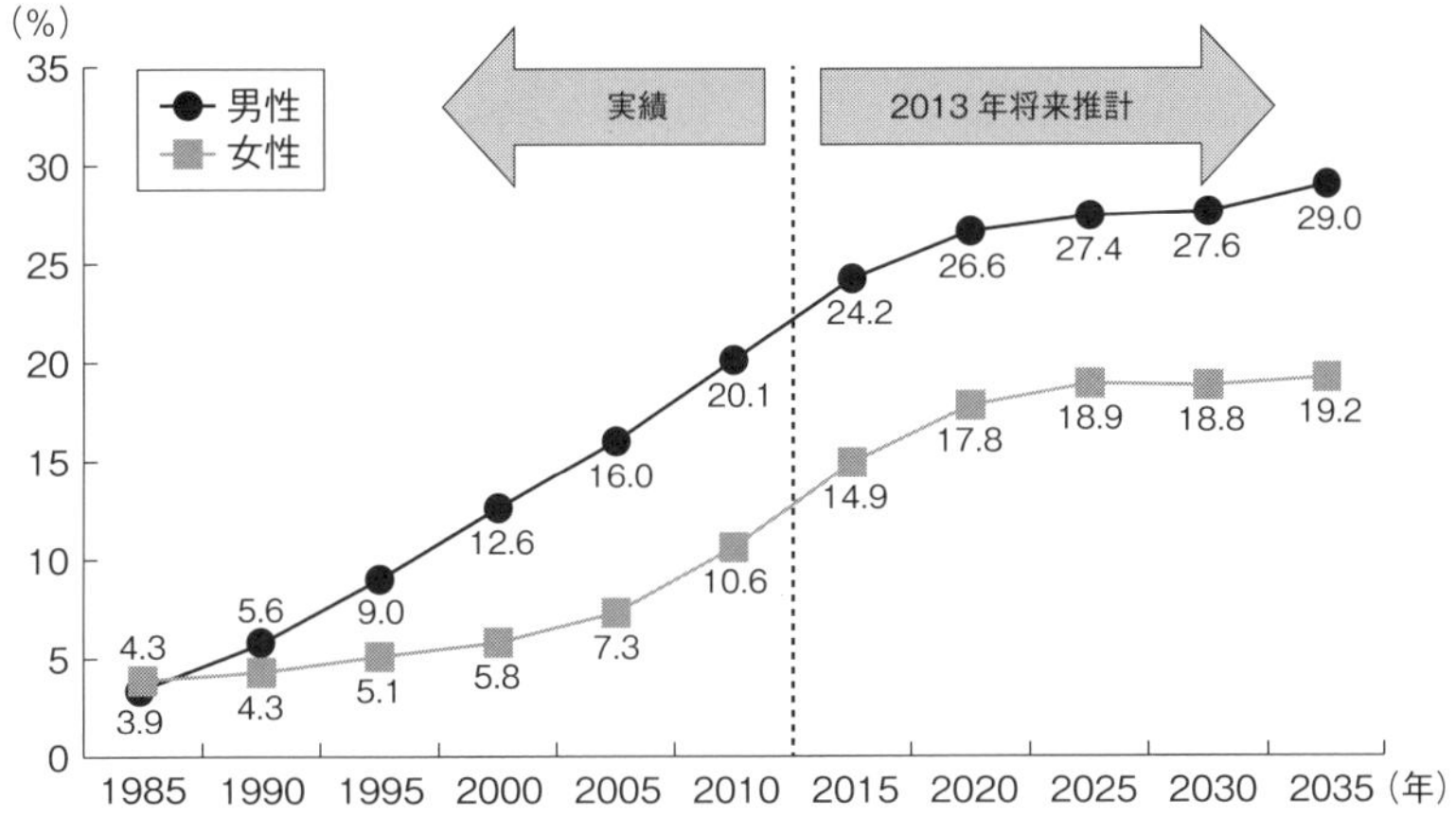

（注）　生涯未婚率は、50歳時点で一度も結婚をしたことのない人の割合
資料：国立社会保障・人口問題研究所

Ｉ-(1)-21　１世帯当たり平均所得金額の年次推移

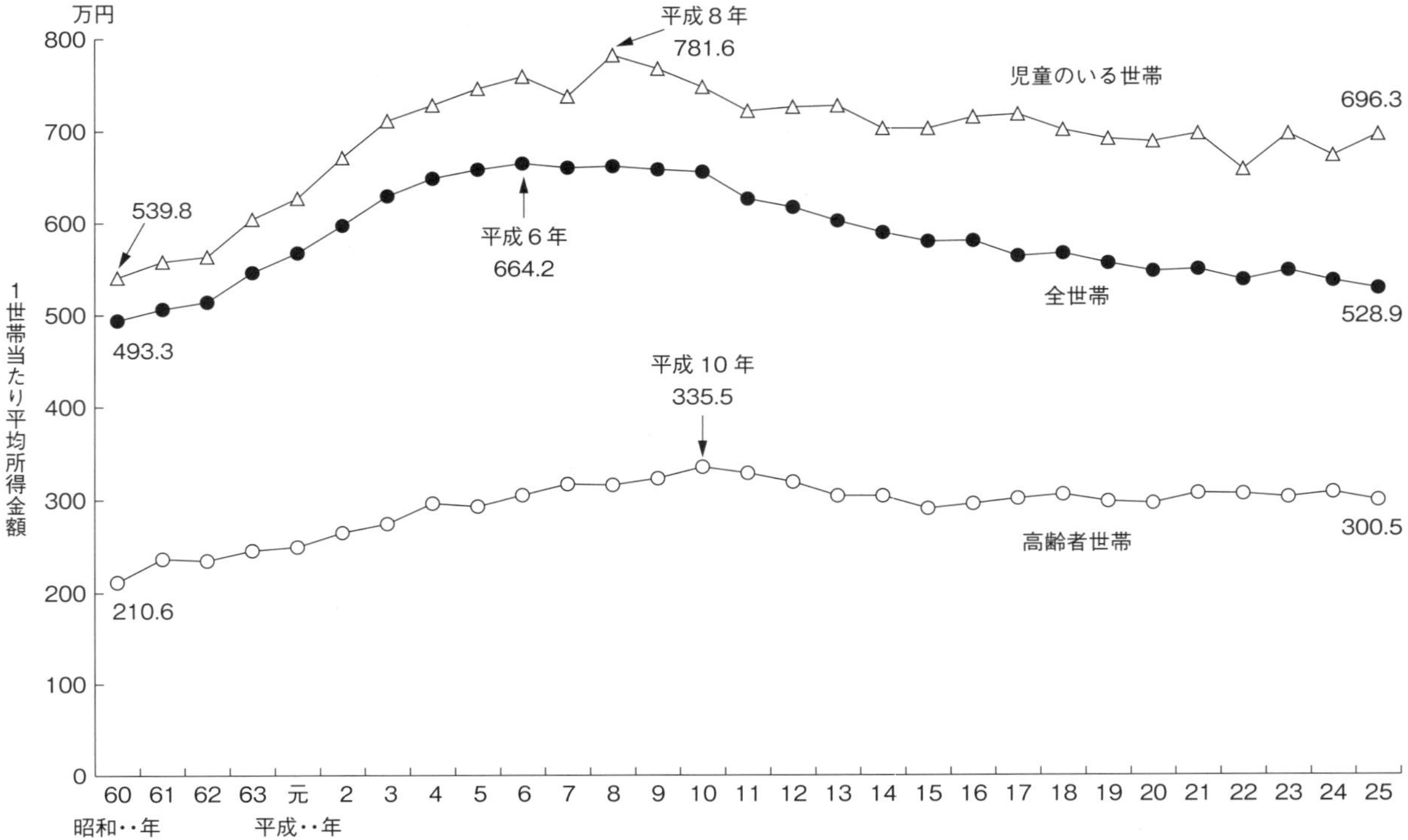

資料：厚生労働省

I -(1)-22　生活保護の被保護世帯数、被保護人員、被保護高齢者世帯数の推移

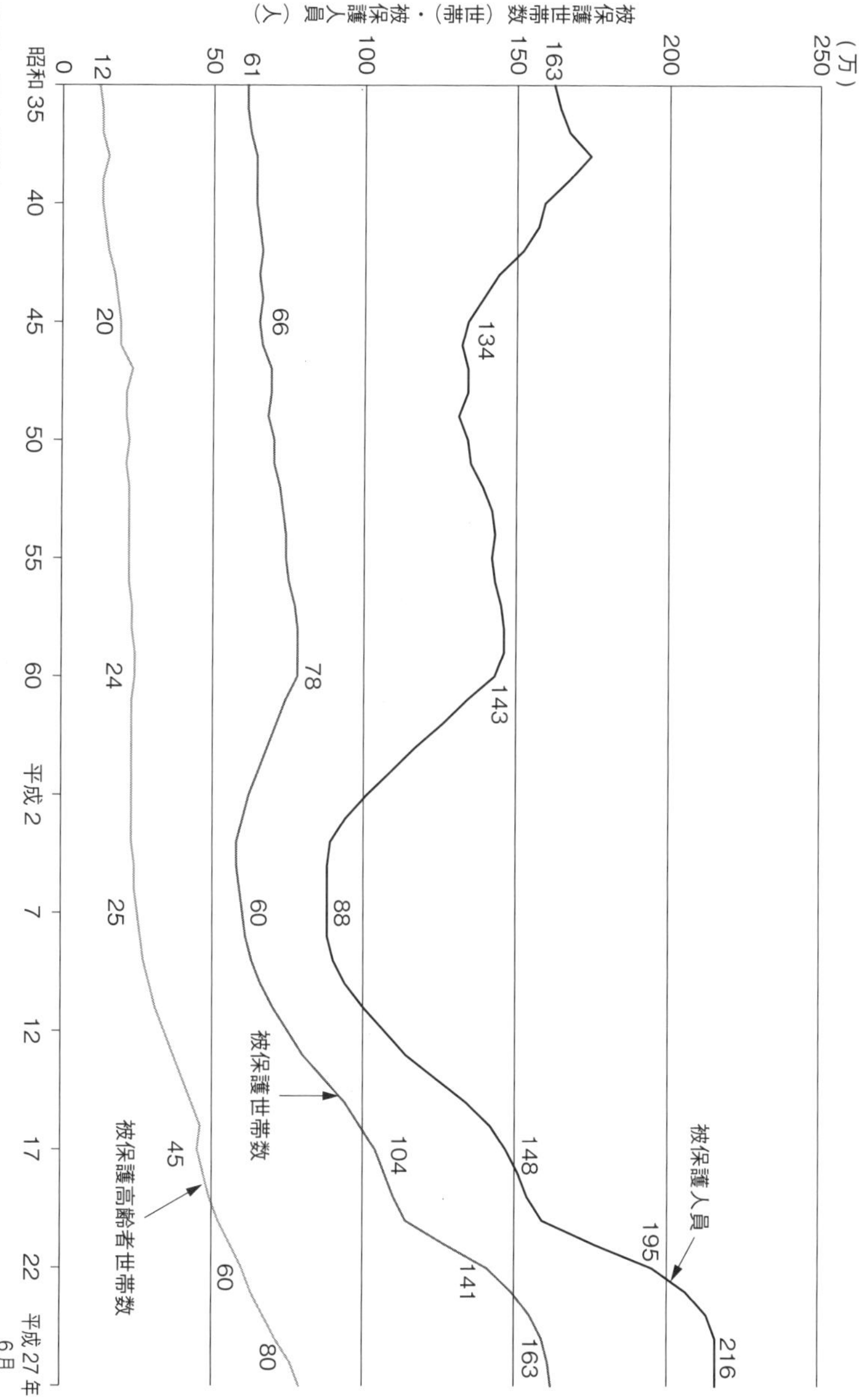

資料：厚生労働省

Ⅰ-(1)-23　勤労者世帯の家計状況の推移

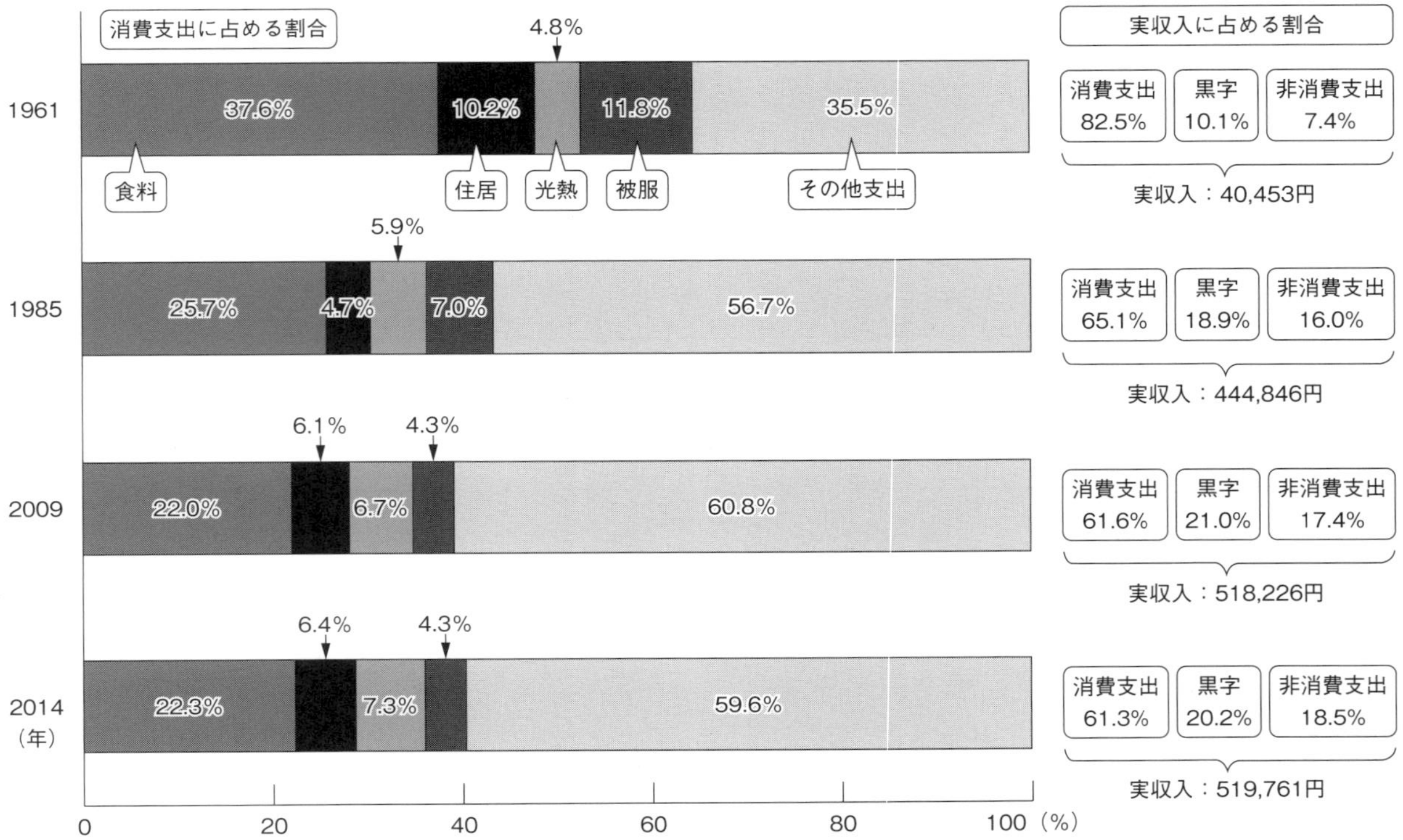

資料：総務省

I-(1)-24　共働き世帯と専業主婦世帯の推移

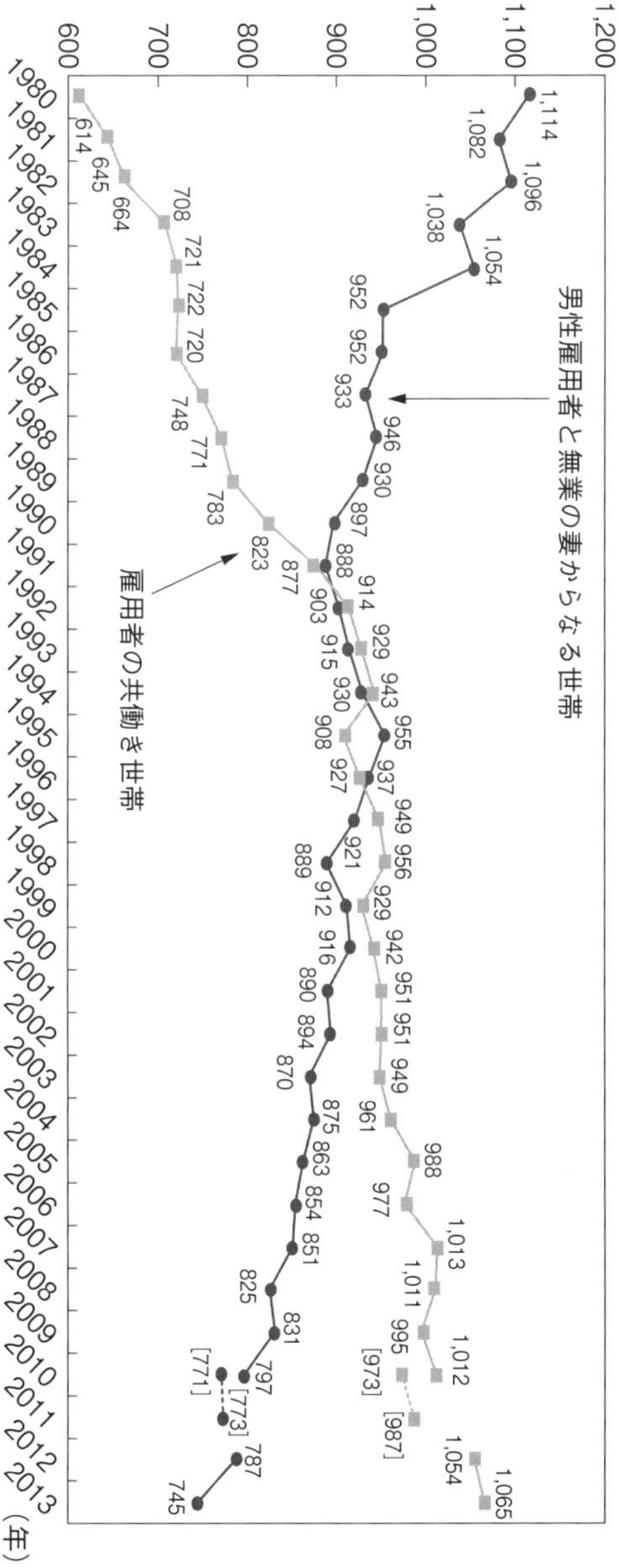

注　2010年及び2011年の［　］内の実数は、岩手県、宮城県及び福島県を除く全国の結果。
資料：内閣府

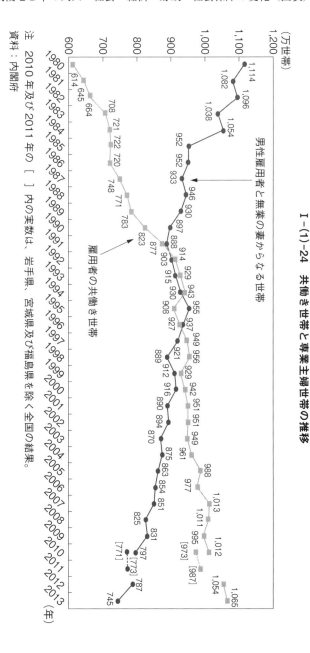

(2)　経済・産業・雇用

Ⅰ-(2)-1　経済成長率の推移

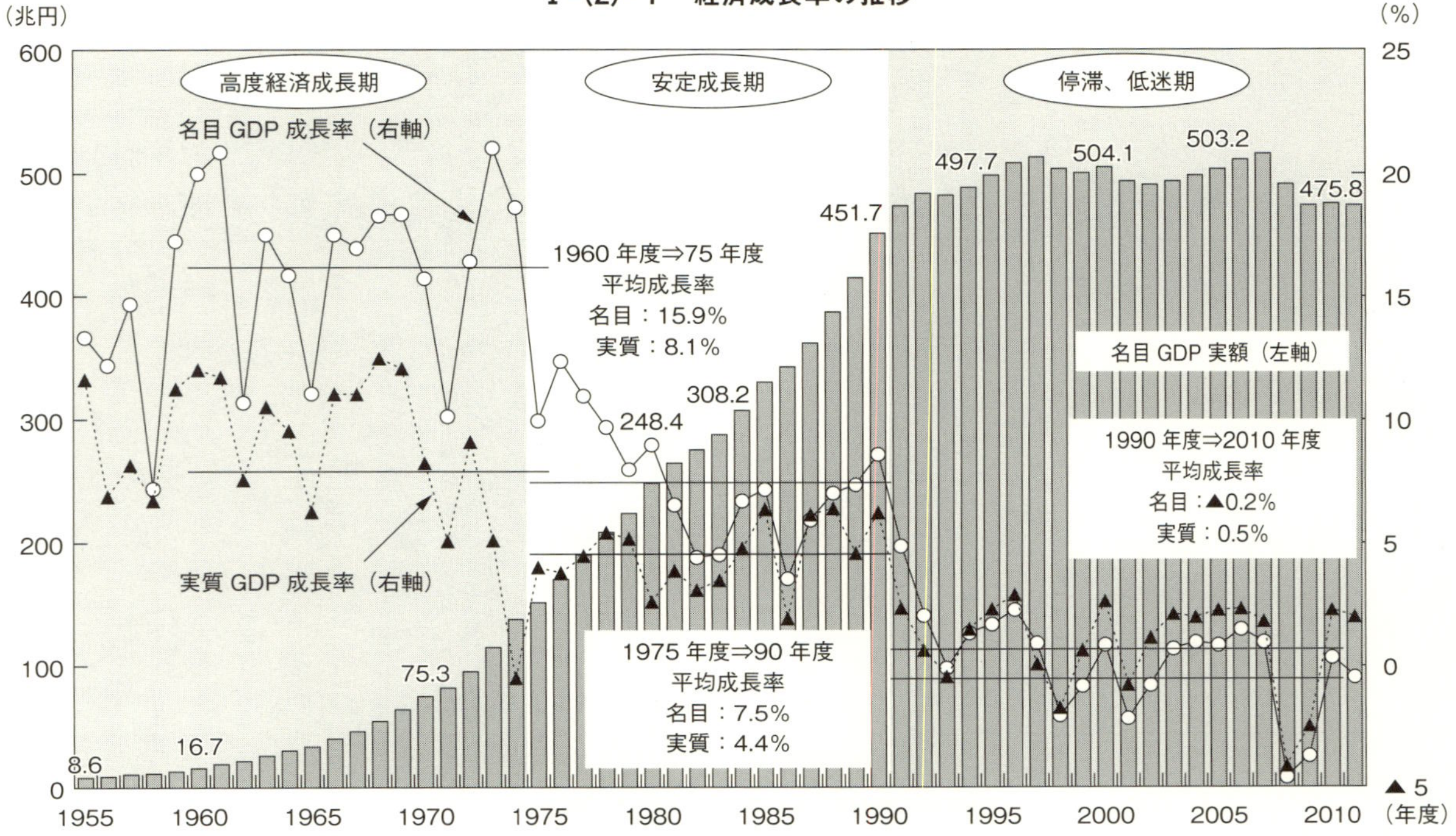

資料：内閣府「国民経済計算」

Ⅰ－(2)－2　実質 GDP 成長率、物価上昇率、現金給与総額増減率の推移

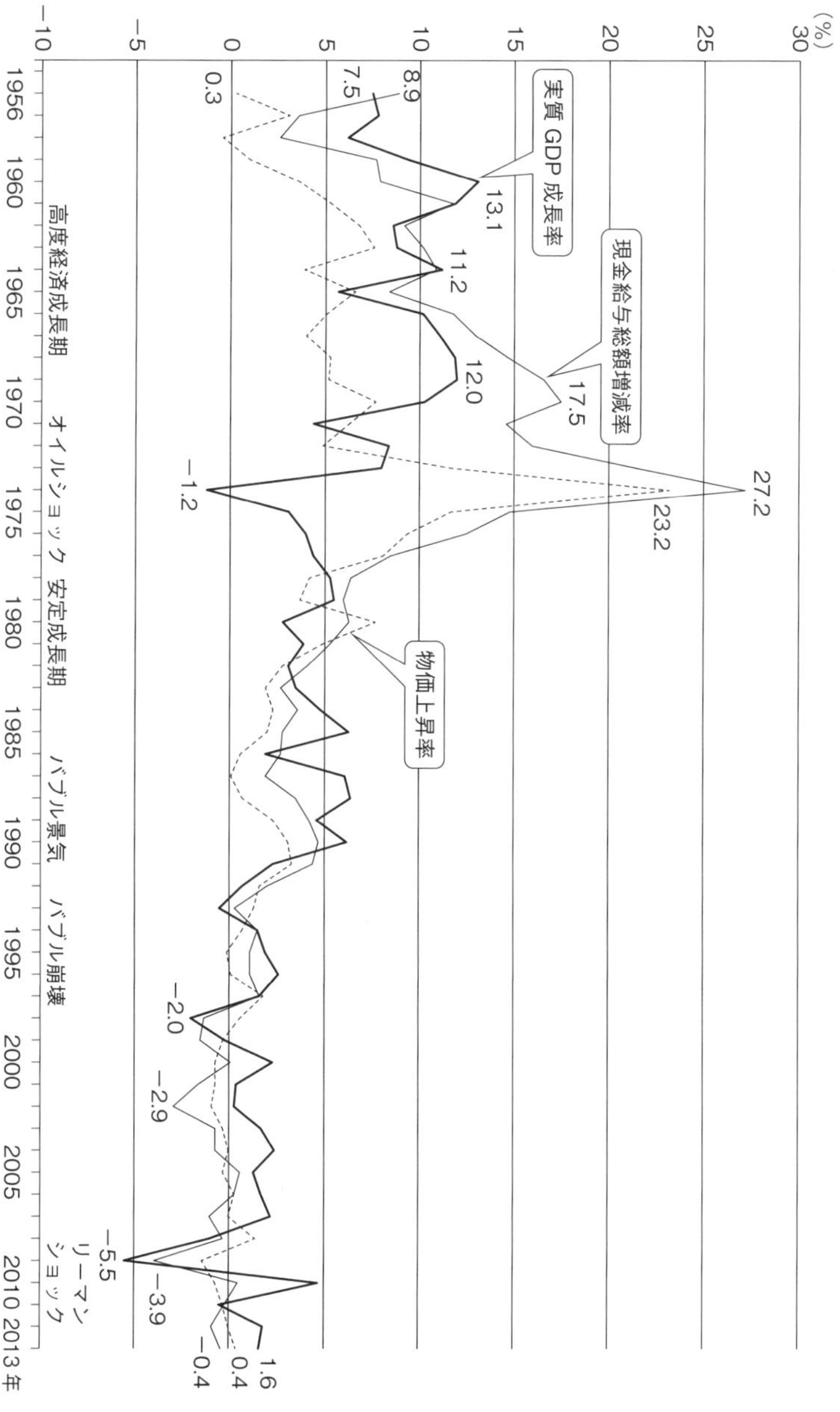

資料：内閣府、総務省、厚生労働省

Ｉ-(2)-３　消費者物価指数（生鮮食品除く総合（コア））の推移（1980年１月〜2015年７月）

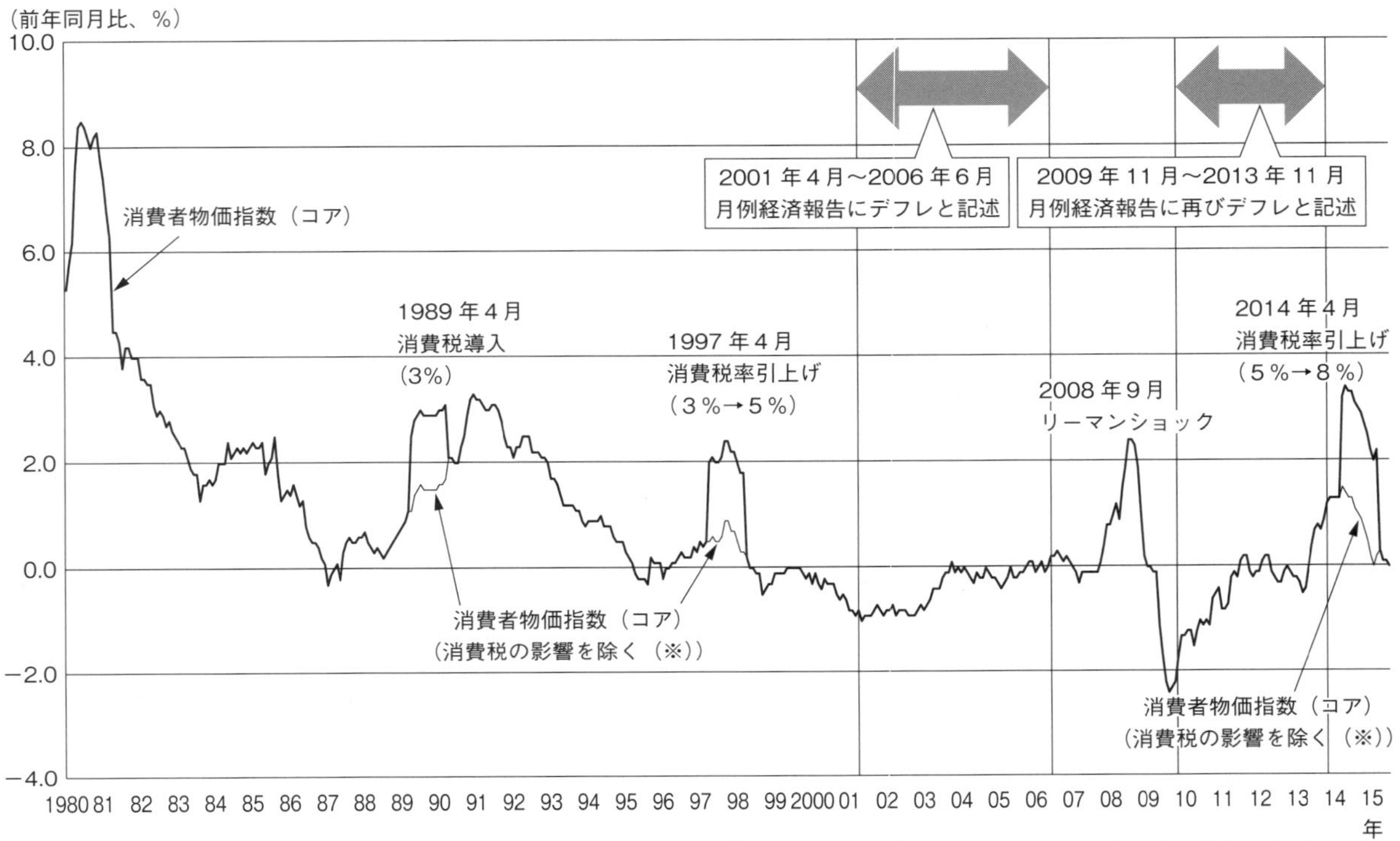

（※）消費税導入及び引上げによる押上げ分（1989年４月〜90年３月：前年同月比1.4％分、1997年４月〜98年３月：前年同月比1.5％分、2014年４月：前年同月比1.7％分、2014年５月〜15年３月：前年同月比2.0％分）を除く。

資料：総務省

Ⅰ-(2)-4　株価と為替レートの推移

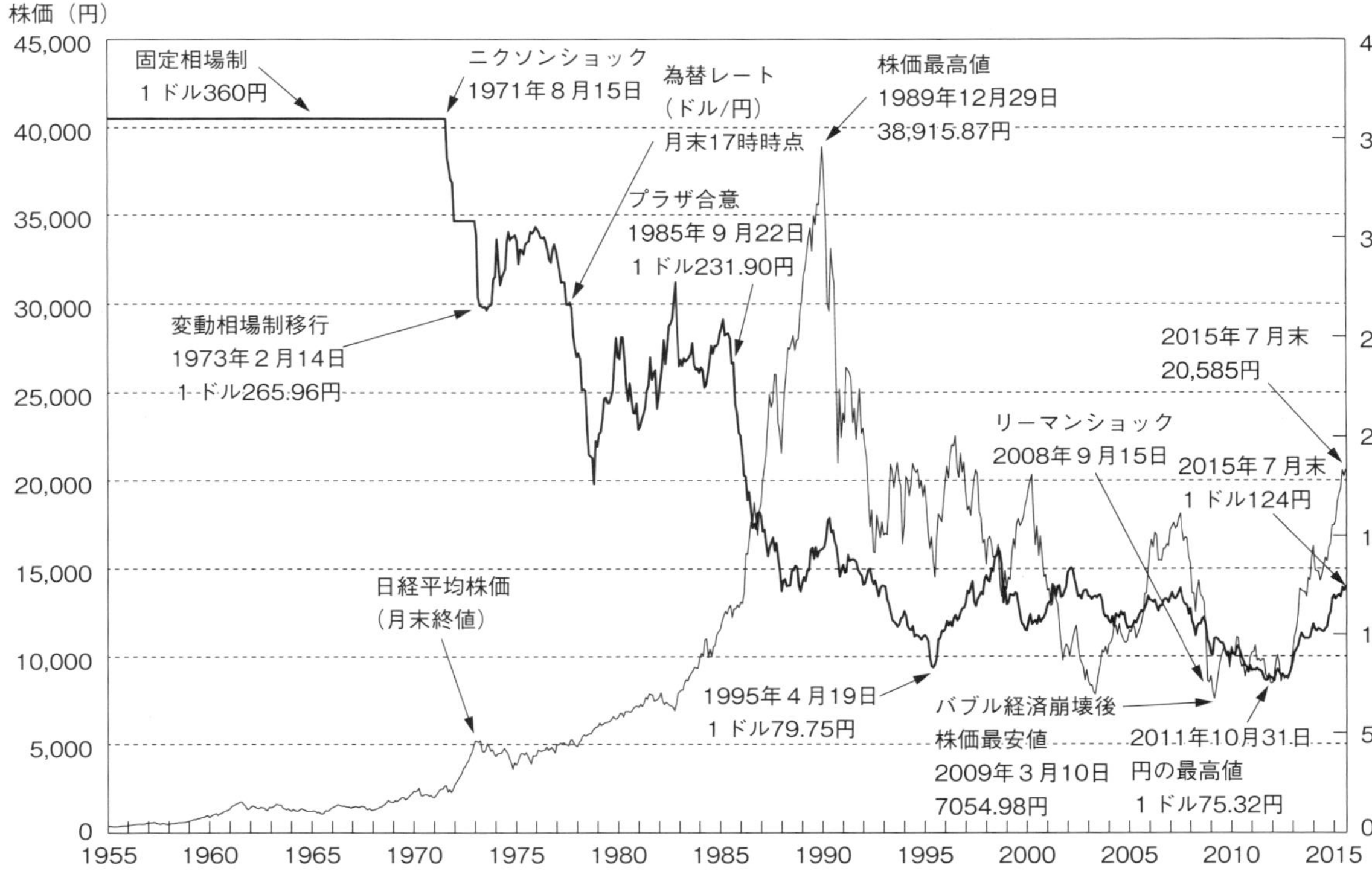

資料：日本銀行、日本経済新聞社

I -(2)- 5　産業３部門別就業者割合の推移

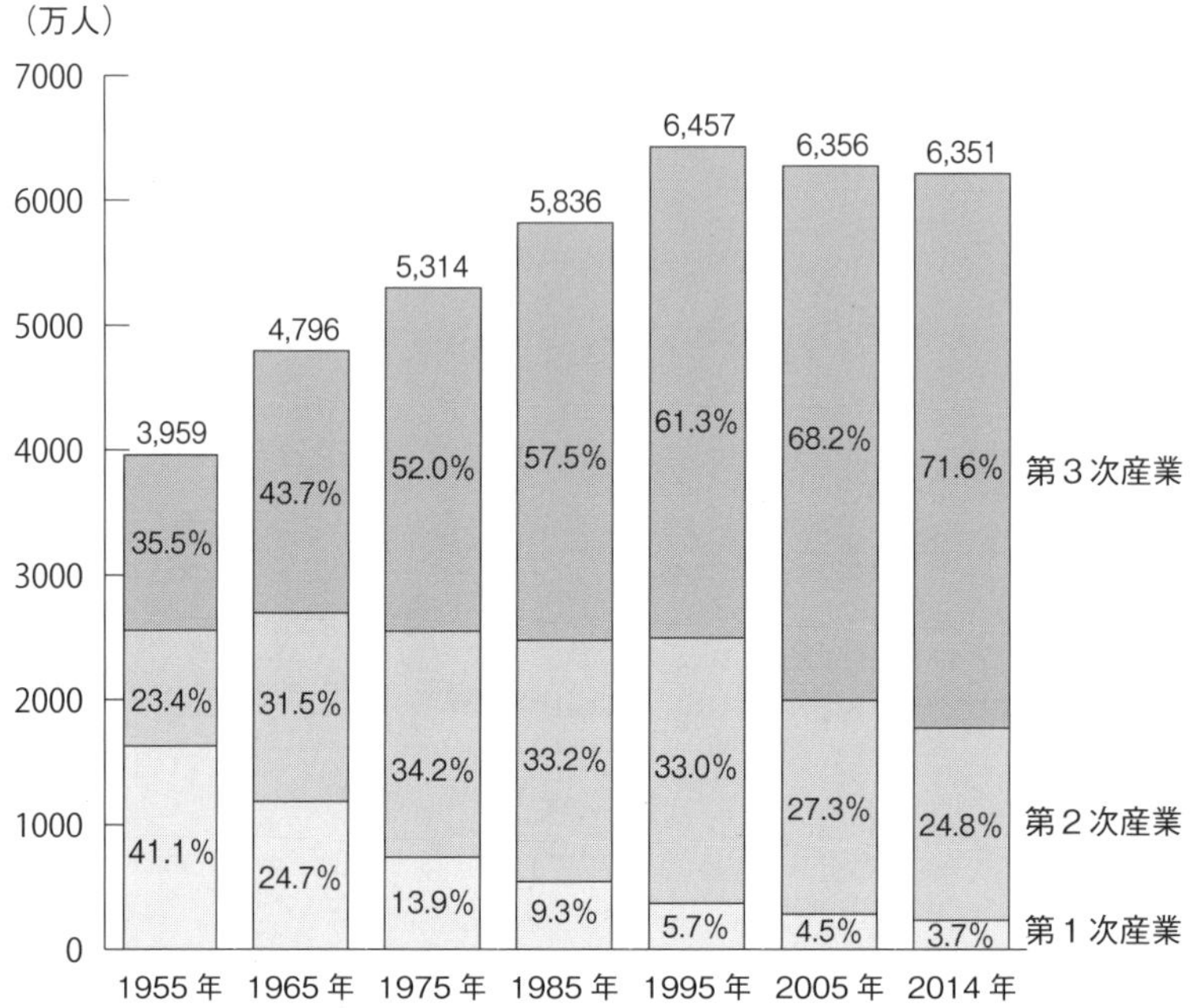

（単位：万人）

年	第１次産業		第２次産業		第３次産業		合計
		割合		割合		割合	
1955 年	1,629	41.1%	925	23.4%	1,405	35.5%	3,959
1965 年	1,186	24.7%	1,512	31.5%	2,097	43.7%	4,796
1975 年	735	13.9%	1,811	34.2%	2,752	52.0%	5,314
1985 年	541	9.3%	1,933	33.2%	3,344	57.5%	5,836
1995 年	367	5.7%	2,125	33.0%	3,940	61.3%	6,457
2005 年	282	4.5%	1,713	27.3%	4,284	68.2%	6,356
2014 年	230	3.7%	1,548	24.8%	4,474	71.6%	6,351

資料：総務省

Ⅰ-(2)-6　正規雇用と非正規雇用の労働者の推移

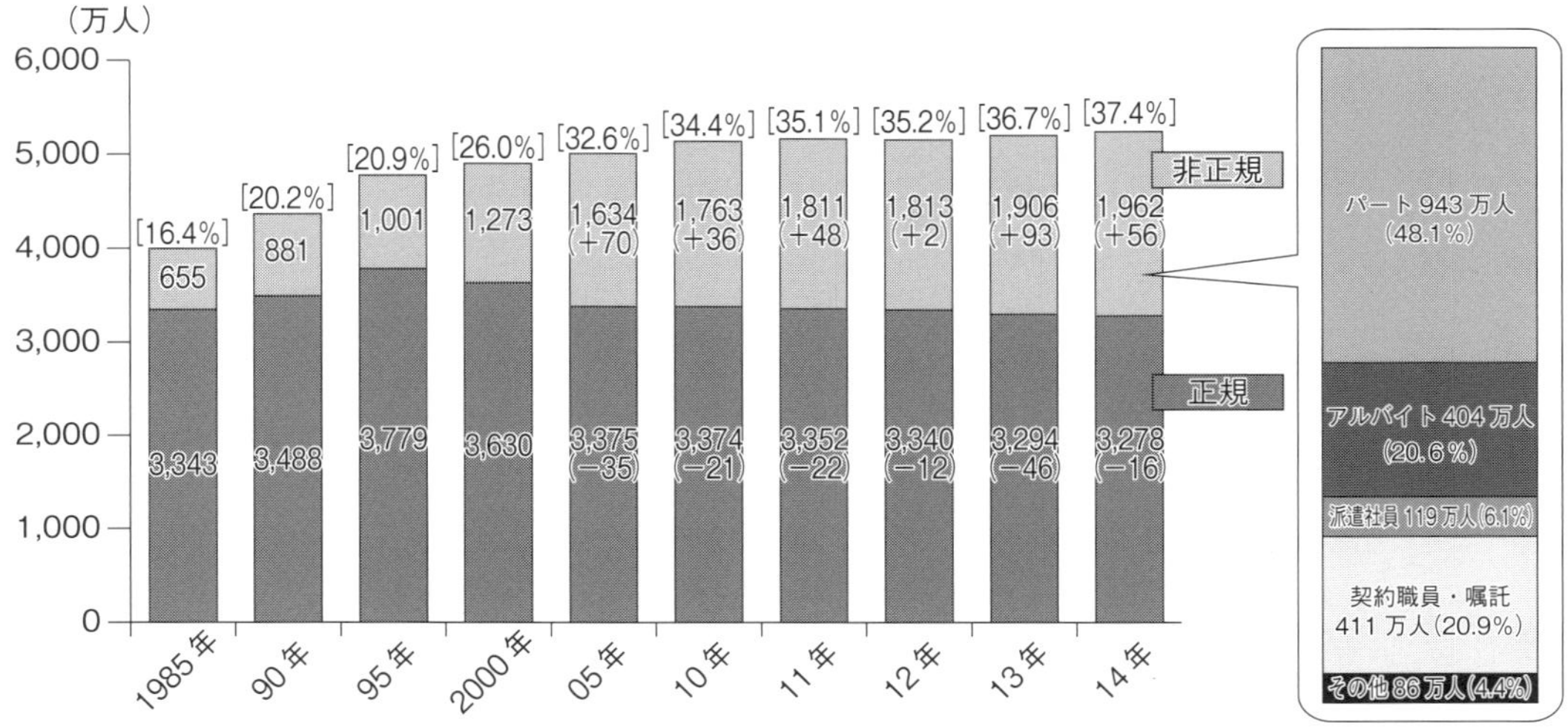

資料：総務省

Ⅰ-(2)-7　３部門別産業の付加価値（名目）の構成割合の推移

（%）

暦年（西暦）	明治18年（1885）	明治33（1900）	大正9（1920）	昭和15（1940）	昭和35（1960）	昭和45（1970）	昭和55（1980）	平成2（1990）	平成12（2000）	平成22（2010）	平成25（2013）
第１次産業（農林水産業）	45.2	39.4	30.2	18.8	12.8	5.9	3.5	2.4	1.6	1.2	1.2
第２次産業	14.7	21.2	29.1	47.4	40.8	43.1	36.5	35.7	28.4	25.2	24.5
鉱業	0.8	1.8	3.4	2.7	1.5	0.8	0.5	0.2	0.1	0.1	0.1
製造業	10.7	15.0	20.6	37.0	33.8	34.9	27.1	25.9	21.2	19.7	18.5
建設業	3.2	4.5	5.0	7.7	5.5	7.5	8.9	9.6	7.2	5.5	5.9
第３次産業	40.2	39.4	40.7	33.8	46.4	50.9	60.0	61.8	70.0	73.6	74.3
卸売・小売業	—	—	—	—	11.4	13.9	14.7	12.9	13.6	13.8	14.5
金融・保険業	—	—	—	—	3.5	4.1	4.8	5.5	5.0	5.0	4.5
不動産業	—	—	—	—	7.4	7.8	9.0	10.3	10.7	11.9	11.8
運輸・通信業	2.5	3.7	6.5	4.9	7.3	6.7	6.2	6.4	9.6	10.3	10.5
サービス業	—	—	—	—	7.4	9.3	13.8	15.7	17.6	19.1	19.9
政府サービス	3.5	3.1	2.9	3.4	6.2	6.1	7.6	7.1	9.1	9.2	9.1
その他	—	—	—	—	3.3	3.0	3.9	4.1	4.4	4.4	4.1
合　計	100.0	100.0	100.0	100.0	100.0	100.0	100.0	100.0	100.0	100.0	100.0

資料：明治18～昭和15年は大川一司ほか編『国民所得』（大川一司ほか編『長期経済統計』第１巻、東洋経済新報社、昭和49年）、昭和35年以降は内閣府

Ⅰ－(2)－8　国内総生産（GDP）、国民所得、賃金、消費者物価の推移

年度	国内総生産	国民所得	現金給与総額（月額）	消費者物価指数	国内総生産（指数）	国民所得（指数）	消費者物価指数	現金給与総額（指数）
	億円	億円	円		指数は昭和30年（1955年）＝100			
1955（昭和30）	85,979	69,733	15,417	17.7	100.0	100.0	100.0	100.0
1960（　35）	166,806	134,967	21,747	19.1	194.0	193.5	107.9	140.3
1965（　40）	337,653	268,270	36,752	25.6	392.7	384.7	144.6	243.6
1970（　45）	752,985	610,297	70,240	32.6	875.8	875.2	184.2	446.4
1975（　50）	1,523,616	1,239,907	163,229	56.0	1,772.1	1,778.1	316.4	1,009.9
1980（　55）	2,483,759	2,038,787	238,175	77.2	2,888.8	2,923.7	436.2	1,453.5
1985（　60）	3,303,968	2,605,599	285,371	88.4	3,842.8	3,736.5	499.4	1,709.7
1986（　61）	3,422,664	2,679,415	295,099	89.0	3,980.8	3,842.4	502.8	1,771.4
1987（　62）	3,622,967	2,810,998	301,520	89.0	4,213.8	4,031.1	502.8	1,815.7
1988（　63）	3,876,856	3,027,101	308,974	89.7	4,509.1	4,341.0	506.8	1,858.9
1989（平成元）	4,158,852	3,208,020	323,395	91.7	4,837.1	4,600.4	518.1	1,943.8
1990（　2）	4,516,830	3,468,929	329,443	94.5	5,253.4	4,974.6	533.9	2,033.0
1991（　3）	4,736,076	3,689,316	345,358	97.6	5,508.4	5,290.6	551.4	2,112.3
1992（　4）	4,832,556	3,660,072	352,333	99.3	5,620.6	5,248.7	561.0	2,165.1
1993（　5）	4,826,076	3,653,760	352,744	100.6	5,613.1	5,239.6	568.4	2,196.0
1994（　6）	4,956,122	3,667,524	358,455	101.2	5,764.3	5,259.4	571.8	2,242.2
1995（　7）	5,045,943	3,707,727	362,510	101.1	5,868.8	5,317.0	571.2	2,277.5
1996（　8）	5,159,439	3,809,122	365,810	101.2	6,000.8	5,462.4	571.8	2,310.5
1997（　9）	5,212,954	3,822,681	371,670	103.1	6,063.1	5,481.9	582.5	2,341.3
1998（　10）	5,109,192	3,693,715	366,481	103.7	5,942.4	5,296.9	585.9	2,334.7
1999（　11）	5,065,992	3,687,817	353,679	103.4	5,892.1	5,288.5	584.2	2,330.3
2000（　12）	5,108,347	3,751,863	355,474	102.7	5,941.4	5,380.3	580.2	2,343.5
2001（　13）	5,017,106	3,667,838	351,335	101.9	5,835.3	5,259.8	575.7	2,314.9
2002（　14）	4,980,088	3,638,901	343,480	101.0	5,792.2	5,218.3	570.6	2,275.3
2003（　15）	5,018,891	3,681,009	341,898	100.7	5,837.3	5,278.7	568.9	2,266.4
2004（　16）	5,027,608	3,701,166	332,784	100.7	5,847.5	5,307.6	568.9	2,255.4
2005（　17）	5,053,494	3,741,251	334,910	100.4	5,877.6	5,365.1	567.2	2,264.2
2006（　18）	5,091,063	3,781,903	335,774	100.7	5,921.3	5,423.4	568.9	2,262.0
2007（　19）	5,130,233	3,812,392	330,313	100.7	5,966.8	5,467.1	568.9	2,251.0
2008（　20）	4,895,201	3,550,380	331,300	102.1	5,693.5	5,091.4	576.8	2,246.6
2009（　21）	4,739,964	3,443,848	315,294	100.7	5,512.9	4,938.6	568.9	2,196.0
2010（　22）	4,805,275	3,527,028	317,321	100.0	5,588.9	5,057.9	565.0	2,202.6
2011（　23）	4,741,705	3,495,971	316,791	99.7	5,515.0	5,013.4	563.3	2,193.8
2012（　24）	4,744,037	3,511,744	314,126	99.7	5,517.7	5,036.0	563.3	2,191.6
2013（　25）	4,824,304	3,591,151	314,048	100.0	5,611.0	5,149.9	565.0	2,180.5
2014（　26）	4,896,234	3,644,441	316,567	102.8	5,694.7	5,226.3	580.8	2,187.2

資料：国内総生産及び国民所得は内閣府「国民経済計算」、現金給与総額は厚生労働省「毎月勤労統計調査」、消費者物価指数は総務省

Ⅰ-(2)-9　消費者物価上昇率の推移

（単位：%）

年　次	消費者物価上昇率	年　次	消費者物価上昇率
昭和 23（1948）年	82.7	昭和 56（1981）年	4.9
昭和 24（1949）年	32.0	昭和 57（1982）年	2.8
昭和 25（1950）年	-6.9	昭和 58（1983）年	1.9
昭和 26（1951）年	16.4	昭和 59（1984）年	2.3
昭和 27（1952）年	5.0	昭和 60（1985）年	2.0
昭和 28（1953）年	6.5	昭和 61（1986）年	0.6
昭和 29（1954）年	6.5	昭和 62（1987）年	0.1
昭和 30（1955）年	-1.1	昭和 63（1988）年	0.7
昭和 31（1956）年	0.3	平成 元（1989）年	2.3
昭和 32（1957）年	3.1	平成 2（1990）年	3.1
昭和 33（1958）年	-0.4	平成 3（1991）年	3.3
昭和 34（1959）年	1.0	平成 4（1992）年	1.6
昭和 35（1960）年	3.6	平成 5（1993）年	1.3
昭和 36（1961）年	5.3	平成 6（1994）年	0.7
昭和 37（1962）年	6.8	平成 7（1995）年	-0.1
昭和 38（1963）年	7.6	平成 8（1996）年	0.1
昭和 39（1964）年	3.9	平成 9（1997）年	1.8
昭和 40（1965）年	6.6	平成 10（1998）年	0.6
昭和 41（1966）年	5.1	平成 11（1999）年	-0.3
昭和 42（1967）年	4.0	平成 12（2000）年	-0.7
昭和 43（1968）年	5.3	平成 13（2001）年	-0.7
昭和 44（1969）年	5.2	平成 14（2002）年	-0.9
昭和 45（1970）年	7.7	平成 15（2003）年	-0.3
昭和 46（1971）年	6.3	平成 16（2004）年	0.0
昭和 47（1972）年	4.9	平成 17（2005）年	-0.3
昭和 48（1973）年	11.7	平成 18（2006）年	0.3
昭和 49（1974）年	23.2	平成 19（2007）年	0.0
昭和 50（1975）年	11.7	平成 20（2008）年	1.4
昭和 51（1976）年	9.4	平成 21（2009）年	-1.4
昭和 52（1977）年	8.1	平成 22（2010）年	-0.7
昭和 53（1978）年	4.2	平成 23（2011）年	-0.3
昭和 54（1979）年	3.7	平成 24（2012）年	0.0
昭和 55（1980）年	7.7	平成 25（2013）年	0.4
		平成 26（2014）年	2.7

資料：総務省

I -(2)-10　勤労者１人当たり給与の推移

（単位：円）

年	男女計		男子		女子	
	現金給与総額	きまって支給する給与	現金給与総額	きまって支給する給与	現金給与総額	きまって支給する給与
昭和35（1960）	21,747	17,818	26,116	21,315	11,267	9,408
40（1965）	36,752	29,458	43,796	34,970	21,110	17,220
45（1970）	70,240	53,379	83,374	63,661	40,200	31,479
50（1975）	163,229	122,766	186,847	141,614	95,419	74,072
55（1980）	238,175	181,102	284,088	215,199	151,874	117,011
60（1985）	285,371	219,452	346,714	265,300	177,363	138,726
61（1986）	295,099	226,680	357,485	273,115	184,351	144,249
62（1987）	301,520	232,168	365,362	279,703	188,356	147,908
63（1988）	308,974	237,290	376,737	287,520	190,909	149,773
平成 元（1989）	323,395	246,059	396,071	299,324	198,218	154,315
2（1990）	329,443	249,510	407,729	306,416	201,513	156,519
3（1991）	345,358	260,778	426,933	320,066	213,547	164,979
4（1992）	352,333	267,512	434,926	327,913	220,339	170,983
5（1993）	352,744	271,183	436,151	332,929	221,243	173,833
6（1994）	358,455	277,175	443,082	340,364	225,382	177,812
7（1995）	362,510	281,623	448,130	345,888	227,440	180,242
8（1996）	365,810	284,976	451,802	349,594	229,981	182,909
9（1997）	371,670	288,641	458,774	353,805	233,112	184,983
10（1998）	366,481	287,853	451,064	352,021	231,010	185,079
11（1999）	353,679	281,283	442,703	349,419	221,563	180,164
12（2000）	355,474	283,846	445,643	353,071	221,920	181,313
13（2001）	351,335	281,882	440,196	350,436	220,727	181,121
14（2002）	343,480	278,933	429,110	345,969	217,284	180,139
15（2003）	341,898	278,747	428,432	346,489	215,730	179,979
16（2004）	332,784	272,047	423,785	342,896	209,674	176,199
17（2005）	334,910	272,802	425,541	342,984	211,184	176,992
18（2006）	335,774	272,614	425,394	341,566	213,168	178,283
19（2007）	330,313	269,508	419,651	338,433	209,932	176,632
20（2008）	331,300	270,511	420,142	339,098	211,291	177,862
21（2009）	315,294	262,357	400,686	329,980	205,426	175,350
22（2010）	317,321	263,245	404,576	332,035	206,134	175,588
23（2011）	316,791	262,372	404,493	331,139	206,670	176,027
24（2012）	314,126	261,584	400,471	329,563	206,150	176,576
25（2013）	314,048	260,349	400,389	327,848	206,711	176,436
26（2014）	316,567	261,029	404,424	328,976	209,155	177,958

資料：厚生労働省

Ⅰ－(2)－11　賃金上昇率と標準報酬月額上昇率の推移

（単位：％）

年次	賃金					
	名目			実質		
	標準報酬月額上昇率	きまって支給する給与の上昇率（暦年）	現金給与総額の上昇率（暦年）	標準報酬月額上昇率	きまって支給する給与の上昇率（暦年）	現金給与総額の上昇率（暦年）
昭和27（1952）年	4.2	15.8	15.4	−0.8	10.8	10.4
昭和28（1953）年	2.9	11.2	12.0	−3.6	4.7	5.5
昭和29（1954）年	62.4	5.5	4.3	55.9	−1.0	−2.2
昭和30（1955）年	2.2	3.5	4.1	3.3	4.6	5.2
昭和31（1956）年	1.9	6.7	8.9	1.6	6.4	8.6
昭和32（1957）年	2.1	1.6	3.6	−1.0	−1.5	0.5
昭和33（1958）年	1.3	2.3	2.6	1.7	2.7	3.0
昭和34（1959）年	1.5	6.1	7.7	0.5	5.1	6.7
昭和35（1960）年	31.7	5.7	7.9	28.1	2.1	4.3
昭和36（1961）年	10.2	10.1	11.8	4.9	4.8	6.5
昭和37（1962）年	10.4	9.2	9.2	3.6	2.4	2.4
昭和38（1963）年	7.6	9.6	10.2	0.0	2.0	2.6
昭和39（1964）年	9.1	11.8	10.9	5.2	7.9	7.0
昭和40（1965）年	22.5	8.7	8.4	15.9	2.1	1.8
昭和41（1966）年	8.5	10.5	11.8	3.4	5.4	6.7
昭和42（1967）年	9.3	12.2	13.0	5.3	8.2	9.0
昭和43（1968）年	9.9	12.9	14.7	4.6	7.6	9.4
昭和44（1969）年	23.8	14.2	16.6	18.6	9.0	11.4
昭和45（1970）年	15.2	16.6	17.5	7.5	8.9	9.8
昭和46（1971）年	17.4	14.9	14.6	11.1	8.6	8.3
昭和47（1972）年	12.1	15.6	16.0	7.2	10.7	11.1
昭和48（1973）年	23.4	18.7	21.5	11.7	7.0	9.8
昭和49（1974）年	24.3	24.9	27.2	1.1	1.7	4.0
昭和50（1975）年	10.7	18.1	14.8	−1.0	6.4	3.1
昭和51（1976）年	16.8	12.5	12.5	7.4	3.1	3.1
昭和52（1977）年	8.8	9.2	8.5	0.7	1.1	0.4
昭和53（1978）年	5.7	7.1	6.4	1.5	2.9	2.2
昭和54（1979）年	5.7	5.8	6.0	2.0	2.1	2.3
昭和55（1980）年	8.8	5.7	6.3	1.1	−2.0	−1.4
昭和56（1981）年	5.2	5.2	5.3	0.3	0.3	0.4
昭和57（1982）年	4.5	5.0	4.1	1.7	2.2	1.3
昭和58（1983）年	2.9	3.3	2.7	1.0	1.4	0.8
昭和59（1984）年	3.4	3.3	3.6	1.1	1.0	1.3
昭和60（1985）年	5.1	3.2	2.8	3.1	1.2	0.8
昭和61（1986）年	2.6	2.9	2.7	2.0	2.3	2.1
昭和62（1987）年	1.9	2.0	1.9	1.8	1.9	1.8
昭和63（1988）年	3.0	3.5	3.5	2.3	2.8	2.8
平成 元（1989）年	5.1	3.1	4.2	2.8	0.8	1.9
平成 2（1990）年	4.5	3.8	4.7	1.4	0.7	1.6
平成 3（1991）年	3.9	4.0	4.4	0.6	0.7	1.1
平成 4（1992）年	2.4	2.5	2.0	0.8	0.9	0.4
平成 5（1993）年	1.4	1.5	0.3	0.1	0.2	−1.0
平成 6（1994）年	2.9	2.0	1.5	2.2	1.3	0.8
平成 7（1995）年	1.3	1.5	1.1	1.4	1.6	1.2
平成 8（1996）年	1.2	1.4	1.1	1.1	1.3	1.0
平成 9（1997）年	1.8	1.3	1.6	−0.0	−0.5	−0.2
平成10（1998）年	−0.2	−0.3	−1.3	−0.8	−0.9	−1.9
平成11（1999）年	−0.2	−0.2	−1.5	0.1	0.1	−1.2
平成12（2000）年	1.0	0.5	0.1	1.7	1.2	0.8
平成13（2001）年	0.0	−1.1	−1.6	0.7	−0.4	−0.9
平成14（2002）年	−1.4	−1.7	−2.9	−0.5	−0.8	−2.0
平成15（2003）年	−0.1	−0.4	−0.7	0.2	−0.1	−0.4
平成16（2004）年	−0.1	−0.4	−0.7	−0.1	−0.4	−0.7
平成17（2005）年	−0.1	0.3	0.6	0.2	0.6	0.9
平成18（2006）年	−0.1	0.0	0.3	−0.4	−0.3	0.0
平成19（2007）年	−0.2	−0.5	−1.0	−0.2	−0.5	−1.0
平成20（2008）年	−0.3	−0.2	−0.3	−1.7	−1.6	−1.7
平成21（2009）年	−4.1	−2.2	−3.9	−2.7	−0.8	−2.5
平成22（2010）年	0.7	0.3	0.5	1.4	1.0	1.2
平成23（2011）年	−0.2	−0.4	−0.2	−0.1	−0.1	0.1
平成24（2012）年	0.2	−0.1	−0.7	0.2	−0.1	−0.7
平成25（2013）年	0.1	−0.5	0.0	−0.3	−0.9	−0.4
平成26（2014）年	1.0	0.3	0.8	−1.7	−2.4	−1.9

資料：厚生労働省

Ⅰ-(2)-12　世界経済に占める各国GDPの割合の推移と見通し

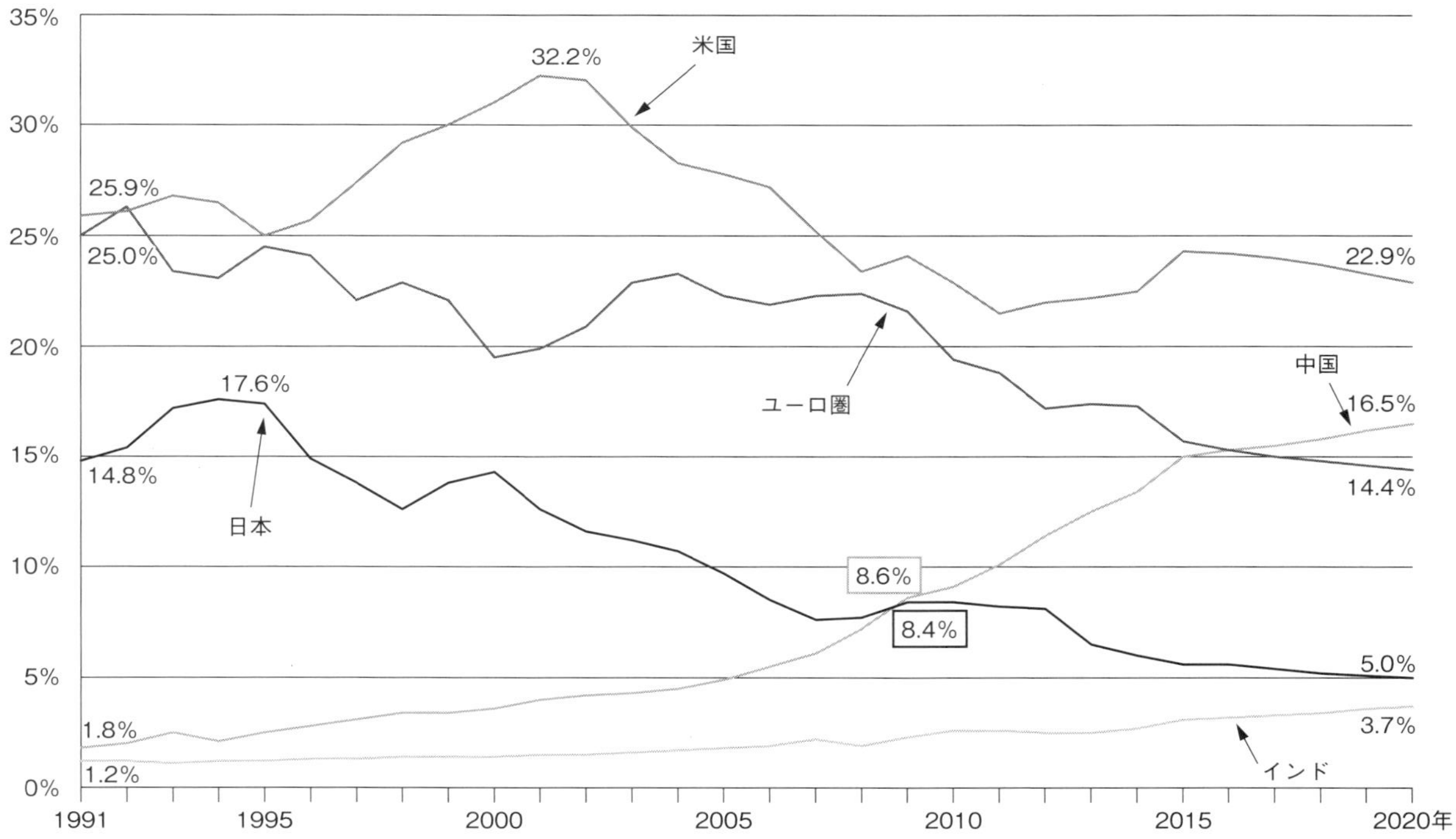

資料：IMF資料（2015年４月）に基づき作成

I－(2)－13　1人当たりGDPの国際比較（2014年）

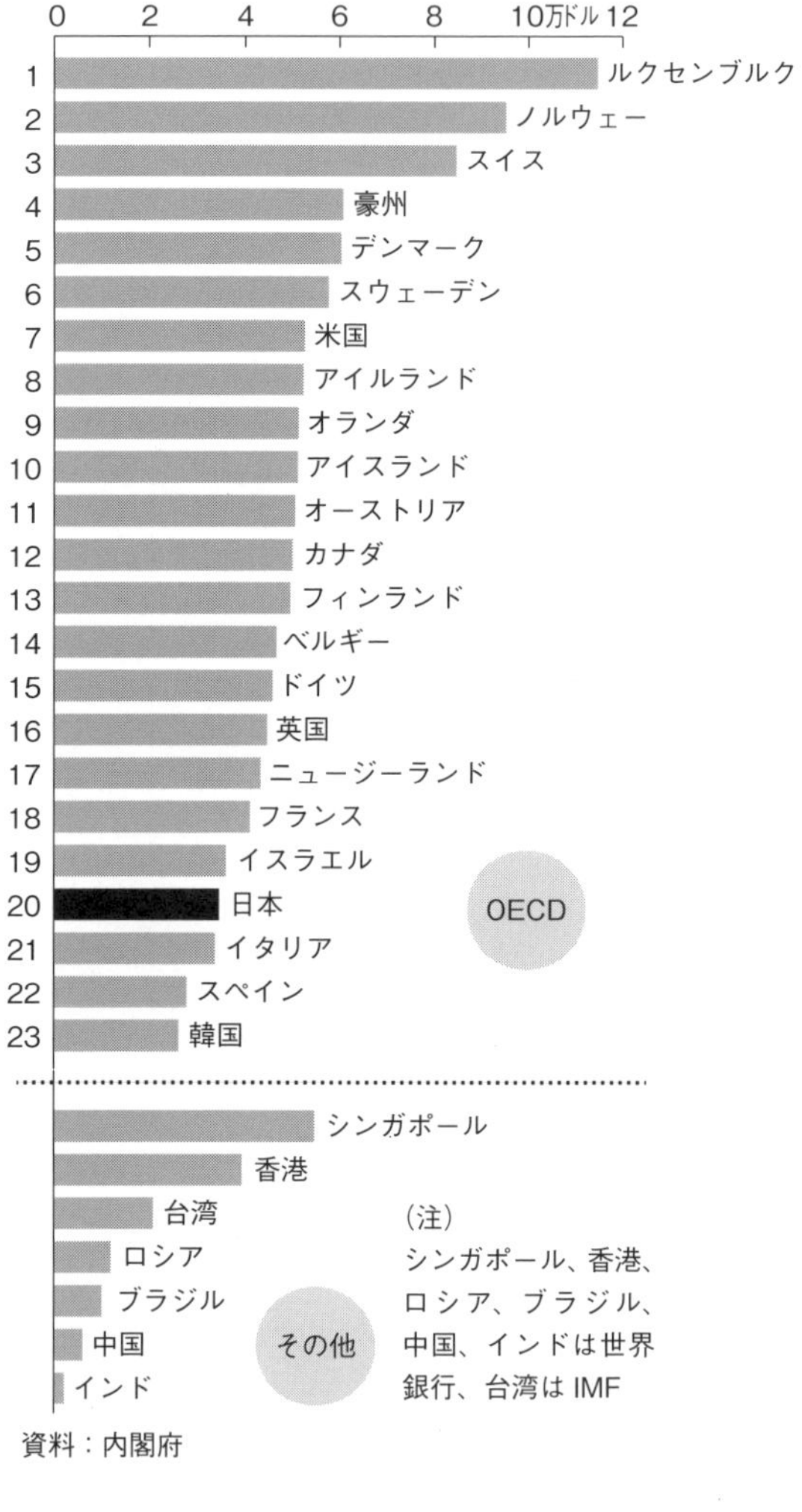

資料：内閣府

(3)　国の財政と国民の負担

Ⅰ-(3)-1　国の一般会計税収、歳出総額及び公債発行額の推移

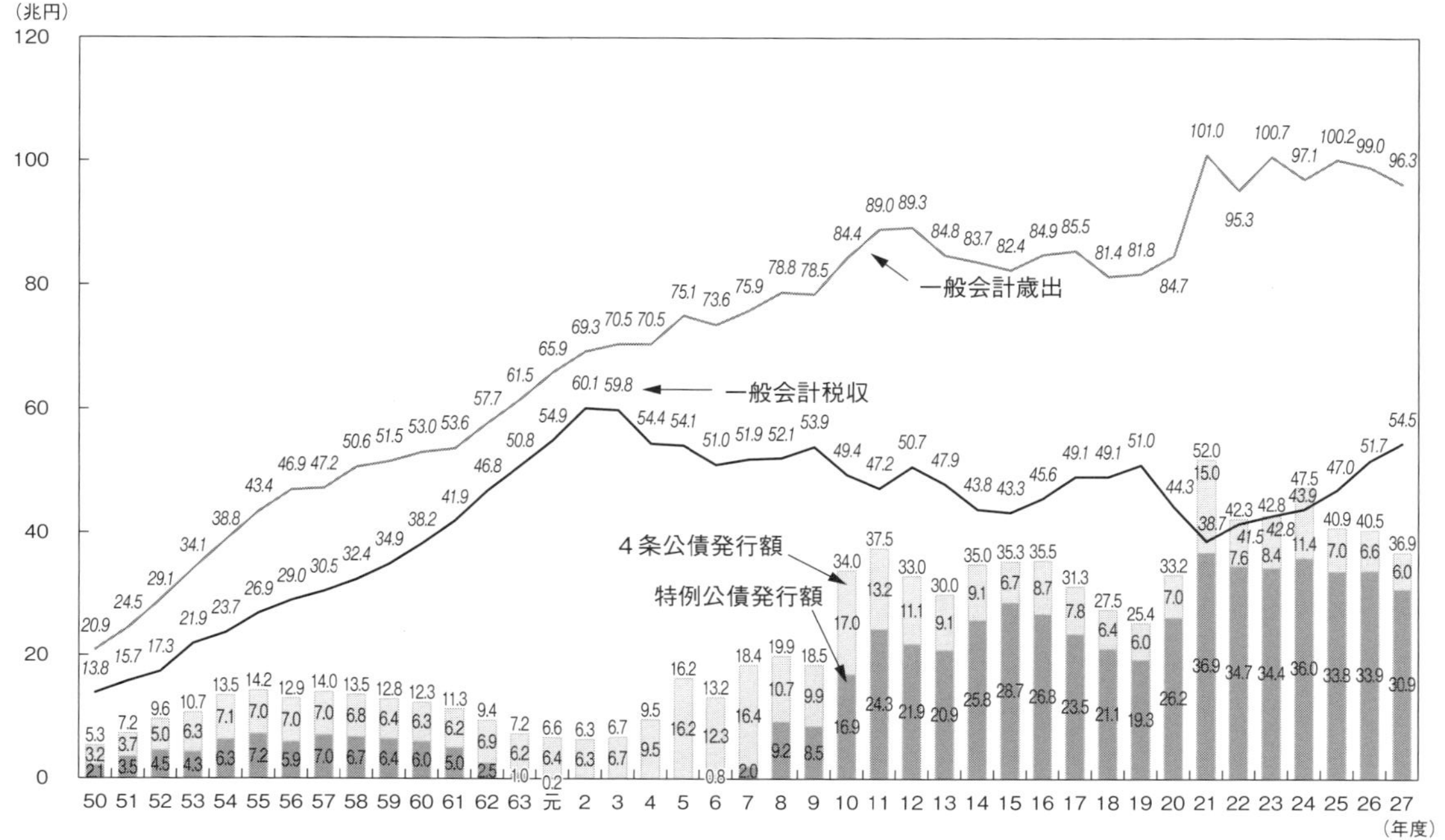

資料：財務省

I-(3)-2　国の主要税目の税収（一般会計分）の推移

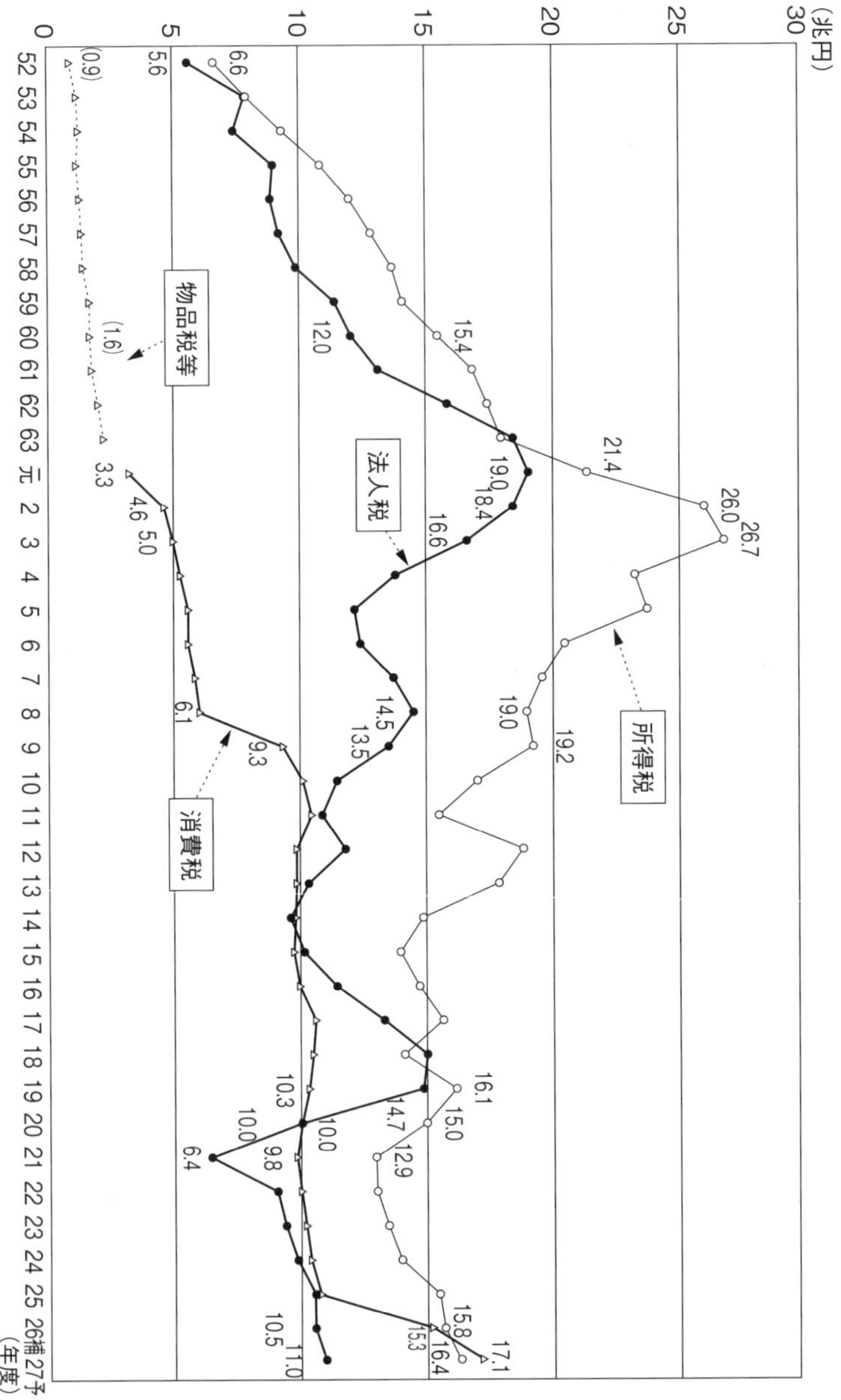

資料：財務省

Ⅰ－(3)－3　一般会計歳出の構成の推移（当初予算ベース）

（単位：億円、％）

年度	一般会計歳出			国債費		基礎的財政収支（PB）対象経費			社会保障関係費		地方交付税等		一般会計歳出/GDP	PB対象経費/GDP
		伸額	伸率		伸額		伸額	伸率		伸額		伸額		
昭和 40	36,581	4,026	12.4	220	▲235	36,360	4,261	13.3	5,164	857	7,162	948	10.8	10.8
45	79,498	12,102	18.0	2,909	121	76,589	11,981	18.5	11,371	1,901	16,629	3,295	10.6	10.2
50	212,888	41,894	24.5	10,394	1,772	202,494	40,121	24.7	39,269	10,361	44,086	10,264	14.0	13.3
55	425,888	39,887	10.3	53,104	12,321	372,784	27,566	8.0	82,124	5,859	65,452	12,570	17.1	15.0
60	524,996	18,724	3.7	102,242	10,691	422,755	8,033	1.9	95,736	2,526	96,901	8,037	15.9	12.8
平成 2	662,368	58,226	9.6	142,886	26,237	519,482	31,989	6.6	116,148	7,202	152,751	19,063	14.7	11.5
7	709,871	▲20,945	▲2.9	132,213	▲11,389	577,658	5,892	1.0	139,244	4,428	132,154	4,576	14.1	11.4
12	849,871	31,269	3.8	219,653	21,334	630,217	26,109	4.3	167,666	6,716	149,304	14,074	16.6	12.3
17	821,829	720	0.1	184,422	8,736	637,407	▲8,016	▲1.2	203,808	5,838	160,889	▲4,046	16.3	12.6
22	922,992	37,512	4.2	206,491	4,053	709,319	26,277	3.8	272,686	24,342	174,777	9,044	19.2	14.8
23	924,116	1,124	0.1	215,491	9,000	708,625	▲694	▲0.1	287,079	14,393	167,845	▲6,932	19.5	15.0
24	903,339	▲20,777	▲2.2	219,442	3,951	683,897	▲24,728	▲3.5	263,901	▲23,177	165,940	▲1,905	19.0	14.4
25	926,115	22,776	2.5	222,415	2,973	703,700	19,803	2.9	291,224	27,323	163,927	▲2,013	19.2	14.6
26	958,823	32,708	3.5	232,702	10,287	726,121	22,421	3.2	305,175	13,951	161,424	▲2,502	19.5	14.8
27	963,420	4,596	0.5	234,507	1,805	728,912	2,791	0.4	315,297	10,121	155,357	▲6,067	19.1	14.4

資料：財務省

Ｉ－(3)－4　国の一般会計歳出、一般歳出、社会保障関係費等の推移

（単位：億円、％）

年度	一般会計歳出		一般歳出		社会保障関係費															
									医療費関係			年金関係			介護関係			福祉・その他		
	予算額(A)	伸率	予算額(B)	伸率	予算額(C)	伸率	C/A	C/B	予算額(D)	伸率	D/C	予算額(E)	伸率	E/C	予算額(F)	伸率	F/C	予算額(G)	伸率	G/C
昭和51	242,960	14.1	188,217	18.8	48,076	22.4	19.8	25.5	22,586	20.0	47.0	10,730	22.5	22.3				14,760	26.1	30.7
55	425,888	10.3	307,332	5.1	82,124	7.7	19.3	26.7	35,871	6.9	43.7	21,870	8.3	26.6				24,383	8.3	29.7
60	542,996	3.7	325,854	▲0.0	95,740	2.7	18.2	29.4	39,699	▲0.7	41.5	27,351	13.3	28.6				28,690	▲1.4	29.9
平成 2	662,368	9.6	353,731	3.8	116,157	6.6	17.5	32.8	51,872	4.2	44.7	34,410	13.1	29.6				29,875	3.9	25.7
7	709,871	▲2.9	421,417	3.1	139,244	3.3	19.6	33.0	62,017	5.9	44.5	41,879	▲1.8	30.1				35,348	5.2	25.4
12	849,871	3.8	480,914	2.6	167,666	4.1	19.7	34.9	67,956	▲6.1	40.5	51,529	2.3	30.8	12,589	—	7.5	35,592	▲7.3	21.2
17	821,829	0.1	472,829	▲0.7	203,808	2.9	24.8	43.1	80,862	▲0.7	39.7	62,695	7.6	30.8	19,518	8.9	9.6	40,733	0.9	20.0
22	922,992	4.2	534,542	3.3	272,686	9.8	29.5	51.0	94,594	4.8	34.7	101,354	2.7	37.2	20,803	5.6	7.6	55,935	40.9	20.5
23	924,116	0.1	540,780	1.2	287,079	5.3	31.1	53.1	99,250	4.9	34.6	103,847	2.5	36.2	22,037	5.9	7.7	61,945	10.7	21.6
24	903,339	▲2.2	517,957	▲4.2	263,901	▲8.1	29.2	51.0	102,442	3.2	38.8	81,037	▲22.0	30.7	23,392	6.1	8.9	57,030	▲7.9	21.6
25	926,115	2.5	539,774	4.2	291,224	10.4	31.4	54.0	105,587	3.1	36.3	104,279	28.7	35.8	24,916	6.5	8.6	56,442	▲1.0	19.4
26	958,823	3.5	564,697	4.6	305,175	4.8	31.8	54.0	111,990	6.1	36.7	107,166	2.8	35.1	26,899	8.0	8.8	59,120	4.7	19.4
27	963,420	0.5	573,555	1.6	315,297	3.3	32.7	55.0	114,891	2.6	36.4	110,527	3.1	35.1	27,592	2.6	8.8	62,287	5.4	19.8

資料：財務省

Ⅰ-(3)-5　わが国の国民負担率（対国民所得比）の推移

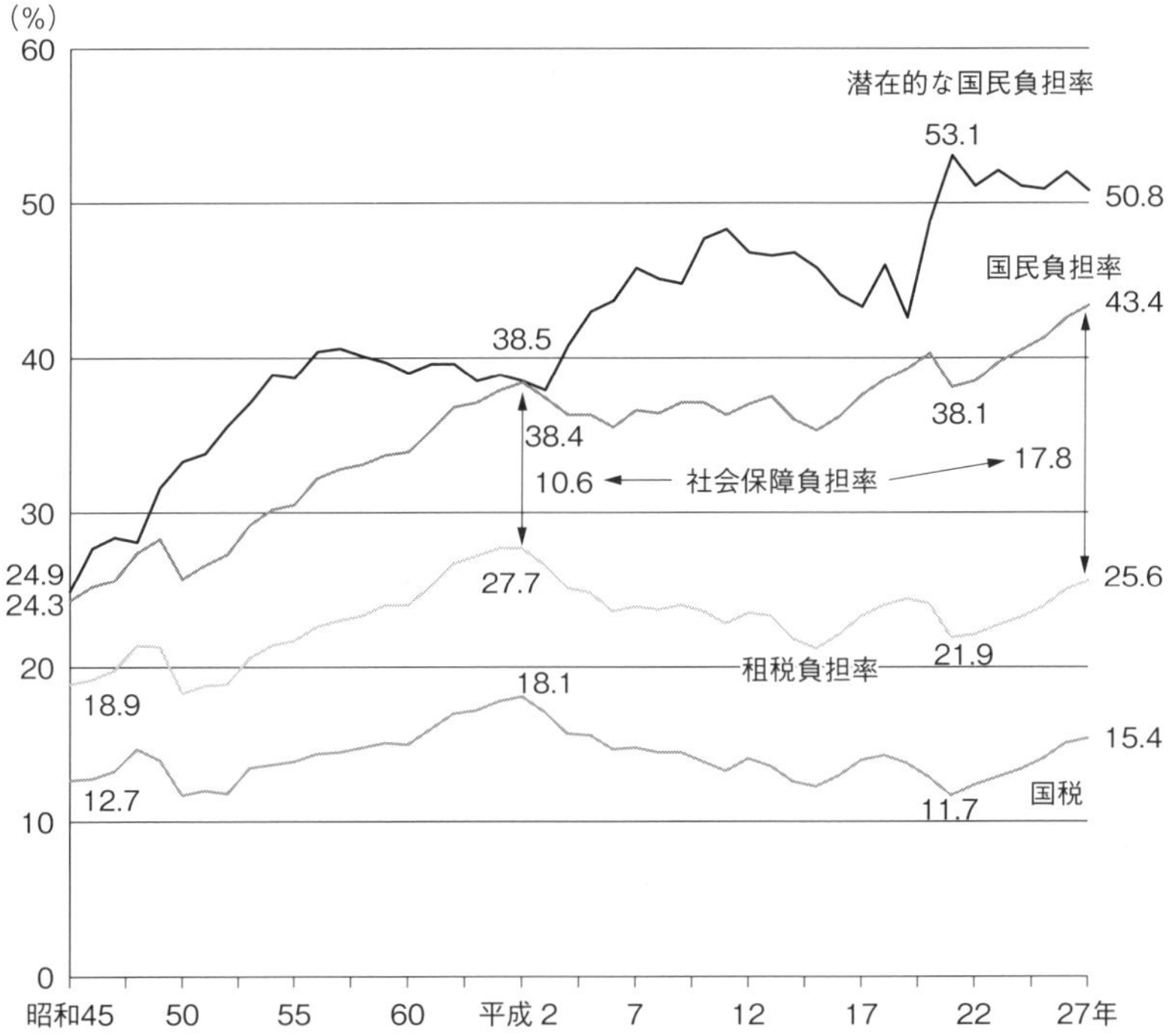

（注）国民負担率＝租税負担率＋社会保障負担率、潜在的な国民負担率＝国民負担率＋財政赤字
資料：財務省

Ⅰ-(3)-6　わが国の国民負担率（対国民所得比）の推移

（兆円、％）

年度	国税 ①	一般会計税収	地方税 ②	租税負担 ③=①+②	社会保障負担 ④	国民負担率 ⑤=③+④	財政赤字 ⑥	潜在的な国民負担率 ⑦=⑤+⑥	国民所得 (NI)	（参考）国民負担率対 GDP 比	（参考）国内総生産 (GDP)
昭和 45	12.7	12.0	6.1	18.9	5.4	24.3	0.5	24.9	61.0	19.7	75.3
46	12.8	12.0	6.4	19.2	5.9	25.2	2.5	27.7	65.9	20.0	82.9
47	13.3	12.5	6.4	19.8	5.9	25.6	2.8	28.4	77.9	20.7	96.5
48	14.7	13.9	6.8	21.4	5.9	27.4	0.7	28.1	95.8	22.5	116.7
49	14.0	13.4	7.3	21.3	7.0	28.3	3.3	31.6	112.5	23.0	138.5
50	11.7	11.1	6.6	18.3	7.5	25.7	7.5	33.3	124.0	20.9	152.4
51	12.0	11.2	6.8	18.8	7.8	26.6	7.2	33.8	140.4	21.8	171.3
52	11.8	11.1	7.1	18.9	8.3	27.3	8.3	35.6	155.7	22.3	190.1
53	13.5	12.8	7.1	20.6	8.5	29.2	8.0	37.1	171.8	24.0	208.6
54	13.7	13.0	7.7	21.4	8.8	30.2	8.7	38.9	182.2	24.4	225.2
55	13.9	13.2	7.8	21.7	8.8	30.5	8.2	38.7	203.9	25.0	248.4
56	14.4	13.7	8.2	22.6	9.6	32.2	8.2	40.4	211.6	25.7	264.6
57	14.5	13.9	8.5	23.0	9.8	32.8	7.9	40.6	220.1	26.1	276.2
58	14.8	14.0	8.6	23.3	9.7	33.1	7.1	40.1	231.3	26.5	288.8
59	15.1	14.4	8.8	24.0	9.8	33.7	5.9	39.7	243.1	26.6	308.2
60	15.0	14.7	8.9	24.0	10.0	33.9	5.1	39.0	260.6	26.8	330.4
61	16.0	15.6	9.2	25.2	10.1	35.3	4.3	39.6	267.9	27.7	342.3
62	17.0	16.6	9.7	26.7	10.1	36.8	2.9	39.6	281.1	28.5	362.3
63	17.2	16.8	9.9	27.2	9.9	37.1	1.4	38.5	302.7	29.0	387.7
平成元	17.8	17.1	9.9	27.7	10.2	37.9	1.0	38.9	320.8	29.2	415.9
2	18.1	17.3	9.6	27.7	10.6	38.4	0.1	38.5	346.9	29.5	451.7
3	17.1	16.2	9.5	26.6	10.7	37.4	0.5	37.9	368.9	29.1	473.6
4	15.7	14.9	9.4	25.1	11.2	36.3	4.5	40.8	366.0	27.5	483.3
5	15.6	14.8	9.2	24.8	11.5	36.3	6.7	43.0	365.4	27.5	482.6
6	14.7	13.9	8.9	23.6	11.9	35.5	8.2	43.7	366.8	26.3	495.6
7	14.8	14.0	9.1	23.9	12.6	36.6	9.2	45.8	370.8	26.9	504.6
8	14.5	13.7	9.2	23.7	12.7	36.4	8.7	45.1	380.9	26.9	515.9
9	14.5	14.1	9.5	24.0	13.1	37.1	7.7	44.8	382.3	27.2	521.3
10	13.9	13.4	9.7	23.6	13.5	37.1	10.5	47.7	369.4	26.8	510.9
11	13.3	12.8	9.5	22.8	13.4	36.3	12.1	48.3	368.8	26.4	506.6
12	14.1	13.5	9.5	23.5	13.5	37.0	9.8	46.8	375.2	27.2	510.8
13	13.6	13.1	9.7	23.3	14.2	37.5	9.1	46.6	366.8	27.4	501.7
14	12.6	12.0	9.2	21.8	14.2	36.0	10.8	46.8	363.9	26.3	498.0
15	12.3	11.8	8.9	21.2	14.1	35.3	10.5	45.8	368.1	25.9	501.9
16	13.0	12.3	9.1	22.1	14.1	36.2	7.9	44.1	370.1	26.6	502.8
17	14.0	13.1	9.3	23.3	14.3	37.6	5.7	43.3	374.1	27.8	505.3
18	14.3	13.0	9.7	24.0	14.7	38.6	7.4	46.0	378.2	28.7	509.1
19	13.8	13.4	10.6	24.4	14.9	39.3	3.3	42.6	381.2	29.2	513.0
20	12.9	12.5	11.1	24.1	16.2	40.3	8.5	48.8	355.0	29.2	489.5
21	11.7	11.2	10.2	21.9	16.2	38.1	15.0	53.1	344.4	27.7	473.9
22	12.4	11.8	9.7	22.1	16.3	38.5	12.7	51.1	352.7	28.3	480.2
23	12.9	12.3	9.8	22.7	17.0	39.7	12.4	52.1	349.6	29.3	473.9
24	13.4	12.5	9.8	23.2	17.4	40.5	10.6	51.1	352.0	30.1	474.5
25	14.1	13.0	9.8	23.9	17.4	41.3	9.6	50.9	362.1	30.9	483.1
26	15.1	14.1	9.9	25.0	17.7	42.6	9.4	52.0	367.6	31.9	491.4
27	15.4	14.5	10.2	25.6	17.8	43.4	7.4	50.8	376.7	32.4	504.9

資料：財務省

I－(3)－7　主要国の国民負担率

［国民負担率＝租税負担率＋社会保障負担率］［潜在的な国民負担率＝国民負担率＋財政赤字対国民所得比］

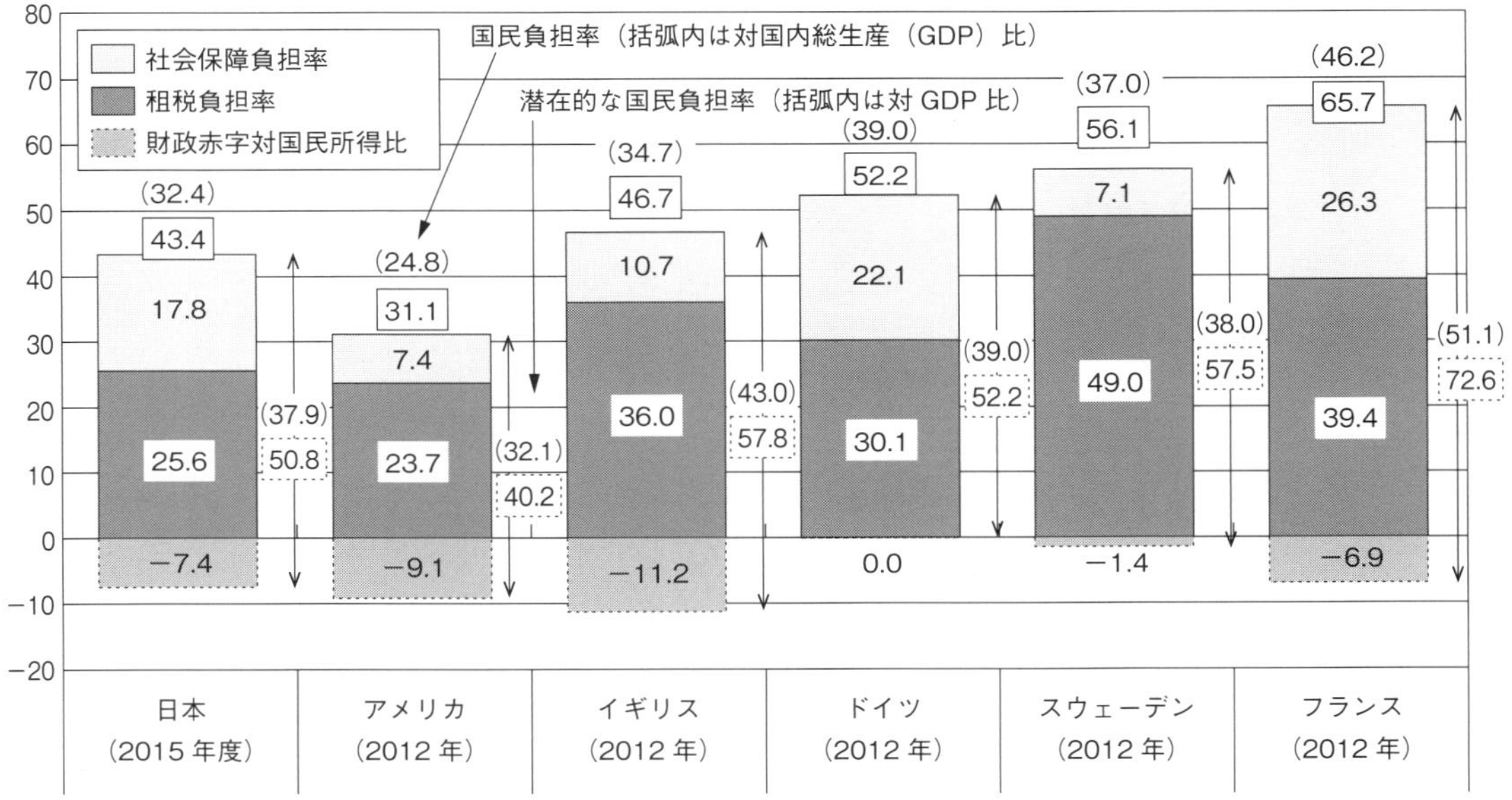

（注）1. 日本は 2015 年度（平成 27 年度）見通し。諸外国は 2012 年実績。
2. 財政赤字の国民所得比は、日本及びアメリカについては一般政府から社会保障基金を除いたベース、その他の国は一般政府ベースである。

資料：財務省

I－(3)－8　OECD 諸国の国民負担率

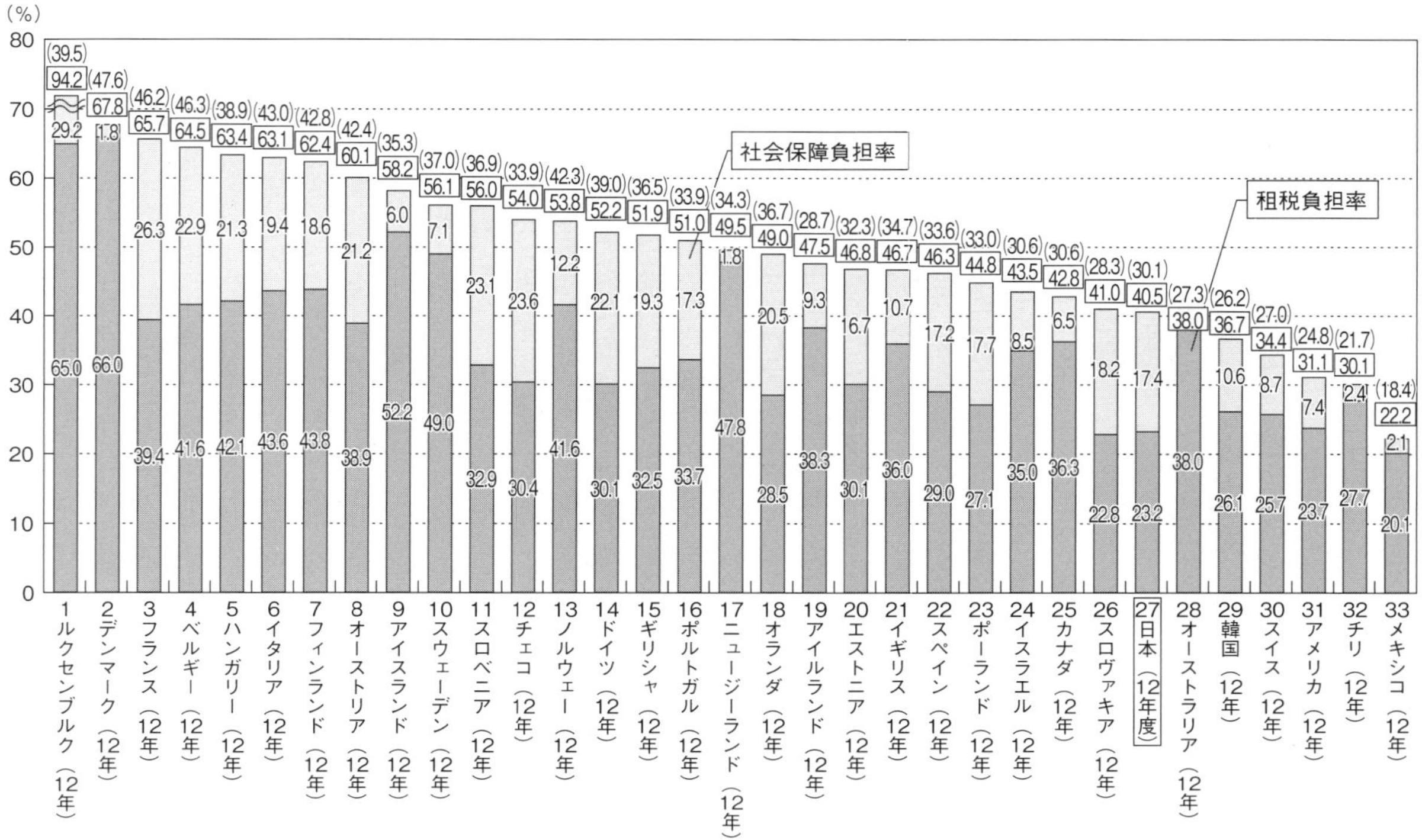

（注）括弧内の数字は、対 GDP 比の国民負担率。
資料：財務省

Ⅰ－(3)－9　世界各国の付加価値税率（標準税率）（2014 年）

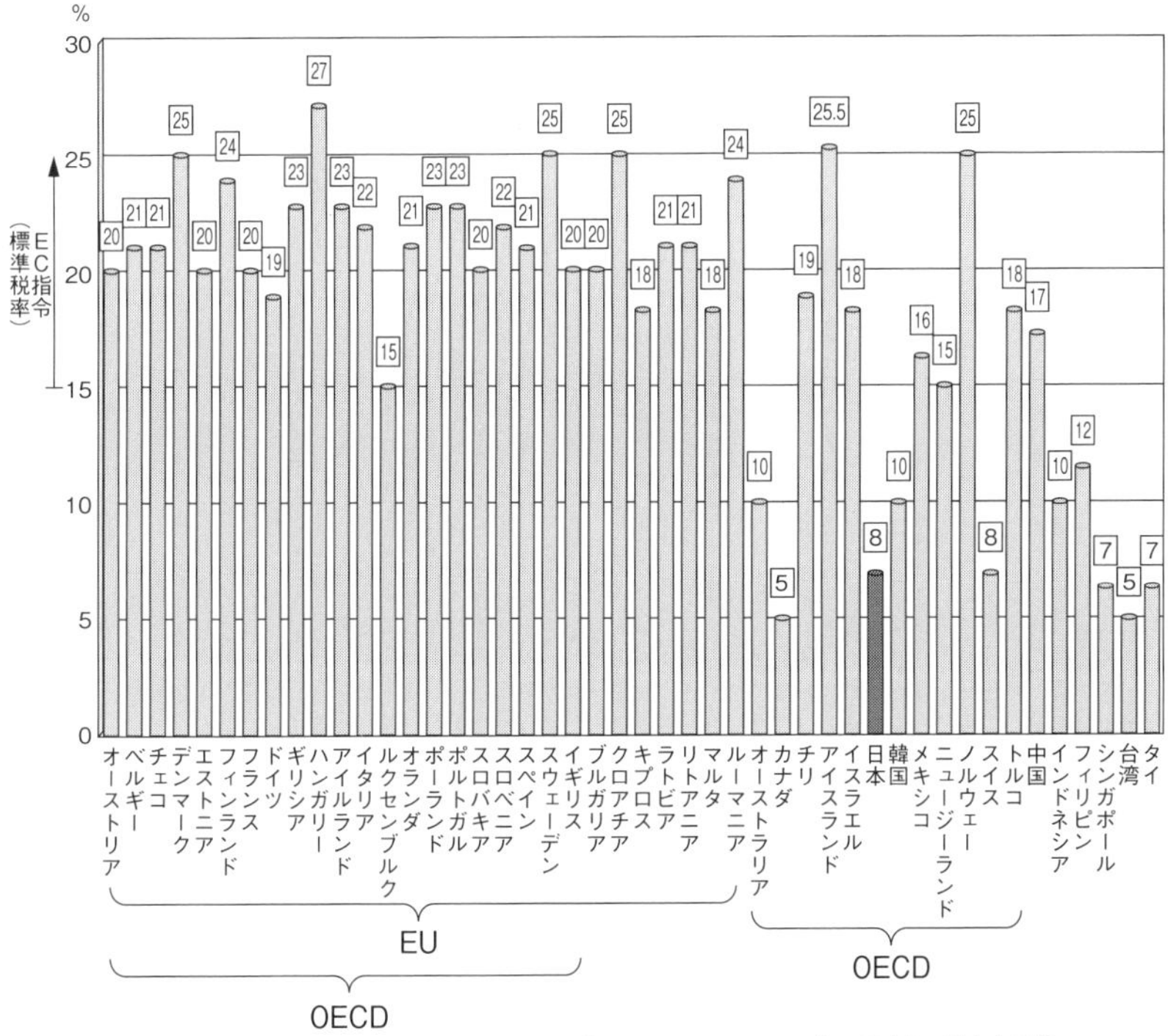

（備考）1. 日本については 2014 年４月時点の税率、その他の国については 2014 年１月時点の税率を記載。
2. 日本の消費税率８％のうち 1.7％相当は地方消費税（地方税）である。
3. カナダにおいては、連邦の財貨・サービス税（付加価値税）の他に、ほとんどの州で州の付加価値税等が課される（例：オンタリオ州８％）。
4. アメリカは、州、郡、市により小売売上税が課されている（例：ニューヨーク州及びニューヨーク市の合計 8.875％）

資料：財務省

(4)　社会保障

I-(4)-1　社会保障給付費の推移

	1970	1980	1990	2000	2010	2015（予算ベース）
国民所得額(兆円) A	61.0	203.9	346.9	375.2	352.7	376.7
給付費総額(兆円) B	3.5（100.0%）	24.8（100.0%）	47.4（100.0%）	78.3（100.0%）	105.2（100.0%）	116.8（100.0%）
（内訳）年金	0.9（24.3%）	10.5（42.2%）	24.0（50.7%）	41.2（52.6%）	53.0（50.4%）	56.2（48.1%）
医療	2.1（58.9%）	10.7（43.3%）	18.4（38.8%）	26.0（33.2%）	32.9（31.3%）	37.5（32.1%）
福祉その他	0.6（16.8%）	3.6（14.5%）	5.0（10.5%）	11.1（14.2%）	19.3（18.4%）	23.1（19.8%）
B／A	5.77%	12.15%	13.66%	20.88%	29.83%	30.99%

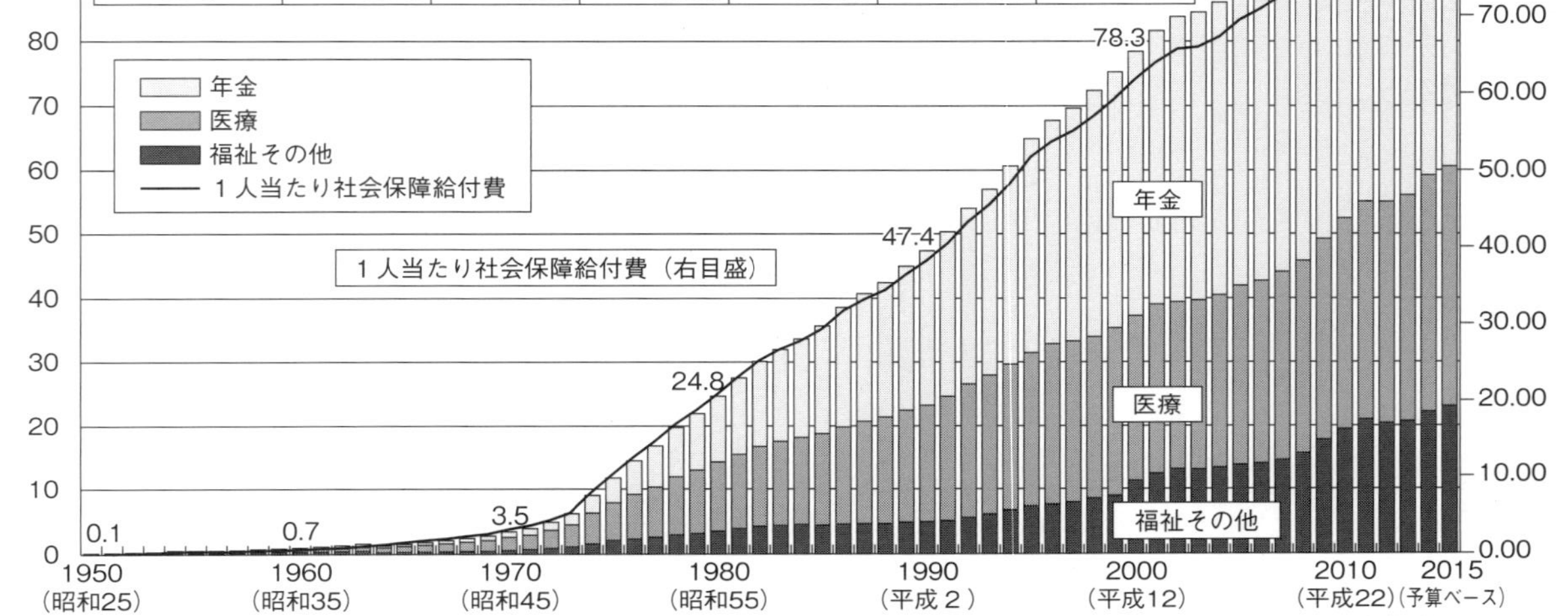

資料：国立社会保障・人口問題研究所「平成25年度社会保障費用統計」、2014年度、2015年度（予算ベース）は厚生労働省推計

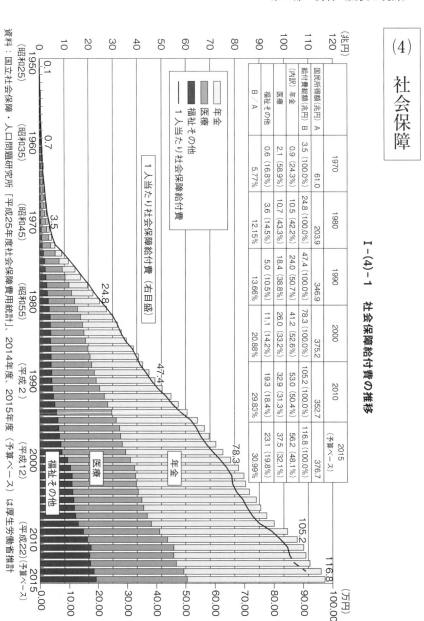

Ⅰ -(4)-2　社会保障給付費の部門別推移

<table>
<tr><th rowspan="2">年度</th><th colspan="8">社会保障給付費</th></tr>
<tr><th>計</th><th>医療</th><th>構成割合</th><th colspan="2">年金・福祉その他</th><th colspan="3">構成割合</th></tr>
<tr><td></td><td>億円</td><td>億円</td><td>%</td><td colspan="2">億円</td><td colspan="3">%</td></tr>
<tr><td>1950（昭和25）</td><td>1,261</td><td>646</td><td>51.2</td><td colspan="2">615</td><td colspan="3">48.8</td></tr>
<tr><td>1955（　30）</td><td>3,893</td><td>1,919</td><td>49.3</td><td colspan="2">1,974</td><td colspan="3">50.7</td></tr>
<tr><td>1960（　35）</td><td>6,553</td><td>2,942</td><td>44.9</td><td colspan="2">3,611</td><td colspan="3">55.1</td></tr>
<tr><td rowspan="2"></td><td rowspan="2"></td><td rowspan="2"></td><td rowspan="2"></td><td rowspan="2">年金</td><td rowspan="2">構成割合</td><td colspan="2">福祉その他</td><td rowspan="2">構成割合</td></tr>
<tr><td></td><td>介護対策</td></tr>
<tr><td></td><td></td><td></td><td></td><td>億円</td><td>%</td><td>億円</td><td>億円</td><td>%</td></tr>
<tr><td>1965（　40）</td><td>16,037</td><td>9,137</td><td>57.0</td><td>3,508</td><td>21.9</td><td>3,392</td><td>－</td><td>21.2</td></tr>
<tr><td>1970（　45）</td><td>35,239</td><td>20,758</td><td>58.9</td><td>8,562</td><td>24.3</td><td>5,920</td><td>－</td><td>16.8</td></tr>
<tr><td>1975（　50）</td><td>117,693</td><td>57,132</td><td>48.5</td><td>38,831</td><td>33.0</td><td>21,730</td><td>－</td><td>18.5</td></tr>
<tr><td>1980（　55）</td><td>247,736</td><td>107,329</td><td>43.3</td><td>104,525</td><td>42.2</td><td>35,882</td><td>－</td><td>14.5</td></tr>
<tr><td>1985（　60）</td><td>356,798</td><td>142,830</td><td>40.0</td><td>168,923</td><td>47.3</td><td>45,044</td><td>－</td><td>12.6</td></tr>
<tr><td>1990（平成 2）</td><td>473,796</td><td>183,795</td><td>38.8</td><td>240,420</td><td>50.7</td><td>49,581</td><td>－</td><td>10.2</td></tr>
<tr><td>1995（　7）</td><td>649,328</td><td>240,520</td><td>37.0</td><td>334,986</td><td>51.6</td><td>73,822</td><td>－</td><td>11.1</td></tr>
<tr><td>2000（　12）</td><td>783,421</td><td>259,975</td><td>33.2</td><td>412,012</td><td>52.6</td><td>111,434</td><td>32,806</td><td>14.0</td></tr>
<tr><td>2005（　17）</td><td>887,970</td><td>281,608</td><td>31.7</td><td>468,386</td><td>52.7</td><td>137,976</td><td>58,701</td><td>15.3</td></tr>
<tr><td>2010（　22）</td><td>1,052,276</td><td>329,206</td><td>31.3</td><td>529,831</td><td>50.4</td><td>193,240</td><td>75,082</td><td>18.4</td></tr>
<tr><td>2013（　25）</td><td>1,106,566</td><td>353,548</td><td>32.0</td><td>546,085</td><td>49.3</td><td>206,933</td><td>87,879</td><td>18.7</td></tr>
</table>

資料：国立社会保障・人口問題研究所

Ⅰ -(4)-3　社会保障給付費の対国内総生産比及び対国民所得比の推移

年度	社会保障給付費（対国内総生産比）	国内総生産	社会保障給付費（対国民所得比）	国民所得
	%	億円	%	億円
1951（昭和26）	2.87	54,815	3.54	44,346
1955（　30）	4.53	85,979	5.58	69,733
1960（　35）	3.93	166,806	4.86	134,967
1965（　40）	4.75	337,653	5.98	268,270
1970（　45）	4.68	752,985	5.77	610,297
1975（　50）	7.72	1,523,616	9.49	1,239,907
1980（　55）	9.97	2,483,759	12.15	2,038,787
1985（　60）	10.80	3,303,968	13.69	2,605,599
1990（平成 2）	10.49	4,516,830	13.66	3,468,929
1995（　7）	12.87	5,045,943	17.51	3,707,727
2000（　12）	15.34	5,108,347	20.88	3,751,863
2005（　17）	17.57	5,053,494	23.73	3,741,251
2010（　22）	21.91	4,802,325	29.83	3,527,028
2013（　25）	22.91	4,831,103	30.56	3,620,550

資料：国立社会保障・人口問題研究所

Ⅰ-(4)-4　社会保障給付費と社会保険料収入の推移

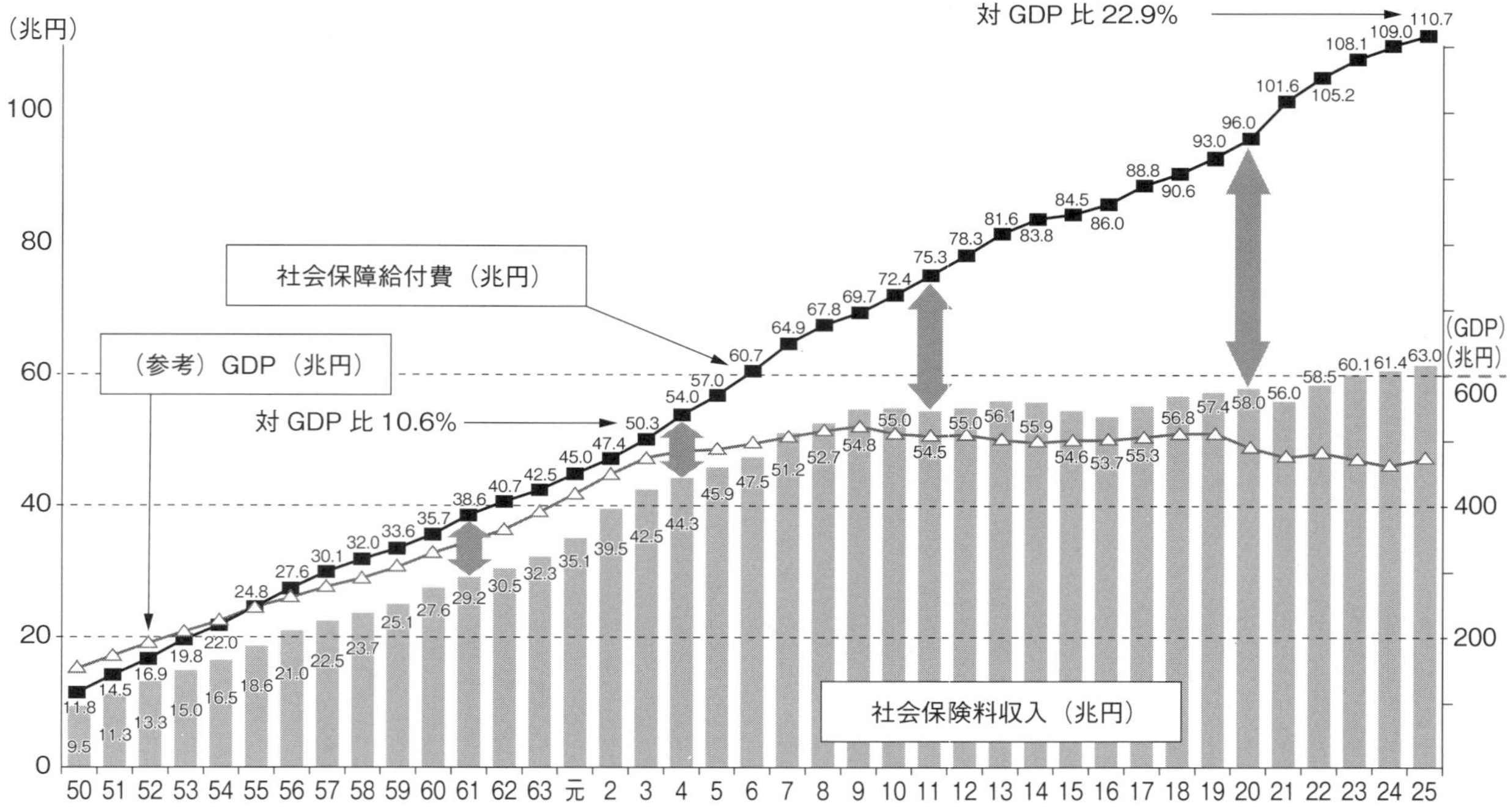

資料：国立社会保障・人口問題研究所

Ⅰ－(4)－5　社会保障の財源別推移（1960～2013年度）

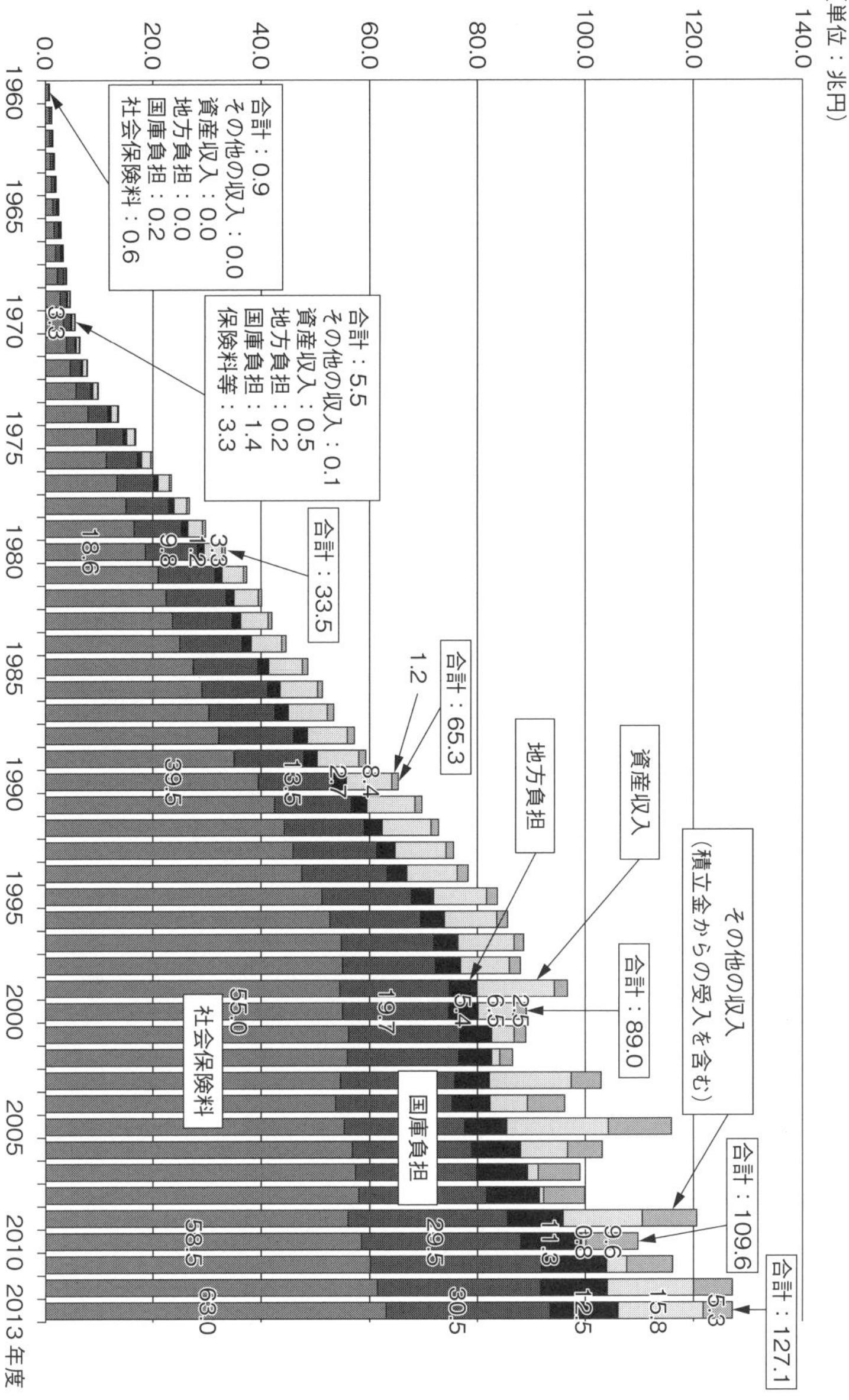

資料：国立社会保障・人口問題研究所

I－(4)－6　制度別社会保障の財源構成（平成24年度当初予算ベース）

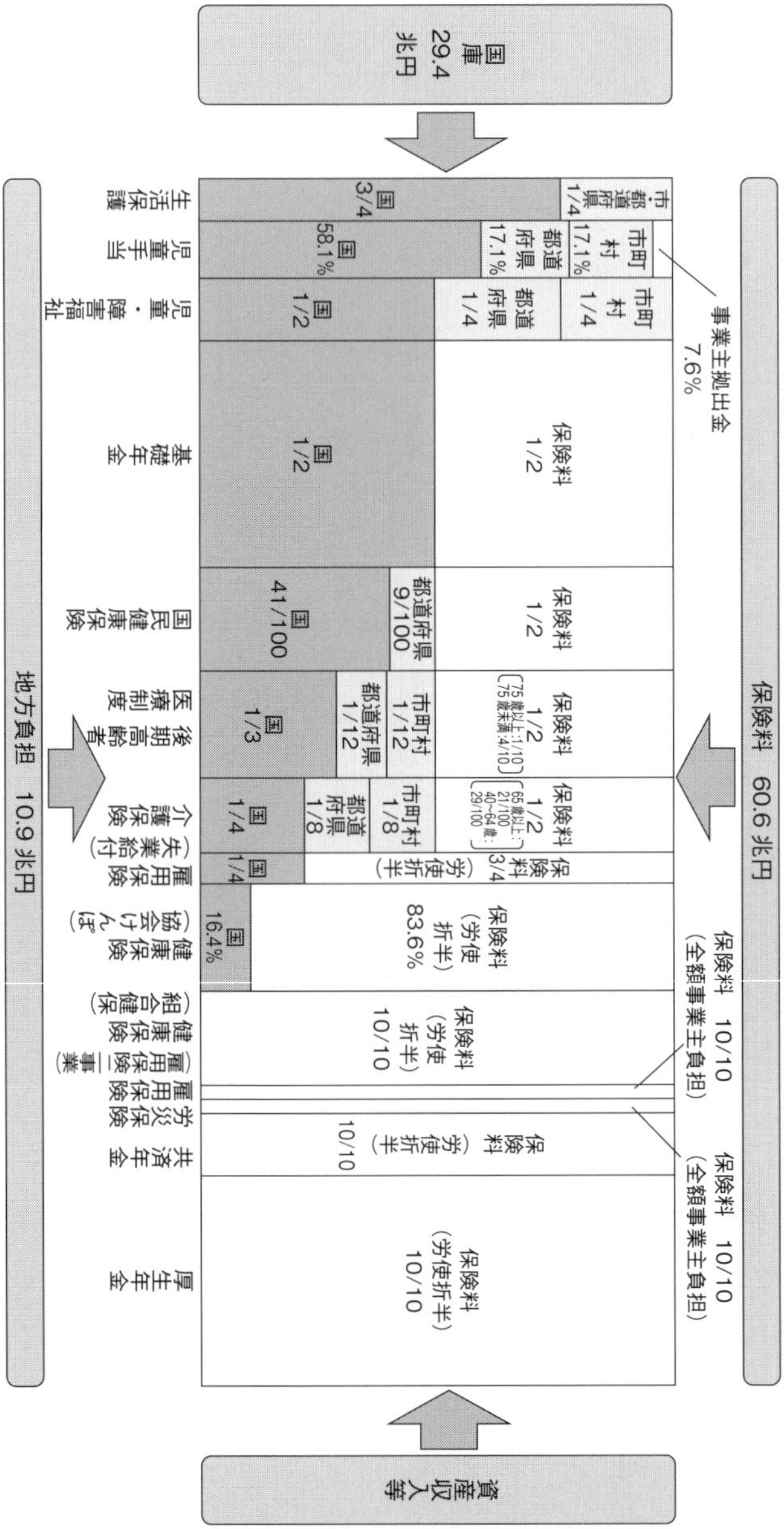

資料：厚生労働省

I－(4)－7　一般歳出と社会保障関係費の推移（当初予算ベース）

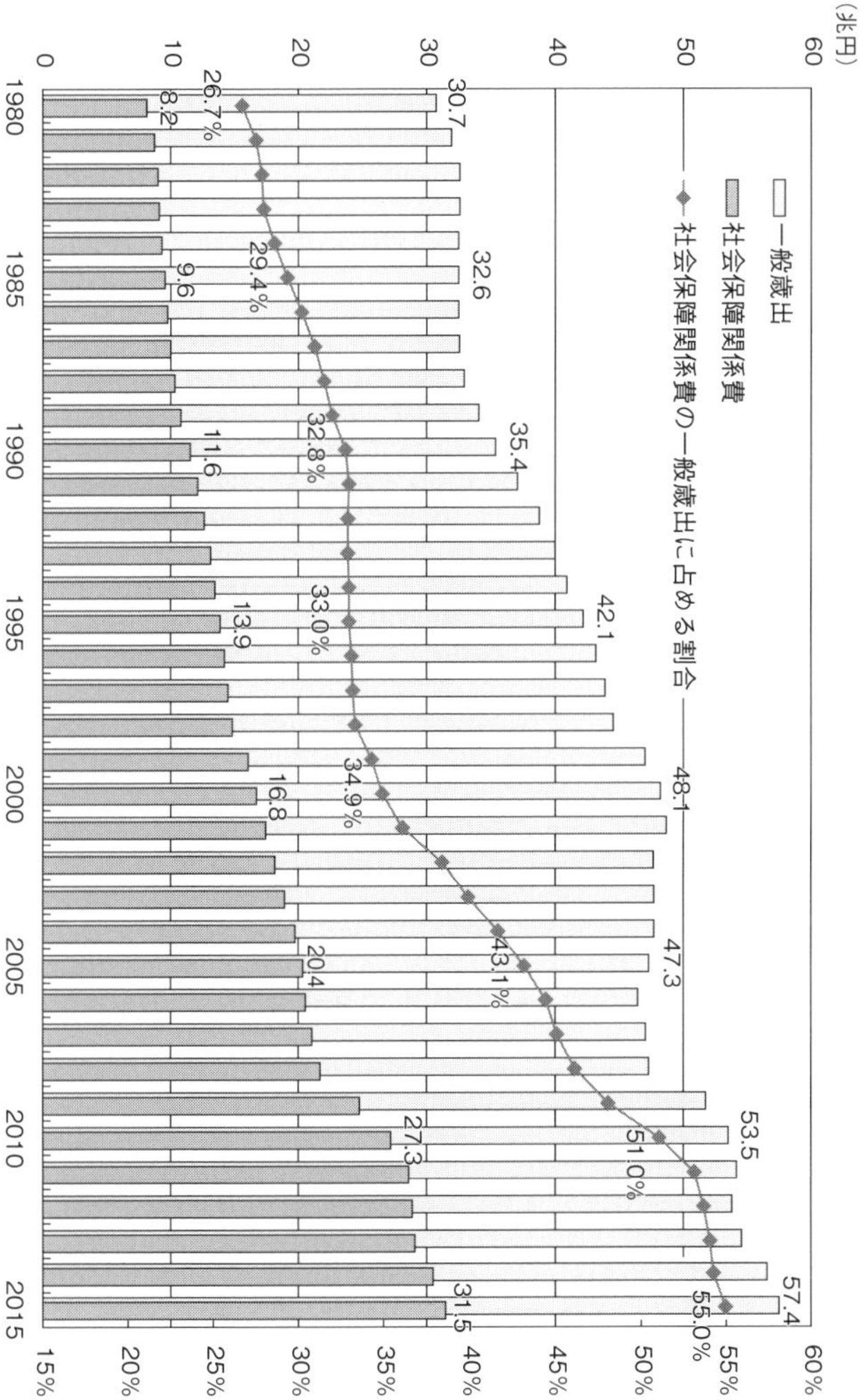

資料：財務省

Ⅱ　わが国の戦後七〇年の政治や社会の動きと年金制度などの歩み（年表）

(1) 第一期（一九四五年〜一九五四年）

○日中戦争以来八年間にわたる戦争の被害は甚大であった。戦死者等戦争の犠牲者は三一〇万人にも及び、東京をはじめ国内の主要都市は一面の焼野原になった。そのうえ終戦直後の激しいインフレと食糧難、発疹チフスや天然痘などの伝染病の流行などで国民生活は混乱と困窮を極めた。

○政治は、昭和二十八年平和条約発効まで占領軍の統治下におかれ、非武装、民主化がすすめられ、軍や財閥など戦前の制度や組織が廃止、解体された。昭和二十三年に平和主義、民主主義の国家をめざす新憲法が制定、施行された。しかし冷戦が始まるとともに、アメリカは日本を「共産主義に対する防壁」とするため、日本の非武装化政策を転換し、再武装を求めた。

○戦争で国民総生産は戦前水準の約六割、鉱工業生産は三割の水準に低下し、激しいインフレが起きた。そのため、まず、インフレの克服、経済の再建、復興、自立が経済政策の目標となり、石炭、鉄鋼を中心とした傾斜生産方式、預金封鎖や緊縮予算、一ドル三六〇円の固定為替レートの設定などの措置がとられた。昭和二十五年に起きた朝鮮戦争による特需もあって、昭和二十八〜九年には経済の水準も国民生活の水準も戦前の水準を回復した。昭和三十一年経済白書は、「もはや戦後ではない」と述べたが、同じ年の第一回の厚生白書は、まだ一〇〇万人もの生活保護すれすれのボーダーライン階層がいることから「果たして戦後は終わったか」と述べた。

○社会保障については、終戦直後は国は先ず多くの戦死者の遺族、引揚者、生活困窮者の救済、支援に全力をあげるとともに、新憲法の精神に基づいた労働組合法、学校教育法、児童福祉法、生活保護法などの新法が制定され、戦前にできた健康保険や国民健康保険、厚生年金保険などが再建され、昭和三十年代に入ってから本格的な社会保障制度の構築が図られた。

年	年金制度等	内閣総理大臣 厚生（労働）大臣	政治・経済・社会
一九二二年（大正一一年）	健康保険法制定	6 加藤友三郎	
一九二三年（大正一二年）	恩給法制定	9 山本権兵衛	
一九二七年（昭和二年）	健康保険法施行		
一九三七年（昭和一二年）	国民健康保険法制定	2 林銑十郎 6 近衛文麿	日中戦争（支那事変）勃発
一九三八年（昭和一三年）		1 （厚）木戸幸一	厚生省設置 国家総動員法制定
一九三九年（昭和一四年）	船員保険法制定 船員を対象、養老年金等を支給、資格期間一五年、支給年齢五〇歳、報酬の三月分 職員健康保険法制定	1 平沼騏一郎 （厚）廣瀬久忠 8 阿部信行 （厚）小原直 11 （厚）秋田清	国民徴用令公布 ドイツ、ポーランドに侵入、第二次世界大戦勃発
一九四〇年（昭和一五年）		1 米内光政 （厚）吉田茂	日独伊三国同盟

一九四一年（昭和一六年）	労働者年金保険法制定 常時一〇人以上の事業所の男子工場労働者を対象、養老、廃疾、遺族年金等を支給、養老年金の資格期間二〇年、支給年齢五五歳、報酬の三月分　保険料率一〇〇〇分の六四	7 近衛文麿 （厚）安井英二 9 （厚）金光庸夫 7 （厚）小泉親彦 10 東条英機 （厚）小泉親彦	大東亜共栄圏 大政翼賛会発足 日ソ中立条約締結 12真珠湾攻撃、太平洋戦争（日米）勃発
一九四二年（昭和一七年）	労働者年金保険法施行 被保険者数約三五〇万人 健保法と職員健保法を統合、家族五割給付、本人一部負担		2日本シンガポール占領、マレー半島制圧
一九四三年（昭和一八年）			米軍反攻開始 学徒出陣
一九四四年（昭和一九年）	労働者年金保険法を厚生年金保険法に改称、五人以上の事業所の事務職	7 小磯國昭 （厚）廣瀬久忠	戦況悪化、サイパン島、レイテ島などで日本軍全滅、本土空襲始まる

一九四五年（昭和二〇年）	員、女子にも適用。養老年金の額は報酬の四月分 被保険者数約八五〇万人	2（厚）相川勝六 4 鈴木貫太郎（厚）岡田忠彦 8・17 東久邇宮稔彦（厚）松村謙三 10 幣原喜重郎（厚）芦田均	グアム島で日本軍全滅 サイパン島陥落 米軍フィリピン上陸 3・10東京大空襲 4・1米軍沖縄に上陸 5・25東京大空襲 7米英ソ、ポツダム宣言、日本に無条件降伏勧告 8・6広島に原爆投下 8・8ソ連参戦 8・9長崎に原爆投下 8・14ポツダム宣言受諾決定 8・15終戦の詔書―玉音放送 8・30マッカーサー厚木に到着 9・2米戦艦ミズリー号上で降伏文書に調印 9陸海軍解体、東条英機ら戦犯逮捕 10GHQ日本の非武装化と民主化のための五大改革指令 ・婦人参政権の付与 ・労働組合の結成等 ・教育制度の改革 ・治安維持法、特高警察の廃止等 ・財閥の解体、農地改革等

一九四六年（昭和二一年）

一九四七年（昭和二二年）

5 吉田茂（自由・進歩）
（厚）河合良成

12選挙法改正（二〇歳以上の男女に選挙権）
労働組合法制定、農地調整法制定
1戦犯、職業軍人等を公職追放（約二〇万人）
2金融緊急措置令（預金封鎖）
4新選挙法に基づく戦後初の総選挙で日本自由党（総裁鳩山一郎）が第一党（一四一議席）、進歩党が第二党、女性議員三九名誕生
5極東軍事裁判始まる（二三年一一月まで）
6GHQ案に基づく憲法改正案を帝国議会に提出
8経済安定本部設置
10憲法改正案帝国議会で可決
11・3新憲法公布（天皇は国民の象徴、戦争放棄、国民主権）
3教育基本法、学校教育法制定（六・三・三制、男女共学）、地方自治法制定（知事、市町村長の公選等）、労働基準法制定
4戦後二回目の総選挙、日本社会党一四三、自由党一三一、民主一二四、国民

	児童福祉法制定	5 片山哲（社会・民主・国民協同の三党） （厚）一松定吉	協同三一 5 新憲法施行 8 内務省解体、労働省設置 12 民法改正、刑法改正 平均寿命　男子五〇歳、女子五四歳
一九四八年（昭和二三年）	厚生年金法改正 養老年金凍結、障害年金改善、寡婦、遺族年金創設、暫定保険料率三％ 社会保障制度審議会設置（会長大内兵衛） 国家公務員共済組合法（旧法）制定 国の現業共済組合を統一	3 芦田均（民・社・協） （厚）竹田儀一 10 吉田茂 （厚）林譲治	激しいインフレ（戦前水準の五〇倍～一〇〇倍）、消費者物価上昇率八二・七％ 第一次ベビーブーム（昭和二二年～二四年） 民主自由党総裁に吉田茂 11 東京裁判で東条英機らに絞首刑判決
一九四九年（昭和二四年）	厚生年金の障害年金大幅引上げ 身体障害者福祉法制定		ドッジ来日、日本経済の竹馬経済からの脱却・自立を求める。超均衡予算、一ドル三六〇円の単一為替レート設定、シャウプ直接税中心の税制勧告 通産省、郵政省、総理庁、地方自治庁設置

一九五〇年（昭和二五年）	社会保障制度審議会、社会保障制度について勧告 生活保護法（新法）制定	6 （厚）黒川武雄	朝鮮戦争勃発→特需景気 警察予備隊設置
一九五一年（昭和二六年）	資金運用部資金法制定 地方税法改正（国民健康保険税の創設） 社会福祉事業法制定	7 （厚）橋本龍伍	サンフランシスコ講和条約、日米安全保障条約締結 日本ＩＬＯに加盟
一九五二年（昭和二七年）		1 （厚）吉武恵市 10 （厚）山県勝見	講和条約発効、日本独立回復 保安庁設置、警察予備隊→保安隊
一九五三年（昭和二八年）	厚生年金の適用事業所、医療、福祉、教育等に拡大 私学教職員共済組合法制定 市町村職員共済組合法制定 軍人恩給復活		朝鮮戦争終了
一九五四年（昭和二九年）	厚生年金保険法全面改正 定額プラス報酬比例の給付体系 支給年齢五五歳→六〇歳 保険料率一〇〇〇分の三〇据置き	1 （厚）草葉隆圓 12 鳩山一郎 （厚）鶴見祐輔	防衛庁設置、自衛隊法制定 保安隊→自衛隊

(2) 第二期（一九五五年〜一九八九年）

○昭和三十年代、四十年代は、自民党と社会党を中心とする五五年体制の下で自民党単独の安定した長期政権が続き、政・官・民が一体となって経済の高度成長を達成した。昭和四十七年には沖縄が日本に返還され、日中の国交も正常化され、政治的な意味でも「戦後」が終わった。しかし昭和四十八年に起きたオイルショックが契機となって経済の成長率は大きく低下、国の財政は赤字となり、昭和五十年代に入ると増税なき財政再建と行政改革が最大の政治課題となり、平成元年に消費税が導入された。昭和五十年代に入ると自民党派閥内の意見の対立、抗争が激しくなった。

○経済は、昭和三十年代及び四十年代の実質年一〇%を超える驚異的な高度成長から昭和五十年代の実質五〜六%の安定成長の時代を経て、昭和の終わりには株価が三万八〇〇〇円を超え、バブルといわれる状態に至った。就業構造も大きく変化し、人口の都市集中が進み、国民生活は著しく向上した。ＧＤＰは世界でアメリカに次いで第二位、一人当たりでは第一位となった。しかしこのような経済の高度成長は川崎や四日市などの大気汚染、熊本や富山の水俣病、新潟のイタイイタイ病など全国で深刻な公害問題を発生させた。また繊維や自動車などの輸出の増大が日米の貿易摩擦、貿易不均衡を激化させ、わが国の経済は急速な円高、超低金利時代に入っていった。

○社会保障は、昭和三十年代に国民皆保険、皆年金の体制を確立した。その後、急速な給付内容の改善、向上を図り、昭和四十八年には先進国に遜色がない水準になり、福祉元年といわれた。その後、将来の本格的な人口高齢化社会の到来に備え、分立した制度の再編、統合をすめるとともに、給付水準の見直しが行われた。

年	年金制度等	内閣総理大臣 厚生（労働）大臣	政治・経済・社会
一九五五年 （昭和三〇年）		鳩山一郎 3（厚）川崎秀二 11（厚）小林英三	総人口　九、〇〇七万人 六五歳以上　四七八万人（五・三％） 国民所得　七兆円 左右社会党統一、保守合同、自由民主党結成→五五年体制 経済企画庁設置 経済自立五ヶ年計画策定 神武景気（昭和三〇年～三二年）
一九五六年 （昭和三一年）	公共企業体職員等共済組合法制定 国鉄、専売、電電等の職員を対象	12 石橋湛山 （厚）神田博	経済白書「もはや戦後ではない」 厚生白書「果して戦後は終ったか」 10日ソ国交正常化 12日本国連に加盟
一九五七年 （昭和三二年）	内閣総理大臣、社会保障制度審議会に「国民年金の基本方策について」諮問 厚生省五人の国民年金委員を委嘱	2 岸信介 7（厚）堀木鎌三	
一九五八年 （昭和三三年）	厚生省に国民年金準備委員会設置 社会保障制度審議会、国民年金の基	6（厚）橋本龍伍	5五五年体制下の初の総選挙、戦後最高の投票率七六・九九％、自民二八七、

一九五九年 （昭和三四年）	本方策について答申 農林漁業団体職員共済組合法制定 国家公務員共済組合法（新法）制定 国民年金法制定 二〇歳～五九歳の農民、自営業者等被用者年金の未適用の全国民を対象、法施行当時五〇歳以上の者等には無拠出の福祉年金支給 拠出期間一〇年―月額一、〇〇〇円 拠出期間二五年―月額二、〇〇〇円 拠出期間四〇年―月額三、五〇〇円 支給開始年齢六五歳 保険料二〇歳～三四歳月額一〇〇円、三五歳～五九歳月額一五〇円 福祉年金月額一、〇〇〇円、七〇歳支給 厚生省に年金局設置 国家公務員共済組合法（新法）改正、恩給制度廃止 国民健康保険法全面改正	1（厚）坂田道太 4（厚）渡邊良夫	社会一六六 岩戸景気（昭和三三年～三六年） 皇太子ご成婚 伊勢湾台風 三井三池争議

一九六〇年（昭和三五年）	厚生年金の保険料率三・〇%→三・五%、報酬比例の乗率引上げ五／一〇〇〇→六／一〇〇〇	7 池田勇人 （厚）中山マサ 12 （厚）古井喜実	「寛容と忍耐」の政治 日米安保条約改定 安保改定賛否の違いから社会党右派が分裂、民社党誕生 国民所得倍増計画策定（昭和三六年～四五年） 11衆院選、自民二九六、社会一四五
一九六一年（昭和三六年）	拠出制国民年金の適用、保険料徴収開始→国民皆年金 通算年金制度発足 年金福祉事業団設立 還元融資枠一／四→一／三 国民年金法改正（準母子年金、死亡一時金等の創設） 児童扶養手当法制定 国民皆保険 全市町村で国保実施	7 （厚）灘尾弘吉	農業基本法制定
一九六二年（昭和三七年）	社会保険庁発足 地方公務員共済組合法制定 税制適格年金制度創設	7 （厚）西村英一	7参院選創価学会九人全員当選

	社会保障制度審「社会保障の総合調整に関する勧告」 国保国庫負担二割→二・五割		全国総合開発計画策定 新産業都市建設推進法制定
一九六三年（昭和三八年）	国保法改正（世帯主七割給付） 老人福祉法制定	7 （厚）小林武治	新産業都市一三指定 三井三池炭鉱大爆発 黒四ダム完成 衆院選、自民二八三、社一四四、民二三
一九六四年（昭和三九年）	母子福祉法制定	11 佐藤栄作 （厚）神田博	日本OECD加盟 東海道新幹線開通 東京オリンピック 公明党結成 同盟結成
一九六五年（昭和四〇年）	厚生年金月額一万円 厚生年金基金制度創設	6 （厚）鈴木善幸	総人口　九、九〇〇万人 六五歳以上　六二〇万人（六・三％） 国民所得　二七兆円 社会保障給付費　一・六兆円 参院選挙で東京地方選自民全滅 証券不況 アメリカ、ベトナム北爆開始（ベトナム戦争）

一九六六年（昭和四一年）	国民年金夫婦で月額一万円 国保法改正（世帯員七割給付、国庫負担四割、財政調整交付金五%）	12（厚）坊秀男	いざなぎ景気（昭和四一年～四五年） 国民の祝日に「敬老の日」
一九六七年（昭和四二年）	石炭鉱業年金基金法制定 健保特例法制定（初診料二〇〇円、薬剤一部負担二年間の時限立法）	11（厚）園田直	1衆院選で自民二七七、社会一四一、公明初めて二五人当選、民社二〇 公害問題激化、公害対策基本法制定
一九六八年（昭和四三年）	国保七割給付達成	11（厚）斎藤昇	日本の総人口一億人突破 GNP西ドイツを抜いて世界第二位に 大気汚染防止法、騒音規制法制定 全国一〇〇以上の大学で大学紛争
一九六九年（昭和四四年）	厚生年金月額二万円 国民年金夫婦で月額二万円 付加年金制度、国民年金基金制度創設 医療保険抜本改正厚生省試		東大安田講堂事件 東名高速全通 12衆院選で自民三〇二、社会大敗九〇、公明四七、民社三一 アポロ月面着陸

Ⅱ　わが国の戦後七〇年の政治や社会の動きと年金制度などの歩み（年表）

	案発表 東京都、秋田県などが老人医療無料化 健保特例法廃止		
一九七〇年（昭和四五年）	農業者年金基金制度創設 厚生年金受給者一〇〇万人突破 日雇健保擬制適用廃止	1（厚）内田常雄	六五歳以上人口比率七%を超える 大阪万博 日本赤軍よど号事件 公害国会（一四法案成立）
一九七一年（昭和四六年）	厚生年金額一〇%引上げ 日医保険医総辞退 児童手当法制定	7（厚）斎藤昇	ニクソン電撃訪中、金ドル交換の一時停止、円切り上げ三六〇円→三〇八円（ニクソンショック） 環境庁設置 第二次ベビーブーム（昭和四六年～四九年）
一九七二年（昭和四七年）	国民年金額一〇%引上げ 福祉年金額引上げ 月額二、三〇〇円→三、三〇〇円 生活保護基準一四%引上げ 厚生省予算二三%増	7 田中角栄 （厚）塩見俊二 12（厚）斎藤邦吉	札幌オリンピック 沖縄日本に復帰 日中国交正常化（田中角栄と周恩来） 日本列島改造論、「決断と実行」内閣 12衆院選自民二八四、社会一一八、公明二九、民社一九、共産大躍進三八

一九七三年（昭和四八年）	**福祉元年**（社会保障費二・一兆円対前年比二八・八％増） 厚生年金の標準年金額、男子平均賃金の六〇％、月額五万円 福祉年金月額三、三〇〇円→五、〇〇〇円 物価スライド制導入 老人医療無料化 健保家族七割給付 高額療養費制度創設（自己負担月三万円限度）		円変動相場制に移行、一ドル二五〇円→三〇〇円 第一次オイルショック 狂乱物価 卸売物価上昇率　二九・〇％ 消費者物価上昇率　一七・〇％ 地価上昇率　三三・三％ 経済成長率対前年比二四・五％ 日航ハイジャック事件
一九七四年（昭和四九年）	年金額物価スライド一六・一％アップ	11（厚）福永健司 12 **三木武夫**（厚）田中正巳	経済成長率戦後初の実質マイナス、△一・七％（名目プラス一八・七％） 消費者物価上昇率　二二・〇％ 卸売物価上昇率　二四・六％ 賃金上昇率　三二・九％ 国土庁設置 参院選で自民減少、社共躍進八七→一一八、保革伯仲（与野党の議席差二六→七）

一九七五年（昭和五〇年）	年金額物価スライド二一・八%アップ		総人口　一一、〇〇〇万人 六五歳以上　八九〇万人（七・九%） 国民所得　一五二兆円 社会保障給付費　一八兆円 戦後初の赤字国債発行 沖縄海洋博 ロッキード事件で国会空転 大阪府知事黒田了一（共産党推薦） 美濃部東京都知事三選 山陽新幹線開通 女子の合計特殊出生率初めて二・〇を割る ベトナム戦争終結
一九七六年（昭和五一年）	厚生年金月額九万円 国民年金夫婦で月額六・五万円 国庫負担拠出時→給付時	9（厚）早川崇 12 福田赳夫（厚）渡辺美智雄	6河野洋平、新自由クラブ結成 7ロッキード事件で田中元首相逮捕 12衆院選自民二四九、初の過半数割れ、社会一二三、公明（五五）・民社（二九）躍進 公共事業予算三四・五%増（史上最大）
一九七七年（昭和五二年）		11（厚）小沢辰男	7参院選（社・公敗北）
一九七八年（昭和五三年）		12 大平正芳（厚）橋本龍太郎	8日中平和条約調印 円高一ドル二三七円→一七五円

一九七九年（昭和五四年）	社会保障制度審議会「皆年金下の新年金体系について」建議 厚生省年金制度基本構想懇談会「公的年金制度改革の方向について」報告	11（厚）野呂恭一	6東京で先進国首脳サミット 10衆院選、鉄建公団のカラ出張、一般消費税導入問題などで自民大敗二四八、社会一〇七、共産倍増一七→三九 自民党主流派（田中、大平）と反主流派（福田、三木）の間で四〇日抗争 第二次オイルショック
一九八〇年（昭和五五年）	厚生年金月額一三・六万円 国民年金夫婦で月額八・四万円 健保法改正（家族給付七割→八割、初診時一部負担六〇〇円→八〇〇円）	7 鈴木善幸 （厚）斎藤邦吉 9（厚）園田直	6社会党の大平内閣不信任案が自民の反主流派議員の欠席で可決、衆院解散、衆参同日選挙中に大平首相急死、自民大勝二八七、社会一〇七、公明三三 イラン・イラク戦争勃発
一九八一年（昭和五六年）	昭和六〇年まで厚生年金の国庫負担五％繰延べ（行革推進のための国の補助金等の縮減臨時特例法） 国鉄共済の財政悪化 年金制度の官民格差論	5（厚）村山達雄 11（厚）森下元晴	「増税なき財政再建」のため第二臨調設置 日本の自動車生産台数世界一→アメリカへの輸出増大→日米貿易摩擦激化
一九八二年（昭和五七年）	厚生年金の受給者五〇〇万人突破		超緊縮予算 第二臨調、第二次第三次答申

	老人保健法制定	11 中曽根康弘 （厚）林義郎	東北新幹線開通
一九八三年（昭和五八年）	地方公務員共済組合連合会設立、財政単位一元化 国家公務員共済組合と公企体職員共済組合統合 国家公務員共済組合で国鉄共済組合を財政支援 老人保健法施行→老人医療無料化廃止	12（厚）渡部恒三	第二臨調最終答申→行革審設置 田中角栄元首相に有罪実刑判決 12衆院選、政治倫理、田中問題等で自民過半数割れ二八六→二五〇、公明躍進三四→五八 自民と新自由クラブ連立政権
一九八四年（昭和五九年）	昭和七〇年までに公的年金制度一元化閣議決定 健保法改正 本人一割負担導入 退職者医療制度創設 日雇健保制度廃止	11（厚）増岡博之	総務庁発足 日本世界一の長寿国に（女子の平均寿命八〇歳を超える） 自動車、半導体などを中心に日米貿易摩擦、不均衡激化→アメリカが日本に内需拡大経済への転換を求める 女子雇用者数（一、五一八万人）が、専業主婦の数（一、五一六万人）を超える
一九八五年（昭和六〇年）	国民年金、厚生年金、共済四法改正 国民年金を全国民に適用し、六五		総人口　一二、一〇四万人 六五歳以上　一、二〇〇万人（一〇・

一九八六年 （昭和六一年）	歳から一人月額五万円の基礎年金 制度創設 厚生年金は基礎年金のうえに報酬比例年金を支給 厚生年金の給付水準を将来に向けて適正化（男子平均賃金の六八％） 障害福祉年金→障害基礎年金 厚生年金を従業員五人未満の法人事業所にも適用 厚生年金と船員保険を統合 厚生年金を六五歳まで適用 共済年金にも基礎年金を導入、給付体系、給付水準を厚生年金にあわせる。三階部分は残す 厚生省年金局に企業年金課設置 年金福祉事業団で年金積立金の一部自主運用 老人保健法改正（一部負担、加入者按分率引上げ、老人保健施設創設）	12（厚）今井勇 7（厚）斎藤十朗	三％） 国民所得　一六〇兆円 社会保障給付費　三五兆円 たばこ産業（ＪＴ）、電信電話（ＮＴＴ）民営化 つくばで科学万博 日航ジャンボ機御巣鷹山で墜落　五二〇人死亡 先進国五ヶ国ドル高是正についてプラザ合意→円高 日本人一人当たりＧＮＰ世界一 国鉄民営分割法制定 7衆参同時選挙で自民圧勝二五〇→三〇七、社会過去最低一一一→八七、新自由クラブ大敗、自民に復帰 社会党委員長に土井たか子 公明党委員長に矢野絢也 ソ連チェルノブイリ原発事故

一九八七年 （昭和六二年）	国鉄共済→鉄道共済	11 竹下登 （厚）藤本孝雄	国鉄民営分割、ＪＲ六社発足 売上税法案廃案 円高不況一ドル一二〇円に ブラックマンデー（アメリカ発世界同時株安）
一九八八年 （昭和六三年）	社会保険庁機構改革（業務センターの設置等）	12（厚）小泉純一郎	3青函トンネル開通 消費税導入のための税制改革六法案成立 リクルート事件（非公開株の譲渡）が政官界を巻き込む大汚職事件に発展 景気拡大、実質成長五％、税収五〇兆円
一九八九年 （昭和六四年） （平成元年）	高齢者保健福祉推進十ヶ年戦略（ゴールドプラン）策定	6 宇野宗佑	1 昭和天皇崩御―平成に改元 4 消費税導入三％ 天安門事件 女子合計特殊出生率一・五七 株価史上最高（三八、九一五円）、地価高騰

		8 海部俊樹 （厚）戸井田三郎	7参院選、自民大敗、与野党逆転 11総評等解散、「連合」結成 12ベルリンの壁崩壊

(3) 第三期（一九九〇年〜）

○日本を取り巻く国際情勢、国際環境が大きく変化した。ソ連が消滅し米ソの冷戦は終結したが、世界で大きな地域紛争やテロ事件などが頻発するようになり、わが国もこれらの事件や事故に自衛隊の派遣を含む適切な対応と国際的貢献を求められるようになった。一方、中国はGDPがアメリカに次ぐ世界第二位の国となり、経済的にも政治的にも国際社会において大きな存在感と影響力のある国となった。

○政治は自民党も社会党も分裂、五五年体制は崩壊、他の小党も離合集散を繰り返した。小さな政府、市場原理による自由競争を重視する新自由主義の考え方が強くなり、公的事業を縮小、民営化し、公共事業費や社会保障費の削減が進められた。加えて政治やカネの問題や数々の不祥事などが原因で、国民の政治、行政に対する不信感が高まり、二〇〇九年自民党は選挙で大敗、民主党政権が誕生した。しかし民主党はマニフェストに掲げた選挙公約がほとんど実現できず、二〇一二年に再び自民一強体制の自公政権に戻ったが政治に対する国民の信頼感が戻ったとはいえない状態が続いている。

○経済はバブル崩壊後、株安、円高、超低金利が続き、アメリカのリーマンショックなどの影響などもあって、GDPも賃金もほとんど伸びず、デフレが続き、失われた二〇年といわれた。国の財政も長期債務が一〇〇〇兆円を超え、先進国で最悪の状態になった。二〇一二年復活した安倍政権により、経済は一時明るさを取り戻したが、消費税率の八％への引き上げ後景気は再び低迷の兆しがみえ始めてきている。

○一九九〇年代から六十五歳以上人口が急速に増加しはじめる一方、先ず生産年齢人口が、さらに総人口が減少しはじめ、二〇〇五年世界でトップを切って人口の高齢化率が二〇％を超えた。そのため二〇一二年民主党政権のときに社会保障と税の一体改革が行われ、消費税率を引き上げて社会保障の安定財源にあてるとともに、高齢者に対する給付が中心の社会保障費の増加をできるだけ抑制し、給付も負担も全世代型の社会保障に転換していくことが次の課題となった。

年	年金制度等	内閣総理大臣 厚生（労働）大臣	政治・経済・社会
一九九〇年 （平成二年）	老人福祉法等福祉八法改正	海部俊樹 2（厚）津島雄二 12（厚）下条進一郎	総人口　一二、四〇〇万人 六五歳以上　一、五〇〇万人 （一二％） 国民所得　三五〇兆円 社会保障給付費　四七兆円 2衆院選（消費税が争点）、自民安定多数二七五、社会躍進一〇三→一三六、公明四五 東西ドイツ統合 12米・ソ首脳「冷戦終結」宣言
一九九一年 （平成三年）	老人保健法改正 児童手当法改正（義務教育就学前の二子→三歳未満の一子）	3 宮沢喜一 11（厚）山下徳夫	1多国籍軍がイラクに武力行使、湾岸戦争始まる（日本一三〇億ドル支援） バブル経済崩壊、株価、地価暴落 12ソ連邦消滅
一九九二年 （平成四年）			6ＰＫＯ（国連平和維持活動）協力法制定（社会党・社民連一四一人が衆院議員辞表願提出）

		12 （厚）丹羽雄哉	9自衛隊をカンボジアに派遣 株価一四、三九〇円 佐川急便事件で金丸信議員辞職→竹下派、羽田派と小渕派に分裂
一九九三年（平成五年）		8 細川護熙（非自民八党） （厚）大内啓伍	6政治改革を掲げる自民党離党者が新党さきがけ、新生党を結成 7自民党分裂（選挙制度改革をめぐる党内の対立で、小沢一郎ら三九人が野党提出の宮沢内閣不信任案に賛成、可決。小沢らは自民党を離党。衆院解散、総選挙で自民二二二過半数に達せず、社会は半減七〇、新生五五、日本新党三五、さきがけなどが躍進） 8日本新党（細川護熙）、新生党（小沢一郎）、新党さきがけ（鳩山由紀夫）等、八党の連立内閣誕生、五五年体制終結
一九九四年（平成六年）	厚生年金の定額部分の支給年齢六〇歳→六五歳 ネット賃金スライド制 ボーナスからも特別保険料 エンゼルプラン策定	4 羽田孜（新生党） （厚）大内啓伍	選挙制度改革法制定（衆院に小選挙区、比例代表制導入） 細川総理七％（腰だめ）の国民福祉税構想について記者会見

一九九五年（平成七年）	高年齢者雇用安定法改正（六〇歳定年義務化、六五歳までの雇用努力義務） 社会保障制度審議会勧告「社会保障体制の再構築について」	6 村山富市（自社さ）（厚）井出正一 8（厚）森井忠良	社会党政策転換（自衛隊を合憲とする） 共産党以外の九党派が新進党結成（代表海部俊樹）、自民党（衆参両院で二九五）に次ぐ第二党になる 1 阪神・淡路大震災 3 地下鉄サリン事件 7 参院選の比例区で新進党第一党、社会党大敗 8 戦後五〇年、村山談話発表 金融機関の不良債権問題起こる 円、過去最高の七九円 公定歩合、過去最低の〇・五％
一九九六年（平成八年）	厚生年金と公企体共済統合法制定 厚生年金基金数ピーク 基金数　一、八八三 加入員数　約一、二〇〇万人 資産額　約六二兆円	1 橋本龍太郎（自社さ）（厚）菅直人 11（厚）小泉純一郎	1 社会党→社民党 10 衆院選（初の小選挙区比例代表制）で自民第一党（二三九）、新進党第二党（一五六）、民主第三党（五二） 住専処理法制定、住専の不良債権に公的資金六八〇〇億円導入

一九九七年（平成九年）	鉄道、たばこ、電々共済を厚生年金に統合 基礎年金番号制度導入 介護保険法制定 健保法の改正（健保本人の自己負担一〇%→二〇%、薬剤の一部負担）		民主党（代表鳩山由紀夫）発足 ペルー日本大使館人質事件 生産年齢人口ピーク（八、七〇〇〇万人） 4 消費税率三%→五% 三洋証券、たく銀経営破綻、山一証券自主廃業 橋本内閣六大改革 行政改革（中央省庁の再編、特殊法人の廃止） 財政改革（二〇〇三年まで赤字国債の発行をゼロにする財政構造改革法制定） 金融改革（金融ビックバン） 社会保障改革（介護保険法制定、健保法改正）等
一九九八年（平成一〇年）		7 小渕恵三 （厚）宮下創平	6 景気悪化、内閣支持率低下、参院選で自民大敗六一→四四、民主大勝一八→二七 民主党、新進党など野党四党合併→新民主党結成（代表 菅直人） 金融国会で金融安定化措置法ほか金融二

一九九九年（平成一一年）	社会保障予算毎年二、二〇〇億円削減	10（厚）丹羽雄哉	法制定 長銀、日債銀経営破綻 EUの単一通貨ユーロ誕生 世界人口六〇億人 10公明党政権参加、自自公連立政権（巨大与党）誕生 株価一三、〇〇〇円→一八、〇〇〇円 金融機関四大グループに再編、統合 中央省庁再編法、地方分権推進法制定（機関委任事務廃止） 国旗国歌法制定、周辺事態法等制定
二〇〇〇年（平成一二年）	厚生年金の適用年齢六五歳→七〇歳、報酬比例年金の支給年齢六〇歳→六五歳、報酬比例年金の乗率七・五→七・一、保険料率（月収制→総報酬制）一三・五八％ 地方事務官制度廃止 介護保険法施行	4 森喜朗（自公保） （厚）丹羽雄哉 7（厚）津島雄二	総人口　一二、七〇〇万人 六五歳以上　二、二〇〇万人（一七・二％） 国民所得　三七五兆円 社会保障給付費　七八兆円 森総理「日本は神の国」発言→内閣支持率一九％ 6衆院選で自公保二七一→二三三、民主九五→一二七

		12（厚）坂口力	株価二〇、〇〇〇円→一三、〇〇〇円 7沖縄サミット
二〇〇一年（平成一三年）	年金積立金の資金運用部預託廃止 還元融資制度廃止 年金福祉事業団廃止 年金資金運用基金設立 確定拠出年金法制定 確定給付企業年金法制定	4小泉純一郎 （厚）坂口力	中央省庁再編、一府二二省庁→一府一二省庁、厚生労働省発足 財政投融資制度改革 ITバブル崩壊 9アメリカニューヨークで同時多発テロ 10テロ対策特別措置法制定
二〇〇二年（平成一四年）	健保本人負担　二割→三割 老人保健の対象年齢　七〇歳→七五歳 農林共済を厚生年金に統合		北朝鮮拉致問題で小泉首相訪朝　拉致被害者五人帰国
二〇〇三年（平成一五年）	初の年金物価スライドマイナス改定		アメリカ、イラク攻撃（フセイン逮捕） 有事三法制定、イラクに自衛隊派遣 11衆院選で自二三七、公三四、民主（菅・鳩山）、自由（小沢）合併→民主（菅）一七七（戦後最大の野党）

二〇〇四年（平成一六年）	厚生年金法等の改正 厚生年金保険料率の上限固定　一八・三% 国民年金保険料の上限固定　一六、九〇〇円 給付水準のマクロ経済調整 基礎年金の国庫負担段階的引上げ　一／三→一／二 国共済と地共済の保険料率統一 年金福祉施設整理機構法制定	9（厚）尾辻秀久	7参院選、年金問題で自民敗北五一→四九、民主大勝三八→五〇
二〇〇五年（平成一七年）			日本の総人口ピーク（一二、八〇〇万人） 9郵政民営化法参院で否決→衆院解散、総選挙で自民圧勝二九六、自公で三二七 郵政民営化法成立 女子の合計特殊出生率過去最低の一・二六 愛知万博
二〇〇六年（平成一八年）	基礎年金番号に未統合の年金記録五、〇〇〇万件		4民主党代表に小沢一郎

	年金資金運用基金→年金積立金運用管理独立行政法人 医療制度構造改革法制定（後期高齢者医療制度の創設等）	9 安倍晋三（自公） （厚）柳澤伯夫	
二〇〇七年（平成一九年）	年金時効特例法制定（年金記録、年金額訂正）	9 福田康夫（自公） （厚）舛添要一	7政治家とカネ、年金記録問題などで参院選自民三七大敗、民主八四大勝→野党過半数、衆参でネジレ 12アメリカでサブプライムローン問題
二〇〇八年（平成二〇年）	後期高齢者医療制度発足 政管健保→協会健保	4 麻生太郎（自公） （厚）舛添要一	9アメリカでリーマンショック（リーマンブラザーズ破綻）→世界同時不況 株価暴落一八、〇〇〇円→八、〇〇〇円、円高一ドル一一〇円→八七円 洞爺湖サミット 内閣支持率二〇%に低下
二〇〇九年（平成二一年）	第一回年金財政検証 社会保険庁廃止	9 鳩山由紀夫（民・社民・国民新党） （厚）長妻昭	8衆院選で自民大敗三〇〇→一一九、民主大勝一一五→三〇八→民主党政権誕 生

二〇一〇年（平成二二年）	日本年金機構発足	6 菅直人（民） 9（厚）細川律夫	総人口　一二、八〇〇万人 六五歳以上　二、九〇〇万人（二三・〇%） 国民所得　三五〇兆円 社会保障給付費　一〇五兆円 参院選で民主大敗五四→四四、自民大勝三八→五一 ギリシャ財政金融危機
二〇一一年（平成二三年）	国民年金法等の改正（年金確保支援法） 国民年金の保険料納付期間を過去二年分から一〇年分に延長（平成二四年から二七年までの時限措置） 確定拠出年金法改正（加入対象の拡大、企業型にマッチング拠出導入）	9 野田佳彦 （厚）小宮山洋子	3 東日本大震災・福島原発事故 戦後最高の円高一ドル七五円 中国のGDP世界二位に。日本は三位 12アメリカ、イラクから完全撤退
二〇一二年（平成二四年）	社会保障・税一体改革関連法制定 国民年金法等の改正（年金機能強化法） 受給資格期間短縮二五年→一〇年 短時間労働者に対する厚生年金の適用拡大	10（厚）三井辨雄	民主党分裂（小沢派離脱） 消費税法改正、消費税率平成二六年四月に八%、平成二七年一〇月に一〇%に引上げ 株　八、五〇〇円

二〇一三年（平成二五年）	遺族年金の父子家庭への支給 基礎年金の国庫負担二分の一（平成二六年から恒久化） 被用者年金一元化法制定 厚生年金と共済年金統合、共済年金の三階部分廃止 国民年金法等の改正 年金の物価特例水準解消、平成二四年度、二五年度の基礎年金国庫負担分は年金特例公債の発行で確保 年金生活者支援給付金法制定 定額の基礎年金受給者に福祉的給付 社会保障制度改革推進法制定 AIJ事件→厚生年金基金の資産に大損失 社会保障改革プログラム法制定	12 安倍晋三（自公） （厚）田村憲久	円　一ドル七五円 12衆院選で自民大勝、自公で三分の二超え自公政権復帰、自民一一八→二九四、民主二三〇→五七、維新五三、公明三一、みんな一八、共産八、生活七、社民二 12 自公政権復帰 「アベノミクス」の三つの矢の第一の矢大胆な金融緩和策で円高株安→円安株高（円半年で一ドル八三円→一〇三円株半年で六九％上昇） 7参院選で自民圧勝、自民三四→六五、民主四四→一七、与党一三五、野党一

二〇一四年（平成二六年）	社会保障・税番号法（マイナンバー法）制定 厚生年金の支給開始年齢六〇歳→六一歳 厚生年金法等の改正（年金制度の健全性及び信頼性確保法） 不整合記録に基づく三号被保険者の年金記録年金額の訂正、不整合期間の「カラ期間」扱い、厚生年金基金の特例的解散制度の導入と新設禁止 国民年金法改正（年金事業運営改善法） 国民年金保険料の納付可能期間を五年分とする保険料後納制度創設（平成二七年～三年間の時限措置） 基礎年金国庫負担二分の一恒久化 第二回年金財政検証 医療介護総合確保推進法制定（医療法の改正等）	9（厚）塩崎恭久	○七 4 消費税率　五％→八％ 7 集団的自衛権容認（閣議決定） 12 衆院選で自民大勝、自民二九一、民主七三、維新四一、公明三五、共産二一

Ⅱ　わが国の戦後七〇年の政治や社会の動きと年金制度などの歩み（年表）

二〇一五年（平成二七年）	日本年金機構から一五〇万件の年金個人情報流出 社会保障・税番号法（マイナンバー法）施行 厚生年金の保険料率一七・八二八% 被用者年金一元化（厚生年金と共済年金の統合）法施行（一〇月） 医療保険制度改革法制定（二〇一八年施行）国保の財政運営責任を市町村から都道府県に移管など		総人口　一二、六〇〇万人 六五歳以上　約三、四〇〇万人（二六・八%） 国民所得　約三六〇兆円 社会保障給付費　約一二〇兆円 沖縄の米軍普天間基地の辺野古への移転問題で国と沖縄県が対立 8戦後七〇年安倍首相談話 9安全保障関連法制定（日本の安全保障政策の大転換） 10維新の党分裂 11パリでISによる同時多発テロ 八〇歳以上人口、一、〇〇〇万人を超す

第１図　55年体制以降の主な政党と内閣の変遷

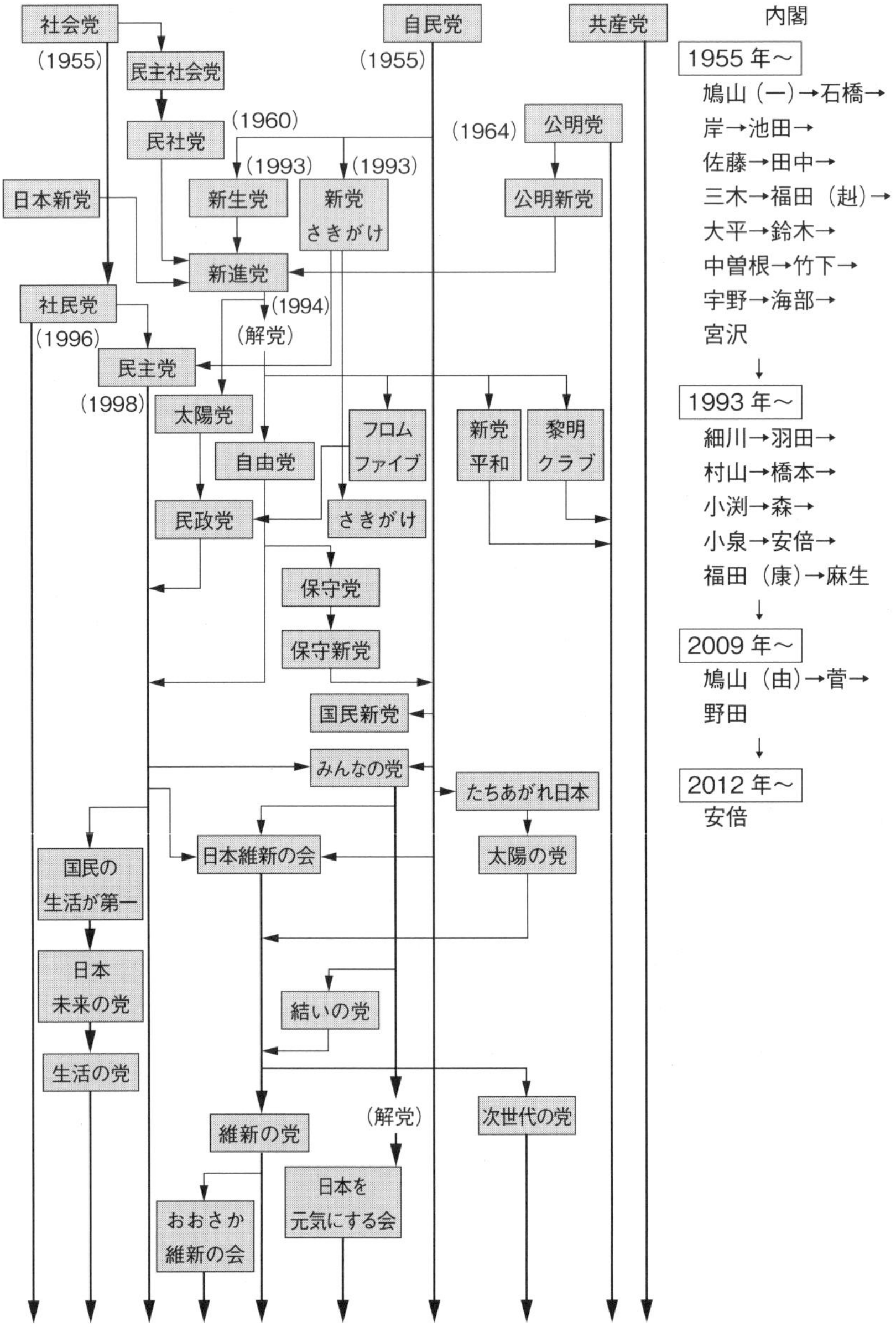

Ⅲ　公的年金統計

Ⅲ－1　公的年金制度の被保険者数の推移

年度末	（西暦）	国民年金第１号被保険者	国民年金第３号被保険者	厚生年金	旧三共済	旧農林年金	国共済	地共済	私学共済	公的年金制度全体
		千人	千人	千人	千人	千人	千人	千人	千人	千人
昭和 45	1970	19,508	4,829	22,522	789	410	1,149	2,536	194	51,936
50	1975	20,038	5,845	23,893	797	447	1,162	3,004	270	55,457
55	1980	19,733	7,863	25,445	788	484	1,179	3,239	319	59,050
60	1985	17,639	7,452	27,234	621	490	1,161	3,295	347	58,239
平成 2	1990	17,579	11,956	30,997	496	499	1,126	3,286	373	66,313
7	1995	19,104	12,201	32,808	467	509	1,125	3,339	400	69,952
12	2000	21,537	11,531	32,192		467	1,119	3,239	406	70,491
13	2001	22,074	11,334	31,576		459	1,110	3,207	408	70,168
14	2002	22,368	11,236	32,144			1,102	3,181	429	70,460
15	2003	22,400	11,094	32,121			1,091	3,151	434	70,292
16	2004	22,170	10,993	32,491			1,086	3,111	442	70,293
17	2005	21,903	10,922	33,022			1,082	3,069	448	70,447
18	2006	21,230	10,789	33,794			1,076	3,035	458	70,383
19	2007	20,354	10,628	34,570			1,058	2,992	464	70,066
20	2008	20,007	10,436	34,445			1,053	2,946	472	69,358
21	2009	19,851	10,209	34,248			1,044	2,908	478	68,738
22	2010	19,382	10,046	34,411			1,055	2,878	485	68,258
23	2011	19,044	9,778	34,515			1,059	2,858	492	67,747
24	2012	18,637	9,602	34,717			1,057	2,842	499	67,356
25	2013	18,054	9,454	35,273			1,055	2,832	507	67,175

資料：厚生労働省

Ⅲ－2　公的年金制度の受給権者数の推移

年度末		厚生年金			国共済	地共済	私学共済	国民年金
			旧三共済	旧農林年金				
	(西暦)	千人	千人	千人	千人	千人	千人	千人
昭和45	1970	1,235	241	24	155	275	8	177
50	1975	2,449	300	54	257	469	18	3,119
55	1980	4,773	388	95	372	737	42	6,256
60	1985	7,384	565	152	511	1,092	69	8,837
平成2	1990	10,519	629	205	663	1,415	116	11,362
7	1995	14,448	638	266	778	1,747	173	15,152
12	2000	19,529		331	862	1,984	224	19,737
13	2001	20,559		348	883	2,049	235	20,669
14	2002	21,980			906	2,109	246	21,653
15	2003	23,148			933	2,174	258	22,544
16	2004	24,233			962	2,240	271	23,431
17	2005	25,110			984	2,289	281	24,393
18	2006	26,155			1,009	2,345	293	25,420
19	2007	27,502			1,046	2,436	309	26,387
20	2008	29,072			1,094	2,543	329	27,433
21	2009	30,581			1,139	2,645	348	28,286
22	2010	31,982			1,178	2,742	370	28,857
23	2011	33,034			1,210	2,830	389	29,649
24	2012	34,053			1,243	2,915	409	30,853
25	2013	34,555			1,245	2,919	421	31,964

資料：厚生労働省

Ⅲ－3　公的年金制度の老齢年金（退職年金）受給権者数の推移

年度末		厚生年金	旧三共済	旧農林年金	国共済	地共済	私学共済	国民年金
	（西暦）	千人	千人	千人	千人	千人	千人	千人
昭和 45	1970	534	170	18	120	228	4	—
50	1975	1,056	212	38	201	373	6	2,731
55	1980	2,063	281	60	287	568	10	5,324
60	1985	3,342	437	92	391	830	17	6,846
平成 2	1990	4,760	477	112	498	1,045	29	7,726
7	1995	6,592	459	133	565	1,266	49	11,400
12	2000	9,014		151	592	1,394	68	16,061
13	2001	9,486		157	601	1,434	72	17,030
14	2002	10,145			610	1,471	77	18,053
15	2003	10,690			620	1,511	81	18,985
16	2004	11,167			629	1,552	86	19,915
17	2005	11,523			633	1,578	89	20,929
18	2006	11,984			639	1,610	94	22,007
19	2007	12,596			653	1,673	99	23,031
20	2008	13,236			668	1,746	105	24,111
21	2009	13,854			682	1,818	111	25,015
22	2010	14,413			691	1,882	116	25,642
23	2011	14,840			698	1,939	120	26,504
24	2012	15,233			705	1,991	125	27,782
25	2013	15,230			694	1,978	126	28,968

資料：厚生労働省

Ⅲ－4　公的年金制度の給付費の推移

年度		厚生年金			国共済	地共済	私学共済	国民年金	基礎年金	公的年金制度全体
			旧三共済	旧農林年金						
	（西暦）	億円	億円	億円	億円	億円	億円	億円	億円	億円
昭和　45	1970	1,545	685	60	452	968	26	151	－	3,960
50	1975	9,537	2,319	266	1,999	4,100	101	4,566	－	23,228
55	1980	32,515	5,452	721	4,831	10,648	233	15,763	－	71,143
60	1985	62,274	9,722	1,464	8,504	20,164	509	26,500	－	131,104
平成　2	1990	105,031	11,851	2,365	12,778	28,988	1,007	31,728	10,891	204,638
7	1995	150,413	13,040	3,376	16,005	38,176	1,538	32,193	41,695	296,435
12	2000	191,544		3,854	16,800	41,430	1,942	26,454	84,774	366,798
13	2001	196,228		3,916	16,867	42,005	2,023	25,133	93,633	379,805
14	2002	203,466			16,852	42,298	2,112	23,819	102,494	391,711
15	2003	208,140			16,849	42,618	2,185	22,293	110,735	402,821
16	2004	216,301			16,779	42,783	2,252	20,888	118,118	417,121
17	2005	220,794			16,693	4,291	2,310	19,527	126,386	428,625
18	2006	223,491			16,686	43,149	2,375	18,149	134,909	438,759
19	2007	224,059			16,734	43,503	2,441	16,862	144,618	448,217
20	2008	226,870			16,736	43,917	2,508	15,779	154,458	460,269
21	2009	238,467			16,775	44,694	2,579	14,773	164,269	481,557
22	2010	240,092			16,817	45,433	2,671	13,386	169,696	488,095
23	2011	237,342			16,665	45,710	2,718	11,884	174,356	488,675
24	2012	238,627			16,635	46,256	2,798	10,590	183,036	497,941
25	2013	237,814			16,216	45,574	2,867	9,410	192,703	504,583

資料：厚生労働省

Ⅲ－5　厚生年金の標準報酬月額の推移

（単位：円）

年　度	合　計	一般男子	女子	坑内員	船　員
昭和 30（1955）	11,884	13,391	7,530	16,040	・
35（1960）	16,690	19,660	9,516	25,098	・
40（1965）	29,342	34,670	18,178	38,751	・
45（1970）	54,806	64,823	34,306	71,149	・
48（1973）	89,439	105,747	55,439	111,694	・
50（1975）	122,552	141,376	81,166	167,383	・
55（1980）	188,263	220,444	119,082	248,016	・
56（1981）	197,986	231,680	126,036	264,340	・
57（1982）	206,904	241,861	132,549	278,622	・
58（1983）	212,666	248,448	137,149	287,147	・
59（1984）	219,956	256,872	142,162	294,727	・
60（1985）	231,161	270,435	148,177	303,757	・
61（1986）	237,022	276,333	153,580	311,278	280,153
62（1987）	241,299	280,533	158,168	305,829	284,135
63（1988）	248,667	289,120	163,789	315,727	286,059
平成 元（1989）	261,839	305,200	172,036	327,465	301,435
2（1990）	273,684	318,682	181,493	342,224	318,666
3（1991）	284,362	330,566	190,914	354,887	333,511
4（1992）	291,145	337,142	198,458	365,433	345,673
5（1993）	295,125	340,798	203,125	374,234	353,246
6（1994）	303,611	351,140	207,696	390,047	363,927
7（1995）	307,530	355,607	210,526	396,997	367,371
8（1996）	311,344	359,836	213,720	404,524	371,453
9（1997）	316,881	365,532	217,624	406,838	373,917
10（1998）	316,186	363,777	218,915	406,776	371,121
11（1999）	315,353	361,901	220,278	370,827	370,737
12（2000）	318,688	365,917	222,587	369,175	366,382
13（2001）	318,679	365,143	224,311	376,364	366,802
14（2002）	314,489	359,249	224,292	392,061	362,128
15（2003）	313,893	358,875	224,394	378,782	377,137
16（2004）	313,679	358,607	225,663	371,176	373,815
17（2005）	313,204	358,118	226,582	363,271	371,635
18（2006）	312,703	357,549	227,439	352,678	373,141
19（2007）	312,258	356,597	229,030	356,494	379,729
20（2008）	312,813	356,898	230,952	350,544	381,747
21（2009）	304,173	345,077	228,710	346,295	379,114
22（2010）	305,715	347,136	229,876	350,533	378,467
23（2011）	304,589	345,623	230,085	348,305	377,725
24（2012）	306,131	347,421	232,046	346,458	378,687
25（2013）	306,282	347,194	233,482	342,763	382,649
26（2014）	308,382	349,654	235,763	341,407	385,514

資料：厚生労働省

Ⅲ－6　公的年金制度の保険料（率）の推移

年度		厚生年金（一般男子）	国共済（一般組合員）	国民年金
	（西暦）	‰	‰	円
昭和　29	1954	30　（昭和 29 年 5 月）	－	－
35	1960	35　（昭和 35 年 5 月）	70.4（昭和 34 年 10 月）	－
36	1961			100　150　（昭和 36 年 4 月）
		↓		（35 歳未満）（35 歳以上）
40	1965	55　（昭和 40 年 5 月）		↓　↓
41	1966	↓		200　300　（昭和 42 年 1 月）
44	1969	62（昭和 44 年 11 月）		450　（昭和 45 年 7 月）
48	1973	76（昭和 48 年 11 月）	↓	900　（昭和 49 年 1 月）
51	1976	91（昭和 51 年　8 月）	74.4（昭和 49 年 10 月）	1,400　（昭和 51 年 4 月）
55	1980	106（昭和 55 年 10 月）	82.4（昭和 54 年 10 月）	3,770　（昭和 55 年 4 月）
60	1985	124（昭和 60 年 10 月）	114　（昭和 59 年 12 月）	6,740　（昭和 60 年 4 月）
平成　元	1989	143　（平成 2 年　1 月）	152　（平成 元 年 10 月）	8,400　（平成　2 年 4 月）
6	1994	165　（平成 6 年 11 月）	174.4（平成　6 年 12 月）	11,700　（平成　7 年 4 月）
8	1996	173.5（平成 8 年 10 月）	183.9（平成　8 年 10 月）	12,300　（平成　8 年 4 月）
12	2000			13,300　（平成 10 年 4 月）
13	2001	（平成 15 年 4 月以降、総報酬ベース）		
14	2002	↓	↓	
15	2003	135.8　（平成 15 年 4 月）	143.8　（平成 15 年 4 月）	
16	2004	139.34　（平成 16 年 10 月）	145.09　（平成 16 年 10 月）	↓
17	2005	142.88　（平成 17 年 9 月）	146.38　（平成 17 年 9 月）	13,580　（平成 17 年 4 月）
18	2006	146.42　（平成 18 年 9 月）	147.67　（平成 18 年 9 月）	13,860　（平成 18 年 4 月）
19	2007	149.96　（平成 19 年 9 月）	148.96　（平成 19 年 9 月）	14,100　（平成 19 年 4 月）
20	2008	153.50　（平成 20 年 9 月）	150.25　（平成 20 年 9 月）	14,410　（平成 20 年 4 月）
21	2009	157.04　（平成 21 年 9 月）	151.54　（平成 21 年 9 月）	14,660　（平成 21 年 4 月）
22	2010	160.58　（平成 22 年 9 月）	155.08　（平成 22 年 9 月）	15,100　（平成 22 年 4 月）
23	2011	164.12　（平成 23 年 9 月）	158.62　（平成 23 年 9 月）	15,020　（平成 23 年 4 月）
24	2012	167.66　（平成 24 年 9 月）	162.16　（平成 24 年 9 月）	14,980　（平成 24 年 4 月）
25	2013	171.20　（平成 25 年 9 月）	165.70　（平成 25 年 9 月）	15,040　（平成 25 年 4 月）
26	2014	174.74　（平成 26 年 9 月）	169.24　（平成 26 年 9 月）	15,250　（平成 26 年 4 月）
27	2015	178.28　（平成 27 年 9 月）	172.78　（平成 27 年 9 月）	15,590　（平成 27 年 4 月）
28	2016	181.82　（平成 28 年 9 月）	176.32　（平成 28 年 9 月）	16,260　（平成 28 年 4 月）

資料：厚生労働省

Ⅲ－7　公的年金制度の保険料収入の推移

年度		保険料収入	うち厚生年金
	（西暦）	億円	億円
昭和　45	1970	10,119	7,479
50	1975	29,967	22,020
55	1980	66,021	47,007
60	1985	101,726	75,053
平成　2	1990	177,498	130,507
7	1995	251,115	186,933
12	2000	265,918	200,512
13	2001	264,640	199,360
14	2002	263,555	202,034
15	2003	254,618	192,425
16	2004	256,525	194,537
17	2005	263,242	200,584
18	2006	272,435	209,835
19	2007	282,029	219,691
20	2008	288,186	226,905
21	2009	282,483	222,409
22	2010	286,854	227,252
23	2011	294,019	234,699
24	2012	301,519	241,549
25	2013	310,539	250,472

資料：厚生労働省

Ⅲ－8　国民年金（基礎年金）の給付水準の推移

年	考え方	標準的年金（基礎年金）額
昭和 41 年 （1966）	夫婦 1 万円年金の実現	月額 5,000 円 200 円 ×12 月 ×25 年＝ 5,000 円 ×12 月 （制度的な加入期間 25 年）
昭和 44 年 （1969）	夫婦 2 万円年金の実現 （付加年金を含む）	月額 8,000 円 320 円 ×12 月 ×25 年＝ 8,000 円 ×12 月 （制度的な加入期間 25 年）
昭和 48 年 （1973）	夫婦 5 万円年金の実現 （付加年金を含む）	月額 20,000 円 800 円 ×12 月 ×25 年＝ 20,000 円 ×12 月 （制度的な加入期間 25 年）
昭和 51 年 （1976）		月額 32,500 円 1,300 円 ×12 月 ×25 年＝ 32,500 円 ×12 月 （制度的な加入期間 25 年）
昭和 55 年 （1980）		月額 42,000 円 1,680 円 ×12 月 ×25 年＝ 42,000 円 ×12 月 （制度的な加入期間 25 年）
昭和 60 年 （1985）	老後生活の基礎的部分を保障するものとして、高齢者の生活費等を総合的に勘案	月額 50,000 円 50,000 円 ×480 月／ 480 月 （満額年金 40 年）
平成元年 （1989）	同上	月額 55,000 円 55,000 円 ×480 月／ 480 月 （満額年金 40 年）
平成 6 年 （1994）	同上	月額 65,000 円 65,000 円 ×480 月／ 480 月 （満額年金 40 年）
平成 12 年 （2000）	同上	月額 67,000 円
平成 16 年 （2004）	同上	月額 65,100 円（本来水準：満額年金 40 年） 66,200 円［物価スライド特例水準］
平成 21 年 財政検証 （2009）	同上	月額 65,467 円（本来水準：満額年金 40 年） 66,008 円［物価スライド特例水準］
平成 26 年 財政検証 （2014）	同上	月額 64,100 円（本来水準：満額年金 40 年） 64,400 円［物価スライド特例水準］

Ⅲ－9　厚生年金の標準的給付水準の推移

年	目標	平均年金月額（A）	直近の現役男子の標準報酬月額の平均（B）	(A)／(B)
昭和40年(1965)	１万円年金の実現	月額10,000円 (250円×20年)＋(25,000円×10／1000×20年)＋400円 (制度的な加入期間　20年 標準報酬月額の平均 25,000円)	27,725円 (昭和40(1965)年３月末)	36%
昭和44年(1969)	２万円年金の実現	月額19,997円 (400円×24.333年)＋(38,096円×10／1000×24.333年)＋1,000円 (平均加入年数　24年４月 標準報酬月額の平均 38,096円)	44,851円 (昭和44(1969)年３月末)	45%
昭和48年(1973)	直近男子の平均賃金の60％を目途 ５万円年金の実現	月額52,242円 (1,000円×27年)＋(84,600円×10／1000×27年)＋2,400円 (平均加入年数　27年 標準報酬月額の平均 84,600円)	84,801円 (昭和48(1973)年３月末)	62%
昭和51年(1976)	直近男子の平均賃金の60％を目途	月額90,392円 (1,650円×28年)＋(136,400円×10／1000×28年)＋6,000円 (平均加入年数　28年 標準報酬月額の平均136,400円)	141,376円 (昭和51(1976)年３月末)	64%
昭和55年(1980)	直近男子の平均賃金の60％を目途	月額136,050円 (2,050円×30年)＋(198,500円×10／1000×30年)＋15,000円 (平均加入年数　30年 標準報酬月額の平均198,500円)	201,333円 (昭和55(1980)年３月末)	68%
昭和60年(1985)	直近男子の平均賃金の60％を目途	月額173,100円 (2,400円×32年)＋(254,000円×10／1000×32年)＋15,000円 (平均加入年数　32年 標準報酬月額の平均254,000円)	254,000円 (推計値)	68%
		《成熟時》月額176,200円 (50,000円＋50,000円)＋(254,000円×7.5／1000×40年) (平均加入年数　40年 標準報酬月額の平均254,000円)		69%

（次頁に続く）

年	目標	平均年金月額（A）	直近の現役男子の標準報酬月額の平均（B）	（A）／（B）
平成元年 （1989）	前回改正の水準の維持	月額 195,492 円 （1,388 円 ×1.707×35 年）＋（288,000 円 ×9.58 ／ 1000×35 年）＋ 16,000 円 （平均加入年数 35 年 標準報酬月額の平均 288,000 円）	288,000 円 （推計値）	68%
		《成熟時》月額 197,400 円 （55,500 円＋ 55,500 円）＋ （288,000 円 ×7.5 ／ 1000×40 年） （加入年数 40 年 標準報酬月額の平均 288,000 円）		69%
平成 6 年 （1994）	可処分所得スライドの導入	月額 220,092 円 （1,625 円 ×1.458×37 年）＋（336,600 円 ×8.91 ／ 1000×37 年）＋ 18,700 円＋ 2,758 円 （加入年数 37 年 標準報酬月額の平均 340,000 円）	340,000 円 （推計値）	65%
		《成熟時》月額 230,983 円 （65,000 円＋ 65,000 円）＋ 336,000 円 ×7.5 ／ 1000×40 年） （加入年数 40 年 標準報酬月額の平均 337,000 円）		68%
平成 12 年 （2000）	給付乗率の 5%適正化	月額 238,000 円 （加入年数 40 年 標準報酬月額の平均 360,000 円）	367,000 円 （手取り総報酬 401,000 円）	59% （手取り総報酬比）
平成 16 年 （2004）	給付の自動調整	月額 233,000 円（特例水準） （加入年数 40 年 標準報酬額の月平均額 468,000 円）	393,000 円 （手取り総報酬）	59% （手取り総報酬比）
平成 21 年 財政検証 （2009）	同上	月額 223,000 円（本来水準） （加入年数 40 年 標準報酬額の月平均額 429,000 円）	358,000 円 （手取り総報酬）	62% （手取り総報酬比）
平成 26 年 財政検証 （2014）	同上	月額 218,000 円（本来水準） （加入年数 40 年 標準報酬額の月平均額 428,000 円）	348,000 円 （手取り総報酬）	63% （手取り総報酬比）

Ⅲ-10　公的年金制度の積立金の推移

単位：億円

年度末	（西暦）	厚生年金	旧三共済	旧農林年金	国共済		地共済		私学共済		国民年金	
昭和 45	1970	〈44,202〉	〈4,773〉	〈1,216〉	〈6,690〉		〈12,136〉		〈555〉		〈7,271〉	
50	1975	〈122,869〉	〈9,602〉	〈3,074〉	〈14,545〉		〈34,215〉		〈1,606〉		〈18,147〉	
55	1980	〈279,838〉	〈13,418〉	〈6,499〉	〈26,314〉		〈75,049〉		〈4,680〉		〈26,387〉	
60	1985	〈507,828〉	〈17,663〉	〈10,910〉	〈40,303〉		〈131,140〉		〈10,407〉		〈25,939〉	
平成 2	1990	〈768,605〉	〈19,271〉	〈14,763〉	〈57,408〉		〈204,859〉		〈17,100〉		〈36,317〉	
7	1995	〈1,118,111〉	〈23,475〉	〈18,677〉	〈72,693〉		〈288,406〉		〈24,268〉		〈69,516〉	
12	2000	〈1,368,804〉	注 5	〈20,113〉	〈85,951〉	87,227	〈361,507〉		〈30,123〉		〈98,208〉	注 5
13	2001	〈1,373,934〉	1,345,967	〈19,746〉	〈86,500〉	87,070	〈369,267〉		〈30,800〉		〈99,490〉	97,348
14	2002	〈1,377,023〉	1,320,717		〈86,747〉	86,986	〈374,658〉	365,720	〈31,368〉	31,625	〈99,108〉	94,698
15	2003	〈1,374,110〉	1,359,151		〈86,938〉	88,175	〈378,297〉	379,605	〈31,802〉	32,242	〈98,612〉	97,160
16	2004	〈1,376,619〉	1,382,468		〈87,034〉	88,564	〈380,619〉	386,664	〈32,102〉	33,079	〈96,991〉	97,151
17	2005	〈1,324,020〉	1,403,465		〈87,580〉	91,690	〈388,082〉	412,945	〈33,180〉	34,730	〈91,514〉	96,766
18	2006	〈1,300,980〉	1,397,509		〈88,137〉	92,162	〈397,071〉	420,246	〈33,834〉	35,563	〈87,660〉	93,828
19	2007	〈1,270,568〉	1,301,810		〈88,142〉	88,958	〈401,527〉	398,579	〈34,677〉	34,328	〈82,692〉	84,674
20	2008	〈1,240,188〉	1,166,496		〈85,711〉	82,145	〈395,200〉	362,067	〈34,366〉	31,523	〈76,920〉	71,885
21	2009	〈1,195,052〉	1,207,568		〈83,658〉	83,230	〈389,255〉	376,161	〈34,073〉	33,963	〈74,822〉	75,079
22	2010	〈1,134,604〉	1,141,532		〈81,822〉	80,942	〈383,658〉	366,356	〈34,083〉	33,733	〈77,333〉	77,394
23	2011	〈1,085,263〉	1,114,990		〈79,451〉	78,895	〈376,816〉	364,483	〈34,156〉	34,055	〈77,318〉	79,025
24	2012	〈1,050,354〉	1,178,823		〈75,627〉	77,427	〈368,159〉	384,525	〈34,224〉	36,406	〈72,789〉	81,446
25	2013	〈1,031,737〉	1,236,139		〈72,676〉	76,150	〈366,803〉	398,265	〈35,463〉	38,472	〈70,945〉	84,492

資料：厚生労働省

Ⅲ-11　公的年金制度の運用利回りの推移

単位：%

年度	(西暦)	国民年金	厚生年金	年金積立金管理運用法人	旧三共済 日本鉄道	旧三共済 日本電信電話	旧三共済 日本たばこ産業	旧農林年金	国共済		地共済		私学共済	
昭和 45	1970	〈6.27〉	〈6.46〉	—	〈6.61〉	〈6.78〉	〈6.80〉	〈7.30〉	〈6.56〉		〈6.51〉		〈7.18〉	
50	1975	〈6.44〉	〈6.93〉	—	〈7.27〉	〈7.04〉	〈6.91〉	〈8.01〉	〈6.92〉		〈6.62〉		〈7.57〉	
55	1980	〈6.22〉	〈7.05〉	—	〈7.04〉	〈7.10〉	〈7.24〉	〈7.70〉	〈6.94〉		〈6.75〉		〈7.49〉	
60	1985	〈7.06〉	〈7.16〉	—	〈7.13〉	〈7.19〉	〈7.20〉	〈7.62〉	〈6.87〉		〈6.70〉		〈7.28〉	
平成 2	1990	〈5.20〉	〈5.90〉	—	〈6.28〉	〈6.24〉	〈7.38〉	〈6.39〉	〈6.46〉		〈6.30〉		〈6.40〉	
7	1995	〈4.90〉	〈5.24〉	—	〈2.75〉	〈5.12〉	〈3.89〉	〈4.92〉	〈4.97〉		〈4.20〉		〈4.60〉	
12	2000	〈2.98〉	〈3.22〉	—	—	—	—	〈3.55〉	〈3.01〉	2.03	〈2.61〉		〈2.99〉	
13	2001	1.29	1.99	△1.80	—	—	—	〈2.54〉	〈2.42〉	1.56	〈2.05〉		〈2.60〉	
14	2002	△0.39	0.21	△5.36	—	—	—	—	〈2.45〉	2.05	〈1.77〉		〈2.20〉	△0.28
15	2003	4.78	4.91	8.40	—	—	—	—	〈2.68〉	3.84	〈1.81〉	4.83	〈2.00〉	2.61
16	2004	2.77	2.73	3.39	—	—	—	—	〈2.35〉	2.65	〈1.98〉	3.23	〈1.79〉	3.35
17	2005	6.88	6.82	9.88	—	—	—	—	〈2.43〉	5.36	〈3.59〉	8.44	〈4.16〉	5.78
18	2006	3.07	3.10	3.70	—	—	—	—	〈3.02〉	2.79	〈4.02〉	3.36	〈3.76〉	4.07
19	2007	△3.38	△3.54	△4.59	—	—	—	—	〈3.18〉	△0.53	〈3.02〉	△3.42	〈3.14〉	△2.8
20	2008	△7.29	△6.83	△7.57	—	—	—	—	〈1.20〉	△3.89	〈0.85〉	△6.79	〈△0.23〉	△7.62
21	2009	7.48	7.54	7.91	—	—	—	—	〈1.50〉	5.52	〈1.05〉	6.73	〈△0.55〉	8.27
22	2010	△0.25	△0.26	△0.25	—	—	—	—	〈1.76〉	1.21	〈1.06〉	△0.04	〈0.86〉	0.16
23	2011	2.15	2.17	2.32	—	—	—	—	〈1.63〉	2.06	〈0.83〉	2.24	〈1.05〉	1.82
24	2012	9.52	9.57	10.23	—	—	—	—	〈1.96〉	5.10	〈0.79〉	8.90	〈2.27〉	9.17
25	2013	8.31	8.22	8.64	—	—	—	—	〈2.41〉	4.61	〈3.42〉	7.28	〈5.36〉	7.27

資料：厚生労働省

Ⅲ -12　年金積立金の自主運用の実績の推移

①収益率

	13 年度	14 年度	15 年度	16 年度	17 年度	18 年度	19 年度	20 年度	21 年度	22 年度	23 年度	24 年度	25 年度	26 年度	14 年間（年率換算）
運用資産全体の収益率	**－ 1.80%**	**－ 5.36%**	**8.40%**	**3.39%**	**9.88%**	**3.70%**	**－ 4.59%**	**－ 7.57%**	**7.91%**	**－ 0.25%**	**2.32%**	**10.23%**	**8.64%**	**12.27%**	**3.18%**
国内債券（市場運用）	0.87%	4.19%	－ 1.82%	2.13%	－ 1.40%	2.18%	3.31%	1.35%	1.98%	1.95%	2.92%	3.68%	0.60%	2.76%	1.75%
国内株式	－ 17.05%	－ 25.41%	50.30%	1.64%	50.14%	0.47%	－ 27.97%	－ 35.55%	29.40%	－ 9.04%	0.57%	23.40%	18.09%	30.48%	2.89%
外国債券	6.20%	15.23%	0.20%	11.42%	7.71%	10.19%	－ 0.32%	－ 6.75%	1.32%	－ 7.06%	4.77%	18.30%	14.93%	12.70%	6.29%
外国株式	3.67%	－ 32.23%	23.76%	15.43%	28.20%	17.50%	－ 17.10%	－ 43.21%	46.11%	2.18%	0.49%	28.91%	32.00%	22.27%	5.87%
財投債	1.13%	0.89%	0.83%	0.90%	0.93%	1.01%	1.10%	1.18%	1.26%	1.37%	1.42%	1.45%	1.58%	1.63%	1.19%

②収益額

（単位：億円）

	13 年度	14 年度	15 年度	16 年度	17 年度	18 年度	19 年度	20 年度	21 年度	22 年度	23 年度	24 年度	25 年度	26 年度	14 年間累積
運用資産全体の収益額	**－ 5,874**	**－ 24,530**	**48,916**	**26,127**	**89,619**	**39,445**	**－ 55,178**	**－ 93,481**	**91,850**	**－ 2,999**	**26,092**	**112,222**	**102,207**	**152,922**	**507,338**
国内債券（市場運用）	1,397	6,372	－ 3,452	6,415	－ 4,832	8,701	17,165	8,700	12,279	12,284	16,891	21,263	3,653	15,957	122,793
国内株式	－ 10,174	－ 20,452	39,869	2,119	63,437	889	－ 53,323	－ 50,613	33,510	－ 13,342	1,754	33,314	31,855	69,105	127,947
外国債券	545	2,882	－ 105	5,222	4,843	8,002	－ 483	－ 6,213	1,315	－ 7,167	4,516	18,218	17,777	18,884	68,237
外国株式	1,931	－ 14,680	10,912	10,087	23,348	18,804	－ 21,765	－ 48,547	41,824	2,516	619	37,620	47,387	47,863	157,917
財投債	690	1,347	1,691	2,284	2,824	3,042	3,222	3,189	2,912	2,693	2,284	1,773	1,522	1,098	30,570

③運用資産額

（単位：兆円）

	13 年度	14 年度	15 年度	16 年度	17 年度	18 年度	19 年度	20 年度	21 年度	22 年度	23 年度	24 年度	25 年度	26 年度
期末運用資産額	38.6	50.2	70.3	87.2	102.9	114.5	119.9	117.6	122.8	116.3	113.6	120.5	126.6	137.5

資料：年金積立金管理運用法人

Ⅲ-13　年金積立金の運用実績と年金財政上求められる運用利回りの推移

管理運用法人の運用実績

（単位：%）

		13年度	14年度	15年度	16年度	17年度	18年度	19年度	20年度	21年度	22年度	23年度	24年度	25年度	26年度	直近9年間（年率）	14年間（年率）
実績	名目運用利回り（借入金利息及び運用手数料等控除後）	−4.01	−6.69	7.61	2.91	9.57	3.52	−4.69	−7.61	7.88	−0.27	2.29	10.21	8.62	12.24	3.37	2.76
	名目賃金上昇率	−0.27	−1.15	−0.27	−0.20	−0.17	0.01	−0.07	−0.26	−4.06	0.68	−0.21	0.21	0.13	0.99	−0.30	−0.34
	実質的な運用利回り	−3.75	−5.61	7.90	3.11	9.76	3.51	−4.63	−7.37	12.44	−0.95	2.51	9.98	8.48	11.14	3.68	3.11

財政計算上の前提

（単位：%）

		13年度	14年度	15年度	16年度	17年度	18年度	19年度	20年度	21年度	22年度	23年度	24年度	25年度	26年度	直近9年間（年率）	14年間（年率）
財政計算上の前提	名目運用利回り	4.00	4.00	0.80	0.90	1.60	2.30	2.60	3.00	1.47	1.78	1.92	2.03	2.23	1.34	2.07	2.14
	名目賃金上昇率	2.50	2.50	0.00	0.60	1.30	2.00	2.30	2.70	0.05	3.41	2.66	2.81	2.60	1.00	2.17	1.88
	実質的な運用利回り	1.46	1.46	0.80	0.30	0.30	0.29	0.29	0.29	1.42	−1.58	−0.72	−0.76	−0.36	0.34	−0.09	0.25

資料：年金積立金管理運用法人

Ⅲ-14　公的年金被保険者数の将来見通し（平成26年財政検証、出生中位、死亡中位、経済ケースA～E）

年度	公的年金被保険者計	第1号被保険者	被用者年金被保険者			第3号被保険者			公的年金被保険者数の減少率①	マクロ経済スライドの基礎率②（①に寿命の伸び等を勘案して設定した一定率（0.3%）を加えた率）
			合計	厚生年金	共済組合	合計	厚生年金	共済組合		
平成（西暦）	百万人	百万人	百万人	百万人	百万人	百万人	百万人	百万人	%	%
26(2014)	66.4	17.7	39.2	34.8	4.4	9.4	8.3	1.1		
27(2015)	65.9	17.4	39.2	34.9	4.4	9.3	8.2	1.1	−0.8	−1.1
28(2016)	65.6	17.1	39.4	(35.0)	(4.4)	9.1	(8.0)	(1.1)	−0.8	−1.1
29(2017)	65.2	16.7	39.6	(35.2)	(4.4)	8.9	(7.9)	(1.0)	−0.8	−1.1
30(2018)	64.8	16.5	39.6	(35.3)	(4.4)	8.7	(7.7)	(1.0)	−0.7	−1.0
31(2019)	64.4	16.2	39.7	(35.3)	(4.4)	8.6	(7.6)	(1.0)	−0.6	−0.9
32(2020)	64.1	16.0	39.7	(35.4)	(4.3)	8.4	(7.5)	(1.0)	−0.6	−0.9
37(2025)	62.0	14.8	39.6	(35.3)	(4.2)	7.6	(6.8)	(0.9)	−0.6	−0.9
42(2030)	59.4	13.5	39.0	(34.9)	(4.1)	6.8	(6.0)	(0.8)	−0.8	−1.1
52(2040)	51.1	11.1	34.3	(30.6)	(3.7)	5.7	(5.0)	(0.7)	−1.6	−1.9
62(2050)	44.3	9.6	29.6	(26.3)	(3.4)	5.0	(4.4)	(0.6)	−1.4	−1.7
72(2060)	39.0	8.5	26.1	(23.1)	(3.0)	4.3	(3.8)	(0.6)	−1.3	−1.6
82(2070)	33.7	7.3	22.6	(20.0)	(2.6)	3.7	(3.2)	(0.5)	−1.5	−1.8
92(2080)	28.9	6.3	19.4	(17.1)	(2.3)	3.2	(2.8)	(0.4)	−1.5	−1.8
102(2090)	25.2	5.5	16.9	(14.9)	(2.0)	2.8	(2.4)	(0.4)	−1.3	−1.6
112(2100)	21.8	4.7	14.7	(13.0)	(1.7)	2.4	(2.1)	(0.3)	−1.4	−1.7
122(2110)	18.8	4.1	12.6	(11.1)	(1.5)	2.1	(1.8)	(0.3)	−1.5	−1.8

資料：厚生労働省

Ⅲ－15　公的年金被保険者数の将来見通し（平成26年財政検証、出生中位、死亡中位、経済ケースＦ～Ｈ）

年　度	公的年金被保険者計	第１号被保険者	被用者年金被保険者			第３号被保険者			公的年金被保険者数の減少率①	マクロ経済スライドの基礎率②（①に寿命の伸び等を勘案して設定した一定率（0.3%）を加えた率）
			合計	厚生年金	共済組合	合計	厚生年金	共済組合		
平成（西暦）	百万人	百万人	百万人	百万人	百万人	百万人	百万人	百万人	%	%
26(2014)	66.2	18.0	38.7	34.3	4.4	9.5	8.4	1.1		
27(2015)	65.7	17.8	38.5	34.1	4.4	9.4	8.3	1.1	－0.8	－1.1
28(2016)	65.3	17.6	38.4	(34.0)	(4.4)	9.3	(8.2)	(1.1)	－0.9	－1.2
29(2017)	64.9	17.5	38.3	(33.9)	(4.4)	9.1	(8.0)	(1.1)	－0.9	－1.2
30(2018)	64.4	17.4	38.1	(33.7)	(4.4)	9.0	(7.9)	(1.0)	－0.8	－1.1
31(2019)	64.0	17.2	37.9	(33.5)	(4.4)	8.9	(7.8)	(1.0)	－0.7	－1.0
32(2020)	63.6	17.1	37.7	(33.3)	(4.3)	8.8	(7.8)	(1.0)	－0.7	－1.0
37(2025)	61.3	16.6	36.5	(32.3)	(4.2)	8.2	(7.2)	(0.9)	－0.7	－1.0
42(2030)	58.3	15.9	34.9	(30.8)	(4.1)	7.5	(6.6)	(0.9)	－0.9	－1.2
52(2040)	50.0	13.1	30.5	(26.8)	(3.7)	6.3	(5.5)	(0.8)	－1.6	－1.9
62(2050)	43.4	11.4	26.5	(23.1)	(3.4)	5.6	(4.8)	(0.7)	－1.3	－1.6
72(2060)	38.2	10.1	23.3	(20.3)	(3.0)	4.8	(4.2)	(0.6)	－1.3	－1.6
82(2070)	33.0	8.7	20.2	(17.6)	(2.6)	4.1	(3.6)	(0.6)	－1.5	－1.8
92(2080)	28.3	7.4	17.3	(15.0)	(2.3)	3.6	(3.1)	(0.5)	－1.5	－1.8
102(2090)	24.7	6.5	15.1	(13.1)	(2.0)	3.1	(2.7)	(0.4)	－1.3	－1.6
112(2100)	21.4	5.6	13.1	(11.4)	(1.7)	2.7	(2.3)	(0.4)	－1.5	－1.8
122(2110)	18.4	4.8	11.2	(9.8)	(1.5)	2.3	(2.0)	(0.3)	－1.5	－1.8

資料：厚生労働省

Ⅲ -16　厚生年金の財政見通し（平成 26 年財政検証、出生中位、死亡中位、経済ケース E）

年度	保険料率（対総報酬）	収入合計	保険料収入	運用収入	国庫負担	支出合計	基礎年金拠出金	収支差引残	年度末積立金	年度末積立金（26 年度価格）	積立度合	（参考）所得代替率	基礎	比例
平成（西暦）	%	兆円	兆円	兆円	兆円	兆円	兆円	兆円	兆円	兆円		%	%	%
26（2014）	17.474	42.5	30.5	2.3	9.5	46.6	18.0	− 4.1	172.5	172.5	3.8	62.7	36.8	25.9
		(36.5)	(25.9)	(2.0)	(8.5)	(39.9)	(15.9)	(− 3.4)	(145.9)	(145.9)	(3.7)			
27（2015）	17.828	45.1	31.7	3.2	9.9	48.0	18.8	− 2.9	169.6	168.7	3.6	62.0	36.4	25.6
		(38.7)	(27.0)	(2.7)	(8.8)	(41.1)	(16.6)	(− 2.4)	(143.6)	(142.8)	(3.6)			
28（2016）	18.182	47.3	33.2	3.6	10.2	49.2	19.4	− 1.8	167.8	162.8	3.5	61.4	36.0	25.4
29（2017）	18.300	49.8	34.8	4.3	10.4	50.1	19.9	− 0.3	167.5	159.3	3.4	60.7	35.6	25.1
30（2018）	18.300	52.3	36.3	5.1	10.6	50.7	20.3	1.5	169.0	157.6	3.3	60.1	35.3	24.8
31（2019）	18.300	54.8	37.8	6.0	10.8	51.4	20.8	3.4	172.4	158.3	3.3	59.7	35.0	24.6
32（2020）	18.300	57.3	39.3	6.8	11.0	52.3	21.2	5.0	177.3	159.2	3.3	59.3	34.8	24.5
37（2025）	18.300	67.9	46.5	9.4	12.0	57.7	23.5	10.2	220.8	165.7	3.6	58.0	33.4	24.5
42（2030）	18.300	75.5	51.4	11.3	12.7	62.2	25.1	13.3	281.9	184.1	4.3	56.5	31.9	24.5
52（2040）	18.300	89.5	57.7	16.9	14.9	77.8	29.8	11.7	416.1	212.3	5.2	51.8	27.2	24.5
62（2050）	18.300	103.6	64.6	21.1	17.9	94.5	35.8	9.1	518.3	206.6	5.4	50.6	26.0	24.5
72（2060）	18.300	117.9	72.6	24.5	20.8	110.9	41.7	7.0	599.5	186.7	5.3	50.6	26.0	24.5
82（2070）	18.300	130.7	80.4	26.5	23.8	128.0	47.6	2.8	646.2	157.2	5.0	50.6	26.0	24.5
92（2080）	18.300	142.1	88.7	26.5	26.9	145.4	53.8	− 3.2	643.1	122.2	4.4	50.6	26.0	24.5
102（2090）	18.300	152.6	98.8	24.0	29.8	161.7	59.6	− 9.1	578.8	85.9	3.6	50.6	26.0	24.5
112（2100）	18.300	160.9	109.4	18.5	33.1	179.9	66.1	− 19.0	439.0	50.9	2.5	50.6	26.0	24.5
122（2110）	18.300	165.1	120.8	7.5	36.8	200.3	73.6	− 35.2	165.1	15.0	1.0	50.6	26.0	24.5

長期の経済前提		
物価上昇率		1.2%
賃金上昇率（実質〈対物価〉）		1.3%
運用利回り	実質〈対物価〉	3.0%
	スプレッド〈対賃金〉	1.7%
経済成長率（実質〈対物価〉）2024 年度以降 20 ～ 30 年		0.4%

		所得代替率（給付水準調整終了後）	給付水準調整終了年度
一元化モデル		50.6%	2043
	比例	24.5%	2020
	基礎	26.0%	2043
（従来モデル）		（51.6%）	

資料：厚生労働省

Ⅲ-17　国民年金の財政見通し（平成26年財政検証、出生中位、死亡中位、経済ケースE）

年度	保険料月額（注1）	収入合計	保険料収入	運用収入	国庫負担	支出合計	基礎年金拠出金	収支差引残	年度末積立金	年度末積立金（26年度価格）	積立度合	（参考）所得代替率	基礎	比例
平成（西暦）	円	兆円	兆円	兆円	兆円	兆円	兆円	兆円	兆円	兆円		%	%	%
26（2014）	16,100	3.8	1.6	0.1	2.1	4.0	3.8	－0.2	10.8	10.8	2.8	62.7	36.8	25.9
27（2015）	16,380	3.9	1.6	0.2	2.1	4.0	3.9	－0.1	10.7	10.6	2.7	62.0	36.4	25.6
28（2016）	16,660	4.0	1.6	0.2	2.2	4.1	3.9	－0.1	10.6	10.3	2.6	61.4	36.0	25.4
29（2017）	16,900	4.1	1.6	0.3	2.2	4.1	4.0	－0.0	10.6	10.0	2.6	60.7	35.6	25.1
30（2018）	16,900	4.2	1.6	0.3	2.2	4.2	4.0	0.0	10.6	9.9	2.5	60.1	35.3	24.8
31（2019）	16,900	4.3	1.6	0.4	2.3	4.3	4.1	0.1	10.6	9.8	2.5	59.7	35.0	24.6
32（2020）	16,900	4.4	1.7	0.4	2.3	4.3	4.1	0.1	10.7	9.6	2.5	59.3	34.8	24.5
37（2025）	16,900	4.9	1.8	0.5	2.5	4.6	4.4	0.3	11.8	8.8	2.5	58.0	33.4	24.5
42（2030）	16,900	5.1	1.9	0.5	2.7	4.8	4.6	0.4	13.4	8.8	2.7	56.5	31.9	24.5
52（2040）	16,900	5.9	2.0	0.7	3.2	5.6	5.5	0.3	17.0	8.7	3.0	51.8	27.2	24.5
62（2050）	16,900	7.1	2.2	0.8	4.0	6.8	6.7	0.3	20.3	8.1	3.0	50.6	26.0	24.5
72（2060）	16,900	8.2	2.5	0.9	4.8	8.0	8.0	0.2	22.8	7.1	2.8	50.6	26.0	24.5
82（2070）	16,900	9.2	2.8	1.0	5.4	9.1	9.0	0.1	24.3	5.9	2.7	50.6	26.0	24.5
92（2080）	16,900	10.1	3.1	1.0	6.1	10.2	10.1	－0.1	24.5	4.7	2.4	50.6	26.0	24.5
102（2090）	16,900	11.2	3.4	1.0	6.8	11.4	11.3	－0.2	23.1	3.4	2.1	50.6	26.0	24.5
112（2100）	16,900	12.1	3.8	0.8	7.5	12.6	12.5	－0.5	19.9	2.3	1.6	50.6	26.0	24.5
122（2110）	16,900	13.0	4.2	0.6	8.3	13.9	13.9	－0.9	13.0	1.2	1.0	50.6	26.0	24.5

長期の経済前提		
物価上昇率		1.2%
賃金上昇率（実質〈対物価〉）		1.3%
運用利回り	実質〈対物価〉	3.0%
	スプレッド〈対賃金〉	1.7%
経済成長率（実質〈対物価〉）2024年度以降20～30年		0.4%

納付率の前提	
2018年度～	65%

		所得代替率（給付水準調整終了後）	給付水準調整終了年度
一元化モデル		50.6%	2043
	比例	24.5%	2020
	基礎	26.0%	2043
（従来モデル）		（51.6%）	

資料：厚生労働省

Ⅲ-18　基礎年金の財政見通し（平成26年財政検証、出生中位、死亡中位、経済ケースE）

長期の経済前提		
物価上昇率		1.2%
賃金上昇率（実質〈対物価〉）		1.3%
運用利回り	実質〈対物価〉	3.0%
	スプレッド〈対賃金〉	1.7%
経済成長率（実質〈対物価〉）2024年度以降20～30年		0.4%

	一元化モデル	基礎	比例	〔従来モデル〕
所得代替率〔給付水準調整終了後〕	50.6%	26.0%	24.5%	(51.6%)
給付水準調整終了年度	2043	2043	2020	

年度	① 基礎年金給付費	② 基礎年金国庫負担	③ 拠出金算定対象額	③ 〔平成16年度価格〕	④ 拠出金算定対象者数	⑤ 拠出金単価（月額）（③÷④）÷12〔平成16年度価格〕	⑥ 保険料相当額（月額）⑤×（1－国庫負担割合）〔平成16年度価格〕
平成（西暦）	兆円	兆円	兆円		百万人	円	円
26（2014）	21.8	11.1	21.5	(22.7)	53.3	(35,471)	(17,736)
27（2015）	22.6	11.5	22.3	(23.4)	53.0	(36,782)	(18,391)
28（2016）	23.3	11.9	23.0	(23.5)	52.7	(37,184)	(18,592)
29（2017）	23.9	12.2	23.5	(23.6)	52.6	(37,423)	(18,711)
30（2018）	24.3	12.4	23.9	(23.6)	52.5	(37,387)	(18,694)
31（2019）	24.8	12.6	24.4	(23.7)	52.2	(37,775)	(18,887)
32（2020）	25.4	12.9	24.9	(23.6)	52.0	(37,883)	(18,941)
37（2025）	27.9	14.2	27.4	(21.7)	50.3	(35,976)	(17,988)
42（2030）	29.7	15.2	29.1	(20.1)	47.6	(35,108)	(17,554)
52（2040）	35.3	18.1	34.4	(18.5)	40.6	(38,012)	(19,006)
62（2050）	42.5	21.9	41.2	(17.3)	35.5	(40,685)	(20,343)
72（2060）	49.6	25.6	48.0	(15.8)	31.1	(42,377)	(21,189)
82（2070）	56.6	29.2	54.8	(14.1)	26.8	(43,795)	(21,897)
92（2080）	63.9	33.0	61.9	(12.4)	23.0	(44,959)	(22,479)
102（2090）	70.9	36.6	68.7	(10.8)	20.1	(44,618)	(22,309)
112（2100）	78.6	40.5	76.2	(9.3)	17.4	(44,791)	(22,396)
122（2110）	87.5	45.1	84.8	(8.1)	15.0	(45,195)	(22,597)

年度	拠出金算定対象者数 計	第1号被保険者	被用者年金計 第2号被保険者	被用者年金計 第3号被保険者	厚生年金 第2号被保険者	厚生年金 第3号被保険者	共済組合 第2号被保険者	共済組合 第3号被保険者
平成（西暦）	百万人	百万人	百万人	百万人	百万人	百万人	百万人	百万人
26（2014）	53.3	8.5	35.3	9.4	31.1	8.3	4.2	1.1
27（2015）	53.0	8.3	35.4	9.3	31.2	8.2	4.2	1.1
28（2016）	52.7	8.1	35.5	9.1	(31.4)	(8.0)	(4.2)	(1.1)
29（2017）	52.6	8.0	35.7	8.9	(31.6)	(7.9)	(4.2)	(1.0)
30（2018）	52.5	8.0	35.8	8.7	(31.6)	(7.7)	(4.2)	(1.0)
31（2019）	52.2	7.8	35.8	8.6	(31.7)	(7.6)	(4.2)	(1.0)
32（2020）	52.0	7.7	35.9	8.4	(31.7)	(7.5)	(4.2)	(1.0)
37（2025）	50.3	7.2	35.5	7.6	(31.4)	(6.8)	(4.1)	(0.9)
42（2030）	47.6	6.5	34.3	6.8	(30.4)	(6.0)	(3.9)	(0.8)
52（2040）	40.6	5.4	29.5	5.7	(26.0)	(5.0)	(3.6)	(0.7)
62（2050）	35.5	4.7	25.8	5.0	(22.6)	(4.4)	(3.2)	(0.6)
72（2060）	31.1	4.1	22.6	4.3	(19.7)	(3.8)	(2.8)	(0.6)
82（2070）	26.8	3.5	19.5	3.7	(17.0)	(3.2)	(2.5)	(0.5)
92（2080）	23.0	3.0	16.8	3.2	(14.6)	(2.8)	(2.2)	(0.4)
102（2090）	20.1	2.7	14.6	2.8	(12.8)	(2.4)	(1.9)	(0.4)
112（2100）	17.4	2.3	12.6	2.4	(11.0)	(2.1)	(1.6)	(0.3)
122（2110）	15.0	2.0	10.9	2.1	(9.5)	(1.8)	(1.4)	(0.3)

資料：厚生労働省

Ⅲ-19　厚生年金の財政見通し（平成26年財政検証、出生中位、死亡中位、経済ケースG）

年度	保険料率（対総報酬）	収入合計	保険料収入	運用収入	国庫負担	支出合計	基礎年金拠出金	収支差引残	年度末積立金	年度末積立金〔26年度価格〕	積立度合	（参考）所得代替率	基礎	比例
平成（西暦）	%	兆円	兆円	兆円	兆円	兆円	兆円	兆円	兆円	兆円		%	%	%
26(2014)	17.474	42.2	30.1	2.3	9.5	46.6	18.0	−4.4	172.0	172.0	3.8	62.7	36.8	25.9
		(36.1)	(25.6)	(2.0)	(8.4)	(39.9)	(15.8)	(−3.7)	(145.4)	(145.4)	(3.7)			
27(2015)	17.828	43.9	31.0	2.7	9.8	48.0	18.7	−4.1	168.0	167.1	3.6	62.0	36.4	25.6
		(37.6)	(26.3)	(2.3)	(8.7)	(41.0)	(16.4)	(−3.4)	(142.0)	(141.3)	(3.5)			
28(2016)	18.182	45.7	32.2	3.1	10.1	48.9	19.2	−3.2	164.7	159.8	3.4	61.3	36.0	25.3
29(2017)	18.300	47.3	33.4	3.4	10.2	49.4	19.6	−2.1	162.6	155.3	3.3	60.7	35.7	25.1
30(2018)	18.300	48.8	34.4	3.9	10.3	49.9	19.8	−1.1	161.5	152.5	3.3	60.5	35.5	25.0
31(2019)	18.300	50.2	35.2	4.3	10.4	50.1	20.0	0.1	161.6	151.4	3.2	59.9	35.2	24.7
32(2020)	18.300	51.4	36.0	4.7	10.5	50.4	20.3	1.0	162.6	150.1	3.2	59.4	34.9	24.5
37(2025)	18.300	55.8	39.3	5.5	10.9	51.8	21.3	4.0	177.8	144.5	3.4	56.7	33.4	23.3
42(2030)	18.300	58.6	41.2	6.1	11.2	52.9	22.1	5.7	203.6	149.4	3.7	53.8	31.8	22.1
52(2040)	18.300	63.5	43.5	7.6	12.5	61.0	24.9	2.5	248.8	151.2	4.0	48.8	26.9	21.9
62(2050)	18.300	66.7	46.0	8.0	12.7	65.9	25.4	0.8	261.2	131.5	4.0	44.3	22.4	21.9
72(2060)	18.300	69.4	48.7	8.2	12.4	68.7	24.9	0.6	270.1	112.7	3.9	42.0	20.1	21.9
82(2070)	18.300	71.9	50.9	8.2	12.8	72.8	25.7	−1.0	267.2	92.3	3.7	42.0	20.1	21.9
92(2080)	18.300	73.9	52.9	7.6	13.3	76.8	26.7	−2.9	247.3	70.8	3.3	42.0	20.1	21.9
102(2090)	18.300	76.0	55.6	6.5	13.8	80.0	27.6	−4.0	211.6	50.2	2.7	42.0	20.1	21.9
112(2100)	18.300	77.4	58.0	5.0	14.4	83.8	28.8	−6.3	160.1	31.5	2.0	42.0	20.1	21.9
122(2110)	18.300	78.1	60.4	2.5	15.1	87.9	30.3	−9.8	78.1	12.7	1.0	42.0	20.1	21.9

長期の経済前提		
物価上昇率		0.9%
賃金上昇率（実質〈対物価〉）		1.0%
運用利回り	実質〈対物価〉	2.2%
	スプレッド〈対賃金〉	1.2%
経済成長率（実質〈対物価〉）2024年度以降20～30年		−0.2%

	所得代替率〔給付水準調整終了後〕	給付水準調整終了年度
一元化モデル	42.0%	2058
比例	21.9%	2031
基礎	20.1%	2058
（従来モデル）	（42.8%）	

所得代替率50%到達年度	2038

資料：厚生労働省

Ⅲ -20　国民年金の財政見通し（平成 26 年財政検証、出生中位、死亡中位、経済ケース G）

年度	保険料月額（注1）	収入合計	保険料収入	運用収入	国庫負担	支出合計	基礎年金拠出金	収支差引残	年度末積立金	年度末積立金〔26年度価格〕	積立度合	（参考）所得代替率	基礎	比例
平成（西暦）	円	兆円	兆円	兆円	兆円	兆円	兆円	兆円	兆円	兆円		%	%	%
26（2014）	16,100	3.9	1.6	0.1	2.1	4.0	3.8	－0.2	10.8	10.8	2.7	62.7	36.8	25.9
27（2015）	16,380	4.0	1.6	0.2	2.2	4.1	4.0	－0.2	10.6	10.6	2.6	62.0	36.4	25.6
28（2016）	16,660	4.1	1.6	0.2	2.2	4.2	4.0	－0.1	10.5	10.2	2.5	61.3	36.0	25.3
29（2017）	16,900	4.2	1.7	0.2	2.3	4.3	4.1	－0.1	10.4	9.9	2.4	60.7	35.7	25.1
30（2018）	16,900	4.3	1.7	0.2	2.3	4.4	4.2	－0.1	10.3	9.7	2.4	60.5	35.5	25.0
31（2019）	16,900	4.4	1.7	0.3	2.4	4.4	4.3	－0.1	10.3	9.6	2.3	59.9	35.2	24.7
32（2020）	16,900	4.4	1.7	0.3	2.4	4.5	4.3	－0.1	10.2	9.4	2.3	59.4	34.9	24.5
37（2025）	16,900	4.8	1.9	0.3	2.6	4.8	4.6	0.0	10.2	8.3	2.1	56.7	33.4	23.3
42（2030）	16,900	5.1	2.0	0.3	2.8	5.1	5.0	0.0	10.3	7.5	2.0	53.8	31.8	22.1
52（2040）	16,900	5.5	2.0	0.3	3.2	5.7	5.6	－0.2	9.3	5.6	1.7	48.8	26.9	21.9
62（2050）	16,900	5.7	2.1	0.2	3.4	5.9	5.8	－0.2	7.2	3.6	1.3	44.3	22.4	21.9
72（2060）	16,900	5.9	2.3	0.2	3.4	5.9	5.8	－0.0	6.4	2.7	1.1	42.0	20.1	21.9
82（2070）	16,900	6.1	2.3	0.2	3.6	6.1	6.0	－0.0	6.2	2.1	1.0	42.0	20.1	21.9
92（2080）	16,900	6.3	2.4	0.2	3.7	6.3	6.2	－0.0	6.1	1.7	1.0	42.0	20.1	21.9
102（2090）	16,900	6.6	2.6	0.2	3.9	6.6	6.5	0.0	6.3	1.5	0.9	42.0	20.1	21.9
112（2100）	16,900	6.9	2.7	0.2	4.0	6.9	6.8	0.1	6.7	1.3	1.0	42.0	20.1	21.9
122（2110）	16,900	7.2	2.7	0.2	4.2	7.2	7.1	0.0	7.2	1.2	1.0	42.0	20.1	21.9

長期の経済前提		
物価上昇率		0.9%
賃金上昇率（実質〈対物価〉）		1.0%
運用利回り	実質〈対物価〉	2.2%
	スプレッド〈対賃金〉	1.2%
経済成長率（実質〈対物価〉）2024 年度以降 20 ～ 30 年		－0.2%

納付率の前提	
2018 年度～	65%

	所得代替率〔給付水準調整終了後〕	給付水準調整終了年度
一元化モデル	42.0%	2058
比例	21.9%	2031
基礎	20.1%	2058
（従来モデル）	（42.8%）	

所得代替率 50%到達年度	2038

資料：厚生労働省

Ⅲ-21　基礎年金の財政見通し（平成26年財政検証、出生中位、死亡中位、経済ケースG）

所得代替率50%到達年度	2038

長期の経済前提		
物価上昇率		0.9%
賃金上昇率（実質〈対物価〉）		1.0%
運用利回り	実質〈対物価〉	2.2%
	スプレッド〈対賃金〉	1.2%
経済成長率（実質〈対物価〉）2024年度以降20～30年		－0.2%

	一元化モデル	基礎	比例	〔従来モデル〕
所得代替率〔給付水準調整終了後〕	42.0%	20.1%	21.9%	(42.8%)
給付水準調整終了年度	2058	2058	2031	

年度	① 基礎年金給付費	② 基礎年金国庫負担	③ 拠出金算定対象額〔平成16年度価格〕		④ 拠出金算定対象者数	⑤ 拠出金単価（月額）（③÷④）÷12〔平成16年度価格〕	⑥ 保険料相当額（月額）⑤×（1－国庫負担割合）〔平成16年度価格〕
平成（西暦）	兆円	兆円		兆円	百万人	円	円
26（2014）	21.8	11.1	21.5	(22.7)	53.1	(35,571)	(17,786)
27（2015）	22.6	11.5	22.3	(23.4)	52.7	(36,933)	(18,466)
28（2016）	23.2	11.8	22.9	(23.4)	52.4	(37,248)	(18,624)
29（2017）	23.7	12.0	23.3	(23.5)	52.2	(37,451)	(18,726)
30（2018）	24.0	12.2	23.6	(23.5)	52.1	(37,648)	(18,824)
31（2019）	24.3	12.4	23.9	(23.6)	51.7	(38,098)	(19,049)
32（2020）	24.6	12.5	24.2	(23.6)	51.4	(38,220)	(19,110)
37（2025）	26.0	13.2	25.5	(21.9)	49.3	(36,908)	(18,454)
42（2030）	27.1	13.8	26.5	(20.5)	46.4	(36,848)	(18,424)
52（2040）	30.5	15.7	29.7	(19.1)	39.6	(40,156)	(20,078)
62（2050）	31.2	16.1	30.3	(16.1)	34.6	(38,729)	(19,365)
72（2060）	30.7	15.9	29.6	(13.1)	30.3	(35,944)	(17,972)
82（2070）	31.7	16.4	30.6	(11.2)	26.1	(35,608)	(17,804)
92（2080）	32.9	17.0	31.7	(9.6)	22.4	(35,609)	(17,805)
102（2090）	34.2	17.7	32.9	(8.2)	19.6	(35,052)	(17,526)
112（2100）	35.6	18.5	34.4	(7.1)	16.9	(35,111)	(17,556)
122（2110）	37.4	19.4	36.0	(6.2)	14.6	(35,417)	(17,709)

年度	拠出金算定対象者数 計	第1号被保険者	被用者年金計 第2号被保険者	被用者年金計 第3号被保険者	厚生年金 第2号被保険者	厚生年金 第3号被保険者	共済組合 第2号被保険者	共済組合 第3号被保険者
平成（西暦）	百万人	百万人	百万人	百万人	百万人	百万人	百万人	百万人
26（2014）	53.1	8.6	35.0	9.5	30.8	8.4	4.2	1.1
27（2015）	52.7	8.5	34.8	9.4	30.6	8.3	4.2	1.1
28（2016）	52.4	8.3	34.8	9.3	(30.6)	(8.2)	(4.2)	(1.1)
29（2017）	52.2	8.4	34.8	9.1	(30.6)	(8.0)	(4.2)	(1.1)
30（2018）	52.1	8.4	34.7	9.0	(30.5)	(7.9)	(4.2)	(1.0)
31（2019）	51.7	8.3	34.5	8.9	(30.3)	(7.8)	(4.2)	(1.0)
32（2020）	51.4	8.3	34.3	8.8	(30.2)	(7.8)	(4.2)	(1.0)
37（2025）	49.3	8.0	33.2	8.2	(29.1)	(7.2)	(4.1)	(0.9)
42（2030）	46.4	7.7	31.3	7.5	(27.3)	(6.6)	(3.9)	(0.9)
52（2040）	39.6	6.4	26.9	6.3	(23.3)	(5.5)	(3.6)	(0.8)
62（2050）	34.6	5.5	23.5	5.6	(20.3)	(4.8)	(3.2)	(0.7)
72（2060）	30.3	4.9	20.6	4.8	(17.7)	(4.2)	(2.8)	(0.6)
82（2070）	26.1	4.2	17.8	4.1	(15.3)	(3.6)	(2.5)	(0.6)
92（2080）	22.4	3.6	15.3	3.6	(13.1)	(3.1)	(2.2)	(0.5)
102（2090）	19.6	3.2	13.3	3.1	(11.5)	(2.7)	(1.9)	(0.4)
112（2100）	16.9	2.7	11.5	2.7	(9.9)	(2.3)	(1.6)	(0.4)
122（2110）	14.6	2.3	9.9	2.3	(8.5)	(2.0)	(1.4)	(0.3)

資料：厚生労働省

Ⅲ-22　基礎年金の被保険者数、受給者数の見通し－平成26年財政検証－

年度	被保険者数		受給者数			①／②	①'／②
	労働市場への参加が進むケース①	労働市場への参加が進まないケース①'	老齢基礎年金②	障害基礎年金	遺族基礎年金		
平成（西暦）	百万人	百万人	百万人	百万人	百万人		
26（2014）	65.3	65.2	31.2	1.8	0.1	2.1	2.1
27（2015）	64.8	64.7	32.0	1.8	0.1	2.0	2.0
28（2016）	64.4	64.2	32.6	1.8	0.1	2.0	2.0
29（2017）	64.0	63.8	33.1	1.8	0.1	1.9	1.9
30（2018）	63.7	63.4	33.5	1.8	0.1	1.9	1.9
31（2019）	63.3	63.0	33.8	1.8	0.1	1.9	1.9
32（2020）	63.0	62.7	34.0	1.9	0.1	1.9	1.8
37（2025）	60.9	60.5	34.4	1.9	0.1	1.8	1.8
42（2030）	58.1	57.4	34.6	2.0	0.1	1.7	1.7
52（2040）	49.6	48.9	36.2	2.0	0.1	1.4	1.4
62（2050）	43.1	42.6	35.2	1.9	0.1	1.2	1.2
72（2060）	37.9	37.5	32.3	1.8	0.1	1.2	1.2
82（2070）	32.8	32.3	28.7	1.7	0.0	1.1	1.1
92（2080）	28.1	27.7	25.2	1.5	0.0	1.1	1.1
102（2090）	24.5	24.2	21.9	1.3	0.0	1.1	1.1
112（2100）	21.2	20.9	18.9	1.1	0.0	1.1	1.1
122（2110）	18.3	18.0	16.4	1.0	0.0	1.1	1.1

資料：厚生労働省

Ⅲ-23　厚生年金の被保険者数、受給者数の見通し－平成26年財政検証－
（人口：出生中位、死亡中位、労働：労働市場への参加が進むケース）

年　度	被保険者数	受給者数			
		老齢厚生年金		障　害	遺　族
		老齢相当	通老相当	厚生年金	厚生年金
平成（西暦）	百万人	百万人	百万人	百万人	百万人
26（2014）	39.2	17.2	12.9	0.4	6.2
27（2015）	39.2	17.6	13.4	0.4	6.3
28（2016）	39.4	17.8	13.8	0.5	6.5
29（2017）	39.6	17.9	14.1	0.5	6.6
30（2018）	39.6	18.1	14.3	0.5	6.8
31（2019）	39.7	18.0	14.3	0.5	6.9
32（2020）	39.7	17.9	14.5	0.5	7.0
37（2025）	39.6	17.7	14.8	0.5	7.6
42（2030）	39.0	17.9	15.3	0.6	8.0
52（2040）	34.3	19.9	16.1	0.6	8.2
62（2050）	29.6	20.5	14.7	0.5	7.4
72（2060）	26.1	19.9	12.4	0.5	6.7
82（2070）	22.6	18.7	10.0	0.5	6.1
92（2080）	19.4	17.1	8.1	0.4	5.3
102（2090）	16.9	15.1	6.9	0.3	4.7
112（2100）	14.7	13.1	6.0	0.3	4.2
122（2110）	12.6	11.4	5.2	0.3	3.6

（人口：出生中位、死亡中位、労働：労働市場への参加が進まないケース）

年　度	被保険者数	受給者数			
		老齢厚生年金		障　害	遺　族
		老齢相当	通老相当	厚生年金	厚生年金
平成（西暦）	百万人	百万人	百万人	百万人	百万人
26（2014）	38.7	17.2	12.9	0.4	6.2
27（2015）	38.5	17.6	13.4	0.4	6.3
28（2016）	38.4	17.8	13.8	0.5	6.5
29（2017）	38.3	17.9	14.1	0.5	6.6
30（2018）	38.1	18.1	14.3	0.5	6.8
31（2019）	37.9	18.0	14.3	0.5	6.9
32（2020）	37.7	17.9	14.5	0.5	7.0
37（2025）	36.5	17.6	14.8	0.5	7.6
42（2030）	34.9	17.8	15.3	0.6	8.0
52（2040）	30.5	19.3	16.5	0.5	8.2
62（2050）	26.5	19.3	15.6	0.5	7.3
72（2060）	23.3	18.1	13.7	0.5	6.6
82（2070）	20.2	16.7	11.1	0.4	6.1
92（2080）	17.3	15.1	8.8	0.4	5.2
102（2090）	15.1	13.3	7.2	0.3	4.5
112（2100）	13.1	11.6	6.1	0.3	4.0
122（2110）	11.2	10.1	5.2	0.2	3.4

（注1）被保険者数及び受給者数は、被用者年金一元化後の人数であり、それぞれ旧厚生年金のほか、共済年金各制度の者を含む。なお、受給者数は、各被用者年金制度における受給者数を合計したものであり、同時に二以上の制度から年金を受給している者については、重複して計上されている。
（注2）老齢厚生年金のうち、
（1）老齢相当とは、厚生年金の被保険者期間が25年以上の者（経過的に20～24年の者を含むほか、中高齢の特例による期間短縮を受けている者を含む。）が受給するものをいう。
（2）通老相当とは、厚生年金の被保険者期間が25年未満の者（経過的に20～24年の者及び中高齢の特例による期間短縮を受けている者を除く。）が受給するものをいう。
なお、ここでいう被保険者期間とは、旧厚生年金、各共済年金制度間で通算しない、それぞれの制度における期間のことである。
資料：厚生労働省

Ⅲ-24　適格退職年金の契約件数・加入者数・受給者数・年金資産額の推移状況

年　　度		年度末契約件数	加入者数（千人）	年金受給者数（千人）	一時金受給者数（千人）	年金資産額（億円）
	（西暦）					
昭和 41	1966	16,231	1,480	—	—	430
46	1971	64,745	3,830	—	—	3,749
51	1976	57,011	4,640	—	—	13,143
55	1980	61,437	5,837	52	256	30,523
60	1985	68,268	7,557	80	320	71,876
平成 2	1990	86,600	9,400	131	420	130,270
7	1995	91,465	10,800	217	501	178,010
12	2000	78,148	9,682	414	544	224,005
13	2001	73,582	9,167	472	597	226,594
14	2002	66,741	8,586	551	597	214,472
15	2003	59,163	7,779	541	527	207,187
16	2004	52,761	6,546	384	447	171,829
17	2005	45,090	5,687	351	343	172,718
18	2006	38,885	5,069	292	298	156,253
19	2007	32,826	4,434	262	280	117,434
20	2008	25,441	3,494	230	230	81,319
21	2009	17,184	2,502	180	170	64,031
22	2010	8,051	1,261	95	107	30,998
23	2011	0	0	0	0	

資料：信託協会「年金信託（信託 150 号）」「企業年金の受託概況」など

Ⅲ-25　厚生年金基金の基金数・加入員数・受給者数・年金資産額の推移

年度		厚生年金基金				企業年金連合会			年金資産額合計（億円）
		基金数計	加入員数（千人）	年金受給者数（千人）	年金資産額（億円）	中途脱退者移換累計件数（千件）	基本年金受給者数（千件）	年金資産額（億円）	
	（西暦）								
昭和 41	1966	142	500	0	—	—	—	—	—
45	1970	713	3,910	31	—	1,435	2	103	—
50	1975	929	5,340	232	13,270	5,265	33	1,307	14,577
55	1980	991	5,964	468	45,645	8,240	127	4,557	50,202
60	1985	1,091	7,058	736	116,224	10,995	277	9,740	125,964
平成 2	1990	1,474	9,845	1,142	241,143	14,388	471	16,454	257,597
7	1995	1,878	12,130	1,949	392,324	18,891	759	27,329	419,653
12	2000	1,801	11,396	2,969	532,371	23,380	1,170	47,197	579,568
13	2001	1,737	10,871	3,157	515,869	24,280	1,293	54,285	570,154
14	2002	1,656	10,386	3,320	455,023	25,100	1,428	56,575	511,598
15	2003	1,357	8,351	3,014	407,023	25,720	1,587	78,580	485,603
16	2004	838	6,152	2,488	269,003	26,170	1,760	98,978	367,981
17	2005	687	5,310	2,330	247,152	26,560	1,924	125,985	373,137
18	2006	658	4,867	2,232	238,614	26,840	2,117	131,943	370,557
19	2007	626	4,744	2,344	206,838	27,240	2,400	117,661	324,499
20	2008	617	4,663	2,569	162,046	27,610	2,932	93,097	255,143
21	2009	608	4,562	2,723	184,299	27,950	3,446	105,730	290,029
22	2010	595	4,472	2,840	177,842	28,240	3,991	100,584	278,426
23	2011	577	4,366	2,932	170,710	28,530	4,498	97,545	268,255
24	2012	560	4,203	2,993	180,838	28,830	5,014	107,446	288,284
25	2013	531	4,050	2,980	191,781	29,170	5,355	117,520	309,301

資料：厚生労働省、企業年金連合会

Ⅲ-26　確定給付企業年金の契約件数・加入者数・受給者数・年金資産額の推移

年度		制度数			加入者数（万人）	年金受給者数（千人）	一時金受給者数（千件）	年金資産額（億円）
		総数	基金型	規約型				
	（西暦）							
平成 14	2002	15	0	15	3			
15	2003	316	148	168	135			80,700
16	2004	992	508	484	314			217,229
17	2005	1,430	596	834	384	726	504	330,358
18	2006	1,940	605	1,335	430	1,018	411	368,879
19	2007	3,098	619	2,479	506	952	173	366,504
20	2008	5,006	611	4,395	570	998	165	328,753
21	2009	7,407	610	6,797	647	1,074	130	390,377
22	2010	10,044	608	9,436	727	1,019	135	419,721
23	2011	14,989	612	14,377	801	1,124	137	453,407
24	2012	14,697	607	14,090	796	1,083	149	500,259
25	2013	14,337	602	13,735	788	1,215	138	536,121

資料：厚生労働省、企業年金連合会、信託協会・生命保険協会・全国共済農業協同組合連合会「企業年金の受託概況」

Ⅲ-27　確定拠出年金の契約件数・加入者数・受給者数・年金資産額の推移

年　度		企業型年金		個人型年金	資産残高（億円）
		規約数	加入者数（千人）	加入者数（千人）	
	（西暦）				
平成 13	2001	70	88	0	
14	2002	361	325	14	1,400
15	2003	845	708	28	5,600
16	2004	1,402	1,255	46	12,000
17	2005	1,866	1,733	63	22,800
18	2006	2,313	2,187	80	31,100
19	2007	2,710	2,711	93	36,500
20	2008	3,043	3,110	101	39,800
21	2009	3,301	3,404	112	48,600
22	2010	3,705	3,713	124	54,700
23	2011	4,135	4,218	138	65,400
24	2012	4,247	4,394	158	74,500
25	2013	4,434	4,642	183	85,400

資料：厚生労働省

Ⅳ　諸外国の年金制度

Ⅳ－1　主要国の年金制度の比較（2015 年）

	日本	アメリカ	英国注2	ドイツ	フランス	スウェーデン
制度体系	2階建て 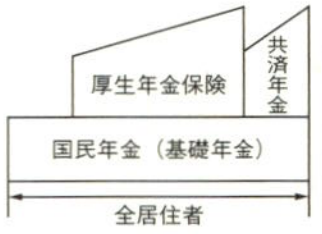	1階建て 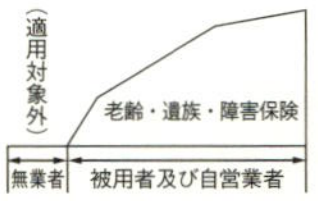	2階建て 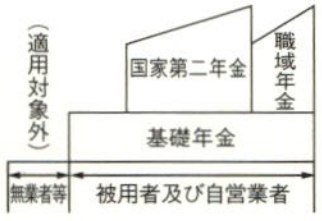	1階建て 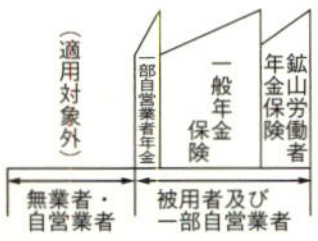	1階建て 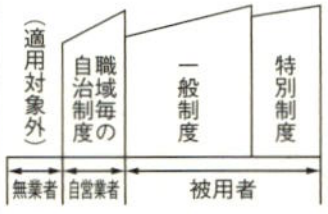	1階建て 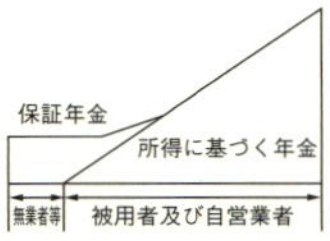
強制加入対象者	全居住者	被用者及び自営業者	被用者及び自営業者	被用者及び一部の職業に従事する自営業者（弁護士、医師等）	被用者及び自営業者	被用者及び自営業者
保険料率注1（2014 年末）	（一般被用者） 厚生年金保険：17.474%（2014.9 ～） （労使折半） ※　国民年金第1号被保険者は定額（2014.4 ～、月あたり 15,250 円）	12.4% （労使折半）	（一般被用者） 25.8% 本　人：12.0% 事業主：13.8% ※　保険料は、年金の他、雇用保険等の給付に充てるものとして徴収。	（一般被用者） 18.9% （労使折半）	（一般被用者） 17.25% 本　人：　7.05% 事業主：10.20% ※　賃金が上限額（月 3,129 ユーロ）を超えない場合。超える部分については、本人 0.25%、事業主 1.75% を拠出。	17.21% 本　人：　7.0　% 事業主：10.21% ※　その他に遺族年金の保険料 1.17% が事業主にかかる（老齢年金とは別制度）。
支給開始年齢（2014 年末）	国民年金（基礎年金）：65 歳 厚生年金保険：男性：61 歳 女性：60 歳 ※　男性は 2025 年度までに、女性は 2030 年度までに 65 歳に引上げ	66 歳 ※　2027 年までに 67 歳に引上げ	男性：65 歳 女性：62 歳 5 か月 ※　女性について 2018 年までに 65 歳に引き上げられた後、男女ともに 2020 年までに 66 歳に引上げ ※　2026 年から 2046 年にかけて男女ともに 66 歳から 68 歳に引上げ注2	65 歳 3 か月 ※　2029 年までに 67 歳に引上げ	61 歳 2 か月 ※　2017 年までに 62 歳に引上げ （ただし、満額拠出期間を満たしていない者が 65 歳（67 歳まで引上げ予定）前に受給開始した場合は減額される。）	61 歳以降本人が選択 （ただし、保証年金の支給開始年齢は 65 歳）
年金受給のために必要とされる加入期間	25 年 （税制抜本改革法の施行時期にあわせて、25 年から 10 年に短縮される予定）	40 加入四半期 （10 年相当）	なし （2016 年 4 月に 10 年を超えない範囲で設けられる予定）注2	5 年	なし	なし （保証年金については最低 3 年のスウェーデンでの居住が必要であり、満額受給は 40 年の居住が必要）
国庫負担	基礎年金給付費の 2 分の 1	原則なし	原則なし	給付費の 27.3% （2013 年）	歳入の 36.5% （2013 年）	保証年金部分

注1　諸外国の保険料率は、一般被用者については、賃金に対する割合（ただし、スウェーデンの本人負担分は所得に対する割合）。

注2　英国：2014 年年金法の成立により、基礎年金と国家第二年金に代わる定額・一層型の公的年金（受給に必要な期間が 10 年を超えない範囲で設けられる予定。2016 年 4 月 6 日以降に支給開始年齢に到達する者が対象。）の創設、支給開始年齢の引上げの前倒し等が決定された。

資料：厚生労働省

Ⅳ－2　主要国の年金給付水準の比較

【20 歳から標準的な支給開始年齢まで平均賃金水準で働いた勤労者の年金（本人分のみ）の平均賃金に対する比率】

国名		アメリカ	イギリス	カナダ	オーストラリア	ドイツ	フランス	スウェーデン	デンマーク	日本
義務加入年金の所得代替率		38.3	32.6	39.2	52.3	42.0	58.8	55.6	78.5	35.6（注）
	うち、公的年金	38.3	32.6	39.2	13.6	42.0	58.8	33.9	30.6	35.6
	うち、義務的な私的年金	−	−	−	38.7	−	−	21.7	47.9	−
労働人口の 40 − 65％をカバーする任意の私的年金		37.8	34.5	33.9	−	16.0	−	−	−	−
公的年金の保険料率（2012）		労 4.2％ 使 6.2％	労 12.0％ 使 13.8％ (国民保険全体)	労 5.0％ 使 5.0％	(租税財源) −	労 9.8％ 使 9.8％	労 6.8％ 使 9.9％	労 7.0％ 使 11.4％	(租税財源) −	労 8.4％ 使 8.4％
公的年金保険料額の GDP 比（％､2011 年）	合計	4.2	−	2.6	−	6.9	−	6.2	−	6.3
	本人	2.1	−	1.2	−	2.8	−	2.5	−	3.2
	事業主	2.1	−	1.2	−	3.2	−	3.6	−	3.1
給付費の GDP 比（％､2011 年）	公的年金	6.7	5.6	4.3	3.5	10.6	13.8	7.4	6.2	10.2
	私的年金	4.5	4.6	3.3	2.1	0.8	0.4	2.6	4.7	2.7

（注）　マクロ経済スライドによる調整が終了した段階での年金水準。平成 21 年財政検証に基づくスライド調整の割合から逆算すると、現時点の水準は７％ポイント程度高いと推計（推計は厚生労働省年金局による）

※　上記の代替率と、我が国の財政検証で示している所得代替率とは、次の点で異なる。①本人分のみで配偶者の基礎年金を含まないこと、② 20 ～ 64 歳まで厚生年金に加入した前提となっていること、③分母となる平均賃金が税・社会保険料控除前であること。

【前提】

○　給付算定の基礎となる賃金や加入期間
- 20 歳で労働市場に参入し、標準的な支給開始年齢までの期間を、平均賃金で就労した場合を想定

○　経済変数
- 物価上昇率 2.5％ / 年　　　・名目賃金上昇率 4.55％ / 年（実質賃金上昇率２％ / 年）
- 積立方式の実質利益率 3.5％ / 年

○　給付算定ルール
- 2012 年までに法制化された改革を反映。段階的に導入されている制度変更は、最初から導入済みと仮定。
- 配偶者に対する給付や加給を考慮しない単身モデル

資料：厚生労働省及び OECD 資料に基づき作成

Ⅳ-3　アメリカの年金制度概要

【概念図】

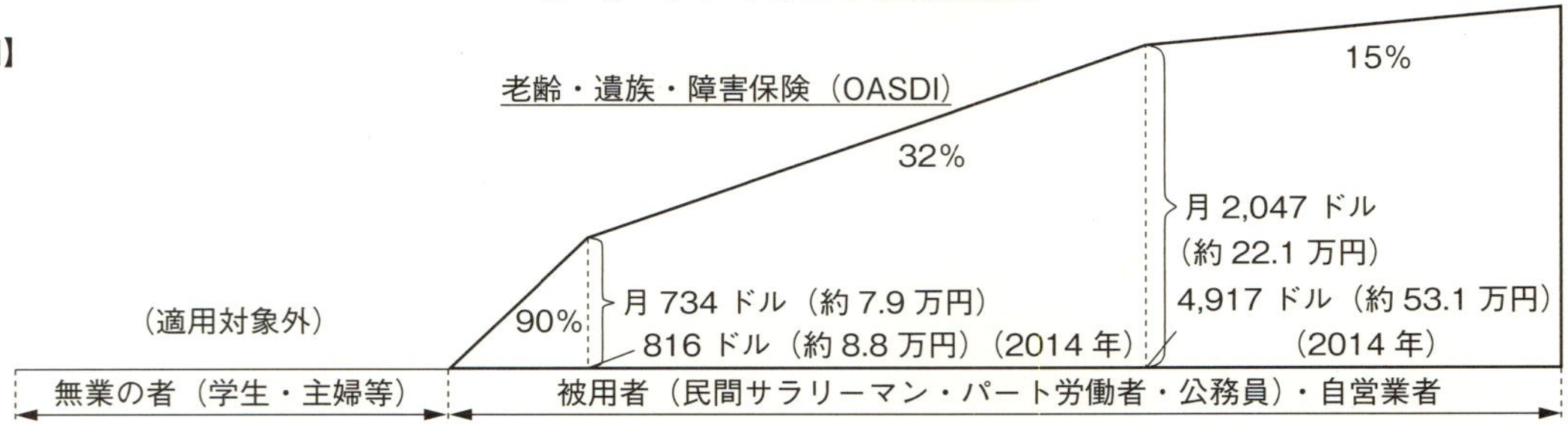

※　給付算定式の屈折点（816 ドル又は 4,917 ドル）は、年金の所得代替率が、平均賃金の者につき約 41%、低賃金（平均賃金の 45%）の者につき約 55%、社会保障税課税上限の高賃金の者につき約 27%になるように設定されている。

【制度の概要】

被用者及び自営業者を対象とした一階建ての所得比例年金（社会保険方式）

○　対象者（2014 年末）…………　被用者及び年間所得 400 ドル（約 4.3 万円）以上の自営業者

※　年金支給の根拠となる保険料記録（年間で最大 4 単位）は、年 1,200 ドル（約 13.0 万円）の賃金及び所得ごとに行われる。

○　保険料率（2014 年末）………　被用者：賃金の 12.4%（労：6.2%、使：6.2%）
自営業者：所得の 12.4%
保険料賦課対象上限賃金・所得 117,000 ドル（2014 年）

○　最低加入期間　…………………　40 加入四半期（10 年相当）

○　支給開始年齢（2014 年末）…　66 歳（2027 年までに 67 歳に引上げ）

○　国庫負担　………………………　原則なし

※換算レートは 2014 年 12 月中に適用される基準外国為替相場（1 米ドル＝108 円）による。

【給付の構造】（老齢年金）

（年金額算定式）基本年金（PIA）=0.9A＋0.32B＋0.15C（月額）（2014年）

A：スライド済平均賃金月額（AIME）の816ドル（約8.8万円）までの分
B：スライド済平均賃金月額（AIME）の816ドル（約8.8万円）超4,917ドル（約53.1万円）までの分
C：スライド済平均賃金月額（AIME）の4,917ドル（約53.1万円）超の分
※スライド済平均賃金月額（AIME）は、賦課対象となった生涯所得（再評価後）のうち、最も高い35年間分を平均し月額にしたもの。

（家族への支給）

年金受給者の被扶養配偶者（66歳以上又は子がある者）等に、退職時における被保険者のPIAの50%が支給される。

【沿革】

1937年	老齢・遺族・障害保険制度（OASDI）発足
1950年	OASDI制度適用範囲の拡大（非農業自営業者等への強制適用）
1954年	OASDI制度適用範囲の拡大（自営農業者等への強制適用）
1983年	レーガン年金改革（1984年以降採用の連邦政府職員のOASDI制度強制加入、支給開始年齢67歳への段階的引上げ、繰下支給年金の増額率引上げ等）

資料：厚生労働省

Ⅳ－4　英国の年金制度概要

【概念図】

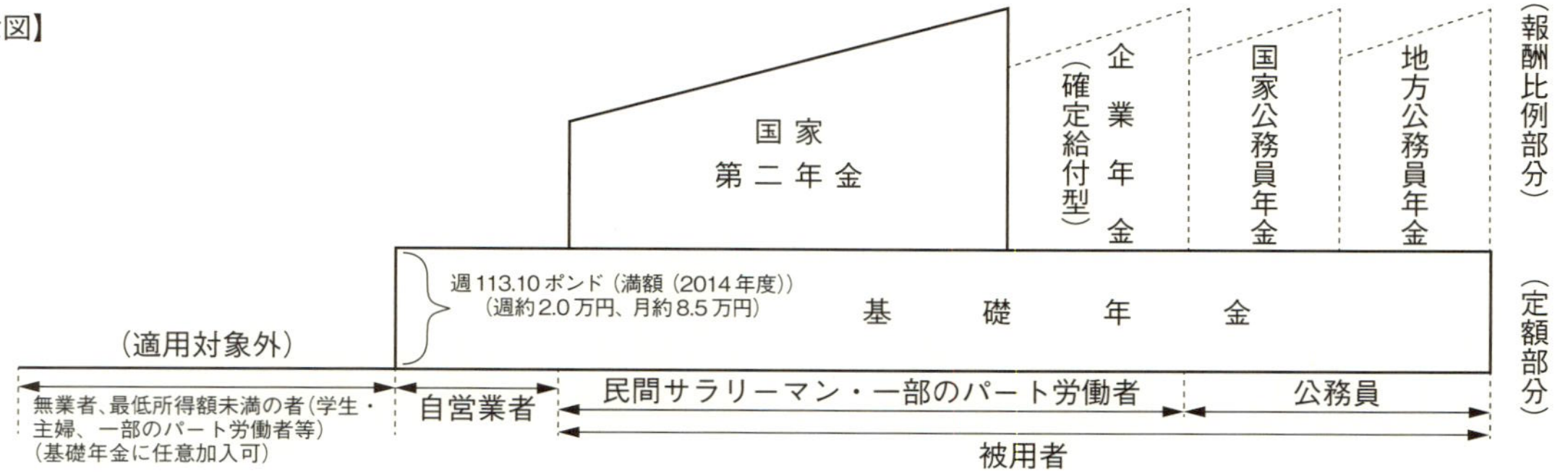

【制度の概要】

○被用者・自営業者を通じた定額の基礎年金と、被用者のみを対象とした所得比例の国家第二年金（2002年～）の二階建て（社会保険方式）
○一部の職域年金の加入者は、国家第二年金の適用除外が認められる（コントラクト・アウト）
　※2012年４月から、個人年金、ステークホルダー年金、確定拠出型の企業年金は、適用除外の対象と認められなくなった。
※2016年４月から、現行の基礎年金と国家第二年金に代えて、定額・一層型の年金制度（「国家年金」）に改正される予定（2016年４月６日以降に支給開始年齢に到達する者が対象）。

○対象者（2014年末）……………　週111ポンド（約1.9万円）以上の賃金がある被用者及び年5,885ポンド（約102.4万円）以上の所得のある自営業者
※被用者については、年金額算定の根拠となる保険料記録（年単位）は、一定の方法で計算した賃金が年5,772ポンド（約100.4万円）以上である場合に行われる。

○保険料率（2014年末）…………　被用者：賃金の25.8%（労：12.0%、使：13.8%）（週153ポンド（約2.6万円）超～週805ポンド（約14.0万円）以下の部分）
15.8%（労：2.0%、使：13.8%）（週805ポンド超の部分）
※被用者の賃金が週153ポンド以下の場合、保険料率は０%。　※保険料は、年金の他、雇用保険等の給付に充てるものとして徴収。
自営業者：定額部分2.75ポンド（約480円）／週
所得比例部分　所得の９%（年7,956ポンド（約138.4万円）以上～41,865ポンド（約728.5万円）以下の部分）
２%（年41,865ポンド超の部分）

○最低加入期間　………………………　なし

○支給開始年齢（2014年末）……　男性：65歳、女性：62歳５か月
※女性について2018年までに65歳に引き上げられた後、男女ともに2020年までに66歳に引上げ
その後、2026年から2028年にかけて67歳に、2044年から2046年にかけて68歳に、男女ともに引上げ

○国庫負担　…………………………　原則なし

※換算レートは2014年12月中に適用される裁定外国為替相場（１ポンド＝174円）による。

【給付の構造】（老齢年金）
（年金額算定式）

①基礎年金（単身）113.10 ポンド（約 2.0 万円）（週額、満額）（2014 年度）
※満額受給に必要な年数は、男女ともに 30 年。30 年に満たない場合は、期間に応じて減額される。

②国家第二年金（S２P）（2014 年度）
下記算定式により求められる各年度の所得（再評価後）に対応する年金額を加入期間全年度を通じて積算した額（年額）
（算定式）92.00 ポンド（定額。約 1.6 万円）＋0.1A/44
A：一年度の所得のうち、15,100 ポンド（約 262.7 万円）超 40,040 ポンド（約 696.7 万円）以下の部分

【沿革】

1948 年	国民保険（NI）制度発足（定額拠出・定額給付）
1978 年	国家所得比例年金制度（SERPS）発足、適用除外制度（国家所得比例年金制度への加入免除）の創設
1986 年	適用除外制度の要件緩和（確定給付型企業年金に加え確定拠出型企業年金も認めるなど） 国家所得比例年金制度（SERPS）給付水準引下げ
1995 年	女性の支給開始年齢引上げを決定
1999 年	ステークホルダー年金（全国民を対象とし、保険料を低額に抑えた確定拠出型の個人年金）制度の整備
2000 年	国家所得比例年金（SERPS）が国家第二年金（S２P）に段階的移行
2007 年	2007 年 年金法成立（受給資格期間の撤廃、男女の支給開始年齢の引上げ等）
2008 年	2008 年 年金法成立（中低所得層の職域年金制度への加入促進を目的とする自動加入制度の採用等）
2011 年	支給開始年齢引上げの前倒しを決定
2014 年	基礎年金と国家第二年金に代わる定額・一層型の公的年金（受給資格期間が 10 年を超えない範囲で設けられる予定。2016 年４月６日以降に支給開始年齢に到達する者が対象。）の創設、支給開始年齢引上げの前倒し等を決定

資料：厚生労働省

Ⅳ－5　ドイツの年金制度概要

【概念図】

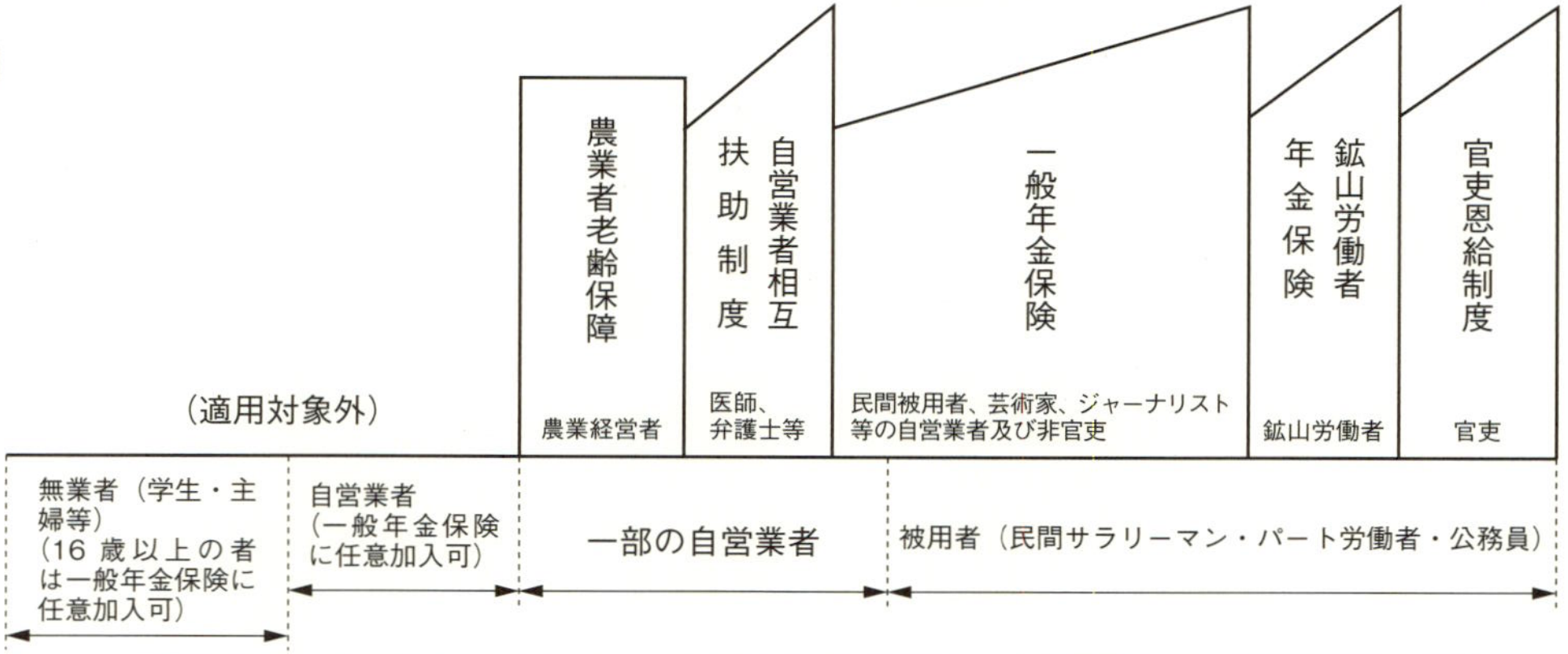

【制度の概要】

社会保険方式の所得比例年金制度が職種ごとに分立（官吏恩給制度については税でまかなわれている。）

＜一般年金保険の制度概要＞

○対象者 ………………………… 民間被用者、
芸術家、ジャーナリスト等特定の職業に従事する自営業者及び非官吏

○保険料率（2014 年末）……… 被用者：賃金の 18.9%（労：9.45%、使：9.45%）
自営業者：所得の 18.9%

○最低加入期間 ………………… 5 年

○支給開始年齢（2014 年末）… 65 歳 3 か月（2029 年までに 67 歳に引上げ）

○国庫負担（2013 年）………… 給付費の 27.3%

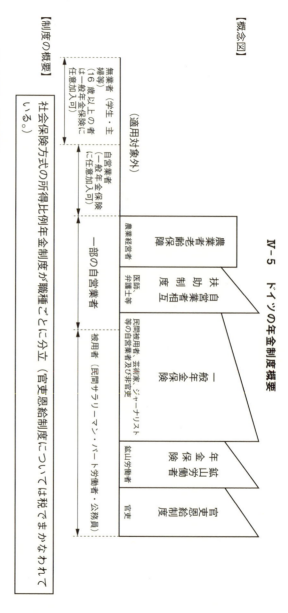

【給付の構造】（老齢年金）

（年金額算定式）個人報酬点数（※１）× 年金種別係数（※２）× 年金現在価値（※３）（月額）（2014 年）

（※１）個人報酬点数：個人の報酬を全被保険者の平均報酬に対する比として各年毎に算定した値を全被保険者期間を通じて合算した点数。

（※２）年金種別係数：年金の保障目的に応じて年金種類別に定められた係数のこと。老齢年金の場合は 1.0。

（※３）年金現在価値：全被保険者の平均報酬額に相当する保険料を１年間拠出したときに受給できる老齢年金月額に相当する額（個人報酬点数１点当たりの単価）。

※年金現在価値は、賃金の伸び率や保険料納付者に対する年金受給者の比率等に応じて毎年スライドする。2014 年７月以降は旧西独地域は 28.61 ユーロ（約 3,900 円）、旧東独地域 26.39 ユーロ（約 3,600 円）。

※換算レートは 2014 年 12 月中に適用される裁定外国為替相場（１ユーロ＝137 円）による。

【沿革】

1891 年	労働者年金保険制度発足
1913 年	職員年金保険制度発足
1957 年	1957 年 年金改革（年金額の賃金スライド制導入等）
1972 年	1972 年 年金改革（自営業者及び専業主婦等に対する任意加入制度の導入等）
1992 年	1992 年 年金改革（支給開始年齢の段階的引上げ等）
1996 年	1996 年 年金改革（支給開始年齢引上げの前倒し）
2001 年	2001 年 年金改革（保険料率の将来的な上限設定と給付水準の引下げ等）
2004 年	2004 年 年金改革（年金給付額の算定に用いる「持続性ファクター」（年金受給者と保険料納付者との関係を年金額に反映させる持続可能性要素）の導入等）
2005 年	一般年金制度発足（職員年金保険と労働者年金保険が統合）
2007 年	年金保険支給開始年齢調整法制定（65 歳の年金支給開始年齢を段階的に 67 歳に引上げ）

資料：厚生労働省

Ⅳ-6　フランスの年金制度概要

【概念図】

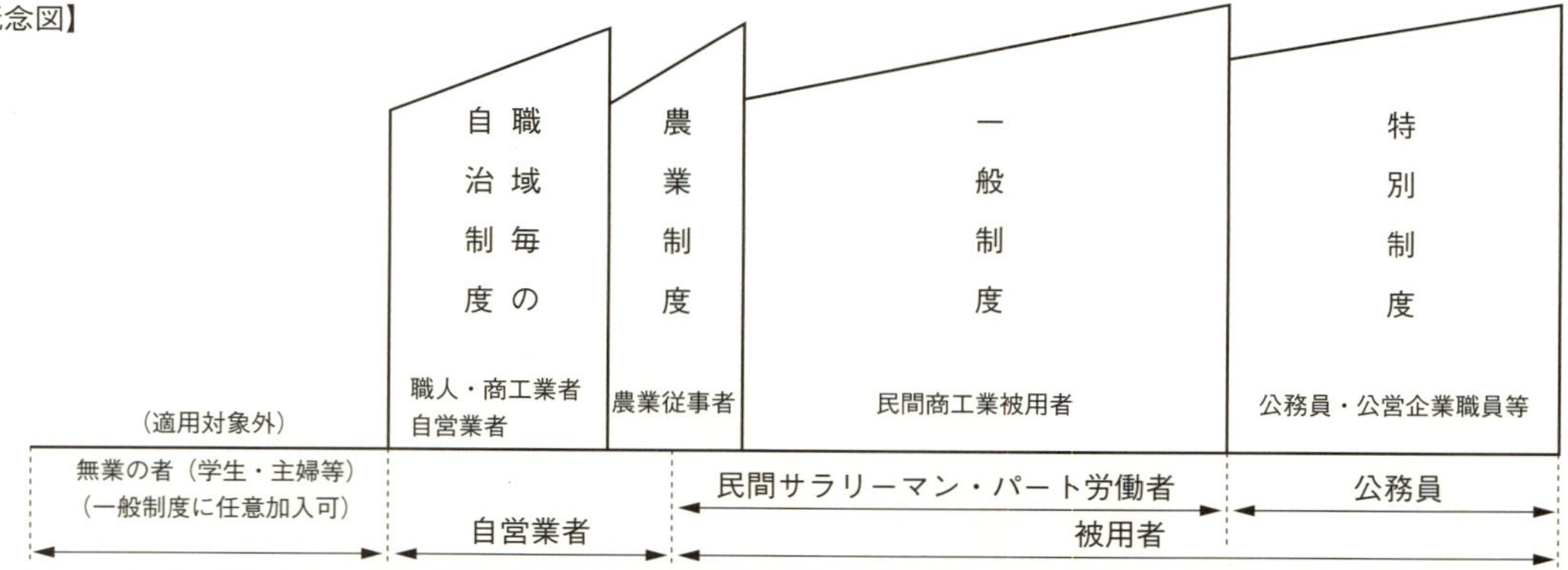

【制度の概要】　社会保険方式の所得比例年金制度が職種ごとに分立

<一般制度の概要>

○対象者（2014 年末）…………　民間商工業被用者

※年金額算定の根拠となる保険料記録(年間で最大４単位)は、賃金年 1,430 ユーロ(約 19.6 万円)ごとに１単位ずつ付与される。

○保険料率（2014 年末）………　賃金の 17.25%（労：7.05%、使：10.2%）※賃金が上限額（月 3,129 ユーロ（約 42.9 万円））を超えない場合。

労：上限額までについて 6.80%＋賃金全額について 0.25%

使：上限額までについて 8.45%＋賃金全額について 1.75%

○最低加入期間　…………………　なし

○支給開始年齢（2014 年末）…　61 歳２か月（2017 年までに 62 歳に引上げ）

※ただし、満額拠出期間を満たしていない者が 65 歳（67 歳まで引上げ予定）前に受給開始した場合は減額される。

○国庫負担（2013 年）…………　歳入の 36.5%

※換算レートは 2014 年 12 月中に適用される裁定外国為替相場（１ユーロ＝137 円）による。

【給付の構造】（老齢年金）

（年金額算定式）年金額＝（A×B× 拠出期間／満額拠出期間（※１）＋加算）（年額）（2014 年）

A：基準賃金年額：過去の拠出期間の中で最も賃金の高い 25 年間分の平均賃金

B：給付率：被保険者の拠出期間と受給開始年齢に応じ、50〜37.5%（※２）の範囲で決まる。例えば、満額年金を受給するのに必要な期間（満額拠出期間）を拠出するか、65 歳から受給する場合に最高の 50%となる。

（※１）満額拠出期間は生年ごとに設定。（例）1948 年…160 四半期（40 年）、1973 年以降…172 四半期（43 年）

（※２）給付率の下限は生年ごとに設定。（例）1948 年…31.25%、1953 年以降…37.5%

＊加算には育児加算及び介護加算がある（なお、配偶者加算は 2011 年1月に廃止されたが、2010 年 12 月 31 日現在で受給している者については継続して支給。）。

【沿革】

1945 年	一般制度発足
1948 年	商工業自営業者、職人及び自由業等の自営業者年金制度の創設
1952 年	農業経営者制度発足
1974 年	業種や職種に応じた個別制度（基礎制度）間の財政調整導入
1983 年	支給開始年齢 60 歳へ引下げ
1991 年	CSG（一般化社会拠出金）の導入による老齢年金財源の強化
1993 年	1993 年改革（満額拠出期間の延長（37.5 年→40 年）、年金額算定基準期間の延長（10 年→25 年）、既裁定年金額の改定方法の変更（賃金スライド→物価スライド））
2003 年	2003 年改革（公務員年金制度の改革、満額拠出期間の延長（40 年→41 年）等）
2010 年	一般制度について支給開始年齢を 60 歳から 62 歳に引き上げ、満額拠出期間を 166 四半期（41.5 年）とし、満額年金の支給開始年齢を 65 歳から 67 歳に引き上げることを決定
2014 年	満額拠出期間の延長（41.5 年→43 年）を決定

資料：厚生労働省

Ⅳ-7　スウェーデンの年金制度概要

【概念図】

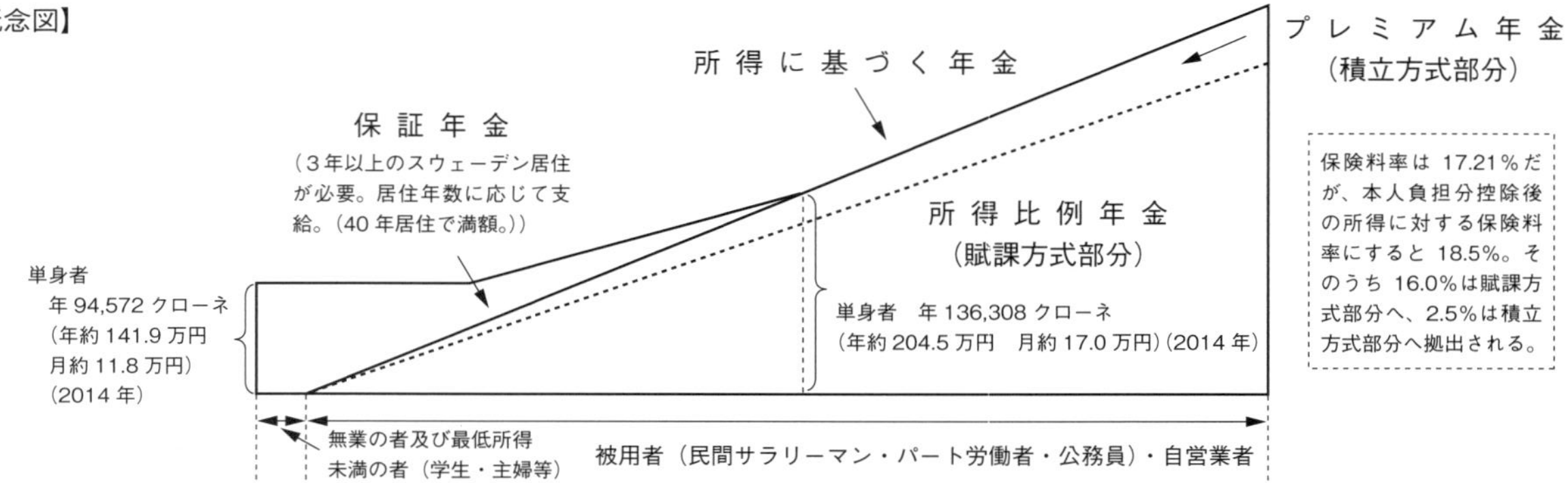

【制度の概要】

○所得に基づく年金は「賦課方式部分」と「積立方式部分」に分かれる
○低・無年金者に対しては税を財源とする保証年金を支給

○対象者（2014 年末）…………　被用者及び自営業者
※被用者について、使用者は保険料賦課下限なし。被用者本人は、年 18,800 クローネ（約 28.2 万円）以上の年間所得がある場合に対象となる。被用者本人が拠出した場合に所得に基づく年金の給付額に反映される。

○保険料率（2014 年末）………　被用者：17.21%（労：7%（対所得）、使：10.21%（対賃金））
自営業者：17.21%（対所得）
※その他遺族年金の保険料 1.17%が事業主及び自営業者にかかる。（老齢年金とは別制度）

○支給開始年齢（2014 年末）…　所得に基づく年金：61 歳以降で受給者が自ら選択
保証年金：65 歳

○最低加入期間　…………………　所得に基づく年金：なし
保証年金：3年以上スウェーデンに居住していることが必要

○国庫負担　………………………　保証年金の給付額

※換算レートは 2014 年 12 月中に適用される裁定外国為替相場（1クローネ＝15円）による。

【給付の構造】（老齢年金）

（年金額算定式）

○所得に基づく年金

①所得比例年金（賦課方式部分（概念上の拠出建て））：（個人納付保険料＋みなし運用益（※１））／除数（※２）

（※１）みなし運用益：名目所得上昇率を基本とし、受給開始前に死亡した被保険者が納付した保険料を同年齢の被保険者に分配し、管理費を差し引いたもの。

（※２）除数：退職時の平均余命を基本として、さらに、将来における実質所得の上昇を考慮したもの。

②プレミアム年金（積立方式部分（通常の拠出建て））：（個人納付保険料総額＋運用益）を保険数理的に計算したもの

＊この場合の運用益は実際の運用利回りに受給開始前に死亡した被保険者が納付した保険料からの分配を加え、管理費を差し引いたもの。

○保証年金（単身者）　※満額受給に必要な居住年数は 25 歳以降 40 年

〈所得比例年金の年金額が物価基礎額の 1.26 倍未満の場合〉

（物価基礎額 ×2.13－所得比例年金額）× 居住年数 /40

〈所得比例年金の年金額が物価基礎額の 1.26 倍以上、3.07 倍未満の場合〉

{物価基礎額 ×0.87－（所得比例年金額－物価基礎額 ×1.26）×0.48} × 居住年数 /40

〈所得比例年金の年金額が物価基礎額の 3.07 倍以上の場合〉

保証年金は支給されない

【沿革】

1913 年	年金保険法制定
1948 年	基礎年金制度発足
1960 年	付加年金制度発足
1977 年	支給開始年齢の引下げ（67 歳から 65 歳へ）
1998 年	年金改革法成立（所得に基づく年金と保証年金の導入）
1999 年	年金改革法の施行（新制度による給付については所得に基づく年金が 2001 年、保証年金が 2003 年から開始）

資料：厚生労働省

あとがき

私が平成十六年（二〇〇四年）に上梓した『わが国の公的年金制度―その生い立ちと歩み―』の続きを書いてみようかと思ったのは、平成二十四年（二〇一二年）春の総選挙で民主党が大敗し、自公政権が復活した頃であった。

しかしなかなか決心がつかなかった。その理由は幾つかあるが、第一の理由は、序論にも述べたように、この一〇年がわが国の年金制度にとってかつてない最悪で痛恨の一〇年であったからである。年金記録問題や、厚生年金や健康保険の全福祉施設の売却、廃止など私自身にとってもつらい思いの一〇年間であった。それだけにこの一〇年のことを書くのは気が重い。

二つ目の理由は、平成十六年までの年金制度の歩みには、私は直接、間接かかわりをもち、間近にみてきた。しかしこの一〇年の歩みには、全くかかわりはなく、行方を案じつつ遠くからみているだけであった。そのような者に間違いのない正しい歴史が書けるかという心配があった。三つ目の理由は、私のいまの年齢、能力からいって誰か適当な協力者がほしいということであった。

いろいろ迷ったが、これまで皆年金以来厚生省退官後を含めて五〇年以上も年金制度に直接、間接にかかわり、深い愛着と関心をもってその歩みをみてきた私なりの年金制度の通史を残しておきたいという気持ちから思いきって筆をとることとし、厚生省時代私と一緒に年金の仕事をし、有能で私が深く信頼する部下の一人であった畑満氏に協力を依頼したところ、ご快諾を頂いた。そこで畑氏の専門で氏が特に精通している年金の財政数理に関する章などを新たに追加することとし、畑氏に執筆をお願いし、畑氏との共著として本書を出すことにしたのである。

本書は序論に始まり前著と同様三部構成からなっている。第一部が本書の本論ともいうべきわが国の公的年金制度の歴史であり、序論と第十一章以下が前著に追加又は全面的に書き直した章で、序論、第十一章、第十二章、第十四章は吉原、第十三章、第十五章、第十六章は畑が執筆した。二人で意見を交わしつつ執筆したが、感想や意見にわたる部分は最終的には執筆者個人のものである。当然違ったご意見もあると思うし、間違いや関係者に失礼な点があればお許し頂きたい。

第二部は、第一部を補足するものとして、私が社会保障や年金制度についていろいろな機会に講演したり、雑誌『週刊社会保障』や『年金と経済』等に寄せた小論や、座談会、インタビュー等の記録である。少し古い時期のもの、内容的に重複するもの、年金とは必ずしも関係のないものもあるが、それなりに意味があると思い、載せさせて頂いた。一つでも二つでもお読み頂ければ幸いである。これらを載せることについて快くご承諾を頂いた株式会社社法研や公益財団法人年金シニアプラン総合研究機構、読売新聞の猪熊律子氏に心から御礼申し上げたい。又これらに関連して読売新聞社のご了解を得て、皆保険、皆年金発足当時の読売新聞の記事と、当時秋田県を始め各県の第一線の国民年金課長として反対運動で大変苦労された辻竹志氏が私宛に書かれた手紙と、昭和十九年（一九四四年）に厚生省の課長としてそれにかかわり、もう故人になられた平井章氏が昭和三十三年（一九五八年）にある本に寄せられた「厚生年金保険法制定時のこと」という文章も載せさせて頂いた。いずれも当時の時代の状況をよくあらわしており、興味深いと思ったからである。読売新聞社及びこれらの方々にも厚く御礼申し上げたい。

第三部は、社会保障と税の一体改革等で用いられたわが国の人口や社会保障、財政、経済、年金制度に関する統計資料やデータ等を集め、畑氏が整理したものである。これらをみればみる程、昭和と平成、二〇世紀と二一世紀の日本の社会や経済の大きな変わり様、時代の違いのすさまじさに驚き、五〇年後の日本の姿を想像すると、率直にいって大丈夫だろうかという不安を禁じ得ない。

民主党の議論をはじめ、最近の年金論議を聞いていると、誤った議論や長期的、総合的視点を欠いた一面的な議論、実現性のない無責任な議論も少なくない。それはわが国の年金制度自体が複雑で分かりにくいうえに、国民生活のみならず、国の経済や財政、金融とも大きくかかわり、全体がよくみえない巨象のような制度になってしまったからであろう。

前著のはしがきでも書いたように、国家についても社会についてもそのあり方を考え、論ずるにあたって、それらのこれまでの歴史、歩みについてある程度の知識をもっていなければならない。年金制度についても同じである。第二部や第三部に欲ばって多くを載せすぎたせいもあって、始めに考えていた以上に分厚い本になってしまったが、わが国の年金制度について知りたいと思う人に少しでもお役に立てればこれ以上の喜びはない。

本書を執筆中の昨年六月始め、他者からの不正なサイバー攻撃により、日本年金機構から一二五万件以上の加入者や受給者の氏名、生年月日、基礎年金番号、住所などの年金に関する個人情報が流出したことが分かった。重大、深刻な問題である。いくら制度をしっかりさせても制度の運営、情報の管理にこんなことがあっては国民の年金制度に対する不安は増す一方である。今後こういうことの絶対に起きないようにしてもらいたいと思っている。

わが国の公的年金制度の創設と発展にこれまで尽力された方は、いろいろな分野に数多くおられるが、そのなかで私が特に親しくご指導頂き、尊敬と感謝の念にたえない方が、厚生省の先輩であり、年金局長の先輩でもある小山進次郎さんと山口新一郎さん、それに長く社会保障制度審議会や年金審議会の委員をされた船後正道さんである。小山進次郎さんは国民年金の創設、国民皆年金に、山口新一郎さんは基礎年金制度の導入、公的年金制度の再編に心血を注がれた。人間的にも立派な人であった。船後さんはもともとは大蔵省の方であるが、この方ほど共済、外国の制度を含め、年金制度全般について該博な知識をもち、造詣の深い方を知らない。お三方ともとうに故人になられたが、いまのわが国の年金制度の現状についてどのように思っておられるであろうか。本書が上梓されれば、先ずこのお三方のご霊前に捧げたい。

本書は戦後七〇年にあたる昨年中に上梓したいと思っていたが、私が病気で入院するなどの事情から年が明けてしまった。しかしいま何とかこういうかたちで世に出すことができたのは何といっても共著者になってもらった畑満氏のお陰である。あらためて心から御礼申し上げたい。また国民年金制度の創設以来五〇年以上にわたって年金とのかかわりで喜憂を共にしてきた一般社団法人年金綜合研究所理事長の坪野剛司氏にはいろいろ適切なご助言を頂いた。中央法規出版の相原文夫氏には多くの無理な注文を快く聞いて頂き、私の不注意な記述の誤りなどもご指摘頂いた。私の事務所の山﨑洋子さんには原稿の整理その他一切の細かい仕事を手伝って頂いた。これらの方々にも深く感謝申し上げる次第である。

最後にある年金に関する講演会でうかがったウルフ・ワルド・エマーソンの次のような言葉を記させて頂いて結びとしたい。

人生が提供してくれる
もっともすばらしい代償は
他人を心から助ける人は
知らず知らずのうちに
自分自身を助けているということだろう

平成二十八年一月

吉原健二

あとがき

私は、石油危機による不況後の昭和五十二年（一九七七年）四月に厚生省に数理職として入省し、年金局数理課に配属された。数理課では、課長の竹内邦夫氏はじめ田村正雄氏、坪野剛司氏の諸先輩方の適切なご指導により、公的年金の財政や数理に大いなる関心を持ち、国民年金の財政再計算システムの新規開発に取り組む機会を得た。

当時、年金局においては、福祉元年といわれた昭和四十八年（一九七三年）改正で設定された年金給付水準のままで将来の高齢社会でも年金制度や財政を安定的に運営できるだろうかとの問題意識から、年金制度基本構想懇談会が設けられ、議論が行われていた。

この懇談会の報告書が、のちに厚生事務次官になられた吉原健二年金局企画課長により実質的にとりまとめられ、その内容に大きな影響を受けたことと、ご指導賜る機会を得たことが、のちに年金制度論にも大きな関心を抱くきっかけとなった。

昭和五十五年（一九八〇年）財政再計算では、国民年金については私が作成したシステムを用いて結果がまとめられた。その後、平成元年（一九八九年）財政再計算では、厚生年金の数理を担当し、平成六年（一九九四年）財政再計算では、基礎年金と厚生年金の数理を総括的に担当し、それぞれの年金制度改革の一端を担うことができた。いずれの財政再計算においても、年金支給開始年齢を六十五歳に引き上げることが主要課題であり、三度目で厚生年金の定額部分についてようやく実現した。そののち、厚生労働省が発足した平成十三年（二〇〇一年）一月から二年半余り、年金局で、公的年金財政の評価や農林漁業団体職員共済組合の厚生年金への統合に際しての積立金移換額の評価の問題に取り組む機会を得た。

私の三一年間にわたる行政官生活の中では、年金制度にかかわった年月が一七年間と最も長く、年金制度の改革と長期的安定という任務の一端を担うことができたことは、私の行政官生活における大きな誇りである。年金行政から離れても、年金制度や年金財政の動向には常に大いなる関心を持ち続けてきたし、年金制度や年金財政に対する誤解や不信を何とかして払拭したいという気持ちも持ち続けてきた。

そのようなときに、多年にわたってご指導賜り深く尊敬する吉原氏から、平成十六年（二〇〇四年）に上梓された『わが国の公的年金制度―その生い立ちと歩み―』の実質改訂版をまとめるに際して、年金の財政数理に関する歴史などをまとめてみるようにとのお勧めをいただいた。大変光栄なことであり、いささかでもお役に立つことができればと喜んで引き受けさせて頂いた。

私の担当した部分の記述にあたっては、『厚生省五十年史』、『厚生年金保険五十年史』、『国民年金の歩み』、『厚生年金基金二十五年誌』、「厚生年金・国民年金財政再計算報告書」、「年金数理部会報告書」をはじめ多くの著作を参考にさせて頂いた。心から御礼を申し上げたい。しかしながら公的年金や企業年金の歴史は五〇年を優に超え、それらの財政や数理の歴史も同じく超長期にわたるものであることから、年金制度に対する深い造詣を持たれている吉原氏の適切なご指導やご助言がなければ、本書のような形で世に出ることはなかった。心から厚く御礼申し上げる次第である。ただし、私の担当した部分の記述に、もし誤りがあるとすれば、それは私の責任に帰するものである。

公的年金制度の目的は老後生活の主柱となるような水準の年金額を二〇年以上に及ぶこともある老後生活の超長期にわたり安定的に支給し続けることであり、そのためには年金額の実質価値維持を図ることが必要で、それは同時代の現役世代の所得に対する代替率を一定水準以上に保つことによって実現できる。そのことが実現できるように長い時間をかけて制度が改善され、あらかじめ発生頻度が予測できるリスクだけでなく、インフレーションなどの経済変動やリーマンショックのようなシステミックリスクなどの不確実性にも対処できる制度へと時間をかけて進化してきた。それは、昭和二十九年（一九五四年）以降連綿として続けられてきた財政再計算や財政検証に基づく公的年金の制度改革や財政方式の変更によってしか実現できなかったものである。将来を正しく予測することは人智にとって不可能であるから、変動の激しい金融資本市場の資産運用に大きく依存するのではなく、変動が小さく、かつ、徐々に進行する人口や賃金などの変動に対応して財政検証を繰り返すことにより、時間軸を使いながら対処していくしか本質的に有効な手段はない。

低出生率が続く中で長寿化が進行しており公的年金制度の先行きを不安に思う方もあると思うが、日本の公的年金制度の高齢化への対応を冷静にたどれば決してそのようなことは起こりえないことは本書を虚心に読まれた方であればご理解頂けたと思う。ただ、グローバル競争などにさらされている企業の負担の壁から、来たる超少子高齢社会においては老後生活の稼得の源泉としての公的年金の比重は低下せざるを得ないのも事実であろう。最後に本書のこの場を借りて筆者の公的年金制度や企業年金制度を巡る思いを少し述べさせて頂くことをお許しいただきたい。

来たる超少子高齢社会において公的年金の比重が下がらざるを得ないとき、長期化する高齢期の生計を安んじたものにしていくのに残された手段は基本的に二つしかない。

一つは働く期間を長くすることである。雇用を現在以上に高年齢まで延長することは現在の視点だけからみると困難だとの議論が多いが、医学・薬学等の進歩を考えれば必ずしもそう言い切れないし、長寿化の進行によるライフサイクルの長期化を考えればもっと創意工夫して雇用延長に取り組むべきであろう。六十五歳を超えた雇用延長が一般化すれば公的年金受給者の範囲が絞られ、現行制度で設定された保険料の枠のなかで基礎年金の水準も低下を防ぐことができ、公的年金への信頼を高め制度の持続性に貢献することになろう。

もう一つは企業年金等の私的年金を普及させることである。即ち老後生活の生計を図るための稼得手段として、公的年金のみならず企業年金や個人年金等の多様な源泉の普及拡大を図っていく必要がある。特に企業年金は公的年金と車の両輪のごとく役割を果たすよう税制や規制を工夫することにより普及拡大を図っていく必要がある。欧米諸国では公的年金だけに依存するのではなく企業年金等を重層的に整備することによって老後の所得保障を図る考え方が定着しつつある。近年わが国では企業年金の普及拡大を図るため確定拠出年金制度を改善することに力点が置かれているが、この制度は個人が資産の運用リスクや長寿化によるリスクを全て負う制度である。したがって、個人が選択した投資商品の資産運用に欠損が生じれば個人の受け取る年金額は少なくなるし、一〇年とか二〇年の有期で年金を受け取ることを選択すれば、それ以上長生きしたときには生計が窮することになる。確定拠出年金には長寿化という不確実性をプールする保険機能が無いことや資産運用の変動を超長期の時間軸の中で吸収する機能が不十分であることが弱点である。

退職給付債務を企業会計に計上するように企業会計基準が改められて以降、確定給付企業年金が抱える債務が企業経営に与える影響の大きさを嫌って確定給付企業年金の縮小・撤退や確定拠出年金への移行が増えたが、確定給付企業年金には終身年金を仕組める機能があるし、資産運用の変動を超長期の時間軸の中で吸収する機能も備わっている。企業経営は株主資本利益率（ＲＯＥ）の追求のみならず従業員の福祉厚生をも図ることによって長期的な持続性を確保できると考えられる。終身年金の比重に応じ税制を公的年金並みにすることをはじめ、企業年金の仕組みが公的年金の機能に近いか否かで税制や規制に差異を設けたり、長寿化や資産運用の変動等の不確実性を世代間で分担する方法を開発するなどの工夫をすることにより、従来の枠組みにとらわれない新しい確定給付企業年金やオランダで導入されている集団型確定拠出年金などの普及拡大を図ることが今後の課題であろう。

欧米諸国には良質な人材を確保するために企業年金制度を活用することが必要だとの共通認識がある。超少子高齢社会に向かって労働力不足が顕在化しつつあるわが国で良質な人材を確保するためには企業年金制度、とりわけ確定給付企業年金制度の再整備が必要である。世代間不公平論の影響で、長寿化という不確実性や資産運用の変動による負担を複数の世代にまたがって転嫁することを極端に嫌う議論があるが、長寿化や資産運用・賃金・物価の変動などは、超長期的視点で考えれば本来一つの世代だけで負担しきれるものではない。賃金・物価・運用利回りの変動だけでなく、医学・薬学の進歩、感染症リスクの変動、地球環境の変化など社会や経済は超長期的には大きく変化していくからである。確定給付企業年金は公的年金の次にこれらの変動に対応する機能を基本的には有しており、今後はリスク分担型確定給付企業年金や集団型確定拠出年金の導入などを含め従来の枠組みにとどまらず世代間でこれらの負担をどのように分担するかなどの取組が必要である。

また、超長期的な視野で見ると現在は賃金分配が昭和三十年代から五十年代における時代ほどには公平に行われていない時代であり、一九世紀の資本主義や自由主義の時代に回帰しているとさえ思えなくもない。公平度の高い賃金分配による手厚い中間層の形成こそ社会が安定する鍵であり、公的年金制度や企業年金制度が健全に機能するための鍵でもある。戦後七〇年を経て年金制度は現在の地平に至ったが、日本社会が世界からクールだと言われ続けるよう引き続き発展し、同時に年金制度も健全な形で持続することを願ってやまない。本書が企業年金制度を含めわが国の年金制度や年金財政に対する正しい理解や今後の発展に少しでもお役に立てば、望外の喜びである。

最後に、私が厚生省に入省して以来数理職の先輩としてご指導頂いてきた年金綜合研究所理事長の坪野剛司氏にも種々ご助言を頂いたことに感謝申し上げるとともに、本書ができるまでに種々ご無理をおかけした中央法規出版の相原文夫氏にも心から御礼申し上げる次第である。

平成二十八年一月

畑　満

【著者略歴】

吉原　健二（よしはら・けんじ）

昭和三十年東京大学法学部卒業、同年厚生省に入省。年金局長、厚生事務次官などを歴任して平成二年厚生省退職。その後厚生年金基金連合会理事長、財団法人厚生年金事業振興団理事長、人口問題審議会、社会保障制度審議会、年金審議会、児童福祉審議会、財政審議会、資金運用審議会等の委員を務め、現在公益財団法人年金シニアプラン総合研究機構評議員、一般社団法人年金綜合研究所評議員、公益財団法人難病医学研究財団理事長。

畑　満（はた・みつる）

昭和五十二年大阪大学大学院理学研究科前期課程修了（理学修士（数学））、同年厚生省に入省。保険局調査課長、年金局首席年金数理官などを経て、平成二十年厚生労働省退職。その後社会保険診療報酬支払基金審議役を経て、現在は全国労働者共済生活協同組合連合会共済計理人。

日本公的年金制度史

—戦後七〇年・皆年金半世紀—

二〇一六年二月二〇日　発行

著　者　吉原　健二・畑　満

発行者　荘村　明彦

発行所　中央法規出版株式会社

〒110-0016　東京都台東区台東三-二九-一　中央法規ビル

営　業　TEL　〇三-三八三四-五八一七

　　　　FAX　〇三-三八三七-八〇三七

書店窓口　TEL　〇三-三八三四-五八一五

　　　　FAX　〇三-三八三七-八〇三五

編　集　TEL　〇三-三八三四-五八一二

　　　　FAX　〇三-三八三七-八〇三二

http://www.chuohoki.co.jp/

印刷・製本　株式会社太洋社

定価はカバーに表示してあります。

落丁本、乱丁本はお取り替えいたします。

ISBN978-4-8058-5226-2